让我们一起追寻

Carnage and Culture
Copyright © 2001 by Victor Davis Hanson
Simplified Chinese translation copyright © 2016 by Social Sciences Academic Press
This translation published by arrangement with Doubleday, an imprint of
The Knopf Doubleday Publishing Group,
a division of Penguin Random House, LLC
Through Bardon-Chinese Media Agency
博达著作权代理有限公司
All rights reserved.

杀戮与文化

CARNAGE AND CULTURE

强权兴起的决定性战役

Landmark Battles in
the Rise to Western Power

LAGO
DOLCE

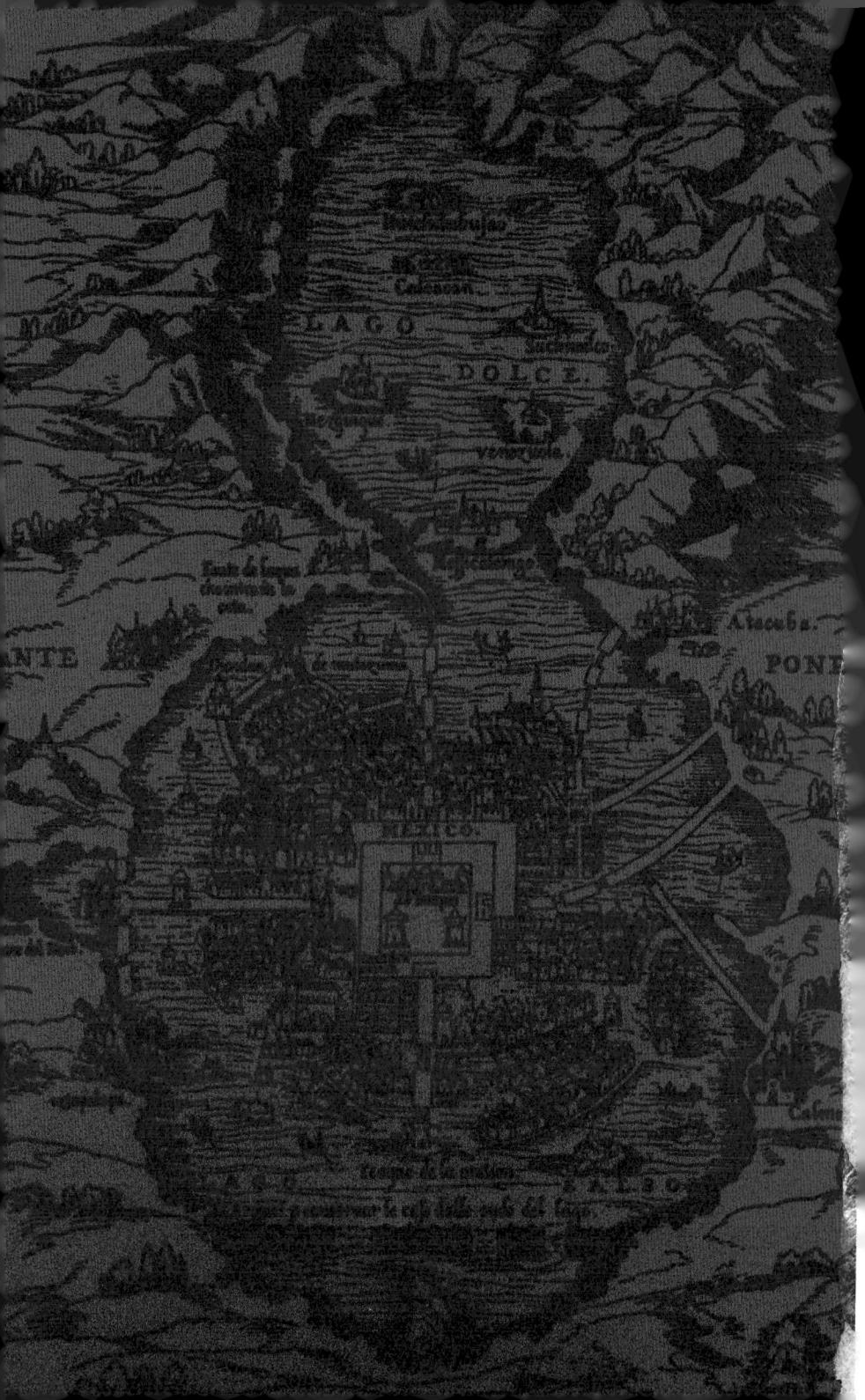

Venezuela

Aruouba

PONE

杀戮与文化：强权兴起的决定性战役

Carnage and Culture

〔美〕维克托·戴维斯·汉森 / 著

傅 翀 吴昕欣 / 译

社会科学文献出版社
SOCIAL SCIENCES ACADEMIC PRESS (CHINA)

谨以此书向唐纳德·卡根（Donald Kagan）与斯蒂文·奥茨曼（Steven Ozment）致敬

图片来源

阿利纳里照片博物馆/艺术资源库，纽约——大流士与薛西斯在伊苏斯；伊苏斯之战；汉尼拔胸像

美联社图片库/大世界照片库——约克城号航空母舰中弹；春节攻势照片

美国陆军通信兵摄影集/美国国家档案馆——山口多闻海军少将

美国海军历史中心，艺术品收藏库——日本帝国海军航空母舰/中途岛之战，油画

贝特曼档案馆/高品图像服务公司——萨拉米斯海战；大流士与薛西斯；V字形排列的美国海军俯冲轰炸机

高品图像服务公司——墨西哥城地图/科尔特斯画像/蒙特苏马画像

高品图像服务公司/美国海军/UPI照片——第八鱼雷机中队成员合影

埃里克·莱辛照片档案馆/艺术资源库，纽约——坎尼之战

吉罗东档案馆/艺术资源库，纽约——普瓦捷之战；阿兹特克遭到屠杀；波斯第一帝国士兵

格兰杰档案馆，纽约——地米斯托克利；亚历山大大帝；被围攻的西班牙人；被击败的奥斯曼海军

赫尔顿-多伊奇档案馆/高品图像服务公司——开芝瓦约国王，切姆斯福德勋爵；罗克渡口之役后幸存的英军士兵

版权所有◎赫尔顿·格蒂/——罗克渡口之役

法国巴黎，卢浮宫/彼得·威利/布里奇曼艺术图书馆——高加米拉之战

安德伍德兄弟档案馆/高品图像服务公司

美国海军/美国国家档案馆——干船坞中的约克城号

韦尔纳·福尔曼/艺术资源库，纽约——普瓦捷之战/法兰克人的版本

目 录

地图列表 ……………………………………………… 001

序言 …………………………………………………… 001

第一章　西方为何获胜 ……………………………… 001
  文明的暴徒们 ………………………………………… 001
  战争的第一因素 ……………………………………… 008
  西方的理念 …………………………………………… 020
  西方式战争 …………………………………………… 031

第一部分　创造

第二章　自由——或者说"以你喜欢的方式生活"
  ——萨拉米斯，公元前 480 年 9 月 28 日 ………… 039
  溺死的人们 …………………………………………… 039
  阿契美尼德王朝与自由 ……………………………… 047
  希波战争与萨拉米斯的战略 ………………………… 057

战斗……………………………………………… 063
　　自由……………………………………………… 068
　　萨拉米斯的遗产………………………………… 083

第三章　决定性战斗
　　——高加米拉，公元前331年10月1日 ……… 089
　　视角……………………………………………… 089
　　马其顿的军事机器……………………………… 110
　　大杀四方………………………………………… 119
　　决定性战斗与西方军事………………………… 137

第四章　公民士兵
　　——坎尼，公元前216年8月2日 ……………… 150
　　一场夏季的屠杀………………………………… 150
　　汉尼拔的铁钳…………………………………… 159
　　迦太基与西方…………………………………… 167
　　罗马军团………………………………………… 173
　　"全世界的统治者"公民军事体系的遗产…… 190

第二部分　延续

第五章　脚踏实地的步兵
　　——普瓦捷，732年10月11日 ………………… 203
　　骑兵对步兵……………………………………… 203

血肉之躯的城墙 ·· 206
"铁锤查理" ·· 211
伊斯兰崛起 ·· 219
黑暗时代？ ·· 225
步兵、财产与公民身份 ···································· 236
普瓦捷与未来 ·· 249

第六章 技术与理性的回报
——特诺奇蒂特兰，1520年6月24日～
1521年8月13日 ·· 254
墨西哥城之战 ·· 254
阿兹特克战争 ·· 286
征服者的内心 ·· 292
西班牙式理性主义 ··· 301
为何卡斯蒂利亚人会获胜？ ······························· 305
理性与战争 ·· 335

第七章 市场——或资本主义的杀戮
——勒班陀，1571年10月7日 ························ 339
桨帆船战争 ·· 339
勒班陀的神话 ·· 362
欧洲与奥斯曼人 ··· 369
资本主义、奥斯曼经济和伊斯兰 ······················· 389
战争与市场 ·· 394

第三部分　控制

第八章　纪律——武士不总是士兵

——罗克渡口，1879 年 1 月 22~23 日·················· 401
杀戮场·· 401
帝国之路·· 428
祖鲁的强与弱·· 444

第九章　个人主义

——中途岛，1942 年 6 月 4~8 日···················· 473
漂浮的地狱·· 473
破坏者的末日·· 484
帝国舰队出动·· 497
西方与非西方的日本······································ 503
中途岛战场上的自发性和个人主动性······················ 519
西方战争中的个人主义···································· 540

第十章　秉持异议与自我批评

——春节攻势，1968 年 1 月 31 日~4 月 6 日·········· 546
针对城市的战斗·· 546
虽胜尤败·· 564
后果·· 593
战争中的审查、监督与自我批评··························· 605

结语　西方军事——过去与未来 ············· 615
　希腊的遗产 ··· 615
　其他战斗呢？ ··· 619
　西方军事文化的奇特之处 ······················· 622
　西方战斗力的延续 ································· 624
　西方对决西方？ ····································· 634

后记　2001年9月11日之后的《杀戮与文化》 ········ 639
词汇列表 ··· 650
扩展阅读 ··· 658

索引 ·· 687
译后记 ·· 707

地图列表

萨拉米斯海战 / 066

高加米拉会战 / 099

坎尼会战 / 164

普瓦捷会战 / 213

特诺奇蒂特兰之战 / 276

勒班陀海战 / 345

罗克渡口之战 / 422

中途岛之战 / 480

春节攻势中的主要战斗 / 555

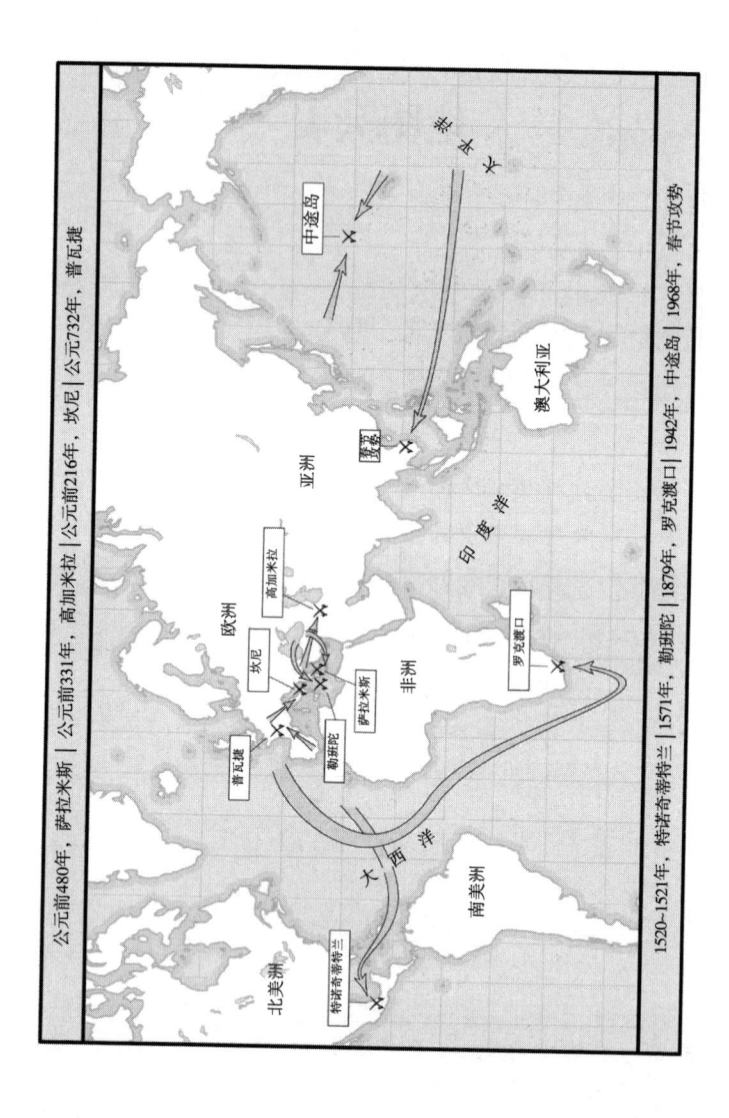

公元前480年，萨拉米斯｜公元前331年，高加米拉｜公元前216年，坎尼｜公元732年，普瓦捷

1520~1521年，特诺奇蒂特兰｜1571年，勒班陀｜1879年，罗克渡口｜1942年，中途岛｜1968年，春节攻势

序　言

　　通观全书，我用"西方"这一概念来指代源自希腊与罗马的古典文明体系。在罗马帝国崩溃的过程中，这个体系幸存下来了，在之后的岁月里，古典文化被传播到欧洲的西部和北部；在地理大发现的时代，在殖民扩张的岁月里，从15世纪到19世纪，西方文明延伸到美洲与澳洲，并涉足亚洲和非洲的部分地区；至于现在，这个文明所秉持的理念则渗透到全世界的政治、经济、文化与军事等诸多领域，其影响之大，远远超过西方人口和土地面积所体现出的表象。在本书中，每一章的章节标题，都能反映出西方文化传统共通的特性。当然，这并不意味着欧洲国家都有着完全一样的价值观，或者西方社会的核心体系与实践在之前2500年的时间里都不曾改变过。我相信，批评家一定会对欧洲军事体系的活力、西方文明的本性提出争议，对于这类当代文化领域的讨论我并无兴趣参与，因为我把全部注意力都集中在西方的军事力量而非道德水准上。

　　因此，我把所有精力都放在东西方的差异分析上，特别是军事体系的威力方面，并将西方文明和其他源自亚洲、非洲和美洲的文明进行比较。由于分析问题时采用了较为概括的方式，读者应当注意，欧洲国家之间仍然存在着广泛的不同，而东西方文化之间也并非始终处于一家独大的状态，两者之间的对立也未必始终存在。在讨论一些范围更广的话题，例如政府、宗教与经济时，我的主要目的仍然是去解释西方军事力量的来源，而不是详细阐释西方文明的基本特性及其演进过程。

因此，这本书的受众，并非那些钻研学术的专业人员。相反，我试图向普通读者提供一本能够反映西方社会战争形态的综合性书籍。这本书贯穿了西方文明2500年的发展史，并且始终关注着文明的总体走向，较之那些专注于某一特定历史时期进行基本研究的原创著作，本书与其有着本质区别。在本书的写作中，只有遇到直接引用原文的语句时，我才在正文里采用学术引用的规范方式，至于那些关乎历史事实的细节信息，则可以参考全书末尾提供的书目，其中包括一手和二手的资料来源。

在此，我需要向许多人致以谢意。感谢萨宾娜·罗宾逊和卡林·李，他们是优秀的校对人员。感谢凯瑟琳·贝克，他是俄亥俄州立大学的军事历史专业博士生，帮助我完成了编辑和目录整理工作。再一次感谢我在加利福尼亚州立大学古典学专业的同事们，包括布鲁斯·桑顿教授，他通读了整本手稿并向我指出了大量的错误。路易斯·科斯塔是加利福尼亚州立大学弗雷斯诺分校的艺术人文学院院长，在他的帮助下，我得以在最终完稿之前，对为数不少的图书馆进行访问，并及时获取了相关手稿的信息。下笔至此，我希望能够再一次表达我的感激之情。

此外，关于西方式战争的理念，我也从乔弗里·帕克、约翰·基根和拜里·斯特劳斯的作品中受益良多，并在与约西亚·邦廷、艾伦·米莱特、乔弗里·帕克、约翰·林恩和罗伯特寇利的交谈中颇有所获。我要感谢查尔斯·格瑞古斯、唐纳德·卡根、约翰·希斯、史蒂文·奥兹曼特和布鲁斯·桑顿，感谢他们持续的友情付出。在过去的十年中，唐纳德·卡根和史蒂文·奥兹曼成为我的良师，使我能够更好地学习西方文明发展史的知识，在常常充满恐惧与压抑的时代里，是他们传承着西方文化遗产的火种。同时我还要感谢丽塔·阿德伍德、尼克·杰曼尼克斯、黛比·卡扎兹斯、米歇尔·麦肯纳和丽贝卡·西诺斯，谢谢他们在我写作过程中给予的巨大帮助。

M.C.德雷克女士是加利福尼亚州立大学弗雷斯诺分校戏剧艺术与设计专业的教授，她为我绘制了文中地图的原始版本，非常感谢她的帮助。我的文学经纪人格兰·哈特利和林·楚，和我合作的友谊已经超过十年之久，他们给了我许多其他地方无从获得的建议。在弗雷斯诺南部一个偏僻农场和嘈杂纷乱的纽约之间，他们为我建立了通信纽带。同样的，我也需要感谢双日出版社的编辑——亚当·贝洛，感谢他帮助我完成了这本书以及之前的一些作品。

我的妻子卡拉，进行了全书终稿的校对勘误工作，在这里我希望再一次感谢她的支持，并对她维持一个大家庭——包括3个子女、6条狗、7只猫、1只鸟、1只兔子外加1幢120年高龄老屋以及60英亩赔本的果树和葡萄藤种植区——所付出的辛劳，致以深深的谢意。我的三个孩子，苏珊娜、威廉和泡林，在我完成这本书时，再一次承担起农场中的许多工作，并帮助维持家庭的日常事务。

V. D. 汉森

于加利福尼亚塞尔玛

2000年9月

第一章　西方为何获胜

> 随着战号声音的响起,士兵们拿起武器走向战场。他们冲锋的速度越来越快,同时伴随着响亮的呼喊,士兵们自发地开始奔跑,冲向营地。反观占据主场的野蛮人军队却陷入了恐慌;乞里西亚女王坐着马车直接逃之夭夭,而营地中的商人们则扔下了货物,同样溜之大吉。此时,希腊人爆发出一片笑声,然后冲向营地。乞里西亚女王被希腊士兵的勇敢行为与方阵士兵的纪律所折服;而小居鲁士则对野蛮人见到希腊人时显露出的恐惧状态感到十分满意。
>
> ——色诺芬,《远征记》,1.2.16-18

文明的暴徒们

即便身处困境,这些富有冒险精神的杀手仍然能给我们一些启示。公元前401年夏季,10700名希腊重装步兵——装备沉重护甲、长矛与大盾的战士——被小居鲁士王子雇佣,帮助他夺取波斯帝国的宝座。这些士兵中的很大一部分是经历过战争洗礼的老兵,大多参加过此前延续27年之久的伯罗奔尼撒战争(公元前431~前404年)。作为雇佣兵,他们来自整个希腊语世界的不同地区。这支部队中的许多人是残忍的变节者与流放犯。就年龄而论,其中不乏稚气未脱的年轻人,以及老当益壮的中年人,他们都是为了报酬加入军队的。军中也有为数不少的失业者，之前的希腊人内战几乎摧毁了整个希腊世界，在一切都化为废墟的战后，他们不顾一切把杀手这种有利可图的工作作为自己的职业。然而，这支庞大的军队里也有少数出身特权阶级、修习哲学与演说的人，像苏格拉底的学生色诺芬、彼奥提亚将军普罗克森努斯（Proxenus），还有外科医生、职业军官、计划殖民异乡的人以及小居鲁士王子身边富有的希腊友人，他们将和穷困潦倒的雇佣兵们一起踏上希腊。

这支军队成功地向东行进了1500多英里，粉碎了沿路的一切抵抗，在巴比伦以北的库那科萨（Cunaxa）战役中，希腊人径直冲破了波斯皇家军队的行列。小居鲁士的军队成功摧毁波斯人整侧阵形的代价仅仅是一名希腊重装步兵受到箭伤而已。万人远征军的胜利是波斯王位争夺高潮中的一幕，然而希腊人的出色表现却被他们的雇主浪费了。居鲁士鲁莽地冲入敌人阵线寻找他的哥哥阿塔薛西斯，最终被波斯禁卫军砍倒在地。

转眼间，希腊人被占据主场的敌人攻击，就连不久前还是盟友的波斯人也反目成仇，他们被困在远离家乡的地方，没有金钱、向导和补给，试图加冕波斯王冠的王子战死沙场，甚至没有足够的骑兵或者远程部队辅助他们。尽管如此，孤立无援的希腊远征军仍然通过投票拒绝向波斯大王屈膝投降。他们有自己的计划，那就是一路杀回到希腊世界。根据色诺芬的《远征记》（*Anabasis*，即"异国征途"）的记载，这支军队长途跋涉取道小亚细亚，向北直抵黑海之滨。作者本人正是希腊远征军撤退时的军队领袖之一。

对于这支希腊军队而言，尽管他们被数以千计的敌人包围，尽管他们原来的将军们被诱骗捕获、斩首示众，尽管他们自己的行军路线还不得不穿越超过20个野蛮部族的领地并与之奋战，尽管他们要途经冰冷的雪山，穿过高耸的山口，走过缺水的荒原，遭遇霜冻，遭受营养不良和疾病，同时还要对抗野蛮的部落民，但是他们中的绝大多数人在离开家乡不到一年半的时间之后还是毫发无伤地抵达了黑海的海滨。他们在行军路上击溃了所有挡路的亚洲军队。每六个人中有五个人活着回家，而客死异乡的人中，绝大多数不是在战场上阵亡的，而是死于亚美尼亚的皑皑白雪。

在这场严峻的考验中，万人远征军也亲身见证了许多奇闻逸事。他们被陶基安人（Taochians）所震惊，这个民族的妇女儿童从村庄所在的高耸悬崖上跃下，执行一种仪式化的群体自杀活动。至于肤色苍白的野蛮人莫锡诺锡安人（Mossynoecians），则在公开场合下交媾，同样令人难以理解。卡里比安人（Chalybians）杀死敌人，并带着他们的头颅继续自己的旅行。即便是波斯大王的皇家军队，看起来也是如此诡异：追击希腊步兵时，被他们的军官鞭打着驱赶前进，一旦希腊方阵展开攻势，他们便作鸟兽散。让《远征记》的读者印象深刻的，不只是希腊军队所展现出的勇气、技艺以及粗暴残忍——毕竟在征伐亚洲的岁月里，以上特征只和杀戮与金钱有关——更有这些希腊人和与其对抗的那些勇敢部落民之间巨大的文化鸿沟。

哲学家、修辞学家和谋杀犯并肩作战，迎面冲向敌人，除了希腊，整个地中海世界哪里还会有这样的奇景？又有哪支军队能像他们一样，任何人地位相当，至少是自由的并掌握自己的命运？又有哪支军队能够像他们一样，自己选举自己的领导者？这样的一支小部队，在自己选举的委员会的监管下，在千万敌人的包围圈中，是如何跨越数千英里征途安全回家的？

一旦万人远征军离开库纳科萨的战场，在这个既是雇佣兵军队同时也是"移动的民主政府"的团体中，士兵们会按期举行集会，对当选将军们的提议进行投票表决。在危急时刻，他们会组建特别委员会管理事务，以提供足够的弓箭手、骑兵和医疗人员进行应对。当他们面对一系列未曾预料到的天灾人祸之时，诸如难以逾越的河流、粮草缺乏的困境以及情况不明的敌对部落，他们召开集会，通过争辩和讨论来决定新的战术、打造新的武器，并改进现有的组织制度。当选将军们和士兵一起行军、战斗，而且还要为自己的开销提供详细的账目清单以赢得信任。

这些士兵们渴望在战斗中面对面地与敌人进行冲击式的战斗。他们都接受严格纪律的约束，只要条件允许，他们会肩并肩地形成紧密阵形与敌人交锋。尽管这些希腊人严重缺乏马匹，但是他们对波斯大王的骑兵却充满蔑视，"至少我们中没有人被马咬死或者踢死在战场上"，色诺芬这样告诉身处重围的步兵们（《远征记》，3.2.19）。在整个征途中，一直到抵达黑海沿岸为止，万人远征军都会对内部进行司法监察，并监督其领导人在这一年多时间里的一举一动。任何对行军方式心存不满的人都可以投票决定离开大部队，按照自己的路线返回故乡。在这里，一个出身低微的来自希腊阿卡迪亚地区（Arcadian）的牧羊人，在投票时，与出身贵族的色诺芬有着同样的权利，尽管后者曾向苏格拉底求学，后来还撰写了一系列专著。这些专著涵盖了古代雅典的诸多领域，从道德哲学的讨论到公民潜在收入的研究，不一而足。

对波斯人而言，打造一支像万人远征军这样的部队是绝不可能的。我们可以想象一下，一支类似于波斯大王精锐部队的重装步兵部队，即所谓的"长生军"（Amrtaka），这支部队同样有一万人。倘若这支部队被十倍于己的敌人包围，失去后援，在希腊身陷敌境，从伯罗奔尼撒半岛行军到特萨利，击败了每个他们入侵的希腊城邦派出的无数重装步兵方阵，然后安全抵达赫勒斯滂海峡（Hellespont）。然而这一切都只停留在想象之中，历史提供了更为悲剧也更为真实的情况：在公元前479年，波斯将领马尔多尼乌斯（Mardonius）的庞大入侵军队，在普拉提亚（Plataea）战役中被人数较少的希腊联军所击败，被迫北撤300英里，取道特萨利和色雷斯返回故乡。尽管这支波斯军队人数庞大，希腊人也没有进行有组织的追击，但仍只有少数波斯军人得以逃生。显然，这些部队和万人远征军完全不同，他们的国王很久以前就抛弃了他们：薛西斯在萨拉米斯（Salamis）大海战失败后，在上一年的秋天就起驾返回安全的波斯宫廷去了。

尽管色诺芬在许多场合都提到，万人远征军士兵身上有青铜、木头和铁制成的甲胄，要优于任何亚洲人的装备，但单单在技术方面的领先，并不能解释希腊人奇迹般的成就。没有任何证据能够表明，希腊人在天性方面与阿塔薛西斯的军人有何不同。后世有伪科学观点认为，欧洲人在人种上优于波斯人，对于这种看法，在古典时代可不会有希腊人买账。尽管万人远征军大都是久经战阵的佣兵，靠分赃战利品和偷窃过生活，但这并不意味着他们比当时任何其他劫掠成性的军人更为野蛮好战。当然，和他们在亚洲遭遇到的部落民相比，这些希腊人也不会显得更为仁慈或者更有道德观念。希腊人的宗教并不会教育信众们逆来顺受，也不会把战争本身形容为超自然或者超道德的。在两个民族的对比中,气候、地理和自然资源也并非决定性因素。事实上,色诺芬的同胞对于小亚细亚的居民只有嫉妒的份,在亚洲,可供耕种的土地与自然资源蕴藏的财富,和贫瘠的希腊本土形成了鲜明的对比。因此,他们警告自己的同胞,任何希腊人倘若移居东方,难免会在这片富庶远胜故乡的土地上变得好逸恶劳。

然而,色诺芬在《远征记》中也明确指出,希腊人进行战斗的方式与他们的敌人大为不同,展现出特有的战争特点:他们拥有个人自由的感受,纪律更为严明,武器也更加致命,战士之间关系平等,主动求战的意识突出,思维灵活并能够适应新的战术,而且偏爱重装步兵的冲击作战方式。这也是希腊文化中极具致命特点的产物。这种特有的杀戮方式,源于他们的共识政府体制,源于中产阶层内部的平等地位,源于对军事事务的民众监督,也源于政教分离、自由主义、个人主义和理性至上思潮的大行其道。在希腊远征军面临绝境、险些全军覆没的时刻,他们搬出城邦体制这一法宝,激发出每个希腊士兵内心的力量,然后,这些希腊人便以城邦公民的态度进行每一场战斗,所向披靡。

对东方人而言,在万人远征军之后,他们还将面对各式各样残忍凶暴的欧洲入侵者:斯巴达王阿格西劳斯(Agesilaus)与他的士兵们,雇佣兵队长卡瑞斯(Chares),亚历山大大帝,尤利乌斯·恺撒和他几个世纪的军团统治,十字军,赫南·科尔特斯,亚洲水域的葡萄牙探险者,印度和非洲土地上的英国红衫军团,还有其他数不胜数的小偷、海盗、殖民者、雇佣兵、帝国主义者和探险家。和万人远征军一样,绝大多数后来的西方远征军,与占据主场的东方人相比,人数上都处于劣势，而且远离故乡进行战斗。尽管如此，他们总能战胜比自己多得多的敌人，并利用西方文化所带来的种种优势杀死对手，丝毫没有一点儿心慈手软。

在欧洲人对军事领域的长年实践中，一支西方军队最大的军事担忧是对抗另一支西方军队，这在过去2500年的历史里已经成为常态。在对抗波斯人的马拉松战役（公元前490年）中，只有少数希腊人丧生；但在尼米亚（Nemea）和喀罗尼亚战役中（Coronea，公元前394年），一旦希腊人面对希腊人，造成的伤亡便会数以千计。后来的希波战争（公元前480~前479年）中，希腊人损失寥寥，反观希腊城邦联盟之间进行的伯罗奔尼撒战争（公元前431~前404年），死伤之多，如同血浴一般。亚历山大在亚洲杀死的欧洲人，比大流士麾下几十万波斯大军所杀的还要多。几乎毁灭罗马共和国的罗马内战，比迦太基军事奇才汉尼拔（Hannibal）所造成的损失更胜一筹。滑铁卢、索姆河以及奥马哈滩头的屠杀，更进一步证实了当西方人遭遇西方人时，杀戮的惨烈程度将会更上一层楼。

本书试图对以上这一切情况进行阐释，即为何西方人如此擅长利用他们文明的某些特质来进行杀戮，或者说如此残酷、频繁地进行战争，自己却安然无恙。无论是过去、现在还是未来，军事发展的历史都是西方军队勇往直前的历史，当然，军事学家们肯定不会认同这种高度概括的说法。大学里的学者们则会把类似的观点斥为盲目爱国的谬论，或者更糟，他们会引用从温泉关战役（Thermopylae）到小巨角战役（Little Big Horn）的一系列反例来证明该观点的错误。至于公众本身，他们并没有意识到自身文化所带来的非凡的持续的军事致命性。尽管如此，在过去的 2500 年间——即便是在黑暗时代，远在"军事革命"、文艺复兴、欧洲人发现美洲以及工业革命的时代之前——西方战争就拥有其独特的因素，一种西方国家所共有的战争基础与传承不断的战斗模式，使得欧洲人成了文明史上最具杀伤力的战士。

6 战争的第一因素

以战争为文化

对于西方军事文化在道德上是否优于非西方文化这点，我不想予以过多讨论。征服美洲的西班牙人，结束了墨西哥城中大金字塔上用活人祭祀、酷刑折磨的可怕景象，然而，这些人本身就来自一个设置大审判庭、发动残酷的"收复失地运动"的动荡社会，他们身后留下了一个疾病肆虐、几乎化为废墟的新世界。同样，对于确定某一场战争的正义性，我也兴味索然。在秘鲁大开杀戒的皮萨罗（Pizarro，他曾经毫无感情地宣布"印加的时代到此为止"）和他那些充满杀戮欲望的印加敌人相比是好是坏，印加从英国人的殖民活动中受益或者受害，日本人偷袭珍珠港与美国人用燃烧弹毁灭东京孰为正道，这些都不在我的考量范围之内。我感兴趣的并不是西方人内心的阴暗面，而是他们进行战斗时所表现出来的能力，特别是西方人高超的军事技艺如何对社会、经济、政治与文化等更大领域造成影响，尽管这些领域本身与战争并没有什么直接联系。

价值观与战斗力方面的联系并非与生俱来，而是事出有因。古希腊的历史学者们将自己关注的焦点放在战争上，总是试图从文化差异的角度来分析成败。在修昔底德所著《伯罗奔尼撒战争史》中，生活在近 2500 年前的斯巴达将军布拉西达斯（Brasidas），对那些对抗斯巴达重装步兵的伊利里亚和马其顿部落所表现出的勇猛充满鄙视，他将这些部落民称为"野蛮的对手"，认为他们缺乏足够的纪律，无法承受冲击式战斗的考验。"就像所有的乌合之众一样"，这些人一旦遭遇阵形严整的敌人所挥舞的冰冷锋刃，原本凶恶可怕的形象便会烟消云散，取而代之的则是恐惧的哀号。为何如此？布拉西达斯继续告诉他的士兵们，这样的敌人产生于"多数人无法统治少数人，反而被少数人所统治"的文化氛围中（修昔底德，《伯罗奔尼撒战争史》，4.126）。

这些没有共识政府与成文宪法的野蛮人拥有数量庞大、聒噪不休的军队，他们的外表看来令人畏惧，他们的呼喊让人难以忍受，他们挥舞着看起来十分可怕的武器。布拉西达斯向他的士兵们保证，较之这些野蛮人，"像你们这样的城邦公民，能够轻松应付他们"。我们可以发现，他并未提及任何关于肤色、种族或者宗教的内容。相反，他只不过简单地把军事纪律、成列而战以及对冲击作战方式的偏爱与大众建立的共识政府联系在了一起，他认为以上这些因素能够让方阵中的普通士兵具备众人平等的意识并在精神风貌方面胜过敌人一筹。布拉西达斯为了自己的利益而把部落民歪曲描述为西方人幻想中的狂野暴徒，无论我们是否把这种描述当作西方人自大的捏造，也不必纠结于是否该将他所在的斯巴达采用的寡头体制归为一种基础广泛的政府形式，或是吹毛求疵地认为欧洲步兵常常被更为敏捷的轻步兵伏击而败北，但至少有一点是无可争辩的：宪政统治下的希腊诸邦拥有重视纪律性的重装步兵传统，这种传统是居住在他们北方的部落民无法获得的。

那么，在分析不同文化以及文化间冲突的过程中，为何需要将目光聚焦在短短几小时的战斗过程以及普通士兵的作战经验上呢？为什么不去关注史诗般的大型战役、不胜枚举的宏大战略、独辟蹊径的战术机动与戏剧化的行动过程呢？上述的方方面面要比分析社会和文化有趣得多。战争的历史永远都是关于悲剧性杀戮的历史，这种历史的细节永远只能从战争中找到。一支军队传承何种文化，决定了数以千计的年轻人在数小时的战斗里能够活下去，还是成为被遗留在战场上腐烂的尸体，尽管他们中的多数人对战争不需要承担任何罪责。类似资本主义与公民军队这样的概念在战场上并不抽象，它们成为实际影响战争胜负的因素，正是这些因素决定了勒班陀（Lepanto）海战中一名20岁的土耳其农民将会生存还是会与几千名异教徒一起葬身鱼腹；同样也决定了来自雅典的鞋匠与皮匠们是在萨拉米斯（Salamis）外海屠杀波斯人之后安然回家，还是泡在海水里腐败发涨，随着浪涛一起被冲刷到阿提卡半岛的海滩上。

　　在战斗中有一条固有的真理，即没有人能够掩盖战场上的结果，也几乎没有人能为死人辩护，或者是把悲惨的失败装点成伟大的胜利。一系列战斗的结果，决定了整场战争的成败，而战场上每个个体或生或死的结果，便是单场战斗胜负的风向标。各式各样的观察家们，从阿尔多斯·赫胥黎（Aldous Huxley）到约翰·基根（John Keegan）一致指出，描写冲突并不意味着仅仅记录威力十足的步枪、战斗力出众的帝国军队或者罗马短剑举世无双的剑刃，而在于描述子弹如何射入一个年轻人的眉心，或者利器如何切开无名高卢人身上的动脉和内脏。用另外一种方式来言说，战争带来的是不朽而非死亡：受创的战士只是陷入沉睡，而不是被撕成碎片；将领们仿佛是在命令整连整营机器人一般的部队走向战场，而不是朝十八九岁大的孩子怒吼，命他们进入毒气与铅弹弹幕中。一具腐烂的尸体和科学与文化的进步没有任何关系。

对于军事历史学家来说，描写战斗时用语委婉，或者回避对杀戮景象的描述，近乎一种犯罪。从荷马、修昔底德、恺撒到维克多·雨果和列夫·托尔斯泰，从斯蒂芬·朗西曼、詹姆斯·琼斯到斯蒂芬·安布罗斯，善于描写战争的学者与作家们都会将战略战术与流血和死尸放在一起加以着墨，这并非巧合。在描写战争时不去讲述青年人如何厮杀和死亡，不让后人记住数以千计的战士年纪轻轻就命丧沙场，不去记载坚实而充满生机的躯体如何在几分钟内化为没有生命的腐肉，倘若我们在撰写关于文化的更大话题时回避对上述杀戮景象的描述，历史又该如何写就？

对于政府制度、科学研究、法律之约与宗教信仰如何在转眼间改变战场上千百人的生死命运，我们只能用战死者的生命为代价加以衡量，至于发掘其中的因果奥妙，也要付出同样的代价。在海湾战争（1990～1991年）期间，美国智能炸弹的设计者，装备工人，下发订单、接收武器、储存并安装弹药的物流人员，这些人和他们在伊拉克的对手以一种完全不同的方式进行工作——倘若在伊拉克有对等的军事从业者的话——这些美国人的行动注定了一名萨达姆·侯赛因手下被征募的无辜士兵将在战场上没有多少机会逃脱被炸成碎片的命运，也无法在死前展示一下英雄气概或者杀死向他轰炸的美国飞行员。为什么这些伊拉克年轻人成了美国直升机驾驶员面前闪烁屏幕上的目标，为什么两者所处的位置不会互换，为什么那些来自天寒地冻的明尼苏达州的美国士兵，比来自战场附近酷热难耐的巴格达的伊拉克军人更适合沙漠气候？这一切主要都归功于文化中的遗产，而非战场上的勇气，至于地理上与基因中的偶然因素，更是影响甚微。战争的终极目的在于杀戮。倘若历史学家们忽略死亡的残酷，那么他们就无法讲述出真实的故事。

那些"伟大战役"

武断地给某些战役安上"决定性"的光环，势必会声名扫地。相关领域的经典有爱德华·克雷西爵士（Sir Edward Creasy）的《十五场世界经典战役》、托马斯·诺克斯（Thomas Knox）的《滑铁卢以来的决定性战役》，以及 J. F. C. 富勒的《决定性世界战役：从萨拉米斯到马德里》。这类概要式的著作都试图向读者展示这样一副场景：文明的进程取决于一场里程碑战役中一两场冲锋的成败。个人的怯懦、勇敢以及运气所产生的行为被克雷西称为"人类的可能性"，它们与更大范围的"因果"相抗争，后者更像是已经被注定的东西，因此被克雷西称为"宿命的部分"。

这些伟大的战役同样也被挑选出来作为道德和伦理方面的研究对象。克雷西在他的序言中承认，"在经过磨炼得到的勇气之中，在对荣耀的热爱之中，有着无可争辩的伟大属性，正是这种属性帮助战士对抗痛苦与死亡的命运"（《十五场世界经典战役》，附录 vii）。战斗能够使得我们自己体内或英勇或怯懦的一面无所遁形。按照 19 世纪时人们的逻辑，塑造个性最好的方式莫过于阅读过去的战争史，了解其中关于英雄和懦夫的故事。也许一开始我们很难确定克雷西关于一场战斗改变历史的立论是否正确，也不能对这种看法盖棺定论。倘若地米斯托克利没有出现在萨拉米斯海战中，代表处于西方文明初始阶段的希腊人可能早就被波斯帝国击败，且被征服成为帝国最西部边陲的一个行省，这对于后世欧洲历史的发展将会是灾难性的。类似的，我们在阅读历史著作时，当翻到亚历山大的长枪方阵在高加米拉战场上进行冲击的篇章，便能学习到尚武而大胆进攻的军事理念；而看到李维（Livy）关于罗马人在坎尼（Cannae）战役中的糟糕表现，也能警醒人们愚蠢指挥会导致何种灾难。对我而言，重拾 19 世纪的"伟大战役"式题材，并非为了像前人一样写作，本书一方面是为了展示历史的绚烂瞬间，另一方面也是为了留住战争中英雄勇猛的剪影。除此之外，文化也会在战争的熔炉中锤炼成型，一旦有组织的杀戮最终谢幕，那些曾经在文化中朦胧不定、毫无定势的元素终将脱颖而出，在历史长卷上留下浓墨重彩的一笔。

相比其他文明，西方文明在军事领域中，乃是唯一能够在纪律、士气方面达到如此高度，同时在技术上取得高深造诣的文明体系，也只有这样的文明会在凡尔登（Verdun）会战里将杀戮的艺术推向疯狂的极致——工业文明下永无止境的杀戮远比部落时代最血腥的屠场来得可怕。无论是来自北美印第安部落的武士，还是祖鲁族的军人，在组织、后勤与武备方面都无法达到现代西方军队的水准——他们也无法杀死或者替代——数以十万计的西方士兵，这些人花费数年时间浴血奋战，只为了民族国家所秉持的一条抽象的政治路线而已。即便是最为勇武的阿帕奇（Apaches）族印第安战士——他们在大平原上的掠袭与散兵作战中无比勇敢——在经历了葛底斯堡（Gettysburg）战役的第一个小时之后也会难以承受，只能打道回府。

基于同样的理由，1941 年 12 月，在大不列颠已经处于失败的边缘，纳粹德国兵临莫斯科城下，日本人的飞机翱翔于夏威夷外海之时，美国政府处于如此绝望的时刻也不会命令数以千计的海军飞行员撞击山本五十六的庞大航母舰队，或是用B-17轰炸机撞击德国油田的精炼设施。在哈斯德鲁巴（Hasdrubal）惨败于梅陶鲁斯（Metaurus）河畔的战役之后，迦太基的公民大会不太可能号召进行一次所有体格健全公民的总动员，虽然罗马在遭遇损失更为惨重的坎尼战役时采取了这样的行动。迦太基不是一个真正意义上全民皆兵的国家，因而也无法在失败后立马恢复元气，对抗重生后的罗马军团。在战斗中，我们得以管中窥豹，捕捉人们在战场上杀戮和死去的方式及其原因，从而发现更大图景下的个中缘由，在战场上这是难以隐藏也更难被忽视的。

　　大约一个世纪之前，克雷西在描写亚历山大大帝在高加米拉战役中的胜利时，评价道："这场战役不仅推翻了一个东方王朝，同时还取而代之建立了西方人的统治。高加米拉打破了单调乏味的东方世界的统治，展现了西方文明的活力与优越性，正如现在英国的使命是用商业与征服作为手段，将活力注入僵化的印度和中国，打破他们在精神与道德上故步自封的围城。"（爱德华·克雷西，《十五场世界经典战役》，63）克雷西的每句话几乎都是错的，除了一个词无可争辩，那就是"西方的活力"。英格兰的精神存于印度，而印度的精神却难以进入英格兰。亚历山大大帝的骑兵队很难被称作文化的使者，他们向东的征程更多是为了掠夺和抢劫，而非"带去文明"。尽管如此，他们能够进行杀戮而自己却毫发无伤，正是因为几百年来继承了整个古代世界中独一无二的军事传统，而产生这种传统的社会、经济与政治环境，和阿契美尼德治下的波斯相比，显得大有不同。

第一章 西方为何获胜

　　九场战役被选入本书进行详细分析，在这几场战役中，文明的命运取决于战场的胜负，尽管以萨拉米斯、高加米拉以及墨西哥城之役的情况而论确实如此，但这并非这些战役入选的唯一原因。我同样不会因为一场战役中有人展现出超乎寻常的英雄气概或者勇猛无畏的素质便为此落笔，至于那些理应被欣赏或者摒弃的道德观念和民族特性，同样不值得过多的关注。诚然，一支军队的组织、纪律与装备水准能够提升或者削弱士兵的勇武精神，但勇气本身仍旧是人类共有的基本属性，因此对于军队状况的了解，既不能体现单兵战斗力，也无法代表一个特定民族在军事或者文化上的整体实力。从本质上说，欧洲人并不比非洲人、亚洲人或者美国土著更为果敢智慧，即使在战场上后者往往成为前者杀戮的对象。被科尔特斯的大炮轰成碎片的阿兹特克武士和在罗克渡口战役中被英军马提尼·亨利步枪打成筛子的祖鲁战士，可以说是整个战争史上最为英勇的士兵；而在太平洋战争的中途岛战役里击毁加贺号航母的美国飞行员，论勇气也未必能抵得上那些被困在下方受创战舰火海中的日本海军士兵。

　　此外，我并不能从军事角度提供通行普适的"课程"。本书中没有什么秘诀可以保证在战术上瞬间击垮一整支军队，类似的不明智尝试包括摧毁德国人在俄国前线装甲力量的库尔斯克会战，以及思虑不周的瓦卢斯带领远征军进入日耳曼人地盘的行动，后者导致数以千计的罗马军团士兵命丧沙场，而罗马也失去了将日耳曼并入自己领土的机会。当然，确实存在一些关于"战争艺术"的不变理念，它们超越时间与空间的限制而存在，对战争中人类的表现的影响可以说是与生俱来的，而不是经由文化熏陶而后天获得的。这些颠扑不破的真理包括：

集中兵力进行打击，适当利用出其不意的因素，保证后勤补给的安全，等等。然而，绝大多数此类关于战场知识的书籍早已由前人写就，他们的著作旨在揭示战争之所以胜利或者失败的普遍真理。然而，他们通常无法理解跟随一支军队踏上战场的特定文化，也难以发现它的重要性。

与前人不同的是，我选取数个战役进行详细分析，是为了发掘其中的文化元素，尤其是西方文明的核心本质。选中的战役之所以被称为"里程碑"，是因为它们展示了一个社会怎样面对战争，而非因为它们体现了历史的重要性；它们是关于战争文化传统的缩影，而非细致而循序渐进的西方军事进化史。这些战役的胜利者甚至都未必是西方人。举例来说，坎尼战役对罗马人而言，便是一场可怕的失败，至于春节攻势，则在政治上彻底羞辱了美国人。同样的，这些战役也未必都是西方与非西方军队之间进行的较量。在西方战争艺术方面，我们同样可以从迦太基、日本帝国以及越南民主共和国那里学到很多，以上这些对手都或多或少根据战场情况选择性地使用了一些西方军事实践与武器装备，在这一方面是他们非洲或者亚洲的邻居们所无法比拟的，而这种学习能力最终帮助他们杀死了数以千计的西方士兵。从这个角度来说，大流士三世雇佣希腊士兵为他作战，奥斯曼土耳其人迁都到新近征服的君士坦丁堡，祖鲁人在罗克渡口战役中使用马提尼·亨利步枪，中途岛海战中日本海军的苍龙号与美国海军的企业号外形神似，以及 AK-47 与 M16 步枪拥有相近外观的原因，都是一脉相承的。反过来，西方人学习东方的情况却寥寥无几。亚历山大大帝并不会雇佣波斯的长生军为自己作战，而十字军也不会把法国或者英格兰的首都迁到他们所征服的推罗和耶路撒冷城，大不列颠的军队不会装备土著士兵的长矛大刀，而美国海军也不可能引入武士刀的训练。

为了甄别出过于普遍或者重复出现的战争主题，我在最广泛的范围内寻找独具特性的样本：战争形式包括海战、空战与陆战；战场范围涵盖新大陆、地中海、太平洋地区，涉及欧亚非三大洲；入选战役中有小规模的，也有大规模的；从战役的重要性来说，中途岛战役对于二战的走向至关重要，而罗克渡口战役则对英国和祖鲁人之间的胜负毫无影响；交战的双方可以是殖民者和土著民，也可以是一个国家对抗一个帝国，或者是一种信仰挑战另一种信仰。除此之外，我还尝试利用最不可能发生的例子来阐述西方战争的特性：本书展示了当一支雇佣兵军队摧毁罗马人的国民军队时，公民军队的价值所在；同时也向读者证明了，即便是在所谓的黑暗时代，在传说中西方虚弱不堪、骑兵独自主宰战斗的岁月里，步兵也能在战场上展现出无比强大的统治力；科技的优越性则在西班牙征服者身上得到了充分的体现，尽管他们来自一个建立宗教审判庭、刚刚完成"收复失地运动"不久的国度；读者能够看到西方军队面对祖鲁人时在纪律方面的巨大优势，尽管后者的纪律与组织力在非洲本土军队中是最为出色的；当文章进行到关于春节攻势的章节时，我们也能看到西方人思维多样化以及批判思考的特性，有时过于激烈的反对意见可能会将战场上明确的胜利转变成一场彻底的失败。很明显，公民的尚武精神或登陆的步兵部队在普拉提亚战役中拯救了西方文明，英国、法国和德国的军队则体现了西方军事技术的巅峰，相较于太平洋岛民，殖民地军队具备更好的纪律性。然而，我们能够审视最糟糕状况下西方军队的表现——乍一看他们完全缺乏应有的活力，甚至偶尔会与胜利背道而驰，但正是此时方能见到西方人顽强与坚韧的品质。

除了西方与非西方对抗这种泾渭分明的界限之外，一个关于战争的模糊年表同样始终存在于战争史中，从远古时代的粗陋长矛，直至现代的高科技战机。本书之所以把重点放在古典时代，是经过深思熟虑的：尽管多数历史学家都会同意，欧洲人在军事领域的统治地位在16世纪到20世纪是无可撼动的，但只有少数人相信，自从西方文明诞生之日开始，它就在军事领域享有超出对手的优势，或者说，这种优势并非仅仅源自更好的武器装备，而是建立在更有活力的文化机制之上。本书中的里程碑式战役，并没有体现出战争模式在演进过程中的巨大变化。事实上，尽管西方人的战争技艺随着时间流逝显得越发精巧和致命，但战争的基本原则早在古典时期就确定下来了。因此，我所挑选的战例事实上都反映出军事实践中的一系列共性。举例而言，讨论战略战术时的畅所欲言是第一章萨拉米斯战役中希腊人战争模式的组成部分，也是2500年后春节攻势中美国军队的特征。我认为当今西方军事的优越性（"第三部分：控制"）并不来源于其过去在军事规范上的改良（"第一部分：创造"），而是西方军事理念逐渐传播到欧洲乃至整个西半球的最终结果（"第二部分：延续"）。这样的文化遗产充满争议，却又掌控着历史的关键脉搏，并且决定着未来历史走向，因为它昭示着，无论那些非西方文明如何吸收先进的军事科技，西方文明在杀戮致命性方面始终保持着遥遥领先的地位。

对西方军事持批评态度的人也许会找出更多西方人失败的战例，但是，即便是那些最可怕的灾难性失败，如卡莱战役

（Carrhae，公元前53年），也无法改变西方人最终取胜的结局。在这场战役中，取胜的帕提亚（Parthia）控制着附近的幼发拉底河流域，而远离本土上千英里作战的罗马人，虽然损失巨大，战死的士兵也不过占了可用人力资源的五分之一而已。阿德里安堡战役（Adrianople，公元378年）和曼兹科尔特战役（Manzikert，公元1071年）同样是西方军事力量遭受了惨重失败，但在这两场战役中，罗马和拜占庭的军队之所以被屠杀，主要是因为寡不敌众、远离本土、指挥不当而且国内矛盾重重。也许有人会问："那么奠边府战役又该如何解释？"他们忘记了，这场战役中越南人击败的是法国人组成的军队，而非法国这个国家，同时胜利者使用的是西方人设计的火炮、火箭与自动武器，而非东南亚本土的装备，而且这是一场爱国者利用中国援助与自己母国之间进行的较量，远非一般毫无后援的殖民地战争可以比拟。在奥兰、阿富汗、阿尔及尔、摩洛哥与印度，数量处于绝对劣势的西班牙、法国或者英国军队有时会被全歼，他们常常遭到包围，缺乏后勤，而且要面对使用欧洲造火器的数量庞大的敌人。

在每一场伊桑德尔瓦纳（Isandhlwana）式的战役中，西方人在数量上都处于绝对劣势，由于指挥失误，往往会遭遇当地军队出其不意的打击并最终惨遭屠戮，而在罗克渡口战役中，139名大不列颠士兵就顶住了4000个祖鲁人的攻击。很难想象相反的情况——几十上百的祖鲁士兵，杀死几千名手持来复枪的英国红衫军。无论双方伤亡如何，欧洲军队对抗非洲军队时在武器装备、后勤、组织与纪律方面的优势是难以否认的，因此他们能够以很少的人数击败数量众多而且充满勇气的对手。所有针对祖鲁人的战争都在非洲的土地上发生，祖鲁人不可能发起对英国本土的入侵。祖鲁国王开芝瓦约（Cetshwayo）打算去伦敦，是出于失败者对胜利者的好奇，在伦敦，他身着西装领带，被维多利亚时代的英国所震惊、折服。

西方的理念

西方更为卓越？

西方的经济与政治霸权有其独特的军事力量作为后盾，从古至今无不如此。在军服方面，无论哪个半球，各国的现代军队都相差无几，伊拉克人对抗伊朗人时，索马里人对抗埃塞俄比亚人时，都能见到西式的卡其军服、迷彩服和靴子这样的标准行头。从连到旅、师一级的编制方法，传承自罗马时代，至今仍然是全世界军队通行的组织模式。中国坦克与欧洲坦克在外观上颇为相似；非洲军人使用的机关枪仍然沿用了美国人的设计；亚洲国家的喷气式飞机并没有采用诸如韩国或者柬埔寨设计的自主创新的动力系统；倘若一个第三世界的独裁者向中国、印度或者巴西购买武器，那只是因为这些国家能够制造出用西方理念设计却比西方国家卖得便宜的武器罢了。越南和中美洲国家的本土军队或许可以战胜欧洲人，但这在很大程度上是因为他们所拥有的自动武器、高爆炸药与弹药都是按照西方的规格来生产制造的。

诚然，有一个小学派依旧宣称，非欧洲的军队在任何方面都不会输给他们的西方对手。但是，我们分析了西方军队遭遇挫败的案例之后发现，无论是在太平洋地区、非洲、亚洲还是美洲的土地上，都一再上演着重复的剧情：欧洲人的数量常常少于敌人，而且总是征战在异乡的土地上。倘若他们战败，胜利者通常使用的是某些欧洲人的武器装备；然而，西方战败很少会以投降或者停战协议收场。只有少数非洲和亚洲地区，如尼泊尔、阿富汗和埃塞俄比亚成功抵御了欧洲人的入侵。在其他成功的政权中，日本是最为引人瞩目的，日本军队几乎照搬了西方人的军事实践模式。在温泉关战役之后，除了在西班牙的摩尔人和在东欧的蒙古人，事实上并没有其他非欧洲军队利用非欧洲的武器在欧洲击败本地人的例子。某些战例中，欧洲小部队难以抵挡数量庞大、勇气可嘉的当地勇士的进攻，无奈死于自己制造的武器之下，这并不能体现西方军事的弱点。

部分反对"欧洲军事优势"理论的评论家指出，军事科技很容易被其他文明所学习，他们举出了以下例子进行论证：美洲土著接触火器之后在射击上很快超过了欧洲来的移民；而摩洛哥人则很快掌握了葡萄牙人的炮术。然而，从这种理论中也能得出另一个截然相反的论点：英国人到达了一个对他们而言全新的世界，并且将火枪卖给了当地人，而相反的情况却从未发生。同样的，没有摩洛哥人在里斯本教授当地人操纵伊斯兰重炮的知识。在这个问题上，有些人将人类利用、掌握以及改进工具的能力与提供知识、政治和社会背景的文化问题混淆了。后者有利于科学上的发现、向大众传播知识、推进实际应用和掌握大规模制造的技术。

正如我们在迦太基与日本那里看到的，关于西方化有一个颇有争议的问题，"西方化"这个词有一个简单、有时甚至显得荒谬的特点：在军事上，并没有一个与之相对的"东方化"概念存在于整个西方世界的军队中，至少不存在西方军队大规模地接受非西方文明的军事实践或者科技体系这回事。思想、宗教与哲学，和工业化生产、科学研究与技术创新是完全不同的两类事物。一件武器在哪里被发明出来并不重要，重要的是它在哪里得到批量生产、持续改进，同时大量装备部队。然而，只有少数学者会将道德问题与精神活力的讨论剥离开来。因此，任何关于西方军事优越性的讨论，往往会被怀疑为文化上的沙文主义。

本性超越文化？

那么，西方文明的霸权，是否是运气、地理环境、自然资源，抑或是发现与征服新世界（1492~1700年）和工业革命（1750~1900年）综合作用下的产物呢？许多学者——最有名的支持者是费尔南·布罗代尔（Fernand Braudel），最新近的信奉者则有贾雷德·戴蒙德（Jared Diamond）——在论述时，都会提及西方在自然资源与地理位置方面享有的优势。按照这个逻辑，西方文明表面上的一些"最新"科技优势，如火药武器和钢铁工业都是因为一些"根本"原因所导致的，而这些"根本"原因在很大程度上都是偶然因素。举例而言，欧亚大陆的轴线附近地区，有一个较长的适合耕作的季节，能够驯化的动物种类和物种多样性也与其他大洲完全不同。上述原因导致了城市居民人口的增长、家养动物的驯化，由此又产生了致命的细菌，通过疾病来快速筛选迁入城市的新居民，保证城市化民族拥有足够的免疫能力。另一方面，欧洲的地理条件，决定了充满敌意的游牧民族难以进入这片土地，其他对立文化同样无法轻易产生，欧洲人在与这两种势力的竞争和战斗中得以幸存，同时能不断地创新和适应。除此之外，欧洲拥有天赐的丰富矿脉，由此大规模的钢铁生产也成为可能，凡此等等。

自然决定论者备受赞扬的功绩在于，他们否定了基因对于文明优越性的作用。欧洲人在本性方面并不比亚洲人、非洲人或者新世界的原住民更加聪明。同样，他们在基因层面上来说也不会更愚笨。很不幸，贾雷德·戴蒙德这位著名的自然决定论者也揭示了这一点。在一段十分令人困惑的材料中，他分析了不同人种之间的智力差别，并试图说明基因已经决定西方人在智力上处于劣势：

> 新几内亚人……最让我惊异的一点在于，总体而言，较之普通的欧洲人或者美国人，他们显得更为聪明、警觉，更善于表达且更具好奇心。当进行某些能够合理反映大脑效能的任务时，例如在头脑中描绘周遭陌生环境的地图，相比西方人，这些新几内亚人有着巨大的优势。（J. 戴蒙德，《枪炮、病菌和钢铁》，20）

有人也许会感到好奇，评论家们会如何看待戴蒙德将"新几内亚人"与"欧洲人"并列的论述方式。而我们是否也会相信，哥伦布在一望无际的大洋中航行时，无法在脑海中构建地图来描绘周围不熟悉的环境？

那些试图将历史中的一切都归结为生物学与地理学理论的人，过分贬低了文化的力量和神秘性，有时他们的这种态度近乎歇斯底里。尽管中国文明给全世界带来了火药和印刷术，但它从未发展出包容的文化环境，使得这些发明能够让大多数人分享，从而让那些富有探索精神的个人对其进行调整与持续的改进，以适应不断变化的条件。这种僵化的状况并非"中国长期的大一统模式"，或是"一条平滑的海岸线"以及缺乏岛屿所导致的结果，而是一系列有利于帝国独裁统治的复杂因素在共同起作用，而这些因素渐渐地扎根于所处的自然环境，而自然环境本身与地中海地区并没有本质上的区别。

相比之下，罗马帝国持续统治的能力能够与中华帝国的许多王朝相提并论，然而前者相比后者来说却更富创造力，并能够从统一的帝国与近四个世纪的长久统治中汲取力量。虽然古典时代的科学研究普遍具有反功利的倾向，罗马人仍然发展出许多实用性的技术并将其推广到千百万人的生活中，例如使用混凝土与拱形结构的复杂建筑技巧，广泛使用螺旋压力机与螺旋泵，以及建立起能够供应从盔甲、武器到染料、毛衣以及玻璃制品和家具等一切事物的工厂，其原因在于，罗马政府对于知识的传播与使用并没有采取所谓的管控措施。至于希腊人，他们在希腊化时代面对其他文明甚至取得了更大的成功，他们的国家军队征服了当时已知的东方领域。在继业者王朝时代，希腊应用科学蓬勃发展，这在之前由几千个争吵不休、相互独立的城邦组成的古典时代是未曾有过的。在中国以外的地方，政治统一给其他的文化形态既带来优势，也带来衰败。中国的文化氛围，由地理因素和政治传承共同决定，缺一不可。

我们必须记住，美洲的耕地同欧洲一样肥沃，而且使得新大陆上的诸帝国得以繁荣昌盛。中国、印度和非洲三者还拥有一份天赐的恩惠，那就是丰富的矿产，而且这些文明所居地区适宜耕作的季节也比北欧更长。当然，罗马与希腊坐落在地中海北岸中部，因此处在欧洲、西亚与北非贸易网络的核心位置，而迦太基也享有同样的优势，它所处的地理环境如罗马一样好。真实情况在于，我们永远无法得知，为何来自希腊与罗马的西方文明会走上一条和北面、南面、东面的邻居们完全不同的道路,而希腊和意大利的气候地理与古代的西班牙、法国南部、波斯西部、腓尼基或者北非又是如此的相似。

在近期这种生物因素决定论的潮流中,诸如在近东"肥沃新月"地区有灌溉体系的耕地,或者是波斯的广袤平原,以及中国的政治统一倾向,都被视为是"不好的"因素;而那些会导致战争的气候学与地理学因素,无论如何终归是"好的"。然而,整个东方并没有统一的地理学特征,谁又能将希腊的一小块偏远谷地,与波斯或者中国领土上几乎完全一样的谷地进行区分,并找出两者的不同特点呢?一些现代生物学家不自觉地走回了希腊时代朴素的决定论者的老路。希波克拉底、希罗多德和柏拉图曾经宣称,尽管波斯人的金钱让希腊人堕落,但希腊本土严酷的环境仍然赋予了希腊民族坚韧的天性。

事实上,希腊所处的位置,几乎比任何其他古代文明都要更为不利。希腊人毗邻拥有 7000 万人口、充满敌意的阿契美尼德波斯帝国,同时身处征战不休的近东国家的北面,本土可耕种的土地不到其总面积的一半,没有一条可以行船的河流,同时如同受到诅咒一般缺乏自然资源而仅仅有一些黄金、金属和木材储量。希腊的海岸线容易受到波斯舰队的侵扰;北方则是平原,敞开面对着从欧洲和南亚迁徙而来的游牧民族;希腊大陆之外是狭小、脆弱的岛屿,岛上的城邦离亚洲近而离欧洲远。那么,我们是否应该埋怨希腊的群山阻碍了大规模灌溉农业的运用,或者赞扬遍布岩石的崎岖地形导致的政治破碎化反而促进了发明创造?维多利亚时代的观点认为,希腊人在两败俱伤的内耗中消磨了自己的力量,现在的大众生物学见解取而代之,声称是足以导致不断"对抗"的自然环境多样性赋予了西方文明不断创新的优势。

在托勒密王朝统治下的埃及（公元前305～前31年），谷物的产量之大令人惊异。在这里，失去活力的尼罗河谷终结了埃及人诸王朝的统治，但在希腊人和罗马人的管理下，尼罗河又重新焕发青春，农业生产达到了一个前所未有的高度。假如法老们因为不利的自然环境和消耗殆尽的土壤肥力而受到诅咒的话，那么处在相同位置上的托勒密统治者们却没有被这些因素影响。亚历山大里亚在近500年的时间里都是整个地中海地区的文化与经济中心，这一高度是卢克索的卡纳克神庙无法企及的。如果之前的几千次收获耗尽了尼罗河盆地中土壤的营养，那么希腊殖民者为何能取得如此成功？为何法老们不能善加利用亚历山大里亚面积巨大的三角洲，建立一座服务整个地中海的商业中心，成为亚洲、欧洲与非洲贸易的枢纽？显而易见，是埃及的文化——而非地理、气候或者资源——发生了改变，而这个地区从公元前1200年到公元前300年的历史走向也随之发生了变化。

文化层面的巨大变化不仅可以发生在同一个地区，同样也可能发生在同一个民族身上。公元前13世纪的迈锡尼线形文字B是一种笨拙的语言，很大程度上类似于象形文字，而其使用范围被限制在一小群人手里，作为记录王室贵族仓库存储的媒介；而到了公元前7世纪，希腊语的使用范围则扩散到了哲学、科学、文学和诗歌等领域，并在这些领域的使用中得到了改进。当然，无论是希腊中部地区的气候、地理还是动物种群的影响，都不足以在短短500年内对希腊人造成如此巨大的改变。一种强大的力量，使得曾经仅限于希腊大陆上使用的书面语言，在旧有希腊文明的框架下得到进化发展，这一演变态势有别于地中海其他任何地区，是一场席卷社会、政治与经济组织的激进变革。迈锡尼时代的希腊人和城邦时代的希腊人居住在同样的地区，说着相差无几的语言，但他们在价值观和理念方面却有着天壤之别。希腊特有的生物学与环境学因素，也许可以解释这两种文明都栽种橄榄树、放牧羊群，同时依赖石头、泥砖和瓦片来建造房屋，而且他们用一样的词语来命名群山、乳牛和大海，但这些学说却不能解释为何迈锡尼希腊时代国家农场大行其道，而希腊城邦时代家庭农场却取而代之。至于古典时代希腊军队的实力为何大大超过王国时期的迈锡尼人，这些学说更是难以给出一个令人信服的答案。

没人能够否认地理、气候和自然历史因素在人类历史进程中所扮演的重要角色。斯堪的纳维亚人对于时间、旅行和战争的概念肯定和爪哇人截然不同。印加人和阿兹特克人没有蓄养马匹，这意味着他们无法拥有像西班牙入侵者那样的机动性。然而，近东、印度、中国与亚洲其他的文明，曾经在很长的一段时间里拥有和西方相似的海拔、气候以及地形，在资源和地理位置方面多多少少都拥有类似的优势和劣势。土地、水土、天气和自然资源，命运和运气，少数几个精英人物和自然灾害等因素都在文化的形成过程中扮演着各自的角色，但我们并不能武断地认为人、自然或者机缘巧合中的某一个单独因素成了西方文明产生的催化剂。但有一点是显而易见的，那就是一旦发展壮大，无论是在古代还是在现代，西方文明在探究自然、组建资本与推动言论自由等领域阔步向前时，并不像其他文明那样会受到来自宗教、文化与政治的掣肘，而对于后者来说，他们的人民往往被神权领袖、中央集权的骄奢王朝或者落后的部落联盟所统治。

后发优势？

有人也许会争辩说，西方军事力量的崛起相对较晚且显得突然，在火药的使用传播（1300～1600年）、新世界的发现（1492～1600年）或者说工业革命（1750～1900年）发生之后，这种优势才显现出来，由此，他们否认希腊罗马文化的延续性，而恰恰是这种延续性能够解释为何军事以及工业领域的革命发生在欧洲，而不是在埃及、中国或者巴西。对于其他文明而言，西方影响带来的冲击始终存在，无论是从5世纪的黑暗时代到8世纪的岁月里，还是在西方世界相对闭塞的8～10世纪，当他们驱逐来自北方的游牧民族与东方的穆斯林时，这种冲击就一直存在。至于那些认为西方很晚才在军事领域凭借技术优势建立统治地位的观点，则忽略了两个重要的因素：第一，在接近1000年的岁月里（公元前479年～公元500年），西方文明在军事领域的领先是无可争辩的，希腊与意大利的小国常常能战胜领土面积更大、人口更多的邻国；第二，古典时代所奠定的科学、技术、政治和文化基础并没有完全湮灭在历史长河中，而是由罗马帝国传递给之后的欧洲诸王国，或是在加洛林王朝统治年代、意大利文艺复兴时期被再次发现。

至于火药武器和炸药，这些东西并没有在突然之间赋予西方军队在战场上的统治地位。事实上，西方文明之所以能在火药时代主宰战场，是因为只有西方国家能够大规模生产质量过硬的火药武器，归根结底这是因为西方文明始终崇尚传承自古典时代的理性主义、民事监督与传播知识的精神，而且这种精神并非仅仅存在于某一个特定的时代，而是贯穿整个欧洲历史，延绵不绝。还有一种激进民主的观点能够解释火药武器为何只在西方国家中大行其道。枪炮摧毁了战场上的等级制度，将身披锁甲的骑士赶出了战斗的舞台，就连长年训练的弓手，在火药武器面前也显得毫无用处。封建体系下的日本最终发现了火药武器的革命性威力与危险性，这毫不奇怪；而伊斯兰文明从未发展出适合大规模齐射的战术，毕竟火药武器与他们依赖单打独斗展现勇猛的骑马武士风格背道而驰。枪炮的有效使用仰赖于理性主义与资本主义的结合，只有如此才能在武器的设计、装配和生产方面不断取得进步，除此之外，一种平等主义态度尤为重要，只有持欢迎而非惧怕的态度，一个文明才能真正掌握战场上新式的致命武器。

即便是在拜占庭帝国覆亡之后，在被认为经历衰退且文化领域远远落后于中国和伊斯兰世界的时代，西方仍然拥有与其人口和土地面积极不相称的强大军事实力。在所谓的"黑暗时代"里，拜占庭人掌握了使用"希腊火"的精深技艺，这种武器使得他们能够击败数量上比自己多得多的伊斯兰舰队。举例而言，在717年，利奥三世便率领为数不多的拜占庭部队摧毁了哈里发苏莱曼的庞大海军。欧洲人还发明了十字弓（850年前后），尽管它的杀伤力不及反曲弓，但是这种武器制作工期较短且成本更低，因此，它能够在很短时间内，装备到数以千计相对缺乏训练的士兵手中。从6世纪到11世纪，拜占庭帝国始终保持着欧洲文明在亚洲的影响，而在10世纪初期之后，没有任何一支伊斯兰军队敢冒险攻入西欧腹地。西方人进行的"收复失地运动"，是一个缓慢但稳步向前推进的过程。罗马的陷落，在某种程度上意味着西方世界的影响被散播到更远的北方，因为那些攻击罗马的日耳曼部落最终定居下来并皈依基督教，变得比以往更为西方化了。

在16世纪，欧洲人戏剧化的快速扩张也许是坚船利炮推动的结果，但这些军事领域的发明创造，则是西方文明长期以来坚持资本主义、科学创新与理性至上理念所带来的红利，这是其他文明所不具备的。因此，16世纪西方的军事复兴，应当被看作是欧洲实力的一次复苏。这次复兴，更应该被看作是欧洲人自古典时期以来的一千年里，在战场上占据优势地位的一种"转型"表现形式，而这种优势本身从未丧失，即便是在最为衰败的黑暗时代。因此，所谓的"军事革命"，同样不是偶然产生的，而是起源于希腊的欧洲文明的发展所导致的必然结果。

我们不应该指望从希腊式的自由中看到一模一样的美国式自由；或者从希腊民主制度里找到英国式的议会制度；至于想从希腊集市里发掘出华尔街的缩影，更是无稽之谈。在萨拉米斯岛的海滨取得胜利的希腊自由制度，和在中途岛附近击败日本人的美国自由政体并不完全相同；这两个时代中的西方文明的政治架构，和勒班陀海战或者特诺奇蒂特兰（Tenochtitlán）围城战时西方人的组织方式更是有着天壤之别。任何理念都会随着时间流逝与空间转换而不断变化，绝大多数西方人在看待现今的希腊时往往感到陌生甚至是厌恶。希腊城邦不会制定《人权法案》，类似的，我们美国人也不会在未经高等法院审理的情况下，采用公民大会的方式来审理案件，并用多数票来决定审判的结果。在我们的时代，苏格拉底能够享有米兰达权力，得到免费的法律咨询，并且永远不需要亲自为自己辩护，还能在认罪协商时得到建议，同时即便认罪也能在经年的上诉期内得到保释。苏格拉底以死捍卫法律尊严的举措，对于他同时代的雅典人来说也许显得过于激进，但以我们现代的眼光来看可谓是死不悔改的保守行为。事情的关键在于，不要用现在的标准来衡量过去的事物，而要在历史中发掘出跨越时间与空间且能创造变革、创造可能的种子。从这种意义上来说，华尔街更像是希腊集市的传承，而非波斯波利斯宫殿的转世；雅典人与美国人的法律颇有神似之处，而与法老或者素丹的法令大相径庭。

西方式战争

西方文明在军事领域的统治地位源自多种因素的共同作用，并非道德品格与先天基因所能决定，其统治性地位也不仅仅限于武器方面的优势。西方式的战争模式之所以如此致命，完全是其超越道德框架的特性所决定的——军队不必受到惯例、传统、宗教或者伦理的约束，能够心无旁骛地致力于满足军事层面的需求。在分析上述问题时，我们不应该被技术决定论迷惑以至于相信战争工具能够神奇地凭空扭转战局，而应该去思考某种武器被创造出来的目的与方法，同时去探究这些武器为何被运用、怎样被运用。西方科学技术并不总能处于领先地位——在萨拉米斯海战中，地米斯托克利的三列桨战舰在技术上并没有领先薛西斯大王的战船；而中途岛海战中，南云忠一上将航母上的飞机，在性能方面甚至胜过美国海军飞机一筹。尽管如此，在人身自由程度、个人主义的认可和公民军队的构建方面，这两场海战中的双方却有着悬殊的差距。正如这些战役在每一个回合中所展示的，欧洲士兵们不仅在武器上常常处于优势地位，在组织、纪律、士气、主动性、灵活性以及指挥水平方面同样胜过对手，由此才导致了西方军队的普遍性优势。

西方军队在战斗时，通常拥有法定自由，他们也正是为了这种权利而战。西方的军人通常是公民军队与共识政府理念下的产物，他们的行为受到监督，而这种监督并不受宗教或者军队本身掣肘。"公民"这个罕见的词语，存在于欧洲人的字典里。此外，重装步兵也是一种具有西方特色的武装力量。这并不意外，因为西方社会重视财产保护，拥有地产的人群形成了一个人口庞大的阶层。自由探究与理性主义都是具有西方特色的标志，因此在踏上战场时，西方军队往往能在武器方面胜过对手或者至少旗鼓相当，而且还能得到相当丰富的补给，这是西方世界与资本主义、经济学以及高度发达的后勤体系紧密结合的结果。出于同样的原因，一旦发现自己的传统战术和武器存在缺陷，欧洲人往往能迅速调整他们的战术，学习他国的先进技术，或者借用他国的发明为己所用。西方的资本家与科学家一样，显得异常务实和功利，而且他们很少会害怕原教旨主义者、监察官或者激进的文化保守派的干涉。

西方式战争通常是为了扩大某种国家理念的影响，而非仅仅是为了获取土地、个人地位、财富或者复仇。西方军队对个人主义评价颇高，而公民对于军队的批评和抱怨则往往会提升军队的战斗力。至于展开杀戮的战争理念，或者说为了彻底摧毁敌人而进行的面对面战斗，看起来更像是西方所特有的战争模式，欧洲以外的军队对此十分陌生，他们往往偏好仪式性的战斗，或者强调依靠骗术与消耗战来获取胜利。自古希腊的重装步兵战斗礼仪被打破之后，西方军队中再也没有出现过诸如日本武士道、毛利战士，或者阿兹特克人"鲜花战争"之类的概念。简单来说，西方人早已将战争视为一件工具，用以完成政治上难以实现的任务，因此他们更愿意彻底消灭那些阻挡去路的人，而不是阻止或者羞辱他们。

以上所述的西方军事特色，在历史上的许多时期并没有全部体现出来。从共识政府到关于宗教宽容的理念，往往都显得过于理想化因而无法普遍推行。纵观整个西方文明，妥协无处不在，最终实现的东西往往不像西方文化所粉饰的那般美好。十字军的战士成了狂热的宗教极端分子；在较为久远的年代，许多欧洲君主全权控制军队，对他们的审议监管只是偶尔为之；科尔特斯的那支小部队中，宗教与政治的分野相当模糊；亚历山大大帝的军队中，没有哪个长矛手能够投票选出他们的将领，更不要说选举国王了。从6世纪到9世纪，并没有清楚的迹象表明，西方军队总是能够在技术方面压倒对手。至于个人主义方面，日耳曼的部落民和罗马帝国的军团兵至少在表面上享有相同程度的自由。

当然，倘若人们阅读以上各个时代的文献，抽象意义上的西方理念仍然随处可见：尽管亚历山大大帝率领的马其顿人摧毁了希腊的民主政治并带来了整体上的根本性转变，但马其顿帝国仍然与希腊传统保持着紧密的联系。这种共同的传承，解释了为何无论是方阵中的士兵、战场上的指挥官还是亚历山大大帝帐篷里的将军们，都能自由地说出自己的观点，这在阿契美尼德王朝的宫廷中是无从得见的。宗教审判庭的建立，固然是西方历史中狂热与迷信的一幕，神权甚至在某些时候脱离了世俗权利的约束，但与阿兹特克人于1487年在太阳金字塔上进行四天祭祀后堆积如山的尸体相比，欧洲人在血腥程度上还是略逊一筹。对于那些最具争议性的理念，如自由、共识政府与容忍反对意见，我们不应该用乌托邦式的完美主义眼光来审视西方文明的缺陷，而应该放眼全球，对比同时代的其他文明。西方价值观是客观存在的，但同时它也在不断进化，不论是在诞生之日，抑或是在摸索前进之时，价值观本身并非完美无瑕。

在讨论战场上士兵们英勇表现的同时，我们也应该看清宿命论者与自由意志者的细微区别，前者是抛弃生命，后者则是勇敢无畏。在本书所做的研究中，我并没有暗示西方文明的固有特点就能决定欧洲人在每一场战争中都能取胜。西方文明确实给欧洲军队带来了一系列的优势，这些优势使得欧洲人在面对敌人时，即便犯下错误或者在战术上处于劣势，例如战场经验缺乏、士兵勇气不足、兵力短缺或者指挥水平低下等，仍能保持更高的容错率。其他战场因素，诸如运气、个人主观能动性、勇气、像汉尼拔或者萨拉丁那样的伟大指挥官，或者是像祖鲁人或者印加人那样在数量上占据上风，所有这些都无法抵消掉西方人固有的军事优势。

随着时间的推移，西方文明坚韧的军事体系最终会战胜一切对手，至于那些灾难性的失败，诸如温泉关（Thermopylae，公元前480年）、特拉西美涅湖（Lake Trasimene，公元前217年）、征服墨西哥的"伤心之夜"（la Noche Triste，1520年）、伊桑德尔瓦纳（Isandhlwana，1879年）以及小巨角（1876年），并不会影响战争的宏观进程，或者动摇西方人战争能力的根本。在一些精于指挥或者善于杀戮的个人的影响下，西方军队的战斗力往往会大大提高，亚历山大大帝、阿非利加的西庇阿、尤利乌斯·恺撒、查理大帝、狮心王理查以及赫尔南·科尔特斯都带领着他们的军队走向胜利，除了他们之外，还有一些英勇无畏的军人，虽然他们的名字早已湮灭于历史长河里：在普拉提亚战役（公元前479年）中斯巴达人右翼的指挥官，高卢征服（公元前59年~公元前51年）中恺撒第十军团的老兵们，或者是亚苏夫（Arsouf）会战中身披重甲的骑士，这样的军人能够在合适的时机执行正确的作战方案，无情地打击敌人，最终改变战役的进程。

当然，把西方军队勇武的特性放在文化大环境下来审视，其固有的军事优势和整个文化氛围都是密不可分的，而西方文明的对手恰恰缺乏这一氛围。在评判西方军队的战斗力时，我们不能用绝对的数值去加以衡量，而要用横向比较的方式适应他们所处的时代环境。学者们也许会争论关于西方武器杀伤力的议题，讨论中国和印度庞大军队的巨大威力，或者研究欧洲殖民军队偶然遭遇的惨重失败，但在进行上述争议时，我们应当记住，只有西方军队常年且频繁地被部署到世界各地进行战争；只有西方军队常常将自己先进的军事技术传授给其他民族；也只有西方文明殖民了三个新大陆，而非西方文明常常是在家门口被动迎击西方侵略者，而不是远征欧洲攻打西方文明的老巢。在讨论历史时，尽管需要提及重要的反例，但阐述普遍情况则是更加不可或缺的，尽管学者们由于害怕或者无视，总是避免提及那些最常见的事例。

仔细审视本书中选取的战役之后我们会发现，在西方战争艺术长期发展的过程中，在战争实践里或多或少都会出现一个核心要素，而且这一要素反复出现在每个时代中，有时关于它的信息显得零星琐碎，有时又像是一个整体。这一要素解释了为何在战争史上，西方军队常常能在血腥残忍的杀戮战中取得胜利，以及为何时至今日，西方军队仍然如此致命，他们无所畏惧，却仅仅惧怕他们自己。

第一部分

创

造

第二章 自由——或者说"以你喜欢的方式生活"

——萨拉米斯，公元前 480 年 9 月 28 日

> 希腊之子们，勇往直前吧！解放你们母国的领土。解放你们的孩子、妻子，解放你们父辈崇敬的神灵以及祖先的墓地吧！现在，你们将为这一切而战。
> ——埃斯库罗斯，《波斯人》，401-404

溺死的人们

在海水中溺毙，想必是种非常糟糕的死法——一个人的手臂徒然地扑打着海水，但肺中却已经充满液体，身体越来越沉重与麻木，溺水者的大脑机能也随着最后一点氧气的耗尽而崩溃消失，他模糊意识中的最后一幕景象，是泛着涟漪的水面之上，此生再也难以触及的阳光，昏暗难辨，逐渐消失。这一天是公元前 480 年 9 月下旬，随着白昼将尽，波斯舰队中三分之一的水手，正在以溺水的方式走向他们生命的尽头。距离被烧毁的雅典卫城几英里之遥，波斯薛西斯大王人数超过 4 万的奴仆正在海水中载沉载浮——有些已经死去，有些也命不久矣，还有一些则在 200 多艘三列桨战舰的残骸中绝望挣扎着。对他们来说，安全的亚洲太远，而爱琴海沿

岸温暖的海水又太近，他们命中注定的墓地便是萨罗尼克湾的水底。他们眼中最后关于陆地的景象，便是希腊落日余晖中的萨拉米斯岛——或是他们那冷峻的众王之王所安坐的艾格列奥斯山巅。在那里，波斯大王远远地看着他的水手们逐渐被波涛吞没。在坚实土地上发生的战斗中，敌人的致命程度能够用他们的杀戮技巧加以预估，而在海战中，战斗过程本身就是致命的，不需要任何人、任何武器，海洋就会带走成千上万人的生命。在萨拉米斯海战中，多数人并非死于兵刃，而是肺中填满海水窒息而死。

古典时期的主力战舰——三列桨战舰大约是古埃及人或者腓尼基人发明的，在战斗中它依靠人力划动，完全不使用风帆。一般而言，战舰上的桨手在170人左右，另有大约30人拥挤在甲板上，这些人中包括战士、弓手和舵手。和后来欧洲人使用的桨帆战船不同，三列桨战舰的桨手以三人为一组，每一组的三人从下向上垂直排列，每名桨手挥动一根标准长度的船桨。三列桨战舰设计上的优越之处在于其超乎寻常的重量、速度与动力之间的比例。流畅的船型与合理的桨手布局能使这载着200多人的庞大战舰在几十秒内加速到九节的航速，这类战舰兼具速度和灵巧，能够很好地使用其主要武器——船舷水线处安装的青铜质分叉撞角，可将任何类型的船只拦腰撞断。这种战舰的船体、桨具和帆具配置复杂精密，即便到了16世纪，威尼斯的造船工人曾经尝试仿造古代雅典人的操桨战斗模式来设计舰只，但最终的成果只是非常不适合航海的桨帆战船而已。到了现代，借助先进的计算机技术和超过2500年的航海知识，人们依然无法完全掌握古人战舰设计的精髓。

另外，三列桨战舰负载沉重而结构脆弱，在海上其200名载员的生命几乎没有什么保护——最靠下一层桨手摇桨的窗口，距离战舰的水线只有几英尺。和现代海战中的情况不同，古代船只在沉没时几乎没有任何弃船逃生的时间，绝大多数战舰一旦被撞角冲击到侧面，倾覆几乎是立刻发生的，因为即便是短暂的碰撞都会使得大量海水涌入，将船只连同船员一起拖向海底。对水手来说，唯一的希望在于立刻游向岸边，或者抓住任何浮在水面上的残骸碎片苟延残喘。对于那些不会游泳的桨手和士兵，溺水而亡只是转瞬间的事情——不幸的是这样的载员在古代世界相当常见，波斯舰队也不例外。尽管古代战舰的大多数桨手不像16世纪的摇桨奴隶一样被铁链锁在座位上，但这也无法提高他们的生还概率：三列桨战舰可能会在没有任何预警的情况下翻覆，或者灌满海水。在这种情况下，波斯人的长袍只会使情况变得更加糟糕。古希腊剧作家埃斯库罗斯可能是一位参加过萨拉米斯海战的老兵，他在战役发生八年之后如此叙述波斯人在水中无助的惨状："那些得到波斯人爱戴的人们，他们的尸体浸泡在咸涩的海水中，常因为裹在长袍里而被拖到水下，或者毫无生气地被来回拖动。"（《波斯人》，274-276）

这片海上墓地，在萨拉米斯岛和阿提卡半岛所在的大陆之间，是一条不足一英里宽的小水道。就像其他前工业时代发生的大规模海战一样，萨拉米斯海战在陆地视线可及范围之内进行。在这场规模宏大的战役中，参战的舰只包括超过1000艘三列桨战舰，但战场的面积却被限制在大约一平方英里的海面上，因此战斗之后留下的死尸充塞了狭小的海面，不断被冲上附近的海滩。关于这种可怕的景象，埃斯库罗斯回忆并记叙如下："萨拉米斯岛及所有附近的海滩上，到处都是那些遭遇可

怕命运的人们的尸体。"(《波斯人》,272-273)

埃及人、腓尼基人、乞里西亚人和各式各样亚洲人的尸体数以千计,这些尸体被海浪冲刷到萨拉米斯岛和阿提卡半岛的岸上,另一部分还活着的人则在200艘战舰的残骸旁孤独无助,挣扎求生。希腊海军用弓箭和标枪解决掉那些海上的幸存者,与此同时,重装步兵搜索萨拉米斯岛的整个海岸,寻找任何可能逃上岸的敌人。埃斯库罗斯宣称"波斯人的无敌舰队全军覆没",当然这是夸大之词,因为有数百艘战舰成功逃出,从杀戮场划行到安全的庇护所,他们对希腊人的舰队充满恐惧,以至于彻底放弃了回头拯救落水同袍的打算。根据记载,这场伟大胜利的构建者——雅典人地米斯托克利,在战后漫步在海滩上审视敌人的尸体,并邀请他的战士们掠夺波斯死人身上的金银细软。根据埃斯库罗斯所说,尸体被潮水洗刷,而后又被希腊士兵掠夺亵渎,惨不忍睹。

萨拉米斯这个名字已经成为抽象概念自由与"西方崛起"的同义词,但并没有与血腥的屠戮场联系在一起。事实上,纵观整个希腊波斯战争史,这场战役堪称一场灾难性的屠杀,即便与公元前480年的温泉关战役,或者是公元前479年的普拉提亚战役相比也不遑多让。在温泉关战斗的最后关头,斯巴达国王列奥尼达斯和他麾下的299名战士坚持抵抗波斯大军的入侵并最终壮烈牺牲,因此获得了不朽的名誉,但作为代价,列奥尼达斯的头颅也因此被插在木桩上示众;而在普拉提亚战役中,波斯人被斯巴达重装步兵无情地砍倒,那些侥幸活下来的人们逃窜到彼奥提亚的乡间苟延残喘。相比之下,在萨拉米斯大海战中,至少有200艘波斯帝国的战舰被撞沉,而其上的全部船员和战斗人员也大多难以幸免,在此战中,波斯一方至少有四万人溺毙海中，还有不计其数的其他士兵在挣扎上岸的过程中或被杀死或被俘。萨拉米斯岛与大陆之间的水道狭窄逼仄，而波斯舰队又如此庞大——多达600~1200艘战舰投入了战斗，正因为如此，在波斯人失败之后，海面上大片尸体堆叠拥挤的景象想必也颇为壮观，在附近阿提卡海岸制高点观战的波斯皇帝薛西斯对此一定印象深刻。

一方面因为狂怒的希腊人决定彻底铲除那些占据他们家园的敌人；另一方面，正如希罗多德所指出的，"野蛮人中的大多数人之所以淹死，是因为他们根本就不知道如何游泳"，因此，直到现在，萨拉米斯海战仍然是整个人类海战史中死亡人数最多的战役之一。萨拉米斯海战的死亡人数，超过了勒班陀海战（4万~5万人），同样也远多于西班牙无敌舰队整个航程中损失的人数（2万~3万人），以及特拉法尔加海战中法国—西班牙联合舰队的总死亡人数（14000人），至于日德兰大海战中英国人的损失（6784人）和日本帝国舰队在中途岛海战中的损失（2155人），与之相比就更加不足挂齿了。相比波斯人的惨重伤亡，希腊人仅仅失去了40艘三列桨战舰，我们可以想象，这40艘船上8000名希腊人中的大多数应该都会被同袍救起。据希罗多德所说，只有"少数"希腊人因溺水而死，大多数落水者都能游过海峡安全上岸。无论如何，在火药出现之前的年代，区区几小时内杀戮如此多的生命，使得这场战役显得前无古人，后无来者。

纵观整个希腊波斯战争，直到米卡勒战役之前，所有战役都发生在欧洲，并且都伴随着惨重的伤亡——其中尤以阿提卡海岸外发生溺死数以千计波斯人的这场战役为最。在古希腊人看来，淹死是最为可怕的死亡方式——死者的灵魂找不到身体来进行合适的安息缅怀仪式，无法进入冥界，只能成为在外游荡的孤魂野鬼。差不多要到80年之后，尽管雅典将军们在阿吉纽西战役（公元前406年）中击败伯罗奔尼撒舰队，雅典公民大会仍然决议处死他们，原因就在于他们没能指挥下属在战后救起那些在水中挣扎沉浮的幸存者——这意味着数以百计的雅典人的丈夫、父亲和兄弟将长眠深水，永远得不到合适的葬仪。

那么，薛西斯麾下浮尸在萨拉米斯海峡的四万名海军中，又有几个人的名字能够为后人所知呢？很不幸，他们中的绝大多数都难以在史籍中留下踪迹。我们仅仅能够发现几个社会精英或是出身高贵的波斯人出现在历史记载里，而且是希腊人的记录里。希罗多德只提到了一个波斯人，那就是薛西斯的兄弟同时也是海军将领阿里阿比格涅斯（Ariabignes），在海战中他和座舰一起沉入大海。埃斯库罗斯的记载则更为详细，他提到了一系列波斯的陆海军将领：阿特穆巴瑞斯（Artembares）"撞上了塞伦尼亚礁石林立的海岸"；达达西斯（Dadaces）"在跳下他的军舰时被长矛刺死"；巴克特里亚贵族特纳贡（Tenagon）的尸体"随着浪涛，在阿贾克斯岛旁的海水里载沉载浮"，凡此等等。之后，埃斯库罗斯又继续描述了不少于一打波斯将领，他们的尸体都漂浮在海峡中。在这场战役发生不过八年之后，雅典人在舞台上对这场战役的戏剧性描写显得尤为可怕，剧作家借波斯使者之口这样描述海上屠场：

> 我方战舰残余的船壳在海面上翻滚，海面被战舰和人体的碎片覆盖充塞，不复得见。海滩上，礁岩间，遍布着我方勇士的遗体，我方舰队中每一艘幸存的船舶都转舵向

后，试图划到安全的地方。然而，这些幸存者仿佛是被网住的金枪鱼一样，被敌舰使用破损的船桨和遇难船只的漂浮物不断撞击着。尖叫和啜泣的声音始终在外海上回荡，直到夜幕降临，覆盖在这座巨大的舞台上。（《波斯人》，419－429）

这场惨剧的许多受害者并非波斯人，而是被波斯大王征召到战场上的巴克特里亚人、腓尼基人、埃及人、塞浦路斯人、卡里亚人和乞里西亚人，以及许许多多这个庞大帝国治下附庸国的臣民——甚至包括爱琴海对岸的爱奥尼亚希腊人——这些希腊同胞被薛西斯强迫征召，不得不航行到萨拉米斯与自己的同胞作战。绝大多数桨手对于是否参军根本没有发言权，而他们也不愿在如此狭窄的萨拉米斯水道中参与战斗。希罗多德和埃斯库罗斯都提到，到了9月28日的决战时分，桨手在划行时的任何迟疑，都会导致整船人的彻底毁灭。古典时代文献中最阴森可怕的记载之一，便是希罗多德提到的吕底亚人皮西乌斯的惨剧。这位老人向波斯大王请愿，希望薛西斯能够允许让自己五个儿子中的一个留在亚洲，不用跟随大军继续前往欧洲的征途。作为回应，薛西斯将皮西乌斯最爱的儿子肢解了——躯干钉在道路的一侧，两条腿在另一侧——这样，波斯大王麾下庞大的征召军队在艰难行军时，就能在经过破碎腐烂的尸体时，亲眼看到违逆薛西斯意志所付出的惨重代价。萨拉米斯海战的讽刺性在于，希腊人对波斯入侵进行了英雄式的反抗，并保卫了珍贵的自由，但这样的抗争，事实上导致了波斯亚洲盟邦数以千计水手的死亡，他们不过是被迫参军的炮灰罢了。当帝国水手们在狭窄的水道中付出生命的代价时，薛西斯正在不远处艾格列奥斯山巅的王座上观看战事的状况——他的秘书们簇拥着他,记录着大王的臣属在战斗中勇敢或者怯懦的举动以作为未来奖惩的依据。

十年之前,在波斯国王大流士发起的上一次不走运的入侵中,6400名波斯帝国的战士死在马拉松平原的战场上。而就在萨拉米斯海战之前数周,波斯人付出了超过一万条生命的代价,才在温泉关战役中取得"胜利",粉碎了希腊守军的抵抗并打开了通往希腊诸邦的通道。在通道附近的阿提密喜安海岬,一场风暴可能导致超过200艘波斯战舰沉没,由此造成的伤亡不亚于另一场萨拉米斯海战。在次年秋季,薛西斯在普拉提亚战役中再次损失5万名士兵,而在波斯势力最终撤出希腊的过程中还有另外10万人丧生在异国他乡。由此,为了夺走巴尔干半岛上一个小国家的自由,超过25万人为了波斯大王徒劳无功的尝试而丧生。

希波战争的结束,不仅标志着波斯人的扩张意图遭遇挫败,对波斯帝国的人力资源而言也是灾难性的打击。正如希腊人所纪念的一样,"神圣的萨拉米斯"这场海上胜利,乃是为了"所有希腊人的自由"而战。而解放希腊人的代价,便是一场大屠杀,尽管屠杀的受害者们是被驱赶着入侵希腊的,而且他们无论是在宗教上、民族上抑或是文化上都与希腊文化圈的人民无冤无仇。薛西斯麾下的阵亡将士无一是生活在自由社会的自由公民,因此可以想见,我们无从得知关于他们的任何信息,也没有波斯人通过戏剧来缅怀亡者。没有任何波斯历史学家像希罗多德那样,在温泉关、萨拉米斯和普拉提亚战役中记录下那些勇者的姓名,远在波斯波利斯的薛西斯也不会像西方人那样,发布法令举行仪典来纪念勇士的牺牲。至于纪念碑与挽歌，更是无从得见。恰恰是因为那些没有名字、大部分无辜受死的人们，我们才记住了萨拉米斯的故事几乎是一整天的英雄史诗：4万名落水者在阿提卡海岸旁扑打水花、哭喊求救并渐渐沉入海底。以下是拜伦爵士笔下轻描淡写的、无名无姓的"那些人"的遭遇：

> 国王高坐的山巅怪石嶙峋，他遥望着外海的萨拉米斯，山脚下停靠着千万战舰，无数的民族组成大军——一切尽在他的掌握！天明之际，国王统计麾下战士的数量，但到了日落时分，他们又去了哪里？（《唐璜》，86.4）

阿契美尼德王朝与自由

在萨拉米斯海战的年代，波斯帝国是个庞然大物——100万平方英里的疆域，将近7000万人口——在当时文明世界中乃是排名第一的统一霸权国家。相形之下，欧洲大陆上的希腊人不足200万，而其居住地区也只有大约5万平方英里而已。同时，波斯是两个文明中相对年轻的，距离帝国的建立不到100年时间，正处在力量的顶峰，充满活力——这主要是传奇式波斯国王居鲁士大帝的遗产。在不到30年的时间里（公元前560～前530年），居鲁士将地处偏僻、规模有限的波斯国家（波斯人源于帕尔苏阿部落，更早的亚述帝国曾与这个部落交战，帕尔苏阿的疆界位于现在的伊朗和库尔德斯坦境内），转变为一个世界级的强大政权。居鲁士在位后期所统治的疆土，包括亚细亚绝大多数的民族——西抵爱琴海边，东至印度河畔，南达波斯湾，北及里海与咸海的广袤土地，此时尽在波斯人之手。

在爱琴海东岸的爱奥尼亚希腊城邦付出巨大代价之后，欧洲大陆上的希腊人逐渐熟悉了庞大而复杂的波斯帝国，后者正不断扩张着它的东部边界。希腊人从波斯人那里学到的东西——正如之后欧洲人从奥斯曼土耳其那里学到的一样，令西方人着迷又恐惧。在那以后，一系列杰出的政治家与阴谋家，诸如戴玛拉托斯、地米斯托克利以及亚西比德将会帮助波斯人对抗他们自己的同胞，为了一己私欲抛弃对希腊的认同感。类似的，意大利城邦的海军将领、造船工程师与战术家们也会为了金钱不惜投靠奥斯曼帝国。长期以来，希腊的伦理学者在研究文化与伦理道德的关系时，一直将希腊人的贫穷与他们的自由和卓越联系在一起，而东方式的富有则被看作招致奴役与生活腐化的根源。正因为如此，希腊诗人福西尼德如此写道："城邦，以法律为准绳而运作，虽然规模有限、立于贫瘠的山地之上，远胜于繁华而缺乏理性的尼尼微都城。"（片段4）

到了大流士一世统治时期（公元前521～前486年），波斯帝国已经相对稳定。所谓的阿契美尼德王朝统治帝国，监管着20个总督治下复杂的行省。波斯总督们行使征税的权利，为国家的战役征募所需的兵源，同时还要建造并维护属于国家的驿道并维持有效的皇家邮政业务。除此之外，总督们大多给予被征服的民族信仰他们自己神祇的自由，在征税时也允许他们使用自己的方法，只要达到所需的缴纳标准即可。希腊人在他们小小的本土上尚且不能很好地统一本民族的力量，而相比之下，阿契美尼德王朝的联邦式统治，达到了洲际标准的整合能力，能够驱使超乎希腊人理解范围的庞大人力物力资源。

对西方人而言，抛开他们关于东方人软弱无力、女性化的偏见不提，最为神秘的莫过于波斯帝国几乎在文化的每个方面都与希腊人截然相反——无论是政治、军事还是经济与社会生活都是如此。爱琴海中的希腊岛屿和小亚细亚大陆相距不过数十英里，然而，尽管气候相似，两者之间还有长达几个世纪的互动，两种文明仍然分属两个世界。波斯人的体系并不像希腊人有时所宣扬的那样导致软弱和腐化，事实上，东方文明带来了看起来更为高效的帝国管理模式，同时也有助于财富的积聚：薛西斯攻入雅典卫城，而希腊人在希波战争中并没有反攻到波斯波利斯。希腊人对波斯的了解，来自往来商旅、作为动产从东方进口的奴隶、与爱奥尼亚同胞的联系、数以千计为波斯官僚机构工作的希腊雇员，以及返回故乡的雇佣兵的夸夸其谈，这些人提及波斯帝国的实力时，都充满敬畏。阿契美尼德王朝的统治如此成功，意味着世界上有人以完全不同于希腊人的方式管理国家，而且在这个过程中变得比希腊人更富有、更繁荣——而且这样的统治，距离希腊本土越来越近了。

在绝对君权的统治下，数以百万计的生命掌控在少数几个人手中。波斯国王和由皇亲国戚与幕僚组成的小朝廷（这些人的称号繁多，例如"持弓者"、"执矛者"、"国王之友"、"赞助国王者"以及"国王的耳目"等）掌管着官僚机构和宗教祭祀，而这一切都仰赖行省税收与皇家大型庄园的收入，与此同时，一小部分波斯人骨干精英和阿契美尼德皇室亲族一起管理庞大的多元文化的军队。看起来，在阿契美尼德治下的波斯，并没有绝对意义上或者法律规定下的自由概念。即便是行省总督，在帝国管理中也被当作奴仆来对待："众王之王，大流士之子西斯塔佩斯（Hystapes），向他的奴隶加达塔斯（Gadatas，爱奥尼亚行省的总督）进行了如下的宣谕：'我发现，你没能在所有的方面遵从我的旨意……'"（R. 梅格斯，D. 刘易斯，《古希腊铭文集》，12.1－5）阿契美尼德君主的权利是绝对的，同时，尽管君主自身没有被神化，但他至少是作为阿胡拉·马兹达神在人间的代表，在人间进行统治。任何臣属和外国人在觐见波斯大王时，都要行跪拜礼。后来，亚里士多德将这种把人当作神灵来崇拜的方式看作一种证据，体现了东方文化和希腊文化在对待个人至上主义的态度，以及政治与宗教等方面的广泛不同。在希波战争中获得伟大胜利的希腊将军们，如斯巴达摄政王保萨尼阿斯，以及雅典的米太亚德和地米斯托克利，都因为利用获得的胜利来提升自己的个人名望而受到了同胞严厉的批评。与此相对的是，在试图渡过波涛滚滚的赫勒斯滂海峡时，薛西斯曾经仪式性地鞭打大海并"刻上烙印"，以惩罚海洋"不服从"自己旨意、不愿平静下来让波斯大军渡过的态度。

法律条文存在于任何文明世界中，在波斯帝国统治下，任何行省的地方法官确实可以在吕底亚、埃及、巴比伦和爱奥尼亚的官邸里审理案件——但前提是阿契美尼德王朝的法律高于任何地方性法律，而任何条款的发布或者修改也仅仅取决于众王之王个人的判断。在11月28日，所有在水中挣扎沉浮的人在法律意义上只是"班达卡"，或者说属于薛西斯的奴隶，这一概念源自古巴比伦时代，任何普通人对于国君而言，都只是"活的财产"而已。

相反，在公元前5世纪的希腊，几乎所有政治领袖的产生，都来源于抽签、选举，他们在任上还要经由一个被选出的委员会每年进行审查监督。任何一个执政官，都不会声称自己具有神圣的地位；强制执行死刑等同于谋杀；而人们始终对僭主制度可能存在的死灰复燃保持着最大的警觉，毕竟在不久之前僭主们的权力曾经践踏过希腊土地上为数不少最繁荣、商业最发达的城邦。即便是私人所有的奴隶和仆人，在希腊城邦中也常常得到保护，免于遭受主人随意的折磨甚至被杀死的厄运。凡此种种东西方的巨大差别，并非体现在管理国家时不同的施政方针上，而是体现在个人自由这一理念上，这种差别将会决定在萨拉米斯外海，哪些人可以活下去，哪些人只能接受死亡的命运。

波斯皇家军队规模庞大，由那些向波斯大王宣誓效忠的皇亲国戚和贵族精英进行管理。这支军队的核心是职业化的波斯人步兵——所谓的"长生军"是其中最为著名的部队，他们和许多辅助他们的重装、轻装步兵共同构成皇家军队，并由大量的骑兵、战车和远程军队进行支持。在战斗中，这样一支军队依赖它的速度和数量取胜。希腊人依赖重装步兵方阵，以冲击的方式打破一切敌军的骑兵和步兵的阻碍；相比之下，波斯军队成分庞杂，征召自数以百计的不同地区，士兵说几十种不同的语言，装备从剑、匕首、短矛、鹤嘴锄、战斧到标枪花样繁多，护具则包括柳条盾、皮甲背心，少数人会装备链甲衫。大体而言，波斯军队没有任何军事操演，士兵们也不知道应该固守自己在行列中的位置，缺乏作战单位之间协同进退的概念。希腊人对于波斯重装步兵的质量颇为轻视，而这种看法基本是准确的。几十年后，在公元前4世纪早期，一位来自阿卡迪亚的外交官安条克曾经评论说，波斯军队中没有任何一个人能够胜任对抗希腊人的战斗。毕竟，在波斯帝国自亚洲草原崛起的年代，并不需要由身穿70磅甲胄的公民组成的重装步兵组成方阵为帝国而战。

阿契美尼德君主并不总是坐在高处的宝座上俯视杀戮场——薛西斯在温泉关和萨拉米斯战役中是这样做的——更常见的情况是，波斯大王会站在一辆巨大的战车中，在卫队重重保护下位居战线中央参与战斗。通常，这个位置最为安全，同时这也是发号施令的最为合理的位置。从希腊历史学家的记载中可以看出东西方军队指挥官的明显不同：一旦战败，波斯君主总会带头逃跑；而在任何一场希腊人战败的重要战斗中——从温泉关、德里姆，到曼提尼亚和硫克特拉战役，战败方的希腊将军在己方部队的溃退中都没有生还。军事行动以灾难性的方式收场，并不意味着阿契美尼德君主本人的蒙羞；下级军官，比如萨拉米斯海战中的腓尼基船长们往往会成为替罪羊，并被处以极刑。与之形成鲜明对照的是，纵观诸城邦的历史，不止一位伟大的希腊将领——包括地米斯托克利、米太亚德、伯里克利、亚西比德、布拉西达斯、莱山德、佩洛皮达斯和伊帕密浓达，他们在某些状况下要么被处以罚金，遭遇放逐，要么被降级，或者和他的军队一起战死沙场。某些最为成功、极具才华的指挥官，在取得伟大胜利之后仍然遭到审判，甚至可能被处以极刑——例如在阿吉纽西海战（公元前406年）中击败伯罗奔尼撒舰队的雅典将领们，以及在解放了美塞尼亚的斯巴达西洛特之后返回底比斯的伊帕密浓达（公元前369年）都是如此。这些将领受到的指控，往往不是因为怯懦或者指挥能力不济，更多的是被认为他们忽略了麾下公民士兵的福利，或者没能和平民监察官保持联系。

波斯帝国的领土如此庞大，理论上帝国境内有数以千计的地主和商人，然而，从这个角度观察，波斯和希腊在经济文化领域又呈现出巨大的不同。在古典时代的雅典，没有任何一个农场的面积超过100英亩，而在亚洲——无论是在阿契美尼德王朝还是之后的希腊化王朝统治下——巨型庄园往往占地超过1000英亩。一个薛西斯的亲戚所占有的土地，就可能超过所有波斯舰队的桨手所拥有的土地之和。绝大多数帝国境内最好的土地由祭司集团控制，他们将这些土地分给佃农或者外居波斯领主耕种，后者往往拥有若干个村庄。在理论上，波斯大王自己领有帝国的所有土地，因此他可以随意将任何土地收为己有，或者将土地的所有者直接处死。

根据财产多寡，希腊人有自己的阶层划分方法，但希腊人和波斯人的不同之处在于对待土地所有制的态度。在希腊，公有土地或供给祭祀的农场面积有限，而且数量相对较少——通常仅占据不超过城邦周围百分之五的可耕地，而财产的分配和持有也显得更为公平合理。二次土地分配通过标准化的拍卖进行，整个过程保持公开，并且使用较低的统一价格。对于新近殖民的地区，城邦会将土地统一分配或者公开销售，而绝不会把土地集中交到少数精英的手中。在所谓的重装步兵阶层中，一个战士所拥有的典型土地大约有十英亩。在绝大多数城邦中，大约三分之一的公民属于这个阶层，而他们控制的可耕地面积大约是城邦总数的三分之二——举例来说，这样的土地分配远比现在的加利福尼亚要平均，后者全部可耕地的百分之九十五掌握在占人口百分之五的地产主手中。

任何希腊公民都不能在未经审判的情况下，被处以死刑。而倘若没有经过议政院或是公民大会审议通过，他的财产也不能被没收。在希腊人的脑海里，自由拥有地产——包括对其具有法定所有权、可以扩展或者转手自己的土地——是自由的基石。尽管这些古典时代的传统可能在后来罗马帝国时期以及黑暗时代初期不断弱化，但随着大型外居地主庄园与教会采邑的出现，这种土地资产自由的理念并未被彻底抛弃，而是在西方成了革命与农村改革的温床，并从文艺复兴时代一直延续至今。

37　　尽管波斯帝国拥有庞大的国有铸币机构，但我们获得的关于阿契美尼德王朝管理机构的材料——这些资料来自后世亚历山大大帝军队中的那些掠夺者和破坏者——表明数以吨计的贵金属并没有铸造成货币，而是以条块的方式进行保存。这种对待贵金属的方式无疑对波斯帝国的经济带来了负面效应。由于金银都收集起来存放在帝国库房中，省份需要缴纳的税收在更多情况下以"贡礼"的方式进行上交——食物、家畜、金属、奴隶以及产业等。和使用货币缴纳税收不同，波斯帝国税赋沉重，而且缺乏发达的货币经济。晚期希腊化时代（公元前323年~前31年）迅速扩张和通货膨胀的原因之一，便在于马其顿系的继业者国君们将波斯帝国储备的大量贵金属铸造成货币进行流通，使得原本处于中央管制下的经济体系变得更加资本化，由此可以雇佣到数以千计的建筑工人、造船工人和雇佣兵。

对波斯人而言，任何成篇的戏剧、哲学或者是诗歌，都不能挣脱宗教与政治的镣铐而自由发挥。我们必须承认，琐罗亚斯德主义在对形而上的哲学探究方面有着迷人的魅力，但这种探究的源头来自宗教，因此思维的尺度已经被限制在所有神圣教条允许的范围之内。这种限制犹如宗教狂热一般固执，阻止了一切天马行空的质疑与无拘无束的表达。希腊人对待历史的态度，却是自由地进行质疑，对过往事件的一切记录和资料一直处于质疑和分析之下，这种努力本身是为了获取一种永垂不朽的进行阐述的方法——这一切对于波斯人则是闻所未闻的，至少在阿契美尼德王朝治下，这样的方法没能得到广泛传播。在波斯，最接近这种努力的文本存在于阿契美尼德君主们自己设立的公开铭文上，以下就是大流士一世或者薛西斯发布的一段颂诗：

> 吾神阿胡拉·马兹达，功业甚伟，开辟天地，创世造人，维系和平，以薛西斯为王，是为众王之王，众领主之领主。吾乃薛西斯，伟大之王，众王之王，许多人民之主，广阔大地之主，大流士王之子，阿契美尼德家族之血裔，波斯人，波斯人之子，雅利安人，雅利安人之子。
> (A. 欧姆斯德，《波斯帝国的历史》，231)

奥古斯都皇帝也曾经在罗马帝国时期发布过类似的公告，但即便如此，终究还是有诸如苏埃托尼乌斯、普鲁塔克和塔西陀这样的历史学家去记录下真实发生的事情。就像后世的奥斯曼帝国因为惧怕自由表达观点的权利而禁止印刷术传播一样，对阿契美尼德政权的公开抨击从未见诸书面材料。

所有关于阿契美尼德的波斯的文字资料——无论是公共场所的碑刻、宫廷记录或者是神圣的宗教祭文——往往与波斯大王、他的祭司以及官僚有关，在内容上仅限于政务与宗教而已。即便存在公开发表观点的其他渠道，倘若没有薛西斯本人的批准，波斯人在温泉关的胜利也不能被搬上舞台或者成为诗篇——而且在这样的作品中，薛西斯本人必须是故事的主角。关于波斯帝国在巴克特里亚所取得胜利的纪念文献，就很好地说明了这一点："众王之王薛西斯如是说：我登基称王之时，以上所载之土地中，尚有一地不安其位。此后，吾神阿胡拉·马兹达赐福于我。凭借神威，我击垮了这块土地上的一切反抗，令其俯首归位。"（A. 欧姆斯德，《波斯帝国的历史》，231）

波斯的神权统治并不如埃及那般绝对，究其原因，在于阿契美尼德君主自称为阿胡拉·马兹达在人间的代理人，而非神自己的化身。尽管如此，波斯人依然认为皇室血脉具备神圣的权力，帝国法令也被视为神圣不可侵犯，正如阿契美尼德国王们不断宣称的那样："吾之意志即阿胡拉·马兹达之意志，反之亦然。"当亚历山大大帝尝试以这种方式发号施令时，即便是他手下最为忠诚的马其顿领主们，也试图策划针对大帝的刺杀、政变来反抗，或者抛弃他回到马其顿。然而，在波斯帝国境内，诸如巴比伦人和犹太人这样的被征服民族，被允许在他们自己居住的地方膜拜自己的神灵。在被波斯征服的东方世界中，没有任何一个文化体系具有神权、世俗权分治的传统，也没有任何一个民族能够忍受宗教多样性的自由，在多数波斯帝国的臣属看来，阿契美尼德政权下的宗教-政治架构和他们自己的并无多少差别——如果波斯人的宗教观不显得更为宽容的话。

而这也就意味着，在波斯有着各种等级的神职人员，他们不仅作为波斯国王的王权代理人享受着政治权利，同时还索取了大量土地来维持他们的职业。官方的神职官员身披白袍，由君主支付工资，在公共纪念活动中充当稽查官的角色，同时保证帝国的臣属们虔诚敬神。在这里，数学与天文学高度发达，然而这两种学科终究是宗教的附属品，其进步不过是为了提升宗教背景下预言术的艺术罢了。像普罗塔哥拉这样的人文主义者（Protagoras，他的名言是"人乃衡量万物的尺度"），或者是像安那克萨哥拉这样的唯理性无神论者［Anaxagoras，他宣称"任何有生命的东西，无论大小，唯有精神（心灵）能对其施加控制……无论事物现在如何，将会怎样，只有通过精神，才能改变它们"］，在阿契美尼德王朝治下肯定难以生存。只有当王权放松镣铐之时，这样的自由思想才可能在波斯的国土上崛起；而一旦被发现，则会马上遭到王权的严厉制裁。也许古典时代的希腊人对于宗教的虔诚程度相对波斯人不遑多让，但如果保守市民打算将无神论的坏分子从城邦中赶出去的话，他们至少会首先尝试进行看似合法的公开审判，通过争取公民的多数票来达到目的。

在过去，西方历史学家通过研究诸如埃斯库罗斯、希罗多德、色诺芬、欧里庇德斯、伊索克拉底和柏拉图等希腊名家的资料来评判波斯，将波斯视为腐化堕落、阴柔、受制于太监和后宫的妖魔政权。而现在，经过对阿契美尼德波斯文献和碑刻的仔细检视研究，在还原历史时我们理应保持警醒，防止自己在另一条偏见的道路上越走越远。在萨拉米斯海战中的波斯军队，确实并不显得堕落或者像女人一样懦弱，但与希腊人相比，确实完全是另一种模式。究其原因，在于东方世界中并没有城邦国家存在。阿契美尼德波斯就像奥斯曼土耳其和蒙特苏马的阿兹特克一样，是一个庞大的两极化社会，其中数以百万计的人民由专制君主统治管理，被祭司洗脑控制精神，被将军强制压迫。

希波战争与萨拉米斯的战略

萨拉米斯海战，是两种完全不同的文化互相碰撞的决定性战役，两方一个是庞大而富有的集权帝国，另一个则是弱小、贫穷、一盘散沙的城邦联盟。前者强大的力量来源于税收、人力和服从，这是集权帝国的长项；后者的实力则源于自觉自愿的行动、创造力，以及小规模的、自治的、由平等公民组成的终生为伍的共同体所产生的主观能动性。希波战争时代的希腊人相信，这场战争的最终极目的恰恰是为了不同的价值观而战。他们真心实意地认为，这场战争的焦点便是他们对于自由特有的理念，他们称之为eleutheria——他们希望能保有自由，薛西斯则要夺走它。在他们眼里，这场战争体现出自由的价值所在，并且向世人揭示，这种向往自由的信念将会抵消波斯大王在兵力、物质财富和军事经验方面的巨大优势。十年之前，雅典重装步兵在马拉松战役中的胜利，彻底粉碎了大流士国王对该地区惩罚性的入侵行动，在一整天的战斗之后，雅典人和普拉提亚人依靠自己的力量获得了战场的控制权。在那一次入侵行动中，以后世的标准来看，波斯参战军队的规模并不算大——最多也就是三万名波斯军人，而与他们对阵的是一万人多一点的希腊联军。在马拉松战役之后，薛西斯进行了大规模征召，这一次他得到了一支完全不一样的庞大军队。

在马拉松战役十年之后的温泉关攻防战，对希腊人而言无疑是一场惨痛的失败——尽管希腊人表现出惊人的勇气和对自由的向往，但希腊联军仍旧遭到了可能是历史上最惨重的损失，这也是为数不多的几次亚洲军队在欧洲土地上击败西方军队的战例之一。在和温泉关战役同时发生的阿提密喜安海战中，希腊人则用行动诠释了什么是最好的战略性撤退。在分析希腊人最终取得希波战争胜利的原因时，我们只需要考察两场最重要的战役：萨拉米斯海战，以及随后发生的、由陆军决定整个战争结局的普拉提亚陆战。

公元前479年8月，在小亚细亚的爱奥尼亚海岸进行的密卡尔战役，和普拉提亚战役同时或是几乎处于同一时期，这场战役标志着希腊势力不再只是被动防御本土，而开始向爱琴海地区扩张进攻。当然，没有萨拉米斯的胜利，密卡尔大捷也就永远不会成为可能。至于普拉提亚战役，则是一场伟大的希腊胜利，希腊联军于萨拉米斯取胜一年之后，在底比斯以南大约十英里的一个小谷地中，在战场上彻底粉碎了留在希腊的波斯陆军，这场战役的胜利标志着波斯大王的军队被彻底逐出希腊的土地。倘若没有前一年9月份的萨拉米斯大胜，以及随之而来的战略、战术优势与作战意志的提升，希腊人无疑不可能有信心继续作战，并最终在普拉提亚杀死波斯将军马尔多尼乌斯，并歼灭击溃绝大多数继续留在希腊的波斯军队。在普拉提亚奋战的波斯军队缺乏薛西斯本人亲临打气，也没有波斯无敌舰队的支持，而一部分最精锐的波斯部队，要么在萨拉米斯战役中淹死在海里，要么在海战失利之后逃回波斯本土，没有参加一年之后的决定性陆战。在战场所处的彼奥提亚，放眼东面海岸之外，没有任何舰队来支持马尔多尼乌斯的陆军——波斯战舰要么已经沉入萨拉米斯海峡的水底，要么分散向东撤走了。此外，在普拉提亚的希腊军队异常庞大——大约6万到7万重装步兵，以及更多的轻步兵，这样的兵力在希腊历史上后无来者。希罗多德相信战场上的希腊军队总数超过11万人，因此，在公元前479年夏天的普拉提亚与希腊军队对抗的波斯人，既没有萨拉米斯时的数量优势，也没有国王督战、舰队支持，作为入侵者，他们无论是从路上还是海上都难以得到有效的支援。反观自信满满的希腊人，他们涌进狭小的彼奥提亚平原，他们坚信波斯人已经因为萨拉米斯的失败而丧失士气并从阿提卡撤退,并且被他们的政治军事领袖抛弃。

一年之前,在萨拉米斯,胜负之势是多么不同——对于历史学家而言,预言胜利属于希腊是多么困难啊!雅典人将乡村与卫城的居民尽数撤离,而此时的雅典舰队足有 200 艘战舰,数量为希腊舰队总数的三分之二——他们宁可一战,也不愿再后退一步了。几乎所有的雅典公民都撤到了萨拉米斯岛内陆、埃伊纳岛(Aegina)或者阿戈利德半岛(Argolid)的特洛曾(Troezen),因此,在公元前 480 年 9 月,倘若希腊联合舰队从萨罗尼克湾向南航行超过一里格(约等于 3 海里),那就意味着他们抛弃了阿提卡的难民,将其拱手交给薛西斯的军队——如此也就意味着雅典本身的灭亡,如果希腊人在萨拉米斯战败,雅典人将无立锥之地。"如果你们不这么做(在萨拉米斯对抗波斯人)",地米斯托克利警告他那些来自南面伯罗奔尼撒半岛的同盟者们,"那么我们雅典人就会直接离开希腊,带上所有的财产和舰队,航向意大利的西里斯(Siris),那里自古以来就是我们的土地,而神谕也指示我们在那里建立一块殖民地。至于你们这些抛弃我们的所谓盟友,相信你们有理由记住我们所留下的话语"(希罗多德,《历史》,8.62)。希腊人在希波战争中为了自由而战,但伯罗奔尼撒诸城邦中部分精明的领导人希望推迟最终和薛西斯交战的时间,直到整个局势无法改变,而且其他所有城邦都已经把自己最后的预备队投入决战的战场为止。

在萨拉米斯,大多数希腊人同意,如果需要正在避难的雅典人(他们仍旧是希腊联盟中海军实力最强的城邦)参战,那必须有两个先决条件:其一,一旦阿提卡半岛上的人民完成撤离，就需要立即在海上开始战斗；其二，这场战斗的地点必须处在波斯入侵军队与雅典脆弱难民之间的缓冲区内。因此，在9月的萨拉米斯海面对波斯人，是唯一能留住雅典人继续参战的选择，而雅典舰队的参与则是希腊联盟军保持战斗力的基础。在北希腊，除了少数城邦，大多数人民在家园被占领的情况下早已放弃抵抗，事实上，他们此时已经在为薛西斯的入侵提供兵源了。雅典人打算航向西边重建家园的说辞并非空洞的威胁：倘若南部希腊的同胞们不愿在萨拉米斯最后抵抗一次，雅典真的会彻底放弃联盟的抵抗事业。

雅典人之所以撤离阿提卡，原因就在于他们大约一万人的重装步兵部队难以对抗波斯骑兵。在温泉关战役败北之后，没有任何希腊联盟的重装步兵愿意在阿提卡半岛的平原上保护雅典，对抗那些挟胜利余威南下的波斯人，而薛西斯的军队此时刚刚占领了特萨利和彼奥提亚，并在那里得到了补充和增强。直到此时，多数希腊人仍然希望用一场决定性的战斗解决问题，不过他们更偏好在陆地上进行的重装步兵战斗。然而此时，希腊人对于陆上决战的想法只是一种美妙的空想而已，只有当薛西斯在海上的支援能力、运输能力和来自盟友的支持被粉碎之后才能成为现实，否则倘若贸然交战只会遭到屠杀。多数希腊人已经意识到，温泉关的英雄式失败不能重演，只要波斯人的庞大舰队存在一天，任何希腊方的陆上防御就可能被来自海上的敌军包抄夹击，而之前失去彼奥提亚已经意味着他们损失了希腊本土最优秀的步兵征募地之一。

从希腊海岸线向南看，萨拉米斯岛和科林斯地峡之间没有更大的岛屿，而更南方的阿戈利德半岛北岸也是如此，没有海峡和峡湾能够帮助数量更少、装备更重的希腊舰队利用地形在狭窄的水域抵消波斯庞大舰队的数量优势。即便其他盟友能说服雅典人在萨拉米斯以南作战，将埃伊纳岛和萨拉米斯岛上的难民向南撤，与在特洛曾的雅典人会合后，也只有两条路可走：要么在南面的开阔水域和波斯人交战，要么只能在放弃科林斯地峡的防御之后，和波斯人进行一场无异于自杀的陆战。无论采用这两个方案中的哪一个，都看不到取胜的希望。

希罗多德记述了一段地米斯托克利向同盟将军们发表的战前讲话，其中，他拒绝在科林斯外海和敌人的海军交战："倘若你们和敌人在地峡外海遭遇，你们就不得不在开阔水域进行战斗，如此一来我们的劣势就暴露无遗，因为我们的舰船更为笨重，而且数量也较少。此外，即便我们在那里获胜，我们也会不得不放弃萨拉米斯、麦加拉以及埃伊纳。"（《历史》，8.60）

雅典人耐希菲里乌斯曾警告过地米斯托克利，如果希腊人不在萨拉米斯背水一战的话，希腊联盟就很难再集结起这样一支庞大的舰队了，即便是在科林斯地峡也未必能做到。"每个人，"他这样预测道，"都会撤回自己所属的城邦中，无论是欧利拜德斯（斯巴达人，希腊同盟舰队的最高指挥官）还是其他人都没法把他们再集结起来，同盟舰队就会因此分崩离析。"（《历史》，8.57）因为这个原因，希罗多德笔下的阿特米西亚女王——薛西斯的海军将领之一，尽管担心自己会因为谏言而性命不保，还是向大王提出了这样的建议：避免在萨拉米斯交战，暂且按兵不动，然后通过在科林斯地峡登陆逐渐向南进兵。她争辩说，对希腊人而言，只有在萨拉米斯进行一场海战，才能将所有那些争论不休的城邦团结起来，对抗波斯大军。

根据希罗多德所言,伯罗奔尼撒半岛上的希腊人都顽固地坚持在陆地上进行防御的想法,在他们的海军将领们为了是否在萨拉米斯战斗而争论不休时,他们的陆军则匆忙地在科林斯地峡处建立防御工事。对雅典人来说,一方面如果雅典难民遭受奴役,他们的舰队恐怕也不太愿意帮助伯罗奔尼撒人——对于躲在工事之后的战斗海军可帮不上什么忙,更何况希罗多德还预料到了另一个更重要的理由:这样的陆上防御根本没法成功。一支未受挫败的波斯舰队,能够沿着伯罗奔尼撒海岸任意选择登陆点,轻易将部队卸载到希腊陆军的背后发动攻击。

拯救希腊文明、击败一个比希腊大 20 倍的帝国的最后希望,在于强迫敌人在萨拉米斯进行一场海战。取胜的机会渺茫,而且还主要取决于地米斯托克利的战略战术天才,以及希腊舰队水手们的勇气和胆量,毕竟这些人是在为了他们自己的自由、家庭的生存而战。贯穿整个公元前 480 年,希腊人面临的问题是,尽管波斯人在继续吞并他们故乡的领土,他们却仍旧在争吵、投票并互相发出威胁。这种不断探讨不同战略、争辩战术安排、听取水手抱怨的自由无拘束的方式,也许看起来粗鲁而不精致,但只要战斗开始进行,人们就会看到,是希腊人而非波斯人最终找到了在萨拉米斯海峡中作战的最佳策略。

战　斗

倘若那溺水而亡的四万波斯士兵没有遭遇战败身死的结局,而是和那些幸存的同袍一起获得了胜利,那么自由自治的希腊将不复存在,西方文明也就会仅仅存在两个世纪之后就被扼杀在摇篮里。在某种意义上,萨拉米斯是希腊人脆弱联盟的最后机会，他们必须在薛西斯占领近在咫尺的伯罗奔尼撒半岛，从而在完成对希腊本土全境的征服之前阻止他。雅典的难民们此时正蜷缩在前线附近萨拉米斯岛、埃伊纳岛和阿戈利德沿岸的临时庇护所中，他们独特的文化正处于生死存亡的边缘。我们应该记得，在萨拉米斯海战进行之时，雅典人早已失去了家园。这场战斗并不是为了拯救他们自古以来居住的土地，而是为了夺回属于自己的城邦。

不幸的是，根据我们掌握的古代文献资料——包括历史学家希罗多德、剧作家埃斯库罗斯，以及后世罗马时代的普鲁塔克、迪奥多罗斯和涅波斯的作品——几乎没有任何人描写战斗本身，但确实有材料提到，重组之后的希腊联盟舰队在数量上至少处于一比二的劣势，双方战舰的数量比甚至可能达到一比三或者一比四。我们无法确定交战双方的实际舰只数目——考虑到在几周之前阿提密喜安海岬附近进行的战役中，双方都遭受了损失，战后又得到了补充——但大致而言，应该有300~370艘希腊战舰去对阵波斯人超过600艘的庞大舰队。事实上，在埃斯库罗斯和希罗多德的描述中，波斯舰队甚至要比以上所描述的更为庞大——拥有超过1000艘战舰、20万海员。如果他们所述为实，那么萨拉米斯海战就成了整个人类海战史中，参战人员最多的一场战役。

绝大多数古代的观察者还提到了一点，即希腊舰队的水手们在经验方面远远逊色于那些在波斯皇家舰队中服役的对手，后者久经战阵，这些老水手们来自腓尼基、埃及、小亚细亚、塞浦路斯，还有一部分甚至就是希腊人。庞大的雅典分舰队距离建立仅仅有三个年头，地米斯托克利准确地预估到了其他希腊城邦或者波斯海军扩建所带来的威胁，因此仓促提议，新建了200艘战舰以扩充军备。由于希腊联盟的战舰在数量和适航性方面处于劣势，以地米斯托克利之见，取胜的唯一机会便是将波斯人引诱进大陆和岛屿之间的狭窄水道中。在这里，入侵者缺乏进行机动的足够空间，由此失去了数量和航海经验方面的优势，而士气高涨的希腊人则会不断地用战舰撞击敌人，最终打败波斯人民族成分复杂的庞大舰队。同时，希罗多德在描述希腊舰只时还用了"更沉重"（baruteras）这个形容词，这个词并不意味着希腊人的船设计得更好或是航海性更佳。有些学者认为，希罗多德可能是在表述希腊的船只使用曾受到水浸、未经晾干的木材，或者是体积更大、缺乏优雅感，这两种可能都意味着希腊舰船相比波斯舰船，转向不够灵便，却也更难以被击沉。无论如何，很显然希腊人更希望不要航向远海作战，由此他们既能避免寡不敌众，也能防止自己遭到敌人的包抄攻击。

波斯人可能是被地米斯托克利的小计谋所迷惑，他们相信雅典人将会通过埃琉西斯湾向南撤退经过麦加拉海峡。作为回应，波斯人分兵在萨拉米斯岛的南北两岸进行堵截，这一举动反而削弱了他们自己的兵力。波斯大王的舰队在拂晓即将降临之际展开攻势，他们将战舰排成三条战线，而希腊人只有两条战线与之对抗。由于波斯人将太多战舰开进了如此狭窄的水域，很快，在希腊人舰船的撞击之下，波斯舰队的阵形开始陷入混乱。相对而言，希腊人的水手民族来源单一，方便指挥，在纪律上更胜一筹，而且士气更为高涨，由此解释了为何在战斗中他们能够一再划船撞击敌舰，而很少会被占据数量优势的敌人强行登船被迫展开肉搏战。此外，波斯人经验丰富的埃及分舰队完全没有参加战斗，这支分舰队一直毫无意义地等待在远方北面的海峡出口，想当然地相信希腊人会从那里向麦加拉

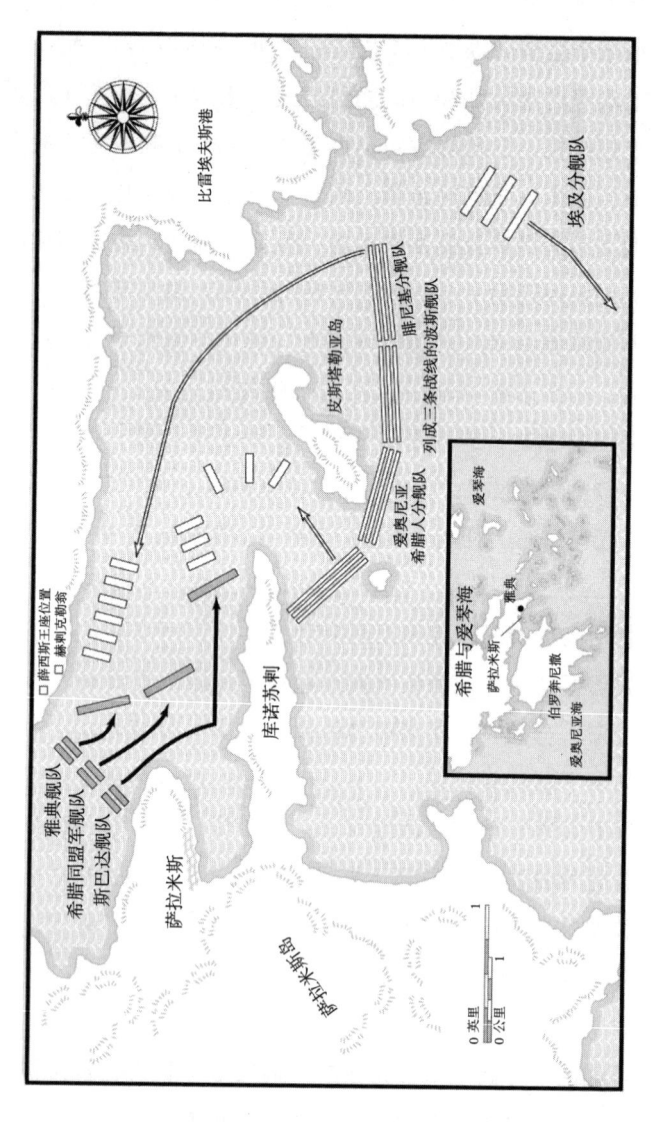

萨拉米斯海战，公元前 480 年 9 月 28 日

撤退。

地米斯托克利本人在他的座舰上领导希腊联盟舰队的攻势，他恩威并施，在波斯人已经占领科林斯地峡以北所有希腊领土的情况下，仍然将希腊人团结在一起；而他在开战前夜，秘密地向波斯大王传递出错误的投降信息，成功愚弄了薛西斯并隐藏了希腊联盟舰队的真实意图。纵观简短的历史记载，关于战斗的描写充斥着希腊人有序的进攻——战舰整齐地向前攻击，而桨手在命令下有条不紊地划动船只，在水中后退进行机动，或者前进撞击敌舰——这与波斯人形成了鲜明的对比，后者陷入混乱的各自为战，波斯海军也曾尝试着登上希腊的三列桨战舰并杀死水手，但他们的努力却徒劳无功。

这场战斗耗时可能长达八个小时，大约发生在9月20号到30号之间，最可能的日期是9月28日。战至夜幕降临，波斯战舰要么被击沉，要么被打散，入侵舰队的水手们已经彻底丧失了士气。绝大多数波斯战舰都是遭到撞击沉没的。希腊人的三列桨战舰在波斯人笨拙的阵形中冲进冲出，没过多久，薛西斯麾下不同民族的分舰队就不得不分头行动，陷入只求自保的境地了。尽管理论上来说，逃走的波斯残部仍旧拥有数量优势，但此时的波斯舰队早已失去了再战的能力，他们有超过十万名水手要么战死、受伤，要么失踪、逃散，或者索性开船逃回爱琴海的另一边。

没过多久，薛西斯自己也经由赫勒斯滂海峡踏上了回国的归途，跟他一起回国的还有六万步兵。他留下代理指挥官马尔多尼乌斯，同时也留下了一支仍然庞大的军队，将希腊本土的战事延续到了下一年。而在希腊人这一边，他们很快宣告自己的胜利，雅典人在不久之后重新控制阿提卡半岛。几个月之后，希腊联盟的步兵从希腊本土的各个角落涌向战场，对抗已经北撤到彼奥提亚并在普拉提亚扎营的波斯陆军，并将他们彻底粉碎。

自　由

自由人在萨拉米斯

公元前480年的希腊人，尽管寡不敌众、国小民穷而且身处敌人包围之中，但就像其他战争里被侵略的一方一样，在面对波斯人时，他们仍然拥有一些固有的优势：他们对本地的地形更为熟悉，在后勤补给方面较为容易，而且能利用当地的防御工事来抵消敌人的数量优势。根据希罗多德的说法，希腊步兵的青铜甲胄在陆战中显得尤为关键，优异的防护对于希腊人在马拉松、温泉关和普拉提亚的良好表现功不可没。甚至连波斯人自己也对于希腊人追求一场毁灭性战役来决定胜负的做法感到震惊，特别是重装步兵方阵冲击敌阵的做法令他们恐惧不已。对于希腊军队的纪律性波斯人显得一无所知，然而正是这种纪律带来了近身肉搏中的巨大优势。在希腊军阵中，战士的第一要务是固守在行列中，而不是去尽可能多地杀死敌人。这种欧洲人固有的军事素质，在萨拉米斯海战发生一个世纪之后被发挥得淋漓尽致，而这种素质也解释了为什么来自欧洲的色诺芬、阿格西劳斯和亚历山大大帝，仅仅率领几千到数万名士兵，就能横行在亚洲的土地上，并实现薛西斯在亚洲用几十万人都无法达成的伟大战功。

所有这一切意味着，那些在萨拉米斯奋力划桨、催动战舰迎头撞向波斯船只的希腊人相信，自由（eleutheria）是他们取胜的关键所在。他们认为，对自由的渴望，将他们变成了比

第二章　自由——或者说"以你喜欢的方式生活"

波斯人更好的战士，无论来自东方西方，无论是哪些失去自由的部落、民族或者国家，都不能击败希腊人。希腊人士气更为高涨，而且作战杀敌的欲望也更加强烈。对此，埃斯库罗斯和希罗多德的记载颇为明确。相对的，对于波斯人的作战习俗与动机，我们并没有多少兴趣，更何况相关记载往往具有倾向性，或者从来源来看属于二手货，我们能从这两位作者的描述中确定的是，希腊人很确信，在萨拉米斯他们是在为了什么东西而孤注一掷。

举例来说，从希罗多德所描述士气对比来看，在这个方面，双方的差距是确定无疑的：自由公民组成的军队是更好的军队，因为他们在战场上是为了自己、自己的家庭和财产挥动武器，而不是为了那些国王、贵族或者祭司而进行杀戮。相较于奴隶军队和雇佣兵团，这些自由民士兵能够保持更好的纪律性。在描述了马拉松战役（公元前490年）的情形之后，希罗多德提出，雅典人在他们新近争取到的民主政体支持下，战斗力远胜于原先在庇西特拉图家族僭主们长期统治的时代："只要雅典人还在独裁暴君统治下，他们在战争中取得成功的机会就不会比周围的邻国强。"希罗多德还解释了这种情况发生的原因：在过去"他们（雅典人）没有以最好的面貌进行战斗，因为他们是为了一个主人效劳；但作为自由人，每个个体都会渴望为了他自己去完成些什么事业"（《历史》，5.78）。

当被问及为何不在战争伊始达成和平协议时，斯巴达使者们如此回答波斯帝国西方省份的军事统帅海达尔尼斯，他们认为自由本身就是最好的理由：

> 海达尔尼斯，你给我们的建议脱离了对于我们状况的

了解。对于整个事件的前因后果,你只明白了其中一半;另一半对你而言,则是一片空白。究其原因,你对于奴役的了解已然非常完全,但你却未曾体验过自由的滋味,无论甜蜜或是苦涩,你都一无所知。倘若你曾经历自由的生活,你必定会建议我们,不仅要用枪矛去捍卫它,更要用战斧去争取它。(希罗多德,《历史》,7.135)

就像本章卷首引语所描写的一样,在埃斯库罗斯的剧本里,希腊人在驶向战场时互相激励:"解放你们母国的领土。解放你们的孩子、妻子,解放你们父辈崇敬的神灵以及祖先的墓地吧!"(《波斯人》,402-405)在取得萨拉米斯大捷之后,雅典人用一条简短的回复拒绝了波斯人所有关于斡旋的请求:"我们很清楚,波斯帝国的实力远超雅典;因为力量的差距而嘲笑讥讽我们是毫无必要的。尽管雅典显得弱小,但我们狂热地追求自由之身,不惜一切代价也要保卫自己。"(希罗多德,《历史》,8.143)对于希腊人而言,他们对自由的追求,犹如宗教信仰源于本性。雅典人崇拜抽象意义上的"民主"和"自由",后者更是祭拜宙斯·埃硫西里奥斯(Zeus Eleutherios,"自由赐予者宙斯")的祭仪的一部分——由此可见,神祇们为每一个平凡雅典人所做的,远比阿胡拉·马兹达为所有不自由的波斯人所做的多得多。

对萨拉米斯的胜利,希罗多德也发表了自己的观点:"是雅典人拯救了希腊,他们做出了选择,认定希腊必须保持自由之身,并继续存在下去,他们在其他城邦尚未卑躬屈膝之时奋起斗争,激励了他人。"(《历史》,7.139)大概一年之后,在普拉提亚战役中,希腊联盟要求每一名战士在战前宣誓,以这样的话语作为誓词的开头："我将奋战，至死方休，视自由高于生命。"（狄奥多罗斯，《历史丛书》，11.29.3）在战争结束之后，希腊人在德尔斐神庙奉献了一座精心装饰的纪念碑，上有铭文："广大希腊的拯救者们树立了这座纪念碑，是他们保卫自己的城邦，使之免受令人厌恶的奴役"。（狄奥多罗斯，《历史丛书》，11.33.2）

古代的观察家们不仅相信萨拉米斯与希波战争中的其他战役一样，是为了免遭"令人厌恶的奴役"，同时他们也认为在理论上，自由之身是战斗时保持士气的基础：只要士气旺盛，便能击败那些在数量或财富方面居于上风的敌人。希腊作者们在行文时不断将战斗的效率与自由人军队联系在一起；自由本身并不能保证胜利，但却能使得一支军队占得先机，也许他们由此就能在任何状况下抵消敌人在指挥、数量或是装备方面的优势。亚里士多德生活在一个雇佣兵数目不断增长的年代，对于自由与优秀军事素质之间的关系，他有着清晰的认识。对于自由城邦，他如此写道："隶属城邦的步兵认为，临敌逃跑乃是可耻的行为，他们宁可选择死亡，也不愿作为逃兵生还。相对的，雇佣兵从一开始就试图以众暴寡，而一旦发现己方兵力不济，便逃之夭夭，他们害怕死亡远胜于蒙羞。"（《伦理学》，3.1116b，16–23）

在希腊的自由公民士兵与波斯帝国惯常征召的多文化农奴军队之间，总能形成鲜明的对比。以色诺芬的记述为例，他在书中借波斯王子小居鲁士之口，在公元前401年的克纳科萨战役之前向小居鲁士的希腊雇佣兵们解释了为何他要雇佣他们向自己的人民发动战争：

来自希腊的人们啊，我之所以率领你们来到此地作战，并非是我手下缺乏足够数量的野蛮人军队。我之所以如此，是因为我认为你们在勇气与力量上远胜许多野蛮人的武士。你们拥有自由（eleutherias）并因此得到我由衷的赞赏，在战场上证明这一切的价值吧。你们都非常清楚，我会把追求自由（eleutherias）置于我所拥有的其他一切之上，甚至愿意付出更多的代价。（《远征记》，1.7.3-4）

这段话中包含了一个希腊学者所拥有的一切传统套路。尽管如此，我们还应注意三个重要事实。其一，色诺芬自己在希腊雇佣兵的万人长征中，可谓身经百战，率领部下战胜了遇到的每个亚洲敌人。其二，波斯的君王们，包括大流士、薛西斯、小居鲁士以及阿塔薛西斯（后世的大流士三世也一样）都会雇佣大量的希腊雇佣兵，但尽管为数不少的希腊城邦有钱在整个地中海范围内招募军队，却几乎没有城邦会雇佣波斯人作为士兵进行战争。其三，小居鲁士认识到，他生来作为波斯贵族，因此才能够拥有无价的自由之身，而这宝贵的自由在爱琴海对面却是普通人就能拥有的无价财富。在克纳科萨战役70年之后，就在距离万人远征军逐退波斯人的战场不远处，亚历山大大帝在高加米拉战役（公元前331年）的前夜告诉麾下的马其顿人，他们将轻易获得胜利，他向部下夸耀说，波斯奴隶组成的军队面对他手下的自由人将毫无胜算。话虽如此，亚历山大大帝本人在摧毁希腊人的自由这点上倒是做得比其他任何人都多。

纵观古希腊的文学作品，希腊式自由是一个十分显眼的特点，它显得与众不同，作为一个抽象概念不存在于同时代的任何其他文化中。在公元前 7 世纪至前 6 世纪，操希腊语的民族居住在小规模的、相对闭塞的巴尔干半岛上的谷地中，以及爱琴海的岛屿上，小亚细亚也有一部分西海岸的土地是属于希腊人的，是这些人发展出了独特的希腊式自由概念。"自由"（freedom）这个词，以及其他相当的概念——就像其他一些同样奇怪的名词诸如"公民"（politēs）、共识政府（politeia），以及民主（dēmokratia，isēgoria）等，在同时代的语言中，这些词仅见于拉丁语（例如：libertas 自由，civis 公民，res publica 公共事务等）。无论是北面部落制度的高卢，还是南面隔着地中海、有着复杂社会体系的埃及，都未曾拥有这些离奇的思想。

希腊城邦中的自由概念，与部落游牧民只求无拘无束、漫游天地之间的自由是完全不同的。举例来说，就连历史学家狄奥多罗斯也承认，即便是野兽也会为了某种意义上的"自由"而撕咬争斗。同样的，希腊人的自由也不是像波斯、埃及那样的等级社会中精英阶级统治者们所享受的不受限制与监管的自由。希腊式的自由观，突破了时间和空间的限制——无论是在城市还是郊区，无论人口分布密集抑或是稀疏，无论共识政府的概念在寡头政体中有限地运用还是在民主政体中广泛实施，概莫能外。这种观念保障公民个体的社交自由，赋予人们选举权，使得普通人拥有与取得的财产不会遭到随意的没收，同时防止公民受到逼迫威胁，或者在私刑泛滥的社会中成为受害者。

希腊人曾建立过超过 1000 个城邦，身处其中，并非每个人都能拥有自由之身。在自由城邦所存在的四个世纪（公元前 700～前 300 年）的历史中，对于公民身份的财产要求经历了一个渐变的过程，成为公民所需的财产数额，从高到低，直到完全消失；与此同时，允许担任公职的公民范围则从小到大，直至涵盖了所有具有公民身份的人。在很多情况下，名义上拥有公民身份的人并不能自由、公开地说出他们的想法，也无法担任任何公职。尽管如此，绝大多数寡头政权控制下的城邦并没有建立神权统治并以此来控制整个社会中的人民和文化经济活动。西方式的独裁者，在独断专行的程度上来说，永远都不能与东方的专治君主相提并论，他们也无法像后者那样掌管属民的生死大权。当然，由于时代局限，从黑海之滨到南意大利的诸多城邦中，没有任何一个能够将政治平等的概念延伸到女人、奴隶或者是外国人身上。更广泛的社会平等概念固然值得称赞，但在那个时代，只有少数人持有此类观点，包括：乌托邦式的思想家，阿里斯托芬这样的喜剧作家，前苏格拉底派哲学家，柏拉图主义者以及斯多葛派的哲学家等。

  在面对希腊社会中诸如此类的政治歧视时，我们必须考虑到两点。第一，总体而言，希腊人社会中的种种罪恶现象——奴隶制，性别歧视，经济剥削和民族沙文主义——对于任何时代的所有文化，都是常见现象。希腊世界中的"其他人"——外国人、奴隶和妇女，在那个时代的其他社会中同样也是"其他人"（时至今日，在某些地方这些不平等状况依然被延续了下来，如非洲的奴隶制度，印度的种姓制度以及针对妇女的暴力都是）。第二，自由本身是个不断演进的概念，自从这个概念诞生之日开始，其最终的发展方向从来不受任何逻辑上的限制。从公元前7世纪到前6世纪，早期城邦坚持按照财产多寡进行划分，建立公民身份的准入制度；而到了公元前5世纪时，雅典和其他民主制度的城邦则取消了财产要求。到了公元前4世纪马其顿征服希腊的时期，无论是在文学作品中、戏剧的舞台上、哲学思辨里，还是在演讲稿的字里行间，希腊人都在呼吁，试图将自由和平等的观念扩展到本城邦出生的男性公民以外的人群中。当然，我们不能指望在自由这一概念出现的前200年时间里就能达到臻于完美的境界，相反，我们应当满怀赞赏地认识到，这种特殊的观念竟然在如此早的时代，就已经以某种形式出现在这个世界上了。

自由的含义

如果我们询问一名在萨拉米斯参战的水手："你为之划桨拼搏的自由，到底是什么？"也许他给你的答案将包含四个部分。第一，自由意味着能够说出自己想说的东西。事实上，对于自由发言这个概念，希腊人有两个不同的词：isēgoria，它的含义是指在公民大会上公开发言的权利，而parrhēsia的含义则是说出自己想说的话语。正如希腊戏剧家索福克勒斯所言，"自由人拥有自由的舌头"（《索福克勒斯残卷集》，927a）——我们可以看到，这样不受限制表述思想的方式，不仅能在雅典的戏剧舞台上看到，同样能在整个萨拉米斯战役进行期间得到无处不在的体现。雅典人为了是否撤出阿提卡半岛而辩论，伯罗奔尼撒人为了是否在科林斯地峡战斗而辩论，而所有的希腊人则为了是否要在萨拉米斯孤注一掷而辩论——在得到肯定的答案之后，为了战争的时间和地点他们的辩论仍会继续下去。诸如欧里庇德斯、地米斯托克利和阿德曼图斯这样的政治家，和将军们一起就许多问题展开激烈的公开辩论，大喊和尖叫此起彼伏。这种几乎持续不断的审议活动，被希罗多德形象地称为"语言的战争"或者是"一场语言的激烈竞赛"。在战斗之前，街头巷尾的人们可以对战势发展发表自己的观点，历史学家希罗多德称之为"大众的骚动"——将军们不得不分散到不同的地方来平息公众的情绪。在这之后，雅典人甚至把他们的三列桨战舰命名为"民主"号、"人身自由"号和"言论自由"号——这样的命名法则，恐怕会使这些战舰在海战中成为波斯无敌舰队的第一目标。至于将一艘波斯战舰命名成类似名字的做法，则是彻头彻尾的空想。

而在波斯这一边，之前所述发表意见的方式是不可能被允许的。由此导致的结果是拙劣得多的战略制定，波斯人的最高指挥官也会脱离舰队所接触的实际事务，大王本人对于任何一个海军将领在进攻计划中所扮演的角色都不甚明了。埃斯库罗斯的作品中有一段合唱，描写了波斯长者们在战前的哀叹，这预示着之后萨拉米斯的败局已定："人们的舌头不再会被束缚住，一旦驱使人民的皇家权力的牛轭支离破碎，从此以后，每个人都能随心所欲地表达自己的观点了。"（《波斯人》，591-92）斯巴达叛徒德马拉图斯向迪凯欧斯建议，不要在波斯大王薛西斯面前表现出对希腊舰队的恐惧："保持沉默，也不要把这件事告诉他人。倘若你的话被报告给了大王，你就会掉脑袋。"（希罗多德，《历史》，8.65）在战斗之后，腓尼基舰长们跑到薛西斯面前抱怨，说自己在战斗中遭到了爱奥尼亚希腊人的背叛，后者抛弃了波斯的入侵大业。他们批判式的语气令薛西斯非常不悦，于是这些腓尼基人都被下令处死了。在海战中，当希腊舰队接近敌人时，希腊的桨手在划行时带着承诺，他们能在战斗中喊出自己对于战斗的观点；而在波斯人这边，任何有如此行为的波斯水手都难逃当场被处以极刑的命运。

第二，在萨拉米斯，希腊水手们在战斗时肯定抱着坚定的信念，确信他们在雅典、科林斯、埃伊纳、斯巴达以及其他希腊联盟中城邦的政府的基石是公民制度，而他们也将为此而战。像地米斯托克利和欧利拜德斯这样的领袖，要么直接由选举产生，要么由民意代表进行任命获得。那些划动战舰撞向敌舰的希腊水手们知道，进行这场战斗是他们自己做出的选择；而那些沉入海中溺水身亡的入侵者们则不得不接受一个海水般冰冷的事实：他们之所以在海峡战斗，只是因为波斯大王希望如此。从长远来看，人们在拥有选择自己死亡场合的自由时，总能战斗得更为勇猛高效。

在萨拉米斯海战之后，经过战争考验的希腊士兵们投票选出他们眼中的英雄事迹，并做出相应嘉奖。反观波斯这边，皇家书记官们在薛西斯所处的高处进行记录，对造成厄运的波斯部属进行惩罚。在早先的温泉关战役中，波斯人按照惯例，由军官用鞭子驱赶着己方部队向希腊人冲锋。而他们面对的斯巴达人则是自愿地为了希腊人的自由事业而献出生命。在战时，倘若一个将军殴打一名重装步兵的话，很快会导致对其本人的公开审查；而对于波斯人来说，鞭打步兵的行为只不过是维持军队士气的一项必要工作罢了。地米斯托克利曾被自己战舰的水手指责，在雅典公民大会上遭到嘲笑，也曾在希腊联盟会议上受到言语攻击；而薛西斯却坐在海峡旁高处装饰华丽的座椅上，让远处下方他麾下的每个士兵都清楚地感受到恐惧，因为波斯大王正俯视着他们。巨大的精神压力和可能身首异处的恐惧，也许能很好地激励士兵奋勇作战，但长期来看，希腊式的自由作风仍然是更好的作战动力。

第三，在萨拉米斯的希腊人能够自由地购进或者出售地产，将其转手给他人，也能动手改良其品质，倘若他们喜欢的话也能弃置不管。他们对地产的处置不会因为受任何政治性或宗教性压力的驱动而进行，这些土地也不会遭到充公处理。即便是雅典的无地水手们，在理论上，也可以通过开设商铺、买卖皮货而攒钱购得葡萄园，或者应聘做一个牧人，最终积蓄一些金钱和土地传给他的子女。而在波斯这方，多数在萨拉米斯溺水而死的人们，都在国王、总督、神祇或者贵族所有的巨型庄园中劳作。在战争中，如果人们相信战斗能够保护他们自己的财产而非别人的，那么他们的战斗力就会更加强大。当波斯人撤离希腊时，有不少传闻声称有大量的贵金属和金条被留了下来——这很容易理解，因为我们知道，在东方没有银行或者其他商业机构保护私有财产，使之免受充公或者随意征税。

在后来的岁月里，东方军队总是将军饷带到战场上，而他们的西方对手则把薪金留在家里，信任法律，相信自由人公民的私有财产总能得到保障。在勒班陀海战中，阿里帕夏将财宝都藏在他的舰船苏丹娜号上，而基督徒联合舰队的指挥官唐胡安在皇家号舰船上则没有放置任何他自己的财产。如果在萨拉米斯战败的是希腊人，那么阿提卡将迅速沦为波斯大王的私人领地，薛西斯肯定会将这片领地分配给他宠爱的贵族精英和皇亲国戚们，而后者将会把这些土地进一步分成小块，让那些退役士兵作为佃农并用不合理的要价让他们耕种。自由是资本主义的黏合剂，在自由制度的驱使下，超道德的市场智慧能够以最大效率将产品和服务分配给每个公民。

最后，在萨拉米斯的希腊人拥有行动上的自由。举例来说，一部分固执的雅典人在波斯人攻来时就选择留在城市中，为卫城殉葬。而伯罗奔尼撒人则选择留在主场等待进攻，并着手加固科林斯地峡处的工事。在整个战役期间，难民、士兵与旁观者们来了又去，有的人选择待在埃伊纳岛，有些去了特洛曾，也有人将萨拉米斯岛作为落脚点。这样的行动自由是波斯人所不能容忍的，吕底亚人皮西乌斯试图用自己的方式使一个儿子免于服役，于是薛西斯就下令把那孩子劈成两半；但在雅典，那些拒绝公民大会决议，不肯撤离阿提卡的公民们并不会在自己同胞的手上遭此厄运。在亚里士多德对于自由的解释中，一个关键内容便是"一个人应能以他喜欢的方式生活，便是享有自由的标志，因为反过来说，倘若不能在生活上随心所欲，那便是身为奴隶的标志了"（《政治学》，6.1317b，10–13）。这种自由的理念，即不受限制的选择权，同样出现在伯里克利在阵亡将士葬礼上的精彩演说中。伯里克利的话语被记录在了修昔底德所著《历史》的第二册中："我们在自己政府中所享受到的自由方式，同样延伸到日常生活里。在生活中我们不会以嫉妒的眼光互相监视，我们也不会因为邻居依照自己爱好所为之事而生气发怒。"在几句话之后他又补充说，在雅典，"我们完全按照自己喜欢的方式生活着"（《历史》，2.37，39）。在波斯军队中，这种程度的自由仅仅被局限在阿契美尼德王室的精英之中。倘若庞大的波斯舰队里有一小部分桨手拥有类似的自由，它或者是因为监管的松懈，或者是亲属关系下的网开一面，或者可能来自波斯大王的恩赐——这样的自由随时可能因为国王的一个念头而彻底消失：自由可不是所有公民都能享有的、天生而来、法律规定且抽象的权利。

倘若一个波斯方的水手选择留在后方被占领的阿提卡，或者是试图和他的总督争论，或者在薛西斯大王个人所拥有的沙滩上漫步，那么他肯定会受到惩罚，而在萨拉米斯海峡对岸，敌军士兵的类似举动则没人会加以约束。事实上,西方军队总是这样难于驾驭。在萨拉米斯,如此多的小国之间居然能够一起同心协力发动攻势,甚至形成一个粗略的协议进行战斗部署,这简直是个奇迹——类似的、在自由人之间发生的争执,在勒班陀海战之前的几个小时也差点毁掉了基督徒抗争的努力。尽管如此,自由行事的权利最终在战斗时发挥了积极的作用。士兵和水手们一旦得到保证自己不会被鞭打、砍头,就会相机而动、自发作为。他们不会因为可能的失败而被处决,因此也就不会因为隐藏的恐惧而影响作战的动力。自由人在作战时完全相信,战后同胞们会指出哪些人勇敢、哪些人怯懦,他们必将被公正地对待。

在战前,地米斯托克利本人向波斯人发出了一条欺骗性的信息。在开船前一刻,希腊人还进行了最后一次大规模的集会商议。在开战前的最后关头,希腊的三列桨战舰或者单独行动,或者成群结队地从附近的海岛开来加入战斗,有些隶属波斯的希腊人则抛弃了薛西斯投向自己人这边。雅典人中保守的陆战派阿里斯蒂德没有加入海战,而是主动登陆附近的普西塔列阿岛,驱逐守岛的波斯军队。以上这些个人的、自由的行动,都是那些"做自己喜欢的事"的人们所采取的。自由发言能够激发集体的智慧,这在帮助最高层指挥战斗方面显得非常关键。关于如何守护萨拉米斯海峡,希腊人进行了激烈的讨论,据普鲁塔克记载,地米斯托克利向他的对头斯巴达人欧利拜德斯大吼大叫,后者是伯罗奔尼撒人舰队的总指挥,却几乎没有表现出为了萨拉米斯岛上的雅典人一战的意愿。地米斯托克利如是说:"如果你想打我就动手,但是听我把话说完!"(《希腊罗马名人传·地米斯托克利》,11.3)欧利拜德斯确实听了下去——于是，希腊人赢了。

战斗中的自由

西方式的自由理念，源于早期的希腊政治观念，诸如共识政府（politeia）；同时也植根于能够允许个人获取利益（kerdos），并保护个人地产（klēros）；同时提供一定程度的自治（autonomia）以及远离高压统治和强迫奴役的开放式经济体系。在几乎每一场西方士兵参与的战役中，自由的理念都是不可忽视的因素。自由，和其他西方的特有优越性一起，抵消了西方军队在人力资源、机动性与补给能力方面的劣势。

在萨拉米斯海战中，我们能够很容易地分辨出自由理念对士兵所施加的影响，而在墨西哥城之役或是勒班陀海战中则不是如此明显——诸如阿金库尔、滑铁卢和索姆河战役等西方文明的内战中也是如此。然而，不论西方文明范畴下的国家之间区别有多大，如中世纪的法兰西之于英格兰，19世纪初的法国与英国，或者是第一次世界大战期间的德国和协约国，在它们之间仍然保持着相同的衡量自由的标准，而类似的概念在欧洲以外国家的军队中则是无从得见的。

即便是在宪政政府的建设受到阻碍以至消失无踪，而古典时代的遗产遭人遗忘的时代，西方经济文化的宽容特质仍旧留存下来，西方国王的军人拥有的自由待遇超过任何其他文明体系下的军人，无论是中华帝国的征募兵、土耳其苏丹的耶尼切里近卫军还是蒙特苏马的鲜花武士，概莫能外。其他文明的军人在社会地位、经济生活和个人精神层面都会受到一定程度的控制，这在欧洲是闻所未闻的。阿兹特克人让科尔特斯的征服者们惊骇不已的，一方面是他们在大金字塔下持续不断进行的人殉活动，另一方面，就像希腊人对薛西斯、威尼斯人对奥斯曼土耳其、不列颠人对祖鲁、美利坚合众国的人们看待大日本帝国一样，是个人相对于国家的从属地位。非西方人中，毫无权利的个人仅仅由于说话（或者保持沉默）而触怒国君、帝王或者祭司，就被随意剥夺生命，这让西方文明熏陶下的人们感到惊诧莫名。

严格的服从可以让人无条件地献出生命，这在战场上固然能带来优势，但倘若这种军事化社会的中枢神经遭遇打击——例如蒙特苏马被西班牙人绑架，薛西斯或是大流士三世在战斗中公开逃跑，祖鲁人的领袖开芝瓦约（Cetshwayo）被抓获，日本将领剖腹自杀——那么这些被强迫拿起武器的农奴或者帝国的属民们的战斗意志就会和他们的指挥官一起消失，宿命论和不可控制的恐惧就会悄然爬上每个人的心头。对日本而言，天皇一旦投降，整个日本便会放下武器；对美国来说，罗斯福总统的开战宣言必须经过立法机构的通过才能将整个美国武装起来，而杜鲁门总统的停战协议也必须经过同一机构的批准方能生效。

看起来，自由是一种军事上的无形资产。引入自由的理念，能够整体上增强军队的士气；即便是地位最低微的士兵也能从中获得信心；而且能让军官们群策群力，而不是仅仅依靠指挥官的个人智慧来进行战斗。自由不止意味着自治的权利，也不仅仅使得人们在自己的土地上更好地击退入侵者。在公元前479年的米卡勒战役中，以及在亚历山大大帝入侵波斯（公元前334年~前323年）期间，波斯人都在防御者的位置上面对入侵的敌人，但他们只是为王权服务、在阿契美尼德家族所有的亚洲土地上耕作的农奴，而不是为了自由理念奋战的自由民，因此他们遭遇失败也就不足为奇了。

萨拉米斯的遗产

> 在世界历史上，利害关系的重量使得胜负的天平颤动不已。东方式的专制统治模式在天平的一端，这种模式由一个君主独断专行，一统天下；天平的另一端则是些分散的小国，无论是规模还是资源都显得微不足道，但这些国家因为自由个性而充满活力，而且面对战斗时能够并肩戮力奋勇杀敌。在漫长的历史进程中，精神力量终究凌驾于物质资源之上而取得了胜利，在此，这种胜利得到了最为荣耀也是最大规模的展示。

以上是乔治·黑格尔在他的著作《历史哲学》（2.2.3）中对于萨拉米斯海战的评价——他的激情洋溢的观点与阿诺德·汤因比的看法大不相同，后者甚至在一段论述中认为，倘若希腊人被薛西斯的入侵军队击败，则希腊文明能够得到更多的好处：无处不在的暴君式统治至少能够帮助希腊人摆脱持续不断的内斗。这种看法无疑是愚蠢的。汤因比应该更仔细地审视在公元前6世纪时，爱奥尼亚被波斯统治之后所遭受的厄运。这块爱琴海东岸的希腊土地，在哲学、政府体制与言论自由方面都曾达到相当的高度，但在经历了一个世纪的东方式统治后却渐趋衰落。

假若希腊人在萨拉米斯失败，那也就意味着西方文明及其特有自由观念的终结，希腊本土会和爱奥尼亚一起被占领，并成为波斯帝国的一个西部行省。少数幸免于难、继续保持自由生活方式的希腊人生活在意大利或者西西里岛的诸城邦中，他们面对波斯人的攻击除了屈服别无他法，况且这一小群希腊人在已经成为波斯人或者迦太基人内湖的东地中海中，也只会默默无闻地生活下去。一旦希腊本土陷落，城邦体系的独特文化也会消失在历史长河中，摇篮中的西方文明也会因此烟消云散，一切价值都归于湮灭。在公元前480年，民主体制距离初创才度过两个世纪的光阴，几十万乡民在东地中海一个不起眼的角落建立了它。罗马之所以能够统治希腊和迦太基曾经的势力范围，便在于其强大的军队，在于自由人公民提供的庞大人力资源，以及由人民监管的强韧的军事体系和充满活力的科研传统——最后这一条为罗马提供了所需的一切军事装备，从弩炮、高度发达的攻城设备到精良的武器与铠甲。而所有这一切，要么直接从希腊人那里模仿得来，要么是受到希腊人启发的再创造。

在萨拉米斯之后，自由的希腊人民再也不必害怕任何外来势力的攻击，直到他们遇到同样由自由人组成的罗马共和国。薛西斯之后，没有任何一个波斯国王能够踏上希腊的土地。在接下来的2000年时间里，任何一个东方势力都无法占据希腊，直到15世纪奥斯曼占领巴尔干，并最终使得衰落、孤立且被遗忘的拜占庭希腊屈服。在萨拉米斯之前，雅典只是一个古怪的城邦，它采取民主制度只有27年，不过是襁褓之中的婴儿罢了，民主制的优越与否还有待事实的检验。萨拉米斯之后，扩张性的民主文化模式在雅典生根发芽，它的影响辐射到了整个爱琴海。我们记住了诸如埃斯库罗斯、索福克勒斯、伯里克利与苏格拉底这些名人异士，也目睹了帕台农神庙的雄伟壮丽。萨拉米斯的结局证明，自由人总能战胜被奴役之人，而自由人中获得自由最为彻底的群体——雅典人，最富有战斗的意

第二章 自由——或者说"以你喜欢的方式生活"

志与力量。

在萨拉米斯大海战之后的三个半世纪的岁月里,希腊精神引导下的那些致命军队——万人远征军、亚历山大大帝麾下的马其顿人以及皮洛士率领的雇佣兵——结合了优越的军事技术和冲击作战模式,在战场上横冲直撞所向披靡,他们的征战遍及从意大利南部的土地一直延伸到印度河畔的广大区域。希腊人在建筑学方面发展出无人能及的造诣,从奥林匹亚的宙斯神庙到雅典的帕台农神庙无不肃穆壮丽;至于文学领域,更是成为永恒的经典,阿提卡风格的悲剧、喜剧、演讲术以至希腊历史记载本身都独具一格;红色陶瓶彩绘的流行,雕塑中现实主义和理想主义交相辉映,民主理念的不断扩展——所有这些都在希波战争中成长发展,激励那些艺术与历史巨匠们,用他们自己的方式去记录下这场标志着希腊由古风时代走向辉煌古典时代的战役。

关于萨拉米斯和自由的理念,还有一点颇为讽刺。希腊人的胜利不只是使得自由的希腊城邦文化存续了另外两个世纪,同样重要的是,这场战役催生了整个希腊范围内民主制度的复兴,通过给予自由人更多的权利而彻底改变了城邦制度发展的轨迹。人们可以拥有的自由,超过任何一个生活在公元前7世纪的自耕农重装步兵的想象。正如150多年之后亚里士多德所看到的那样,在一个曾经普通的、不起眼的城邦里,平凡无奇的人民在经历了一场制度改革试验——授予那些本土出生的穷人投票权——之后,迅速崛起成为萨拉米斯的英雄群体,并且作为希腊文化的引领者站上风口浪尖。

在这场战役之前,绝大多数城邦的公民身份有严格的资产限定,本地出生的人群中只有大约三分之一能成为公民,那些未经教育、穷困潦倒、居无定所的人们普遍不能得到信任。然而，由于在萨拉米斯取得胜利的是那些较贫穷的"海军平民"，而不是那些在陆战中充当主角的小地产主，在下一个世纪的时间里，在雅典，没有地产的桨手们将发挥出更大的影响力。贫穷卑微的人民为了性命攸关的海上霸权而展现他们的勇气，因此他们也会得到相应的政治地位及其代理人。在西方，那些奋勇杀敌的人们总会寻求政治上的承认。这些新近崛起的海军自由民阶层重塑了雅典的民主整体，将其变得更为不可预测，也更具扩张性。通过公民大会的多数票，自由人可以在任何一天进行很多活动。在公民大会的意志下，雅典卫城中兴，建起宏大的神庙，政府公款补贴戏剧活动，同时雅典的三列桨战舰被派往爱琴海的每个角落——同样的意志也将米洛斯的无辜平民屠杀、奴役，并毒死了伟大的苏格拉底。马拉松战役的胜利赋予雅典陆军不可战胜的神话，而在萨拉米斯，雅典海军接过了荣耀，继续前行。

柏拉图认为，马拉松战役标志着希腊人一系列胜利的开始，而萨拉米斯则是终结，萨拉米斯"使得作为一个民族的希腊人变坏了"。在他的眼里，民主制度是一种堕落的制度，参与其中的草根公民比所谓的"拍脑袋思想家"好不了多少，他们索取自己从未赢得的权利；他们将平等的身份作为自己追求的结果，而不是作为提供机遇的敲门砖；他们使用多数票代替法律，把自己的决议作为统治的准绳。在萨拉米斯海战之前，希腊诸邦用一系列禁令来限制激进的、新生的、特立独行的自由思潮——投票权由资产进行限定，战争限于那些因为资本和收入而获得特权的富裕地产主，没有税收，没有海军，也没有扩张式的国策。这些传统将农业城邦中的自由和平等限制在一小部分拥有财富、受过教育的土地所有者中间。此时的城邦，平等并不能降临到每个人头上，它只是每个人在道德层面追求的目标而已，这种求索的过程还要符合一群具备足够资格和天赋的自由人的认同。

柏拉图、亚里士多德，以及从修昔底德到色诺芬的绝大多数希腊思想家，对于萨拉米斯海战所导致的结果都显得讳莫如深。当然，他们并非每个人都出身精英阶层，也不是有意为统治阶级辩白。他们看到了激进民主制度下潜藏积累的危险，国家授权、抽签选举、职务津贴、言论自由与开放市场，问题和矛盾犹如滚雪球一般越积越多。从更为保守的视角来看，倘若没有内在的审查和平衡机制，城邦将从自由走向疯狂，最终成为培养高度个人主义、自私自利公民的温床，个人不受限制的自由和权利将会阻碍为集体做出的牺牲，也会使得道德底线荡然无存。尽管给予公民无限政治自由的民主制度基于一条不可剥夺的权利——一个人由生到死，始终应该保有自由之身——但亚里士多德与柏拉图之后的主流欧洲哲学家——霍布斯、黑格尔、尼采等数十位大家——对此都不约而同地持保留态度。

也许保守主义者会觉得，将绝大多数选票的主人限定在受过教育、见多识广的公民之间是个不错的主意，再加上某种财产限制就更好了。战争——类似马拉松或者普拉提亚那样的战役——都是为了争夺有形资产而进行的，陆战需要个人的勇武，而不只是需要先进技术和公共资金建设的战舰，数量优势也未必起作用。公民只有拥有自己的农场，提供自己的武器装备，不受税收与中央集权的政府之累，同时关心自己的财产安全才算是具备资格——这样的人不必用劳力换取工钱，不必被政府雇佣，也不受任何公共头衔困扰。然而在萨拉米斯，勇敢的无产桨手们和他们操弄的用公共资金建造的战舰，在一下午的时间里彻底改变了这一切。激进政治自由思潮一旦破壳而出，即便是最强大的西方独裁者也难以熄灭它燃起的燎原烈火。

波斯舰队从萨拉米斯海峡撤退后，爱琴海上已无阻碍，此时的雅典站在希腊对抗波斯的最前沿，它接纳了激进的民主制度，驳斥那些故步自封的老派城邦思维。哲学家们也许会痛恨萨拉米斯——柏拉图对这场战役的看法可以用叛逆来形容——但这一切都无法抹杀地米斯托克利和他的桨手们在萨拉米斯的胜利，他们不仅拯救了希腊和西方文明，还不可逆转地激发了西方军事制度的活力，并且扩展了自由理念本身。萨拉米斯海峡中溺水身亡的四万波斯士兵，就是对于一个理念所激发出的力量的最好阐释。

萨拉米斯并不是希腊文明的缓刑。相反，这场战役给整个东地中海地区带来了前所未有的东西：西方式的战争方式从此走出希腊的国界。仅仅一个半世纪之后，曾经在雅典海岸几千码之外拯救希腊舰队的军事体制，将会帮助亚历山大大帝向东远征3000英里之外的异邦，兵锋直指印度河畔。

第三章 决定性战斗

——高加米拉，公元前331年10月1日

> 据我所知，希腊人习惯于以最愚笨的方式进行战争。他们互相宣战之后，便着手寻找最好最平坦的平原，在那里拼个你死我活。战斗的结果往往异常惨烈，即便是胜利一方也会付出惨重的代价；至于失败一方，则将面临全军尽殁的命运。
>
> ——希罗多德，《历史》，7.9.2

视　角

那位老人

可怜的帕米尼奥（Parmenio）！神圣的亚历山大大帝远在右翼，像一柄利剑直插波斯大军的心脏，而他却再次被留在了后方。几乎整条马其顿战线中的士兵，都在跟随他们的国王向前移动。精锐的马其顿禁卫伙友骑兵在帕米尼奥的儿子菲洛塔斯（Philotas）率领下直冲向波斯中军，其他的部队，包括皇家长枪方阵、杂牌雇佣兵、老资历的持盾卫队——看起来似乎每个人，不论步兵还是骑兵，在战场上都是步步向前，将死亡带给敌人，只有帕米尼奥是个例外。又一次，这位老人的任务是坚守自己的阵地，除了守卫左翼之外，他无法去追求任何其他胜利的荣耀。亚历山大留给他的只有数百名久经战阵的马其顿骑兵，外加克拉特鲁斯（Craterus）和西米阿斯（Simmias）麾下的长枪方阵，艾利吉亚斯（Erigyius）率领的一部分希腊骑兵，以及由菲利普（Philip）统领的那令人畏惧的2000名特萨利（Thessalian）骑兵。

在这之前，即在公元前334年发生的格拉尼克斯河战役和公元前333年的伊苏斯战役中，帕米尼奥的任务同样是守卫马其顿军阵的左翼远端——从战术术语上来说，他所在的侧翼处于"回收"状态——而更有机动性的亚历山大则在波斯阵形的中央和左侧之间打开一个缺口，彻底击溃敌人，追亡逐北，就连波斯大王也狼狈逃窜。亚历山大对战波斯的取胜之道，在于他总是能抢在帕米尼奥被波斯人的数量优势压倒之前，先把波斯部队打垮。帕米尼奥负责坚守，亚历山大负责进攻——这样的分工就是亚历山大取胜的惯常模式。倘若取胜，荣耀都归于亚历山大一人；而一旦失败，帕米尼奥将会独自承担一切后果。

在高加米拉战役中，帕米尼奥所统帅的左翼在局面上确实曾经危险到几乎崩溃的地步——古典时代传记作家希罗多德在《希腊罗马名人传》之亚历山大大帝章节（23.9–11）中只有干巴巴的描述，"（马其顿人）被迫后退，形势岌岌可危"。而事实则要严酷得多，帕米尼奥的手下士兵在数量上处于严重的劣势——也许达到了一比三——在某些时刻甚至面临全军覆没的危险。我们所掌握的古代资料显示，在高加米拉，双方军队在数量上的不平衡以左翼的情况为最，在这个地方，马其顿人的阵线几乎是在交锋一开始就差点崩溃。帕米尼奥麾下的马其顿贵族骑兵不得不面对骁勇善战的敌方对手：来自亚美尼亚和卡帕多契亚的骑兵，大约50部卷镰战车，以及一支波斯步骑混合部队，这支大军由波斯帝国的叙利亚行省总督马扎亚斯（Mazaeus）亲自指挥。超过15000名马上杀手，如同巨浪拍打孤岛一般，冲击着帕米尼奥那5000步骑在战场上构筑的小小防线。

这些波斯骑兵的战斗力不容低估。从马种上来说，波斯马匹的体型在某种程度上相较马其顿马匹更为高大。而在高加米拉，更是出现了不少人和马同样披着重型前护甲的重装骑兵。在波斯帝国的东部，逐渐兴起一种特殊的骑兵类型，后来演化成了铁甲骑兵（cataphract），这些浑身披挂重甲的武士骑乘强壮的高头大马，足以踏破由轻步兵或轻骑兵组成的松散阵线。尽管当时的波斯骑兵在近战技能方面尚显不足，难以适应血腥的当面肉搏——他们装备的短标枪和刀剑，并不能与亚历山大精锐伙友骑兵手上的长枪和适合砍杀的宽刃剑相提并论——但他们坐骑的巨大身材，人马所披的厚重护甲，波斯骑兵庞大的数量以及冲锋陷阵时裹挟的气势，在攻击帕米尼奥原地防守的军团时造就了一场残酷的交锋。

关于马其顿重装骑兵对战东方军队中的步骑兵时究竟能造成怎样的杀伤，大流士的将军们早已有所了解，在高加米拉，他们决定使用数量更多、装备更重的骑兵来对抗马其顿人——他们这样做，仿佛只需要在人力物力上压倒对方，而不用考虑战术与战斗意志便能在战争中取胜。据历史学家库尔提乌斯（Curtius）记载，甫一交战，马其顿官兵对这些来自巴克特里亚与西徐亚的游牧武士的异样外表心存恐惧，这些骑兵"脸上毛发蓬乱，未加修剪，而且身形伟岸，躯体庞大"（《亚历山大史略》，4.13.6）。

在亚历山大宫廷里的高官显贵中，帕米尼奥是第一批攻入欧洲的人之一，在其后的一系列战役里，他作为马其顿国王战线中的磐石，战斗在格拉尼克斯河、伊苏斯与高加米拉战役中。为了亚历山大的事业，此时他已经牺牲了一个儿子，而另外两个儿子也将在一年内走到生命的尽头，就连这位 70 岁的老兵自己也将在一年内悲惨地死于谋杀。他最后剩下的一个儿子菲洛塔斯此时就在亚历山大身边统领伙友骑兵，然而，他最终的命运却是因为子虚乌有的背叛指控而遭受国王本人的折磨，最终在集合的军队面前被乱石砸死。可怜的帕米尼奥是马其顿先王菲利普二世的原班贴身幕僚（Companions）中仅存的一位，在亚历山大尚未出世时，他就已经致力于为其构建军队。在战场上，数以百计的波斯人也没法杀死这位勇猛的元帅——据库尔提乌斯所言，他在"亚历山大所有将领中，对战争艺术的掌握最为娴熟"（《亚历山大史略》，4.13.4）。——帕米尼奥将在和平时期死于可耻的谋杀，而发布命令的正是那位被他拯救多次的国王本人。

在踏上亚洲土地的初战——格拉尼克斯河战役之后，亚历山大为阵亡的伙友骑兵奉献雕像，关心伤者，同时免去那些阵亡将士家中的赋税。三年之后，现在的亚历山大已经和以前截然不同了——他愈发怀疑军官们的忠诚，不久又打算把波斯人招募到自己的军队中。他像东方式神权君主一样，被虚荣与傲慢蒙蔽双眼，他希望攫取更大的功业和荣耀，而不仅限于洗劫与破坏波斯帝国的西方行省。马其顿国王的妄想和偏执，最终将促使他杀死那位替他创建军队的老将军。帕米尼奥曾年复一年地替亚历山大除去他王位继承之路上的反对者，并教会年轻的国王如何让那些桀骜不驯的马其顿低地领主们俯首称臣，至于在战场上——这次在高加米拉，他又一次守住了自己的战线，拯救了整支军队。亚历山大军事生涯后期最大的讽刺之一，是他有计划地毁灭了自己的军官阶层，而这些军官正是他一系列主要战役胜利的基石——在老将军们的努力下阿契美尼德王朝的灭亡已是板上钉钉之事，于是这些经过精心策划的"军队大清洗"行动便悄然浮出水面。

帕米尼奥之死——他先是被亚历山大的信使出其不意地用匕首夺取性命，死后又被戮尸，头颅被斩下之后送给国王——这一切都将在高加米拉战后的第十一个月，在埃克塔班纳（Ecbatana），一个遥远的波斯行省首府发生。让我们把目光转回到战场，现在，忠诚的帕米尼奥有着更加迫在眉睫的危机需要处理，因为他已经身处波斯人的重重包围之中。四面八方响起万千马蹄声，扬起的漫天尘土迷住了士兵的眼睛，尽管如狄奥多罗斯所言，帕米尼奥已被波斯总督马扎亚斯所部的"重量和绝对人数"压迫到了极限，但他并没有被击败（《历史丛书》，17.60.6）。至少眼下局势并非无可挽回，于是帕米尼奥集合了那些久经战阵的马其顿贵族骑士，试图逼近波斯人从而展开贴身肉搏，并砍击和戳刺敌人的马匹和骑手的脸。加上特萨利骑兵的辅助——这些骑手是古代世界中最优秀的轻骑兵——他抵挡住一波又一波的攻势，保证己方亚历山大远去的部队不会遭受来自左侧或者背后的偷袭。帕米尼奥又一次阻挡住了预料之中的波斯人发起的包抄机动，保护住马其顿本阵后方，同时又拖住了波斯人一半的兵力。正因为如此，亚历山大——或者说亚历山大大帝、亚洲之王、宙斯-阿蒙神的儿子、大流士三世的征服者，以及不久之后的波斯皇帝与东西方交锋史上最伟大胜利的设计师，才能继续胜利的神话，并且最终毁灭阿契美尼德王朝的统治。

此时，帕米尼奥面对着两个关键问题。大流士三世在选择战场方面十分谨慎，高加米拉平原的战场附近既没有山脉也没有海洋——甚至连河流与沟渠也难觅其踪，没有任何东西能够保护马其顿军队远离波斯人更长战线的侧击。交战没多久，帕米尼奥左侧的波斯骑兵就快速集聚并完成了迂回，在数百码外包围了马其顿阵线的侧翼，迫使寡不敌众的帕米尼奥将单薄的阵形弯曲成马蹄形，试图在这些波斯人攻击马其顿阵形背部之前摆脱他们的纠缠。紧接他右侧列阵的特萨利骑兵击退了卷镰战车的冲击，甚至打退了一些希腊雇佣兵，他们面对敌军岿然不动，迫使敌人不得不继续包抄机动而不能直插帕米尼奥步兵的侧翼。在右翼的更远处，即距离特萨利人大约四分之一英里的地方，马其顿军队的阵线出现了一个不断扩大的缺口，这直接威胁到整支军队的中央部分。亚历山大亲自领军向右侧发起猛烈进攻，这对波斯人来说称得上是致命一击，但截至此时，他带走了马其顿阵形中央右侧绝大多数的军队，只剩下两个连队的长枪方阵作为战术预备队，以及一部分散兵，这些就是用于保护帕米尼奥右侧的全部部队了。

数以百计老练的波斯与印度骑兵，从马其顿阵形中央的缺口处涌入，甚至已经冲到了亚历山大军队的后方，他们进入了马其顿的营地，掠夺补给物资，杀死守卫，释放波斯囚犯。任何时候他们都可能调转马头，攻击帕米尼奥遭到孤立的左翼部队，和马扎亚斯的部队会合并展开两面夹击，包围并屠杀年逾古稀的老将军和遭受围攻不能脱身的骑兵。阿里安提到，在这个节点上帕米尼奥已经"在两边同时受到攻击"（《亚历山大远征记》，3.15.1）。如果马其顿人的左翼在此时崩溃并且马其顿伙友骑兵来不及粉碎波斯阵形，那么波斯骑兵就能从后面攻击亚历山大本人并将他彻底击败。帕米尼奥可以自行脱离本阵进行机动，保护马其顿左翼免遭包抄；或者选择留在阵形中保持马其顿军中央部分的完整，但他无法做到两者兼顾。

也许是敌军渴望劫掠的贪欲拯救了帕米尼奥，因为穿过缺口的波斯人和印度人停了下来，只顾屠杀营地中未做准备的守卫。看上去抢劫钱财与杀死毫无反抗能力的目标，总要好过冲向冷峻的马其顿骑兵战士。意识到危急处境的帕米尼奥马上派出一名信使，向着战场另一边升起的尘云冲去——这总能很好地显示出亚历山大的位置所在——向充满战斗力的国王寻求帮助。与此同时，他下令让那些还留在侧翼作为预备队的长枪兵向后转向，戳刺那些还在劫掠的波斯人。在这之后，帕米尼奥让他自己的骑兵部队待命，准备进行最后一击，打破环绕他的包围圈，希望此举能够突破围攻，与亚历山大在无人地带的中间会合，并用两支骑兵部队形成的铁钳将波斯大军的右翼夹得粉碎。战场上谣传战场另一边的大流士三世在向后方逃跑，听到这个消息，即便是前方战斗最顺利的波斯部队也开始动摇了，这给了帕米尼奥一些希望。也许最糟糕的部分已经结束了。他说不定能够活着离开这个屠场。至于现在，老将军仍然留在他的位置上，一边击退波斯骑兵的锋线，一边准备发动最后一次冲锋，与亚历山大会合。

怀恨在心的亚历山大

该死的帕米尼奥，亚历山大脑海里一定曾闪过这样的念头。当恐慌的信使最终在尘云中找到他时——国王身着闪亮的铠甲，头戴镶着宝石的头盔，漂亮的军腰带和胸甲傲气地系在身上，身跨名驹布赛法拉斯（Bucephalas）——他刚做好准备,打算穷追逃跑的波斯国王大流士三世呢。此时此刻,波斯大王的皇家卫队和整个波斯中军都已经崩溃,正向北退去。烟尘、喊叫以及尸体使人的感官变得迟钝,无论是视觉、听觉还是触觉都是如此,混乱的局面让亚历山大几乎迷失了方向,好不容易才找到波斯皇家战车与车上惊慌失措的大流士三世国王。阿里安说,马其顿骑兵"用长矛戳向敌人的脸",同时,步兵方阵"带着林立的长矛"杀入敌阵,猛力冲杀,口中呼喊着马其顿人古老的战吼"阿拉拉,阿拉拉"("alala,alala")(《远征记》,3.14.2-3)。倘若这条关于帕米尼奥的最新消息是真实的——这意味着在他左后方超过一英里的地方,老将军和他的部下已经快要全军覆没了——那么马其顿国王就必须停止追击眼前的阿契美尼德君主,至少在他后方的部队转危为安之前不得不这么做。

对取得胜利的亚历山大而言,转向180度然后骑回两方骑兵的混战中,并拯救他的高级将领,想必是一件令人困扰的事情。在历史学者库尔提乌斯的记载中,一想到要放弃追逐大流士三世,亚历山大"狂怒地咬着牙"(《亚历山大史略》,4.16.3)。好不容易等到了进军的机会,此时他却只能撤退——并非是因为他自己的失败,而是因为他的副手所做的一切都配不上他的不世战功。一旦亚历山大带兵突入波斯阵线,他也就丧失了对于整场战斗的绝对控制,但帕米尼奥和他麾下的将领们都应该知道马其顿国王的作战计划:守住阵地,将左翼作为全军旋转进行机动的支撑点。位于右翼的亚历山大会阻止波斯人的包抄攻击,敌人在机动时必然会在战线上留下缺口,而伙友骑兵则将通过这个缺口楔入波斯阵线。

在这次动身拯救帕米尼奥之前,亚历山大早就厌烦了老将军,以及那些围绕在他周围的保守的马其顿低地领主们。按照普鲁塔克的说法,他们"行动迟缓,自鸣得意",到了高加米拉战役时,马其顿军队的老舵手已经"被岁月消磨了勇气"(《希腊罗马名人传·亚历山大》,33.10-11)。所有那些老资格的马其顿马上领主们不仅让年轻的君主讨厌,而且还令他变得疑心重重:军队向东方推进得越远,这些骑兵军官们就越是思念自己的故乡;他们打败波斯人的次数越多,帕米尼奥和他的小集团成员们就越是担心,他们最终还是会被击败;而随着亚历山大越来越多地谈及他的帝国,以及在他构思下将会出现的世界性文明,他手下的这些乡巴佬领主们则越来越多地讨论着他们可怜的那点虏获,以及何时回到欧洲,过上富裕闲适的退休生活。这些老兵身上的锐气已然丧失,不断增长的年龄和思乡之苦取代了他们曾经的凶悍。

三年前,在格拉尼斯克河畔进行的战役中,帕米尼奥就曾警告亚历山大,当时天色已晚,不适合强渡河流进行攻势。帕米尼奥试图劝阻亚历山大不要在此发动攻击,因为河滩上水深甚至达到腰部,而这一举措却刺激了年轻的国王。亚历山大嘲笑说,他刚刚渡过波涛汹涌的赫勒斯滂海峡,倘若他害怕"一条小溪对面"的敌人,这对他无疑是一种羞辱!(阿里安,《亚历山大远征记》,1.13.7)最终帕米尼奥被驳倒,而随后的战斗也取得了胜利。在一年后的伊苏斯战役中,已经68岁的帕米尼奥显示出毫无必要的焦躁情绪,认为亚历山大可能会在战前被人投毒。之后几个月里,他甚至希望用马其顿军队所不擅长的海战替代对一些腓尼基城市的围攻!而在高加米拉,帕米尼奥和他的老兄弟们再一次在战前显得尤为紧张,他们对大流士三世庞大的军队十分恐惧,因此建议用一场夜袭来发动进攻。对于夜袭，亚历山大坚定地否决了，"我不会用这种偷偷摸摸的方式来窃取胜利"（普鲁塔克，《希腊罗马名人传·亚历山大》，31.12），国王坚持用正面对决来分出胜负。除此之外，帕米尼奥甚至还（明智地）说服了亚历山大，在交锋前几天先行勘察好战场，以保证在亚历山大进行预定的右翼骑兵打击时，不会因为平原上隐藏的陷阱而导致计划偏离轨道。

簇拥在亚历山大周围的阿谀奉承之辈，总是在嘲笑老人的谨慎态度。哲学家卡利斯提尼斯（Callisthenes，不久他自己也会被处决）是最有可能撰写这些道德低下段子的人，故事在帕米尼奥建议亚历山大彻底停止向东进军之时达到了最高潮。据说在高加米拉战役之前，帕米尼奥催促亚历山大接受大流士三世在危急时刻提出的和平条件：波斯大王把半个西波斯帝国割让给亚历山大统治，双方就此达成和解。"如果我是你，我会接受他们的条件"，帕米尼奥这样告诉他的国王。"如果我是帕米尼奥，我也会这样做"，亚历山大大声驳斥道（普鲁塔克，《希腊罗马名人传·亚历山大》，29.8–9）。

在战斗正酣之际，亚历山大几乎将大流士擒获之时，他还在嘲笑帕米尼奥，认为后者对马其顿营地与其中财物的损失过度紧张，而没有好好思考整个战斗的进程。尽管如此，亚历山大还是派出信使告诉老将军，承诺他和他的伙友骑兵会掉头救援。不过他并没有忘记羞辱一下帕米尼奥，他告诉后者，只要取胜就能把敌人的财物据为己有，而失败者可没时间去担心自己的钱财和奴隶，重要的是勇敢地战斗、荣誉地死去。帕米尼奥所担心的，既不是他自己在军营里的行装，甚至也不是去抢劫敌军的营地，他所害怕的是他所在整个左翼军队的生死存亡，

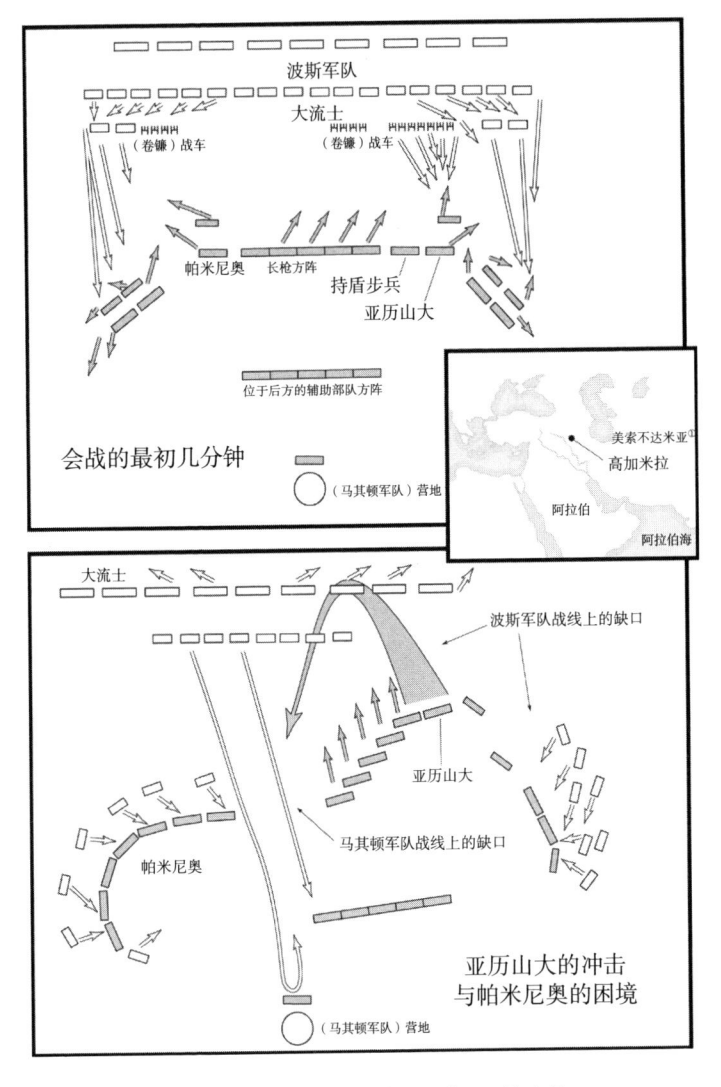

高加米拉会战，公元前 331 年 10 月 1 日

方位有误。——译者注

以及一支距离爱琴海数千英里之外的马其顿全军的命运。几十个世纪之后的拿破仑体会到了同样的恐惧感，他评论高加米拉战役时指出，这是一场伟大的胜利，然而却太过冒险，因为倘若决战失败，那么亚历山大将会"被困在距离马其顿本土900里格①远的地方"。帕米尼奥了解他的国王勇猛的冲劲，并且总能把握绝佳的时机击溃已经被削弱的波斯阵形中央和左翼，但整个行动仍然是一个巨大的赌局：一旦伙友骑兵离开，马其顿战线中央就会出现一个缺口。亚历山大认为马其顿人只要再争取一场胜利就能接替整个庞大波斯帝国的统治。就算他是正确的，帕米尼奥的看法也没错：这些远在异乡的战士们距离全军覆没也只有一场失败的距离——此时此刻，距离家乡1500英里之遥的五万欧洲人如今身处百万敌军的茫茫人海之中。

直到帕米尼奥的信使到达之前，这天的战斗看起来堪称完美。普鲁塔克说，当亚历山大率部攻入波斯人的阵线时，他遇到的主要麻烦是堆积如山的波斯死伤人员，"他们试图伸手缠住到来的骑手和马匹"（《希腊罗马名人传·亚历山大》，33.7）。阿里安还提到，在步兵和他们林立的长矛赶到之前，骑兵事实上是在"推开"那些挡路的波斯人（《远征记》，3.14.2-3）。亚历山大的战术计划一如既往的简单和高明：以左翼的帕米尼奥部为全军机动的转轴，吸引住波斯人右翼的注意力并保护自己后方的安全，而他自己则带着整个马其顿阵线缓缓向右、向前逐次伸展，一直将战列移向较为崎岖的地形，在那里大流士三世的卷镰战车将毫无用武之地。作为回应，波斯大王将被迫用自己的左翼卷击马其顿右翼来阻止亚历山大的

---

① 欧洲和拉丁美洲一个古老的长度单位，约相当于3英里。——编者注

移动——如此一来他将因为试图击退马其顿人而耗尽自己中央部分的机动力量。

亚历山大将会继续不断地向自己的右侧派出部队——轻装的骑兵或是步兵——来迫使上钩的波斯侧翼打击分队走进越来越大的圈套。与此同时,马其顿国王自己则会和他的精锐之师安坐在一起,直到观察到敌方被削弱的中央部分出现缺口为止。为了这一刻的到来,亚历山大保留着他最主要的打击力量——他麾下伙友骑兵、持盾步兵和长枪方阵的组合部队。和这些久经沙场的战士们——古代世界所能出现的最优秀的战斗人员——一起,他将会冲过缺口,进入波斯阵线的心脏部位,直取大流士三世本人。波斯军队固然在人数上占据绝对优势,并在理论上能够包抄马其顿军的两翼,但只要亚历山大的骑兵和预备队能够将波斯的侧翼打击分队引导到更远的地方进行战斗,那么波斯战线上必然会出现某个薄弱的点。在任何侧翼包抄打击中,负责打击的部队必须从战线某处抽调得来;亚历山大自信能够在一切变得太晚之前,看到并且利用这个因为抽调而出现的缺口。

亚历山大取胜的秘诀,在于军队的组织,战术的运用,以及时机的把握。创新性的具有高机动力的轻装步兵与骑兵必须被独立配置在侧翼——他们身后有6700名重装步兵——而马其顿最好的骑兵和长枪方阵则被雪藏起来不参与一开始的战斗,他们将作为尖刀突击波斯人的中军。亚历山大必须在他两翼超出承受压力之前发动攻击——攻击的时机也不能太早,以免他在波斯人的阵线尚未因为调动而削弱之前就一头撞上墙壁一般的波斯步兵军阵。当马其顿人渴望已久的缺口出现在波斯阵线中的那一刻,亚历山大将会和禁卫骑兵一起跃马扬鞭而入，直取大流士三世并夺得整个帝国作为奖励。

帕米尼奥的请求将亚历山大召回战场，而阿契美尼德君主也因此得以逃脱——不过就在九个月之后，大流士三世就被他的行省总督贝苏斯所谋杀。在高加米拉的战场上，亚历山大气快快地勒紧胯下布赛法拉斯的缰绳，从笼罩着垂死的人与马的尘云中冲出，离开波斯大王而冲向那些几乎杀死帕米尼奥的波斯军队。然而此时，老将军似乎已经脱离了危险；事实上，亚历山大看到的是那些进攻帕米尼奥的敌人正四散奔逃。他故意快马加鞭直面冲向他们。即便他本来没有打算在追击中杀掉波斯大王的精锐，现在也很乐意在这第二次交锋中解决掉这些西徐亚和巴克特里亚最优秀的骑兵。

这是整个交战过程中的最后一场骑兵交锋，而所有现存的古代文献都强调这场交锋是整个战斗中死伤最为惨重的。超过60名伙友骑兵丧命于此；双方数以百计的战马横尸当场；试图逃走的波斯骑兵几乎全军覆没。阿里安还补充道，"这场战斗里双方不再投掷标枪或者依赖马匹的机动性来打击对方"（《亚历山大远征记》，3.15.2），这是一场双方之间不间断的肉搏打击的较量。60多年前，在喀罗尼亚（Coronea）进行的步兵较量中，斯巴达的老国王阿格西劳斯（Agesilaus）也遇到过与亚历山大相类似的情况，经过深思熟虑，他率领取胜的斯巴达方阵返回战场，冲向撤退中的底比斯重装步兵方阵并予以打击，他在这场战斗中几乎筋疲力尽。目睹战役经过的色诺芬如此描述重装冲击部队之间的致命交战：那场战斗"在我们的时代是独一无二的"。在希腊人的传统中，只要有一线机会，士兵们就会全体出击、迎面冲向出现在地平线上的敌人，躲避、绕道或者熟视无睹之类的做法都是无法接受的。

亚洲统治者

大流士三世相信,亚历山大一定会来高加米拉应战。对此,他深信不疑。因此,波斯大王为马其顿人的到来做足了准备,他要寻找一块适合卷镰战车前行且没有障碍的平原,同时为了他的战象、数以千计的骑兵和远长于对方的战线而预先清理地面——大流士三世心里想,即便是亚历山大,也无法抵消掉这样的地形与数量优势了吧。最后,大流士三世相信,一场开阔平原上的骑兵战斗,正是他手下的游牧骑兵最为擅长的,同时也恰恰是那些来自西方的长枪兵最为害怕的作战方式。大流士三世还知道,亚历山大将会在高加米拉骑马参战,就像他跃马扬鞭渡过格拉尼克斯河仰攻陡峭河岸上的波斯大军一样;也正如他下令他的士兵穿过溪流、栅栏和堤道,在伊苏斯战役中奋勇向前一样;亚历山大坚持要攻破坚不可摧的推罗城,面对加沙庞大的城墙也毫不畏缩,正如他总是要摧毁障碍、军队或者堡垒——血肉之躯和顽石砖头对他来说没什么区别——只要他们阻挡了他的去路。大流士三世沉思着,亚历山大一定会来高加米拉,管它有没有河流,土地平整与否。亚历山大将会进入波斯大王大流士三世所选择的战场,被迫按照大王陛下的计划和他交战。

而且,为什么不呢?这些"最为愚蠢的"希腊人总是如此。在马拉松,在温泉关,在萨拉米斯和普拉提亚,他们强迫波斯人进行决定性的战斗,尽管他们在人数上始终不及对手。77年前,在距离这里不远的地方,被波斯人围困的希腊万人远征军拒绝了大流士三世先祖阿塔薛西斯二世(Artaxerxes Ⅱ)提出的和平条件,他们宁可自己杀出一条路离开波斯。他们的将军们被诱骗到高加米拉附近参加谈判,然后受到折磨并被处决,即便如此,缺乏领导的万人远征军仍然选择了战斗到底。这些希腊人在之后的一整年里恶战无数,一直杀到黑海之滨,最终回到了安全的地方。而当他们终于见到欧洲的土地时,许多人选择继续他们的军事生涯,加入小亚细亚的斯巴达军队再次和波斯人交战。是啊,大流士想,这些疯狂的马其顿年轻人会沿着底格里斯河逆流而上追击自己,为的就是在一场最终决战中夺走他祖辈交给他的帝国。

这一次,大流士三世很好地选择了他的战场。这里少有山峦丘陵,亚历山大也不能利用河流或是海洋来保护他的侧翼。大流士三世的手下清理平整了平原上的土地,卷镰战车能够轻易地在那里展开杀戮。在亚历山大最有可能骑马经过的路径上,埋设着陷阱和拒马①。波斯大王心里想,这些马其顿人,以前遇到过庞大的战象吗?

那么,唯一需要担心的是什么呢?大流士三世早就损失掉了他的绝大多数希腊雇佣兵,这些战士曾在早先的两场对抗亚历山大的血腥战役中发挥出色。波斯人原本雇佣的希腊步兵方阵部队,在格拉尼克斯河边被合围,这些步行杀手们或战死或被俘。而他们的替代者们——超过两万人——在伊苏斯战役中要么被消灭,要么被打散了。现在波斯境内没有任何地方能够提供和他们旗鼓相当的兵源,也无从寻觅偏爱进行冲击式战斗的步兵,大流士三世需要能够顶住亚历山大麾下的长枪兵的军人——显然这既不是波斯传说中老一辈的精锐长生军,也不是那些衣饰浮华、长矛底部装着著名金银饰球的"持苹果卫队"。现在大流士三世手里只剩下 2000 希腊雇佣兵,而这个有

---

① 防御骑兵进攻的障碍物。——编者注

7000万人口的帝国里居然没有人敢于向着马其顿方阵的枪矛丛林长驱直入。亚历山大在高加米拉以及亚洲其他战役中所向披靡的原因，和希腊雇佣兵在海外没有敌手的原因一样：他们的战争文化偏好成行成列的方阵之间进行面对面的肉搏，而非利用机动性、数量优势或者出其不意的伏击来取得胜利。亚历山大久经沙场的部队，用长枪短剑直指波斯骑马贵族的脸庞，这些老爷们可没经历过这样的场景：敌人冲进他们的阵形，将他们推挤在地，然后枪刺剑砍把他们撕成碎片。这种战斗的结局，绝非偶然。

大流士三世还在战场上集结了超过200辆卷镰战车。如果这支传奇式的战车部队能够出其不意地从他的战线中现身，在平坦的土地上纵横驰骋，并在步兵方阵能够进行机动之前困住他们的话，这些战争机器就能像割草般解决掉运转笨拙的马其顿步兵部队。另外，那些战象——他从印度获得了15头——能够被印度驭手们安全地驱使到阵前，并引导它们面对面直冲亚历山大的伙友骑兵吗？大流士三世知道，他手里没有真正意义上的重装步兵，但他拥有的骑兵数量却成千上万，因此他决定把高加米拉变成亚洲最大规模的骑兵战役，规模超过近1000年前在埃及和赫梯之间进行的传奇般的卡迭石战役。在高加米拉，大流士三世可能拥有多达五万骑兵来对付亚历山大手里的近8000骑兵，倘若波斯大王能够让部队绕过马其顿军队的侧翼，并把他颇为看好的巴克特里亚与西徐亚骑兵送到敌人右翼后方，而让马扎亚斯统领的部队逐渐包抄到敌人左翼的后面，那么亚历山大令人生畏的步兵方阵将会彻底失去威力——反倒是这些步兵会惊骇不已，因为这些马上杀手能够在部队后方自由驰骋，并从中切断这些笨拙步兵的退路。在高加米拉，亚历山大的部队之前从未在攻打波斯帝国西方行省时遭遇到来自东方行省的可怕而老练的军人，这些敌人能够包抄马其顿阵线，并把他们赶向大流士三世行进中的庞大的中央阵线。这种作战方式对于那些征战波斯的马其顿军队而言，前所未见。

帝国的最后一战

在公元前331年10月1日这一天，倘若在开战伊始从空中俯瞰高加米拉战场，人们就能看到激战中的马其顿阵线，它的阵形就像缺了一条边的矩形，阵形两翼向后翻转，那里的士兵正在奋力作战，试图将包抄己方的敌人拖在侧翼，阻止他们绕到后方。然而，在一小时以内，高加米拉的战场图景就彻底变了样，成了双方骑手间的殊死一战，波斯人和马其顿人的骑兵都已经穿过了双方的阵线，试图一举决定胜局。亚历山大和他的禁卫伙友骑兵，能够在大流士三世的波斯铁骑踏破马其顿本阵之前，穿过缺口，粉碎敌人的阵线吗？答案是显而易见的，马其顿人赢了。亚历山大希望能够以一种卓尔不群的方式，杀死大流士三世，摧毁波斯军队，并且杀死每一个战场上的波斯士兵。他将会无情地追逐并杀死逃跑的敌人，直到他们溃不成军。为了这一切，他义无反顾地冲向汪洋大海一般的波斯军队：用长矛戳刺敌人的脸庞，赤手空拳将他们摔下马来，或是操纵自己的坐骑勇敢冲向体形更大的波斯战马。为了这一切，恪尽职守的伙友骑兵们同样会跟随他们的国王，向着波斯人海奔驰。

反观大流士三世的军队，打破马其顿阵线的波斯人和印度人直冲亚历山大的营地和财宝而去，他们更希望通过解救阿契美尼德皇室俘虏来讨好波斯大王本人，而不愿去承担手刃帕米尼奥的艰巨任务。亚历山大在波斯部队的茫茫人海中四处厮杀，击毙每一个遭遇的敌人；而冲入马其顿阵线的波斯骑兵们则尽可能地去屠杀随营仆役。对出生在平原的波斯骑兵来说，散落一地的金银财宝，屠杀手无寸铁随营仆役这一千载难逢的机会，以及在帐篷和辎重车之间的疯狂驱驰与掠夺，这一切都是游牧式战争的种种景象：好好用你的双手去劫掠财物，不要多管闲事，免得让这双好手在面对其他贪婪劫掠者时被砍下来。然而，对于马其顿人和希腊人来说，冲锋－杀戮－继续面对面进行杀戮的方式，乃是存在了三个世纪之久的西方战争方式的本质。

高加米拉（本意"骆驼屋"）战役，是亚历山大在进行对抗阿契美尼德王朝的战争中，第三场也是最后一场最伟大的胜利。这场战役与其说是一场较量，倒不如称之为一场一边倒的屠杀，因为占据数量优势的一方在战栗、恐惧以及对方战术的作用下，很快作鸟兽散不复存在。在高加米拉，日暮前的几个小时一直都是这样的场景：数以万计的波斯帝国军人——五万也许是一个比较合理的估计——在底格里斯河上游的平原上寻求安全的庇护所，并在这个过程中不断被追击的马其顿人用矛刺死或者被踩在马蹄下。对于10月1日这天双方到底有多少人参与了作战，学者们莫衷一是，但他们都确信，古代文献声称波斯方集结了超过100万人的军队的说法只是无稽之谈而已。最可能的情况是，大流士三世麾下步兵骑兵总计远远超过10万人，而亚历山大的马其顿军队则有47000人，其中7500~8000人是骑兵——这是亚历山大迄今为止所能集结的最大的一支欧洲军队。在高加米拉，亚历山大手下的希腊部队数量可能比前两场大型战役都要多，而希腊化的雇佣兵也更多——色雷斯人、特萨利人，以及坚定的伯罗奔尼撒人——这些人逐渐发现，为马其顿服务意味着生命安全和财富丰盈，反之替阿契美尼德君主卖命则很有可能在遥远的土地上孤独地死去。

美索不达米亚是个好战场。两支军队均补给充足，且拥有足够的水源。早秋的气候显得干燥而温和，战场附近也有足够大的平原容纳这些数以千计的杀手团。巴比伦城，能够给战斗的胜利者提供休憩所、宴饮处、财宝和女人，而且只有三周的路程，就在下游容易抵达的地方。

在夺走了波斯帝国的西部诸行省并控制埃及之后，亚历山大在公元前331年夏末向巴比伦行军，试图迫使波斯帝国亮出他手里最后的预备队。大流士三世本人目睹波斯人在格拉尼克斯河（公元前334年）和伊苏斯（公元前333年）的溃败，体验了丢失诸如推罗和加沙这样的关键堡垒的痛苦，在损失了爱奥尼亚、腓尼基、埃及与乞里西亚诸行省之后，他明白自己最终必须停止逃跑，为了保住他帝国剩下的东半部回头一战。他选择了巴比伦以北300英里处，底格里斯河支流布莫多斯河附近的一小块平原作为战场，这里距离阿贝拉城75英里远。

因为已经完全了解了亚历山大的战术，大流士三世便能很好地预料敌人的行动。马其顿国王总是身处整个阵线的右翼，试图通过缺口或者利用包抄机动来攻击大流士三世所处的左翼，在突破口投入2000~3000重装骑兵，然后直冲波斯最高指挥中枢所在的位置，这种战术将全部希望寄托在骑兵的冲击能够将敌军的人墙成功突破，并且能让亚历山大的持盾步兵和威名远扬的长枪方阵随后涌入缺口。与此同时，左翼的帕米尼奥必须坚守阵地，如果需要的话还必须成为全军旋转的枢轴，一直到波斯军队的指挥官为了保命选择逃跑，致使波斯帝国军队士气崩溃为止。大流士三世清楚地知道这一切，但无力阻止，于是这一天的杀戮将会按照大流士三世所害怕却是亚历山大计划中的方式进行。

当卷镰战车袭来时，马其顿阵线在恰到好处的时候分散开队形来应对——似乎高加米拉战役是历史上唯一一次大量使用这种看似可怕实则不够实用的武器——在战车失去速度之后，马其顿士兵会用长矛杀死驭手。大流士三世的战象要么受惊逃走，要么从方阵中间的通道里通过了——可以说它们根本没有走上战场。在战后，绝大多数战车和战象都没有受到损害，成了胜者的战利品。这两种特殊的武器，后者在高加米拉战役中首次亮相，之后更是成为希腊化军队的主力兵种；前者却从现实中彻底消失，一直到列奥纳多·达·芬奇的时代，只有在希腊人浪漫的修辞描写与工程师绘制的草图中才能寻觅到它们的身影。波斯人承担包抄任务的分队始终没能彻底包围敌人，而印度人和波斯人决定性的冲锋虽然穿透了马其顿阵线的左翼和中央，但他们随后的目标转为劫掠营地的财宝，而非摧毁帕米尼奥摇摇欲坠的战线。

到了10月2日的早晨，尘埃落定，这场战役也落下帷幕，可怕的高加米拉平原战场上一片狼藉——按照狄奥多罗斯的说法，"整个战场处处塞满尸体"（《历史丛书》，17.50.61）。古代文献提到波斯有30万人战死的说法不太可信，真实情况也许是五万名波斯士兵死在战场上，或者还在垂死挣扎——战场上到处是零零散散随处乱跑的随营者、伤残的战马以及那些掠夺战利品的人们。数以千计的伤者向着小小的溪流和冲积平原上的泥洞爬去寻找水源。至于亚历山大自己，也回到了战场掩埋己方将士的尸体。他指挥手下从超过1000匹死去的马其顿战马下找出略超过100人的遗体。在高加米拉，每死去一个马其顿人，就有500个波斯人陪他殉葬——这种巨大的交换比，是因为多语言、多文化的战败部队在溃散后,背对着一群训练有素的重甲职业杀手的追赶。他们被久经战阵的枪兵和骑兵追杀,这些杀手唯一害怕的东西,是担心自己会在一生的战友面前露怯。亚历山大的敌人,只剩下堆积如山的尸体在秋日的阳光下腐烂。因为担心腐烂尸体发出的恶臭气味,他迅速率领军队离开这里,向南直取巴比伦,接手阿契美尼德王朝的皇权。"这场战役",普鲁塔克评论道,"导致了波斯帝国的彻底覆灭。"(《希腊罗马名人传·亚历山大》,34.1)

马其顿的军事机器

在马其顿征服希腊与波斯的过程中,有一件颇为讽刺的事:亚历山大大帝的父王——菲利普二世,在花费 20 年时间打造一支军队并压服整个希腊之后,被一名出身贵族、对他充满怨恨的扈从保塞尼亚斯(Pausanias)刺杀。这个事件或许是因为同性恋关系破裂而导致,但更大的可能是凶手得到了来自亚历山大及其母亲奥林匹亚斯(Olympias)的命令,这两人的动机是为了保住亚历山大的继承权。如果说,菲利普二世正好活到他 20 年杀戮无数的军事生涯开花结果,在建立了一个统一马其顿与希腊的王国之后就马上遇刺身亡的话,那么,亚历山大则是在一路杀到印度河的水滨之后,年近 33 岁就在巴比伦身死,同样在长久的战斗和无数的杀戮之后无福享国。

马其顿的皇家军队属于菲利普二世,而非亚历山大。这支军队由菲利普二世花费 20 年心血建设与统领,而亚历山大统帅这支大军的时间只不过十年多而已。菲利普二世打造了这支常胜之师,为其提供补给,亲自挂帅,并且以过去在希腊前所未见的方式进行军队的组织——这是为了杀死其他希腊人。结果证明，亚历山大发现自己继承的军队，在杀戮波斯人方面甚至显得更加卓有成效。

尽管亚历山大的方阵步兵是雇佣兵性质的，同时他们也是亚历山大从菲利普二世时代的兵源中选拔出来的"最高大最强壮"的那批人，但从理论上来说，亚历山大的马其顿方阵，无论是在装备上还是在战术上，和希腊城邦传统的重装步兵方阵并没有什么本质上的区别。希腊步兵使用的用于戳刺的矛被马其顿人沿袭使用，但其长度由 8 英尺增加到 16～18 英尺，矛身上安装了更为沉重的矛尖，尾部也安装了更为坚固的青铜质地的尖刺。由此，马其顿步兵手中的武器成了名副其实的长枪——重量几乎达到 15 磅，是老式希腊步兵短矛的 6 倍还多——而且这种武器需要双手方能正常使用。士兵在持握这种被称为"萨里沙"（sarissai）的长枪时，手放在距离尾部 6 英尺的位置，因此矛尖位于使用者身前 12 英尺，这使得马其顿长枪兵在面对古希腊重装步兵时，武器比对手长出 8～10 英尺。马其顿军队抛弃了重装步兵使用的直径 3 英尺左右的大圆盾，用一个挂在脖子上的小圆盘取而代之作为防护；与此同时，护胫、沉重的青铜重甲以及头盔等护具也被一并抛弃，士兵要么使用皮革甲胄或者复合甲，要么索性不用任何护具。在肉搏时，马其顿方阵的前四排或者前五排都能进行戳刺，相比传统情况下的三排，杀伤区内的矛尖数量增加了百分之四十。方阵像刺猬一样的正面不仅在进攻威力上超乎寻常，且在面对轻甲敌军进攻时同样能提供很好的防御。

在意识形态范畴，传统的希腊重装步兵所使用的大盾、重型胸甲与头盔，以及中等尺寸的短矛象征着自由城邦国家旧式的由公民组成的防御性民兵组织——这恰恰是挥舞长矛、防御简单而以攻击立足的马其顿方阵步兵的对立面。后者是雇佣兵性质，没有牵挂也不属于任何一个城邦。和希腊士兵相比，马其顿士兵的长矛长出数英尺，但盾牌的面积却缩小了三分之二。他们大多没有自己的农场。在他们看来，杀戮与进击远比保护自己进行防御有价值得多。除了这支冷酷的职业步兵军团"伙友步兵"（pezetairoi）之外，菲利普二世还创造了伙友骑兵（hetairoi），这是一支贵族精英部队，身披重甲，骑着高头大马。在马其顿以南希腊诸邦的文化中，饲养马匹常常招致不满；这种行为是对于本就稀缺的土地资源的浪费，而且等于是赋予那些醉心于独裁统治的贵族们一种特权，而由此培养出的骑兵在铜墙铁壁一般的自耕农步兵方阵面前又无甚大用。然而在马其顿，情况却并非如此，这里只有两个阶层，领主和农奴，不像希腊还有第三阶层的自耕农群体，而土地像特萨利一样广阔无垠。我们应该记住，像伙友骑兵这样的兵种，归根结底是为了打败东方式的轻装步兵而创设，并不是为了对付西方式的持矛重装步兵。

在马其顿步兵中，除了方阵步兵之外还有一支部队，他们的护甲更为厚重，并使用较短的矛，被称为"持盾步兵"（hypaspists），这些人同样出现在马其顿阵线的中央，位居方阵的两侧。持盾步兵还是紧跟在伙友骑兵之后最先行进、展开杀戮的部队，由此他们的存在成为一种关键性的联结，将展开攻击的骑兵和后方顺次出动跟进的步兵方阵弥合为连续的阵线。其他职业性部队，包括轻步兵、投石手、弓箭手以及标枪手，围绕在这支复合军队周围，一方面提供战斗开始时的远程攻击，另一方面也作为关键时刻支持预备队的重要力量。在高加米拉，马其顿预备队和坚韧的阿格瑞安人雇佣兵

（Agrianians）一起，阻止了波斯人对马其顿阵线右侧的包抄攻击；而与此同时，他们前方的亚历山大和他的伙友骑兵开始冲锋打开缺口，持盾步兵紧紧跟随，最后的长枪方阵缓缓前行，用萨里沙长枪清理并扩大波斯阵线上的缺口。

菲利普二世对旧式的希腊重装步兵方阵进行了再创造，在其中植入了全新的关键因素。希腊军队的组织运作依赖乡村之间的协议与惯例，因此只能在靠近本土的地方进行战斗，一旦远征就难以保证补给，而马其顿军队通过改革避免了上述问题。菲利普二世的思想是建立一支全新的国家军队，一方面在机动性上超过运转不灵的希腊方阵，另一方面仍然能轻易碾碎波斯长生军这样的步兵。他希望拥有类似于希腊万人远征军那样的军队，后者在公元前401年的库纳克萨（Cunaxa）战役中将波斯步兵彻底逐出战场；但同时菲利普二世也希望自己的军队具有充分的机动性，能够通过战术机动对装备更重、杀伤力更强的希腊步兵进行包抄打击。

关于希腊式集中大量部队进行冲击作战的核心思路仍然在马其顿军界占据统治地位。菲利普二世麾下由长枪组成的方阵，通过与各式各样的其他兵种混编并得到他们的辅助，展现出远远超过传统重装步兵方阵的杀伤力和适应性。历史学家波里比乌斯在两个世纪之后这样总结道，"没有任何东西能够抵御长枪方阵的攻击，一名罗马士兵在面对十支同时指向他的矛尖时，根本没有挥动短剑的机会，也无法突破长枪的屏障"（《通史》，18.30.9–10）。波里比乌斯说得没错：没有人在面对三个、四个、五个甚至更多矛尖时能够有效地进行应对，这些矛尖会同时扎向人的四肢、头颅、脖子与躯干，令人防不胜防。马其顿方阵的前五排士兵身前，仿佛有一堵矛尖组成的死亡之墙——最前排士兵的矛尖向身前延伸十英尺之远，形成一片杀伤区域——任何踏入该区域的敌人都必须在如暴风雨般迎面袭来的锋刃面前杀出一条血路才能最终冲到方阵的前排士兵面前，而且他面对的打击将来自任何可能的方向。

马其顿方阵中的士兵能够将全部精力集中在刺杀敌人上面，而不用像旧式的身着全副甲胄的重装步兵那样被沉重装备所拖累，同时也不需要右侧紧挨着自己的战友使用大型盾牌为他们提供保护。对马其顿方阵而言，施展攻击性动作，放平长枪，外加保持向前移动就能解决一切问题；相比之下，像希腊人那样保持守势、拿着大盾并且时刻注意掩护身旁战友的作战模式显得逊色不少。一旦方阵开始以巨大的动能向前移动，长枪纷纷指向前方，此时没有任何东西能够抵挡密集矛尖的可怕威力。想象一下对面不走运的波斯士兵被撕碎的下场吧：对于胜利的马其顿杀手们来说，首要问题是要确保矛尖能从敌人损毁的装备里抽出，并防止自己的长枪被堆积的尸体压住。从文学作品中我们可以感受到长枪方阵在杀戮时的可怕威力。马其顿的步兵军官可不希望士兵中出现细皮嫩肉、肌肉线条优美的年轻人，坚定、手段卑鄙的老兵才是最好的选择，他们的意志力和经验能够保证面对危险时不会退缩，最终完成手中的任务，只有这样的人才能在两军对冲、肉搏交战中坚守自己的位置。

眼前的敌人一旦遭到骑兵和辅助兵种的削弱打击，这时新式的具有更佳杀伤力的马其顿方阵就能够对其进行致命一击。如铁锤一般的骑兵部队能够将冲锋的威力集中到敌军战线的一个点上，形成突破，攻击敌人的后背，最后将对手推向步兵方阵构成的铁砧，铁锤-铁砧的组合最终会将敌人碾得粉碎。在西方军事史上，这种步骑协同的作战方式标志着战争艺术发展到了一个新的层次，它的出现意味着数量优势变得不再那么重要。菲利普二世进行的战役不再是步兵方阵之间的大型推挤竞赛，而转变为拿破仑式的、在战线一个点上进行的突然打击，一旦得手，足以导致突破点附近敌军的彻底崩溃，并且彻底摧毁敌人其他分队的士气。马其顿军队在希腊进行战役时与敌人在数量上相差不大，但到了亚洲之后，他们往往处于严重的数量劣势，以一比三的兵力挑战波斯大军。

在亚历山大死后的数十年中，他霸业的继承者往往被批评没能沿袭步骑协同的作战方式，转而完全依赖数量压垮对手：长枪的长度被延伸到了 20 英尺或者更多，军队中引入了战象和扭力抛射装置来替代技艺精湛、久经沙场的骑兵。亚历山大继承者们的内战中，马其顿军队无论是在安提贡努斯（Antigonus）、塞琉古（Seleucus），还是攸美尼斯（Eumenes）或者托勒密（Ptolemy）的指挥下，面对的敌人往往是马其顿人和希腊人组成的军队，这和亚历山大当年对抗波斯人的情况大不相同，依靠骑兵冲锋根本无法撼动对方的战线。在一场关键战斗中，只有战象或者另一个长枪方阵才能打破敌人的长枪方阵。因此，亚历山大强调的机动性和骑兵攻击的作战风格事实上并没有被继业者们所遗忘，而是被认为不符合新时代的战争方式罢了。毕竟在亚历山大死后，战争的主角变成了希腊与马其顿裔方阵步兵，而指挥他们的则是意志坚定、久经沙场的欧洲老将们，这些人可不会惧怕亚历山大的骑兵部队。

菲利普二世留给西方军事艺术的遗产，是一种加强版的决定性战斗方式。马其顿人脚踏实地面对面的战斗风格，能够让人回想起过去希腊重装步兵方阵所采用的冲击作战模式。对于任何一名隶属于长枪方阵的马其顿士兵而言，使用密集的步兵队列奔跑着冲撞敌人，以及用矛尖指向对手的希腊式风格，仍旧是他们所喜爱的作战信条。但相比希腊人，马其顿人进行战斗的地点已经不再被限制在距离己方国界不远的区域，而战争本身也是为了充满野心的国家政策服务。相比那些保护现有自耕农社会组织的保守希腊政府，菲利普二世毁灭式的征服与吞并土地方式显得过于激进，这成了社会动荡和文化剧变的温床。决定性的面对面战斗方式一旦成为希腊文化的一部分，传统战争中双方互相通知意图、胜者不穷追不舍、交换战俘、两军在战场上对冲一场决胜负的风格早已成为过去，现在已经蜕变为全新的全面战争，其残酷的杀戮是世人前所未见的。在公元前7世纪至前6世纪，小型的希腊军队在小平原上碰撞、推挤、戳刺，直到将敌人逼出战场为止，一两个小时的战斗往往就能决定整个战争的胜负。然而，对马其顿人而言，倘若能彻底摧毁从战场上溃退的敌人，并且掠夺、损毁或者吞并他们的房产与土地，那就没有理由停止战斗。

至于菲利普二世的士兵，他们和城邦出身的希腊重装步兵有本质上的区别。在全本现已佚失的喜剧《菲利普》中，剧作家美涅西玛克斯（Mnesimachus）让一名扮演马其顿方阵步兵的演员如此自夸：

你可知道，你会被迫面对怎样的敌人？我们在刀锋上用餐，以爆燃的火炬为佳酿。至于餐后甜点，敌人们自会为我们带来破裂的克里特箭头与粉碎的长枪矛柄。我们困倦了就枕着盾牌和胸甲成眠，身旁放着强弓与投石索。我

们折下敌人投石器上的绳索，编织成自己的皇冠。[《美涅西玛克斯残卷》，7，(参阅《阿忒那奥斯》，10.421b)]

在保守的公元前4世纪，希腊城邦演讲界将菲利普二世形容为一个跛脚、独眼的怪物，一个随时都可能发动战争的狂人，德谟斯蒂尼尽己所能地警告雅典人：

> 你们已经得知菲利普的行军无可阻挡，这并非因为他麾下的步兵方阵，而是因为他统率着一大群轻步兵、骑兵、弓箭手、雇佣兵以及许多类似的部队。他用这些部队进攻孤立无援的人民，一旦人们因为互相之间的不信任而拒绝出城迎战，他就架起攻城器开始围城。我无须提醒你们，菲利普进行战争时不受酷暑与寒冬的影响，在任何季节都不会停止军事行动。(《德谟斯蒂尼文集》，9，《第三篇反菲利普的演讲词》，49－51)

在菲利普二世于公元前336年遇刺之后，亚历山大摧毁了底比斯城并迫使希腊诸邦屈膝臣服。此时，这位年仅20岁的国王继承父志，开始了入侵波斯的计划，在赫勒斯滂海峡附近进行的格拉尼克斯河战役（公元前334年）便是整个计划成功的第一步。在格拉尼克斯河战役中的第一场杀戮中，亚历山大建立了一种战斗模式，我们从中可以粗略地辨别出一系列亚历山大式的战争要素，它们会在之后的三场伟大战役（公元前333年的伊苏斯，公元前331年的高加米拉以及公元前326年的希达斯佩斯河）中重现：亚历山大往往能够出色地适应不利地形的考验（每次交战的战场都是由他的敌人挑选的）；

在每场战斗中，亚历山大身先士卒的为将之道总是几乎令他丧命——比如他往往会勇敢地冲在伙友骑兵的最前列；马其顿骑兵会在敌人战线的某一点上集中力量，发动雷霆一击，在穿透敌军阵形之后，把尚未从震惊中清醒过来的敌军挤压向方阵密集的枪尖；至于取胜之后不知疲倦的追亡逐北，则体现出亚历山大的战争旨在消灭而非仅仅击败敌人的意图。在所有战例中，亚历山大的主要方案便是——找到敌人，向着敌人冲锋，并且彻底消灭之——胜利并不属于人数更多的一方，而属于能够在战场上维持行列，以完整的阵形粉碎对手的那一方。

亚历山大麾下的军队从未超过五万人——这主要是因为迫不得已：他不得不在希腊留下至少四万马其顿驻军来保证后方稳定。在开始的几场战役里（比如格拉尼克斯河战役与伊苏斯战役），敌人拥有的希腊人军队比他自己的希腊军队还要多。考虑到他还需要兵力驻守在已征服土地上以维持治安，而马其顿的人力资源储备又是如此有限，很难想象亚历山大还能剩下多少部队用于战斗。对于人力资源的务实考虑，是他以后一些"人道"行为的主要原因，包括将波斯人和亚洲人招入军队也是因为如此。在马其顿-波斯战争的前四年（公元前334～前331年），数以千计的希腊人自己跑到波斯，帮助大流士三世对抗"解放者"亚历山大，但却几乎没有波斯人会为马其顿人而战。

对于亚历山大而言，和拿破仑一样他并不在乎敌人有多少数量，他只会专注于突破敌人战线上一小部分，而他父亲的老将军们会在战线的其他地方顶住敌人的进攻。至于马其顿预备队，则是用于防止敌人包抄到他的背后。亚历山大本人在关键一刻来到之前会一直等待，寻找理想的突破口，在合适的时机将他的骑兵和重步兵作为楔子插入突破口并撕开敌人的战线。

他带领士兵进行的冲锋，会在数以千计缺乏纪律的波斯士兵中掀起巨大的恐慌。敌军中不同的部队有着完全不一样的语言和习俗，谁愿意先被疯狂的马其顿人杀死，好让波斯大王的其他军队蜂拥包围亚历山大呢？

大杀四方

亚历山大是希腊人吗？从语言上来说马其顿人和希腊人相去甚远，希腊中部和南部城邦的人们大多不能理解马其顿语，后者只是希腊语中一种与正统的多利安语、爱奥尼亚语关系疏远的方言，其巨大的差别甚至超过了阿肯色方言与牛津英语之间的差距。对希腊人而言，他们和马其顿之间的纠纷并非因为其刺耳而难以理解的语言，也不是因为种族问题，而是植根于不同的文化。确切地说，在希腊-特萨利边界以北，不存在任何形式的城邦，这里要么是穷人的小村庄，要么是少数属于富人、能够供养马匹的大型农场——这一切都由一些好战的小国王来统治，这些国王的宫殿与陵墓遗迹大多成为古马其顿王国留存至今的考古对象。菲利普二世将这些地方领主们统一到了一个真正意义上的国家治下，他为马其顿带来了希腊的艺术家、哲学家与科学家，用抢来的战利品和偷窃来的金钱延揽希腊最有学识的人，为他所用。

最终，数以千计的希腊科学家和工匠们，伴随亚历山大和他的马其顿军队远征东方，提供压倒阿契美尼德王朝军队的技术优势和组织保障：在他们中有迪亚德斯（Diades）这位来自特萨利的攻城专家和他的同僚查理亚斯（Charias），以及另外两名设计人员菲利普斯（Phillipus）和波塞冬尼乌斯（Poseidonius），他们一起"攻克了推罗城"；水利专家高尔吉斯（Gorgias）与城市规划大师狄诺克莱特斯（Deinocrates）一起建立了亚历山大里亚城；拜同（Baeton）、狄奥格内托斯（Diongnetos）以及菲罗内德斯（Philonides）三人负责系统地建立营地、研究行军路线；至于海军方面的专家则有涅阿克斯（Nearchus）以及欧奈西克瑞塔斯（Onesicritus）；攸美尼斯（Eumenes）全权总领所有秘书事务；天生的哲学家与历史学家卡利斯提尼斯（Callisthenes）和他的助手们会记录下这场伟大远征的每个细节；至于亚里斯托博鲁斯（Aristobolus），则是一位伟大的建筑师与工程师。马其顿人还雇用了数以千计的南部希腊人充实自己的军队，一些是雇佣兵，另一些则作为科学家进行服务，他们跟随亚历山大都是为了一份稳定的薪水，以及王室的垂青。在伯罗奔尼撒战争（公元前431～前404年）中，交战双方为了争夺希腊的正统主导权而兵戎相见，这场战争几乎毁灭了既有的希腊诸邦；亚历山大却把掠夺毁灭的欲望发泄到东方的敌人身上，由此非但没有毁灭西方文明的资本，反而创造出更为灿烂的文化。

菲利普二世与亚历山大对引进的希腊传统加以划清界限的是地方政治（ta politika）——原意即为"城邦的事务"。在这一方面，后来的日本和马其顿如出一辙。菲利普二世年轻时曾经在底比斯做过人质（公元前369～前368年间），而这段时间恰是出色的底比斯将军伊帕密浓达如日中天之时。菲利普二世对于方阵战术非常喜欢，他学习了大规模步兵的征召、决定性的正面作战、讲求纪律的行列规范以及粗具雏形的真正意义上的战术机动。在希腊，菲利普二世还接受了理性至上的思想，以及脱离宗教与行政的管制对科学和自然进行的追寻探索——只有这样的态度才能允许他支持建造精密的攻城器械和扭力弩炮。在希腊期间，他对于个人主观能动性从了解到认同，还采纳了将集体主义置于个人英雄主义之上的做法，后者盲目追求杀敌数目，远不及前者铁一般纪律下所能达到的杀戮效果。菲利普二世回国后招募并且训练了他自己的长枪方阵部队，他们在国王的命令下赴汤蹈火也在所不辞。

在高加米拉战役之前，亚历山大提醒他的雇佣兵们，他们至少是"自由"的人——这和波斯人形成了鲜明的对比，后者在希腊-马其顿人看来不过是奴隶罢了。尽管并没有任何一个人用投票的方式把亚历山大推上王位，但马其顿国王的话还是说对了一部分。希腊式自由所留下的遗产并没有停留在政治层面，而是存在于生活之中，就像亚里士多德所说的那样，"做你喜欢做的事情"。亚历山大的雇佣兵们，就像更早的希腊万人远征军一样，享受着组织制度上的自由，他们能够召开群情激昂的会议，在对亚历山大有利时投票通过决议支持他，并在皇家宴会与体育活动中和高层人士亲密接触，这在波斯宫廷是无论如何也想象不到的。看起来，即便是非公民身份的雇佣杀手们最终也开始对亚历山大不断推进的东方化政策产生了不满——他们反对匍匐前行跪拜礼（proskynēsis）这种大逆不道的做法，它迫使一个自由人向国王卑躬屈膝，好像他是生在凡间的神祇一般。

对于公民军事，以及普罗大众对于军队的控制，或是给予麾下士兵绝对的政治自由，菲利普二世就没有任何兴趣了——正是这些拖累并削弱城邦国家的实力。菲利普二世对政治自由的不信任，对亚历山大而言不啻是一种言传身教，同时年轻的新国王也在政治理念中加入了一些新东西：伟大的泛希腊联盟构想，用一场神圣远征入侵波斯，让诸神之黄昏（Götterdämmerung）

一般的毁灭降临到阿契美尼德王朝头上，以此报复他们焚毁雅典卫城、奴役同为希腊文化圈的爱奥尼亚人以及一个世纪以来干涉希腊事务的新仇旧恨，掏空波斯的国库让巴尔干前所未见地富有，并最终团结起所有使用希腊语的民族，建立一个统一而尚武的国度。菲利普二世知道，只有如此，才能在东征时保证自己的后方有一个稳定的希腊。当然，总会有一些像德谟斯蒂尼和希佩里德斯（Hyperides）这样的爱国主义者和搅局专家在煽风点火组织叛乱，希腊雇佣兵们也乐于在波斯大王旗下对抗马其顿国王领导的名不副实的"科林斯联盟"，但菲利普二世还是声称，他所进行的杀戮是"为了希腊"，而非为了他个人的利益。在这第一场欧洲人的"十字军圣战"中，菲利普二世将纷争不休的希腊人集结到自己的麾下，只有这样，西方才能击败君主专制而统一的东方国家，并洗劫他们的财富。

总而言之，亚历山大与希腊精神的关系，以及对整个西方文化的态度，都显得自相矛盾。亚历山大大帝本人让希腊文化中的艺术、文学、哲学、科技、建筑以及军事等内容走出希腊本土，向东方广泛传播，在这个方面没有人比他做得更好。但与此同时，菲利普二世父子作为外来势力在摧毁希腊本土上延续了300多年的自由自主精神方面，也是前无古人后无来者。亚历山大大帝集结了有史以来最多的希腊士兵，这些人在他麾下杀死了有史以来最多的非希腊敌人——但与此同时，他在科罗尼亚战役、底比斯围城、格拉尼克斯河畔、伊苏斯战场上指挥部队杀死的希腊人数目，也远超过任何一名希腊将领。亚历山大东征的最初意图，可能是为了掠夺日渐衰微的窃国大盗阿契美尼德王朝所拥有的财富。在这个过程中，他将波斯帝国几个世纪以来收纳的贡金释放到流通领域。数以千计的希腊商人、工程师与游方工匠跟随亚历山大进入波斯，成就了一次文化上的伟大复兴，这在波斯统治的时代是无法想象的。亚历山大继续东行，按照他自己的说法是为了传播希腊文化。然而，大帝本人恰恰比任何哲学家、国王或者圣人更热衷于推动希腊人的东方化进程，他削弱了世俗化的城邦政治以使人们适应亚洲式的独裁统治，在他死后曾经传承三个世纪的希腊自由传统蜕变为神权君王的独裁体系，他高高在上远离自己的臣民，身处帝国首都的重重宫殿之中。

亚历山大借鉴了希腊军事传统中的优点，同时也摒弃了其中的不足，诸如规模很小的地方政府与后勤受限的业余重装步兵，这意味着希腊人有史以来第一次能够脱离社会组织上的束缚，在遥远的印度河畔检验他们军事能力的极限。然而，由于亚历山大拒绝接纳共识政府的政体，排斥公民军队与地方自治，这使得他的一系列征服行动从未在亚洲建立一个稳定的希腊化政权，甚至连希腊本土的自由也无从得到保障——只有那些与他思路类似的马其顿元帅们在他死后建立了一系列继业者王国（存在时间为公元前 323～前 31 年）。在三个世纪的时间里，独裁者们——马其顿、伊庇鲁斯、托勒密和阿塔罗斯王朝的统治者在亚洲和非洲建立统治，进行战争和掠夺，并过着奢侈的生活，他们由宫廷贵族和专家异人辅佐，直到罗马共和国的军团迫使他们屈服。事实上，是罗马而非那些希腊化的继业者国家，最终整合了希腊人关于政治、公民军事以及决定性战斗的理念，最终铸就了庞大致命且具有选举权的公民军队。与其说是罗马的军队造就了如此伟大的政权，倒不如说是他们的政权创造了战无不胜的军队。

那么，在亚历山大手中，决定性战斗的风格在政治和文化方面又造成了怎样的影响呢？罗马时代的历史学家们所接触到的史料来源可以追溯到亚历山大同时代的人，这些材料显得复杂而又相互矛盾，在史家笔下也就有了一个"好"亚历山大和一个"坏"亚历山大并存——要么是荷马笔下的阿基里斯（Achilles）再世，洋溢着活力充满虔诚的好国王，他为整个希腊文化圈带来了繁荣的顶峰；要么是个彻头彻尾的自大狂，这个嗜酒而放纵的混蛋将挡路的无辜者屠杀殆尽，然后又把屠刀砍向他父亲的朋友、他的同胞们，全然不顾这些人曾用他们的忠诚和智慧将自己推上宝座。这样的辩论一直持续到今天。与亚历山大同时代的希腊人对他心存恶感，因为他夺走了希腊的自由，也因为他从攻陷底比斯到格拉尼克斯河战役中采取了一系列杀戮希腊人的做法。倘若我们不考虑后世对亚历山大的浪漫解读——比如他达成了"四海之内皆兄弟"的平等观念，或者说把"文明"带给了野蛮人——那么我们便能发现，他最主要的天才都集中在军事与政治领域，而非人道主义和哲学的范畴：他对于希腊式战争艺术进行了杰出的创新，并且领悟到如何利用获得的力量消灭或者贿赂任何能够和他分庭抗礼的敌人。

对那些早就被马其顿所征服的希腊人来说，他们所没有想象到的是，亚历山大对于决定性战斗的卓越运用已经到了如此炉火纯青的地步——更令人惊讶的是，亚历山大所进行的杀戮，按照他灵光一现的说法，是为了一种兄弟友爱之情而进行的。新大陆的征服者西班牙的科尔特斯（Cortés）是类似的军事天才，他指挥的部队能够像热刀切黄油一般楔入墨西哥人的阵形，在超出敌人理解范围的决定性战斗中成批屠杀墨西哥人的部队。科尔特斯称，他所做的一切，都是为了西班牙王室，为了基督教的荣耀，以及为了西方文明不可阻挡的脚步。对亚历山大而言，在战略层面上，战争的目的并非击败敌人，双方交换战死者的尸体，建立胜利纪念碑以及解决既有的争端；事实上，就像菲利普二世曾经教导他的那样，倘若有人胆敢用军事手段来对抗马其顿帝国的统治，那么因此进行的战争的目的便是杀死所有的敌人，并毁灭他们的文化。因此，亚历山大在战争中运用了一系列革命性的方式，例如穷追不舍溃逃的敌人，以及一旦取胜就让对手亡国灭种，这在几十年前还都是不可想象的。

在格拉尼克斯河战役（公元前334年5月）中，亚历山大彻底摧毁了战场上的波斯军队，并包围了波斯方的希腊雇佣兵，然后几乎把这些希腊人屠戮殆尽——大概只有2000人幸存并被送回马其顿作为奴隶。对于希腊雇佣兵的伤亡数目，现存的资料众说纷纭，也许在此次战斗胜负已分之后，马其顿军队杀死的希腊人数量在15000～18000之间。仅仅在一天之内，亚历山大杀死的希腊人数量，就超过了希波战争时代几场大战中希腊阵亡人数的总和——马拉松、温泉关、萨拉米斯外加普拉提亚，这四大战役中死亡的希腊战士数量加起来也不及格拉尼克斯河一役！同一场战役中，波斯人的阵亡数目也超过了两万人——这个数字超过了之前两个世纪以来希腊本土上任何一场重装步兵战斗的死亡人数。格拉尼克斯河战役证明了两点：亚历山大为了实现他自己的政治目标，会不惜杀死无数生命，远超之前任何西方政治家；同时他在实现这一目标的过程中肯定会不得不消灭数以千计的希腊人，因为这些佣兵会为了利益或者自己的原则而效力于波斯大王，挡在马其顿大军的面前。

在之后一年（公元前333年）发生的伊苏斯战役中，亚历山大对抗大流士三世本人率领的波斯大军，战斗的残酷程度又更进一步，战争中的死亡人数更是远远超出以往希腊或者是马其顿军队参加过的战斗。在这场战役里又有两万名希腊雇佣兵阵亡，而波斯军人战死的数量达到了5万~10万人之多——在8小时的时间里，平均每分钟就要杀死300人，这无论在杀戮的时间还是空间上都是个大挑战。西方文明的战争模式曾经只是为了解决局部地区的边界纠纷，现在却发展为使用冲击作战的方式尽可能地屠杀敌军，这场战役无疑是最好的写照。在已经奠定胜局的情况下，马其顿方阵与其说是将敌人驱赶出战场，倒不如说是在战斗的收尾阶段极力杀死敌人。

在高加米拉战役之后，亚历山大还进行了第四场也是最后一场大规模的战役，在希达斯佩斯河畔击败了印度王公波鲁士（公元前326年），并在战斗中杀死了超过两万人的敌军。即便根据非常保守的统计数据，亚历山大在八年时间的东征中，仅仅是在决定性战斗里就指挥军队杀死了超过20万敌人——而这仅仅付出了几百名马其顿人的性命作为代价。只有在格拉尼克斯河战役与伊苏斯战役中，希腊雇佣兵给他造成了一些真正意义上的麻烦，但最后这些希腊人还是难逃寡不敌众、被包围歼灭的结局——这两场战役中这些希腊人的阵亡人数超过四万，这使得到了高加米拉战役时，波斯已经没有多少希腊雇佣兵可用了。就战场杀戮与战后镇压平民所造成的死亡而言，只有恺撒征服高卢与科尔特斯征服墨西哥时的手笔能够与亚历山大比肩。显而易见，西方的战争方式——进退如墙训练有素的职业步兵之间进行正面冲击作战——会造成交战双方完全一边倒的交换比，这在亚洲国家中是前所未见的可怕战法。

在上述这些战役的间歇，亚历山大还攻取了许多希腊诸邦与波斯帝国控制下的城市，无可辩驳地证明了西方的战争之道不再仅仅限于一种步兵战斗风格，而是将残酷的正面战斗上升为一种理念，西方军队愿意用这种方式扫除一切前进时遇到的障碍。亚历山大有条不紊地攻占并奴役了几乎所有挡在他面前的敌对城市，从小亚细亚开始，然后是叙利亚海岸，再接着是波斯帝国的东方诸行省，最后是现在旁遮普境内的印度城市，对该城所进行的屠城行为为这一系列血腥攻城行动画上了句号。亚历山大所夺取的名城大邑包括：米利都（Miletus，公元前334年），哈利卡纳苏斯（Halicarnassus，公元前334年），萨迦拉索斯（Sagalassus，公元前333年），皮西迪亚（Pisidia，公元前333年），塞拉那（Celanae，公元前333年），索里（Soli，公元前333年）和遭遇屠城的布兰奇迪埃（Branchideae，公元前329年），锡尔河（Syr-Darya，公元前329年）沿岸的大小堡垒，强固的亚理阿马兹城（Ariamazes，公元前328年），以及印度的马萨迦（Massaga，公元前327年），阿努斯（Aornus，公元前327年）与桑加拉（Sangala，公元前326年）。这些城市中的大部分在规模上都大于底比斯城，而后者作为亚历山大毁灭的第一座城市，仅仅在巷战中就有6000多希腊人死亡。根据阿里安的说法，在亚历山大横扫印度旁遮普的辛迪玛纳城（Sindimana）及其周边城市时就有8万人被杀，而在桑加拉城则有17000人死亡，7万人被戴上奴隶的镣铐。保守估计之下，从公元前334年到公元前324年的十年间，亚历山大至少杀死了25万城市居民，他们唯一的错误就是挡在了亚历山大东征的道路上，被迫自保。

关于亚历山大指挥的攻城屠杀行动，记载最为详细的首推推罗和加沙这两个腓尼基城邦。在进行了为期几个月英雄式的抵抗之后，推罗城在公元前332年6月29日被攻陷。关于城内的伤亡情况缺乏确切的记载，但在城陷时应该有7000～8000名居民在混乱中死于非命。侥幸暂时活命的2000多男性居民最后还是被折磨致死，马其顿人以此警告其他人不要进行无谓的抵抗。至于被俘虏的2万～3万名妇孺，则难逃成为奴隶的命运。推罗和之前的底比斯一样，在城市被摧毁后仅留下一个地名而已。推罗城陷落之后，叙利亚海岸南面的加沙就成为亚历山大的下一个目标。经历了两个月的围攻之后，亚历山大率领士兵攻入城市，肆意屠杀其中的居民。城中所有的叙利亚男性，无论是波斯人还是阿拉伯人都难逃死亡的厄运，死者数目近一万。剩下的妇女和小孩仍有几千人，同样被售卖为奴。亚历山大将加沙的总督巴提斯（Batis）绑在马车后面，用绳子绑住脚踝，然后驾车拖着他环绕整个加沙城，就像希腊神话中阿基里斯踩躏赫克托的尸体一样，只不过这次是将尚且活着的巴提斯拖在车后折磨致死而已。

  亚历山大在亚洲的时间不过十年，在这期间的绝大多数时间里，他无法引诱敌人主动和他进行阵地战，于是他反其道而行之，把战争带给敌人。他率领军队不声不响地进入东方土地，在这场肮脏的战争中，他面对的敌人遵循东方式的游牧战法，接战时总是散兵游勇，擅长伏击，用这种打了就跑的方式来威胁马其顿军队，而亚历山大则有计划地焚毁村庄，屠杀当地精英人物，把堡垒烧成废墟作为回敬。亚历山大在现在的阿富汗、伊朗和旁遮普所摧毁的小部族数不胜数。在亚历山大沿着既定路线攻占敌人大型聚居地的过程中，沿途他或抚或剿，无情地平定了数目庞大的小部落。此后他的征途转而向南指向苏撒（Susa）南部，乌克西斯山脉（Uxiis）与扎格罗斯山脉（Zagros）之间的山区村庄也遭到马其顿大军有计划的掠夺，那里的居民要么被杀死，要么被更恭顺的臣民所取代。当亚历山大试图从伊朗西部的苏撒隘口向波斯波利斯进军时，他击溃了当地总督阿里奥巴扎尼斯（Ariobarzanes）的部队，只有少数幸存的敌人得以逃进山间。随后，亚历山大仅仅花了五天时间就追上了伊朗东部的马尔迪斯人（Mardis），迫使他们俯首称臣，并将他们吞并进自己的帝国中，从而迫使他们提供人力、马匹，且用人质来保证忠诚（公元前331年）。

在巴克特里亚，当亚历山大面对当地人的反抗与暴动时，他开始进行以牙还牙的清剿行动。当地有一群被波斯人流放的希腊人，他们的城市被称为布兰奇迪埃，据说该城被马其顿人屠杀之后不剩一人。至于索格迪安纳的撒坎人（Sacans of Sogdiana）——他们在高加米拉的战场上被认为是强悍老练的战士，此时也遭灭族，他们曾经居住的土地也受到践踏。亚历山大相信那些居住在富庶的泽拉夫尚河谷（Zervashan）村庄中的居民帮助了索格迪安纳的人们发动叛乱，于是他同样扫荡了泽拉夫尚河沿岸的所有堡寨，并处死了所有敢于抵抗他的人，仅仅在锡鲁波利斯（Cyrupolis）一地就有8000人被杀。在巴克特里亚与索格迪安纳叛乱的两年时间里（公元前329～前328年），几乎就是不间断的战斗、掠夺与处决的过程。亚历山大在进入印度之后（公元前327～前326年），也是以这种全面战争的方式进行征服，他杀死了现在巴基斯坦境内巴焦尔特区（Bajaur）的科埃斯河（Choes）沿岸的所有抵抗者。他许诺被围的阿萨瑟尼斯人（Assacenis）只要投降就能保全性命，但在受降之后就处决了这些人雇佣的所有战士。至于像奥拉（Ora）与阿奥努斯（Aornus）这样地处山巅形势险要的堡垒，同样难逃被攻取的厄运，而其中的守军可能也全军覆没了。位于下旁遮普省的马利族人（Mallis）所居住的村庄，多数被马其顿人焚掠一空，而逃亡沙漠的难民则在半途遭到追击和屠杀，多数历史材料声称死者数以千计。

像亚历山大麾下马其顿军队这样的侵略者，是东方诸国从未经历过的，亚历山大给敌人的选择只有两个：臣服或者灭亡，而且这支军队拥有足够的意志力与实力，乐意同时实现以上两点。沿途的部落在对抗马其顿人时毫无胜算可言，他们唯一的机会便是在群山之间和入侵者进行捉迷藏式的断续战斗，指望这样能够延缓马其顿人的进军速度并挫败他们的战略意图，至于彻底击败亚历山大的军队则是毫无可能的妄想。到了公元前325年，亚历山大带着部队横穿格德罗西亚（Gedrosia）沙漠，在他的部队还没有干渴致死之前他继续进攻沿途的定居点欧雷泰（Oreitae）。仅仅在一次交锋中，亚历山大的一个副官，列奥纳图斯（Leonnatus）就率部杀死了6000敌人。在饥馑和军事打击的双重作用下，欧雷泰变成了一片无人区。我们现在已经无法统计亚历山大的杀戮行径对巴克特里亚、伊朗和印度的人口数目造成了多大的影响，但有一点毫无疑问：亚历山大摧毁的许多村庄以及扼守一省要隘的堡垒，往往都是数千人的家园。在马其顿人到来之后，许多当地的居民聚落都被彻底抹去，其中的男性在保卫领土时要么被杀死，要么沦为奴隶，运气好一些的则加入马其顿军队成为侵略军的一员。

那么，进行所有这些杀戮又是为了什么呢？没有人知道亚历山大的真实想法。当然，想要在阿契美尼德王朝的残骸上建立一个新帝国，本来就需要平定所有抵抗，这也许能解释他在亚洲不断的疯狂杀戮。马其顿人不论是在行军途中，还是在战场上都时刻准备着杀死敌人；这台致命的军事机器甚至对自身而言也充满危险。在波斯首都波斯波利斯投降之后，亚历山大给马其顿士兵一整天时间，允许他们肆意掠夺、随意杀戮。狂热的马其顿士兵们抢劫民居，带走女人，那些幸免于无端杀戮的人则被卖作奴隶。普鲁塔克还提到，即便是那些已经成为囚犯的人，也多半会死于非命；库尔提乌斯则补充说，当时许多人宁可和妻儿一起跳下城墙，或者在家中自焚了结性命，也不愿在街上面对入侵者的屠刀。大规模自杀的行为在欧洲相当罕见，但对西方军队的牺牲品而言却为数不少：西方以外的人民在面对无法抵抗的西方军队时，如色诺芬的万人远征军，在圣地攻城略地的罗马军团，或者是冲绳岛上的美国大兵，绝望往往会促成他们集体性的寻死行为。

在破城几个月的平复期之后，波斯帝国的所有财宝都被装车运走——现代考古在波斯波利斯城址中发现了少数贵金属——而皇家宫殿，则在一群酗酒统治者的授意下被一把火烧成灰烬。也许大火最终蔓延到了皇宫以外，在一段时间内把整个首都烧得无法居住。根据文字记载，胜利者获得了数额极其巨大的虏获——大多数记录者认为其价值达到了12万塔兰特之多，而抢掠来的财宝得用两万只骡子和5000头骆驼才能全部运走——对征服者来说他们收获了财富，对被征服者而言他们失去的则是生命。波斯波利斯曾是一个帝国的首都，统治着数以百万计的人民，其人口也许达到了数十万人，而到了亚历山大凯旋之时，早已有数以千计的居民要么死于非命，要么沦为奴隶，要么流离失所。

在波斯这样一个拥有 7000 万人口的庞大帝国中，竟然没有一支本土警戒部队能够阻止西方三万精兵强将的肆意妄为，其结果便是有几十万人仅仅是因为挡在了亚历山大行军路上就被无端杀死。在亚历山大穿越格德罗西亚沙漠的不幸征途中，不少马其顿人与沿途土著在公元前 325 年夏末死去，倒在了从印度河三角洲到波斯湾的沿路上。古代文献对这次为期 60 天、跨越 460 英里的死亡之旅进行了记载，记录了人们所遭受的可怕折磨与伤亡情况。在出发时，亚历山大麾下的战斗人员至少有三万人，外加为数不少的随军妇女和儿童。阿里安、狄奥多罗斯、普鲁塔克以及斯特拉波这些记录者都提到了这次死亡之旅，在旅途中，马其顿军队与随军者因为干渴、疲劳和疾病而不断减员，数以千计的死尸被丢弃在路途中。在这三个月中，因亚历山大造成的马其顿人损失人数，就超过了此前十年与波斯人战争中死亡人数的总和。对于马其顿方阵步兵而言，他们自己的将军，远比那些波斯和印度士兵更加危险致命。

与之前希腊城邦的军事体制不同，马其顿军队里并没有一群将军共同分享指挥权——没有民事监督，没有投票流放，也没有法庭审判以制衡马其顿军队的最高指挥官以及国王本人。作为拥有绝对权力的统治者，亚历山大一旦怀疑下属的忠诚，做出的反应便是立即对可疑者处以死刑。整整一代马其顿贵族，几乎都丧命在他们为之服务的亚历山大手下。在亚历山大统治末期，随着他的偏执与痴狂与日俱增，这种谋害下属的行为也随之愈演愈烈——更何况此时那些忠于阿契美尼德王朝的军队早已土崩瓦解，而作为潜在危险的希腊雇佣兵也早就沦为奴隶，亚历山大想必也已经意识到，他不需要这些精英军人为自己在激战中赢得胜利了。

公元前330年，亚历山大针对他的将军菲洛塔斯进行了徒有其表的审判，并对他施以石刑处死，此事颇为世人所知。菲洛塔斯远非一个阴谋叛逆的小人，恰恰相反，他作为马其顿骑兵的指挥官之一，曾经在历次战役中英勇奋战——在高加米拉正是他率领伙友骑兵突破了波斯战线——他全部的罪行，恐怕只不过是过于傲慢，同时没有及时告发可能存在的对国王的怨望之词而已。菲洛塔斯遭遇处决之后，他的父亲帕米尼奥（这位老人甚至没有受到任何指控）同样也难逃被谋杀的命运。在马其顿军队向东往巴比伦开拔的过程中，相当数量的马其顿贵族要么消失无踪，要么被处决。被称为"黑"克莱特斯的将军曾经在格拉尼克斯河边救过亚历山大的命，但他却在一场狂饮大醉的筵席上被神志不清的亚历山大亲自用长矛捅死。不少贵族侍从因被怀疑叛乱而被亚历山大处以石刑（公元前327年），在此之后，他还下令处死了哲学家克里斯蒂尼，后者乃是亚里士多德的外甥，他之所以遇害，恐怕是因为反对亚历山大所接受的东方式跪拜礼。

走出格德罗西亚沙漠之后，亚历山大花了七天时间狂欢宴饮，同时还不忘把自己处决部下的数量推上一个新的高峰。他的将军们，先是科里安德（Cleander）和锡塔克里斯（Sitacles），然后是阿伽松（Agathon）和赫拉孔（Heracon）以及他们的600名士兵，在没有收到任何警告，也未经任何审讯的情况下被直接处死了。据称，他们的罪名是渎职和抗命，但更有可能的原因是，他们曾经执行了亚历山大的命令去杀死颇有人望的帕米尼奥——这样的罪行显然不能在老兵中被轻易忘却，总要在形式上找几个替罪羊才能替亚历山大开脱。

亚历山大曾经下令处决一整个军团的士兵——6000人之

多：他让全军列队，然后处死每十名士兵中的其中一名，这在西方军事史上还是前所未见的事。亚历山大将来自东方与南方文明的处决和酷刑方式引入西方军队里，由此，他自己对于西方军事发展的贡献在于，彻底抛开了道德规范的约束、人民的监管，在决定性战斗中用杀戮解决一切问题。亚历山大将冲击作战模式的威力释放出来，使之成为消灭敌人的利器。对整个希腊世界而言，没有任何人能像亚历山大一样如此深远地影响文明发展的进程。

亚历山大大帝并非希腊主义的善意信使。他是一个充满活力和悟性的年轻人，一个天才式的将领，他天性乐于求知，并且明白如何让身边的文人墨客为自己做宣传。从他的父王那里，他继承了一支善于杀伐的可怕军队，以他的智慧也能够获得那些狡诈多谋的沙场老将们的忠诚效劳——至少直到他击败波斯为止都是如此。亚历山大知道如何利用希腊传统中的决定性战斗，并将之推向一个新的高峰，他宁可用冲击部队进行面对面的碰撞，也不愿使用伏击、阴谋、谈判或者劫掠来解决问题，而他也正是用这种方式战胜了东方的敌人。

亚历山大最终摧毁了希腊人的自由与政治自治的理念，由此揭开了希腊化时代（The Hellenistic Age，公元前323年~前31年）的序幕。因为他的关系，希腊军事文化被传播到了爱琴海以外，而此前深藏于波斯国库的贵金属则在东征过程中被散播流通于整个希腊世界，成了政治压迫与经济不平衡的源头——然而，这个经济动荡的时代，同时也将文学和艺术推向了一个全新的巅峰。亚历山大用独裁君主的统治方式取代了希腊式的自由城邦政治——但仍然保留了西方传统中理性至上的思想和冷静审视的态度，由此孕育出伟大的城市、瑰丽的艺术，以及精耕细作的农业手段与精明睿智的商业理念。在亚历山大的世界中，没有爱国者与政治家的存在空间，但艺术家和学者们却能得到前所未有的机遇和财力支持。

尽管亚历山大投身于希腊文化，但在他撒手人寰之时，他内心的恐怖更接近薛西斯，而非地米斯托克利。在他之后的继业者诸王国中，军人像雇佣兵一样为了薪水作战，而战争所吞噬的人力与财富达到了天文数字。自由市场的扩张，军事研究的进步，以及完善后勤的运用，这些因素一起将西方军队的致命程度推上了新的高峰，几十年前的人们恐怕根本无法想象。东方式的对统治者的神化态度，在希腊化继业者王国中成为常态——妄自尊大、随意杀戮和残酷镇压，这些与神权国家联系在一起的事物也成了亚历山大之后君王们的属性。有时，学者们会把亚历山大与恺撒、汉尼拔和拿破仑相提并论，这些统治者都拥有坚定的意志和天才的军事思想，他们不顾现有资源的限制，试图超越极限去获取一个更加庞大的帝国。亚历山大和这些历史人物互相之间固然有相似之处，但恐怕阿道夫·希特勒与他更为相像——尽管这种可怕的比较会使古典学者和亲希腊者惊恐不安。

从1941年夏天到该年秋天，希特勒组织了一场迈向东方的大行军，堪称卓越而残忍。他和亚历山大一样，都被视为西方世界的军事天才，他们都能意识到高度机动的部队在冲击作战中将会产生世所未闻的强大力量。这两位都是自我赞扬的神秘主义者，他们将自己伪装为西方文明的使者，宣称自己将会把西方"文化"带给东方，把人民从独裁的中央集权政府统治下"解救"出来；实则是为了劫掠财富，抢夺战利品。两人都有善待动物的作风，对女人遵从敬重（虽然实际上他们对女人兴趣一般），喜欢谈论自己的天命和神性，对待下属谦恭有礼却同时筹划着杀死几十万人的战役，最后，他们都处死了不少自己的亲信与最优秀的将军。马其顿国王和德意志元首都是半吊子街头哲学家，他们喜欢借用文学和诗歌中的比喻来发布大规模杀戮的指令。他们每一个关于"平等兄弟会"的承诺背后，都隐藏着"千年帝国"的野心；大诗人品达的声望拯救了几座房屋，使得底比斯不至于全城皆为瓦砾，文化传承年复一年，新罗马的愿景才能降于柏林；遭到刺杀的帕米尼奥不由让人联想到服毒自尽的隆美尔；被夷为平地的推罗、加沙和索格迪安纳一如后世化为废墟的华沙和基辅；相比格德罗西亚沙漠的死亡行军，斯大林格勒的自杀式进攻也不遑多让。

亚历山大能够理解欧洲人的个人主义精神，知道如何利用希腊主义为己所用，打造一支极富战斗精神的军队，暂时性地为他的独裁统治服务；希特勒则很好地利用了日耳曼的丰富传统及其曾经拥有的自由公民制度，创造了一支同样充满活力、令人畏惧的闪电战雄师。历史学家们将亚历山大描绘为传播文化的使者、充满梦想的理想家，对希特勒却没有粉饰，直斥其为精神错乱、杀人如麻的怪物。倘若亚历山大在刚刚踏上亚洲土地时就战死在格拉尼克斯河边（在现实中，他的脑袋也几乎被敌人的一名骑兵劈成两半），倘若希特勒的装甲洪流没有在1941年12月在莫斯科城下几十英里处停住脚步，那么历史的写法便会迥然不同。肯定会有部分历史学家认为，那位马其顿国王不过是个名不副实的自大狂，他的狂妄野心终结在赫勒斯滂的泥泞溪水之中；而德意志元首尽管为人残酷，却是个无所不能的征服者，通过卓越的决定性战斗彻底摧毁了斯大林统治的野蛮帝国。

从古至今，独裁者的事业最终都会以失败收场——亚历山大死后帝国解体，分裂出的继业者国家之间争斗不休，最终统统被并入罗马版图；而希特勒的千年帝国仅仅存在了 13 个年头便轰然倒下——这警示着我们，决定性战斗风格、技术优势、资本主义体系以及超越对手的军事纪律都只能给西方军队带来一时的胜利，倘若没有西方式自由、个人主义、人民监督以及共识政府制度作为基础，一切辉煌的军事成就与过眼云烟无异。考虑到西方军事制度的起源和其复杂的形式，它只有在自己诞生的环境中才能更好地发挥作用。纵观整个古代世界，没有人比反希腊的亚历山大拥有更多的个人勇气、军事天才，也没有人比他更善于筹划阴谋和杀戮，他是名副其实的第一个出身欧洲的征服者，身后将有一系列杰出人物追随与仿效。

决定性战斗与西方军事

战争最终总是由那些面对面交战的士兵们决出胜负，他们互相戳刺砍杀，或是近距离交火射击，直到将对方赶出战场为止。远程武器能够在战斗中辅助士兵，但这些武器本身——箭镞、投石乃至榴弹——是无法击败敌人并结束一场战争的：

> 倘若一支军队仅仅依靠火力对抗敌人，一旦交战双方发生正面接触，取胜的希望将会相当渺茫。冲击作战的武器只有在攻击一方手中时，才能粉碎对手的抵抗，也只有这样，这些武器才会成为出类拔萃的军事工具。一旦敢于近战的勇猛战士手中握有冲击式武器，他就能够发动决定性的一击，打败对手，这才是真正致命的武器，更是决定战斗胜负的神兵利器。（H. 特尼-海，《原始战争·现实与理念》, 12）

在格拉尼克斯河战役、伊苏斯战役和高加米拉战役中,波斯军队静止不动,等待亚历山大的到来,试图选择更加有利于防守一方的战场地形。波斯人把希望寄托在人为设立的栅栏、自然形成的河岸、铁蒺藜、卷镰战车与战象上,想用这些东西挡住他们步兵无法阻挡的可怕敌人。在和帕米尼奥争论时,亚历山大有一段颇为知名的反驳,他曾宣称自己宁可日间在开阔的地域和大流士三世的军队交战,也不愿意用夜袭这种偷偷摸摸的方式来获取胜利。许多类似的逸闻趣事都显示出希腊文化中对于直接、正面且致命交锋的向往之情。库尔提乌斯提到,亚历山大对于进行消耗战的想法嗤之以鼻,更不用说和大流士三世进行和谈了:"我的战争之道可不是与妇孺打仗,我所憎恨的敌人必须全副武装准备好面对我。"(《亚历山大史略》,4.11.18)

库尔提乌斯的记载声称,在高加米拉战役之前,亚历山大唯一担心的事便是大流士三世可能会拒绝交战。在战斗当天早上,帕米尼奥把安稳沉睡中的亚历山大唤醒,年轻的马其顿国王显得信心满满,他如此说:"倘若大流士坚壁清野,焚烧村庄,摧毁食物补给,我会坐立不安。但现在既然他正准备正面交战,我又有什么可担心的呢?感谢诸神,他已经满足了我的每一个愿望。"(《亚历山大史略》,4.13.23)普鲁塔克还提到,亚历山大当时还向将领们解释了自己为何如此自信:"现在还有什么问题可担心呢?难道你们不觉得,我们已经显出胜利之势了吗?我们不再需要在荒凉广阔的乡间寻找大流士的踪影,他也不再消极避开面对面的较量,这就是最好的证明。"(《希腊罗马英雄传·亚历山大》,32.3–4)就在这个早晨,当亚历山大发表讲话为士兵打气时,他告诉马其顿军队,他们的敌人虽然数量庞大,但——"敌人的数量越多,我方的斗志越旺"——这些敌人可不喜欢冲击作战,他们从未经历过类似的战斗,而马其顿人皆是精锐老兵。他告诉自己的部下,波斯人只不过"是一群乱哄哄的野蛮人,他们中有些人使用标枪,有些人使用投石索,只有少数人才会使用真正(iusta)的武器"(《亚历山大史略》,4.14.5)。在西方人的意识中,"真正的武器"意味着在近距离面对面格斗中所使用的兵器,比如矛与剑。在之后的战斗里,以寡击众的马其顿人挺身冲向敌人战线的茫茫人海,试图突破对方防线。当安全冲破波斯大队人马之后,他们无视大流士三世营地中的金银财宝,直奔波斯大王本人所乘坐的战车而去。无论大流士三世逃到哪里,亚历山大的部队都会步步追击,他们视死如归不顾一切艰难险阻去追杀逃跑的波斯国王并杀死一切挡路的人。

那么,西方文明对于决定性战斗的特殊理念又源于何处呢?关于寻求面对面与敌人交战,抛弃一切阴谋诡计和伏击陷阱,在白天决一胜负,在平原上要么彻底毁灭敌军、要么光荣战死的观念,又是从哪里得来?决定性战斗最早见于公元前8世纪的希腊,早于其他任何地方。在更早的年代中,埃及人曾经和近东人在公元前2000年展开大规模较量,但他们之间的战役并未使用重装步兵进行冲击作战,而是利用战车、骑兵和弓手,在战场上进行大规模机动来争取上风。决定性战斗这一理念诞生的环境,始于公民身份的小地产主们之间的战斗,这些人投票决定是否交战,然后亲自上阵参加战斗——由此产生的战斗显得极为激烈。只有具有投票权、享受自由的人们愿意亲身参与这种可怕的步兵较量,因为冲击式作战被证明是一种较为经济的方法,能够简单明了地解决纠纷——有时这种方法也会异常致命。

从公元前7世纪到前6世纪,倘若一个小型希腊人聚居区能够自给自足,同时由其周围的私有地产主们联合管理,那么重装步兵风格的决定性战斗就比固守工事或者扼守要冲显得更为明智:这样可以集结起最多、武器装备最好的自耕农士兵,用最迅速、费用最低廉的方式,进行一场最具决定性的战斗来决一胜负。让农民在自己的土地上保卫土地,或征税并使用税金来雇佣无地佣兵守卫要冲,相较之下,前者显得更为经济和行之有效——尽管在山多地少的希腊,总能找到无地贫民并将他们变成愿意冒险的劫掠者。突袭、伏击与烧杀抢掠仍然是战争的普遍形式——这些事对于人类而言几乎可以说是与生俱来的——至于选择何种军事手段来赢得战争、保卫土地,则取决于公民的选择,拥有地产的步兵需要自己投票决定这个问题。从这个角度来说,决定性战斗以外的方案都显得漫长无期、耗费巨大且不能一锤定音。

早期希腊时代,重装步兵在小谷地中的冲击式交战标志着西方军事体系的萌芽,并发展为一种定型的理念,渗透于法律、伦理与政治的方方面面。公元前7世纪到前6世纪,几乎所有在希腊的"一天战争",都是在缺乏耐心的自耕农之间进行的陆上步兵较量,而这些战争的目的更主要地是在边界纠纷中保持土地所有者的尊严,而非因为垂涎肥沃的耕地。按照习惯,无论是阿戈斯、底比斯或者斯巴达,任何一个城邦所属的军队,都会在白天列下堂堂之阵,用步兵方阵迎接对手——同时按照一系列规定的程序进行,这些程序使得战斗血腥残酷,但不见得招招致命。

对于战斗时可怕的场景，在希腊文学中存在着一整套对应的词语，由此可见冲击作战模式在希腊文化中的核心地位，远非其他文化中的任何战斗方式能够比拟。重装步兵之间的交战本身被称为"近距离的战斗"（parataxeis）、"带协议的较量"（machai ex homologou）、"平原上的作战"（machai en to pediō），在描述战斗本身时往往用诸如"公平公开"（machai ek tou dikaiaou kai phanerou）之类的字眼加以修饰。对于战场的位置和区域，也有如下词语——"前排"（prōtostatai or promachoi）、"无人区"（metaixmion）、"贴身肉搏"（sustadon）等——这些内容都被仔细地加以描述。至于战斗本身的几个清晰的阶段分隔——两军起始阶段的"冲锋"（dromō）、锋线的碰撞与战线的"突破"（pararrēxis）、"长矛戳刺"（doratismos）、"白刃战"（en chersi）、"推挤"（ōthismos）、"包抄"（kuklōsis）、"击溃"（egklima or trophē）——这些词都得到了正式的认可。这些术语，显示出重装步兵战斗机制本身已经成为当时大众文化的一部分，这对于骑兵或者轻步兵体系而言是闻所未闻的。

希腊城邦的人民认识到，在他们时代诞生的决定性战斗方式，与以前的战争大有不同。举例而言，历史学家修昔底德在开始讲述历史时，提到更早时期的希腊人并不像他自己时代的人们那样战斗，同时他也向读者们叙述了陆战与农耕社会之间的关系。在修昔底德的描述中，在希腊本土占据主导地位、定居的农耕人口，以及作为常备军存在的部队，乃是决定性战斗模式的源头。亚里士多德则更进一步详细描绘了希腊战争艺术进化的路线，他也同样强调了以步兵为主的战斗方式与重装步兵体系的崛起。根据他的说法，起源于君主制度的早期希腊城邦其实是由马上贵族所治理。这样的国家在战争中也主要依赖骑兵，原因在于当时重装步兵在战场上并不能有效发挥作用，他们既没有"井井有条的阵形"，也没有"对于部队列阵所需的经验与知识"。而在此之后，重装步兵变得更为强大，最终导致社会变革，以及共识政府的崛起。（《论哲学》，4.1297b，16－24）

　　亚里士多德在其著作中暗示，早期希腊国家所进行的战争主要由骑兵部队来承担，但随着城邦政治揭开序幕，战争的方式也转变为重装步兵部队之间的较量。因为这个兵种占据了主导地位，同时也可能是由于重装步兵的战斗方式，最终把他们推上了城邦政治的统治地位，由此对于共识政府政体的传播产生了推动作用。尽管在地中海地区，无论哪个年代、什么区域，大型战役都常见于史册之中，而在古希腊时代，这些战役则成为重装步兵所统治的领域，他们排成有序的行列，以一种震撼大地的方式进行密集冲锋，最终与敌人迎面碰撞。除此之外，希腊城邦的民兵式军队也是他们所在社会总体架构的一部分，这个架构对政治与文化的影响远远超过战争的范畴：特定的战斗即便不能摧毁失败者全部的战争潜力，也依然能够决定整场战争的胜负。

　　正如我们所见到的，马其顿的菲利普二世彻底结束了重装步兵主宰战场的时代。在这个过程中，他借鉴了希腊人发现的步兵冲击作战模式，并将其应用在全新的西方式全面战争理念中。在自由城邦时代末期，在菲利普二世统治的阴影下，演说家德谟斯蒂尼在他的《第三篇反菲利普的演讲词》（48－52）中哀叹，决定性战斗已经经历蜕变，变得极为可怕："尽管一切艺术形式都取得了巨大的进步，而一切事物都已与过去不同，但我相信，人类对战争技艺的改进超过其他任何东西。"在演讲中，他继续提醒听众，在过去，"拉克第梦人（斯巴达人),就像其他所有人一样,惯于每年用四到五个月时间——主要是夏季——使用公民组成的重装步兵军队来入侵并蹂躏他们敌人的土地,然后再撤军返乡。"在演说最后,德谟斯蒂尼指出,重装步兵军队"深受传统的影响,或者说它由城邦中优秀的公民所组成,所以不愿依靠金钱来占据优势,而情愿用规范性的战斗方式在空旷平地上决一胜负"。

相较于不断进化的希腊-马其顿式军事传统,大流士三世继承了波斯祖先留下的军事遗产,尽管两者迥然不同,但波斯人也拥有自己的卓越军事体系,这套体系可以追溯到居鲁士大帝的时代,并且在与西徐亚和巴克特里亚重装骑兵、埃及战车部队、东方部落民以及北方强悍山民的战争中不断发展。波斯军队依赖机动性、速度与诡计,在骑兵与弓箭手部队方面占据优势——而重步兵则是他们的软肋,因为波斯军队毕竟是来自草原的游牧民,他们缺乏以农耕为基础的城邦国家的传统,也从未经历过共识政府的统治方式。亚洲人的尚武精神,与自耕农的勇武之风是截然不同的。无论是米底人、西徐亚人还是巴克特里亚人,都不会加入任何形式的公民大会,也不会投票决定集结军队、从墙上取下盔甲、加入同乡组成的部队,并在执政官的身旁走向战场,用一场残酷的冲撞战斗对抗敌人的步兵方阵——至于战后匆忙赶回家乡保卫财产、对整个军队与指挥官的表现进行公开评估之类的事务,对波斯人而言同样是闻所未闻的。

波斯人、米底人、巴克特里亚人、亚美尼亚人、乞里西亚人和吕底亚人,要么乐于生活在部落体制之下,要么身为帝国政府的奴仆,这些民族在战争中倚仗胜于对手的人力资源,惯用远程部队倾泻箭雨的战术,同时利用骑兵与战车集群进行大范围机动来发动攻击。倘若一支西方军队犯了足够愚蠢的错误，在没有足够骑兵支持的情况下与大平原上的东方军队交战，那么西方人必定会被上述的东方作战方式所击垮——后来罗马人在卡莱战役（公元前53年）中的遭遇，就是一个很好的例子。但在通常情况下，西方人拥有更优秀的步兵，而且他们会选择冲击式作战，这就意味着只要西方军队的指挥者使用合适的战术——比如保萨尼阿斯在普拉提亚战役（公元前479年）、恺撒在高卢（公元前59～前50年），或者亚历山大大帝在高加米拉所做的那样——那么这支军队所展开的攻击与杀戮，将会是所向无敌的。

对于那些追随亚历山大东征的希腊贵族而言，他们见证了己方的方阵在面对亚洲军队时未尝败绩，而马其顿军队的战术也足以击败一个又一个对手。然而，他们最终会发现，在统一且政局稳定的意大利，罗马人不仅发展出一套极富侵略性的官僚机构，而且培养了一种傲慢尚武的精神，他们还复兴了曾经帮助希腊人打赢萨拉米斯海战的公民军队。和希腊人不同的是，罗马人关于决定性战斗的理念，总是被作为法律规章而体现出来（ius ad bellum），按照罗马人的说法，决定性战斗是为了抵制敌人迫害意大利乡村人民所采取的措施。统率军队的将军也许会为了荣耀去战斗，但共和国时期的军团士兵们则坚信他们之所以战斗，是为了存续源自祖先的传统（mos maiorum），并依照一个民选政府颁布的法令进行合法行动。罗马的军队之所以能不断取得胜利，在于他们为决定性战斗的方式加入了自己的创新。我们将在史无前例的大规模杀戮——坎尼战役一章中看到，罗马军事理念基于直面敌人的大规模对抗的策略。他们受到希腊人的影响，全盘接受了希腊式科学理念、经济实践与政治架构，由此，罗马军团在战场上发挥出可怕的杀戮能力——而与此同时，罗马自身也几乎被这股可怕的力量所反噬。

亚历山大的庞大帝国分裂之后，希腊化时代诸王国的兴衰转眼即逝（公元前 323 ~ 前 31 年），但希腊人的战争之道非但没有就此失传，反而得到了传承。在欧洲之后的 2000 年里，战争的威力将被激发出来，传承战争之道的并非希腊人，而是那些继承了西方式悖论的民族：他们能够做到一些自己认为有时候不应该去做的事。亚历山大大帝在短期内将决定性战斗的属性从公民军队中剥离出来，打造出一支致命的军队；而罗马人则让冲击式战斗方式返璞归真，回到共识政府的基础上，由此创造出一支更加令人畏惧的虎狼之师，这是希腊人无论如何也想象不到的。

至于西方式的冲击作战方式，同样在罗马灭亡之后得到了存续：在拜占庭帝国与周围的游牧部族和伊斯兰骑兵军队数个世纪之久的交战历史中，以及法兰克人残酷的内战和法兰克势力攻击伊斯兰的战争中，都能看到西方冲击作战的影子。中世纪的条顿骑士们接受了面对面近战的理念，以及大规模重装骑兵冲锋战术，因而在中东地区作为十字军进行战斗时能够以少胜多。步兵方阵作为欧洲特有的战术，将会在 14 ~ 15 世纪复兴，出现在瑞士、德意志、西班牙以及意大利的军队中。文艺复兴的理论家们试图将古典时代关于"为将之道"与"排兵布阵"（stratēgia 和 taktika）的思想运用到他们自己的时代，提高长枪步兵的战斗力。像马基雅维利、利普修斯和格劳秀斯这样的现实主义者还预见到这样的军队将为政府推行宪政提供服务，他们意识到，从自耕农阶层招募来的重装步兵部队，在大规模战斗中将是最为有效的冲击部队。中欧国家的小型军队沿袭了源自古典时代的陆战传统，采用冲击作战方式。到了16世纪，西方军队正处在冲击式战斗改变战争模式的时代，职业军队在战场上追求的是彻底摧毁敌人的抵抗，这种变革在中国、非洲或者美洲是难以见到的。从16世纪到20世纪，欧洲发生的步兵战斗远远多于世界上其他任何地方。

在美洲，阿兹特克武士试图把科尔特斯（Cortés）和他的西班牙征服者拉下马来，并且在大金字塔上献祭俘获的西班牙人。显然，他们与欧洲人相比传承了截然不同的战争之道，他们并不把战争视为一种面对敌人并通过彻底摧毁敌人的抵抗来即刻解决争端的方法。反观西班牙人，科尔特斯显然精于此道，他通过攻破城市的各个街区来实现进军，最终攻破墨西哥城。除非阿兹特克人投降，否则他就会杀死所有敢于抵抗的人。祖鲁人在伊桑德尔瓦纳取得了决定性胜利之后曾经一厢情愿地认为，英国人在正面较量失利之后会撤退。他们显然缺乏对于西方战争之道的理解。事实上，他们必须和英国人进行一次又一次的战斗，一场又一场的战役，直到对方的战争意志——或者说对方的文化——被彻底粉碎为止，这样才能在真正意义上战胜对手。奥斯曼土耳其的耶尼切里近卫军，学习并掌握了欧洲人使用火器的艺术，但他们从未接受与火器相称的西方军制，因而也就不能排成纪律严明的队列进行战斗冲击敌人。西方军事艺术压制个人英雄主义而强调更大的利益，把目标定位在发挥集体火力与集团冲锋上，有时仅凭这两方面的优势就能彻底消灭对手。新几内亚的马林人，新西兰的毛利人，城邦时代之前存在于希腊神话中的荷马式英雄们，以及绝大多数部落制度下的人民，作战的目标要么是获得社会群体中的认可，要么是得到宗教意义上的救赎，或者是文化地位的提升——而集体行动下的冲击作战所求无他，不过是在战场上将敌人撕成碎片而已。

决定性战斗的理念始终传承于西方文明中。西方人笃信在原地直面敌人的冲击式作战是唯一能够决定胜负的战争方式，这解释了为何美国人认为轰炸利比亚的行为乃是对抗后者对欧洲发动恐怖袭击的光荣而有效的方式；类似的，美国人为了报复巴勒斯坦人曾"懦夫般地"使用炸弹杀死睡梦中的美国海军陆战队队员，而在海上使用战列舰将雨点般的炮弹倾泻到巴勒斯坦村民头上，这也被认为是一种直接而"公平"的方式。只要西方人光明正大地与他们的对手较量火力，那么随后引发的杀戮行为反倒显得不那么重要了：那些不知羞耻去谋杀少数妇孺的恐怖分子，那些试图在周日早上奇袭我们舰队的军国主义者，往往会发现武装到牙齿的复仇军队将会反扑在他们的土地之上，而庞大的轰炸机编队也会在白天大摇大摆地巡航在他们的领空之中。

鉴于我们传承了源自希腊化时代的传统，我们西方人将突然的恐怖袭击所造成的伤亡称为"懦夫式的屠杀"，而将我们在正面、直接的交战中对敌人造成的可怕损失称为"公平的伤亡"。对于西方人而言，真正暴行的衡量标准并不在于尸体的多少，而在于士兵们以怎样的方式死去，以及他们是被何种战争模式所杀死。我们能够理解一战中凡尔登要塞与二战诺曼底奥马哈滩头的血腥战斗与惨重伤亡，但我们永远不会接受一部分人因为伏击、恐怖袭击而死，抑或是作为俘虏和非战斗人员而被处决。在 1945 年 3 月 11 日的东京大轰炸中，数以千计的日本平民被烧死，但在西方人看来，其残酷程度远不及将跳伞后被俘的 B－29 飞行员斩首。

那么，这种加诸西方人身上的悖论是否永远存在呢？从古典时代重装步兵的舞台到现代战场之间，中间经历了第一次世界大战的战壕，第二次世界大战的地毯式轰炸与集中营，以及未来可能存在的第三次世界大战所带来的启示录级的人类毁灭。现代西方人处在一种两难的境地，他们在正面交锋与决定性战斗方面登峰造极——相关杀戮技术的适用范围一直延伸到地球大气层之外，同时也能深入海平面以下——这些技术能够消灭一切，却不能抹杀他们的道义、他们关于开战的道德底线。我们西方人也许会像非西方人那样进行战争——无论是在雨林间穿梭，或是在夜里潜行，又或是作为反恐力量对抗恐怖分子——我们会和那些不敢与我们在冲击战斗中较量的敌人交战。因此我们并不会每时每刻都遵循伟大的希腊传统，利用更胜一筹的技术与纪律来战胜对手，并把我们的公民士兵投入到冲击战斗中——除非我们与另一个类似西方势力的军队之间进行致命的碰撞。我们仍然记得，亚历山大大帝在和多数非西方人交战时，每每用短促而决定性的战斗一锤定音取得胜利，而己方的伤亡却微乎其微。而当他遇到其他西方人时——不论是喀罗尼亚（Chaeronea）与希腊联军还是在小亚细亚与希腊雇佣军的激烈交战——战斗的结果都是以可怕的屠杀收场。

我把以上这种两难的困境交给读者去思考：源自希腊遗赠并经由亚历山大之手而发扬光大的西方式战斗方式，是如此具有破坏性和致命性，以至于我们已经无法离开这条道路而只能继续向前。只有少数非西方的民族愿意在战争中直面我们的军队，而在对抗西方军队时，唯一取胜的机会便在于拥有另一支西方式的军队与之对抗。随着科技的进步、文明的发展，时至今日，任何西方文明内部斗争的结果，已经和当年希腊时代的初衷南辕北辙：这种内斗无法迅速解决纠纷，只能给交战双方都带来悲剧性的、屠杀式的损失。尽管希腊城邦的人民发现冲击式作战能够拯救更多生命，并将冲突限制在重装步兵之间仅仅为时一个小时的英雄式交锋，但亚历山大大帝和其他后继的欧洲人物却尝试释放出他们文化中的一切毁灭性力量，企图在转瞬之间用冲击作战的方式摧毁他们的敌人。如今，这种具有毁灭性威力的瞬间，却反而成了我们自己的梦魇。

第四章　公民士兵

——坎尼，公元前216年
8月2日

隶属城邦的步兵认为，临敌逃跑乃是可耻的行为，他们宁可选择死亡，也不愿作为逃兵生还。相对的，雇佣兵从一开始就试图以众暴寡，而一旦发现己方兵力不济，便逃之夭夭，他们害怕死亡远胜于蒙羞。

——亚里士多德，《伦理学》，3.1116b, 16–23

一场夏季的屠杀

公元前216年8月2日的傍晚，对被围困的罗马军团士兵而言，身边空间狭窄，难堪战斗；脚下立锥之地，唯有一死。筋疲力尽的战友们互相挤压着，进退不能，逼仄的空间甚至不足以挥动短剑。在他们面前是身披白袍、狂热好战的伊比利亚人和半身赤裸的高卢人。久经战阵的阿非利加雇佣军突然出现，包抄了军团的侧翼。同时，罗马人的身后也响起了吼声，凯尔特、伊比利亚和努米底亚骑兵断绝了任何逃脱的希望。汉尼拔麾下的佣兵，成千上万，无所不在，这位声名显赫的将领是罗马的部落死敌之一。此时的罗马人，却没有足够的骑兵和预备队化解攻势，从而避免厄运。一群组织落后却得到出色领导的士兵，将兵力两倍于己、多达七万人的英勇的罗马军团，包围在意大利西南部的一处小平原上。

暮色将近，士兵们盲目地向各个方向推挤着，渐渐将同袍压向敌人的利刃，而混乱与恐惧也渐渐渗入每个人心中。罗马人拥挤队形的纵深达到了35人或更多，转动不灵的密集队列本身就导致了军团的覆灭。这样一支原本排兵布阵极具灵活性的优秀军队，因为以僵硬的纵队接敌而寸步难行。在意大利，罗马人从未在一场战斗中投入如此众多的兵力。直到公元378年，罗马人在阿德里安堡战役中才再次使用了难以机动的大纵深阵形。在这场类似的灾难中，由于阵列严重缺乏灵活性，士兵们成了投射武器的目标，军团中的绝大多数人甚至难以接敌近战。

大战场中的景象，一定让人既着迷又厌恶。与罗马人不同，汉尼拔的士兵是一群成分混杂的乌合之众。在迦太基战阵的中央是且战且退的凯尔特人和高卢人，他们在战斗中惯于赤裸上身（据波里比乌斯的说法是全裸）对敌厮杀。他们的装备也许只有沉重的木盾和钝头无锋的拙劣长剑。长剑只能用于挥砍，一击之后会留下空当，这样往往使挥剑者容易遭到对手的迅速反击。他们中的少数人可能装备了标枪和短矛。罗马历史学家们乐于谈及他们白色的皮肤、发达的肌肉与高大伟岸的形体，紧接着又指出，身形短小、肤色较深的意大利军团士兵依靠训练、秩序和纪律，能够在战斗中屠杀数以千计这样的蛮族部落武士。在坎尼战役之后的200年里，以盖乌斯·马略和尤利乌斯·恺撒为代表的罗马将军们，一次又一次消灭了这些仅在勇气和肌肉方面占上风的蛮族敌人。人们对屠戮法军的记忆，往往仅限于阿金库尔会战，或者是凡尔登战役。但事实上，高卢人的真正惨败发生在与罗马人长达两个世纪的不知名战斗中，倒在这些战场上的高卢人远比之前或之后的任何一场战役都多得多。罗马人的兵刃而非疾病或饥馑，毁灭了独立的古代法国。在这场浩劫中丧命的男性人口远甚于有史以来的任何一次西方殖民活动。与恺撒最终吞并高卢相比，19世纪在美国边境上发生的战斗有如儿戏。根据普鲁塔克的记载，在为期两个世纪血腥的高卢征服史中，仅在过去的几十年里，就有100万人被杀，100万人沦为奴隶。

也许，汉尼拔是有意将高卢勇士置于自己战阵的中央，以此激起罗马人的狂怒，并将他们引诱进包围圈的深处。在李维笔下，这些高卢人是汉尼拔军队中看上去最令人恐惧的战士。在古典世界，谈及那些未开化的野蛮人，人们总会想到苍白的皮肤、油亮的金发（更糟的则是火红的头发）以及乱蓬蓬飘散的胡子。坎尼的高卢军队中，有4000人被训练有素的意大利人砍成碎片。和高卢人在战场中心并肩作战的是衣饰浮夸的西班牙佣兵，他们头戴铁盔，手执重型标枪，身披令人目眩的红边白袍。像高卢人引以为傲的赤身作战一样，他们的战袍很快就会在血战中成为一道亮丽风景。和高卢人不同，西班牙人使用双刃短剑，罗马人学习并改进这种武器，收为己用，成为著名的罗马短剑。这种武器无论是砍切还是刺击，都显得极为致命。西班牙佣兵在高卢人身边战斗，因此也遭受了罗马人的无情攻击，尽管根据波里比乌斯的记载，这些武器和防具相对精良的战士仅仅倒下了数百人，而高卢人的阵亡数字则高达数千。

在迎击罗马密集阵形的正面战线上，战争很快演变成剑斗、肉搏推挤，激战中牙齿和指甲也成了武器。只有高卢人和西班牙人佯装败退和即将发生的侧翼包围让这些拼死一战的部落士兵免于彻底毁灭。李维和波里比乌斯大多着力描写被包围的罗马军团如何遭受灭顶之灾,但他们很少提及,在战斗全程中,罗马军团如同绞肉机一般,在正面战线中吞噬了超过5000西班牙人和高卢人的生命。没有人讲述汉尼拔及其胞弟马戈是如何存活下来的,但他们两人确实在战列的前排和高卢人、西班牙人一起奋勇杀敌,同时确保己方阵线在包围陷阱形成前只是缓慢后退,而非全线崩溃。

汉尼拔麾下最为精锐的部队是他安置在侧翼的阿非利加佣兵。当罗马人莽撞嗜血地向前冲击时,非洲军受命向敌军的侧翼旋转,展开攻势。这些人是冷峻的职业军人,曾镇压过许多北非部落;他们追随主帅从西班牙出发,在行军过程中一路和欧洲人作战;而一旦迦太基雇主的酬金没能按时到账,他们有时也会反戈一击。许多个世纪之后,他们传奇般的强悍风格引起了著名小说家古斯塔夫·福楼拜的注意,他的小说《萨朗波》便是基于这些佣兵无数次血腥叛乱的背景所著。在坎尼,他们先用标枪开路,杀散了靠外侧的罗马士兵,然后用剑在军团的侧翼杀出一条条血路,而面对未曾预料到的新威胁,军团士兵往往很难迅速转身迎战。

尽管阿非利加佣兵并不熟悉罗马人的装备,更多情况下,他们作为马其顿风格的方阵士兵,使用双手长枪作战,然而,作为久历戎行的杀手,他们远比填补罗马军队空缺的青年人有经验。此前在特雷比亚(Trebia)河畔、特拉西美涅(Trasimene)湖边的会战中,有成千上万罗马人惨遭杀戮,军团面临兵员枯竭的窘境。此外,由于布置在敌军侧翼的阿非利加重步兵以静制动,得到了充分的休息,相较于和高卢人、西班牙人厮杀推挤而精疲力竭的罗马人,他们显然更占优势。阿非利加佣兵虎视眈眈,而罗马人则对危险毫无察觉,很快,杀戮者成了被杀戮的对象,阿非利加佣兵在整个下午的厮杀中的损失是否达到1000人都很难说,而这个数字仅是罗马战死人数的五十分之一而已。阿非利加步兵和罗马军团之间的碰撞无疑是惨烈的,混乱的军团列成密集的队列,在脆弱的侧面遭到突袭并被撕成碎片,而罗马人甚至没有足够的机会或者空间停下整队来转身面对攻击者。相对而言,罗马士兵的正面防护较好,对背部的防护也不错,但侧面则相对裸露:盾牌后面暴露的手臂、肩膀下较少的防护,以及裸露在外的耳部、颈部以及部分头颅都是易受攻击的目标。

当阿非利加人和意大利人戴着类似的胸甲、带冠头盔与罗马式大方盾互相砍杀时,谁又能辨别敌我呢?波里比乌斯声称,当阿非利加人杀进罗马人侧翼时,双方都彻底陷入混乱,行列不复存在。此时,罗马纵队的后方行列和营地尚未被包抄,但罗马军队的另一个重大缺陷开始显现:除了统帅水平低劣,罗马人也缺乏足够数量的骑兵。此战出场的意大利骑兵,相对迦太基人右翼约2000人的努米底亚轻骑兵显得技艺生疏。努米底亚人自孩提时代便生活在马上,他们能够在风驰电掣的坐骑上精准地投掷标枪,近战时也能如履平地一般自由挥舞短剑和战斧。在迦太基人左翼则部署着大约8000名西班牙和高卢骑兵,他们大多装备长矛、长剑以及重型木盾,和努米底亚人一样将罗马骑兵撕成碎片。在两翼,汉尼拔一共布置了多达1万名精锐的骑兵来对付6000名训练不佳的意大利骑兵。驱散了罗马骑兵之后,迦太基的努米比亚和欧洲骑手们返回战场,绕到被围的罗马步兵后方展开杀戮。

罗马人庞大纵队的前方是漫天烟尘，间或夹杂着高卢人和西班牙人垂死的呻吟；他们的两侧是2万名阿非利加佣兵，而背后则遭到了超过1万人的锐气正盛的骑兵的包抄。场面混乱，敌友难辨，炎炎夏日下这块狭小的战场成了屠场。三个小时前，庞大的罗马军队，如同一股铜铁坚木的洪流，一排排头戴羽冠头盔、手持大盾和致命标枪的军团士兵气势汹汹地前进，面对汉尼拔的杂牌雇佣兵，坚定肃穆的罗马人毫不掩饰他们的傲慢和蔑视。而三个小时之后，曾经骄傲地迈进战场的罗马军团只剩下破碎的武器、淌血割裂的肢体，以及成千上万爬行挣扎、半死不活的伤员。

　　由此看来，战斗所带来的恐惧并不在于剥夺人类的生命。战斗将无数鲜活的生命变成腐烂的血肉，令整洁的外表变得污秽四溢，把一往无前、无所畏惧的勇士，变成哭泣悲鸣、屁滚尿流的懦夫。1942年6月4日十点二十二分，中途岛附近的海面上，山本五十六大将麾下的四艘航空母舰就像几千年前整装待发的罗马军团一样，充满了力量和优雅，看似不可战胜。然而决定命运的六分钟之后，海面上留下的，仅仅是烈火中焦灼的肢体、融化的金属。相形之下，由数以千计头戴羽饰、整齐划一的武士组成的如臂使指般灵活的巨大团队，在转瞬间就变成了无生命的肢体、内脏、弯折的铜铁、破碎的木片，这样的剧变是何其相似。在一位将军精心设计的陷阱面前，耗费时日训练出的人员、铸造出的装备，转瞬之间化为尘埃，从此人们发现，优秀的领军能力是多么令人恐惧，像汉尼拔或者西庇阿这样的名将的一个念头，就足以在一下午的时间里令数以千计年轻人的生命走向尽头。

　　在此后的2000年中，那些纸上谈兵的战术家会为如何重现坎尼战役中的大屠杀而争吵不休，毕竟，兵力较弱的一方在战斗中能够通过简单的包抄机动，彻底消灭数量更多的敌军，是如此有诱惑力。克劳塞维茨和拿破仑都认为，汉尼拔的陷阱显得过于冒险，巨大的战果更多来自运气而非战术天才的构思（克劳塞维茨的评价是"兵力较弱的一方不应采取向心攻击的方式发动进攻"）。而普鲁士的战略家冯·阿尔弗雷德·施利芬伯爵则认为，坎尼战役的达成并非偶然，而是战术家一次梦想成真的完美之作——在战斗中发挥了全部力量，而战前策划也考虑到了一切细节。总而言之，对于战争的学识和战斗精神的结合，才实现了看似不可能的胜利。在施利芬的时代，他预见到德国将会遭遇占据数量优势的敌人的围攻，但同时也坚信个人的天才能够抵消敌人在训练、技能和数量上的优势。事实上，此后他完成了一本书，旨在指导普鲁士军队采取大胆激进的战术，达成汉尼拔式大规模包抄打击敌人的效果，这本书被巧妙地冠以《坎尼》之名。1914年9月结束的马恩河战役，以及同年8月结束的坦能堡战役中，德军在大规模进攻时都试图引诱整支敌军进入陷阱并完成包抄，实现坎尼式神话的结局，尽管这样的战术包围并不能带来战略层面的胜利与真正的赞誉。不过，有一点人们不会忘记，在坎尼之后的漫长历史中，很少有指挥官能够遇到公元前216年8月罗马人那样糟糕的兵力部署。罗马人本可以将战线再延长两英里，彻底包抄汉尼拔的部队，但在实际操作中，他们却布置出了一个与迦太基人长度相似，而且更加呆板的阵形。

许多伤兵被留在战场上。他们的随身物品遭到了游兵的搜掠，他们的身体痛苦地扭曲着，等待着搜刮战场者、8月的烈日或者第二天迦太基人派出的清场队结束他们的生命。在这场战争的两个世纪之后，李维的描述中提到，有数以千计的罗马伤兵熬到了8月3日的早晨，在炽热的风中继续挣扎，最终被汉尼拔的劫掠者"迅速地了结性命"。在战场上发现的罗马人尸体中，许多人死后"头朝下埋向大地"，"看起来他们为自己挖了一个小坑，然后用泥土闷死自己"（李维，《罗马史》，22.51）。还有几千人像残缺的昆虫一样在地上爬行，他们袒露出自己的脖子，乞求别人给自己一个痛快。李维的记叙中确实也提及了罗马人出众的勇气，不过那已经是检视尸体，而非亲眼所见。迦太基人将一名还有气息的努米底亚士兵从罗马人的尸体下抢救出来，阵亡的罗马人用嘴咬掉了对手的鼻子和耳朵，看起来愤怒的罗马步兵在打斗中已经只剩牙齿作为武器了。可以想见，尽管在战斗一开始，这些意大利士兵中的多数人就发现这是一场无望取胜的战斗，但他们仍然不顾一切地挥动武器，打击敌人。

按照古代的胜利传统，军队主帅汉尼拔威严地检视了战场上的尸体。据说，他自己也被这场大杀戮所震惊，尽管是他自己给予了生还的迦太基士兵一项奖励，让他们可以随意掠夺死尸、杀死伤者。在8月烈日的炙烤之下，尸体已然肿胀发臭，剥去衣服并马上烧掉这些腐烂的血肉显得十分必要，同时从后勤角度而言，只要翻开这几千具尸体，把盔甲剥下留为己用就好了。迄今为止，没有考古发现表明战场附近存在坟墓，同时也没有发现任何骨骸留存，因此，也许所有尸体被遗留在战场上，任其腐烂。

在区区一下午的时间里，超过五万名意大利人被引入陷阱，丧命战场，也许每一分钟死伤都会超过200人。子弹和毒气的时代之前，仅仅通过肌肉和铁器的威力杀戮数以千计的人，本身也非常具有挑战性。李维（《罗马史》，22.49）提到罗马军队"拒绝后退一步"，同时强调他们愿意"战死在自己的位置上"，这样的做法无疑"进一步激怒了敌军"。按照伤亡情况推算，战场上喷溅而出的血液肯定超过了三万加仑，即便到了300年之后，罗马讽刺诗人尤维纳利斯还在作品中将坎尼的景象描绘为"喷溅出的鲜血汇成了河流"；勒班陀海战中基督徒联军杀死了三万多土耳其人，但海水在几分钟内就冲去了血污；特诺奇蒂特兰城湖边的最后围城战中，一共有5万~10万人在可怕的屠杀中丧生，由于城市毗邻湖泊，水流总能最终洗去尸体的恶臭。考虑到罗马人的密集纵深阵形，以及汉尼拔的包抄战术，坎尼不同寻常的狭小战场上容纳了大量的阵亡者，成为步兵战斗史上最血腥最狭小的杀戮场之一。在公元前216年余下的炎夏中，坎尼平原上一定充斥着尸体的异味和腐烂的尸体。

从现存的记录来源，希腊罗马时代的那些历史学家，如阿庇安、普鲁塔克、波里比乌斯和李维的记载来看，公元前216年8月2日午后晚些时分所发生的这场战役相当特殊，在正面接战中全军覆没的情况实属罕见。整体而言，在这些史学名家笔下，不论是希腊重装步兵、马其顿方阵还是罗马军团，都很少遭遇全军覆没的噩运，这样惨重的损失往往是敌军进行侧翼包抄、骑兵的长时间追击或者精心安排的伏击导致的。在坎尼，整支罗马军队在平整的地形上，以一个完整的攻击锋线前进，因此他们战斗的结果，要么获得完胜，要么彻底失败。波里比乌斯将汉尼拔在8月2日昼间进行的这场战斗称为"谋杀"。李维也认为这是一场屠杀而非战役，而且因为坎尼恶名昭著的战斗过程，古典时代对此战的记录有三份之多并且十分详细。

罗马建城500年来，数量如此庞大的罗马军团和他们选举的领袖一起被困在战场中无法脱身，这是从未有过的事。战斗之后，时年不过31岁的汉尼拔收到一份厚礼：士兵们从战场上搜集到无数的戒指，它们的主人包括80多位执政官、前执政官、财务官以及保民官，而属于阵亡骑士阶级士兵的戒指更多，能以升斗计算。军史学家往往对于汉尼拔的军事天才不吝溢美之词，而大肆贬低罗马人官僚体系下将官的选举和培养，但这样的评价未免不公。尽管罗马人的军事体系中，战术指挥官深受民政监督的掣肘，而且缺乏必要的职业素养，因此导致了在第二次布匿战争（公元前219～前202年）中，外行将军们指挥下的一系列军事失败；但同时罗马的体系也确保了罗马在遭遇了诸如坎尼战役，以及之前的特雷比亚河战役和特拉西美涅湖战役等惨败之后，仍然能够继续战事，而没有就此一蹶不振。和之前的几个里程碑式的战役一样，证明了下述"定理"：尽管罗马军团在指挥层面多有不足，排兵布阵问题重重，而且在战前对于阵形的安排往往争议不断，尽管在战斗中罗马人可能面对不世出的战术天才，尽管战役遭遇惨败，这一切对于罗马人的战争进程却似乎全无影响。罗马人令人震惊的强韧品性的由来——有史以来西方军队的标志，正是本章的主题。

汉尼拔的铁钳

罗马人在公元前216年8月的惨败，一般被归于三个原因：其一是拙劣的指挥和布阵；其二是他们遭遇了汉尼拔这样的军事天才；其三则是在此战之前的两年时间里，罗马人在连续三场大败中已然损失了大量的士兵，父丧其子，子失其父，兄弟阴阳两隔，士气大挫。这三种说法，各有其理。从战术规划角度而言，罗马人就已经先输一等，人数众多的军团不应该聚集于狭小、平坦的战场上，因为这样会冲进敌方的陷阱，最终遭到敌人的长矛手包抄、挤压，同时被骑兵截断后路。在战场中，无论是自然形成的峡谷地形，还是人为造就的逼仄空间，身在其中的步兵部队都无法独立进退，而是被推挤成一团，极易遭到各个方向敌人的杀伤。因为拥挤在人群中不能转向，单个军团士兵没有获得足够的活动空间，也就无法自如挥剑展现其优势。大批挥舞长兵器而非短剑的方阵步兵一旦丧失阵形，后果将不堪设想，他们渐渐被推挤着面对汉尼拔手下装备精良的剑盾兵和长枪兵。在前队已经接战的情况下，排在后方的几十排罗马士兵显得束手无策，他们无法脱离拥挤的阵形，只能等待厄运降临在自己的头上。在之后的一个世纪里，罗马人将会利用包抄和机动的战术，在一系列的战役中击败更为笨拙的希腊长枪方阵，包括在赛诺斯克法莱战役（Cynoscephalae，意译为狗头山）和皮德纳战役（Pydna）中击败马其顿王国，以及在玛格尼西亚战役（Magnesia）中击败塞琉古帝国的军队。最终，他们学会了如何击败地中海世界中的外国军队，那就是采用和坎尼战役中盲目冲锋截然不同的方式进行战斗。

公元前218年到前216年的时间里，汉尼拔自从踏上北意大利的土地之后，一路高奏凯歌。指挥权原本掌握在独裁官法比乌斯·马克西姆斯（或译为费边）手中，但罗马人的不断落败使得元老院最终解除了这位杰出将领的职务，将指挥权交给了新一年选举上台的两名执政官——谨慎保守出身贵族阶层的卢修斯·埃弥利乌斯·保罗斯和激进大胆的泰仑提乌斯·瓦罗。后者据说是一位颇受平民大众欢迎的领袖。学者大多批评瓦罗在8月2日命令全军越过奥菲杜斯河，移动到平坦、缺乏植被的坎尼平原的举动（两位执政官轮流指挥军队，每日一换，在这之前相对谨慎的保罗斯并没有进军）。事实上，罗马的指挥官确实有开战的理由。汉尼拔的优势骑兵一直在劫掠罗马人的补给线，蹂躏附近的乡村地带，使得供应罗马大军的补给工作变得越发困难。而瓦罗麾下庞大的兵力，给予了罗马人极大的自信，相信能够在平原上擒获汉尼拔：罗马军团的优势兵力和完善组织，一定更能战胜这群乌合之众的佣兵团，毕竟在坎尼，他们不能耍弄阴谋诡计，也无从通过埋伏或利用暗夜和雾气来抵消数量上的差距。一年前在特拉西美涅湖战役中，罗马人在正面较量的阶段就险些击败了迦太基军队，只不过之后罗马人身陷埋伏，并在雾中遭遇敌人包抄。在坎尼，平原地形相对简单，尽管有风存在，但对战斗影响有限，而且看起来迦太基人没有布置包抄部队，而是试图和罗马军团面对面较量。无论怎么审视，这次的战场中都看不出暗藏阴谋的可能性。

瓦罗真正的指挥失误在于，在战斗开始他就一次性投入了麾下的绝大多数军队，只有区区一万人的预备队被留在战场后方的营地中，分别驻守在隔岸相对的两个营地里。瓦罗并没有保留第三线部队用于扩大战果或者防止溃败。也许是担心新兵的战斗素质，或者是为了防止部队的战线拉得太长，无论出于何种原因，瓦罗将战线的长度限制在了大约一英里以内。一支数量达到7万~8万人的部队，在交战开始时只有不到2000人能够在第一线接敌应战。在罗马阵形的某些部分，人群的厚度超过了35排，甚至达到了50排，这已是古代战争中最为厚实的阵形了。只有在公元前371年的琉克特拉战役中，底比斯人才使用了类似的厚重阵形，并成功击败了斯巴达人。但在那场战役里，斯巴达人并没有多少骑兵，而且他们的国王在指挥时显得过于谨慎刻板，而底比斯人则由极具战术天赋的伊帕密浓达指挥。

在战场上，面对罗马军团的迦太基步兵也许只有四万人，这个数目差不多只有罗马步兵的一半。显而易见的是，绝大多数敌人不用等到罗马人展开杀戮，仅仅是面对如此数量优势的对手就已经开始恐惧颤抖了。战术天才汉尼拔的指挥扭转了这一劣势，他充分利用了罗马人急躁冒进的作战方式制定了自己的战术。正如我们所看到的，汉尼拔和他的弟弟马戈一起站在那些相对不太可靠的高卢人和西班牙人身边，直面罗马人进攻的高潮，因为他们相信，只要自己出现在战斗的第一线，就能够稳定那些相对不够可靠的杂牌军，保持渐渐后撤的态势，逐渐吸收罗马军团集体冲锋的巨大力量。逐渐地，迦太基军的中央部分开始向内凹进，波里比乌斯称之为"新月阵"，这样的阵形一方面给了侧翼非洲雇佣兵发挥的空间，另一方面也使得迦太基的阵形看起来比实际情况更厚重。弯曲的阵线提供了后退的空间，迦太基军队的中央部分在不退却的情况下，后退得越多，它的两翼就能更好地包围较短的罗马战线。

对于汉尼拔和他那些欧洲盟友而言，取胜的关键在于，他们必须坚持到精锐的非洲士兵和骑兵完成对庞大罗马军团两侧和后方的包抄，并由此分担迦太基军正面的压力，防止中央部分在重压之下直接崩溃。李维在他的罗马史中提到，迦太基人的正面布阵"太过薄弱，几乎无法承担罗马人的压力"。罗马人的问题在于，在他们庞大进攻纵队的第一线，仅仅有两三千名军团士兵能够挥动武器打击敌人；至于他们身后多达七万名同袍，只不过是在盲目地向前推挤，理所当然地认为军团的锋线正在不断砍倒前排的敌人。按照罗马人的安排，那些受训最少的新兵也许被分配在了阵形最两侧，由此他们也就成了汉尼拔夹紧"铁钳"时首当其冲的部队，将直面占据上风的非洲步兵。无论那些同时代的记载如何评论高卢人和西班牙人，在当天的战斗中，他们显然进行了英勇的战斗，并在某种意义上挽救了迦太基全军的命运。

就在这恰到好处的时刻，非洲骑兵冲击在罗马人的侧翼和后背，投射的武器如同倾斜而下、避无可避的死亡之雨落在军团士兵的头上，举目四望，周围随处都能见到敌军杀来，在这些因素共同作用下，罗马军团前进的步伐终于停止了。晴朗的昼间，汉尼拔在不依赖任何地形掩护的情况下，靠着特殊的新月阵形和巧妙的兵力部署，将罗马军队困在陷阱之中。完成这一创举的同时，他站在与罗马人交战最激烈的锋线上，身体力行参与到战斗中，激励筋疲力尽的伊比利亚、高卢佣兵面对占据数量优势的敌人，让他们继续战斗并保持战线完整。包围罗马军队的行动很快就完成了，来自迦太基和欧洲的非正规军形成了一道看似单薄的长墙，将大批的罗马士兵死死地困在了墙内。倘若每个罗马士兵在临死前都能带走一个迦太基士兵垫背的话，那这场战斗早就以罗马人的胜利而告终了，如果罗马人知道他们眼前的迦太基军队只有三到四排的厚度，也许早就已经成功突围。然而，迎面吹来的强风、战场扬起的沙尘、战斗中震天的喧嚣，以及关于每个方向都有敌军出现的谣言，只是加重了军团的混乱局面。在之前的两年时间里，罗马人在特雷比亚河畔、特拉西美涅湖边的会战中连吃败仗，损失了绝大多

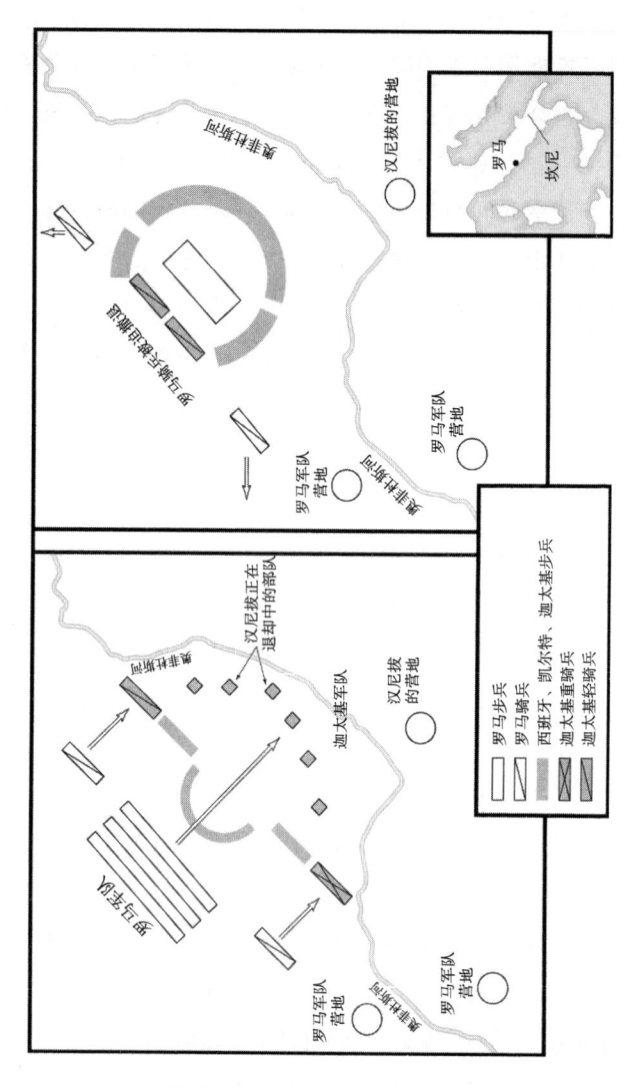

坎尼会战，公元前 216 年 8 月 2 日

数老兵。在坎尼没有人去稳住那些新近招募的士兵的军心，蔓延的恐慌使得人们很快相信，这将是罗马的第三场大败，而且很少有人能够从中生还，军团中因此弥漫着低落的士气。许多未成年士兵，恐怕在听到被包围的信息后就一时糊涂丢下武器。19世纪著名军事理论家阿丹·迪·皮克（Ardent du Picq）认为，汉尼拔也许早就正确地估计到，包围行动"对于人群所带来的恐惧和惊吓远远超过人们困兽犹斗的本能所带来的勇气"。简单而言，在坎尼，是恐惧击败了罗马军团，是恐惧杀死了罗马士兵。况且，如此众多位高权重的贵族出现在军团中——就像许多医生、律师以及其他社会精英人士出现在奥斯维辛的大门前——这无疑会给人带来一种幻觉，让人觉得这些人和自己一起被彻底毁灭是不可能的。在坎尼的罗马军队，人数超过意大利除罗马以外任何一座城市的公民总数，军队里如此多的贵族，几乎可以满足共和国绝大多数立法和执政的事务需要了。

汉尼拔·巴卡（这个姓氏意为"巴尔的恩典"）对于罗马军团的威名不屑一顾。在九岁时，他就发誓将毕生仇恨罗马，这一幕在雅各布·米格尼的著名油画中得到了戏剧性的再现。汉尼拔也是整个古代历史中，少有的愿意正面对抗西方军队的将领。他希望能够在野战中彻底打败罗马人，由此粉碎罗马不可战胜的神话，这是他整个计划中的一部分，下一步就是系统地将罗马和意大利中部、南部的那些意大利盟邦分离开来。

随着罗马军团一败再败、蒙羞战场，意大利也将变得四分五裂，软弱可欺，迦太基就能随意安排西地中海的商贸流通，同时为第一次布匿战争（公元前264~前241年）的失败雪耻。自从公元前218年8月从阿尔卑斯山麓现身以来，直到公元前216年7月2日在坎尼击败罗马军团为止,在历次战役中汉尼拔杀死或者俘虏了8万~10万名罗马军团士兵,其中有数以百计的元老院成员、骑士阶级成员,包括两名执政官以及为数不少的前执政官。在24个月的时间里,罗马三分之一的一线部队中,超过30万士兵在一系列的战役中被杀死、受伤或者被俘,战场包括提西努斯、特雷比亚河和特拉西美涅湖,以及坎尼。由此可见,坎尼的惨败并非偶然。

使罗马军团在坎尼惨遭屠戮之后,汉尼拔并没有向罗马城进军,这一点令很多军事专家惊愕不已,对此反对者众多,从同时代、服役于他麾下的副官马哈巴尔开始(他曾经对汉尼拔说:"汉尼拔,你知道如何获得胜利,但却不知道如何利用你的胜利"——李维,《罗马史》,22.51),一直到英国元帅、二战名将伯纳德·蒙哥马利,都持类似观点。在接下来的14个春秋中,汉尼拔将在意大利继续作战,在一系列战役中或胜或负,而这些战役的结果,对于改变第二次布匿战争的进程几乎毫无战略意义。直到他被召回迦太基本土,抵御西庇阿·阿非利加努斯所率领的罗马入侵军,这才结束了他在意大利的征战。公元前202年,在距离迦太基城不远处的扎马,西庇阿率领罗马军团击败了汉尼拔从意大利带回来的老兵,迦太基不得不接受罗马苛刻的城下之盟,从此不再作为地中海地区的重要军事力量存在。而此时,距离公元前146年迦太基城的灭顶之灾,也不过半个世纪而已。

汉尼拔在公元前219年离开迦太基,进入欧罗巴,至此他已经在一场漫无止境、毫无结果的旅途中斗争了整整20年:他转战地中海、西班牙,进入阿尔卑斯山,又踏上意大利的土地,最终又回到自己出发的原点,在那里用数以千计士兵的阵亡作为谢幕。然而最终，罗马人还是得以再一次自由出入地中海，将一支大军投入到迦太基本土，向汉尼拔的母国进军。作为一名历史学家，波里比乌斯总结了罗马在坎尼之后快速恢复实力的过程，以及迦太基对此的反应："取得战斗胜利的汉尼拔非常愉悦，然而，发现罗马在绝境中所爆发出的伟大精神，他显得更为震惊和沮丧。"

迦太基与西方

坎尼战役令世人惊异的一点在于，尽管在战场上数以千计的罗马人被轻易屠杀，但迦太基对罗马造成的惨重伤亡，却似乎没有任何战略意义。在这场战役仅仅一年之后，罗马就能够重新派出素质极高的军团士兵，他们的战斗力丝毫不逊于那些在上年8月惨遭屠戮的同袍。事实上，在坎尼战死的许多士兵，原本就是罗马在特雷比亚河战役和特拉西美涅湖战役中损失惨重之后重新征召过来的士兵。坎尼之后的罗马军队，同样由元老院任命的将领统率，但这一次罗马将军们已经学会改变过去战术中的愚蠢行为。学者们将罗马人强韧的恢复能力归功于罗马政府对于重组军团、动员公民的高效表现，以及其立宪政体下的民心所向，即便是最底层的农民也会坚定地支持罗马的政权。进军意大利的汉尼拔会发现，和他麾下的佣兵相比，罗马军队在装备、组织度、军纪以及精神面貌方面并不见得有什么优势，但在潜力上却更胜一筹。即便经历了最惨烈的失败，罗马人也能重新振作，学习模仿他们的敌人，士兵和军官们依然愿意加入军队，通过最艰苦的训练提升自己的战斗力，承接他们父辈的精神继续奋战。虽然坎尼的战殁者们早已腐朽在土壤中，但是他们的后辈会接过战斗的旗帜，并于不久的未来在迦太基城外杀死数以千计的非洲士兵。

胜利并不能给汉尼拔带来许多士兵,相反的,失败却使罗马组织起更多的新军团加入战斗。在坎尼的战场上,一名50岁的军团士兵也许会被敌人的武器切成碎片,但在临死前他会毫不怀疑地相信,自己膝下同为罗马公民、还是婴儿的孙子,将在某一天披上同样形制的铠甲、经历类似的训练,并在战斗中替自己复仇,将罗马遭受的羞辱在非洲(而非意大利)的土地上全数奉还。而且事实得到了验证。在公元前202年的扎马战役中,罗马人彻底击败并消灭了汉尼拔赖以起家的雇佣兵部队,而参加此战的罗马军团在人数上仅仅是当时罗马可以投入海陆战争总人力的十分之一而已。在噩梦般的第二次布匿战争中,罗马人,正如李维所言,"对于和谈,未吐一言"。汉尼拔在坎尼的胜利,正如日本人在珍珠港所取得的胜利一样,是一场出色的战术胜利,然而对后续战争并没有战略价值,而且这样的胜利并不能使敌人失去战斗的勇气,相反却激励对方动员更多的人力物力决一死战。面对敌人入侵所带来的羞辱,罗马人和美国人的公民大会所做出的反应,便是动员规模庞大的新军队;而迦太基帝国与大日本帝国,却故步自封于已经取得的成功中,与最终的胜利渐行渐远。

我们很难将罗马在面对危机时的优异表现全数归功于其良好的立宪政府体制,毕竟迦太基的政府同样通过发展渡过了较为落后的君主制和僭主制时期。由于这两个文明都深受泛希腊文化的影响,从表面上看,罗马和迦太基在政治架构上颇有相似之处。此外,迦太基的腓尼基语言母本,正是希腊字母借鉴的原型,由此腓尼基文学(*libri Punici*)往往也由腓尼基语和希腊语写就,其水准得到了罗马作家的尊重。考虑到在之前的一个世纪中迦太基像罗马一样已经融入了东地中海的泛希腊经济交流中，而且迦太基人在葡萄种植、作物培养方面同样造诣颇深，加上在之前长达300年的时间中，迦太基与西西里岛上的希腊城邦在不间断的交战和殖民中保持接触，两者之间大量的共性也就不足为怪了。

相对罗马而言，迦太基距离西西里岛和南意大利启发性的希腊文明更近。公元前4世纪到公元前3世纪，对于许多希腊人而言，他们对北非海岸的风情相当了解，但对意大利中部山脉的情况知之甚少。在迦太基，有使用儿童献祭于祭坛的可怕传说——这种仪式多见于较为富庶的迦太基市区，成为牧师和神使祭祀嗜血雷神巴尔烦琐仪式的一部分，也是玛格诺伊德王朝血腥统治的记录之一（这个王朝的国王既是祭司，同时也是战场上的最高指挥官）。除此以外，在军事方面，迦太基的野战军和东方绝大多数受泛希腊文明影响的国家相比，并无太多不同之处。

迦太基，就像绝大多数同时代的希腊君主国家一样，招募步兵，组成长矛方阵，同时引入战象作为军队的一部分，并雇佣职业的希腊战术家和将军训练雇佣兵并提供相应的策略。尽管汉尼拔的军队常常在数量上处于劣势，但汉尼拔手下的军人并不像面对西班牙人的阿兹特克人，或面对英国人的祖鲁人，在技术方面远远落后于西方军队，而在数量上大大超出。从纯军事的角度而言，自从公元前5世纪早期入侵西西里以来，迦太基军队通过与希腊步兵方阵交手，以及雇佣方阵步兵，早就转变为一支"准西方"的军队。在第一次布匿战争期间，来自斯巴达的雇佣兵将军科桑西普斯（Xanthippus）被邀请到迦太基，负责整个迦太基军队的重建工作。古代资料表明，这名斯巴达人同样是公元前255年帮助迦太基在本土城外击败罗马执政官卢库鲁斯所部的关键人物。希腊历史学家索西鲁斯在一系列战役中全程追随在汉尼拔身边，直接扮演着希腊军事专家和示范榜样的角色。汉尼拔自己也试图和马其顿的菲利普五世建立联系，希望来自希腊本土的方阵部队能登陆意大利东海岸，形成迦太基－马其顿联军夹击罗马的局面。

较之于罗马，迦太基的政府体制中贵族的因素更多。尽管如此，在第二次布匿战争期间，迦太基同样由两名每年通过选举执政的官员（苏菲特）管理，这两名官员共同执政，同时配合30名长老（基洛希亚），以及104名法官组成的最高法院进行事务的审议工作，以上这些官员的决议将会由几千名贵族构成的公民大会进行监督。历史学家波里比乌斯和李维能够使用古希腊语或者拉丁语的术语来描述迦太基的政治——例如"公民大会"（*ekklēsia*）、"常务会议"（*boulē*）、"元老院"（*senatus*）以及"执政官"（*consul*）等，尽管这样的描述方式看上去比较笨拙，但确实能够在描述汉尼拔的非军事官员时，粗略地阐释迦太基的政府与机构概况。即便是亚里士多德在他的名著《论政治》中谈论迦太基时，也会时常将其立宪政治体制与早期的合法寡头统治进行比较讨论，赞扬迦太基人将立法权、行政权和司法权分立的混合政府模式。

迦太基也许可以被称为一座建城于公元前9世纪末、地处北非的腓尼基人殖民城市，由谜一般的女王艾丽莎－黛朵所建立。在语言、宗教及文化方面，它的源头可以追溯到这些移民母城推罗（Tyre）的闪米特人。尽管拥有着闪族人的渊源，到了公元前3世纪时，迦太基政治架构的本质已经完成了向准西方化的转变，而这座城市的经济也早已与西地中海北岸的诸国密不可分。

除了宗教和语言方面的差异之外，相较于南面的邻居，罗马有一个最根本的不同，那就是对于公民权的态度，以及作为一名公民所承担的权利与义务。这样的公民概念，早已超越了仅仅做一个遵纪守法的社会个体的局限。在西方世界，关于这样具备权利与义务双向要求的政治概念，最早出现在公元前8世纪希腊的乡村地区。这样的概念在矛盾中诞生，因为早期政治形态的出现，便是源于少数具备中等财产等级的人群聚集在一起试图独自决定整个社区的政策走向。关于公民应当亲力亲为建立自己政府的观点不仅显得激进，而且很快带来了一个悖论：什么样的人应该被视为公民，为什么？

在此之前，在早期基础广泛的寡头制希腊城邦中，公民权的加入，对于那些被统治的人民是一项广受支持的革命性举措，然而这类政府通常也只能代表整体居民中不超过四分之一具有投票权的部分。然而，正如柏拉图所感叹的，在城邦中，总有一种发展趋势将城邦推向公平主义与包容思维。到了公元前5世纪，投票权和担任公职的资格被限制在很小的圈子内，例如需要10英亩的土地作为准入条件，或者是持有等价的现金才具有从政资格，这种情况在希腊的彼奥提亚地区和部分伯罗奔尼撒的城邦中显得尤为普遍。

这种政治变动最终所带来的结果是，到了公元前5世纪，在希腊式政府中，城邦周围土地上绝大多数的男性自由公民都能获得完全参与政治事务的权利。到了雅典的"帝国"时期，在雅典本土及其民主体制的卫星国中，每一个男性公民的男性后代，不论财产多寡、血统高低，都能获得完全公民权，由此雅典得到了数量庞大的自由民组成的海军兵源。更令人惊异是，随着西方民主理念的扩散，它所代表的内涵早已超越了诸如投票之类的行为，而是成为一种平等主义的光环，笼罩希腊城邦人民生活的方方面面。无论是言语谈吐还是衣饰穿着，抑或是公众表现与行为习惯，民主生活所特有的模式将会在之后的西方世界中传承延续下去，即便是在君主和独裁制度的黑暗时代也不例外。

那些较为保守的人，例如公元前440年前后的"老寡头派们"往往会抱怨，在雅典穷人与奴隶的待遇居然与富人无甚区别。柏拉图认为，民主概念在逻辑上的演变几乎无止境：所有的阶层区分终将消失，到最后，即便一艘船上最底层的水手也会将自己视为船长，认为他们生来就有掌舵的权利，即便他们对航海一无所知也是如此。如同柏拉图所调侃的，倘若这种情况继续发展下去，即便是雅典的动物们也会质疑，在这样一种"将众生都降为同一阶级"的社会中，自己为何不被给予平等的地位呢？

尽管随着菲利普二世和亚历山大大帝（公元前359年~前323年）以及他们之后希腊化继业者诸帝国（公元前323年~前31年）的崛起，许多希腊城邦自治和自由的传统受到了暴力和强权的侵蚀，但城邦的理念并没有被彻底遗忘，而是糅合进希腊以外许多国家的构架之中。举例而言，在意大利，当地人向那些在南部意大利建立的殖民地学习到了大量关于立宪政府如何构建的知识，这对他们的影响远远超过同期那些跨越亚德里亚海侵入亚平宁半岛的国王们。这种情况同样适用于公元前3世纪到公元前2世纪期间罗马与希腊的冲突。在一系列战争中，罗马军团与在赛诺斯克法莱战役（公元前197年）与皮德纳战役（公元前168年）中被他们屠杀的那些希腊佣兵相比，显得更为希腊化，这无疑是个巨大的讽刺。

很不幸，对迦太基而言，在征募高素质的兵员方面，他的政府从没有在希腊式共识政府的模式中得到任何启发，因而也就不能像罗马那样获取需要的人力资源。迦太基政府始终掌握在一批贵族和地主手中，这些人显然都出身于精英阶级。总而言之，迦太基是由一小撮保守的贵族商人和贸易家所控制的。相比之下，罗马借鉴了源自希腊的共识政府这一概念，并结合其自身独特的国家概念进行改造，其结果必然是慷慨地给予拉丁母语的同盟者以自治权，同时给予其他意大利的居民全部或部分公民权。在之后的几个世纪中，公民权的授予逐步开放，最终任何遵守罗马法并纳税的人，不论种族和母语，都能获得全部公民权。在罗马，公民的范畴从逻辑上而言，逐渐从一开始小范围的讲拉丁语、居住在罗马附近的贵族群体，演变成多元化的社会群体，其中的地区性居民能够和元老院抗衡，平民领袖也能够一票否决寡头制定的法律。即便是地位如弗拉米乌斯、瓦罗这样的执政官（前者战死在特拉西美涅湖边，后者很大程度上要为坎尼的大败负责），也会被称为"属于人民的人"，因为他们声称应当速战速决。作为穷人的喉舌，他们和类似法比乌斯·马克西姆斯这样的贵族领导者抗衡，反对后者提出的耐心拖延的作战方式。而在迦太基，并没有类似的平民领袖和贵族分庭抗礼。

罗马军团

倘若一支罗马大军在意大利本土展开作战，全军从上到下都会将胜利看做是必然之事，而绝不会想到军团可能遭受灭顶之灾。到了公元前3世纪早期，罗马军团的士兵早已成为当时世界上最致命的步兵部队，无论在机动性、装备和纪律方面还是其独特的组织方式方面，罗马军团都胜人一筹。对于伊庇鲁斯的国王、名将皮洛士（公元前280～前275年入侵意大利），和第一次布匿战争（公元前264～241年）的迦太基将军们，以及意大利北方高卢诸部落（公元前222年入侵）而言，一旦直面罗马军团这部杀戮机器，即便是他们最好的士兵都难以抵挡。罗马人开发出一套独特的作战模式，一方面它足够灵活机动，可以抓住并冲破高卢和西班牙那些阵形较为松散的部落联军；另一方面，它也能通过包抄机动，或者利用有利地形，在残酷的战斗中打乱东方方阵步兵密集的大纵深阵形。公元前3世纪到公元前2世纪的罗马历史，就是一部罗马军团在地中海书写的血腥战史，它记载了军团先后在西方、南方对伊比利亚人和非洲人的战争（公元前270～前200年），以及之后同希腊本土和东方希腊化诸国所起的冲突（公元前202～前146年）。

李维在他的《罗马史》一书中常常以一名罗马公民士兵——斯布里乌斯·李古斯提乌斯为例，以此说明在长年累月的征战中，罗马的诸军团在经历战役时所跨越的巨大地理范围与积累的丰富经验。在这名士兵长达32年的服役生涯中（公元前200年到公元前168年，在军团中战斗到50岁），作为八个孩子的父亲，他曾经在意大利对抗菲利普五世手下的方阵兵，随军远征西班牙，然后回到意大利和军团一起击败安条克三世和埃托利亚人的联军。随后，他又回到意大利本土服役，之后又被调往海外的西班牙。在李维颇为夸张的叙述中，斯布里乌斯这样说："每次加入军队披挂上阵没过几年，我就会被指定为首席百人队长，我曾四次获得这样的荣誉。因为作战勇敢，我接受过长官的34次表彰，而接受'公民冠'（在战斗中拯救同袍生命的军人,将被授予'公民冠')的次数也有六次之多。"(《罗马史》,42.34)参考斯布里乌斯的履历,也许他在叙述自己经历的时候,还能加上更多战斗的经历,包括如何面对马其顿方阵密集的矛尖、怎样击败希腊化王朝军队中庞大的战象,以及如何在比利牛斯山中消灭阴险奸诈的部落游击队。罗马人的天才在于,他们发展出一套体系,将李古斯提乌斯这样的农民训练成军人,而由这些罗马人组成的军队,在战斗力上则远胜任何地中海地区的雇佣兵。

无论军团在哪里作战驻扎,其步兵总人数通常为4000~6000,到了公元前3世纪末期,军团在编制上由大约30个松散的"中队"(maniple,拉丁语称之为"手指")组成,每个连队下辖两个百人队,每个百人队的实际人数在60~100人不等。每个百人队由一名久经战阵的职业军人——百人队长率领。每个百人队长都精通罗马军团的战争艺术,能如臂使指地率领自己的百人队进军、作战。当一整支罗马军团开进战场时,其下属的60个百人队分布在三条漫长的战列线中,根据地形特性和敌军的情况,每一条条战列线既能合并形成一条绵延不断的人墙,也能分散成多个小单位各自为战。罗马军团在战术构思上,尽力避免与敌军的庞大纵队直接碰撞,从而摆脱被敌军包抄攻击的厄运,同时也防止被大纵深敌人冲破阵形的情况发生。

罗马军团和它的原型——希腊重装步兵方阵的不同之处在于,前者更有灵活性,军团在前进时的阵形易于变换,士兵们在整齐划一的阵线中前进,首先向敌人投掷标枪,然后挥舞着致命的短剑冲向敌人的军阵。臭名昭著的罗马短剑是一种双刃剑,由西班牙钢锻造而成,在致命性和适用性方面都大大超过马其顿式的长枪。军团士兵装备的大方盾一般被作为武器而非防具使用，士兵们通常单手持盾，用盾牌中央凸起的金属钮猛击敌人。通过结合标枪、大盾和双刃剑的使用，罗马人成功解决了常年来困扰军队的一系列问题，诸如关于远程与近战孰优孰劣，以及阵形的灵活性和冲击力怎样兼顾等。军团士兵投掷的标枪，在远程杀伤方面可以比肩亚洲人的远程部队，而他们的大盾以及双刃短剑，在肉搏冲击力方面也能做到与希腊人的重装步兵不相伯仲。而且相比希腊方阵，罗马军团使用三条战线轮番上阵的模式，一方面能够保证足够的预备队，同时也能随时在敌军战线的脆弱部位集中兵力，攻其一点。

在对抗马其顿方阵时，罗马军团士兵投出雨点般的标枪，能够击晕或者击伤方阵内的士兵，等到马其顿方阵的阵形遭到削弱时，单个的中队再挑选对方战线的薄弱之处进行肉搏冲击。而在对抗欧洲的那些蛮族部落时，军团则会使用另一种战术，全军以一面盾牌和短剑组成的长墙稳步推进，那些蛮族缺乏纪律的散兵线在面对军团士兵充满纪律、整齐划一的冲击时显然没有任何胜算。面对以上两种敌情况，除了第一排（青年兵中队）已经交战之外，后两排的各中队（主力兵和老兵中队）也在后排待命，静观其变，随时准备扩大战果或者上前增援以防止一线部队崩溃。

那么，对抗一支排列成三线阵形、迎面袭来的罗马军团，又是怎样一番感受呢？古典时期绝大多数记叙这段历史的历史学家们，诸如恺撒、李维、普鲁塔克，特别是塔西陀，都是以罗马人的视角记载战斗的。在他们充满种族歧视和夸大其词的文笔下，衣衫褴褛而身形高大（普遍有六英尺）的日耳曼人在发出慑人战吼的同时还会敲打兵器和护具发出金属的声响；

高卢人在战场上通常怪叫不断,半裸身体,用油膏打理头发,发髻高耸以使自己看起来更为高大;至于亚洲人,大多身披斗篷,或文饰五彩刺青,数量众多,聒噪并且喜欢炫耀。职业化的冷峻杀手们面对所有这些敌人,仍然会以纪律严明的攻击来击败对手——智慧与文明带来的优势,每次都能抵消敌人庞大的数量、野蛮的冲劲以及野兽般的力量。野蛮人的队伍里充斥着文身、刺青、袒胸露乳的女人,非人的嚎叫,以及混合着锁甲、链甲、长矛状发髻的外貌,偶尔还有人将人头和残破的躯体挂在腰带上,以上这些便是任何西方文学中常见的对自己敌人的描述,从罗马军团到西班牙征服者莫不如此。

然而,在战场上取得胜利的,并不是这些看似可怕的"野蛮人",而是真正显得毫无人性、令人恐惧颤抖的罗马军团。战场上的罗马人,就像在勒班陀海战中的基督徒、祖鲁战争中的英国人一样,在战斗中毫不喧哗。士兵们镇定地步行在战场上,直到最后两军相距30码的无人地带才开始奔跑。到了预定的距离,第一排士兵开始有节奏地怒吼,同时向对方投掷出七英尺长的重型标枪,形成凌空齐射的局面。在标枪的死亡之雨下,几乎是眨眼间,就有数以百计的敌人被刺穿,那些用盾牌挡住标枪的敌人也会因此不得不丢弃已经损坏的盾牌。

此时,第一排的士兵已经短剑出鞘,趁着敌人被震慑的机会冲进敌人的军阵中。军团大盾的中央有一个铁质的保护钮,士兵们将它用作撞锤,猛击敌人,同时,装备精良的罗马人会在对手晕头转向时用短剑砍下对方的手臂、大腿和头颅。一旦敌军的阵线中有人受伤或者战死,罗马士兵就会涌进这个缺口。每个士兵都在寻找机会,一旦对面的敌人受伤或者阵亡,他们就会推挤进入,扩大突破口。几乎是在转眼间,罗马军团的整个第二线军队,后排的主力兵,如潮水一般加入战斗,撕开敌军的防线。他们投出一波标枪,越过那些在前面厮杀正酣的同袍头顶攻击敌人,重复第一排士兵冲锋、投掷而后挥剑杀入战场的动作,而在他们身后,还有第三个梯队的军团士兵严阵以待。

部落文化中的某些元素——杀人或被杀时的疯狂与尖叫、追逐残敌时的狂热以及四散奔逃时歇斯底里的恐惧,尽管血腥,但也完全是人类的自然反应,难以体现战争真正的恐怖之处。相比之下,罗马人在进军时特意保持的冷静、准确估算的标枪齐射,长期研习的剑术以及每个连队精心调控的同步进退,才是战场上令敌人闻风色变的东西。真正的恐怖在于,罗马人将人类不可预测的激情和恐惧变为可控的事务,在科学冷酷无情的指引下,将肌肉力量和手中钢铁的杀伤力发挥到极致,尽可能多地屠杀敌军。犹太历史学家约瑟夫在共和国之后的罗马帝国时期,总结了罗马军团那种令敌人闻风丧胆的勇猛:"对罗马人而言,训练便是不流血的战斗,而一旦战斗,必定见血。"(《犹太战争》,3.102-7)

罗马人这种精心研究的杀戮技巧,毫无疑问会引起敌人强烈的憎恨。例如,在帕提亚的平原、日耳曼尼亚的森林或高卢的山峦作战时,罗马军团因寡不敌众、指挥不当或布阵失误败给了敌军,获胜的对手不仅将军团士兵尽数杀戮,还会继续戮尸以泄心头之恨:砍掉头颅,切下四肢,将这些曾杀伐多年却总能逃脱死亡惩罚的敌人切成碎块示众。阿兹特克人同样会切碎西班牙人的尸体,甚至吃掉俘虏或者死尸,尽管这种做法据说是为了满足他们饥渴嗜血的神,但恐怕也是为了报复身披锁甲的西班牙征服者。西班牙人排着纪律严明的队列,用托莱多钢剑、加农炮和十字弓这样的武器，有组织而冷酷地杀死了数以千计保卫特诺奇蒂特兰城的阿兹特克人。类似的，在伊桑德尔瓦纳战役之后，祖鲁人斩下了许多英国人的首级，并且将其排列成一个半圆，这种方式恐怕也是为了祭奠他们阵亡的众多同袍，因为在战斗中许多祖鲁人都被英国士兵不断发射的马蒂尼－亨利步枪炸成了碎片。

罗马共和国的军队并不只是一部杀戮机器而已。军团真正强大之处在于，其干劲十足、坚忍顽强的意大利自耕农步兵。这些农民出身的军人在乡镇和社区的公民大会上行使投票权，和其他那些身形高大的欧洲人相比，他们在战场上表现得更为残忍无情。从宪政管理国家的传统来看，即便是希腊历史学家波里比乌斯也会惊叹于罗马共和国立宪治理体制的优越性，在他看来，罗马人改进了希腊城邦－人民之间双向的权利义务模式，将整个国家组织成为一支由自由公民构成的庞大军队。

和萨拉米斯大海战中的希腊人一样，大批的罗马自耕农自愿参与公民事务，在他们当地讨论战事的公民大会中行使投票权。在当选将军的领导下，他们向坎尼的战场进发，决心将迦太基入侵者彻底赶出意大利的土地。罗马人深受之前希腊人"决战定胜负"思路的影响，他们和亚历山大大帝麾下的方阵步兵一样，很少把取胜的希望寄托在计谋和伏击上，更不要说仰赖弓箭手、骑兵或者轻步兵来获取胜利了。倘若罗马人喜欢阴谋，他们早就会听从法比乌斯·马克西姆斯的提议，面对汉尼拔这样出色的战术家，继续进行一场消耗战而非歼灭战。

倘若罗马人能像马其顿的菲利普二世和亚历山大大帝那样，建立一支能够冲击敌军的重骑兵，并将其与步兵部队有效结合，就能抵消汉尼拔的骑兵在机动性和冲击力方面的优势，并在战场上发挥得更好。然而，拖延战术、焦土式战争方式和培养贵族骑兵的文化，与罗马式的步兵正面冲撞作战方式是背道而驰的。受制于一系列的文化、军事和政治原因，在古典时期各国的军队中，骑兵都难以成为主力兵种，马上骑手要么成为典型贵族老爷的代称，要么则是穷困游牧劫掠者的形象。菲利普和亚历山大对骑兵的运用，在希腊－罗马时代的军事实践中绝对是特例，而非典型的作战方式。绝大多数希腊－罗马军队因自身在骑兵方面的短板，在许多战役中付出了血的代价。

尽管罗马军团的作战方式简单直接，且偶尔会招募缺乏经验的新兵，但总的来说，罗马军团的纪律性是其他军队难以企及的，意大利本土士兵作战时表现出来的强悍和勇敢也是毋庸置疑的。罗马元老院和其之前的希腊公民大会、马其顿精英的贵族联席会议一样，从形成传统开始，就希望面对面迎战敌军，通过步兵部队在几小时内给对方决定性的雷霆一击，彻底摧毁抵抗。很少有罗马将军因为能力不足招致失败而被起诉，绝大多数吃官司的将领都是被认为在决定性的战斗中避敌怯战。坎尼战役中生还的执政官瓦罗，在巨大的军事灾难发生后回到罗马，反而得到了罗马方面的热情接待。尽管他的错误战术导致了数以千计罗马人的死亡，但他毕竟以实际行动表明自己希望率领一群年纪尚轻、未经战争考验的罗马自耕农迎战汉尼拔，并且愿意奋战至死。

在坎尼，迈入汉尼拔致命陷阱的罗马步兵在武器装备上也许要优于敌人：他们的盾牌、胸甲、头盔和短剑都是兼收并蓄外来军事实践经验，并在科学传统孕育下获得的成果。西方文化与其他文化的不同之处在于，西方人总能自由地借用外来的发明创造，整合以为己用，既不用考虑沙文主义的排斥，也不用担心本土的传统习惯遭到彻底抛弃。理性传统与科学观察研究相结合产生的灵活性保证了欧洲军队手中武器的先进性。不难想象，汉尼拔的军队在特雷比亚河、特拉西美涅湖战役中夺取了不少罗马人的战利品，并且利用掠夺的武器和防具重新装备了自己的大部分士兵。几乎所有罗马的敌人在战后都会搜寻罗马人的尸体来获取武器，而罗马人则很少使用死去的高卢人或者是非洲人的武器。

在坎尼的罗马军队标志着公元前3世纪西方军事传统的最高水平。然而正是这支军队，却遭到了一支迦太基军队的无情杀戮，后者完全缺乏罗马文化所带来的任何优势。汉尼拔的士兵在武器和技术方面完全居于下风，他们是雇佣兵，而非公民士兵。迦太基所属的腓尼基人城邦中，少有爱国的小农场主作为自由公民为国效命。在迦太基，没有任何关于个人政治自由或是公民武装的概念。亚里士多德告诉我们，任何迦太基士兵只要杀死一名敌人，就能获得相应的奖金，这和古典时代的西方军队完全不同，后者在作战时强调士兵应当坚守在队列中，保持阵形的完整，绝不逃跑，并始终保护身旁的同袍。斯布里乌斯·李古斯提乌斯之所以被授予"公民冠"的殊荣，是因为他拯救了自己的同袍，而非杀死了大量敌人或者收集到许多战利品。坎尼战役的悲惨结局和古代世界中的常见情况截然相反：一支西方军队罕见地在数量上超过它的对手，并且在本土作战，不明智地依赖简单粗暴的力量进行战斗，最终被敌人击败；而这支敌军恰恰是一支远离本土的远征军，数量处于劣势，但优秀的富有组织能力的将领指挥军中多支作战风格完全不同的分队取得胜利。

全民皆兵的理念

在过去，希腊城邦偶尔会接纳新的公民，但这种公民权的授予一般是荣誉性的，而且相当少见。在希腊城邦中很大一部分商业事务都由城中的外国人把持，相比公民，这些人显得更有才干，也更加勤奋，但他们却没有在公民大会上投票的权利。希腊人过于吝啬他们自己享有的自治和自由，同时又非常自私地仅仅关心市郊乡村的权益，因而不愿大规模地向外国人和外来移民授予公民权，即便是来自其他城邦的希腊人也不能享此殊荣，只有本地人才能作为吃苦耐劳的农民，耕作在继承自祖辈的土地上。

一部分希腊世界的思想家，如希罗多德、伊索克拉底等，曾经构想了真正的希腊概念，或者说是"泛希腊"概念，并将其视为一个理念共同体，而非语言或民族共同体。在这种理念治理下的城邦，愿意接纳任何外国人，只要他们与城邦有着共同的文化纽带，并且接受城邦的施政理念。随着君主制马其顿帝国的崛起，希腊城邦维护独立自主、建立政府与公民之间双向权利义务关系的进程也被打断。古典时期希腊军最主要的问题便在于军事人力资源的缺乏，因为重装步兵团体的每个士兵都必须具备公民身份，但并非城邦中所有的居民都有资格成为公民，为国效命。举例而言，在萨拉米斯大海战中，许多雅典的穷人作为桨手，为了自由而战。然而，还有相同数量的奴隶和外国人同样应该在雅典政府中占据一席之地，但是事实并非如此。希腊城邦狭隘的公民权理念，很快就注定了它们将失去独立自主的权利。

反观罗马，与汉尼拔斗争的时期，恰恰是关于"什么是罗马"这一理念经历革命性变化的时期。讽刺的是，正是汉尼拔这个罗马不共戴天的仇敌在第二次布匿战争期间的所作所为，促使罗马将原来的"外人"也并入罗马为首的联邦国家中，加强了罗马的社会与军事领域的基础。汉尼拔的入侵帮助罗马人加速进行西方式共和政府的第二次进化，彻底摆脱了狭隘的希腊式城邦国家体制的限制。而倘若能够建立一个真正意义上的民族国家，那么这个国家强大的军事力量，将会撼动整个地中海地区力量对比的天平。而同样的理念，也能够诠释现今西方军事机制的内涵。作为步兵服役所需要的最低财产标准本来是一个源于古希腊重装步兵共同体的概念，在坎尼战役之后的危机中，这一标准被减半，而且在之后的公元前2世纪中不断降低，直到马略改革彻底废除了财产下限的相关规定为止。

对意大利的诸民族——萨莫奈人、伊特鲁里亚人，以及半岛南部那些说希腊语的民族而言，他们或多或少都与罗马有着联盟的关系。在其他意大利人中，即便是那种对罗马人的不信任，也并非来自被外族（罗马）统治的仇恨，而是对于自己尚不能获得罗马完全公民权所导致的嫉恨。在古典时代，许多居住在意大利与希腊诸邦以外的人们都选择移民到这些更为自由的城市，以获得更多的经贸机遇和更大的自由行动权利。在希腊人的统治下，外来人只能在少数时期享受到包容、平等和繁荣；但倘若身处罗马人中间，他们终将获得公民的待遇。罗马人为了对抗汉尼拔在整个意大利动员力量，这最终催生了一项革命，改变了罗马与意大利其他城市之间地位的差别。

到了公元前3世纪，不少有远见卓识者呼吁，在整个意大利范围内授予完全公民权，而这个问题直到公元前1世纪早期的"社会战争"后才得到彻底解决。这意味着所有在意识形态和物质环境方面与罗马相近的群体，理论上最终都会被完全地接纳为罗马公民团体的一部分。面对汉尼拔，罗马需要得到整个意大利的帮助，需要征募更多的人手加入军团，需要防止盟邦的叛变，所有这一切都促成罗马人在公民权问题上对盟友的让步。在共和国晚期，以及随后的帝国时期，罗马治下的被释奴隶和地中海地区的非意大利裔人会发现，他们在罗马法中所获得的权益，几乎和罗马贵族无甚差别。

西方世界中革命性的公民权理念，较之以往具有更多的权利与义务，在这样的理念指引之下，不断扩张的军团将会获得源源不断的兵源。同时，公民权概念还提供了法理框架，使得服役的公民感到自己为国效命的行为处于规范约束之中，具有明确的保障。古代西方世界对于其所覆盖范围的界定，很快将会从民族、肤色、语言的区别转为由文化认同来区分，这种进步将会对战场上军队的表现产生直接的影响。在罗马帝国时期的数百年中，在帝国边界的英格兰或者北非驻守的军团士兵，无论是外表还是语言，都和那些在坎尼战死的军人有所不同。这些后来的军团士兵也许偶尔会遭受来自本土意大利人的文化歧视，但在装备和组织上，他们与传统意义上的罗马士兵完全相同，作为罗马公民，他们将自己服兵役看作一种和国家间的合同，而不是将自己视为强征的壮丁。

早在布匿战争时期，奴隶在某些情况下也会被释放，作为士兵参与战争，根据他们在战场上的表现，他们也可能会被授予罗马公民权。在坎尼战役失败之后，就有数千名奴隶被释放，并参与到军事行动中。简言之，罗马人接纳了城邦的概念，并将这一概念改进为"国家"（natio）：从此之后，罗马人的界定彻底不再由种族、居住地和是否自由出生来进行区分。取而代之的是，即便是那些不说拉丁语、出身农奴或者是居住在意大利以外地区的人们，在理论上同样能获得公民权。只要一个人能让相关审核机构相信，他有着罗马人的精神，同时能够承担罗马的军事义务，也愿意缴纳税款换取罗马法律的保护以及自由的商业化经济所带来的保障，那么他就能够获得罗马公民的身份。

生活在坎尼战役之后三个世纪（公元1~2世纪）的讽刺诗人尤维纳利斯嘲笑了那些"贪婪的希腊人"将罗马变得嘈杂喧哗，然而正是这些希腊人运作着整个罗马的商业链，同时他们也会证明自己像其他数以千计的外国人一样，能够以公民身份作为合格的军团士兵，在战场上和意大利人并肩作战。古典时代的罗马和希腊不同，它建立了现代化且具有扩展性的公民权概念和完善的财阀体制，后者在自由经济的促进下得到发展。很快，资产总额将取代出身、祖籍或者职业，成为界定一个罗马人社会地位的新标准。在罗马小说家彼德洛尼乌斯于1世纪完成的《萨蒂里孔》（Satyricon）一书中，奴隶出身的特里马尔奇奥宴请他那些由奴隶被释放为自由人的暴发户宾客，这一场景正是罗马文明包容性的体现。对罗马而言，即便是国家层面的政治自由被帝制所毁灭，社会、经济抑或文化方面所体现的包容性等进步理念仍旧持续存在，在历史的星空中熠熠生辉。那些最符合罗马价值观、最富有爱国精神的拉丁作者，诸如特伦斯、贺拉斯、帕布利乌斯·塞鲁士和约瑟夫，要么是被释奴隶的后人，要么自己曾经是奴隶，或者是非洲人、亚洲人、希腊人、犹太人的后裔。到了2世纪时，只有少数皇帝在罗马出生。那么，罗马和他的敌人们对于公民权截然不同的态度，对公元前216年8月的战事又有什么影响呢？汉尼拔即便取得大胜，他的佣兵部队也难以获得人员补充，相形之下，罗马在屡次失败的阴影中仍然能得到源源不断的有生力量，这就是两者最大的区别。

早在罗马人之前，希腊人就发明了全民皆兵的理念，在这种理念下，每个具有投票权的公民都必须拿起武器，保卫共同体的利益。这就是他们所获权益相对应的义务。古典希腊城邦采纳了这种政策，使得一个城邦中能够走上战场的步兵人数几乎占据了男性公民总人口的一半。在公元前479年的普拉提亚战役中，人数可能在7万左右的自由希腊战士，击败了多达25万被波斯治下强征去希腊作战的士兵。对于希腊这样的共和制陆上小国来说，能够从中学到如何动员人力储备，并获得远超旧有贵族精英模式的兵源，这无疑是个好的开始。但可惜的是，贯穿整个古典时代，希腊人总是吝啬地限制着他们的公民范围，公民权永远也延伸不到所有的城邦居民，因而希腊人也就永远无法享受到全民皆兵制度所带来的全部优势了。希腊人击败了波斯侵略军，保持了希腊本土的自由，个中原因部分在于他们采纳了全民皆兵的军事制度，但150年之后，面对马其顿王国的崛起，希腊诸邦恰恰是因为缺乏足够的公民军人，而重又失去了独立与自由。

希腊人缺乏眼光直接导致了菲利普二世和亚历山大大帝治下皇家军队的崛起，马其顿君主们并不在意士兵的身份，作为雇主他们只关心手下的佣兵是否能全力以赴投身战场，为自己服务。马其顿人和之后的继业者王国并非民主制的国家，但他们欢迎一切希腊人和马其顿人进入军队服役，并在薪酬上一视同仁。一群渴望荣耀与战利品的亡命之徒聚在一起，不以语言、地域或是民族自尊心作为区分，在某种意义上，他们成了一个极端平等的共同体，这种情况在任何古典时期的希腊城邦中都是难以想象的。在希腊化时期，强有力的希腊精神指引下的雇佣兵式军队（公元前323年～前31年）暂时解决了由来已久的人力资源匮乏的问题，但这种解决方法的代价是对城邦式民主体制的抛弃。这种两难的局面，曾经困扰过色诺芬、柏拉图和亚里士多德，他们都在有生之年眼看着自己理想中的大规模公民兵走向衰落和消亡。在公元前338年的喀罗尼亚战役中，每个战死沙场的希腊士兵，都曾通过投票决定以战争的方式捍卫自己的自由。而在战场对面菲利普二世的马其顿军队中，没有任何一名士兵对于自己为何而战，在何处、怎样作战有任何的发言权。缺乏指挥、装备低劣、组织混乱的希腊联军，在战斗的开始几乎击退了菲利普二世的皇家精锐部队，这本身就是对于公民政府精神的致敬。

解决上述公民自由与募兵规模之间的矛盾，一方面以公民军队的模式保证兵源数量足够庞大，同时采取希腊化王朝对于社会各个阶层都来者不拒一并招入军队的宽容态度。罗马人的民族观和他们对于扩大公民权问题的激进理念，在之后的岁月里最终都得到妥善解决。面对希腊人，他们保证了自己的军队在规模上占据优势，而且相较于希腊君主麾下的佣兵团，罗马军团的爱国精神远在前者之上。

在大规模全民皆兵理念的指导下，第二次布匿战争爆发前夕的公元前218年，罗马共和国在意大利的土地上居住着超过32.5万名成年男性公民，在这些人当中，有超过25万人符合服役资格。如此庞大的动员能力在迦太基人看来是不可想象的，因为迦太基的公民权被限制在了一小撮会讲腓尼基语、居住在迦太基城内和城周围一小块土地上的人群中。对迦太基人而言，更糟糕的问题在于，他们从未接纳希腊传统中关于征召公民兵为国效力的理念，即享受公民权所带来利益的人群必须服役以回报他们占用的资源。迦太基也不具备罗马超越地域、民族和语言的国家观念。

对迦太基而言，不论是城市外围的非洲土著部落，还是他们自己雇佣的士兵，都有可能反戈一击，和罗马人携手对抗腓尼基人的统治。迦太基和西方的相似不过是徒有其表而已，西方化仅仅是某些精英的特权，在政治和战争方面迦太基和希腊罗马相去甚远。与希腊人不同，迦太基人并不坚持用自己的公民兵去进行战斗。而相较于罗马人，迦太基人缺乏同化吞并机制，不能把北非和欧洲的盟邦，或是被征服的居民与受奴役的农奴转化成与一般迦太基人具有基本相当政治权利的公民，因此，迦太基总是不得不和反叛的佣兵进行长久的、有时甚至是血腥野蛮的斗争。除此之外，在迦太基的公民大会上，没有任何人能够为平民请命，甚至连形式上的作为也难觅踪影。看起来，迦太基大致上只有两个阶级，而非三个——一个数量稀少、享有特权的商业贵族阶级，一个为前者服务、毫无权益保障的由仆役和劳工组成的受压迫阶级。

尽管在贵族成分方面，罗马元老院的体制较之迦太基不遑多让，但在迦太基并没有类似公民大会的机构来制约贵族的权力，而且也没有依靠平民改革领袖来推行改革的传统。在迦太基，没有李锡尼，霍腾修斯或者格拉古这样的改革家，因而也就没有人和贵族斗争，为平民争取更多的权益，让更多的中产阶级和新贵族升居高位，或者掀起耕地改革和土地再分配。从军事角度看，平民力量的缺乏使得迦太基陷入了一种长期公民兵源短缺状态中。这意味着，即便迦太基的将军十分优秀，即便迦太基在持续不断的战争中积累了大量的经验，他们始终不可能像罗马军团一样，长期拥有数量充足且富有爱国主义精神的军队。在坎尼之后几个世纪的岁月中，罗马始终能征召出一支又一支大军，即便是在最为黑暗的内战年代也是如此。恺撒跨过卢比孔河，揭开内战大幕之后的17年里（公元前49年～前32年），大约42万名意大利人进入军团，走上战场。

相比之下，倘若汉尼拔在布匿战争中取胜，除了在坎尼击败罗马人以外，他还有很多事要做。他必须连续在四五场类似的战役中给予罗马人极大的杀伤，才能耗尽整个意大利超过25万成年男性农民的人力资源。罗马上下，从年满17岁初出茅庐的年轻人，到年届60岁的老人，都在为了维持或者取得公民权而战斗，而汉尼拔的部队里，可能连一个享有投票权的迦太基公民都没有，而实际上，它是以非洲的雇佣兵和欧洲的部落民为主。这些人可不是为了获得迦太基的公民权而战，也不是为了自治的权利而战，他们大多都是出于对罗马的痛恨、为了佣兵的薪酬和劫掠的贪欲而战。只要他们的将军足够强大而且富有煽动性，他们便会继续杀戮罗马人。然而，最终汉尼拔的职业杀手还是败给了罗马军团，败给了那些通过投票决定走上战场、替代坎尼的阵亡同袍继续奋战的罗马自耕农。军团是为了保卫罗马全体公民而战，为了保卫共和国（populus Romanus）而战，为了弘扬传承自他们祖先的文化（"古人之道"，mos maiorum）而战。绝大多数意大利农民都能正确地认识到，面对一个像迦太基这样的由贵族寡头统治的商业国家时，与其与这样的外族人结盟，还不如身处在罗马的统治下，只有这样，他们的子孙才能够拥有更好的未来。

"全世界的统治者" 公民军事体系的遗产

罗马的人力资源

在古典时代,希腊罗马以外的民族往往能够动员数量庞大的兵源——高卢人、西班牙人、波斯人和非洲人等。然而,这些部落动员或是雇佣士兵的做法,并不能造就民族的军队。在几个世纪的岁月里,罗马强大的敌人们却从未想到过西方文明关于建立自由公民-士兵双重身份的理念。朱古达(Jugurtha)在北非掀起的叛乱中(公元前112年~前104年),努米底亚士兵的战斗力令人生畏;阿维斯托钦在公元前58年率领几十万日耳曼大军试图击败恺撒;维钦托利在公元前52年掀起行省叛乱,多达25万强悍的高卢人群起响应;跨过多瑙河的成群结队的野蛮哥特部落,在阿德里安堡战役(378年)中杀死了数以千计的罗马人。所有这些罗马的对手都是可怕的战士,他们在数量上也常常令人畏惧。这些敌人往往经历了多年部落体制考验,由此形成了一套复杂有效的军事组织体系。尽管如此,一旦失败,他们就会四散奔逃;而即便取胜,他们的组织程度也难以继续下一场战斗的胜利。

共和国体系的优越性,在坎尼大败之后的数天里就得到了体现。此战之后,罗马政府和统治文化都在根本上遭到了动摇,李维在坎尼战后的总结中写道:"除了罗马城曾经被蛮族攻破的岁月(公元前390年)之外,罗马的城墙之内从未有过如此的恐慌和混乱。因此,我必须承认我无法完成叙述这段历史的工作,也不会尝试进行完整的描述,因为这只会偏离真相。"(《罗马史》,22.54)坎尼之后,许多南意大利的城市叛变，它们在很长一段时间内拒绝向罗马提供人员和物质支援。富庶的卡普阿城直接投向了汉尼拔，而像坎帕尼亚和阿普利亚这样的南意大利城市很快也竞相效仿。作为公元前215年当选的执政官，珀斯图米乌斯率领的一支罗马军队在西班牙被击败，珀斯图米乌斯本人也随军阵亡。据李维所述，此战罗马损失了超过两万名军团士兵，指挥官被杀死，他的头颅被挖空作为高卢人饮酒的杯子。此时迦太基的舰队正游弋在西西里外海，随意掠夺沿海的村镇。到此时为止，公元前218年到前215年间上任的罗马执政官，已经有半数战死沙场——弗拉米乌斯、塞维利乌斯、鲍罗斯和珀斯图米乌斯都死于迦太基军队的手中，而其他人也因为战事不利而蒙羞。

那么，罗马人对于这样的国家灾难反应如何呢？一旦街头巷尾的人们恢复平静、一旦恐慌的情绪得到控制，元老院的集会就重新开始，并发布一系列的法令。这些思虑深远的法令让人联想到温泉关战役之后雅典人的冷静作为，6世纪西罗马帝国崩溃之后拜占庭人的坚定行动，1571年塞浦路斯陷落之后威尼斯人的顽强信念，以及珍珠港事件之后美利坚人民的临危不惧。马赛卢斯被派往西西里，稳定那里的局势；所有通往罗马的道路和桥梁都有士兵驻守警戒；罗马城中每个身体健康的男人都被组织进民兵团体，参与到防御城墙的工作中去。马库斯·朱尼乌斯被任命为独裁官，且被授命以任何可行的方式组织起更多的军队，而他也以行动证明自己确实能够胜任这个职位。罗马人在他的领导下，很快组织起四个军团，总兵力两万人，其中不少士兵的年龄尚不满足17岁的最低年龄要求。此外，罗马政府以公款赎买了8000名奴隶，武装他们参加战斗，并允诺只要他们在战斗中奋勇杀敌，就能获得自由之身。朱尼乌斯自己还释放了 6000 名囚犯，并且亲自挂帅担任这支传奇性的"囚犯军团"的指挥官。罗马人向所有的意大利同盟者下令，要求在年内再提供 8 万同盟军支持与汉尼拔的战事。在此后的战争进程中，平均每年都有两个军团被组建以补充战争的损失。除此之外，罗马人的武器装备处于供应不足的状态：迦太基军队在之前的十年中，缴获了大批意大利本土打造的武器装备。为了获得更多的金属以供武器之用，罗马人将神庙和公共建筑中奉献给神的祭品取出，充作刀剑盔甲之用。

在坎尼之后不到一年的时间里，罗马海军已经在西西里转守为攻，之前惨败的损失得到了弥补，而先前接连三败的罗马军团早就恢复了实力，罗马人在数量上是汉尼拔的两倍，后者只能在南意大利的冬营里无所事事。两者形成了鲜明的对比：罗马人颁布了紧急法令，组建新的军团，而汉尼拔手下的老兵只能日复一日打扫战场，他们的天才统帅则试图说服迦太基本土那些谨小慎微的贵族，派出更多的军队来援助自己。

公民士兵传统的延续

在之后的五个世纪里，罗马将面对更多战术天才的考验，更多的皮洛士和汉尼拔，他们将在战斗中杀戮许多缺乏正确指挥的罗马士兵。这些对手包括：独眼的塞多留和他那些强悍的罗马－伊比利亚叛军士兵；勇猛的斯巴达克斯及其麾下数量庞大、富有格斗经验的角斗士；狡猾的努米底亚国王朱古达；机敏的本都大帝米特拉达提斯；凯尔特人和高卢人的领袖维钦托利；以及击败常胜将军克拉苏并且让罗马人损失大半兵力的帕提亚人。这些罗马的敌人加起来至少在战场上杀死了 50 万名军团士兵，但最终，这些战斗所带来的荣誉只是一场空而已。

几乎所有上述看似能成为罗马征服者的人们，最终要么一命呜呼，要么戴着镣铐在罗马游街示众，他们的士兵被杀死、被奴役、被钉上十字架，或者远远地逃离罗马的统治。他们所面对的不只是罗马军队，实际上，他们在对抗一种军事体系，一种战斗理念。他们获得胜利的同时也将意味着又一支罗马军队在天际线上等待着他们，而一旦他们遭遇失败，那么他们的军队则会如盛夏冰雪一般消融不见。

从罗马帝国取代共和国，直到罗马帝国轰然倒下（公元前31年~公元476年），共和制度将从欧洲这片土地上彻底消失。和它的对手一样，西方军队将会逐渐沦为一支雇佣军队，而在某些地方甚至是部落军队。尽管如此，将所有选民纳入军事体系这一理念，以及当选将领在宪法指导下全力自由投入战斗的文化氛围，已经深深植根于人们的心中，永远不会被遗忘。在帝国末期的黑暗年代与之后的混乱状况中，战兵即公民的理念仍然存在，而且依旧有人认为，走上战场的战士对于他们所属的群体，享有合乎法律，有时甚至是超越法律的权利与义务。

在罗马帝国的时代中，公民军队的末日看似已经到来，但那些所谓的帝国职业军人却与几个世纪前的共和国士兵一样，依旧接受着传承了五个世纪的军事法典的约束。这就意味着每个士兵都有权拒绝强制征召，入役后能够获得稳定的薪水，执行任务时遇到危险也会有契约保障，享有固定的退役时间，而且服役年限不会被延长——没有强拉壮丁，没有多次征募，也没有随意处罚。对于军团士兵而言，如果谈及帝制下的罗马与共和国的罗马有何区别的话，那就是普通士兵在帝国时期享有更多的权益。倘若一个士兵出于对自己权益的考虑，提出关于薪酬和自由的要求，那么行省的将军相对于过去共和国的当选将军会更加倾向于接受这样的要求。罗马，从一个农耕小城邦起步，由仅仅控制意大利中部的共和国发展到统治了整个地中海地区的大帝国，并孕育了繁荣的经济，使得千百万被释奴隶、穷人和外国人享受到了难以想象的福祉。同样的，对成千上万戍守边疆的军团士兵而言，尽管他们的投票权逐渐受到削弱以致消失，但帝国的官僚机构却始终一如既往地关心他们的需求。

即便是在共和制度逐渐消亡的岁月里，无论是在政府官僚和宗教阶层的精英们中间，还是在底层人民那里，直接传承自古典时代的公民军事火种依旧得到了保留。这种理念，仅仅见于西方社会中。每个战士即是公民，而整支军队则作为战士的集合，享有公民所有的合法权利，同时也肩负起所有的义务，这样的理念在欧洲之外是难觅其踪的。亚洲、非洲和美洲的居民，并没有传承希腊罗马的理念和文化，因而也就无法接受罗马特有的共和体制，包括公民大会投票通过或者否定决议，以及公民士兵的概念。

即便是在欧洲所谓的"黑暗"野蛮时代（500～1000年），公民军队依然存在。墨洛温家族进入西欧，西哥特人入侵西班牙，伦巴德人在意大利取得一席之地都是依赖这样的军队。以上这些蛮族的公民军队和东面的拜占庭人一样，接受了罗马人的军事术语和组织制度，用征召的公民士兵保卫自己的城邦。欧洲人在修筑工事、铺建道路和军事上积累的思想经验经由旧帝国交到了这些外来继承者的手上。军队、军团、统治、主权，这些罗马时代的术语和其他来自拉丁语、希腊语的军事政治专有名词，在5世纪之后的中世纪岁月里仍在使用。

弗龙蒂努斯和瓦莱里乌斯·马克西姆斯在他们著作中涉及的有关公民军队的内容，将会在中世纪被后人仔细研究。从帝国末期、黑暗时代直到中世纪的基督教精神教父，包括米兰主教安布罗斯、圣人奥古斯丁以及法学家格拉提安和"天使博士"托马斯·阿奎那，在投票选举国家官员的权利遭到削弱以致消失的年代，都在书中概述了基督教共同体在某些特定情况下可以对敌人发动一场公正、合法的战争（即使战争合法化），格拉提安和阿奎那还分别在《格拉提安法典》和《神学大全》中进行了详细的论述。

在5世纪到7世纪，色诺芬和韦格蒂乌斯等思想家的著作成为古典时期作品中被引用最多的拉丁语文献，到了文艺复兴时期，他们的军事格言，将会被诸如列奥那多·布鲁尼和马基雅维利等人所接受。韦格蒂乌斯的手稿被印成口袋书，翻译成英、法、德、意、葡、西等多国语言，以供中世纪的将领研究参详。即便是西班牙查理五世手下的新世界征服者们在美洲建立独立政权的时候，也同样接受了古典时期的理念。在进军特诺奇蒂特兰的过程中，整个军队就像一个微型的由士兵组成的国家一样，每个士兵都作为西班牙的属民而享有特定的权利以及受到特殊的保护，而他们在墨西哥遇到的敌人则是无论如何也享受不到如此待遇的。

立宪政府这一概念本身将会在中世纪的瑞士长枪兵组织中重获新生，也会在15世纪的意大利发扬光大，至于在拜占庭帝国治下的希腊，宪政的概念则从未被遗忘，而这一切的发生远在宪政促成现代欧洲民族国家，以及诸如美国、澳大利亚等国的崛起之前。这一切对于孟德斯鸠、卢梭和吉贝特（Guibert）等思想家而言，都是极佳的例证，正好呼应了他们所呼吁的恢复"全民皆兵"制度的举措，因此他们在自己的作品中往往仿效撒路斯特、西塞罗、李维与普鲁塔克，讲述罗马共和国中伟大自耕农士兵的故事。

成为杀手的公民

公民士兵这一概念本身，并不能保证西方军队的数量优势，因为欧洲及其殖民地在人力资源方面往往不能和亚洲、非洲和美洲相提并论。而从坎尼战役的结果来看，全民皆兵的国策也未必能保证常胜不败。坎尼战役尽管是西方军事史上最为悲惨的败局，但这一天的失利并不会改变战争的进程。尽管在坎尼战役中，领导力的缺乏和错误的战术，使得西方军队原本拥有的优势荡然无存，然而，这种将所有公民征召入伍的军事理念能够保护欧洲在后罗马时代中的绝大多数时间里免遭外来入侵的威胁。与此同时，欧洲向海外派遣的远征军，对于训练、组织和领导方面的关注都超越了狭隘贵族阶级的限制，正因为如此，西方军队才能够在数量和战争技巧上对抗非西方对手。

非西方军队中也会出现更勇猛的军人。有时候，他们与入侵其故乡、奴役其亲族、虐杀妇孺并掠夺财富的西方入侵者相比，更加战之有名。对军事活力的研究不等同于对道德的考察，像罗马军团这样的军队往往会做出本不该发生的暴行。公民军队的理念确实能催生出数量庞大、士气高昂的部队，但这样的军队未必会尊重他国的文化和民族愿望，而对于人类生命的神圣性也鲜有顾及。就狭义的军事效率而言，其他民族，诸如波斯人、中国人、印度人、土耳其人、阿拉伯人、非洲人或者美洲土著，在任何场合都无法以一支具备公民权利概念的公民军队出征，他们同样也没有一个选举产生的公民大会来调整政策。这些民族总是为酋长、苏丹、皇帝或者神明服务,并且对他们畏威怀德。最终,战场上的结果将证明这种统治方式是不合实际的。不幸的是,西方建立公民军队,并用法律规范人们对群体义务的理念——相对其他文明体系而言——仅仅能够带来一种军事上的优势,其本身并没有善与恶、公正与不公、正确与错误的分别。

优秀军队的范例是:高人一等的战场纪律,善于且偏好进行冲击作战,拥有技术优势,并随时准备在决定性战斗中投入大量的兵力。罗马的诸多优势,例如主场作战、兵力占据上风而且处于防守地位,都因为布局不周而无法发挥。对罗马人不利的是在战场上面对一位处在巅峰时期的军事天才,而罗马自己的兵源多是由未经磨炼的新兵组成,面对的却是老道的雇佣兵对手,这些因素给他们造成了不少麻烦。但最终,战争的结果并没有因为这些而改变。

罗马人在坎尼学到的真正经验教训,并非包抄攻击的战争艺术,也非汉尼拔天才般的战术秘诀,因此这些经验长期以来一直被军事历史学家们无视。在战争的课堂中,学生不能满足于学习如何让人们去战斗,而必须了解士兵为何而战,更进一步包括战斗为何发生。战争的悖论在于,勇敢的战士在激战正酣时,能够看到、听到、感受到战场上的勇气、胆量和英雄主义,但这些都不是战斗中的决定性因素,决定胜败的因素往往更概括、更抽象也更隐秘。技术、资本、政权的性质,士兵征募和付薪的方式(而非肌肉力量的强弱),才是不同文化相互交锋中决定胜负天平倾向的砝码,这也决定了哪些人能活着离开战场,哪些人会永远倒下。

汉尼拔未免有些天真。他率领数以千计英勇强悍的士兵进入意大利，满心以为他的军事天才足以对抗敌军的将领和士兵，想不到他真正面对的并非看得见摸得着的敌人，而是共和体制政府与公民军队理念本身，这令他陷入苦战。他幻想在坎尼战场上利用士兵的英勇表现和机警应变来获得长久的胜利，但这被罗马人持久深远的立国理念所打败。最终看来，公民制度，才是历史上最为可怖致命的杀手。

与汉尼拔生活在同一时代的学者和将军，往往都对他有一种自然而然的移情心理。显然人们更趋向于去支持本就处于劣势的汉尼拔，即便是现在，我们也能感觉到，罗马人在公元前3世纪到前1世纪的迅速扩张和他们所建立的帝国显得令人憎恶，惨遭他们屠戮的民族有西班牙人、高卢人、希腊人、非洲人和亚洲人，这使得罗马在道德上居于不义。但倘若我们回顾宪政政府带来的军事红利，或者说公民体制在战场上的优势，我们就能发现，这并非罗马诗人尤维纳利斯笔下"坐在巨大怪兽上的独眼军官"，而是在坎尼默默战斗至死，并在烈日下腐烂的不知名人士。

波里比乌斯亲身经历了迦太基在公元前146年的毁灭，他在坎尼灾难发生的70年之后记叙历史，正确地将罗马惊人的恢复能力归功于它的制度，以及共识政府架构下民政和军事两者之间罕见的和谐。在这位希腊历史学家看来，公元前216年8月2日罗马军队遭遇的大屠杀，其重要性是罗马历史中的任何其他事件都难以比拟的。在记叙这段历史时，他利用这个机会对罗马的政府和军队进行了长篇累牍的分析，几乎占据了著作中第六册整本书的篇幅，而这些记载也成了迄今为止对罗马机构设置最为简洁明晰的描述。波里比乌斯在完成了对罗马卓越政治军事体系的附记之后，以这样的结语总结了坎尼战役的深远影响：

  尽管罗马人在战场上遭受了显而易见的失败，军团的声誉也因此一落千丈，但因为罗马政体的优越性以及顾问团的审慎态度，他们在之后的战事中不仅重新控制了意大利，还更进一步征服了迦太基，并在随后的几十年里，成为整个世界的主人。

（《通史》，3.118.7–9）

第二部分

延续

第五章　脚踏实地的步兵

——普瓦捷，732 年
10 月 11 日

> 然而，一旦城邦发展壮大，重甲步兵和他们的阶层也随之变强，于是便有更多的人分享了参与政府事务的权利。
>
> 亚里士多德，《论政治》，4.1297b，16–24，28

骑兵对步兵

在战场上，步战士兵和骑手之间的对抗，是一个通行于世界、由来已久的残酷话题。对于逃散的步兵，或者那些不幸遇到大队骑兵的小股远程轻步兵而言，骑兵能够无情地追逐他们，从他们身上踏过，或者砍倒这些不幸的家伙，而丝毫不用担心自己会遭受什么损失。从某种程度上来说，骑兵对分散或者受惊步兵的屠杀，是一种懦夫般的行为，例如，西班牙征服者佩德罗·阿尔瓦多对无武装的阿兹特克人的追击，第 17 枪骑兵团在乌伦迪战役中对受惊的祖鲁人的攻击行动，或者是蒙古大军在小亚细亚村庄中的暴行都是如此。1898 年，在苏丹的恩图曼，年轻的温斯顿·丘吉尔绘声绘色地描写了英国枪骑兵最后一次冲锋的情景，但他笔下故事的主要内容，却是英国人如何系统地用长矛刺杀那些已经败北的逃兵。

一旦讨论有关骑兵和步兵的问题，人们总有一种阶级偏

136　见：承平年代贵族对平民的歧视，在战场上化为高高在上的长矛或者马刀，向地位低下的步兵挥出致命一击。短兵相接时，或许骑士贵族的傲慢并非完全源于出身与财富，而在于胯下的坐骑及其更佳的机动性。相对于步兵，骑兵受伤的概率也更低，同时骑士还有侍从陪伴保护，因此他们的优越感也就不言而喻了。同样的道理也适用于现代的战斗机飞行员，他们能够随心所欲地支配天空，不受阻碍地以高速飞行，在机械巨兽中毫不费力地扫射轰炸地面上的敌人，而这种可怕的优势几乎是理所当然的，毕竟他们的作战方式和那些躲在散兵坑里、射击迎面冲锋而来的敌军的步兵相比，是如此不同。

　　一旦战局不利，行动迅捷的骑兵也能够快速逃走，避免与死神遭遇，在伊桑德尔瓦纳战役中，面对大开杀戒的祖鲁人，英国军队中得以逃生的几乎全部是骑兵。而倘若己方取得胜利，精力充沛、干净清爽的骑兵经常如同天降一般开始追杀败兵（对骑兵而言，战争的世界就是如此干净，不像步兵眼中永远是一片泥泞），但往往要等到那些下层步兵之间面对面、你死我活的战斗见分晓之后。在伯罗奔尼撒战争中的德理姆（Delium）战役（公元前424年）中，直到底比斯人强悍的重装步兵方阵撕破了雅典人的阵形之后，洛克里斯人的骑兵才开始追击，并且差点抓住了逃跑队伍中的名人——哲学家苏格拉底。更常见的情况是，即便是大群冷酷无情的步兵，在开战伊始一旦见到骑兵的身影也会魂飞魄散。对于全世界的骑兵阶层而言，无论他们骑马的地位是源于世袭还是授予，他们都会憎恨十字弓的箭雨、矛尖密集的陷阱、铁壁一般的盾墙以及枪林弹雨。这些武器在转眼间就能摧毁他们所拥有的资本、训练、装备和骑士阶级的自豪感。

正如承平年代里，中产阶层和穷人在数量上远远多于富人一样，在西方世界的战争中，相比于步兵而言，骑兵的数量也显得相当稀少。有钱人能够利用既有的社会体制和可以预测的规则避开战场上混乱的厮杀，但在面对面的肉搏中，社会阶层的差别和行为规则的约束都不再成为他们的护身符。在南北战争前，双方的重要将领格兰特和谢尔曼就已经认识到，战争在某种程度上是"民主"的：杀戮场是少数谋略、力量、勇气能够战胜特权、规定和傲慢的地方之一。

无论什么样的战马，都不敢向密集长枪组成的铜墙铁壁冲击，即便是装备沉重的链甲武士，倘若胆敢挑战步兵枪阵，也会被击打坠落或者拖下马去，摔倒在地被人从脑后一击毙命。在密集的剑刃和摆动的矛尖面前，骑兵没法依靠速度攻击敌人或者全身而退，而骑乘带来的高度优势和自上而下的角度便利也难以使得攻击得手。因为重装步兵在合理组织、有效布阵的情况下能够成为骑兵杀手，因此纪律严明的重装步兵分队深得军队的器重。相对于骑兵，步兵更为灵活敏捷。他们能够躲到骑兵对手的身后投掷远程武器，而此时，骑兵转向不便的劣势就变得一目了然了。在可怜的战马试图转向的一小段时间里，步兵能够自由地用矛尖和剑刃攻击它的侧面、后部、马腿和眼睛，一旦得手，骑手会被受惊的马匹抛上几英尺的高度，摔下来时常常因为身着重甲而受到致命的伤害。作为大型动物，战马一旦受伤，很可能不再是骑手的仆役，而成为可怕的敌人。骑兵往往要腾出一只手去控制马匹，而步兵的双手却是自由的，可以一起配合杀敌。

事实上，骑马本身就是一项危险的运动，在和平年代也会有数以千计的人因此丧生。色诺芬在他的《远征记》中提到，他率领的一万步兵,相对于追击他们的波斯骑兵拥有不少先天的优势:"相比骑兵,我们更加脚踏实地,他们却挂在马背上,不仅要担心我们的攻击,还要时刻提防不要摔下马来。"(《远征记》,3.1.19)骑术高超的乔治·S.巴顿将军,在德军的枪林弹雨中安然无恙,却在闲暇遛马回家时被摔了下来,差点瘫痪。同样的,在美国内战几场最为险恶的交战中,格兰特将军在敌人的炮口下都毫发无损,但也曾被自己的坐骑掀落在地而动弹不得。骑兵的攻击固然远比步兵迅速,他们能闪电般刺出长矛、挥出马刀,然后很快消失无踪,但一旦战场固定下来,双方被迫面对面厮杀时,步兵就会重新占据上风。无论是在高加米拉、阿金库尔或者滑铁卢的战场上,即便是对最优秀的骑兵而言,直接冲击坚韧的步兵军阵都是极不明智的。对于欧洲文化所孕育出的步兵而言,相比历史上任何其他文明的军队,他们都更加愿意以肩并肩的密集阵形和任何敌人捉对厮杀,无论对方是骑兵还是步兵。

血肉之躯的城墙

在普瓦捷战役中,欧洲人将蜂拥而来的柏柏尔和阿拉伯骑兵称为撒拉森人。撒拉森人的发源地是中东的叙利亚部落。这些骑兵如同潮水一般扑向法兰克步兵的战线。查理·马特("铁锤查理")将他的混合军队——长矛兵、轻步兵和骑马赶来参战的贵族,一起组成步兵部队,在敌军的冲击面前一直坚持到夜幕降临。阿拉伯人的骑兵向法兰克步兵倾泻着箭雨,并且试图剑砍枪刺削弱步兵的阵线,利用机动性打击步兵阵形的侧翼和后背;但最终,他们既没能全部杀死面前这些欧洲敌人,也无法将这些人逐出他们的阵地。

关于这场战役细节的记载，存世者寥寥，但所有的资料都有一点相同：伊斯兰入侵者一次次向法兰克人冲击，而后者则以静止的防御性步兵阵形沉着迎战。这些处于守势地位的步兵，系统地封锁了通往图尔市的道路，并且成功抵挡了侵略者的攻势，迫使他们收兵回营。在续写的《伊西铎尔编年史》中提到，法兰克人（或者更准确地说，"属于欧洲的人们"）像"大海一样毫不动摇"（104-105），他们在战斗时"互相之间紧靠在一起"，密集坚固的阵形"如同城墙一般"。

"他们团结在一起，犹如凝固成一块坚冰一般"，然后，"迅猛地挥动长剑"，击退了阿拉伯人。同时代的史诗所描写的形象显然都是静止迎敌的步兵，他们肩并肩站立在一起，用矛和剑抗击敌军骑兵的反复冲锋。法兰克军队那令人惊讶的力量来源于他们密集阵形所叠加的身体重量以及他们的肉搏技巧。在《佛瑞德加编年史》的第四册中，我们可以更进一步发现，查理·马特在阿拉伯人面前"大胆地布置了他的军队"，然后他"以战争之主的身份亲临战场"。查理和他的军队击溃了阿拉伯联军，冲破了他们的营地，并杀死了他们的将军阿布德·阿-拉赫曼（Abd ar-Rahman），"如同连根拔起庄稼一样，席卷了他们的军队"。显然，某种意义上的"人墙"战术拯救了法国，阿布德·阿-拉赫曼被法兰克人的"长矛密林"阻挡在了普瓦捷。

那么，人们不禁要问，普瓦捷混乱的战场上究竟是何种景象呢？法兰克人体形高大，身着链甲衫或者附加金属片的皮甲背心，盔坚甲厚，令人生畏。他们的大圆盾牌与古希腊人的相类似，直径差不多有三英尺并带有弧度，由沉重的硬木制成并有金属件补强，表面再覆以皮革保护。如果使用者足够强壮，同时也具备一定的技巧，那么他就能自如使用这样庞大的装备来保护自己免受弓箭或是标枪的打击，毕竟远程武器很难打穿几乎有一英寸厚的盾牌。一顶小型的锥形头盔保护了法兰克战士的头部，这样的盔形很适合抵挡来自骑兵的抛射——弓箭的打击是从上方落下的。每个法兰克士兵在踏入战场时，身上武器和防具的重量几乎有70磅，因此一旦这样的士兵落单就会显得异常无助；相反的，如果这些重装武士组成紧密阵形，他们的军队就会变得坚不可摧。

在过去，攻击罗马军团的日耳曼部落武士装备落后，他们仅有轻型护甲，在15码的地方掷出可怕的飞斧或者轻矛，然后拉近距离，用双刃阔剑杀入敌阵。但这种挥动起来大开大阖的武器需要足够的空间才能使用，于是，日耳曼人在锋线上的攻击就变成了一个个武士在混乱中单打独斗，这种野蛮人的进攻很快会被罗马军团大队纪律严明的连续攻击击溃。然而，到了8世纪，法兰克人不再喜欢使用传统的标枪飞斧等投掷兵器，他们学习了经典的罗马团队作战技巧，避免了单打独斗的倾向。在普瓦捷，法兰克重装武士们采用了新的装备和战术，他们更多地使用戳刺用的长矛而非投掷用的短矛，并使用短剑。短剑这种兵器可以在一手平胸举起盾牌、维持一条绵延盾墙保护战线的情况下，从下向上刺击敌人。

当看到对法兰克步兵密集阵形的描述，诸如"如同城墙一般坚固"、"凝固成一块坚冰"、"像大海一样毫不动摇"等，我们不妨想象一下这种靠战士的血肉之躯组成的防线：环环相扣的盾牌之后，是重甲保护之下的躯体，几乎是不坏之身；而从队列深处刺出的武器，则能够攻击任何胆敢冲来的愚蠢的伊斯兰骑兵，从缺乏保护的斜下方攻击骑手和战马。由于正面难以穿透法兰克人的防线，绝大多数阿拉伯人会混乱地向敌军的阵形两侧移动，试图用弓箭、投枪，或者长剑的砍杀打开缺口。史料中，没有伊斯兰入侵者能够在正面冲击中撕开欧洲人方阵的缺口，单纯依赖冲撞攻破阵形的做法显然是不可能的。取而代之的是，穆斯林军队试图以大群骑兵掠阵的方式攻击，利用机动性打击难以移动的法兰克人，在对方前进时射出箭矢，指望击伤部分敌人，由此导致敌方部队阵线无法共同进退，进而造成锋线上的缺口，给后续的己方骑兵带来战机。

作为回敬，每个持盾而立的法兰克士兵，都试图将自己的长矛刺入骑兵的大腿或者面部，或者戳进战马的身侧，然后通过短剑的砍刺将骑兵打倒在地，与此同时他们还一直挥动沉重的盾牌，盾牌中央的金属钮本来就是可以击碎血肉的可怖钝器。法兰克人始终以庞大的队形缓慢向前，一边小心地保持人与人之间的协同，一边一步步踏碎或者刺杀那些不幸被踩到脚下的骑兵。在战场扬起的漫天烟尘中，在混乱的厮杀中，一排排士兵只需保持在队列里缓慢前行，打击一切阻挡在面前的敌人，而不用去费心观察敌军的所在。相比之下，在马上各自为战的骑兵就需要良好的视线来观察敌人队列里的缺口或者分不清东南西北的个别步兵，如此方能找到一条得来不易的通道，直入敌军战阵的内部。

对于重甲步兵而言，不停地挥动盾牌、刺出长矛对抗机动灵活的骑兵，无疑是一项消耗体力的工作。除了考验士兵的耐力，在战场上还有其他决定胜负的关键因素。在短兵相接的距离上，步兵相比骑兵可不是一个诱人的目标：锥形头盔、护甲覆盖的四肢和肩膀，以及高举的盾牌使得攻击者几乎无从下手。对于战马上的阿拉伯人来说，事情就显得不太妙了。一旦他们的战马受伤,或者这些武士在腿上挨了一刀,他们很可能会落马,受伤在地而且孤立无助。根据编年史的记载,似乎阿布德·阿-拉赫曼从来没有想到,自己麾下快速机动的骑兵掠夺者会在一条限制机动性的峡谷中遭遇大批重装步兵部队。在这种情况下,那些能够使伊斯兰战士在普瓦捷平坦道路上遭遇噩梦的因素——散开的骑兵冲向三三两两缺乏护甲的目标时的优势——在此时的战场上,反而成为他们被重甲长矛兵成批屠杀的原因所在。

查理麾下的这些武士,是西欧对抗伊斯兰军队的第一代重装步兵。普瓦捷战役将会开启一个时代,在这个时代中,西欧士兵依靠纪律、力量和重型装备对抗伊斯兰军队的机动性、数量和个人技巧。只要法兰克人保持在自己的行列中——神奇的是直到战斗结束他们也没有离开阵形去追击阿拉伯人——如此他们的防线就不可能被敌军的骑兵冲开哪怕一个缺口。尽管同时代的资料将法兰克人的损失限制在了区区1000人出头,而把阿拉伯人的伤亡夸大到几十万人之巨,但真实情况也许相差不远,查理确实是以很小的损失击退了以那个年代的标准而言非常庞大的一支敌军。和所有其他骑兵参与的战斗一样,普瓦捷的战场血腥而混乱,散布着数以千计受伤或者濒死的战马、遗弃的战利品、死伤枕藉的阿拉伯人。考虑到入侵者在战前进行谋杀和掠夺的暴行,只有极少数的伤者被作为俘虏留下活口。

而"欧洲人"这个词(Europenses),在续写的《伊西铎尔编年史》中,第一次在历史学家的叙述里作为一个形容西方人的通用名词出现。尽管原作者采用这个词的本意也许是为了形容查理手下的军队是许多高卢和日耳曼部落拼凑起来的杂牌军,但他也可能强调了"欧洲人"的概念乃是一种新兴文化的断层线：比利牛斯山以北的人们依旧保持了罗马时代的传统，继续使用重装步兵作为战场上的主力；和入侵的伊斯兰军队相比，这些互相争斗的当地人之间，从杀戮方式上来看并无多大区别。

结束了一天的战斗之后，两支在战前就彼此打量了一天的军队，最终收兵回营。法兰克人做好了第二天清晨继续厮杀的准备，期待着自己的援兵，同时也对下一波阿拉伯骑兵对己方防线的冲击严阵以待。然而，当他们在晨曦中踏上战场时，却发现阿拉伯大军已经消失了，留下空空荡荡的帐篷和来不及搬走的战利品，以及同袍的尸体。这些死去的伊斯兰军人中，就有他们的埃米尔，他们的领袖阿布德·阿-拉赫曼。随着这场战役的结束，这些穆斯林占领和洗劫图尔城附近区域的计划破产了，同时，他们在战斗前一天劫掠普瓦捷的圣希拉里教堂获得的战利品也被胡乱丢弃在营地里。

普瓦捷战役，只是欧洲人逐渐将穆斯林驱逐出法国南部这一过程的开始。在之后的十年中，西班牙的伊斯兰势力发动了一系列劫掠行动，但都被法兰克领主们所挫败，查理·马特分别在737年的阿维侬战役和738年的科比尔战役中击败入侵的撒拉森军队。然而，普瓦捷毕竟是伊斯兰入侵欧洲最高潮的象征，从此之后，穆斯林军队再也没能进军到比这里更北方的土地。几乎是在同一时期的东方，随着717年在君士坦丁堡港口的战斗中阿拉伯人被彻底击败，之前整整一个世纪的伊斯兰扩张风潮终于被阻止在欧洲的外围。

"铁锤查理"

我们无法确认这场战斗发生的精确时间，也许是在732年

10月的某个周六。由于战场地处普瓦捷和图尔之间的罗马故道上,仍然有一部分历史学家将这场战役称为"图尔市附近发生的战斗"。查理·马特曾经下令没收教会产业,因此招致基督徒的敌意,中世纪的编年史作者们往往忽视或者故意贬低他的功绩。而在这之后欧洲人十字军取得的巨大业绩,更是自然而然地使得之前西方军队在与穆斯林对抗中取得的成就相形见绌。关于这场战役,同时代的记载和现代的资料整理中或许会有神化夸张的成分,但都很容易分辨。穆斯林的入侵军队显然没有传说中几十万那么多,根据一份资料所称,这场战役中法兰克人杀死的穆斯林士兵人数多达 30 万。更真实的情况可能是双方兵力大致相当,都有 2 万~3 万人。考虑到法兰克人成功地动员了当地的几千人来保卫他们自己的房产和农田,他们在数量上应该相对入侵者占据优势。尽管阿拉伯人的损失相比法兰克人要大很多,但他们远没有到全军覆没的地步,据估计,在普瓦捷大约有一万名阿拉伯人死在战场上。

早期封建制度和普瓦捷战役几乎处于同一时代并得到广泛传播,但这种制度似乎也并不能解释法兰克人胜利的原因。查理剥夺教会土地,并将其分配给属下领主和战士的行为,主要发生在战斗之后。同样的,查理的胜利也不像某些资料宣称的那样,是因为新近引入马镫装备他的欧洲骑兵的结果。事实上,马镫在十年前就已经传入欧洲,但在整个西欧,这种装备的重要性似乎鲜少得到人们的肯定,直到不久之后,在 9 到 11 世纪,这一情况才有所改观。许多学者往往会将穆斯林入侵的失败归因于法兰克人在战争技术方面的发展,或者是组织结构上的突破,但他们往往误解了关于古代战争的两个通行原则:优秀的重装步兵,只要能够在防守位置上保持良好有序的

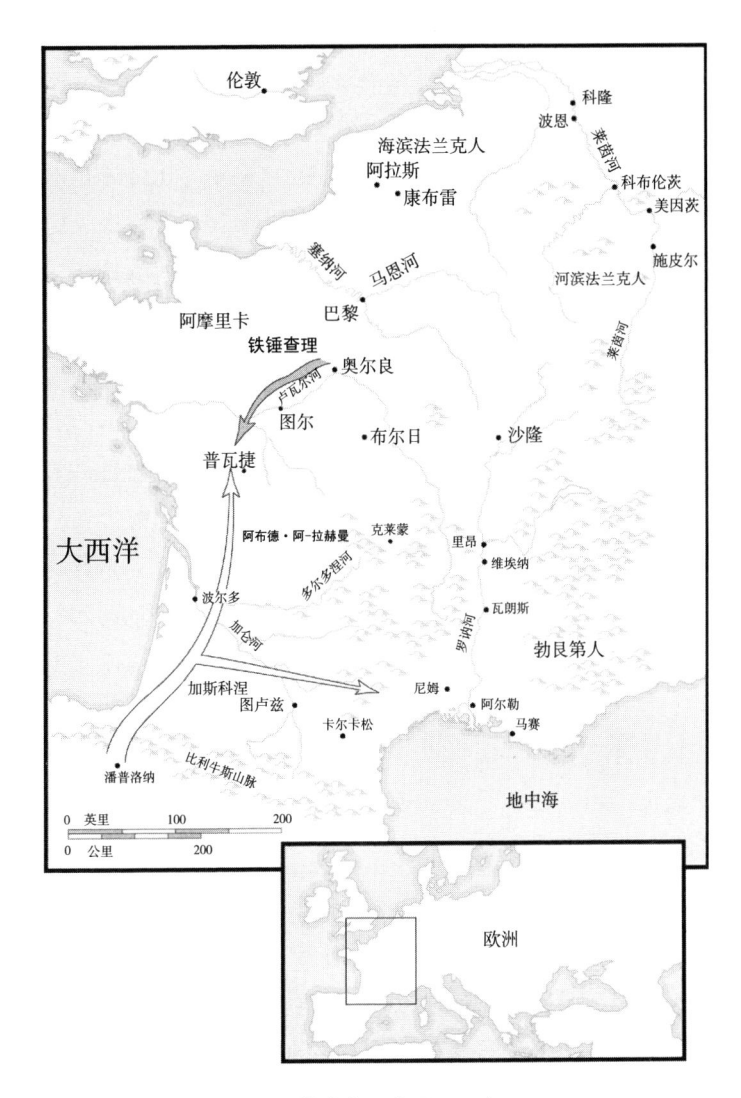

普瓦捷会战，公元 732 年

战斗队列，往往就能够击败优秀的骑兵部队；此外，一支远离本土在外征战的骑兵部队，倘若没有精密而完备的后勤管理系统，那么他们在补给方面就会与一大群以劫掠为生的暴徒无异，不得不将大量的时间花费在搜集粮秣和战利品上。

732 年阿布德·阿-拉赫曼对法国的入侵，其目的并不是要系统地征服法国并在比利牛斯山以北建立伊斯兰教国家的统治。根据同时代历史学家的记载，在这场战役中，穆斯林主要是为了掠夺的掳获而战：阿拉伯人在通往普瓦捷的道路上洗劫了每个遇到的教堂和修道院。在战争开战之前就已经因为抢劫到的财富而背上了沉重的负担，而在战后的午夜他们试图逃跑时，则将大量的掠获留在帐篷里，以此拖延追兵使得自己安然撤退。事实上，在穆斯林军队到达普瓦捷时，他们的士气和机动性可能已经因为掠夺到的财富和人口而有所下降。倘若此战穆斯林获胜——要知道普瓦捷距离巴黎的距离不足 200 英里——那么这样的掠夺行动会继续下去，也许最终会促使伊斯兰势力在法国的一片飞地上建立自己的统治，就像两个世纪之前在西班牙南部发生的情况一样。

然而，伊斯兰势力想要长期占领整个法国则是不太现实的，这主要是因为查理麾下的法兰克人拥有超过三万名装备精良、精神饱满的步兵战士，外加几千名重装骑兵。在 8 世纪后期，西班牙半岛上的阿拉伯人和他们的柏柏尔附庸交战连连，其频率不亚于与欧洲人的作战，与此同时，叙利亚的部落正在艰难地将伊斯兰文化传播到西面的北非土著中。到了 915 年，穆斯林已经被彻底驱逐出法国南部边境。在 10 世纪的绝大多数时间里，双方攻守之势逆转，更多情况下是法兰克人跨越比利牛斯山脉掠夺伊斯兰定居点，而以往穆斯林大军北上攻入法国的情况则早已一去不返了。

查理在普瓦捷的胜利是一系列因素共同作用的结果。他的军队是为了保卫自己的家园，而不是在一场远离本土的劫掠活动中保住性命。同时，两军交战时，如果双方战斗力旗鼓相当，在数量上也大致相同，那么无疑防守的一方会占据上风。从装备的角度看，尽管双方都使用了传承自罗马时期的标配——锁子甲和钢剑，但法兰克人的护甲和武器也许普遍较重些。加洛林政权曾谨慎地禁止其辖区内的链甲和武器出口到外国，这显示出法兰克人的武器在设计和质量上具有一定的优势。从战场来看，查理在普瓦捷附近选择了一个天然的优势位置，在这里布阵，他的步兵方阵就能避免被敌人的骑兵包抄或者侧击。他始终保持了法兰克军队的紧密阵形，同时下定决心始终保持防守姿态。因为查理在普瓦捷令人惊讶地抵挡住了穆斯林骑兵的冲锋，他获得了"铁锤查理"的称号，该称号暗示他是《圣经》中的战锤将军犹大·马加比的化身，后者的以色列军队在上帝显灵的帮助下粉碎了叙利亚人的进攻。

在7世纪的大多数时间里，相对处于数量劣势的穆斯林骑兵部队却横扫了周边为数不少的势力：在亚洲他们吞并了腐朽的萨珊波斯，击败了过度扩张的拜占庭人；在北非和西班牙他们征服了西哥特人。然而，当阿布德·阿-拉赫曼率领穆斯林大军翻越比利牛斯山脉进入法兰克人的地区时，他却发现自己遭遇了一支完全不同类型的军队。对于这场战斗，法国学者正确地指出，阿拉伯人在面对和自己类似的、定居下来的游牧部族，诸如同样移居到北非的西哥特人和汪达尔人时往往能够轻松取胜；但当他们进攻那些身居本土，为了保家卫国而战的法兰克乡村战士时，却是实实在在地撞在一堵墙上。在这些学者看来,普瓦捷的较量,是在掠夺者和保卫自己家园的战士之间进行的,后者定居在战场附近,拥有自己的不动产业,他们可不像前者那样把战斗仅仅看作是一场抢劫而已。

根据1世纪的历史学家塔西陀所述,法兰克人属于日耳曼人的一支,原本居住在现在的荷兰以及德国东部,靠近莱茵河下游地域。大约是在5世纪时,大量的法兰克部落移民到罗马帝国的高卢边界附近。对于"法兰克"(Franks)一词的起源,学者们仍旧争论不休,有人认为这来自他们著名的飞斧"弗郎西斯卡"(francisca),有人则相信古德语中的"弗雷克"(freh/frec,即"勇猛"、"野性")才是这个民族名字的源头。无论如何,在克洛维(481~511年在位)的领导下,法兰克部落联盟占据了之前古罗马的高卢行省,建立国家,并以墨洛温王朝的统治名扬后世。王朝的名字是以克洛维的祖父、传奇式的法兰克酋长墨洛维奇命名的,他曾经在451年的沙隆战役中浴血奋战,和罗马人一起击退了匈奴人的入侵。

克洛维死后,他的子孙之间开始了一系列的王朝争霸战争,最终催生出一批新生国家:伯艮第占据了塞纳河河谷的上游、鲁昂及其附近地区和卢瓦尔河流域;奥斯达拉西亚拥有墨兹河、摩泽尔河流域以及莱茵河流域;纽斯特里亚位于原高卢行省的西部,控制着靠近大西洋沿岸地区的大片平原。到了700年,高卢是一片破碎的地区,由好几个互相征伐不休的小国统治着,直到查理·马特执掌权柄方才改变了这一情况。尽管如此,法兰克人仍然越来越倾向于认为他们都属于一个民族而非一个部落,同时更加倾向于古典时代的生活而偏离了日耳曼部落的传统。事实上,墨洛温王族也试图将他们的法兰克血统追溯到神秘的特洛伊移民的后裔,而非日耳曼森林里的蛮族。

查理·马特并不在墨洛温王朝的直系继承序列里，他只是丕平二世的私生子。尽管查理没有合法继承法兰克国家的权利——他是法兰克人的宫相，地位相当于一名奥斯达拉西亚法兰克人的公爵，但他毕生都在试图将所有法兰克人的国家统一起来。查理的努力没有白费，最终，他的成就为之后更强大的加洛林帝国奠定了基础，他的孙子查理大帝重新统一了欧洲地区。在长达18年（714~732年）没有外国干涉的内战中，查理巩固了他在传承自克洛维的三个法兰克人国家的统治，之后迅速在高卢境内扩张势力。直到741年查理去世为止，他统治的每一个年头都在进行战争，要么是为了统治高卢全境，要么是为了将伊斯兰教从欧洲驱逐出去。734年，他在伯艮第作战，第二年他就将统治的范围延伸到了阿基坦。736年到741年他再一次攻击伯艮第，进入普罗旺斯，并打击萨克森人。查理年年挑起战事、穷兵黩武的策略最终奏效，他终于将自己的儿子"矮子"丕平（751~768年在位）扶上了法兰克王国的王位，后者以第一位加洛林王朝国王的身份正式开始统治。在讨论普瓦捷战役时，人们往往会忘记，查理带上战场的那些步兵，其实都是经历了近20年征战的老兵，他们在踏上普瓦捷战场之前早就多次和法兰克人、日耳曼人、伊斯兰人等对手较量过，拥有丰富的战斗经验。

根据同时代的资料记载，除了在普瓦捷击败阿布德·阿-拉赫曼的巨大胜利之外，查理还实现了三个伟大的成就，而它们都反映出古典时代的遗风对于后世宗教和政体的影响。第一项成就是重新对教会施加政治影响，通过对原教会资产的再分配，把农田授予地产主作为私人财产，作为回报，这些人会进入查理的国家军队服役。第二，查理尝试为教会的等级制度增添世俗因素，他将自己忠实的仆人和将军安插到基督教机构中。第三，查理将法兰克人的势力范围延伸到旧高卢行省的绝大多数地方，并将当地的领主和男爵纳入国家军队的体系中，依靠这样一支军队，在整整一代人的时间里，他成功地帮助高卢的绝大多数地区系统地抵御伊斯兰入侵者。

在查理统治的领土上，每个自由人家庭都必须为国家军队提供一名成年战士，一般是一名重装步兵，他会和其他装备类似的战士并肩战斗。他们的装备包括大型的木盾、链甲衫或者金属补强的皮甲、锥形的金属头盔，武器则包括阔剑、长矛、标枪、战斧中的一件或者几件。墨洛温王朝军队中强大的古典时代传统解释了其中重装步兵占据的优势地位：

> 墨洛温军事体系深受罗马帝国及其制度的影响，而和法兰克人的作战传统相比则少有共同点，毕竟真正的法兰克人仅仅是人口中的一小部分，在作战部队中的数量比例也很有限。和墨洛温王朝治下生活的许多方面一样，其军事组织更多是仿照罗马，而非日耳曼。（B. 巴克拉克，《墨洛温军事组织架构》，128）

除了建立一个统一西欧的强力政权，并保护欧洲南部地区，使之有能力抵御处在上升期的伊斯兰势力的进攻之外，查理·马特给后世留下的最重要遗产莫过于延续了古典时代的传统——通过征召自由人组建了一支庞大的步兵部队。这支军队是完全由公民而非奴隶或者农奴构成的。查理还重新规定了法兰克宫廷和教会是互相独立的机构，教会的地产与官员则由中央集权的君主所控制。所有这些军政策略，与查理在普瓦捷对抗的敌人所秉持的立国理念，都是截然相反的。理论上而言，在接下来基督教与伊斯兰教之间所进行的千年对抗中，所有穆斯林建立的政治实体都是神权至上的，所有的居民都是《可兰经》的忠实信徒，而这些国家军队里大部分的骑兵部队都由一群奴隶组成。延续千年的文化隔阂，显示出之前希腊-罗马与波斯阿契美尼德王朝、萨珊王朝进行的斗争，已经被基督徒和穆斯林之间的斗争继承下来了。

伊斯兰崛起

也许是个巧合，先知穆罕默德撒手人寰的日期，正是普瓦捷战役之前的100年整。在632年~732年这一个世纪的时间里，曾经渺小软弱的阿拉伯民族迅速崛起，征服了萨珊波斯帝国，从拜占庭帝国手中夺取了整个中东和大半个小亚细亚，名义上，这个新帝国的统治范围一直延伸覆盖了整个北非地区。罗马人曾经在叙利亚修筑长城，保护这个罗马的行省免遭好战阿拉伯部族的攻击，但他们也认为，一个来自沙漠、贫穷而保持游牧习惯的民族并不能带来什么实际威胁，毕竟阿拉伯人没有真正的定居点，人口有限而且没有任何建立后勤系统的能力。然而转眼到了8世纪中期，正是这些阿拉伯人建立的政权迅速崛起，建立了一个领土面积超过古罗马、地跨三大洲的庞大帝国。

所谓的"阿拉伯大征服"是两个因素互相作用的结果：由于之前曾经和拜占庭人有接触，阿拉伯人从拜占庭帝国借用、抢劫来武器和盔甲加以改进，并通过学习拜占庭军队的组织架构提高了自己的战斗力；继承原罗马帝国一部分省份的萨珊波斯帝国和西哥特蛮族部落后裔，在阿拉伯人兴起的年代已经衰弱不堪，客观上也成了阿拉伯征服的催化剂。人们常常会忘记，8～10世纪伊斯兰势力的崛起，事实上体现了一种对波斯和欧洲人入侵所占领土地的"再征服活动"。尽管古希腊和古罗马在北非的统治可以追溯到这之前的700多年，当地人在宗教、语言、文化等方面却仍旧保持了本土特色，而其数量远远超过那些移居来的欧洲人以及本土的西方化精英阶层。而伊斯兰征服者的到来将原有的社会结构一扫而空。在罗马帝国曾经的亚洲和非洲行省纷纷回复到东方的宗教和政体形式之后，只有欧洲部分的罗马领土得以在南方和东方的伊斯兰势力的两面夹击中幸存下来。然而，对于欧洲中部——阿拉伯编年史作者们称之为"伟大的土地"的征服活动，则完全是另一回事。我们可以理解，由于伊斯兰军队缺乏重装步兵的传统，没有冲击战术和公民军队，同时也缺乏建立复杂的补给运输体系的能力，因此直到15世纪奥斯曼土耳其帝国崛起之前，伊斯兰势力都缺乏威胁欧洲的能力。

其他帝国的衰败破落、从拜占庭借鉴来的军事装备和组织架构、一个亚洲王国在亚洲所具备的天然使命，即便把这些因素加在一起，似乎也不能够完全解释神奇的伊斯兰征服是如何发生的。阿拉伯人的胜利，部分也由于他们新建立的宗教所具备的特性，而宗教热忱能够激励那些游牧民勇猛地战斗。对于伊斯兰教徒而言，战争和信仰之间有一种特殊的联系，根据伊斯兰文化中神圣的教条所说，杀死异教徒、劫掠基督教城市的信众死后将会进入天堂。由此，杀戮和抢劫，现在都获得了行为的合法性，暴行被笼罩上虔诚的光环。

其次，攻击波斯帝国、拜占庭帝国和欧洲国家，在穆斯林看来是一种自然而然的，或者说是命中注定的行为。在穆罕默德的信徒眼中，世界不是以国界或者是民族来划分的，只要信众们有足够的勇气去完成先知的指示，那么普天之下的领土都应该由穆罕默德统治。伊斯兰教并非一种被动自省的宗教，恰恰相反，其主动激进的教义将征服与改宗异教徒看作世界大同的先决条件。同时，伊斯兰教的传播也是恰逢其时，很适合阿拉伯征服的大时代背景，在7世纪，拜占庭和波斯两大帝国的诸多中心城市不断萎缩，而大批勇敢的骑马武士在征服乡村的过程中显得非常有效。

最后，在信仰面前，种族、阶级和社会地位都被抛在了一边。无论是奴隶还是穷人，无论肤色深浅，不同的人群都能被接纳进入穆罕默德的军队，只要他们宣誓忠于伊斯兰信仰就行。阿布德·阿-拉赫曼那支攻入普瓦捷的军队可能由以下人员组成：军队的主体由改宗的柏柏尔人构成，上层军官主要是叙利亚阿拉伯人，并有被征服然后改信伊斯兰教的西哥特人和犹太人作为补充。阿拉伯人只是一个规模很小的民族，因此必须借助被征服民族的积极参与，才能在新近征服的伊斯兰土地上建立有效的统治。

伊斯兰教势力的崛起如闪电般迅速，和基督教缓慢的扩散形成了鲜明的对比，而历史学家对这种令人震惊的区别往往敷衍而过。这其中最为著名的无疑是爱德华·吉本的观点，他认为基督教的传播在西罗马帝国灭亡后的1000年（500～1500年）时间里削弱了西方军队的战斗力。欧洲军队实力的下降，固然有部分原因在于宗教发展过程中产生的对立或王朝战争的内耗，失去了作为黏合剂的通行欧陆的拉丁语和罗马文化也是原因之一，但同时，基督教教条内在因素的作用也不可忽视。

148　　相比较而言，神秘的耶稣基督根本不像是和我们处在同一个世界的人，他不是战士、商人或者政客，他在著名的山顶布道中向信众宣讲的内容，以及后来提出的"上帝的归上帝，恺撒的归恺撒"的言论，至少在一开始对于欧洲的政治统一是不利的，同样也会影响到原有宗教的正统性，削弱军队的战斗力。从短期来看，基督教的和平主义传统和好战的伊斯兰教文化形成了鲜明的对比，后者的教义公开宣称，穆斯林之间不应该内斗，但教徒们应该杀死一切异教分子，直到"除了安拉之外别无真神"。最晚在12世纪时，教堂的神父们就尝试给予那些在比武或者竞赛中死去的任何骑士适当的基督教葬仪，他们的目的不仅是为了将欧洲人从和伊斯兰势力的斗争中拯救出来，同样也是为了抑制基督教社会日常活动中血腥而野蛮的一面。基督教传递的信息，包括"左脸挨打，右脸送上"，对血腥打斗的厌恶抵制以及对死后世界的追求，这些都与古典时代公民军队的绝大多数观念格格不入，并不符合希腊－罗马时代的爱国主义和全民尚武的传统。基督教《新约》所传递的信息，和《伊利亚特》、《埃涅阿斯纪》或者是《古兰经》相比，是如此的不同。

　　阿拉伯军队的兵种结构，从来都不是为了对抗重装步兵而规划的，也很难胜任控制领地、驻扎军队并建立永久统治的角色，与之相反，西方帝国的军队，诸如马其顿、罗马和拜占庭的军事体系就能很好地完成上述任务。伊斯兰军队中，骑兵所占的比例很大，因此这些安拉的战士更多地依赖骑兵的迅速机动以及骑兵制造的恐惧，希望依靠己方军队造成的威慑力而非驻军和堡垒来保障长久的统治。穆斯林式战争的标志，不在于重装步兵方阵之间的决定性较量，而在于骑兵的突击和设伏：

伊斯兰军队的组成，和西方军队大为不同。不同类型的骑兵主宰了战场，而步兵只发挥了很有限的作用……他们非常依赖伏击战术，因为这种战术对轻骑兵而言是不二之选。然而，东方军队和西方军队之间最为强烈的对比却是作战模式的不同。在西方，无论何处，近身肉搏都是最为决定性的作战方式，西方军队在传统上希望尽可能快地展开战斗，一战定乾坤。而在东方，军队则利用轻骑兵的快速包抄和分兵进行战术机动。（J. 弗朗斯，《十字军时代的西方军事》，212-213）

当阿拉伯人面对暮气沉沉的萨珊波斯，或者北非和西班牙的部落制哥特人时，他们能够取胜是毫无疑问的。这些迎战伊斯兰征服者的势力无一能够提供足够数量的重装步兵迫使穆斯林军队进行短兵相接的较量；到了1071年的曼兹科尔特战役时，就连拜占庭人也意识到，他们不再拥有足够的人力储备与后勤能力去击败亚洲的伊斯兰势力了。

伊斯兰信仰以一种令人震惊的危险速度不断扩散。到了634年，即先知穆罕默德去世两年之后，穆斯林军队就开始了征服波斯的庞大计划。636年叙利亚落入穆斯林之手，638年耶路撒冷也被夺取。安拉的战士们在641年夺下亚历山大里亚，从此，西面整个西哥特人统治的国家也向穆斯林征服者敞开了大门。短短40年之后，穆斯林已经兵临君士坦丁堡城下，他们在673~677年之间屡次围城，几乎攻下了拜占庭首都。681年，阿拉伯兵锋已经接近大西洋海岸，此时的阿拉伯帝国已将柏柏尔人国家的旧疆域全部囊括了。698年，迦太基被长期占领，迦太基的最后一任女王卡希姗被俘并被斩首，首级被呈送给了远在大马士革的哈里发。截至715年，西班牙的西哥特人也向阿拉伯人屈服了，以西班牙为基地的穆斯林军队攻入法国烧杀抢掠几乎是家常便饭。718年阿拉伯大军跨越比利牛斯山脉并攻下纳博讷城，杀死了城中所有的成年男子，并将妇孺售卖为奴。720年时，阿拉伯掠夺者已经可以自由抢劫阿基坦的土地，而最为大型的一次劫掠活动，正是由摩尔人辖下西班牙行省总督阿布德·阿－拉赫曼所率领的732年的远征军发动的，这次的穆斯林入侵已经占领了普瓦捷，在前往洗劫图尔的路上被查理·马特所率领的军队拦截，地点就在老普瓦捷和穆萨伊·巴塔耶这两个通往奥尔良道路上的小村庄之间。

在9世纪余下的时间里，直到10世纪，东西方的势力会在西班牙北部、南意大利、西西里以及地中海的其他大岛上持续交锋，彼时罗马帝国的内湖，此时已然成了两种针锋相对的文化激烈交战的前线。穆斯林舰船在地中海地区的存在，以及阿拉伯帝国和拜占庭帝国在亚德里亚海、爱琴海海面上不间断的交战意味着西欧和东欧的联系遭到了长时间的切断。旧帝国治下大一统欧洲的理念被摒弃，从此在欧罗巴大地上，统一、帝制、东正教信仰的东部与破碎分散、互相征战不休的天主教西部之间的对立和矛盾显得越发尖锐。

骑兵在战争中带来的优势也是有限的。一支骑兵构成的军队很难进行海运，战马需要大量的土地提供草料和进行放牧，而且大量的骑兵很难翻越山脉进行战略机动。当穆斯林军队进入西班牙和欧洲东部的谷地时，他们发现这里和草原或者荒漠不同，没有足够的空间供大量的骑兵进行包抄机动。此外，中东地区始终不能提供足够的兵源组建一支国家军队，取而代之的方法是使用奴隶作为兵源，中东地区常见的马木留克军队和之后奥斯曼土耳其的耶尼切里近卫军就是如此。一旦伊斯兰军队潮水般的攻势不能危害西欧和拜占庭帝国的根本，那么等到退潮时分到来，穆斯林征服的势头势必会陷入停滞。从此，一道静止的防线建立起来，防线之后的西方文明诸势力凭借以自由公民为主体的军队，在西班牙、巴尔干和东地中海地区逐渐转守为攻。

黑暗时代？

随着5世纪后期西罗马帝国的崩溃，欧洲北部帝国建立的统治已经彻底消失，同时毁灭的还有环绕地中海、包含北非和小亚细亚的一体化经济体系。一开始，由于缺乏军团维持乡间秩序、对抗土匪和入侵者，农业生产遭到了巨大的破坏。与此同时，战斗的方式也不再是依靠正面战场上士兵的勇气，取而代之的是大型工事的构筑，人们认为坚固的城防比一支善战的军队更能保卫一城平安。统筹式税务体系的缺失，意味着水渠、梯田、桥梁和灌溉体系都会因为缺乏资金而难以为继，只能被弃置不用，由此不仅减少了城市的活水供应量，同时也导致沟渠淤塞、耕地盐碱化，最终使得农业产出锐减。

中央政权的弱化以及城市文化的分崩离析同时还意味着，国家不可能继续维持一支庞大的常备军。无论是意大利、西班牙，还是高卢、不列颠，一旦失去罗马的保护，这些地区都将陷入一系列的蛮族入侵和移民活动的威胁中，在汪达尔人、哥特人、伦巴德人、匈奴人、法兰克人和日耳曼人的入侵大军面前，这些地区显得毫无抵抗之力。然而，蛮族民族迁徙大潮中的胜利者们，到6、7世纪时已经脱离了游牧状态，在原罗马帝国境内定居下来。他们逐渐皈依了基督教，学习了拉丁语，并在旧罗马的官僚体系和法律传统指导下建立了一个个松散的小国家。这些新的西欧国家的军队和罗马相比，规模很小而且分散，但至少他们仍然依赖征召来的重装步兵纵队进行作战，而不是采用一拥而上的部落式风格，这个区别对于进行决定性的战役非常重要。

罗马帝国的最终崩溃还导致了西欧地区的人口不断减少，与此同时，在所谓的"黑暗时代"（500~800年），原本活跃的经济活动也陷入沉寂。基督教体系不断侵蚀公私土地来养活数量激增的男女修道院和教堂，显而易见的是，这些机构在经济领域都是没有什么产出的。有时法兰克和伦巴德贵族会不明智地征用罗马时代传承下来的贵族庄园用于马匹饲养，类似的，教会也会利用本已宝贵而稀少的农业产出来支撑其庞大的等级制度，并经常野心勃勃地兴建大型建筑工程。到了5世纪末，从伦巴德人治下的意大利到西哥特人控制的西班牙，没有一个国家能召集起一支庞大的军队；700年前罗马在坎尼惨遭屠戮的那支军队的庞大的规模只存在于人们的记忆里。

尽管罗马帝国毁灭了，但帝国的消亡并没有使得古典文明彻底消失，恰恰相反，帝国的碎片在之后的岁月中慢慢恢复，保存了曾经的西方文明的内核，将文明的火种继续传播下去。书写被保存下来，而文学技法与科学研究也并未彻底失传。拉丁语继续保持官方、宗教和法律领域通用语的地位，从意大利最南端的海岸到北海之滨莫不如是。"黑暗时代"（这种称呼是为了突出这个时代严重缺乏书写知识，事实上，这类知识仍然得到保存和延续）的特点，并不在于帝国湮灭所带来的混乱，而在于古典文化的传播——语言、建筑、军事操典、宗教以及经济等领域的知识被传播到欧洲北部，特别是现在的德国、法国、英国、爱尔兰以及斯堪的纳维亚境内。

通过建立一种全新的神权至上的国家，伊斯兰教迅速地向南、向西传播开来；与之相比，西方古典文明的残余，则与基督教相结合，在罗马帝国崩溃的情况下一路向着欧洲西部和北部传播。对于人们想象中的5世纪之后罗马文明的"末日"，比利时历史学家亨利·皮雷纳这样评论："尽管（罗马的崩溃）导致了混乱和毁灭，但并没有新的经济或者社会规则涌现出来，没有新的语言环境，也没有新的政权体系。在混乱中存活下来的文明，仍旧是地中海文明。"（《穆罕默德与查理曼》，284）

事实上，在6～7世纪，文明的步伐依然在向前迈进。在罗马帝国末年，土地兼并现象严重，财富集中在少数人手中，而城市里的阶级对立也日趋尖锐。6～8世纪，古典文明在高卢地区得到了延续与发展，尽管物质条件与罗马时期相比有所不同而且往往更糟，地方政府官员对乡村问题的态度却要比生活在罗马时代最后200年的同僚们更为负责。在墨洛温王朝和加洛林王朝治下，再没有出现罗马文明的特点之一——使用大批奴隶的情形（到了4世纪，在罗马帝国的某些部分，有四分之一的人口处于被奴役的地位）。尽管在很长一段时间里，罗马的惊人财富与国家地位已经从整个西方世界消失了，但具有致命威力的西方军事传统却流传了下来。在接下来的1000年中，不论是武器还是战术领域，绝大多数的发明创造都源于欧洲，这是欧洲体系下撒播的经验、科学与自由观察研究所带来的红利。

大约在675年的拜占庭某地，西方人发明了一种被称为"希腊火"的武器。尽管这种武器的准确配方与比例仍旧不为人所知，但根据记载我们仍能还原出希腊火的使用情况。在战斗中，拜占庭桨帆战船会喷出一股火焰，其成分大致是石脑油、硫黄、石油和生石灰的熔融混合物质，这样的混合物一旦燃烧，就无法被水扑灭，散发出毒气、难以扑灭的火舌能在几十秒内将整条船烧成灰烬。希腊火的投射方式和它的化学配比一样独具匠心，火焰发射装置的制造牵涉到复杂的泵驱动、加压密封与机械工程知识。燃料被放置在一个密封的容器中进行加热，并使用空气泵从下方输入压缩空气，由此混合物就从另一个出口被挤压出容器，进入一条长长的铜管。在管道的出口处，凝胶状的燃料被点燃，从这个古代的火焰喷射器里喷涌而出，所过之处都变成一片火海。借助如此精巧而威力巨大的装备，小小的拜占庭海军才能取得东地中海地区的海上霸权，并在某些时刻拯救君士坦丁堡于危亡之中。最为戏剧性的莫过于在717年，利奥三世的军队使用希腊火烧毁了哈里发苏莱曼围攻君士坦丁堡的庞大舰队，由此拜占庭人才避免了亡国的厄运。

对于骑兵马镫这一发明的来历，专家们仍然保持不同的观点，有观点认为这种重要的装备来自亚洲。也许西方的马镫来自阿拉伯人，后者仿照了拜占庭的相关装备，或者在7世纪前后学习了东方某些民族的相关发明。无论如何，到了11世纪时，西方骑兵已经普及了新型的带马镫的马鞍装具。在西欧国家中，马镫并不是仅仅作为一种增强对马匹控制力的装备而存在，而是成了新型持矛骑士战斗力的重要组成部分。从此以后，骑士在冲击固定目标时，马镫能够帮助吸收撞击的动能，防止骑手被掀下马来。尽管这样的持矛骑兵并不能冲破真正意义上的完整步兵阵形，但只要少数这样的骑兵就能在攻击或者防御时轻易击破被孤立的小股步兵分队。马镫的出现，并不意味着骑兵会主宰西方军队，但是，以步兵为主的军队在战斗时，一旦成功在敌军阵形上打开缺口或者迫使敌人溃退，就能适时派出致命的骑兵小分队，无情追杀装备较轻、缺乏组织的敌方步兵，同时保证自身毫发无损。

　　大概在9世纪中期，十字弓这种武器进入欧洲人的视野。早期的十字弓源自希腊时期的腹弓，它是一种手持的使用曲柄上弦的武器，是古典时代使用棘轮的扭力弩的缩小版。学者们往往引经据典试图说明，与之后出现的英格兰长弓、东方的反曲弓相比，十字弓效率非常低，前两者的射程与射速远远超过十字弓。然而，和其他远程投射武器相比，只需要很少的训练就能掌握十字弓的使用技巧，而且十字弓不像其他直接用手拉开的弓一样容易使射手疲劳，在短距离上，十字弓所使用的更小的全金属弩箭，与弓箭相比也具有更高的穿透能力。十字弓发射的弩箭，能够穿过骑士厚重的锁子甲，这意味着一个相对而言并不富有的人能够在转眼间杀死一名贵族骑手和他那具装备重铠的坐骑——只要一根小小的金属弩箭。有鉴于此，教会曾经颁布公告，禁止使用十字弓类武器，后来稍稍修改了法令的条款，在基督徒内战中禁止使用这种威力巨大的"穷人武器"。

　　即便是在"黑暗时代"中，军事革新家们对于攻城武器的改良也没有停滞过。到了1180年之后，大型抛石机已经开始使用配重块作为动力取代扭力驱动。这种抛射武器往往仅配重块就重达10吨，能够将300磅的石弹发射到超过100码之外，在弹丸重量方面，达到了古罗马牵引上弦扭力投石机的五倍多，同时还能保证一样的投送距离。攻城武器增强的同时，工事建造水平也并未止步不前，此时已经出现了完全使用石材建造的工事，其高度超出了古典时代工程师的想象范围，而且这样的堡垒中充满了错综复杂的塔楼、垛口以及内部防御体系。普遍而言，欧洲的城堡不仅比非洲和近东的同类建筑更大、更坚固，而且因为石料的切割、运输和起重技术的提高，西方在城堡数量方面也远远超过东方。板甲在1250年已经在欧洲普及，这种欧洲特有的防具类型保证了欧洲的绝大多数骑兵和步兵在防御方面都优于伊斯兰对手。14世纪从中国引入火药之后，欧洲人很快就掌握了独立生产可靠的重型火炮的技术。1453年，君士坦丁堡就是在欧洲人制造的火炮炮口下陷落的，此时欧洲也具备了大规模生产火绳枪的能力。在1430年，欧洲水域中航行的船舶普遍使用了完善的索具和多张组合帆具，在设备方面优于同时代的奥斯曼土耳其海军与中华帝国水师的同级别舰船。

关于西方社会之所以能够制造优质武器、形成高度灵活的创新战术机制的原因，一般认为其关键在于，西方军事家有效结合了军事理论与实践，向指挥人员提出了许多具有实际操作价值的建议，而这些理论也通过出版成书得到了广泛的传播而被人们接受。即便是在"黑暗时代"，罗马后期的弗朗提努斯的《谋略》小册子，在某种程度上被西欧的军阀们视为军事理念的《圣经》加以研读，而韦格蒂乌斯的相关著作甚至更加深入人心。在9世纪，美茵茨的大主教拉班努斯·毛鲁斯主持出版了带注释的韦格蒂乌斯著作《罗马军制论》，以增强法兰克人的军事素质。在接下来的400年时间里，欧洲人对韦格蒂乌斯作品的改编与翻译书籍不断出现，并得到了诸如阿方索十世（西班牙卡斯蒂利亚和莱昂王国国王，1252～1284年在位)、波诺·吉马伯尼（1250 年）以及让·德·默恩（1284 年）等人的支持和推动。

欧洲人在攻城技巧方面的造诣本身就是其他文明所不能比拟的，其原因就在于传承了古典时代的"城邦围攻法"（poliorkētika）。9 世纪的秘方书《绘画小重点》中，就有指导攻城者如何使用机器和火焰来摧毁被围者的内容。拜占庭的皇帝莫里斯（著有《军事的艺术》）和利奥六世（著有《论战术》）通过著书立说，为帝国步兵和海军的战术提供了概略性指导，并为将军们提供了战术手册，指导拜占庭人在地中海海战和港口攻防中成功抵御阿拉伯人的入侵。与之形成鲜明对比的是，与战争有关的伊斯兰作品很少具有抽象归纳的能力，也不具备理论价值。穆斯林作者往往更关注历史和哲学内涵，很大程度上将战争归结为"杰哈德"（圣战）精神的结果，而对于战争的规律不加探究，直接把它与宗教规则等同起来。

在早期的法兰克国家中，著书立说研究战争、发行作战操典手册等做法，可以说是对于之前希腊罗马诸思想家的直接模仿。军事实践不是空中楼阁，必须培养一个经过教育的精英阶层，熟悉古典时代就存在的军事组织概念与武器装备使用技巧，才能很好地执行军事行动。在加洛林时代，国家的统治者就已经意识到必须系统地进行古典时代手稿的保存工作，同时也努力去继承希腊-罗马时代的军事教育传统：

> 尽管各国的宗教信仰不尽相同，但整个欧洲的学者团体一直使用同样的拉丁语进行读写，他们的工作挽救了大量的古典时代的宝贵遗产，使之免于湮没在历史长河中。

在9~10世纪,学校的教师们部分参考这些被再次发现的古典著作,发明了一种新类型的课程,由此,为之后数百年的教育模式奠定了基础。(P. 里切,《加洛林人》,361)

此外,希腊和罗马人所特有的史学传统也在基督教信仰的东西方国家中得到延续,传承诸如希罗多德、修昔底德、李维和塔西陀等历史作家的精神,将编写历史视为"讲述战争与政治故事"的衣钵可谓是这种延续的最好体现。图尔的格雷格里(534~594年,著有《法兰克人的历史》)、拜占庭的普罗科匹厄斯(生于500年,代表作《查士丁尼战争史》)、塞维利亚的伊西多尔(《哥特史》,大约完成于624年)、神学家圣徒比德(627~735年,《英格兰教会史》)等人都是中世纪早期史学家的优秀代表,他们关于那些战役胜败的记载和大量的注释,为后世的研究者提供了大量关于不同蛮族部落的人类学细节材料。至于其他数以百计来自欧洲各地的、不太知名的编年史作者与编译者,他们的作品就更加难以计数,这些欧洲作者的作品,在绝对数量上远远超过了世界其他任何地方的任何作品出版量。

在伊斯兰势力刚刚崛起的早期年代,穆斯林中同样存在为数众多的历史学家,他们中的很多人在写作时显得公正而带有批判性,然而,他们之中少有人相信先知穆罕默德之前的时代里"有历史存在"(就像一句格言所说的,"伊斯兰教抹去了在它之前一切事物的痕迹")。人们探究和质疑的尺度受到《可兰经》的限制,而后者在书面材料中、在历史上的地位是不容凡人挑战的。似乎没有证据表明,希腊著名史学家的作品曾经被早期的阿拉伯译者翻译成阿拉伯文。和古典编年史截然不同的是，伊斯兰史学家往往认为，道德缺失才是导致失败的最大原因，战术错误和社会结构问题则对胜负没什么影响。在普瓦捷战役和勒班陀战役之后，阿拉伯历史学家在总结经验教训时，总是将战败的后果归结为他们自己不够道德、不够虔诚，因此才引发安拉的怒火降下了天谴。

马拉的铁质犁最早出现在欧洲，和旧式的公牛拉动的木质犁相比，这种农具能够更快地破开土地表面，并将更深层的泥土翻到地表。更高的农业效率，使得西方人相比东方和南方的同胞能够获得更多的食物和机遇。到了12世纪末，风磨出现在英格兰和欧洲北部，而在近东和亚洲从没有类似的机械出现。通过使用水平轴和齿轮组，风磨能以非常快的速度碾磨小麦，这是生活在古典时代的西方先辈与非西方文明的人们所无法想象的。

此外，在11世纪的英格兰一地，就有超过5000辆改进型的水车，它们不仅被用于谷物脱壳，还在纸张、布料和金属的生产中大显身手。因此，西方军队得以在远离本土的地方作战——一方面他们能够携带更多地补给，另一方面他们的农民把农事的部分工作交给机械处理，自己也能够离家作战更久的时间。历史学家往往会指责十字军的无法无天，批评他们变换不定的指挥权与可怕的营地状况，嘲笑他们偶然采用的愚蠢战术，但他们却忘记了十字军中数以千计的士兵此时正在地中海另一端进行战斗，给这样一支庞大军队进行着运输和补给的工作，这对当时的伊斯兰势力而言恐怕完全是无能为力的任务。

破碎分散的西方世界之所以能够在入侵大潮下幸免于难，

不仅仅在于西方人科学技术的优势，还在于他们秉持着源于古典时代的步兵传统，以及对于有产者的普遍动员。西方的军事指挥体系和军纪军规师从古罗马军团，因此使用的术语也就自然而然沿袭了希腊语和拉丁语的称呼。拜占庭的皇帝们总是模仿马其顿领主的做法，以 systratiōtai——"同胞兄弟"的方式向麾下的士兵发表演讲。拜占庭的将军被称为 stratēgoi，士兵则是 stratiōtai，都与古希腊时期别无二致；而西方的自由人士兵被称为 milites，看得出无论是步兵（拉丁语 pedites）还是骑士（拉丁语 equites），这些称呼中都保留着罗马时代不可磨灭的印记。征召公民从军的行为，仍旧处在合乎法律的、公开发行的规范指导下进行——这些规范被称为"法典"（capitularies），上面清楚地标明了被征召者应有的权利与义务。

查理·马特统率的军队，无论是在纪律性上还是规模上都无法与一支罗马的执政官军队相提并论，但查理的军队仍然是一支使用长矛和短剑进行近战的步兵部队。他们的作战行列与古典时代的军团完全相同，想要进行战争的话也一样需要得到公民大会的批准，而指挥战斗的统治者，在战后也必须经过人民的认可才能继续安坐宝座之上。

到了 8 世纪末，在 4~5 世纪受到削弱的东、西罗马帝国遭遇了募兵兵源方面不可克服的障碍：一方面罗马公民拒绝在军队中服役，另一方面早期基督教观念又与公民军队和征服战争的理念背道而驰。此时，帝国的军事基础已经逐渐松动。奥古斯丁在他的《上帝之城》中，将罗马在 410 年破城后的浩劫，归咎于上帝对罗马人的罪孽而降下的神罚。而甚至早在这之前，格拉提安等一些皇帝就已经开始拆除纪念军事胜利的雕像和纪念物，以遵循耶稣基督对于追求和平、宽恕的训导。

然而，在中世纪早期，诸如迦太基教会主教特图里安（《致殉道者》、《论士兵的花环》）、神学家俄利根（《对殉道者的劝勉》、《论首要教理》）以及基督教作家拉克坦提乌斯（《论受迫害者的死亡》）等人为代表的和平主义教父们，往往忽略了《旧约》的一部分精神及其对异教徒进行战争的态度，事实上这种惩罚不信者的理念往往压过了传播福音的愿望。以阿奎那为例，他提出了一套规则，界定了"正义"基督教战争的范畴，即在某些情况下不同信仰之间的争端可能带来一场"符合道德"的基督教远征。基督教诸邦从来没有像伊斯兰教国家那样展现出极端尚武的特质，但到了"黑暗时代"，基督教或多或少地抑制了早期传教时体现出的和平主义宣传，不再与世俗政客们保持距离。《圣经》中耶稣充满博爱的训诫并不能鼓励人们奋起抵抗伊斯兰的入侵，相反，关于约书亚和参孙的战争故事才是唤起信众对抗阿拉伯征服者的关键。

法兰克人、伦巴德人、哥特人和汪达尔人也许都曾经是部落蛮族，而他们的军队也显得缺乏组织，但就是这样的"蛮族"却保持了这样一种观点，即自由人必须为了集体的利益走上战场，当然这样的战士也有自由掠夺战利品的权利。因此，从公民军队的角度看，这些蛮族战士与防卫罗马帝国边境的雇佣军相比，更像当年共和国时代的旧式公民军队。

西方世界的政府依靠大量的公民士兵进行战争，这种做法降低了中央政府的军事开支。事实上，西方国家灵活地在罗马帝国晚期进步的基础上发展自己强大的军事体系，并获得了成功。举例而言，这种体系在十字军国家两个世纪的历史中,帮助当地的基督教势力一次又一次免于遭受灭顶之灾,证明了它的价值。(B. 巴克拉克,《中世纪早期的欧洲》刊登于 K. 拉夫劳伯与 N. 罗森施泰因合著《古代与中世纪世界的战争和社会》,294)

罗马军团制度的最终崩溃,并不是因为其组织上的缺陷、技术上的落后抑或是指挥不当、纪律不佳,而恰恰在于缺乏足够的自由公民参加军队去保护他们自己的自由,或是捍卫他们文明的价值观。而这样的公民战士却出现在了野蛮人中,当这些蛮族利用罗马军团的蓝本重塑自己之后,为数众多的西方式军队在罗马的废墟中间崛起了,正如穆斯林在普瓦捷战役中所发现的那样。

步兵、财产与公民身份

骑兵主宰战场?

查理·马特和他的加洛林王朝继承者们——他的儿子丕平三世和孙子查理大帝,建立起了中世纪封建国家的基础,也就是 10 世纪之后人们传统观念中的马上贵族、骑士精神与披着锁甲的巨型战马所主宰的世界。一般观点认为,在罗马帝国最终崩溃之后(6 世纪初)到火药广泛传播之前(15 世纪开始),骑士统治了欧洲的战场。而事实是,在这 1000 年岁月中的大多数大型战役里,步兵相对于骑兵的比例至少达到了五比一。

即便是在中世纪后期,考察百年战争的三场大战——1346 年的克勒西战役、1356 年发生在普瓦捷的战役以及 1415 年的阿金库尔战役时,我们会发现,绝大多数有骑兵的军队,不论是英军还是法军,在战斗时仍然选择了下马步战。西班牙征服者科尔特斯手下可怕的骑士们,在战斗中发动的冲锋能将大群的阿兹特克人撕成碎片,但他们在科尔特斯征服墨西哥的军队中仅仅占据了不到一成的比例。相反,在普瓦捷,查理·马特铜墙铁壁一般的步兵阵形并不是例外,法兰克人、瑞士人和拜占庭人都毫无悬念地选择了步兵作为他们中世纪军队的中坚力量。

中世纪的艺术加工赋予了骑兵无上的荣耀,他们被视为马上的贵族骑士;而教会也试图给骑士们灌输保卫基督教社会的道德责任感;至于国王,他们天然的支持者便是拥有封地的精英骑士阶层。尽管如此,在欧洲,骑兵在数量、经济性和通用性方面很难成为大型军事行动中的决定性力量,在参战人数多达两三万人的大战役中尤其如此。在加洛林王朝时代,法兰克军队所参加的每一场战争中步兵都是战场上的主导性力量。封建制度的作用,以及对于早期骑马武士的浪漫看法,必须用一种适当的文化视角来看待:

> 尽管加洛林王朝的封建制度将重点放在了拥有马匹上,但其军事系统在本质上和同样强调战马的游牧部族相比有着根本性的区别。西欧的土地以耕地为主,不能支撑大规模的战马饲养,因此响应征召的军队在结构上肯定与马上民族的游牧部落大不相同。这种差异在很大程度上可以从条顿部落的独特军事文化中窥见一斑:条顿人更倾向于使用开刃的武器和敌人面对面厮杀,这种传统可以追溯到他们在罗马军团尚未衰落的年代里与之进行的较量。即便西方武士从步战改为骑战,这种传统并未丢失,反而因

为他们在马鞍上使用的武器、身披的盔甲而更加深入人心。(J. 基根,《战争的历史》,285)

查理·马特在普瓦捷战场上的军队体现了一种长达14个世纪的传承,这便是源于古希腊和古罗马时代将取胜的希望寄托在步兵上的态度。这种西方原创的重视重装步兵的态度在世界上是绝无仅有的,它由西方社会特有的经济、政治、社会以及军事现实情况所决定,在古典希腊文明的早期就已出现,在罗马帝国倾颓之后,它仍旧屹立不倒。一支有效的步兵军队,意味着其中的步兵必须能够原地承受骑兵的正面冲击,并且冲破驱散弓箭手和其他远程部队。对于如何获得这样优秀的步兵军队,在古典时代和中世纪有三个重要的先决条件。第一,地理。最优秀的步兵兵源,往往是那些土生土长的乡村居民,他们的家乡主要是以山间适宜耕作的谷地和低地为主。相比之下,多山地形则是牧民的故乡,这些强悍的山民惯于使用投石索、弓箭和标枪,熟练掌握了伏击与截断粮道的艺术。一个很好的例子便是色诺芬万人远征军在撤退回黑海边途经小亚细亚中部的路上攻击他们的许多山地部落。另外,草原和其他没有大起伏的平原类地形盛产部落制度下的游牧骑手,一望无际的平坦草场既保证了足够养活战马的牧场,更重要的是,它提供了足够的空间供大队骑兵进行机动,使得包围和侧击步兵大阵成为可能,正如罗马人在面对帕提亚人时所学到的那样。然而,从巴尔干半岛一直到不列颠的欧洲土地,主要是由一片片良田和河谷构成的。欧罗巴大地被山川分隔成一片片小块地形,显然更适合重装步兵的战斗:小片的平地供笨重的步兵展开冲锋,而平地两侧的起伏山峦则保护步兵的侧翼免于遭到骑兵的攻击。

第二，在前工业时代，最好的步兵往往出自中央集权政府，而非凶悍善战的蛮族部落。城邦和共和国能够征召其治下人口的很大一部分进入军队服役，并且在行军布阵方面给予公民们一定的训练，还能在一定程度上抑制或者至少团结那些大贵族与精英阶层。事实上，罗马的覆灭摧毁了几百年来全民皆兵的理念，以及中央集权政府所推行的募兵、训练、薪酬与退伍福利机制，这个机制曾经在整个地中海地区同时为超过25万名统一装备的军团士兵服务。尽管如此，西欧的部分国家以及被孤立在东方的拜占庭帝国，仍旧尝试在被削弱的物质文化基础上，通过大规模征募的方式组织佃农和小地产主进入军队，团结他们来保卫他们自己的领土，由此保存了古典时代流传下来的旧有传统。

第三，为了保持步兵的战斗力与足够的数量，即便政府不与这些人建立双向的责任义务关系，也要保持表面上的平等主义，至少要避免兵源人群受到广泛传播的农奴制度的侵蚀。对于合格的重装步兵而言，他们需要足够的资本才能维护保养自己的装备。他们需要某种政治声音来为自己请命，或者要和更加富裕的阶层保持互惠关系，以此保有最低限度的自治权利。理想中最好的步兵应当拥有耕地，或者至少在分配给自己耕作的土地上能够获得不错的收入。在这种理念下，这些自耕农步兵在战场上会为了保卫自己拥有的一切实物财产而并肩奋战。

从"黑暗时代"到中世纪的岁月里，欧洲的山川地貌与古典时代并无多少不同。罗马帝国的中央集权统治架构已然崩塌，而到了3世纪时，自由公民人口也已经大幅缩减。尽管如此，西罗马帝国境内仍然保持了大量的自耕农，他们向本地的领主或者地区性的国君宣誓效忠,响应他们的号召并在旧的征召和作战系统下继续完成自己的使命。如果说他们的地位有时被称为"依附性自由",那么从600年到1000年,欧洲的步兵都不能被称为农奴士兵,而且从政治角度而言,他们的境遇要比东方的农奴好得多。所有士兵在服役中的责任与义务,都会与特定的权利联系在一起。相比之下,伟大的拜占庭将军贝利撒留(500~565年)在描述波斯军队中的步兵时,将他们称为一群纪律全无的乡巴佬,被强征进入军队用于攻击城墙、掠夺死尸以及作为迎战真正军队时的炮灰,他的看法应当与真实情况相去不远。在西欧,没有类似马木留克和耶尼切里近卫军这样奇怪的奴隶军队。

重装步兵的起源

即便是罗马的毁灭,也无法使西方的步兵传统消失,那么这种传统又是如何形成的呢?古典时期的希腊,便是重装士兵的源头所在。本书在之前的部分中讨论了希腊人在冲击式战斗风格方面的创新,希腊城邦的诞生(公元前800年~前600年)催生了一个新的阶层,隶属于该阶层的公民是自由民。拥有一份不大的田产,一旦城邦之间产生土地纠纷,他们会作为执矛持盾的重装步兵组成方阵,用冲击战术解决争端。重装步兵阶层的崛起,标志着之前几个世纪时间里在战场上占据主导地位、享有特权的马车贵族开始走向衰落。步兵的革命性崛起,在之前的迈锡尼时代的希腊或者同时代的东地中海地区,都是闻所未闻的。

随着可耕地分配公正性的提高、耕作密集度的加强,提供马匹草料的牧场逐渐减少了。即便在草场足够的情况下,养马也不是一件有利可图的事情。十英亩的土地,倘若种植谷物、栽培果树，再将一部分辟为葡萄园，总能保证一家五六口人的温饱，然而同样大小的草场也不过能供应富人的一匹坐骑的草料而已。到了查理·马特统治的时代，一匹马的价格能顶20头牛，而同样数量牧草所供养的牛在犁地时无疑效率更高，更不用说牛肉也是很受欢迎的食物。相比之下，很多欧洲人都有不食用马肉的禁忌。在希腊神话中，神马阿里翁、飞马别加苏斯和《伊利亚特》中会说话的坐骑都是受到尊重的生物，而且它们在忠诚、勇气与智慧等方面都和人类相差无几。因此，在早期希腊人定居的平原上，在他们的小团体中，无论是从农业的角度还是以文化的观点来看，都没有蓄养马匹的理由。

在公元前8世纪到前6世纪，公民权的范围被扩展到了中层农民中间，保卫整个社区的义务落在了地产主们的肩上，而战斗的地点和时间则由他们自己投票决定。战斗通常是简短而决定性的，并且是重装步兵之间的碰撞，以此保证敌对双方之间产生明确的胜负，同时也让那些农民出身的战士们能够很快回家收获农作物。在自耕农重装步兵阶层心目中，骑在马上并不能带来任何威望，他们只会觉得那些富裕的精英阶层随时会策划政治阴谋，以颠覆现存的民主政体。人们总是倾向于认为，那些有能力负担马匹的富人会利用他们独享的社会资源，为他们过更好的花天酒地的生活服务。从军事角度而言，当时还没有马镫，面对重装步兵方阵那密集排列的矛尖，骑着小型马的骑兵在冲锋时显得十分虚弱无力。而在考虑到一小块土地上养活一个普通家庭所需的花费远比养活一匹马要低，对国家而言，训练一名持矛步兵，让他在队列里和同袍并肩奋战，远比养活一个骑马贵族并将他放在马背上投入战场要经济得多。

这种考量之下的结果就是，在四个世纪的时间里，直到亚历山大大帝崛起之前,希腊文化对待骑兵的态度都是嘲笑和挖苦。在斯巴达,色诺芬声称"只有那些最没有力量、最不渴望获得荣耀"的人,才会选择骑在马上加入战斗(《希腊志》,6.4.11)。这种特殊的看待骑兵的态度,在古典希腊甚为普遍。举例而言,利西阿斯[①]在公民大会上为自己的代理人——富有的贵族曼提西奥斯辩护时,就以夸张的言辞描述了曼提西奥斯曾经在哈利阿托斯河战役中(公元前359年),以一名步兵的身份直面战斗的危险,而没有选择在"安全的"马背上参战的英勇事迹。亚历山大大帝在征战中则意识到,重装步兵这种在希腊城邦内战中占据支配地位的作战兵种,一旦离开希腊本土的谷地地形,面对各种类型的亚洲敌人时,从军事角度来看就显得不合时宜了。亚洲人的军队中往往包括大量的弓箭手、轻步兵和许多种类的骑兵,而东方国度的战场也变成了大面积的平原和丘陵地形。同时,在对待均分土地政策的态度上,亚历山大也持反对意见。他麾下伙友骑兵都是贵族出身,例如伴随他纵横沙场的特撒利骑兵就是一群马上的贵族领主,他们居住在希腊北部广阔平原上的大型庄园中,这样的骑兵军队无疑是君主制度而非民主制度的产物。

在古代典籍中,有大量的材料体现了这样一个观念:小农场是孕育优秀步兵的最佳温床,而大型的庄园经济下只会产生少量精英阶层的骑兵,农田的合适角色是扶植那些提供步兵兵源的家庭,而不是供养懒惰的奴隶主或者饲养昂贵的马匹。亚里士多德在他自己生活的公元前4世纪晚期曾经哀叹,斯巴达附近的领土已经不再供养那些培养出成年战士的家庭了,尽管

---

① 约公元前450~前380年,雅典雄辩家。——译者注

据他所说，这片领土本可以供给"多达三万名重装步兵"（《论政治》，2.1270a，31）。传记作家普鲁塔克生活在1世纪，对于希腊乡间广泛的人口锐减状况他深为痛惜，根据他所记载的情况，其时整个希腊的乡间"仅能征得3000重装步兵"（《道德论集》，414A），这大约和公元前479年普拉提亚战役中区区麦加拉一个城邦所出的兵源相等。类似的，历史学家塞奥彭普斯在评论马其顿菲利普二世的伙友骑兵队天然具备的贵族特性时提到，尽管这支精英骑兵的数量只有800人，但他们所拥有的土地的收益，却相当于"不少于一万名土地最好、产出最高的希腊地产主的资产"（《希腊历史残篇》，115，225）。

塞奥彭普斯的观点在于，密集耕作的农场能够提供丰富的重装步兵兵源，代表了一种综合了政治、文化与军事的理念，这和希腊北方支持骑兵而非自耕农士兵、孕育出独裁政体的庞大庄园群相比，完全是两种互相对立的体系。

除了拥有伙友骑兵作为一支突击力量之外，马其顿皇家军队的核心仍旧是长枪方阵与皇家卫队。亚历山大的军队中，骑兵的比例从未超过百分之二十，显然，菲利普和亚历山大从希腊人那里学到的东西，比希腊人向他们学到的要多得多。亚历山大使用以骑兵和枪兵为主体的军队征服了波斯，但他宝贵的军事遗产很快被继业者国家的君主们所遗忘，或者在这些国家间无止境的互相征战中变得不合时宜。从公元前323年到前31年，东方的希腊化国家之间内讧频繁，战争几未停歇，而战役的胜利与否往往由职业长枪步兵决定，仅凭步兵的冲击就能撕开敌人的阵形，并且将整支敌军逐出战场。尽管亚历山大自己曾经在波斯战役中指挥骑兵将敌军的步兵冲得四分五裂，但时代已经不同了，也许在迎头冲击他曾经的下属将领率领的长枪方阵时,这位世界征服者也难有胜算。

在将近1000年的时间里,罗马将国家安危寄托在强大的步兵身上,这样的传统源于对公元前4世纪到前3世纪的意大利自耕农士兵的信心,正是这些人组成的罗马军团多次挽救共和政府于危难之中。作为步兵的补充,罗马人会从北方的欧洲部落、北非的游牧民族中招募小队骑兵来加强军团的两翼力量。罗马这种步兵至上的传统,延绵于其悠久的历史中。由于军团未能发展出一套类似亚历山大麾下伙友骑兵的重装骑兵体系,罗马人曾经在骑兵面前遭遇失败,诸如克拉苏的军队在卡莱战役(公元前53年)中被帕提亚人屠杀,以及瓦勒良皇帝在阿德里安堡战役(378年)中惨败给哥特人都是如此。不过区区几次失败并不能掩盖古希腊到古罗马时代的1000年中,西方军队对敌人的军事优势,而这种优势恰恰主要源自优秀的步兵。

古典传统:在"黑暗时代"与中世纪的传承

那么,罗马的毁灭,是否意味着欧洲回到了第一个"黑暗时代"(公元前1100年~前800年)的境地,回到了城邦初建之前,土地掌握于大贵族之手,畜牧业繁盛,骑马武士作为统治阶层,整个希腊处于人口稀少而混乱的境地呢?至少不完全如此。正如我们所看到的,罗马的传统并未被彻底遗忘,500年到1000年的第二个"黑暗时代",并不像迈锡尼希腊崩溃之后的时期那般灰暗。在5世纪至6世纪的浩劫中,步兵仍旧是拜占庭军队的支柱——步兵对骑兵的比例是四比一,而即便在发展出使用马镫、骑乘更大型战马、身披链甲承担冲击角色的骑兵之后依然如此。

无论是法兰克人、诺曼人还是拜占庭人,都对军队中小规模的重装骑士分队引以为傲,并自豪于这些精英部队摧枯拉朽的冲锋，究其原因，恐怕在于这些部队代表了一种理念，即将传统的持矛重装步兵角色转移到马背上。从骑士的单兵装备来看，总体来说西方的骑兵比他们伊斯兰对手的装备更好更重，作为枪骑兵更为危险致命，而伊斯兰骑士则更为迅捷机动，这也恰恰反映出西方军队对于决定性冲击战斗方式的偏好。然而，在欧洲发生的大规模决战，以及在圣地十字军所进行的战斗中，这种看似无坚不摧的骑兵冲锋往往只会招致惨重的失败，除非有一支数量远超骑兵的步兵部队能够拖住敌人，如此才能带来胜利。在加洛林王朝的时代，往往是步兵而非骑兵决定了战斗的结局。

即便到了 800～1000 年，在西方骑兵使用了马镫之后，骑士也很难在面对训练有素、阵列整暇的重装步兵时占据上风，直接向环环相扣的盾墙与矛尖的森林冲锋无疑是不可想象的。此外，并非所有骑兵都是极为富裕的大地主出身，那些地产有限的战士往往会在战场下马，步行参战。并非拥有马匹的战斗人员都是真正的冲击骑兵，马匹可能仅仅是运输重装步兵抵达战场的交通工具而已。总而言之，欧洲军队中的重装骑兵并非太少，但相对于步兵的数量，骑兵在一支军队中占据的比例终究有限。

"黑暗时代"与中世纪的神秘与传奇性往往与骑士们联系在一起。在小型的战斗和劫掠中，链甲骑兵对于无防护农民的优势是压倒性的。尽管欧洲并没有真正意义上用于驯养马匹的牧场——这种牧场能使游牧民族为每名武士配 5～10 匹马，但富裕的庄园通常也能负担足够的马匹组成一支规模不大的骑士武装，他们作为基层土地贵族帮助建立了附庸体系以及中世纪早期的整个封建等级系统。然而，这样的系统缺乏中央管理，这意味着对士兵来说，系统化的统一的训练操演体系是难以奢求的。当时的民间智者对此有评论，认为100名训练有素的着甲骑士远比1000名组织混乱的农民步兵有价值得多。

尽管如此，从数量上看，如果说贵族骑士们是大海中的礁石的话，那么农民构成的步兵就是大海本身，在国家危难冲突扩大之际他们仍旧占据了所有欧洲国家军队的主要部分。这些步兵中的多数都是地产主，他们要么作为附庸向领主缴纳一定比例的收入作为租税以换取保护；要么他们自己就享有封君授予的土地，并以此向封君服务效忠。因此，虽然查理·马特的军人缺乏希腊罗马时代的完全公民权，但作为这支军队核心的中层农民仍然被承认是自由人，在本地贵族面前具备自己的权利和义务。这些军人在地位上，与雇佣兵、游牧民、农奴或者彻头彻尾的奴隶等完全不同，而没有自由身份的属民们成了之后侵略欧洲的军队的主要部分，也是柏柏尔人、蒙古帝国、阿拉伯人与奥斯曼土耳其等非西方帝国的主要人口成分。反观西方，身为自由人地产主的后备军人才是早期加洛林政权军队的核心，特别是在罗马帝国解体后城市衰败、商业萧条的大环境下更是如此。

> 随着经济结构转变为以农业为主，兵役义务渐渐与土地所有权紧密联系在一起。每个自由民家庭都有义务提供一名战士和全套武器装备，而且这种义务逐渐变为世袭。由此，法兰克人的军队成为一支根据国王的意愿征募的、由自由人组成的军队，由国王在当地的代表进行指挥。(J. 比勒，《封建制度下的欧洲战争》，730–1200，9)

马镫这种装备能够帮助骑兵冲击分散而缺乏训练的步兵，随着马镫的普及以及对抗更具机动性的伊斯兰骑兵的需要，从10世纪开始，贵族骑士扮演了更加重要的角色。尽管如此，某些人想象中完全由重装骑兵组成的横扫一切的军队，仍然不过是一个神话而已。

步兵的价值

那么，在衡量军事力量的价值时，把军队一个兵种的重要性凌驾于另一个兵种之上是否是一种合理的分析呢？谁又能够保证，弓箭手、骑兵、炮兵或者是陆战队中的哪一个在战场上是更有价值的资源？考虑到不同的地形、天气和战略目标，简单的结论无疑是不存在的。在每一支伟大的军队——亚历山大、拿破仑或者威灵顿的军队中，骑兵、步兵和远程部队都能各司其职，没有各兵种之间的通力合作，再伟大的指挥官也无法取得胜利。骑兵的冲击和撤退速度始终要超过步兵，而且骑兵冲锋附带的心理震慑效果是任何强悍的步兵都无法实现的。西方世界面对的敌人中，大部分都拥有高度机动性的骑兵部队，因此保持同样的马上战斗人员是最好的反制方法。在击溃敌军之后，倘若没有骑兵的追击，胜利也不会完美。

反过来说，无论是现代还是古代，如果不能彻底粉碎步兵的队列，也就不能保证彻底的胜利。步兵不需要其他兵种的协助就能面对面冲击对手，将敌人砍倒在地或者剁成几块，并占据战场，将双方争议的土地通过实际占领牢牢掌握起来。步兵的武器——剑和矛历史悠久，相比远程兵器显得更为致命。在攻城和守城方面，步兵的效率远较骑兵为高，更何况在中世纪的欧洲，对城市堡寨的争夺次数远比野战的数量要多。此外，步兵相比骑兵更能适应复杂的地形，无论是密集的丛林还是陡峭的山峦，步兵都能行动自如，同时步兵部队也更容易在没有肥沃草场、无法提供马匹饲料的区域进行战斗。

如同现代概念中的装甲、火炮和空中军事力量一样，骑兵和弓箭手能够作为辅助部队，但它们并不能取代步兵的角色。从根本上来说，战争是一个经济问题，所有的国家只能从效费比的角度去选择最合适的兵种搭配，由此使得每个军事单位以最低的开销发挥出最大的军事力量。与他们在古典时代的前辈们一样，在"黑暗时代"与中世纪时期，军队同样要遵循上述规则，因此人们很快意识到，同样作为战士效命沙场，一名步兵所消耗的金钱仅仅是一名骑士的十分之一。

随着14～16世纪火药与手持火器进入战场，步兵的功能变得更为致命：他们不再仅仅是长矛手，他们同样是射手，面对这样的步兵马匹就显得愈发脆弱，密集冲锋的枪骑兵会被步兵成片屠杀。然而，火器在世界上的广泛传播，并不意味着所有国家都会随之发展出具有战斗纪律的持枪士兵。举例来说，奥斯曼土耳其军队就从没有具备在保持行列的同时进行射击的战场纪律，奥斯曼的耶尼切里近卫军，总是一边射击，一边肉搏，在一场个人的战斗中扮演个人英雄是他们所擅长的工作。类似的，北非的骑兵武士，多半是在迅捷的突袭与劫掠中，在马上或者骆驼上发射火枪。非洲和新世界的土著将火器看作是改进版的标枪和箭矢，对于齐射与轮射战术的优点视而不见。在中国和日本，手持火器的引入同样没有产生高效的军队。

只有在欧洲，发展出了装填—射击—再装填的循环发射的艺术；也只有在诸如英格兰、德意志、西班牙和意大利等西方的核心国家中，步兵至上的传统从古典时期传承下来，经历了"黑暗时代"的浩劫与中世纪的沉寂，将古老的日耳曼部落冲击战术发展为有序的面对面较量的方式。火药时代催生了能够大规模生产、容易被每个人掌握的火器，非常适合欧洲人既有的严密的纵队和横队阵形，正因为如此，热兵器的不断发展也为欧洲的崛起提供了助力。在自动连续射击的步枪出现之前，步兵使用单发的、装填缓慢火绳枪或者燧发枪，在这种情况下，密集队形的步兵所射出的子弹，相比骑兵或者散兵的射击，能够提供更为密集、准确和快速的火力。某种程度上，文艺复兴时期欧洲的火枪兵阵形，自然而然地成了中世纪枪阵的后继者。

普瓦捷与未来

> （在普瓦捷之前）穆斯林征服者已经连战连捷，步步前进了1000英里，从踏上直布罗陀海岸的礁石，到饮马卢瓦尔河畔，倘若安拉的战士们再向前推进1000英里，那么撒拉森人统治的疆域将会一路推进到波兰边境与苏格兰高地：对他们而言，莱茵河并不比尼罗河或者幼发拉底河更难渡过，阿拉伯舰队甚至可能不需要经历一场海战就驶入泰晤士河河口。假使普瓦捷的胜负与历史截然相反，恐怕牛津大学中讲诵的将是《可兰经》，学生们会向接受割礼的人们传授先知穆罕默德神圣的启示与无可置疑的真理。（爱德华·吉本，《罗马帝国衰亡史》，第七卷）

以上爱德华·吉本的调侃，也许有些言不由衷，他看起来只是着迷于一个非基督教主导的牛津大学这种想法，倘若法兰克人在普瓦捷战败的话——这并非没有可能。和吉本一样，多数18～19世纪的西方历史学家都认为，普瓦捷战役标志着穆斯林入侵欧洲活动的最高潮。德国著名历史学家利奥波德·冯·蓝奇将这场战役看作一个转折点，在他的笔下，"在公元8世纪的开始，当穆罕默德主义的扩张威胁到意大利和高卢时，这个事件的发生（普瓦捷的胜利），意味着世界历史的新纪元"（《宗教改革史》，第一部，第五卷）。爱德华·克雷塞将普瓦捷归入他选择的"世界性的关键战役"中，他同样也认为这场战役的结果拯救了整个欧洲："此战之后，现代欧洲文明的进程、国家与政府的发展再也没有受到阻碍，历史的车轮始终以其设定的轨迹滚滚向前。"（《十五场决定世界命运的战役》，167）伟大的德国军事历史学家汉斯·德尔布吕克，也盛赞普瓦捷的重要性"在世界历史的进程中无出其右"（《蛮族入侵》，441）。

如查尔斯·欧曼爵士和J. F. C. 富勒等人，则对于普瓦捷战役的重要性持怀疑态度，他们并不确信西方文明在普瓦捷得到了彻底的拯救，但也认同这场战役体现了一种趋势，证明欧洲会在以后的外族入侵中保护自己：军队阵形的中央是在全新的加洛林文化熏陶下战斗意志坚定的法兰克步兵，两侧则是他们骑马的领主们作为骑兵参加战斗。这样的组合，最终成为欧洲人阻挡穆斯林和维京人入侵的坚强屏障。正如欧曼指出的那样，"从此之后，我们只会听到法兰克人攻入西班牙的传闻，而不再得知任何关于撒拉森人侵入高卢的消息"（《黑暗时代》，476－918，299）。

近来，部分学者提出，普瓦捷战役在同时代的文献中缺乏记载，可能因为它仅仅是一次抵御小规模劫掠的军事行动，却被后人神化为决定性的战役；也有人认为如果穆斯林在普瓦捷取胜,对于法兰克人的统治会更为有利。无论如何,至少法兰克人在这场战役中的胜利,标志着西方文明仍然成功地保护欧洲抵御住了外敌入侵。在普瓦捷胜利的鼓舞下,查理·马特继续花了数十年时间将伊斯兰侵略者从法国南部清除出去,并将那些互相征战不休的国家都并入治下,逐步搭建起加洛林帝国的雏形。与此同时,他还通过重建社会关系,在地方的庄园里建立了一支可以信赖、时刻准备征战的军队。

从公元前100年到公元400年的时间里,罗马帝国逐渐同化了北方的几百万蛮族,但对于那些罗马直接征服并统治的、文明程度较高的数百万亚洲和非洲人民而言,这500年的时间是对正常历史轨迹的偏移——罗马人将自己的法律、习俗、语言乃至政治架构强加于他们身上。尽管如此,即便是罗马帝国在5世纪不可避免地轰然倒地之后,罗马的古典精神并未消失,相反,这种精神成功地折服了毁灭罗马的野蛮民族:欧洲的核心领域仍旧由保有罗马精神、信仰基督教的民族占据,不久之后,这些罗马的传承者就重新开始在自己的边界之外扩张影响:

> 一方面,波兰、匈牙利和斯堪的纳维亚的皈依,将拉丁基督教的影响范围扩大到了欧洲东部和北部;另一方面,通过再征服运动,欧洲将伊斯兰势力从西班牙驱逐了出去,将西西里收入囊中,并在不久之后将拉丁化的国家建立在中东的土地上。在这场运动开始的同一时期,一个在军事、经济和民族概念上的全新德意志已经屹立于易北河畔。无论面对什么样的敌人、邻居或者对手,西方世界的武士们都能取得接二连三的胜利。这场西方文明扩张活

动的非凡之处在于，它是在整个欧洲力量不断碎片化的同时获得的。(P. 康达明,《中世纪的战争》, 30)

拜占庭帝国的千年历史，就是一部抵御波斯与伊斯兰入侵的历史。1453年君士坦丁堡的陷落，对于基督教诸国而言是一个可怕的事件，但事实上，在之前的数个世纪中，拜占庭人依靠自己的创造力和纪律性已经成功抵御了很多次更大规模的伊斯兰势力入侵。拜占庭的首都在罗马毁灭之后，又支撑了1000年之久才遭遇类似的命运——而且是在拜占庭很大程度上被西方孤立和抛弃之后。对西欧而言，在查理大帝统治时期（768~814年），法兰克人已经将绝大多数穆斯林势力从欧洲中路驱逐出去，将自己的影响扩展到现在的法国、德国和斯堪的纳维亚以及西班牙北部地区。

到了1096年，尽管欧洲依然政权林立，但此时的西方已经能够跨越地中海，向中东派遣数以千计的士兵。从1096年到1189年，基督教西方连续发动了三次十字军远征，不仅占领了耶路撒冷，还在伊斯兰势力的核心地带占据了大片飞地，建立了基督教国家。贯穿整个中世纪，在面对外敌入侵时，欧洲相比伊斯兰地区更为安全。两相对比，伊斯兰国家则没有能力将一支军队从海路运送到欧洲的心脏地带展开攻击。在7~8世纪伊斯兰军事力量达到顶峰之时，阿拉伯人的庞大舰队就曾经在君士坦丁堡城下铩羽而归。

欧洲军事力量的这种快速恢复能力，很好地解释了在16世纪之后，西方势力在新世界、亚洲和非洲的快速扩张。在新世界的黄金、大规模生产的火器以及新的军事工程设计理念的帮助下，欧洲的势力扩张到整个世界。当然，一名历史学家的任务并不是简单地记录欧洲影响力的飞速扩张过程，而是去尝试回答这样一个问题：为什么"军事革命"发生在欧洲，而不是世界上其他任何地方？

答案在于，自古典时期发展而来的欧洲军事传统，经历了"黑暗时代"与中世纪的岁月之后依旧存在，并且在一系列与伊斯兰势力、维京人、蒙古人和北方蛮族入侵者的血腥战争之后发扬光大。西方军事传承中的特有因素，诸如重视自由、强调决定性战役、理性主义的战争观、充满活力的战争市场、强调作战纪律、保留不同意见以及自由批判的精神都在罗马陷落之后延续下来。在一系列不同政权下的军队，诸如墨洛温王朝、加洛林王朝、法兰西国家、意大利城邦、荷兰共和国、瑞士共和国、德意志诸邦国中，源自古典时期的衣钵得到了传承，继而发扬光大。

西方世界中这种百折不回的力量，源自古典时代一直延续到中世纪的、对于步兵的重视，特别是征募自由民地产主而非奴隶或者农奴作为重装步兵的传统。一旦火药武器走上战争舞台，欧洲文化体系就显示出了超乎其他体系的适应性，长枪方阵变成了火枪横队，保留了密集的利刃攻击之外还附加了致命的齐射能力。西班牙征服者科尔特斯在墨西哥城的成功，以及基督教联军在勒班陀海战的胜利，很大程度上就是因为他们所率领的军队不是部落制度下的游牧民族，或者由神权至上的独裁者所统治。这些军人所继承的制度，源自那些居住在小谷地的自耕农所构成的本地社区——正是这样的士兵，在普瓦捷构成了一座名副其实的钢铁之墙，使得阿布德·阿-拉赫曼和他的伊斯兰入侵者在这面墙前撞得头破血流。

第六章 技术与理性的回报

——特诺奇蒂特兰，1520年6月24日~1521年8月13日

人类啊，真是机智的家伙。

凭借工具，他制服了原野中和山岭里游荡的猛兽……

无论什么事，他都有办法应对，

不管面对什么挑战，他的新发明都可以抵挡……

他狡黠，又热爱创新，

他旺盛的创造力，超过一切想象的边际，

他有时厄运缠身，有时却又好运连连。

——索福克勒斯，《安提戈涅》，347–367

墨西哥城之战

围城——1520年6月24~30日

密集的标枪、投石和箭矢，杀伤了46名征服者，12人当场战死。在科尔特斯指挥部外的狭窄巷道里，西班牙人到处遭到围攻。"但我可以断言，"目击了西班牙人在特诺奇蒂特兰遭遇突如其来的绝望困境的贝尔纳尔·迪亚斯·德尔·卡斯蒂略写道，"我不知道该如何去描述，火炮、火枪或弩的射击都毫无作用，肉搏战也无法击退敌人，我们每次冲锋

都杀死敌军三四十人,他们却丝毫不退,依然以紧密队形作战,看上去比开战时精力更加充沛。"(《对墨西哥的发现与征服》,302)

现在,战场的态势对数量上处于绝对劣势的卡斯蒂利亚人极为不利,他们愚蠢地把微不足道的全部兵力都带进了岛上的特诺奇蒂特兰城。在这可怕的一周里,西班牙人放弃了此前在他们脑海中生根的、八个月占领墨西哥城的宏大想法。试图像欧洲领主一样统治这座城市的尝试,现在看来是全然愚蠢的。很快,休战或等待阿兹特克人前来投降的想法都变得同样荒谬。科尔特斯的士兵最终甚至开始怀疑他们能否活着冲出这座恶魔般的城市,至于能否带着劫掠来的黄金宝藏离开就更不用提了。①

若非火绳枪手和弩手的反复射击,以及火炮的零星开火——每发炮弹时常会杀伤大约30名墨西哥进攻者——坚定的迭戈·德·奥尔达斯就无法返回卡斯蒂利亚人的堡垒,他向"考迪罗"(西班牙语caudillo,原意为军事首领,后多指西班牙语地区的军事独裁者)报告说,他的突破尝试已经失败:街道都被堵塞住了,满是被激怒的城市主人。然而,奥尔达斯的士兵依然挥舞着他们的托莱多剑砍向身无铠甲的墨西哥人,往往一击斩断整个肢体。乘马披甲的骑士在每次使用铁矛戳刺时杀死的人就更多了。从火炮中射出的葡萄弹撕碎了一波又一

---

① 我不加区分地使用"墨西哥人"和"阿兹特克人"(源自纳瓦特尔语"阿兹特兰")这两个名词,尽管蒙特苏马和他的臣民们可能会自称为"墨西哥人"。"阿兹特克人"一词在17世纪后被欧洲史学家广泛使用。科尔特斯的大部分西班牙士兵是卡斯蒂利亚人,因此我使用这两个词来描述他的征服者。

波墨西哥人。少数几匹马就踩踏了很多毫无防备的阿兹特克人。丑陋的西班牙獒撕扯着进攻者的腿和手臂，让他们发出尖叫。弩矢和来自火枪的铅弹齐射到100码甚至更远的距离刈割土著人。

城市战争的激烈程度，以及那些被激怒的、英勇的土著战士的庞大数量，对此前未尝败绩的征服者而言是全新的体验。他们的指挥官是曾参与西班牙与意大利、奥斯曼土耳其战争的老兵，但在地中海地区的所有战斗中也未曾见到这样的无畏和英勇。奥尔达斯很快就发觉，如果西班牙人被迫继续在特诺奇蒂特兰的小巷里和窄路上作战的话，他在技术和战术上的优势也许就不再能够抵消敌军在数量上的优势。西班牙人在这里会时常被和他们同样英勇的士兵挤开，或是被站在屋顶上的敌军猛烈投射。更为拼命的阿兹特克人不仅把西班牙人摔到地上捆起来作为俘虏献给他们饥饿的生灵，还开始杀戮奥尔达斯手下的一些士兵。

奥尔达斯麾下有400名征服者——其中包括科尔特斯手上还剩余的几乎所有西班牙弩手和火绳枪手——他们发动的尝试性突击最终以溃败收场，这已经足以证明，西班牙人无法离开这座堡垒城市。或者至少看上去如此。位于邻近的特拉科潘（今天的塔库巴）地区的湖畔盟友在此前一天已经明智地警告科尔特斯不要再次进入可怕的特诺奇蒂特兰，而是应当和他们一道留在特斯库科湖畔。"大人，"他们向科尔特斯恳求，"留在塔库巴这里，或者留在科约阿坎，或者留在特斯库科……因为这里是在大陆上，如果墨西哥人起来反抗你，你在这些草地上要比在城市里更能保护自己。"（H. 托马斯，《征服》，395）

这是个不错的建议，但在墨西哥首都特诺奇蒂特兰有被精心看管的阿兹特克财宝，有被扣作人质的蒙特苏马皇帝，还有正遭遇围攻的佩德罗·德·阿尔瓦拉多以及不到100人的此次远征中最优秀的征服者。当科尔特斯赶回海岸去平息对他此次战役不满的西班牙敌手的挑战时，他们不得不被留在后方。除此之外，在潘菲洛·德·纳瓦埃斯未能完成对特诺奇蒂特兰的征服后，他麾下新来的古巴军队在维拉克鲁斯与科尔特斯"会合"。科尔特斯手上有超过1000名士兵，而那座城市在过去八个月里无论如何都只属于他。在短暂游历了维拉克鲁斯之后，他手下的武器和补给要比1519年7月他的士兵首次拆毁船只向内陆进军并于当年11月8日进入蒙特苏马都城时多得多。他现在又为什么需要担心呢？

整个墨西哥又有哪个部落表现出能够阻挡这样一支军队呢？在此前的12个月里，玛雅人、托托纳卡人、特拉斯卡拉人、奥托米人和乔卢拉人都已经领教了与枪骑兵、火药武器、弩、凶猛军犬和西班牙钢铁对抗的徒劳——更不用提古典的步兵密集阵战术和科尔特斯本人的将才，他是要以训练有素的方阵、时机把握准确的骑乘攻击和集中炮火齐射歼灭敌军而非俘虏敌军。可以肯定的是，既然科尔特斯起初在1519年11月就率领500名征服者进入了特诺奇蒂特兰，他难道不能一样轻松地在1520年6月带着超过1200名征服者离开此城吗？

他骄傲地向特拉科潘的焦虑居民宣称，他的卡斯蒂利亚人会经过堤道返回新西班牙——这是科尔特斯献给青年国王卡洛斯五世的礼物——的首都。他们将会展示武力，铲除更多的偶像，威胁一些阿兹特克领主，重返皇帝宫殿，收集战利品，救出阿尔瓦拉多，然后命令蒙特苏马终止他的臣民的无意义抵抗。

173　　但在科尔特斯骑行进入特诺奇蒂特兰，与阿尔瓦拉多所部再度会合后，会师后的各部很快就被包围在阿查亚卡特尔宫殿和特斯卡特普卡神庙里。一度友好的墨西哥人堵住了离开岛屿都市的全部三条堤道。1000多名西班牙人和一小部分英勇的特拉斯卡拉人盟友——大约2000名阿兹特克人的土著敌人——被超过20万愤怒的墨西哥人和人数不断增长的来自附近湖畔社区的部落同盟完全包围在一小片建筑里。被俘的蒙特苏马不再能够控制他的臣民，而奥尔达斯又未能找到出路，在这两点变得十分明确后，卡斯蒂利亚人就把他们的黄金打包藏到地下，开始计划在最终被歼灭前逃出特诺奇蒂特兰。

　　要不是恶魔般的纳瓦埃斯——他现在已经被折磨得处于半盲状态，身戴镣铐被关在科尔特斯的监狱里——干扰了科尔特斯的计划，科尔特斯和他手下的狂热者们早就把所有阿兹特克石刻偶像推倒，烟熏墨西哥谷地里的金字塔除去那里的人体内脏恶臭，把墨西哥祭司和他们的可恶人皮斗篷从高地上扔下去，消灭可怕的祭祀牺牲行为，禁止食人和鸡奸，引入对救世主的爱，然后将蒙特苏马变成拥有100万基督徒臣民的帝国之主，科尔特斯本人则在蒙特苏马的宫殿中牢牢占据新西班牙的威尼斯总督的地位。在科尔特斯妄自尊大的指导下，他们的欧洲监督者会怎样看待这样一大群劳动者的力量所能完成的功业！这样一大群矿工会发掘出多少位于地下的黄金宝藏！在进入特诺奇蒂特兰后，畏怯的墨西哥人一度把科尔特斯的雇佣兵视为白皮肤的神，把马当作能与人交谈的神奇半人马兽，把火炮当成从天而降的致命雷鸣兵器。至于他们的那些巨大尖齿獒？那一定和当地被阉割并食用的小型玩赏犬相去甚远，更像是神话里那些长着魔鬼獠牙的生物。这就是西班牙人的院落外面成千上万愤怒的阿兹特克人破灭了的卡斯蒂利亚幻梦。

尽管科尔特斯击败了纳瓦埃斯的部队，将后者的士兵并入他自己的部队，又成功地从堤道返回岛屿城市，但都城里的一切却在转瞬之间变得一团混乱。在科尔特斯不在的时候，发狂的佩德罗·德·阿尔瓦拉多屠杀了数以千计的墨西哥贵族，还煽动攻击了毫无武装的妇女儿童。这个疯狂的卡斯蒂利亚人以庆祝节日的人们正在筹划暴动为托词屠杀了过节的人们。或许他们的意图是为了恢复现已被禁止的人祭，或许阿尔瓦拉多本人有偏执症，他贪婪地看到阿兹特克贵族节日盛装上的许多黄金和珠宝，又或许纯粹是骑马贵族的施虐快感——将成百上千令人厌恶又毫不防备的墨西哥人砍成碎片？尽管墨西哥人起初受了惊吓，又不得不在有限空间内手无寸铁地面对攻击者，但是阿尔瓦拉多和他不到100人的征服者同伙是怎样成功屠杀了8000多名墨西哥人的过程依然并不十分清楚。邪念，竟能让阿尔瓦拉多做出这样的事。

无论如何，科尔特斯离开不过两个月，他紧张的副手们，就要面对一度和平的阿兹特克当地人的凶残反抗。"你做得很糟糕，"科尔特斯在返回的路上训诫那些冲动性急的人，"你已经辜负了信任。你的行为像疯子一样。"（W. 普雷斯科特，《墨西哥征服史》，407－408）也许一个阿兹特克精神病患者——一个目击了这场屠杀的人在数年后报告了钢剑和铁枪对毫无防护肉体的屠戮效果：

> 他们进攻所有庆祝者，戳刺他们，从后方用矛穿透他们，那些立刻倒地的人内脏流了出来。其他人有的被砍了头。他们割下头颅，或者把头颅打成碎片。他们击打其他

人的肩部,干净利落地将这些人的手臂从身体上砍下。有些人的大腿或是腿肚子被他们打伤。他们猛砍其他人的腹部,让内脏流了一地。有的人试图逃跑,但他们一边跑,肠子一边掉出来,似乎脚和自己的内脏都搅成一团。(M.里昂-玻第拉编著,《断矛》,76)

一个多月后,现在轮到西班牙人自己无路可逃了。他们从总部里向外突围,徒劳地刺探着阿兹特克人的抵抗力度,希望找到能够通往横越特斯库科湖的高耸堤道的退路。在夜间,科尔特斯的士兵从总部窗子里面看到他们死去战友的头颅被串在杆子上,仿佛在发出呻吟、做出癫狂的姿势,好像腐烂的尸体是某种会说话的死人一样——阿兹特克人利用他们作为人形玩偶,恐吓被包围的西班牙人。尽管在西班牙人院落周围的殊死战斗中死伤人数越来越多,但任何在战斗中失足的卡斯蒂利亚人还是有可能会被捆起来作为战俘,以纪念恢复向大金字塔贡献牺牲。西班牙人的新鲜水源和食物补给已经被切断,他们被完全封锁起来,持续遭到来自周边屋顶的投射袭击。

在经历了一个星期的这种损失之后,科尔特斯感到有些绝望了,要在眼前的危机中生存下来,就只能依靠他匆忙制造的机械和自己的军事才干。就在火炮射出葡萄弹成群屠戮阿兹特克人,成百上千地进行杀戮,粉碎他们突击神庙据点意图的同时,科尔特斯的士兵挖了一口井获得了有盐味的水。他们用阿兹特克神庙里的顶梁和横梁制造大型移动木战车(manteletes),这种木战车能够保护多达25个人,乘员可以从机械空穴中安全地向外射击、戳刺。他的工程师希望能够清理干净阿查亚卡特尔宫殿周边区域,终止敌军在夜间的投射攻击。

最后,科尔特斯把已经名誉扫地的蒙特苏马本人拉到了神庙屋顶上,让他下令要求下方的臣民住手。墨西哥人讥讽身处桎梏的皇帝,用石头砸向他们曾经像神灵般看待的统治者。很快的,西班牙人就把恍惚的皇帝拖回屋里,却发现蒙特苏马受了致命伤——他们的最后一点谈判机会也消失了。后来与事实相反的记载认为,是卡斯蒂利亚人在愤怒中谋杀了皇帝——根据传言,蒙特苏马此前曾给海岸上的西班牙篡夺者纳瓦埃斯派过信使,让纳瓦埃斯和他合兵一处对抗科尔特斯。

科尔特斯接着突击了附近的约皮科神庙。新建的攻城器械掩护着科尔特斯本人和40名士兵爬上金字塔,砸倒偶像,将祭司从圣坛上扔下去,摧毁存放宗教仪式上剥下的人皮的仓库,逐步清除对面塔上仍在向西班牙人发动致命袭击的弓箭手和投石手。这场鏖战是由宗教和战术驱动的:针对敌军的投射所造成的直接军事挑战的出击,加上基督徒十字军抹去一切墨西哥人的热情。虽然宗教战争起初被某些征服者视作妨碍,但西班牙人发觉摧毁阿兹特克偶像和祭司也给战场带来了好处——这稳步削弱了敌军的士气和凝聚力,阿兹特克人绝望地发现他们用作战来供养的神灵本身也无法免于毁灭。

在约皮科争夺战中,科尔特斯此前负伤的手再度受创,他在可怕的混战中几乎被人从金字塔上扔了下去。同时代的赞颂者贝尔纳尔·迪亚斯·德尔·卡斯蒂略这样描写西班牙人疯狂爬上约皮科的情景:"哦,这场鏖战打得何等激烈啊!我们人人血流如注,个个浑身是伤,还有一些人不幸阵亡,见者莫不感到惊心动魄。"(《墨西哥征服史》,306)至少又有20名征服者在这以命相搏的第二次突围中战死。虽然有火炮,战马和攻城器械，但在这样一个狭窄区域里有太多的阿兹特克人，征服者无力取得任何突破。现在火药正在越发短缺，子弹也变得很稀少（是否应当把金银融成炮弹？科尔特斯对此满怀好奇）。他的伤员十分饥饿，又得不到医疗救治。他们据守在神庙堡垒里，四周的泥砖墙在成千上万发投掷物和石块攻击下耗损严重。正如一个阿兹特克信使向他们指出的那样，墨西哥人和他们的同盟可以用 250 人的性命作为代价，换取一个西班牙人战死，但即便如此也能消灭这些被困的旧世界来客。

在 1520 年 6 月的最后一周的最后几天里，科尔特斯面临着抉择。正如他的副手们向他指出的那样，选择已经很明确了：要么空手离开，要么留在他所选择的新附庸国首都和金子死在一起。"考迪罗"以他典型的方式并未接受任何一个选择。他会转而尝试在夜间冒着雨雾通过堤道，在阿兹特克人鼻子底下带走抢来的笨重金条和成袋的珠宝。卡斯蒂利亚人要裹住马蹄。科尔特斯下令他们带上一座新建的移动桥梁架在堤道的缺口上。他们把金条装在马上，让士兵带走剩余的金子——每个人都自行决定他能在外衣或胸甲里装上多少黄金，这是在财富和即将到来的战斗中的笨拙之间做出的抉择，或者说是在敏捷和穷困之间的抉择——要是他们还能幸存下来的话。正如同时代的史学家弗朗西斯科·洛佩斯·德·戈马拉指出的那样，"在我们的人当中，被衣服、黄金和珠宝拖累得最厉害的人最先死去，那些活下来的人带的最少，最无畏地向前冲锋。所以那些死者死得很富有，是他们的黄金杀了他们。"（《科尔特斯》，222）

在接下来的 20 年里，从这个令人悲伤的恐怖之夜幸存下来的人们，将会被卷入无尽的相互指责、诉讼和诽谤，他们始终无法确定当年到底有多少黄金被带走，有多少黄金还保存下来。大部分黄金显然已经丢失了，但控告依然在继续。反正科尔特斯会没收幸存者亲自带走的所有贵金属，然而在未来的许多年里，还会有数以百计的死者。科尔特斯的1300名征服者，此刻要做的是从这突然由天堂变成刑场的迷宫之岛上，找到一条通道尽早离开。

悲伤之夜——1520年6月30日~7月1日

外界漆黑一片，大雨倾盆。但卡斯蒂利亚人依然几乎达成了目标，他们奇迹般地越过了三条将通往湖岸的特拉科潘镇的堤道分割开的运河——特克潘钦科、塔库巴和阿登奇卡尔科。大部分人从特诺奇蒂特兰城中脱身，并在特斯库科湖上的堤道上列成一条绵长的纵队。迄今为止，他们那令人惊讶的移动桥梁在填补逃跑道路上的缺口时，都取得了成功。但就在他们越过第四道运河，亦即米克索科阿特奇阿尔蒂特兰时，一个正在取水的妇女看到了笨重的队列，发出了警报："墨西哥人，快点出来，我们的敌人正在逃跑。"维特西洛波奇特利神庙的祭司听到她的尖叫，疯狂地跑出来集结战士："墨西哥首领们，你们的敌人正在逃跑！冲向你们用来作战的独木舟！"（H. 托马斯，《征服》，410）

几分钟之内，上百条独木舟就在特斯库科湖上分散开来，阿兹特克人在狭窄堤道上的许多不同地点登陆，伏击敌军纵队。其他人则靠在西班牙军队的两侧，将投射兵器雨点般地扔到卡斯蒂利亚人头上。移动桥梁承载不住疯狂逃亡者的重量，很快崩塌了。从此刻开始，唯一的逃脱方法就是踏在掉进运河里的先锋部队人员和驮马身上过河——他们受惊的战友们把这些可怜的人和牲畜当成了垫脚物。从特诺奇蒂特兰涌出来的人群离开了城市,从后方进攻退却中的征服者,与此同时阿兹特克人还在西班牙人前方集结部队阻止他们向前推进。西班牙人有四条单桅帆船——无论要在堤道上进行什么样的战斗,控制特斯库科湖对于取得胜利都是至关重要的——但它们早已经被焚毁。从水上协助战斗是不可能了。

在其后六个小时里发生的事,是自哥伦布发现新大陆以来,欧洲人遭遇的最大失败。在铠甲里塞太多黄金而重装上阵的西班牙人,奋力把他们的火炮带上前线,让他们的马匹保持镇静,组织火绳枪手和弩手,在时常出现的抛射武器攻击下设法用瓦砾填塞阻碍逃跑的河沟。同时代的墨西哥目击者后来详尽叙述了西班牙人意识到桥梁崩塌,河沟挡住了去路,逃跑通道被弄断后的混乱场面:

> 当西班牙人抵达托尔特克斯运河后,他们自己一头扎进水里,好像从悬崖上跳下来一样。来自特利柳基特佩克的特拉斯卡拉盟友,西班牙步兵和骑兵,少数伴随军队的妇女——都来到水边,跳了进去。运河里很快就塞满了人和马的尸体,他们用自己人溺死后的尸体填补了堤道上的缺口。那些后来跟进的人踩在尸体上到了对面。(M. 里昂-玻第拉编著,《断矛》,85-86)

那些位于纵队前头的幸运者抵达了湖岸,随后紧紧跟着的是科尔特斯本人和第二队人员——但再也没有其他人了。收拢了安全抵达湖岸的五名最好的骑手——阿维拉、贡萨洛、莫拉、奥利德以及令人敬畏的桑多瓦尔,科尔特斯率领他们冲回数以千计的敌军当中,救援包围圈里少数可能幸存下来的士兵。不过这已经太晚了。

他手下的卡斯蒂利亚人中，至少有一半被墨西哥人歼灭，同时还有不少士兵被推下堤道，掉进水里，一些人被独木舟上的战士手中的黑曜石刀片杀死，其他人则被特斯库科湖里的墨西哥战士活捉，被捆绑起来拖走。许多墨西哥战士是出色的泳者，他们在水里的机动力要比负担沉重、时常披甲的征服者强得多。科尔特斯本人被击中，打昏，差点就被铐起来带走，不过还是让他的同伴奥莱亚和基尼奥内斯拉回了安全地带。

到早晨时，就连凶神恶煞的阿尔瓦拉多都最终被击垮，丧失了对后卫部队的控制。他失去了马匹，又受了伤，在跳出水面后独自踽踽走向湖岸。此后从未有人提起和阿尔瓦拉多一同负责指挥的胡安·贝拉斯克斯·德·莱昂，他可能已经战死、溺死或者被活活拖走献祭并吃掉了。尽管西班牙人在雨雾弥漫的夜间兵分四路，有序出发，但这次行军大逃亡很快就陷入各自为战的混乱状态中，迷糊困惑的欧洲人被包围起来，多数人在特斯库科湖上长达一又四分之一英里的堤道上被推进了湖里。

看到前方一盘散沙四散奔逃的人群，一些位于后方的阿尔瓦拉多的士兵转而逃回了特诺奇蒂特兰城里的院落。他们显然更愿意在干燥的土地上完成光荣的最后一战，而不愿在夜间堤道上的污秽里被殴打致死。抵达那里之后，这队注定要战死的掉队士兵，遇到了另一些吓坏了的卡斯蒂利亚人，他们此前在一片混乱中被抛弃了，这些人可能是在附近的特斯卡特普卡神庙里坚守的士兵，也可能是不愿意冒险跨过特斯库科湖突围的士兵。多达200名卡斯蒂利亚人从未沿原路离开特诺奇蒂特兰。后来的阿兹特克记载提到，在几天的顽强抵抗后，这些人要么被杀,要么被俘虏后献祭。

不到一半的卡斯蒂利亚人和特拉斯卡拉人最终踏上了湖岸。最终将他们从全军覆没中拯救出来的是科尔特斯本人近乎疯狂的坚定。科尔特斯远没有惊慌失措,而是在特拉科潘迅速把他那支小军队的残部组织起来,次日就出发,踏上返回将近150英里之遥的特拉斯卡拉首都的漫长旅途,路上将会遇到许多敌对地区,碰到不少崎岖地形。尽管阿兹特克人大肆屠戮,但科尔特斯麾下最好的战士却幸存下来。阿尔瓦拉多——尽管他的状况有些不太好——成功地越过了堤道,不过他损失了几乎所有交给他指挥的士兵。其他优秀骑士——阿维拉、贡萨洛、莫拉、奥利德、桑多瓦尔和塔皮亚——都还活着。不可阻挡的也是极为致命的玛丽亚·德·埃斯特拉达也得以幸存,她曾经把墨西哥人吓得够呛,以至于被当成某种超自然的基督教女神。

这些技艺娴熟的杀戮者的幸存,确保了西班牙人还拥有一队骑马战士的核心力量。这些数量虽少却可靠的人物,能够冷静地冲过印第安人潮,不受伤害地进行刺杀劈砍,对此他们积累了丰富的经验——这与纳瓦埃斯那次失败远征中后续征召来的新兵的素质形成了鲜明对比。就大体情况而言,新来的人攫取了远多于前人的黄金,在对战墨西哥人时却显得更为胆怯,这些新丁和那些在1519年秋季与科尔特斯一起第一批登陆的老兵们之间,没什么熟悉亲近的关系。

科尔特斯还发现,忠诚且珍贵的翻译唐娜·玛丽娜,也就是拉马林切同样得以安全突围。更为重要的是,他麾下的杰出船匠马丁·洛佩斯沿着堤岸杀出了一条通道。尽管洛佩斯受了重伤,但他也一样得以生还。"考迪罗"向他手下崩溃且士气低落的部队评论说,"呃,我们走吧,我们不缺乏任何东西。"在他一生中最大失败的关头,科尔特斯意识到他依然有一个人能够建造新的船舶,这就让他能够在返回特诺奇蒂特兰的途中在不可避免的殊死战斗中获胜。与此相比,墨西哥人的行为是令人吃惊的:在赶走了西班牙人后,数以千计的英勇胜利者充满喜悦,在至关重要的几个小时里,他们没有追击数百名逃脱的敌军——那些人正处于毁灭边缘,却已经决心要设法打回来消灭折磨他们的人。

逃亡——1520年7月2～9日

在悲伤之夜后的破晓时分,已经有接近800名欧洲人战死或失踪。在上个月进入特诺奇蒂特兰的卡斯蒂利亚人里有一多半已经过世,死者要么是在湖底腐烂,要么在宗教仪式上被切开胸膛。西班牙人花费九个月时间不断征战的成果以及在数十个印第安城市中精心经营的同盟关系,转瞬间全部落空。试图和平赢得特诺奇蒂特兰,而在城内半年时间里对敌人的纵容——对蒙特苏马恩威并施的态度——显然也同样白白浪费了。在湖堤上大约六个小时的屠戮中,科尔特斯实实在在地损失掉了那支他花了将近一年时间才组建起来的军队。像阿隆索·德·埃斯科瓦尔和贝拉斯克斯·德·莱昂那样健壮的人失踪了,按常理推断,他们应当是被拖到维特西洛波奇特利的大神庙,在墨西哥人的胜利阅兵中被摘去心脏。墨西哥祭司们已经准备好了作为战利品的卡斯蒂利亚人头颅,送给湖岸上的附近村庄以及之外的地方,作为新来者大量死亡的证明——与之相伴的,还有禁止援助那些绝望逃亡者的威胁——此时他们像人而不是神,同样会受伤流血、惊吓逃亡。

同时代的阿兹特克记录讲述了在卡斯蒂利亚人的"悲伤

之夜"后,特诺奇蒂特兰城中的景象:

> 但是他们把西班牙人的尸体从其他人当中找出来,成列摆放在一个单独的地方。他们的尸体就和茎秆上的新芽一样白,和龙舌兰的花蕾一样白。他们把曾载着"神灵"的死去的"牡鹿"(马)扛在肩上。随后他们把西班牙人在恐慌中抛弃的所有东西都聚在一起。当一个人看到他想要的东西时,他就拿走那东西,那也就成了他的个人财产,接着就扛着财产带回家。他们也收集了西班牙人曾经扔下或掉在运河里的全部武器——火炮、火绳枪、剑、矛、弓箭——此外还有全部钢盔、锁子甲和胸甲,以及金属盾、木盾和皮盾。(M. 里昂-玻第拉编著,《断矛》,89)

几乎所有幸存的西班牙人都伤病缠身。考虑到他们曾经连续几个星期不停地行军,又在特诺奇蒂特兰院落里吸入夏日灰尘、天天吃粗劣的食物,还带着伤,忍受着突如其来的降雨和湖里冰冷的水,还经常需要身着重磅金属胸甲,许多人因此得了支气管系统疾病——最有可能的是肺炎——有几十人在逃跑路上断气了。尽管他手下的士兵状况凄惨,科尔特斯还是不得不趁着墨西哥人庆祝胜利、重组部队时尽快离开特拉科潘和湖岸。大部分偷来的黄金都丢了。火炮沉在特斯库科湖底。火绳枪和弩也几乎被丢弃干净了。就是剩余的少数兵器,也没有火药和弩矢。从理论上讲,墨西哥人从堤道上的死者那里拿来武器并杀死院落里剩余西班牙士兵获得装备之后,他们在可以支配的投射武器方面,已经胜过卡斯蒂利亚人了。

没有关于被杀或被俘的特拉斯卡拉人数目的确切记载——他

们的死亡人数无疑超过1000。其他的印第安同盟军增援部队则在许多英里之外，维拉克鲁斯的少数西班牙守军无法与外界接触。总的来说，按照科尔特斯的统计，他损失了百分之七十的马匹和百分之六十五的士兵。而更糟糕的是，他距离最邻近的特拉斯卡拉友好市镇还有150多英里。他还有一点盟友军队吗？此刻科尔特斯还在特拉科潘城边缘，这里的人们看上去是中立的，但几个小时内，就会有数以千计的墨西哥人前来追击，他们还带着用来贿赂和提供激励的东西，打算送给任何盟友，只要他们能够活捉并把这些可怜的、濒临饿死的卡斯蒂利亚人交出来。可以看出，这种策略正在谷地之外不断发挥作用，因为整个平原上的西班牙前盟友都变得越发敌对起来，他们渴望借着阿兹特克人胜利之势得利。

不管科尔特斯当时是否知道这一点，他的运气即将发生戏剧性的变化。第一，他并没有被紧密包围起来——至少暂时尚未如此。显然，阿兹特克人对崭新的欧洲作战方式并不全然熟悉，这种方式并不像他们所习惯的"鲜花战争"那样，只是为了让敌人屈服。欧洲作战方式并没有什么规则或礼仪，俘虏也少得多，却专注于立即杀死敌人，追击败军，终结他的抵抗意志，从而通过杀戮获得谈判和政治无法得到的东西。在欧洲式的歼灭战信条下，让一个像科尔特斯——或者亚历山大大帝、尤里乌斯·恺撒、狮心王理查、拿破仑、切姆斯福德勋爵一样——的人在战败后带着军队逃跑并非胜利，只是确保下一次交战会更为血腥而已。那时，一支更愤怒、更有经验也更明智的军队会打回来，一劳永逸地解决问题。

就科尔特斯而言，他的所作所为已经给墨西哥人造成了极大的损失。几个星期之前，阿尔瓦拉多在托克斯卡特节上愚蠢、怯懦却致命的屠戮，夺走了毫无防备的墨西哥人中最杰出的军事领袖——人们几乎会怀疑，阿尔瓦拉多的狠毒屠杀或许有不在现场的科尔特斯的默许，因为这场杀戮对阿兹特克人的战斗力造成了不可弥补的损害。在六月底的一周战斗中，成千上万的贵族战士战死或受重伤。墨西哥人的皇帝在向他的臣民讲话时（或在讲话刚结束时）被无耻地杀死了。重要的神圣贡赋被永久性地打断了。特诺奇蒂特兰城内数以百计的房屋被焚毁，数十座神庙被劫掠、被亵渎。

战后，震惊的墨西哥人忙着返回特诺奇蒂特兰，清理乱糟糟的大街，为摆脱凶残的闯入者而高兴——毕竟这些外来人的癖好是摧毁几乎一切碰到的东西。当地居民觉得，威胁似乎已经过去了。比起墨西哥人所受的客观损失重要得多的事件，则是此时共有七支不同的西班牙分舰队从海上开往维拉克鲁斯，它们从古巴和西班牙运来了更多的火药、弩、马匹和火炮，装满了嗅到财富气息的亡命之徒，他们已准备好加入劫掠传说中有黄金节的国度。

科尔特斯知道，这么多西班牙人死于非命的状况，以及关于人祭、食人的传言，将会激怒骄傲的卡斯蒂利亚人，呼唤每个怀有荣誉感的人返回此地，给这些食人的异教徒带来火焰与毁灭。科尔特斯已经掌握了阿兹特克人的战争方式：他们强调俘虏敌人更甚于制造杀戮，他们的武器可以把人打晕，但很少能够杀人，只有反复击打才会致死。阿兹特克战士喜欢用剑和棍单打独斗，而非排成训练有素的队列展开突击的大范围战术。他们的作战单位以服饰花哨、饰有羽毛、携带军旗的指挥官为中心，这些人的死亡，也许就会导致他们麾下从某一地区招来的士兵惊慌逃跑。阿兹特克军队要比卡斯蒂利亚人更遭其他土著民族憎恶。

科尔特斯现在位于干燥的土地上，远离了地狱般的堤道和独木舟，有空间施展他的马匹和密集剑士阵。在"悲伤之夜"后的恐慌和沮丧中，他尚未意识到就在他的卡斯蒂利亚人和特拉斯卡拉人遭遇屠戮时，还有数以千计的印第安人——特帕内克人、托托纳克人、加尔卡人和精神饱满的特拉斯卡拉人——并未准备好加入阿兹特克人，他们依然游移不定。许多人私底下希望卡斯蒂利亚人返回特诺奇蒂特兰。

对科尔特斯而言，"悲伤之夜"是一场大败。但对大部分为阿兹特克精英的餐桌提供食物，为恶魔般的阿兹特克神灵提供自己身体作为祭品，因而坚定地与阿兹特克人为敌的土著人而言，"考迪罗"率领军队突入了要塞城市，劫持受人憎恶的皇帝，并在撤退途中杀戮了数以千计的阿兹特克人的做法，只会令他们感到敬畏而非轻蔑。在墨西哥谷地里流传的消息，并不全是关于阿兹特克人对卡斯蒂利亚人的胜利，许多信息也同时强调，大胆又致命的白人沿着可怕的堤道行军，并最终杀到了安全地带。这些传闻强调的是数以千计的阿兹特克人被屠戮的事实，而不是上百名卡斯蒂利亚人战死的惨剧。新的阿兹特克皇帝奎特拉瓦克也许可以声称他所展示的人皮和头骨是科尔特斯、桑多瓦尔和阿尔瓦拉多身上的，但这三位传奇杀手都依然活着并决心归来的事实很快就会出现。即便是阿兹特克使节充满自信的说法——大约45名留在特拉斯卡拉的卡斯蒂利亚人已经在赶往海岸途中遭遇伏击和屠杀——也只产生了很小的影响。观望的墨西哥部落在衡量敌对双方的差距，抱怨阿兹特克人每年索取的人祭贡品后，大部分人宁可选择卡斯蒂利亚人的暴行，也不会选择阿兹特克人的暴行——也许，他们宁愿选择白人杀手们的古怪耶稣基督,也不会选择太过熟悉的、嗜血的维特西洛波奇特利。

最后,还有传言说近来有个抵达海岸的欧洲人——据说是个来自纳瓦埃斯所部的非洲奴隶——正受天花困扰。在1520年夏季处于毁灭边缘的卡斯蒂利亚人因而得到了一个新的、不可预见的盟友:在并无多少抵抗力的人群中肆虐的致命病菌。新病菌在睡在成排木屋里的人群中肆虐,他们大多是城市居民而非农村居民,一整个社区都在一起吃饭、洗漱,很快这种疾病就将消灭数十万人——对于盟友、中立者和敌人都一视同仁。死于天花的阿兹特克人,远远多于死在卡斯蒂利亚人的托莱多剑下的人,他们对于欧洲的流行病毫无生物学或文化上的体验。在7月2日早晨,待在特拉科潘的科尔特斯和他身边可怜的那群人,浑身湿透,带着伤痛,面临毁灭威胁。他并不知道,自己麾下的士兵在几个月内,不仅能够重获可怕的名声,被视为持有钢剑和雷鸣武器的可怕陌生人,还会被当作一群不受疾病影响的超人,丝毫不受天花这种愤怒神灵所施新诅咒的影响。

因此,1520年7月2日,科尔特斯把他的士兵集结起来,其后几天里在持续骚扰下缓慢突围。最终在距离特拉斯卡拉人的安全地区还有大约一半路程时,墨西哥新皇帝奎特拉瓦克和他的大军在奥通巴小村遇到了卡斯蒂利亚人。西班牙史书后来声称有四万人集结在一起,考虑到特诺奇蒂特兰周边村庄的心态变化,这个数字貌似是可信的。由于科尔特斯的士兵只剩下不到20匹马,所有人都带着伤,并且没有火炮或火绳枪,墨西哥人迅速包围了他们,在接下来的六个小时里逐步将其击败。即便是怀疑论者也不得不承认,科尔特斯的西班牙人在奥通巴平原上可能处于多达一比一百的数量劣势。

就在西班牙人处于失败的边缘时，科尔特斯认出了阿兹特克战线上的大首领"西瓦科亚特尔"及其下属，他们身上饰满了明亮的色彩和花哨的羽毛，大首领本人背上扛着阿兹特克人的羽饰旗帜。迪亚斯·德尔·卡斯蒂略注意到，科尔特斯对这一标志的恐怖表象不为所动，转而选择了与桑多瓦尔、奥利德、阿维拉、阿尔瓦拉多和胡安·德·萨拉曼卡——这一时代最致命的枪骑兵———起冲进人群。"当科尔特斯见到他和其他许多墨西哥首领都戴着很大的羽饰后，他告诉我们的指挥官，'嘿，先生们，咱们冲垮他们，让他们个个挂彩'。"（B. 迪亚斯·德尔·卡斯蒂略，《墨西哥的发现与征服》，320）尽管阿兹特克人拥有巨大数量优势，最近也曾在堤道上取得了胜利，但他们在平原上面对骑兵和剑手的密集队列时，可以说完全无法防御——而奥通巴平原正是为西班牙骑手量身定制的。没有一个墨西哥人曾遇到直接冲向他们的"西瓦科亚特尔"的马上敌人。随着他们的首领被枪骑兵们撕裂，阿兹特克战旗落入西班牙人手中，成千上万的人逃回了特诺奇蒂特兰。

仅仅在"悲伤之夜"后八天进行的奥通巴之战，在许多方面都是埃尔南·科尔特斯最伟大的胜利。在威廉·普雷斯科特所写的一个著名段落里，他强调了纪律、军事科学和埃尔南·科尔特斯的个人领导才能在阿兹特克命运的突然倒转中所起的作用（正如此前的蒙特苏马一样，奎特拉瓦克被隔绝在战斗之外）：

> 印第安人全力以赴，基督徒则受到了疾病、饥荒和长久以来痛苦的破坏，没有火炮和火器，缺乏之前常常能够

184

> 给野蛮敌人制造恐慌的军事器械——甚至缺乏常胜名声对敌军造成的恐怖。但纪律在他们一边，他们的指挥官有着不顾一切的决心和不容置疑的信心。(《墨西哥征服史》，465）

当科尔特斯最终杀出重围，安全抵达特拉斯卡拉后，他的许多士兵，尤其是那些后来者——背叛了科尔特斯的大敌纳瓦埃斯之后转投过来的人——中的少数幸存人员已经精疲力竭，对墨西哥感到厌倦。大部分人准备前往维拉克鲁斯，找到返回古巴的通道。其他人则对科尔特斯进入特诺奇蒂特兰时留在特拉斯卡拉的胡安·派斯所表现出的逗留不进感到愤怒——他有数以千计的特拉斯卡拉人可以作战，这些人在得知征服者和他们的同族人被困在阿兹特克首都时，渴望着前去救援他们。此外，一支由45名西班牙人组成的辅助部队在试图赶往维拉克鲁斯时惨遭伏击和屠杀的消息也传到了这支疲惫之师的耳中。

科尔特斯随后的举动，让情况变得更糟：他宣布要征收所有从城里带出来的黄金，以此负担给养开支。他也禁止任何幸存者前往海岸找寻返程船舶。弗朗西斯科·洛佩斯·德·戈马拉写下了他们的抱怨：

> 科尔特斯打算做什么？为什么他希望把我们留在这里倒霉死去？他和我们对着干，不让我们走能得到什么？我们的头已经破了，我们的身体满是伤口和溃疡，正在腐烂，我们没有血色、虚弱不堪、裸着身子。我们位于陌生的土地上、穷困又身体不适，被敌人包围着，没有希望从我们陷入的处境中挣脱出来。如果我们让自己冒着像之前

一样的危险，那我们就是白痴和傻瓜。我们不像他，不想像傻子一样死去。他对荣耀和权威贪得无厌，丝毫没想到自己正处于垂死之中，更没想到我们的死亡。他没有考虑到这样的事实：他没有人、枪炮、武具和马匹（它们是作战的主力），最糟糕的是，还没有任何给养。（《科尔特斯》，228）

那时没人能够想到，在短短13个月内，埃尔南·科尔特斯就会回到特诺奇蒂特兰，他将杀死成千上万的人，并永远终结阿兹特克国家的存在。

特诺奇蒂特兰的毁灭——1521年4月28日~8月13日

卡斯蒂利亚人于1520年7月9日安全抵达特拉斯卡拉城镇韦约特利潘后，在这年余下时间里他们的境况逐步好转起来。7月，特拉斯卡拉人同意签署无限期同盟协定——他们有能力从附近的友邻地区集结将近五万名战士——以此交换从特诺奇蒂特兰得来的一部分战利品，永久免除贡赋，并在征服阿兹特克首都后在城中据有一处堡垒。科尔特斯在8月重整了军队，率领数以千计的特拉斯卡拉人突袭了特佩亚卡的要塞，并开始有计划地蹂躏周边村庄。9月，优秀的（船匠）马丁·洛佩斯得到了军队中最好的工匠——数以千计的特拉斯卡拉工人，以及从维拉克鲁斯的被毁船只上抢救出来的工具。他奉命建造14艘能够在分解后翻山运往特诺奇蒂特兰，组装后能够在特斯库科湖下水的双桅帆船。

到当月月底为止，致命的天花疫情已经从维拉克鲁斯蔓延到特诺奇蒂特兰。数以千计的墨西哥人开始死于他们起先以为是神秘皮肤病的东西。若干年后，墨西哥幸存者向贝尔纳迪

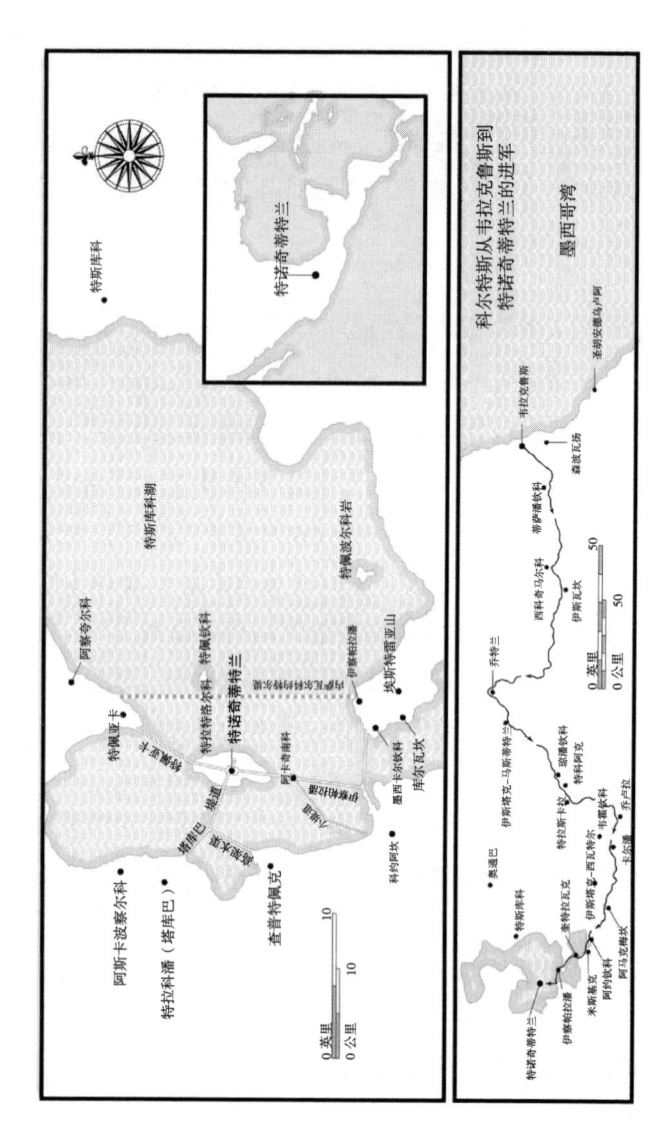

特诺奇蒂特兰之战，1520 年 6 月 24 日～1521 年 8 月 13 日

诺·德·萨阿贡提到了这种可怕症状，后者以近乎修昔底德的方式展开记录：

> 我们脸上、胸膛上、肚皮上在发疹，我们从头到脚都有令人极度痛苦的疮。疾病极为可怕，没人能够走动。得病者全然无助，只能像尸体一样躺在床上，连指头和脑袋都没法动。他们没法脸朝下躺着或者翻身。如果他们的确动了身子，就会痛苦地吼叫。很多人死于这一疫病，还有许多其他人死于饥饿。他们没法起身找寻食物，其他人也都个个太过虚弱，没法照料他们，结果只能在床上饿死。一些人的病情较为温和，比其他人受苦更轻，康复状况良好，但他们也不能完全摆脱疫病。他们毁了容，皮肤上出疹的地方留下了难看的疤痕。幸存者中的一小部分人完全瞎掉了。(M. 里昂-玻第拉，编著，《断矛》，85-86)

此前在奥通巴攻击科尔特斯的蒙特苏马继任者奎特拉瓦克就死于这一疾病，接替他的是更为年轻也更为鲁莽的瓜特穆斯。后者最终会投降，交出一座特诺奇蒂特兰的废墟——他是不到一年时间里第三位和埃尔南·科尔特斯打交道的阿兹特克皇帝。

一系列奇特的事件逐渐将科尔特斯业已毁灭的军队，重塑成一支矢志向阿兹特克人复仇的可畏之师，这样的势头依旧在继续着。1520年晚秋，共有七支船队在维拉克鲁斯靠岸，为科尔特斯剩余的四五百名征服者补充200名士兵。六个月来，科尔特斯头一次有了充满活力的马匹和充足的火药、火炮、火绳枪、弩。此外，科尔特斯还派船只前往伊斯帕尼奥拉和牙买加，索取更多的马匹与武器。就在他于1520年12月花了不少时间平定特佩亚卡人的同时，永远可靠的桑多瓦尔已经征服了特拉斯卡拉和海岸间的所有部落，确保了补给能够从维拉克鲁斯安全运往征服者在特拉斯卡拉的总部。如果说特诺奇蒂特兰大城可以通过水运得到充分补给的话，西班牙人就拥有整个大西洋来为维拉克鲁斯安全地提供补给。但科尔特斯能够建造舰队阻止特诺奇蒂特兰的独木舟，却没有一个阿兹特克战士知道该怎么阻止"浮动的群山"带着越来越多的恶魔般的白人和他们雷鸣般的武器在维拉克鲁斯靠岸。

到1521年新年为止，科尔特斯已经敉平了维拉克鲁斯和特诺奇蒂特兰之间的大部分敌对部落，获得了充足的补给和新增的士兵。他那时正投身于庞大的造船计划，以便确保他的步兵和骑兵返回湖上堤道时可以获得水军保护。科尔特斯也许已经率领大约550名西班牙步兵开始行军返回特诺奇蒂特兰——这批部队尚不足去年6月试图从此城逃跑的卡斯蒂利亚人的一半——其中包括80名火绳枪手和弩手，还有至少40匹新锐战马和9门新炮。此外，他还挑选了10000名最优秀的特拉斯卡拉战士，准备向特诺奇蒂特兰附近的卫星城进军。到1521年4月初，这支新军已经抵达墨西哥首都城郊，船只已经做好下水准备，扫荡分队已经开始有计划地截断城市的食水供应。第二次攻势完全不像第一次"拜访"时那样打着调解、联盟的幌子。在"悲伤之夜"后，科尔特斯决定，要么迫使新皇帝瓜特穆斯和他的臣民无条件投降，要么就在战斗中击败阿兹特克军队。要是阿兹特克人不投降的话，卡斯蒂利亚人就会逐个街区地摧毁特诺奇蒂特兰，把它留给特拉斯卡拉人劫掠——这让人想起亚历山大把底比斯夷为平地，然后让周边的彼奥提亚人肆无忌惮地劫掠、奴役、杀害幸存者的做法。

4月底，在周边乡村进行了持续六个月的不断作战，已割裂阿兹特克的纳贡帝国后，科尔特斯重建后的军队回到了堤道上，对特诺奇蒂特兰展开封锁。湖岸上和墨西哥谷地里的多数城市都已经屈服于科尔特斯，甚至派兵加入了他的军队。要是在一年前的话，西班牙人进入这座岛屿上的要塞城市可能是不明智的，但现在科尔特斯渴望证明，此前卡斯蒂利亚人围城军变成被困者时，墨西哥人待在城里的举动是更为愚蠢的。到1521年4月28日为止，马丁·洛佩斯的平底双桅帆船——装配好了桅杆、划桨和火炮，配备了弩手和火绳枪手——已经越过群山，重新组装后在特斯库科湖下水，确保阿兹特克人的独木舟无法进攻堤道上的卡斯蒂利亚人。在一个没有马，没有牛，甚至没有轮子的世界里，像特诺奇蒂特兰这样一个25万人口的城市只能通过水运供给。事实上，它的日常生存依靠的是数以千计的独木舟从湖上运来的成吨玉米、鱼、水果和蔬菜。毁灭独木舟船队不仅削弱了阿兹特克的军事力量，也用饥饿迫使城市就范。

伴着"卡斯蒂利亚，卡斯蒂利亚，特拉斯卡拉，特拉斯卡拉！"的吼声，科尔特斯率领他的西班牙–印第安军队开往特诺奇蒂特兰本城。尽管同时代观察家声称这支联盟军队的规模接近50万人，侵略军的实际人数更可能为5万～7.5万。加上最后时刻从维拉克鲁斯赶来的援军，它的先头部队是700～800名卡斯蒂利亚步兵，90名骑手，120名弩手和火绳枪手，三门重型火炮，再加上更小的隼炮和14艘双桅帆船上的火力。除了火器备件之外，许多卡斯蒂利亚人还得到了崭新的钢盔、钢剑，少数人还有胸甲和盾牌。

科尔特斯的计划相当简单。他的三名骑兵精英——阿尔瓦拉多、奥利德和桑多瓦尔——将各自率领四分之一的部队沿着三条主要堤道进入城市。通往特拉科潘的堤道将会暂时敞开，但也会派人守备，以便让打算逃跑的人离开城市。科尔特斯本人则会率领第四部分部队登上双桅帆船，船上大约装载300名卡斯蒂利亚人，大约每条船25人。此外，数以千计的特斯库科人和特拉斯卡拉人将会跟在帆船后面——特斯库科人领袖伊斯特利尔斯奥奇特尔后来声称，他的族群在科尔特斯的大舰队中操纵了16000条独木舟参加战斗。这支联合舰队将支援三路陆上进攻，加强封锁，歼灭敌军船只。

到1521年6月1日，科尔特斯已经完全切断了城市的活水供应，并强攻拿下了特佩波尔科的岛屿要塞——这是墨西哥人针对兵分多路的卡斯蒂利亚入侵者，用来协调反击的地方。西班牙人将围城战开始的正式日期定为5月30日，他们在那天封锁了城市的补给来源——后来以从1521年5月30日到8月13日的"75天"来纪念特诺奇蒂特兰的毁灭。但由于阿兹特克人依然在数量上远远超过入侵者，夏天剩余时间里的围城进程依然艰难。他们在湖里的淤泥上插上尖锐的木桩来迫使双桅帆船搁浅，攀上了旗舰号（Capitana）。要不是马丁·洛佩斯的英勇表现——在某种程度上他是科尔特斯所部里面最为令人印象深刻的——以及一小队剑手赶来驱走阿兹特克登船者，杀死那些将要把"考迪罗"捆起来拖走的人，旗舰号和它的舰长都会被阿兹特克人俘获。

卡斯蒂利亚人也知道，如果他们要平息一切抵抗的话，不仅得击败阿兹特克军队，还要强攻城市，并将其夷为平地。西班牙人兵分四路的进攻将沿着堤道缓慢推进，攻入郊区，然后在晚上退到安全地带。科尔特斯能否填补堤道缺口并保持堤道完好，将决定他们是否能取得胜利。只要堤道完好，西班牙人就能在拆除特诺奇蒂特兰街区，推倒神庙、墙壁和住宅时保持进退自由。骑手、弩手和火绳枪手逐步争取到了活动空间，找到了清晰的火线，与此同时清除了来自街角和狭路上的伏击点。科尔特斯借鉴了 2000 年来的欧洲围城战经验——例如古希腊的围城（poliorcetics）科技——把城市的水、食物供应和卫生设施作为目标，在针对守军的自然饥荒和疫病进行攻击之外，还针对防守方的薄弱环节进行攻击，以扩大自然饥荒和疫病对守卫者的影响。

如果西班牙人在特诺奇蒂特兰城里推进得太远的话——他们在那里有可能遭遇伏击，并面对一拥而上的敌人，而撤退所须经过的堤道又被打出了缺口——他们就会面临毁灭。但是假若双桅帆船确保堤道可以通行，那么进攻者就可以天天攻入城市，摧毁一两个街区，杀死数以百计的阿兹特克人，然后在夜间退到他们加固了的院落里去。通常情况下，步兵在火炮、火绳枪和弩的火力支援下推进，用他们的托莱多剑砍杀并不披甲的阿兹特克人。在关键时刻，数十名披甲的枪骑兵会冲击敌军的集中部分，或者在墨西哥人白天追击撤退步兵时展开伏击。到 6 月底为止，瓜特穆斯皇帝已经注意到，阿兹特克战术显得毫无效果，于是他对防御展开了根本性的调整，将特诺奇蒂特兰城内的大部分幸存人口——战士、平民，甚至是大神庙里的神灵偶像和肖像——转移到邻近的北侧岛屿郊区特拉特洛尔科。这是个明智之举：对防御的调整拖住了西班牙人，他们错误地认为阿兹特克人已被击败，正在逃窜。此外，卡斯蒂利亚人并不知道特拉特洛尔科是人口更为稠密的地方，比起大体上已被摧毁的特诺奇蒂特兰的宽敞大道更适合城市作战。

整场斗争的关键在于，不让西班牙人有足够的空间进行战马冲锋和步兵列队，也不给他们的火炮和火器清晰可见的战线来瞄准。随着战斗转移到特拉特洛尔科，特拉特洛尔科人加入阿兹特克人，在曲折狭窄的街道上涌向卡斯蒂利亚人，而且切断了通往大陆的堤道。科尔特斯本人被打下了马，第三次几乎被人拖走。克里斯托巴尔·德·奥莱亚和一位无名特拉斯卡拉人奋力砍杀愤怒的墨西哥人，砍断了他们的手，这样才救出了他们的"考迪罗"。在特拉特洛尔科的首场伏击战中，超过50名西班牙人被捆起来拖走，另有20人被杀，此外还有数以千计的特拉斯卡拉人为卡斯蒂利亚人的冲动付出了被杀或被俘的代价。一艘双桅帆船被击沉，还有一门珍贵的火炮也丢失了。

墨西哥人立刻把一些战俘砍了头，在撤退的西班牙人面前展示头颅，声称他们是科尔特斯和他的军官："因此我们将会杀死你们，就像我们杀死马林切和桑多瓦尔一样。"西班牙人一抵达安全地带就听到了鼓声。贝尔纳尔·迪亚斯·德尔·卡斯蒂略这样回忆此后发生的事情：

> 当他们（墨西哥人）把他们（战俘）弄到神庙前面放置在他们那些可憎偶像的小平台上时，我们看见他们在我们许多战友的头上戴上羽饰，让他们拿着扇子似的一种东西，在维奇洛沃斯神之前跳舞。跳舞之后，墨西哥人把我们的战友们放在用于祭神的不太厚的石块上，用燧石刀剖开他们的胸膛，剜出活跳的心，奉献给放在那里的偶像。墨西哥人把尸体从台阶上踢下去，等在下边的另外一

些印第安屠夫便把尸体的四肢剁去，剥下面部的皮，留待以后鞣制成像做手套用的那种皮革，并把它连同胡须保存起来，以便举行酒宴时用来欢闹；他们还拿人肉蘸着辣酱吃。(《墨西哥的发现与征服》，436)

西班牙人害怕"悲伤之夜"的景象会再次出现。墨西哥人朝着特拉斯卡拉人大呼，把烤过的被俘特拉斯卡拉族人的大腿和卡斯蒂利亚人的碎肢投给他们。"那些神使（卡斯蒂利亚人）的肉和你们弟兄的肉我们已经吃得太饱了，你们也可以来尝尝。"(《墨西哥的发现与征服》，437)阿兹特克人正在吃西班牙人的肉，数十名被捆绑着的征服者被插上羽饰，沿着金字塔拾阶而上走向死亡。这些消息在科尔特斯的印第安盟友中传遍了，于是几乎整个印第安同盟突然崩溃了。大部分土著酋长都害怕阿兹特克恐怖的回归，意识到欧洲人和西班牙人到来之前的他们一样，在饥饿的阿兹特克神灵面前也是脆弱的。在瓜特穆斯集结盟友，寻求新的支援，并把被俘卡斯蒂利亚人和他们马匹的尸体碎片送到特斯库科湖畔的村庄里作为西班牙人战败证明的同时，科尔特斯和他的士兵正在调养伤口，重整部队。但就在那时发生了一件怪事——考虑到墨西哥人此前未能在"悲伤之夜"后的那个早上立刻展开追击，这或许是件可以预言的事。阿兹特克人在7月的大部分时间里并未强攻被围的西班牙院落。饥饿、疾病、他们城市的大规模破坏以及数以千计的战斗伤亡已经大量毁灭了他们的军队。杀死并献祭卡斯蒂利亚人并未能够阻止入侵者，科尔特斯也在受挫后变得更为自信。

到7月下旬为止，疲惫的阿兹特克人再也无法切断堤道，这使得卡斯蒂利亚人能够自由出入特诺奇蒂特兰和特拉特洛尔科。来自维拉克鲁斯的补给,也能畅通无阻地运到科尔特斯手里。他的士兵屈尊前往波波卡特佩特火山采集至关重要的硝石,以便制造更多的火药。阿兹特克逃亡者确认了特诺奇蒂特兰处于饥馑之中,年仅18岁的皇帝越发不能组织有效抵抗的消息。科尔特斯在他著名的写给卡洛斯五世的第三封信中描述了阿兹特克人的绝望困境:

> 这座城里的人们不得不在死者身上行走,其他人则游进或是淹死在分布着他们的独木舟的宽阔大湖的水里;事实上,他们所受的苦难极为巨大,我们完全无法理解他们怎样忍受住了这一切。无数的男子、妇女和儿童跑到我们这边来,他们急于逃脱,许多人挤进水里,淹死在许多尸体之中;而且似乎有超过五万人因为饮用咸水、饥饿和可憎的恶臭死去。所以,要是我们没发现他们所处的困境的话,他们是既不敢跳进双桅帆船可能发现的水里,也不敢跃过分界线,跑到士兵可能看见他们的地方。因此我们在他们所在的那些街道上遇到了成堆的死者,被迫在他们身上行走。(《墨西哥来信》,263-264)

此时,卡斯蒂利亚骑手们在堤道上肆意漫步,屠杀了成百上千的逃出自己在特拉特洛尔科里的小屋,出去寻找食物的人。特拉斯卡拉人变得越发难以控制,他们在城中肆意漫游,到处屠杀——还偶尔吃掉——他们发现的任何墨西哥人。8月13日,桑多瓦尔和加西亚·奥尔古因俘虏了乘坐一条独木舟逃亡的瓜特穆斯。这两人为了争夺俘虏他的荣誉互相攻击,引起了科尔特斯的干预。他若有所思地说，这就像是马略和苏拉争夺桂冠加身的努米底亚国王朱古达。一位特斯库科同盟王公伊斯特利尔斯奥奇特尔的后裔费尔南多·德·阿尔瓦·伊斯特利尔斯奥奇特尔在征服之后撰写了一部来自印第安盟友视角的史书，他这样记载瓜特穆斯的投降讲话：

> 啊，指挥官，我已经尽了权力范围之内的一切来捍卫我的王国，让它从你的手中解脱。既然我的运数已经不利了，就拿走我的生命吧，这非常公平。做到这一点，你就会终结墨西哥王国，因为你已经摧毁了我的王国和附庸。 193（《科尔特斯联盟》，52）

科尔特斯会宽恕这位年轻的皇帝，然后在自己对洪都拉斯的灾难性远征中一路带着他前进——不过他在转移这位囚犯时，于1523年无耻地以莫须有的指控将瓜特穆斯绞死，罪名是煽动印第安盟友叛乱。

从5月底这座城市被切断与外界的联系开始，有超过10万名阿兹特克人在战斗中丧生，同时丧生的还有至少100名卡斯蒂利亚人和2万名印第安盟军。但这只是持续两年的墨西哥城争夺战中实际损失的一小部分。疫病、饥荒和持续战斗已经大体上消灭了特诺奇蒂特兰所拥有的人口。在特斯库科湖周边地区，最终计算得出的死亡人数超过100万。在自从科尔特斯从维拉克鲁斯进军开始的持续两年的战役中，1600名在不同时间段里参与特诺奇蒂特兰之战的西班牙人损失不超过1000人。

最终的大屠杀将更为骇人听闻。在随后的几十年里，紧随天花之后的麻疹、鼠疫、流感、百日咳和腮腺炎，将墨西哥中部的人口从科尔特斯登陆时的 800 多万人降到半个世纪后的不足 100 万人。在不到两年的时间里，科尔特斯和他的渺小军队创造了一连串事件，改变了次大陆的面貌，并摧毁了整个文明。

阿兹特克战争

关于战争中的阿兹特克人，人们充满了误解和成见。中美洲人往往被视为只是为了夺取大规模人祭的材料才成群进行作战的奇怪野蛮人，以奇怪作战法则替代战场上真实杀戮的捕俘者。直到最近，辩护者们才把他们重新发明成新大陆的希腊人，他们令人印象深刻的建筑象征着开明且进步的文明，他们并不真的进行人祭和食人，而且也看不到有什么理由来创造不需要的军事技术。事实上，阿兹特克人既非希腊人，也并非野蛮人，而是精明的政教合一的帝国主义者。他们在对恐怖的洞察能力基础上，以一支致命的军队为后盾，佐之以庞大的进贡体系，创建了松散又牢固的政治帝国。

阿兹特克人的战争和欧洲战争相去甚远的原因，源自这个民族在文化和地域上的巨大局限。阿兹特克军队没有马、没有牛，甚至没有轮子，他们的活动范围受人力搬运者能够携带的食物补给量限制。随着特诺奇蒂特兰在中美洲影响力的扩张，随着城市规模的增大，战争变得更加可以预料，整个墨西哥次大陆的政治组织在攻击面前也变得越发脆弱。欧洲人能够对一座岛屿城市——它的生存仰赖于每天用船运进来的上千吨食物——用一小群精英进行斩首式打击，从而摧毁整个帝国架构。

战争在 10 月到次年 4 月之间，总会有短暂的停顿——科尔特斯正好在 1519 年 11 月进入特诺奇蒂特兰——以便让农民收割粮食。在 5 月到 9 月间的雨季，战争也很少会发生，至于夜战，同样存在传统上的障碍。与此相反，西班牙人作为生活在温带气候中的海洋民族，在欧洲与地中海上致命战争中幸存的老兵们愿意并且能够不分时节、昼夜、内外、海陆作战，他们只受到很少的自然或人为限制。

阿兹特克人和他们邻居间的许多对抗是以"鲜花战争"（xochiyaoyotl）开始的。这种在双方精英战士间没有太多杀戮的表演性质竞争，显示出了阿兹特克人的优势——依靠战士更好的训练、更大的热忱和更丰富的作战经验——从而使得真正的武装反叛变得徒劳。如果敌军继续坚持抵抗的话，"鲜花战争"就有可能升级为旨在彻底击败敌军并吞并其领土的全面征服战争。考虑到这一点，我们应当相信，在建立阿兹特克帝国的过程中，仅仅 15 世纪里就可能有数十万中美洲人死于战争。

尽管中美洲战士同样有擅长使用的武器，但还有两个因素限制了他们迅速大量杀死敌军士兵的能力。在所有战争中，俘获用以人祭的战俘的战争是对个人作战表现和社会地位的重要证明，被视为对社会大众的宗教健康极为关键。此外，人祭还是一个具有实际功效的场合，噩梦般的祭祀场景和当中放血的恐怖景象，能够恐吓和警告潜在对手，告诉他们抵抗将会带来何种后果。例如，据称阿兹特克国王阿维措特曾在 1487 年的特诺奇蒂特兰维特西洛波奇特利大神庙落成典礼上组织了一场为期四天的血腥人祭，屠杀了 80400 名战俘——对于工业化时代的杀戮来说，这也是个巨大的挑战。阿维措特在 96 小时里每分钟 14 名受害人的杀戮频率远远超过了奥斯维辛或达豪的每日屠杀纪录。四个凸起杀人台的存在——便于把受害者从金字塔上踢下去——将人祭转变成了流水线作业。在祭典期间，一队队精力充沛的刽子手周期性地替换因为反复使用黑曜石刀切割而疲惫的同僚。我们不知道在通常状况下用于献祭的受害者数目，但必定数以千计。伊斯特利尔斯奥奇特尔相信墨西哥附庸国里每年有五分之一的儿童被杀，不过唐·卡洛斯·苏马拉加主教对于每年人祭两万人的较低估计更为可信。奇怪的是，很少有学者将阿兹特克人通过精心组织的杀戮消灭成千上万邻居的嗜好和纳粹对犹太人、吉普赛人以及其他东欧民族的灭绝展开比较。

尽管阿兹特克人可以在艰苦环境下战斗至死，但阿兹特克战士打昏敌军，捆住之后穿过队列带回来的训练方式，则被证明是不利于抵抗西班牙人的。学者们认为，阿兹特克人在抵抗科尔特斯时迅速放弃了仪式性战斗方式，这是正确的，但他们必须承认的是，对许多战士而言，在几个月内放弃多年来的军事训练成果是不易的——尤其是在与自青年时代起就受一击毙命技艺训练的西班牙剑手和长矛手对垒的时候。

我们无法肯定这样的仪式在何种程度上基于技术限制，但阿兹特克人战争的工具——橡木、石头、燧石、黑曜石、兽皮和棉花——无法大量杀死战士。阔剑（machuahuitl）和长矛（tepoztopilli）是木制的，在双刃上嵌着黑曜石片。这样的武器在锐利程度上可以和金属相提并论，但只消击打几下刃部就会崩裂。阿兹特克剑是没有剑尖的，而长矛的石矛头也让它们成了低劣的戳刺兵器。

因为阿兹特克军士中的贵族步兵兵种在对抗西班牙步兵和

骑兵时显得格外无效,土著指挥官们转而依靠一系列有可能伤害到科尔特斯士兵手臂、腿部、脖子和面部的投掷兵器。有种特别的投矛器(atlatl)是用大约两英尺长的木棍制成的,其中一端有凹槽和钩子,以便放置投射物。火烤过的标枪(tlacochti)偶尔会用燧石当枪头,当使用投矛器发射标枪时,标枪可以在 150 英尺距离内实现精确命中。但它们在遇上金属铠甲时基本上是无用的,远距离时甚至无法击穿多层棉花。阿兹特克人使用单体弓(tlahuitolli)而非复合弓。尽管他们在一个箭袋装载 20 多支箭(yaomitl)时可以实现快速射击,但这样的兵器是缺乏欧洲弓的穿透力射程的,后者自从古典时代起就使用黏合的角、皮和木制造。

许多记载证明了阿兹特克石弹的危险性,尽管土著投石手没有金属弹和精良投石索,但他们还是能够在接近 100 码的距离上打伤不受保护的人体。阿兹特克人的木、皮、羽毛混合盾牌就像棉花战袍一样,也许能够挡开中美洲的石刃,但在面对托莱多钢、金属弩矢或火绳枪子弹时毫无用处。可以准确地概括如下:蒙特苏马在他的炮兵、投射武器、铠甲和攻击兵器方面落后于 18 个世纪之前的亚历山大大帝。

墨西哥有着精密武器产业所需的一切自然资源。塔斯科不乏富铁矿,米却肯的铜矿很丰富,波波卡特佩特火山口可以供应硝石。事实上,在征服后不到一年时间里,抗拒王国命令的科尔特斯本人就在阿兹特克人此前的疆土上生产火药和火枪,甚至还能制造大型火炮。为什么墨西哥人在这样一个军火要素聚宝盆里只能生产棍棒、黑曜石刃、标枪和弓箭呢?最流行的解释是需求。因为阿兹特克战争很大程度上是旨在俘虏而非杀戮,石刃就足以对抗装备类似的中美洲人了。

这一说法暗示着阿兹特克人能够制造与欧洲人相匹敌的兵器，但并不认为有必要为他们旨在打昏而非杀死的仪式性战争中花费额外的代价。然而，这种所谓存在潜在技术技艺的说法，对一个没有探究自然的复杂理性传统的文化而言，无疑显得十分荒谬。与该说法截然相反的理论，更有可能是正确的：阿兹特克人没有能力制造金属兵器或火器，因此被迫使用大体上只能杀伤却无法轻易致死的兵器进行仪式性战争。尽管阿兹特克人拥有数量优势，但他们在面对像特拉斯卡拉人这样庞大而凶猛的军队时，用非金属兵器发起一场歼灭战是难以想象的——这就解释了为何特拉斯卡拉人大体上能够保持自治并通过准仪式性质的"鲜花战争"解决他们与阿兹特克人的争端。

阿兹特克人的战斗就像祖鲁人的作战或日耳曼部落的进攻一样，是一种包抄作战模式。成群的战士试图有计划地包抄敌军，前方部队围攻并打晕敌人，把他们送到后方捆起来带走。因为将胜利者和失败者混在一群人里只会增加补给需求，因此继之而来的让俘虏和军队一起行军返回会导致阿兹特克人无力进行长距离作战。尽管存在一支阿兹特克国家军队，但与此同时，事实上地方武装也会聚拢在自己的首领周围，要是他们的首领或旗帜倒下，他们就有可能脱离战场。弗朗西斯科·德·阿吉拉尔这样提及"悲伤之夜"后的奥通巴之战：

> 科尔特斯在印第安人中杀出一条道路时，不断认出并杀死敌军中因为携带金盾而容易被识别的首领，同时丝毫不和普通士兵纠缠，凭借这种特殊的作战方式，他得以冲

到敌军总指挥面前，用长矛一下戳死了他……就在他这么做的时候，迭戈·德·奥尔达斯指挥下的我方步兵已经完全被印第安人包围起来，他们的手几乎碰到了我们。但当统帅埃尔南·科尔特斯杀死他们的总指挥后，他们就开始撤退，给我们让出一条道来，因此几乎没人来追击我们。（P. 德·富恩特斯，《西班牙征服者》，156）

因为并不存在重装步兵意图在第一次接触中就撞上敌军的决定性冲击作战概念，接力作战的士兵们可能每15分钟左右就交替参战一次。队列是不存在的，战士们不能按照步伐或指令冲锋和撤退，投掷兵器和弓箭也不采用齐射，投射部队更不会配合步兵冲锋。由于没有马匹，阿兹特克人的战斗信条很大程度上是一维的，皇帝麾下战士拥有更充分的训练和更多的人数，加上羽饰战士和旗帜的盛况与排场，就足以驱散敌军或者导致敌军抵抗崩溃。

最后，阿兹特克社会甚至要比16世纪的西班牙贵族社会更加等级森严。在作战中，大部分墨西哥战士的武器、训练、铠甲和位置，都由出身和地位决定。在不断积累的因果循环中，更大的先天优势让贵族们在捕捉俘虏的战场上居主导地位，这反过来又为他们的卓越武力提供了证明——继而导致更多的特权。西班牙人也身处等级社会，但在入侵当中，由于军事情形所需，许多下层出身的征服者骑上了马匹。火绳枪、弩和钢剑在军队当中自由分配。驱使科尔特斯所部军队的动力在相当大程度上并非贵族特权，而是贵族和穷人们都具有的渴望——获得足够的金钱与名声，以此作为卡斯蒂利亚社会上的晋身之阶。就战场本身而言，其结果取决于武器、战术、招募和领导力，西班牙军队以纯粹视杀戮为标杆的原则运作：士兵的训练和工具的设计首要目的都在于将敌人肢解，其次才是提供晋升、特权和宗教回报。杀戮导致更高地位的机会，要高于地位导致更多杀戮的情况。

征服者的内心

跟随埃尔南·科尔特斯进入特诺奇蒂特兰谷地的残忍征服者们，乍看上去是西方理性主义传统的粗劣代表。最为臭名昭著的征服者中，有许多人是狂热的卡斯蒂利亚基督徒，他们生活在善恶分明的摩尼教式世界里。卡洛斯五世治下的16世纪西班牙，正处于宗教裁判所（于1481年正式开始）的时代，焚烧女巫、严刑拷问和秘密法庭等都令乡村居民深感恐惧。犹太人、摩尔人和新教徒成了可以自由攻击的对象，信仰可疑的天主教徒也是如此，他们所受的指控理由从日常洗澡到阅读进口书籍，不一而足。所有为国王服务的人，都被要求毫不动摇地坚持已处于困境的正统天主教，这也是几乎每个扬帆西去的征服者所怀有的意识形态——有时这会危害到军事与政治本身的逻辑关系。

科尔特斯和他的追随者在被大约20万墨西哥敌军包围在特诺奇蒂特兰城中时，还在拼命要求蒙特苏马推倒阿兹特克偶像，以便让他的臣民集体改宗基督教。天主教的教士在新大陆无所不在，多明我会、圣方济各会和哲罗姆会的无数修道士得到了帝国给予的监察权，以确保印第安人改宗基督教而不是惨遭无理屠杀。他们被自己看到的东西——扯出祭品正在跳动的心脏，房间里涂满了人血，成架排列的头骨，祭司背上装着剥下的人皮——吓坏了。他们确信阿兹特克人和他们的邻居是穷凶极恶的，他们的人祭和食人仪式是由反基督分子制造的。一位不愿具名的征服者，这样总结西班牙人对这种可怕仪式的反感：

> 新西班牙行省的所有人，甚至包括那些在邻近省份的人都吃人肉，把它视为比世界上任何其他食物价值更高的东西；他们极为重视人肉，以致时常仅仅为了宰杀并食用人类就冒着生命危险发动战争。如我所述，他们中的绝大部分人都是鸡奸者，而且还过量饮酒。（P. 德·富恩特斯，《西班牙征服者》，181）

为了保护基督徒的渺小武装力量免遭传说的黑暗军团污染，西班牙人战前必做的事是弥撒、忏悔和告解。在两年的激烈作战中，征服者们确信天上有一系列超自然力量为他们提供保护。墨西哥大地上很快就缀满了感谢圣母和各类圣徒赐予胜利，将他们从阿兹特克异教徒手中解救出来的圣殿。征服既体现在获得黄金和土地上，也体现在转化灵魂上，教会的实际态度时常是：虽然征服者的杀戮是错误的，也是无效的，但墨西哥人与其作为活着的恶魔工具存在，还不如死掉了事。

在科尔特斯第一次占据特诺奇蒂特兰那一年，马丁·路德被革除教籍，然而初生的新教和随之而来的关于宗教信条的争论却在那时的卡斯蒂利亚找不到任何能够迅速接受的信众。在科尔特斯登陆墨西哥前大约30年，费迪南德和伊莎贝拉统一了阿拉贡和卡斯蒂利亚，在1492年将摩尔人逐出格兰纳达，开始了建立现代西班牙民族国家的奋斗，最终结束了长达四个世纪的"再征服"。在随后一个世纪的许多时间里，王国忙于平定西班牙南部企图恢复伊斯兰统治的摩里斯科人的骚乱。此外，由于西班牙邻近意大利和北非，它发现自己身处欧洲抵抗奥斯曼猛攻的前线，还要时常卷入与意大利城邦国家和难以控制的荷兰人的周期性争斗。因此，在维拉克鲁斯登陆的严肃老兵们，与那些在普利茅斯石[①]登陆的农民和宗教流亡者相去甚远。

教徒的狂热态度和严格的天主教信条，是被南面和西面的伊斯兰敌人以及在北欧新生的新教敌人包围着的南地中海文化的防御基石。欧洲新教徒远离伊斯兰攻击的前线，也没有坚持认同罗马中央集权独裁者的传统，他们也许认为宗教改革是遭遇围攻的意大利人、西班牙人和希腊人无法负担的恩惠。在墨西哥征服时代，西班牙愈加发觉它处于四面受敌的境地。有势力的犹太人可以通过经济权力和商业影响力压榨并主宰天主教农民，新教狂热信徒可能会四处出现在西班牙乡村，破坏当地教堂和教廷地产，摩尔人和奥斯曼人也许会密谋让西班牙重归伊斯兰世界，从而颠覆费迪南德和伊莎贝拉创建国家的新近努力。在偏执的西班牙头脑中，宗教裁判所和"再征服"仅仅是拯救了西班牙，而这个崭新国家的持续生存，则要依靠一群能够抢在北欧人殖民新大陆之前就将天主教传播到新大陆的骑士，并将新大陆的财富进一步用于旧大陆的宗教纷争。

有了上述这些存在于现实和想象中的敌人，就难怪在16世纪缓慢过去后，西班牙甚至变得更为保守——对外国的研究有时会被阻止，北欧的学术时常被忽略，学术研究越发非世俗化。在科尔特斯启程前往新大陆时，罗马帝国的旧地中海世界

[①] 乘坐"五月花号"到达美洲的英国移民在普利茅斯港抛锚登陆时，按照古老的航海传统首先登上了一块高耸于海面的大礁石。后来，这块礁石就被称为普利茅斯石。——编者注

即将面临极为革命性的变化。对大西洋贸易路线的开发、对北美的勘察、新教主义和急剧的经济变化，会不知不觉地将经济力量从地中海世界转移到北欧的英国、荷兰、法国和德意志诸国等大西洋国家。

在卡斯蒂利亚人立足新大陆之前，他们当中早已建立起一种传教中的热忱感和军事上的无畏感，其激烈程度令欧洲其余国度感到颇为陌生。西班牙视自己为神圣罗马帝国的后继者，哈布斯堡的卡洛斯五世不仅是崭新的西班牙国家的皇帝，也是古罗马皇帝的正当继承人。这些皇帝中最有才能的人——人们首先会想到图拉真和哈德良——恰恰诞生于伊比利亚。不管在罗马征服之前还是之后，古伊比利亚人的勇猛都闻名遐迩。例如，汉尼拔如果没有麾下伊比利亚雇佣兵的无畏，就不能实现在坎尼的屠戮。在罗马文学中，没有比叛国者赛多留以及他的伊比利亚叛军更致命、更浪漫的形象了：在接近十年的时间里（公元前83~前73年），这些人在他们的西班牙堡垒中吞噬着罗马军团。因此，对墨西哥土著居民而言尤为不幸的是，他们所经受的不仅是原本意义上的欧洲闯入者或是宗教朝圣者，而且是16世纪欧洲世界中最为无畏、最为致命、最为狂热的战士，是西班牙在它作为壮丽帝国的伟大世纪里提供的最为凶残的士兵。

驱使科尔特斯和他麾下士兵的动力，是在西班牙本土拥有更高地位的追求和理所当然的在新大陆拥有更好物质条件的希望：墨西哥的免费土地和大庄园；对那些更为理想主义的人来说，还有将数百万人转化成基督徒的精神酬劳。但是，最为重要的则是黄金的召唤。黄金是西班牙人询问土著人的第一个话题。几乎毫无价值的小饰品、铁质小刀和玻璃被用来交换黄金。只有墨西哥人的黄金才能令卡斯蒂利亚人满足，其他那些珍贵的羽毛、精美的棉衣乃至繁复的银盘都无法做到这一点。黄金也许能够让一个人在西班牙成为贵族，也许能够保证破产的西班牙王国赶上更具效率的英国、荷兰经济体，从而维系欧洲的哈布斯堡帝国。最终，西班牙帝国四分之一的岁入将来自墨西哥和秘鲁的金条和银条：1500～1650年，有180吨黄金和16000吨白银从新大陆运抵西班牙海岸。

墨西哥和秘鲁的黄金可用于建造挡住土耳其人的桨帆战舰，也为在荷兰的驻军提供薪饷。手中的黄金并不意味着美丽的外表，而意味着权力、金钱和地位——因此墨西哥人用黄金制成的错综复杂的蜥蜴、鸭和鱼，新大陆工匠花费成百上千个小时制作的工艺品被熔成便于携带的金条，它代表着对商品和服务的购买力。对西班牙人而言，这些闪闪发光的金属制品与其说是直接且实在的欢乐，倒不如说是抽象而遥远的东西。土著人无数小时的灵巧手艺和这些金属能够买来的货物、地位和安全相比毫无价值。当科尔特斯作为客人看到主人的精致黄金工艺品时，他首先想到的并不仅仅是即将到来的个人财富，甚至也不是为西班牙王国提供的收入，而是从来自古巴和西班牙的船上购买更多的马匹、火药、火绳枪、火炮和弩的储备资本。征服者们对黄金的不断索取令人极为困惑，以至于墨西哥的印第安人起先相信了卡斯蒂利亚人的诈术：声称他们需要这种金属作为药品治疗"心脏"；一些思考得更多的阿兹特克人甚至认为，西班牙人会愚蠢地吃掉黄金碎屑！

在哥伦布发现新大陆后的一个世纪里，新大陆的征服者自行其是：在人口稀少又地域广大的美洲土地上，帝国的监管几近于无。外国人被排斥到中南美洲之外——法国人和英国人尤其不受欢迎。总督们到达当地之后会卷入斤斤计较的地方政治斗争，通常情况下都会被召回、在任上被杀或死于疾病——甚至还有可能劫掠他们所负责的省份。西班牙君主国距离那里有接近五个星期的海上航程，而且它的流动官僚很难留在地方，他们以懒散而闻名。在秘鲁总督（当地总督）退休后，针对他的一次审计花费了13年时间，整理出五万页材料，直到1603年才最终完工，此时那位前任总督早已过世了。

众所周知，对于任何可能为王国找到新土地和金银的大胆探险家，政府总会在事后承认他们的地位。击败一位"殖民总督"，或者说对行省总督的渎职进行王家调查的方式是把他赶走，然后发动一场远征，为王国拓殖新的土地，声称在土著人中广泛施行了洗礼，然后把从印第安人手中掠夺来的金银珠宝中属于国王的五分之一份额送回去。黄金可以盖过不服从的后果，可以减轻教士们对大量屠杀美洲印第安人而非迫使他们改宗的忧虑，可以让一位卡斯蒂利亚叛教者或一位安达卢西亚恶棍在国王的大臣眼中与一位总督等量齐观——还会为他赢得一份帝国年金，或者至少在晚年获得一个家族徽章。随着对新大陆的开拓，西班牙社会开始从土地贵族统治变为财阀统治，一大群此前穷困或是中等家境的冒险者通过在美洲获得的财富跻身上流社会。

几乎没有卡斯蒂利亚冒险家会携带家属。寻求乏味自耕农式新生活的人就更少了。他们生活所需的并非（像北美殖民者一样）开垦出一块宅地，从而自给自足地养活一家人，并免于欧洲的宗教迫害和政治镇压，而是成为拥有大农场的遥领地主，农场里可能会有成百上千的印第安人照管牛群、开矿或者生产像咖啡或蔗糖一样的奢侈品，以便确保"考迪罗"拥有稳定的收入来源。只有为数很少的征服者会质疑国王或教皇的至高无上。和北美的定居者不同，西班牙人在早期是作为本土教会和国家的使者来到新大陆的，他们并非逃亡者。一些在加勒比海上的卡斯蒂利亚领导人是在意大利的诸多战役和针对西班牙的摩里斯科人以及地中海上的奥斯曼人的连续战争中久经考验的老兵。以科尔特斯为例，其中一些人是只有中等财产却有着贵族式自命不凡的下层贵族，在帝国的繁杂税收面前，他们的家族可以享有一定的豁免权。大部分人则是20多岁的年轻人，渴望在40岁时拥有军衔、金钱和大庄园，然后返回西班牙——对多数人而言，如果他们留在本土，这样的地位永远无法达到。这样的思想所带来的结果是，墨西哥并没有被视为清教徒的新英格兰，成为开启崭新世界的地方，却被当作西班牙对抗黑暗力量威胁的有益资源。

16世纪早期的卡斯蒂利亚的经济生活极其萧条。农业尤其处于衰退之中，小领主和主教们掌管着庞大的牛羊庄园。对犹太人和摩里斯科人的驱逐——在15世纪末期约有25万人——极大地破坏了西班牙乡村经济，向新大陆的移民又夺走了伊比利亚半岛上数十万最有活力的公民。虽然大西洋贸易路线一度利润丰厚，但考虑到气候条件、北欧劫掠者和自由海盗的影响，这仍旧相当危险。新大陆金银与旧大陆奢侈品——绘画、家具、服装、书籍——的交易最终会扰乱西班牙和墨西哥的经济，使它们越来越落后于北欧和北美——这些新教徒正依靠自耕农和富有创新精神的资本家快速发展。虽然新大陆的黄金把西班牙经济中的结构性缺陷隐藏了将近一个世纪，但仅仅依靠采矿业和奢侈品制造业是不足以替代大规模制造业和市场导向型农业的。卡斯蒂利亚征服者中，贵族家族和头衔显得过于繁多，但在这些人带着称号返回西班牙之后，却没有多少金钱和运气能够支撑他们继续向上流动。难怪在哥伦布之后的两个世纪里，有接近100万卡斯蒂利亚人前往新大陆。

到1500年为止，印刷书籍已经在西班牙境内广为传播，那一辈贵族不仅熟练掌握了宗教册子和军事科学，也对诗歌、民谣和充斥着亚马孙人、海怪、不老泉和黄金城市的虚幻浪漫故事相当熟悉。破产的人们，未来的显贵扬帆西去——仅在1506~1518年间，就有超过200艘西班牙船开往西印度——不仅是为了躲避西班牙的贫穷，不仅是为了使他们自己和西班牙王国富裕，也不全是为了在即将到来的宗教战争中令数百万人改宗。征服者们航向大海，也是因为有着奇怪动植物群和土著人的新大陆被视为流行的神话、奇迹和纯探险故事的源泉——对于拥有勇气和虔诚的年轻骑士而言，这是一个很合适的挑战。毕竟，亚特兰蒂斯（安的列斯群岛）、亚马孙人（亚马孙河）和加利福尼亚（浪漫传奇《西班牙传奇功绩》中的岛屿）终究都存在于现实中。

所有的征服者都拥有清晰的日程表，指导他们如何粉碎土著抵抗：劫掠地方获得黄金，使异教徒皈依基督教，享用当地妇女，生下混血儿——科尔特斯似乎就有好几个——随后建立当地庄园和男爵领地，在那些地方，西班牙"大人"们也许会监督成群的印第安劳工输出新大陆的食物和金银。科尔特斯在刚过20岁时曾宣称，他在抵达新大陆的第一年里，"要么享用号声，要么死在处刑台上"，随后把他20多岁和30多岁早期的时间花在古巴的采金业和畜牧业上，以此积攒财富——这是帮助他对墨西哥的新土地发起远征，以获取更多财富的资本。

在1492~1540年之间，征服者们得以自由探索并征服加勒比世界，在这50年里他们成了不合时宜的怪物——如果不是厌物的话。人们目睹了科尔特斯和他麾下骑士们在1521年征服墨西哥后不到十年里财产的衰颓。新大陆西班牙帝国主义的伟大批评者，多明我会修道士巴托洛梅·德·拉斯卡斯严厉指责了1502～1542年的"40年"：他的一小撮同胞在此期间通过军事征服、疫病和经济剥削将加勒比海盆的居民扫除一空。到1550年为止，西属美洲已是一个官僚、矿工和教士的世界，卡斯蒂利亚的穷困危险人物希望不受监督地折腾与国王和教皇有关的密谋，从而毁灭其他人从美洲人民和土地上较为细致地攫取灵魂和黄金的工作，后者在那时已经没有生存空间了。国王和教会都开始体会到，像科尔特斯这样的人具备危险倾向，他们会把新大陆的绵羊剥皮而不是剪羊毛。征服者时代开始后还没多少年，国王和教会就不遗余力地确保这一时代已然终结。

在加勒比海盆定居并开拓的第一代人，都是些强悍的角色，像古巴总督迭戈·贝拉斯克斯，他在哥伦布的第二次远航和解放格拉纳达的最终战斗中积累了丰富经验；还有哥伦布远征中的另一位老兵，同时也是这位著名探险家的女婿，新发现的牙买加殖民地统治者弗朗西斯科·德·加拉伊；西班牙内战里百战锻炼出的幸存者，西班牙总督中最为残忍的人，年龄高达78岁的巴拿马"考迪罗"佩德罗·阿里亚斯·达维拉，等等。埃尔南·科尔特斯本人是麦德林的当地居民，也是一个为王国服役50年的传奇士兵的儿子。

征服者与教士和手执羽毛笔的人之间，存在着天壤之别，后者的使命是前来巩固并官僚化残酷得多的前者用剑赢得的东西。在我们看来，征服者的道德观缺乏平衡：屠杀毫无武装的印第安人、把被征服者变成一群群契约奴隶并不会激起任何反感。与此相反，人祭、食人、异装癖和鸡奸则会激发道德上的义愤，不穿衣服、不具备私有财产、不执行一夫一妻制、没有固定的体力劳动也会导致类似后果。卡斯蒂利亚伦理世界中的很大一部分并非关于生死的基础问题，而是基于公开的地位、行为习惯和文明的傲慢：

> 于是，正如16世纪的西班牙人构想的那样，一个文明政体的成员是穿着紧身上衣和长筒袜，留着短发的城镇居民。他的房屋不会满是跳蚤和虱子。他在桌上吃饭，不会在地上吃。他不会沉溺于不自然的恶行，如果他犯下通奸的话就会因此受到惩罚。他的妻子——这是他唯一的妻子，不是许多妻子中的某个——不会像猴子一样把孩子带在背上，他希望自己的遗产由儿子而非侄子或外甥继承。他不会花时间喝醉，对财产有适当的尊重感——既是对自己的财产，也是对他人的财产……（J. 埃利奥特，《西班牙和它的世界》，55–56）

西班牙式理性主义

科尔特斯所部和那些类似他们的人留下的遗产，是旋风般的军事征服——以及在仅仅30年里通过军事征服、毁灭土著农业习俗和无意中引入天花、麻疹和流感等疾病，就几乎将加勒比和墨西哥的土著居民全数灭绝的"丰功伟绩"。和"希腊人"亚历山大大帝一样，"基督徒"科尔特斯屠杀了成千上万的人，劫掠了帝国金库，摧毁并建立城市，拷打并谋杀他人——并声称他做这一切都是为了人类的进步。他在给卡洛斯五世的信中宣称,有兴趣在所有土著人和西班牙人间建立兄弟情谊,这读起来让人想起亚历山大在俄庇斯(公元前 324 年)的誓约,他那时宣称要建立容纳所有种族和宗教的新世界。在这两个案例中,统计数字都讲述了一个截然不同的故事。

征服者们远非无知的狂热者。尽管他们有强烈的信仰,却并未生活在墨西哥人的神话世界里——蒙特苏马派了一队巫师和通灵者对卡斯蒂利亚人施法——尽管浪漫主义的世界有着野性的传说和难以置信的传言,最终还是要屈从于感官知觉和坚实数据。不管西班牙人有着怎样的狂言,他们都不相信墨西哥人是恶魔的超人类代理者,而是可以通过政治阴谋和卡斯蒂利亚武器来迎战、阻挡并最终征服的土著部落。就像西班牙人不熟悉墨西哥人一样,墨西哥人对西班牙人也同样陌生,但区别在于——且不说是西班牙人而非墨西哥人航行了半个世界前来征服未知的民族——科尔特斯的士兵可以不用凭借宗教典籍注释就可以解释奇怪现象,他们所倚赖的是有 2000 年之久的传统。通过感官知觉,依靠储备的抽象知识和归纳推理,卡斯蒂利亚人迅速掌握了特诺奇蒂特兰的政治组织方式,墨西哥军队的军事能力和墨西哥民族的普遍宗教背景。

他们从未见过像墨西哥祭司那样有着奇怪缠头、恶心血斑和恐怖人皮斗篷的人,也没有见过大规模人祭的仪式,或者拖走受害者、撕裂他们正滴血的心脏的典礼。但他们很快猜出这些印第安圣人并非神灵。尽管天主教会的言辞十分浮夸,但那些墨西哥人也绝不是恶魔,而是人类,是进行某种奇怪宗教仪式并因此招致那些被迫屈从的同盟者憎恶的人类。基督教告诉他们阿兹特克宗教是邪恶的,但欧洲的思考传统则给了他们探究这种邪恶宗教，查出其弱点，最终将其摧毁的工具。与此相反，阿兹特克人在卡斯蒂利亚人到来后数个星期内依然在困惑他们究竟是在对抗人还是半神，半人马还是马，船只还是浮动的山丘，外来的神还是国内的神，雷鸣还是火炮，神使还是敌人。

科尔特斯本人受过部分教育，曾当过一段时间的公证人，学习过拉丁语，阅读过恺撒的《高卢战记》，李维的著作和其他古典军事史。在身处墨西哥的最黑暗时间里，他至少有一部分成功要归功于令人入迷的演说术，他的演说中点缀着西塞罗、亚里士多德的典故和来自罗马史学家、剧作家的拉丁短语。我们必须铭记，公元前1世纪罗马共和国末年和帝国初年的西班牙，是欧洲的知识中心，产生了像大小塞涅卡那样的道德哲学家，诗人马提雅尔和农学家科卢梅拉。

尽管正在横扫西班牙的异端裁判所和宗教不宽容的政策，很快就会将伊比利亚半岛隔绝于北欧的学问中心之外，到1650年开始明显衰落，但16世纪的西班牙军队依然处于军事技术和抽象战术科学的前沿。在与科尔特斯一起进军的人当中，许多人不仅是熟悉拉丁语的公证人、破产贵族和教士，还是当代西班牙政治和科学小册子的热心读者。更为重要的是，他们是官僚和律师，受过举证、援引先例和律法的训练，并且能够在假定的公正同行听众面前，证明某件事的正确性。

科尔特斯的征服者也许不是知识分子，但他们装备着16世纪欧洲最为精良的武器，还有此前与摩尔人、意大利人和土耳其人交战的经验支撑。大约2000年来西方军事科学的抽象基本原则——从堡垒、围城、会战战术、弹道学、骑兵机动到后勤、使用矛剑作战和战地医疗——确保了墨西哥人要杀死一个卡斯蒂利亚人，就得真正付出数以百计伤亡的代价。在敌军蜂拥而上突击时，西班牙人排成队列，以无可置疑的纪律统一行动，成群地打出齐射。面对几乎每周都突然出现的各种奇怪危机，科尔特斯和他的亲近顾问——杰出的马丁·洛佩斯、勇敢坚定的桑多瓦尔和机智多变的阿尔瓦拉多——并不仅仅是祈祷奇迹降临，而是冷静地面对面商讨、争论应对方案，并制定出战术，搭建机械，试图挽回将数千人开进岛屿要塞这一部署所造成的恶果。同时，科尔特斯也会担心，他的每个行动会被记录、批评和审查，任何错误最终都会在西班牙广为人知。

西班牙人的个人主义，自始至终都相当明显。最令人难以置信的个人主义是某些战斗中的主意——某些主意半生不熟，就像在火药变得短缺的时候，有意大利战争经验的老兵说服科尔特斯他可以制造一架大型投石机（这将被证明是全然失败的）。在西班牙将军和士兵之间，存在一种墨西哥人毫不了解的亲近关系：没有一个阿兹特克战士胆敢接近蒙特苏马或他的继任者瓜特穆斯，提出关于船只制造、战术和后勤的新方法。就像亚历山大的"伙友"与他们的国王之间享有大流士和他的不死军之间不可想象的亲密关系一样，科尔特斯和他的骑士们以墨西哥人难以想象的方式一起进食、睡眠，并互相指责对方的错误。

自从公元前 6 世纪爱奥尼亚地理学家出现之后，西方人就开始在非西方土地上旅行、写作和记录。像卡德摩斯、狄奥尼修斯、卡戎、达玛斯忒斯和赫卡泰奥斯这样跟随他们的脚步进入亚细亚和埃及的旅行家，以及后来的雅典帝国主义者、色诺芬的万人远征军以及亚历山大大帝一样的探索者、征服者，这些人写下了关于波斯（Persica）和在希腊以外旅行（Periploi）

的描述。与此相反，在薛西斯大举入侵希腊期间（公元前480年），那位国王显然对希腊城邦的状况知之甚少——如果不是一无所知的话。

希腊人探究自然的丰富传统被罗马商人、探险家、征服者和科学家继承了，他们的活动范围扩展到整个地中海、北非和欧洲。和阿兹特克皇帝不一样，科尔特斯可以站在前人的肩膀上，他所生活的文明有书面文学传统来描述外界现象和人群，将其编入目录加以评估，并解释他们所处的自然环境。这一传统可以追溯到希罗多德、希波克拉底、亚里士多德和普林尼的时代——古老且傲慢的西方思想认为，只要探究者有足够的经验数据和适当的推理方法，对理性之神而言，万物皆可解释。反观蒙特苏马，对于他无法解释的新事物，他要么是担心，要么是崇拜；而科尔特斯则试图解释那些事物，既不用害怕也不用膜拜。最终，这正是特诺奇蒂特兰而非维拉克鲁斯——更不用说塞维利亚——会沦为废墟的原因。

为何卡斯蒂利亚人会获胜？

无法解释的事

将近25万人，居住在特诺奇蒂特兰和特拉特洛尔科这两座孪生岛屿都市里。另有100多万操纳瓦特尔语的墨西哥人沿湖居住，他们是向阿兹特克帝国纳贡的臣民。更多的居住在墨西哥谷地之外的人也向特诺奇蒂特兰臣服。特诺奇蒂特兰的大市场可以容纳6万人。城市本身要比大部分欧洲主要都市还大——西班牙最大的城市塞维利亚只有不到10万居民。这座岛屿要塞拥有拱桥众多的、工艺精巧独到的堤道，一条巨型石质输水渠，其中的神庙在体积上大过埃及同类的金字塔，人工湖上还有数以千计的独木舟船队加以保护，看似金城汤池，可谓建筑学上的奇迹。

这里有浮动的花园，豢养奇异热带动物的动物园；庞大的宗教和政治精英阶层拥有特权，他们身上华丽异常的饰物中充斥着各种黄金、珠宝和珍奇羽毛。这一切足够让科尔特斯的属下惊异不已。他们在同时代的记载中发誓说，没有一座欧洲城市能够在财富、权力、美丽和规模上与特诺奇蒂特兰相提并论。然而，在不到两年时间内，一支渺小的卡斯蒂利亚军队击败了阿兹特克帝国，开启了一系列最终将消灭大部分阿兹特克人并毁灭壮丽的特诺奇蒂特兰城的事件——这些人没有可靠的补给线，不熟悉当地风土人情，起初还招致了每一个土著群体的攻击，并受苦于热带疾病和不熟悉的菜肴。在古巴的上级官员反对他们的进军；后来这些先驱者还要抵抗另一支卡斯蒂利亚军队，后者被派来抓捕科尔特斯。

对于他们令人惊讶的成功，西班牙人自己不正确地将其归因于固有品质、更优秀的智慧和基督教信仰。在将近500年时间里，墨西哥人和欧洲批评家对于这一看似不可能达成的业绩，提供了各种互相冲突的解释，包括特拉斯卡拉盟友所扮演的角色、疫病导致的后果，还有科尔特斯本人的军事天才，或者时间测算体系、通信系统方面的差距。然而，很少有人试图将更广泛背景下，历史悠久且非常致命的西方军事传统纳入理论框架来寻求解答。

土著盟友？

难道科尔特斯在互相猜疑的同盟中，玩弄着用土著对付土著的手法，开启了毁灭墨西哥自身文化的内战，最终让他自己成了唯一受益者？假如要把对墨西哥的征服视为主要由墨西哥民族间的内战所致，就需要让三个命题成立。首先，中美洲部落在无须西班牙援助的状况下，具备在此前某个时刻就单独消灭特诺奇蒂特兰的能力。然而，同时代的记载证明：在西班牙人到来之前，所有邻近部落都无法推翻墨西哥人，在西班牙人到来之后，他们在没有欧洲人支援的状况下，也无法有效对抗阿兹特克人。其次，在毁灭墨西哥城后，墨西哥土著居民本可以转而反抗西班牙人，就像在科尔特斯到来时那样对欧洲人再次发起进攻，继而一并消灭卡斯蒂利亚人，确保他们享有不受阿兹特克和欧洲压迫者威胁的完全自主。实际状况则恰恰与之相反：特诺奇蒂特兰的毁灭标志着整个墨西哥自主的终结。土著部落既不能够在西班牙人到来前击败阿兹特克人，也不能在被征服后推翻西班牙人。最后，互相吵闹且脾气暴躁的中美洲人被一支团结且有凝聚力的欧洲军队组织起来，这意味着导致印第安人未能获胜的主要原因是土著人间的内斗，而非西班牙的军事优势。然而，欧洲人队伍中的纠纷几乎和墨西哥土著人一样多。科尔特斯本人差点在古巴被逮捕，还成了几桩暗杀密谋的目标。他被伊斯帕尼奥拉当地政府宣布为叛徒，被迫偷盗补给，或者依靠枪口威胁没收补给。在与蒙特苏马展开精细复杂谈判的时候，他被迫放弃了特诺奇蒂特兰。在留下阿尔瓦拉多指挥的一小队人之后，他的部下进行了艰苦且危险的250英里行军返回维拉克鲁斯，直面并击败了纳瓦埃斯指挥下比他们规模更大的卡斯蒂利亚军队——其间他们始终面临着各种各样中美洲部族的进攻，后者试图从西班牙显露出的虚弱迹象中获益。

简而言之，没有官方认可、四面受敌的科尔特斯，在加勒比地区的上级眼中近乎一个违法的罪犯，却依然能够在充斥着紧张关系和频繁战争的土著世界里生存，并投入到一场灭绝墨西哥史上最强大民族的战争之中——在没有先进技术、马匹和战术的前提下这一切都无法实现。在这场战役结束后，科尔特斯耗时数年将整个墨西哥纳入西班牙统治之下，此战的结局将决定从1521年特诺奇蒂特兰陷落直至19世纪墨西哥独立战争间的当地政治形态：除了偶尔发生的暴动之外，无人再敢挑战西班牙人的绝对统治。

在所有关于征服墨西哥的讨论之中，统计数字本身很难说明问题。入侵者的纪律、战术和技术，而非阿兹特克军队或他们土著敌人的庞大规模，决定了阿兹特克帝国会在科尔特斯到来后不到两年内灭亡的命运。例行的土著冲突最终被西班牙人转变成了灭绝民族的可怕战争，继而终结了墨西哥所有部落的自主状态。在1520年7月1日灾难性的"悲伤之夜"后，科尔特斯损失了他的大部分特拉斯卡拉盟友，陷入了数以千计敌对部落战士的包围。然而，西班牙人至多得到少数幸存的特拉斯卡拉人的支援，却就此杀出特斯库科湖，并在行军过程中杀戮了成千上万的土著人，强迫其他当地土著返回同盟之中。此外，1521年7月初——"悲伤之夜"过后将近一年——科尔特斯在特拉特洛尔科遭遇伏击后，随着数十名卡斯蒂利亚战俘在金字塔上可怕的公开祭祀中惨遭集中屠宰，他的大部分盟友便突然不告而别。关于此情景土著方面的记载说明了科尔特斯的同盟为何会突然崩溃：

> 他们被强迫着一个接一个爬上神庙平台，随后就在那里被祭司们献祭了。西班牙人最先上去，随后是他们的同盟者，所有人都被处死了。人祭一结束，阿兹特克人就把西班牙人的头颅挂在长矛上排成排，马头也一样。他们把

马头放在底部，把西班牙人的人头放在顶部，还把所有头颅都排成面部朝向太阳。(M.里昂-玻第拉编著《断矛》，107)

同时代的记载强调，在科尔特斯从湖区村落中征集来的庞大的土著军队里，只有不到100人逃生。距离较为遥远的马利纳尔科人和图拉人当即反叛，导致科尔特斯派出部队对其展开惩罚性远征，以便确保出现动摇的库埃纳瓦卡人和奥托米人的首领们恢复信心。

在所有此类交锋中，数量上的差距都是令人吃惊的，阿兹特克人与卡斯蒂利亚人在战场上的数量对比远远超过一百比一——这一差距甚至远大于英国人在1879年祖鲁战争大部分战斗中经历的数量差距。在科尔特斯的军队陷入这样的反叛之际，在他们的统治解体之时，他还是维持了对特诺奇蒂特兰的围困，重新降服了反叛的盟友，随后迫使持怀疑态度的中美洲人返回他的军队服务。显然，被包围的阿兹特克人无法击败这些孤立的卡斯蒂利亚人，墨西哥的其他部族也没有信心在不依靠西班牙援助的情况下，仅仅凭借自身力量就摧毁特诺奇蒂特兰——同样，他们也没有赶往堤道，去消灭已被削弱的科尔特斯。

也许对局限于故纸堆的现代学者而言，要想理解那些被托莱多钢剑削成碎片、被葡萄弹切碎、被披甲骑士踩踏、被獒撕成碎片、被火枪子弹和弩矢撕裂手指的人，体会他们心中的极大恐惧，无疑是十分困难的任务——更不用说数以千计被科尔特斯和阿尔瓦拉多在乔卢拉和特拉科奇卡尔科神庙不加审判便匆忙处死的人了。在同时代的纳瓦特尔口头记述和西班牙书面记载中，有数十幕西班牙钢剑和子弹将中美洲人肢解、开膛的恐怖场景，此外还有此类混乱给土著居民造成的纯粹恐怖的描述。我们这些生活在20世纪的人，曾见证了数百万犹太人被仅仅数百名纳粹看守毒杀，或者数十万柬埔寨人被几千名精神失常的胆怯的红色高棉分子谋杀的景象，因此不该对那些能够轻易导致大量死亡的精良杀戮工具及其造成的恐怖感到惊讶。

杰出的阿兹特克学学者罗斯·哈斯格曾正确地指出，大部分关于征服的描述都低估了中美洲人对西班牙胜利的贡献。所以，我们应当清楚如下事实：没有土著盟友的大量支持（起初是托托纳卡人，后来是特拉斯卡拉人），科尔特斯是无法在不到两年内征服特诺奇蒂特兰的；但倘若没有科尔特斯的支持，在欧洲人到来之前的数十年中与阿兹特克人作战屡屡无功而返的周边印第安人，也无法摧毁阿兹特克的首都。在评估参战土著人所扮演的关键角色时，我们需要认识到这是一个关乎参与程度的问题，同时也要考虑所用时间和耗费。

数以万计的印第安人作为战士、搬运工和建筑工人为科尔特斯提供支援，与他并肩作战，还为他提供给养，他们是卡斯蒂利亚人战争努力中必不可少的部分。倘若没有他们的帮助，在耗时十年乃至更久的战争努力中，科尔特斯就需要数以千计的西班牙援军，也会额外损失数以百计的士兵。虽然如此，即便他在毫无土著帮助的状况下与团结的墨西哥作战，科尔特斯终究还是能够完成征服。西班牙对墨西哥的征服——与没有马匹、轮子、钢铁武器、航海船舶、火药武器和科学围城手段等历史悠久的战争传统的民族作战——是旧大陆对新大陆残酷征服的一个象征：在新大陆的其他地方，完成征服并不一定需要与土著人合谋才能做到。

中美洲人与阿兹特克人作战并不是因为他们喜欢西班牙人——事实上在1519年和1520年初的多数时间里，他们还试图消灭科尔特斯——而是因为他们遭遇了一个未曾料到的强大敌人，而这个敌人又可以向他们更大的对手特诺奇蒂特兰发起进攻，后者曾以极为可怕且邪恶的方式，系统化地屠杀他们的妇孺。在过去一个世纪里，与阿兹特克人发生的几乎毫无停息的战争让内陆和海岸间的大部分中美洲部族——尤其是特拉斯卡拉人——要么处于被压迫的臣服状态，要么处于被围困的状态，前者会剥夺他们的田地，时常还会出于肉体享受和人祭的需要夺走人口，后者则要耗费一年中多达六个月的时间用于抵御阿兹特克人的蹂躏。

西班牙人的出现让阿兹特克帝国的多数臣民相信，这里有一个他们无法击败的民族，但这个民族却能够毁灭他们的大敌墨西哥人，而且拥有庞大的技术和物质优势——正如拥有先见之明的阿兹特克守卫者在围城战的最后一段艰苦时间里提醒特拉斯卡拉人那样——足以让这些外来者建立统治全部墨西哥土著人的持久霸权。我们应当将土著人的贡献看作毁灭阿兹特克人大火的燃料，但要承认，点火者和火焰都属于西班牙人。倘若西班牙人不出现，即便是勇敢的特拉斯卡拉人也无法摆脱阿兹特克人的压迫，毕竟他们此前从未获得解放。考虑到西方制造致命武器的能力，它生产便宜廉价货物的倾向，它将战争视作推进政治目的的途径，以及从实用角度而非仪式层面看待战争的传统，中美洲人、非洲部落和北美土著人都加入欧洲军队，协助他们杀戮阿兹特克人、祖鲁人和拉科塔人，就一点儿也不令人奇怪了。

消灭将交通线、官僚机构和军事力量集中在一个岛屿要塞上的阿兹特克帝国，关键在于摧毁特诺奇蒂特兰——没有一个中美洲部族能够完成这一任务，他们甚至根本无法想象这一点。在土著部族正在与墨西哥人展开的战争中，他们的确试图利用科尔特斯作为战术资产。但他们完全未能理解西班牙人更庞大的战略目标：摧毁阿兹特克帝国是吞并墨西哥，将其变成西班牙帝国附庸的先决条件——因此他们不明智地成了欧洲古老战略思维传统的工具，而这与他们自己对于战争目标的概念大相径庭。

战争是政治的终极裁决这一抽象概念，特拉斯卡拉人和墨西哥人都无法理解，而这种思想可以追溯到亚里士多德在他的《政治学》第一部中超道德的观察——战争的目的总是在于"获取"，因此当一个国家远强于另一个国家，并"自然地"寻求以任何可能手段控制较弱对手时，战争便会合乎逻辑地发生——这是西方文化所独有的概念。这样的观点，后来也成为波里比乌斯《通史》中的主题，在恺撒《高卢战记》中则处处体现，在此后的年代里，又被马基雅维利、霍布斯、克劳塞维茨这些思路差异极大的西方思想家通过抽象的名词加以讨论和详述。柏拉图在他的《法律篇》中认为，每个国家都会在其资源所限范围内，寻求吞并不属于它的领土，这是出于国家野心和自身利益的合乎常理的结果。

疫病？

关于1519～1521年间死于疫病的阿兹特克人的数量，并不存在任何精确的数字统计。这是一个具有高度争议性的问题，人们激烈争论的不仅仅是数字本身，还涉及欧洲人是否精心设计疫病战，应当负有何等罪责等问题。在16世纪的大部分时间里，墨西哥都受到一连串欧洲疫病的威胁——天花、流感、鼠疫、腮腺炎、百日咳、麻疹——它的本土人口较之入侵前人口总数，减少了百分之七十五到百分之九十五。作为欧洲征服美洲过程中最大的悲剧之一，西班牙入侵之前可能供养了大约2500万人口的墨西哥次大陆在不到一个世纪后就只剩下一两百万居民了。

然而，就单纯军事目的而言，我们在此关注的是更为狭隘，也在很大程度上无关道德的纯粹军事效力问题。于1520年暴发的天花本身，在何种程度上与1521年西班牙人征服特诺奇蒂特兰相关？后来向西班牙人描述极其痛苦的天花细节的土著观察者认为，这场流行病导致特诺奇蒂特兰城内将近十五分之一的人口死亡。而现代学者曾估计，自第一波天花暴发开始，整个墨西哥中部有百分之二十到百分之四十的人口死于这一疾病——包括阿兹特克人和他们的敌人在内。在科尔特斯征服墨西哥的两年时间里，也许有两万或三万阿兹特克人死于这一疾病。这一令人吃惊的死亡数字必然导致墨西哥人的力量有所削弱。

虽然那些数字相当可怕，尽管科尔特斯取胜后一个世纪内有数百万人死于疫病——尤其是1545~1548年间、1576~1581年间的伤寒大暴发——这些人的死亡也许最终使得新西班牙行省得以建立，但天花与特诺奇蒂特兰的最终毁灭之间是否有很大关系这一点尚不明确。根据《佛罗伦萨抄本》的记载，天花的第一次暴发范围有限，传播时间为1520年9月初到11月末。在1521年4月到8月最后的围城战展开时，天花疫情已经大体消失了。等到科尔特斯于1521年4月逼近特诺奇蒂特兰展开第二次战役时，这座城市已经有六个月时间基本没有疫情了。天花也导致成千上万的科尔特斯盟友丧生，其死亡数字甚至高于阿兹特克人，因为托托纳卡人、加尔卡人和特拉斯卡拉人在欧洲人抵达维拉克鲁斯后就与其有密切接触，而维拉克鲁斯正是疫情暴发的地方。此外，这一疾病似乎在海岸地区最为知名，那里邻近西班牙人的活动基地，也位于与科尔特斯同盟的部族当中。在一定程度上，特诺奇蒂特兰的孤立岛屿位置、它的海拔高度以及提供缓冲区的战场无人地带隔开了传染源——尽管如此，这些有利因素仍然无法帮助阿兹特克人免受疫病折磨。

关于疫病的争论具有两面性：当地有许多热带疾病，而不少欧洲人对此同样几乎毫无应对经验或抵抗力。大部分同时代记载都提到，欧洲人中间时常出现支气管疾病和热病。这些疾病严重削弱了科尔特斯士兵的战斗力，有时甚至导致死亡。新大陆的疟疾和痢疾相比在西班牙出现的类似疾病，在发作时要猛烈得多。有的人还受到梅毒溃疡的困扰，对于在热带地区披甲作战的士兵而言，这是极为不快的体验。此外，科尔特斯麾下的士兵并非都曾因生过天花而得到抗体，在当时，这种疾病依然能够在欧洲主要的城市地区导致成千上万人死亡。考虑到科尔特斯的军队在人数方面非常有限，倘若几十名西班牙人得了天花的话，对征服者军事力量的影响，也相当于数以千计的患病土著人对超过100万人口的阿兹特克帝国的影响。在科尔特斯本人的书信和同时代西班牙观察者的历史记载当中，尽管提到了天花，但从未将其列为对战争任何一方有显著影响的因素。这是因为卡斯蒂利亚人本身就被众多疾病所困扰，同时他们也并未察觉特诺奇蒂特兰的抵抗因为疾病的原因有任何显著的削弱，因此，我们也就永远无法分析出在阿兹特克人当中疫病的流行程度。

欧洲人之所以不至于被接触到的新旧疫病消灭殆尽，既有人口统计学和文化因素的原因，也有生物学方面的原因。作为由一大群成分混杂、生活背景和旅行经历多种多样的年轻男性战士组成的群体，卡斯蒂利亚军队很少会挤住在狭小的城市住所里，也没有与妇女、儿童、老人频繁接触。此外，他们也几乎没有照料患病平民的责任。除了一些对天花的生物抗体之外，西班牙人还带来了对抗疫病暴发的漫长的经验主义传统——塞维利亚在1600年因为疫病丧失一半人口，但它既没有被疫病毁灭，也没有毁于伺机而动的外来入侵之手，而是成功恢复正常。

在作战当中，征服者使用羊毛和棉花包扎伤口。他们有一项可怕的发现：从新近杀死的印第安人身上取下的油脂，可以作为良好的药膏或愈合膏。尽管16世纪的欧洲人并没有对病毒和细菌的科学知识，对传染性病原体机理也毫无了解，但西班牙人却可以依赖漫长的经验主义传统——这可以追溯到像希波克拉底和盖伦这样的古典医学家，这些先行者根据在希腊和意大利城市中对流行病的第一手观察资料，帮助建立了强调适当隔离、药膳、睡眠和仔细安葬死者等措施的西方医疗传统。

作为这一悠久历史的成果，西班牙人意识到，与疫病患者的近距离接触会导致感染，因此死者需要立刻加以处理，而疾病的发作过程也可以依靠对症状的准确观察加以预计，经验主义的观察、诊断和预断过程显然优于仅仅进行念咒和献祭。天主教教士也许会指出，某人得病是因为上帝惩罚他之前的罪恶，并提供祈祷作为治疗手段。但大部分西班牙人都意识到，一旦开始传染，随后就是可以预计的疾病发作流程，在某种程度上可以通过医疗、细心治疗、饮食和隔离加以改善。

与此相反，墨西哥土著人就像古埃及人和许多天主教教士一样，相信体内的疾病是神灵或邪恶的敌人造成的，他们希望惩罚或掌控被疾病影响的人们——因而也可以用符咒消除病情。阿兹特克算命人会查看扔在棉织物上的豆子图案，以此判定病因。倘若献上包括人类和动物在内的各式各样的牺牲，那就一定能够缓解马奎尔索奇特尔、特斯卡特利波卡乃至克西帕的愤怒吧？即便是中美洲的草药医生，也对集体睡眠和洗浴、成群人挤在一起流汗的做法，或者是在地上吃饭、披挂人皮、食人的习俗，以及不立即埋葬或处理死者的方法等和疾病传播有关的概念知之甚少。

天花疫情对科尔特斯的真正好处，并不在于减少阿兹特克人数量本身，而在于它导致了一系列文化与政治后果。因为西班牙人的死亡数量和印第安人相比微乎其微，在阿兹特克人中间开始传播这样的看法——这种看法在"悲伤之夜"后原本已被淡忘了一段时间——欧洲人能够超越死亡。随着天花在中美洲居民中传播，其领导阶层大量死亡，卡斯蒂利亚人得以精心挑选并扶植那些倾向于他们统治的新领导人。天花增强了西班牙人超人能力的名声，强化了他们从土著盟友那里得到的支持，尽管事实上疫病杀死的西班牙人支持者和敌人一样多——因此疫病造成的伤亡本身对攻守双方之间的数量对比并未造成任何影响。

文化困惑？

近年来，对西班牙人奇迹般的胜利，有一个较为通行的解释和文化困惑这一概念有关。根据这种理论来解释的话，倘若从符号学的角度出发，我们可以认为，阿兹特克人构想并表达现实的方式与西班牙人大相径庭，因此在欧洲人到来之后，他们陷入无能为力的迷惑中；当然也可以用更合乎逻辑的主张来看待这个问题，亦即他们受到自身文化的限制，因此无法改变自己的战争方式去对付截然不同的敌人。起初，阿兹特克人的确毫不了解西班牙人和他们的优越军事技战术所带来的威胁。他们也许相信，征服者本身就是某种神灵——长久以来流传的预言认为，浅色皮肤的羽蛇神和他的随从会从海上归来。许多墨西哥人相信西班牙火器是雷鸣的兵器，他们的航海船舶是浮动的群山，马匹则是某种半人马神兽，骑手和坐骑是同一个生物。许多学者认为，由于阿兹特克人缺乏音节文字体系，他们的正式演讲也高度仪式化，加之西班牙人带来了陌生的概念，这就让阿兹特克人被欧洲人的直率方式弄得十分困惑，使得他们在欧洲人直截了当的国家政治与战争手法面前显得相当脆弱。

早在西班牙人到达维拉克鲁斯之前，蒙特苏马就似乎得知他们会出现在加勒比地区。有传言说，这些人的到来将会带来命中注定的羽蛇神回归，并导致阿兹特克帝国的灭亡。宗教权威和绝对政治权力系于统治者一人之手，加之蒙特苏马神话般的世界观，在一定程度上解释了阿兹特克统治集团会做出允许科尔特斯于1519年11月进入特诺奇蒂特兰的致命决定。他们很快就判断出，西班牙人绝非神灵，但他们起初的犹豫和害怕给了科尔特斯在战争中至关重要的优势。其他学者则强调，宗教仪式在阿兹特克生活中无所不在，尤其是阿兹特克战争的仪式化和惯例化程度非常高——这种战争模式强调，应当捕获战俘作为给神灵人祭的牺牲品，而非当即杀死敌人。正是因为这种态度的存在，许多西班牙征服者（包括科尔特斯本人在内）本该会被轻松杀死百十来次，但由于阿兹特克人坚持要生擒，他们总能逃脱一死。

和天花暴发的案例一样，这种关于盲目相信西班牙人神性的理论，有一个相信程度深浅的问题。墨西哥人可能会相信科尔特斯及其属下是神。当这些人于1519年底被围在特诺奇蒂特兰城内处境危险时，他们可能会放松守备，或者害怕去攻击这些所谓的"神"。阿兹特克人没有一上来就试图在作战中杀死西班牙人，从而丧失了无数次消灭数量上严重处于劣势的敌人的机会。但到"悲伤之夜"时，西班牙人已经在特诺奇蒂特兰待了将近八个月。阿兹特克人有无数机会可以抢先消灭西班牙人——这些外来者对饮食、睡眠、排泄，以及与土著妇女发生性关系等方面，都有着特别的癖好，还对黄金极为贪婪。从早已传到蒙特苏马手中的报告来看，他们知道在西班牙人此前与奥托米人和特拉斯卡拉人的战争（1519年4月至11月）中，西班牙人也会像人一样流血。事实上，有一些人还在战斗中被杀。这就极为清楚地表明他们的肉体和墨西哥居民完全类似。在他们抵达特诺奇蒂特兰之前，还有马匹被带进城，砍成碎片并献祭：在马匹抵达之后，对墨西哥谷地里的所有人来说，这些生物只是像鹿一样的大型生物而已，并不具备任何神性。

在1520年7月1日于堤道上展开的第一场真正军事交锋中，包围科尔特斯的阿兹特克人所想做的事，明显是去消灭凡人而非神灵。在狭窄堤道上展开大规模夜间攻击的环境下，俘获卡斯蒂利亚人是几乎不可能实现的，当夜被消灭的600～800名西班牙人中大部分都被当场有意杀死或听任淹死，这样的下场绝非偶然。

在西班牙人逃往特拉斯卡拉的后续战斗中，以及在特诺奇蒂特兰的最后攻城战里,墨西哥人使用了缴获的托莱多剑进行战斗。他们甚至可能曾经尝试通过强迫的方式让被俘的征服者向他们展示使用弩的机巧。墨西哥人时常改变他们的战术,学会了避免在平原上一拥而上地进攻。在大规模攻城战中,他们还表现出创造性,将战斗局限在城市狭窄街巷里来获得优势——如此,利用伏击战术和投射兵器,他们也许能够抵消西班牙人因为使用马匹和火炮所带来的优势。最后,阿兹特克人还可以推测出,西班牙人一心要将他们彻底灭绝,由此他们会合乎逻辑地怀疑,西班牙调停者给出的一切保证都是虚假的。他们用有着先见之明的话语嘲弄特拉斯卡拉敌人——在阿兹特克人覆灭后,特拉斯卡拉人也终究会成为西班牙人的奴隶。

如果说,阿兹特克人在作战中有什么不利条件的话,那就是他们的训练和习惯教育他们要捕获并捆绑敌人,而非砍杀敌人——即便是在抵抗像西班牙人这样毫不留情的杀手时,这一习惯也被证明难以改变。然而,我们必须记住,士兵应当俘获而非杀戮敌人这一概念,恰恰是最为非西方化的概念,这让我们再次回忆起本书主题:阐述西方战争的诸多细节——包括歼灭性的、集群进攻的、使用训练有素队列的战术和高人一筹的战争技术——这些东西才是西班牙人得以征服墨西哥的主要原因。

除了最主要问题,即武器低劣和战术错误之外,阿兹特克人在文化方面同样处于劣势,尽管这一方面并不受人关注:宫廷王朝将所有政治权力集中在一小撮精英手中,对这样的统治架构而言,系统崩溃的古老威胁始终存在——这又是欧洲以外文明中存在的一个现象。在跨文化冲突中,这种状况总能给西方军队优势。迈锡尼宫殿的骤然毁灭(大约公元前 1200 年),波斯帝国在大流士三世从高加米拉脱逃后的突然瓦解,印加帝国的终结和苏联的迅速崩溃都证明,宫廷王朝在外界刺激面前极不稳定。不管在什么时候,倘若有一小撮精英试图从要塞城堡、岛屿堡垒、庞大宫殿或是克里姆林宫围墙内控制一切经济和政治活力,在帝国显贵死亡、逃亡或名誉扫地后,帝国就会很快瓦解——这再次和非中央集权化的、阶层较少的、地方自我控制的西方政治经济实体形成了反差。继任皇帝瓜特穆斯于1521年8月最终逃跑后,阿兹特克人的抵抗便立刻结束了。

马林切

威廉·普雷斯科特和休·托马斯在他们精彩的叙述中认为,要是没有土著人称为"马林切"的埃尔南·科尔特斯的非凡天才和罪犯般的大胆敢为,西班牙人是不可能以微小的代价让墨西哥人突然崩溃的。"马林切"一名,来自科尔特斯的固定伴侣兼玛雅翻译——才华横溢且无可替代的唐娜·玛丽娜,她的姓名由她的纳瓦特尔语名字迈努利或马利纳利衍生出来。在几乎所有关于西班牙征服的现代欧洲记载中,其他征服者——甚至像古巴总督贝拉斯克斯那样勇敢的人,或者被派来捉拿科尔特斯的纳瓦埃斯,或者科尔特斯手下的能干亲信、英勇的桑多瓦尔和鲁莽的阿尔瓦拉多——尽管同样出众拔萃,却无法复制科尔特斯的成功。

就算一个人并不信奉"英雄造时势"的历史理论,他也会意识到,科尔特斯的勇敢、演讲术和政治理解力在许多关键场合发挥了重要作用——例如在一开始就毁弃船只向内陆进军,与特拉斯卡拉的战争和随后明智的结盟,奇迹般几乎毫无伤亡便击败纳瓦埃斯,在经历"悲伤之夜"后的英勇跋涉,以及折返进军和建造双桅帆船的计划,还有在特拉特洛尔科最终受挫后的迅速恢复——正是所有这些行为,挽救了这场远征。在 1521 年的征服过去后仅仅七年，此前未能阻止住科尔特斯，还因此丢了一只眼的潘菲洛·纳瓦埃斯指挥发起对佛罗里达的远征，其部队规模与科尔特斯起初进兵墨西哥的规模相当，足有 500 名士兵和 100 匹马。据我们所知，只有四名征服者在此役中幸存下来，拯救幸存者还消耗了长年累月的时间——这说明了当领导人不具备能力和勇气时，即便是补给充足的西班牙军队也会在新大陆遭遇凄惨的灾难。

曼努埃尔·奥罗斯科－贝拉描绘了一幅超越善恶，近乎马基雅维利式的科尔特斯肖像，而他所描述的科尔特斯显然与同辈人中的任何人都截然不同：

> 想想他对迭戈·贝拉斯克斯的忘恩负义，对部族的两面三刀，以及对蒙特苏马的背信弃义吧。记住他在乔卢拉毫无意义的屠杀，对阿兹特克君主的谋杀，对黄金和珠宝贪得无厌的欲望吧。不要忘记他杀死第一任妻子卡塔利娜·华雷斯的残暴行为，以及他在折磨瓜特穆斯时做出的低劣的行径。他毁灭了自己的对手加拉伊，为了保住指挥权，让自己成了杀死路易斯·庞塞和马科斯·德·阿吉拉尔的嫌疑犯。即便用历史记载所证明的一切其余罪恶来指控他，但只要让他以自己是睿智的政治家和勇敢能干的指挥官的理由来抗辩，他所做的一切，就终会被认为是近代历史上最为令人吃惊的伟业之一。（《科尔特斯联盟》，xxvi）

的确，科尔特斯是一位战士，一个无情而诡计多端的人，一个具有超人精力的政治家。以才能而论，在 16 世纪西班牙开拓新大陆的诸多天才竞争者中，他也无人可以匹敌。他无数次因为热带病几乎病死，甚至在从西班牙出发航海之前还得了一场严重的疟疾。在墨西哥城争夺战当中，他差点得了脑震荡，手上、脚上、腿上都受了伤，他三次差点被俘虏，险些被拖到特诺奇蒂特兰大金字塔上献祭。他挫败了土著人和卡斯蒂利亚人多次尝试刺杀他的图谋，摆平了远在卡洛斯五世宫殿里的敌人。科尔特斯和各种妇女生下数个孩子，还被人指控谋杀第一任妻子卡塔利娜。他的军队几乎在"悲伤之夜"中被消灭，他本人也负了伤，军队则被敌军包围起来。因为宗教狂热、卡斯蒂利亚人的荣誉、西班牙爱国主义、单纯的贪婪、个人名望或上述所有原因及其他因素相加的结果，科尔特斯最终拒绝退往维拉克鲁斯的安全地区：

> 我记得命运总是偏爱大胆的人，此外，我们还是坚信上帝大恩的基督徒，他不会让我们完全死尽，也不会让我们丢掉曾经属于陛下也将属于陛下的庞大又宝贵的土地；我也不能放弃继续进行战争，再次征服曾经臣服过的土地，我必将完成这一伟业。因此，我决心，无论如何都不会翻过群山，赶回海岸。与此相反，我将不顾一切可能落在我们头上的危险和苦累，告诉他们我不会放弃这块土地，因为放弃不仅对我而言是可耻的，对所有人而言是危险的，还是对陛下您的极大背叛；我宁愿决心尽我所能，以各种可行方法，在各个地方对敌军展开进攻。（H. 科尔特斯，《墨西哥来信》，145）

在两年时间里，科尔特斯见证了他超过一半的部下——

1600人中的大约1000多人——战死或被俘。曾经有三次，他麾下得病和受伤的幸存者们忍无可忍，做好准备打算反叛他们的指挥官。他劫持了蒙特苏马，对阿兹特克皇帝的弟弟和侄子发动战争，无数次与他的特拉斯卡拉同盟作战并将其击退，他还击败并控制了一支西班牙"援军"，这支部队原本是被派来逮捕他，并将他戴上镣铐带走的。他航向西班牙为自己的事业抗辩，还曾指挥大军赶往危地马拉，也曾声称，只要得到船只和士兵，就可以指挥开往中国的远征军。这一切都来自一个高不过五英尺四英寸，重约150磅的小个子，他在1504年抵达伊斯帕尼奥拉时，只是个不名一文的20岁年轻人而已。

尽管如此，倘若没有马匹、火器、钢制兵器、铠甲、船只、军犬和弩，更不用说他副手们的军事才干——这些人拥有从造船、制造火药到使用步骑结合战术的专长——那么即便是科尔特斯，也终究会失败。西班牙人和阿兹特克人之间的差距实在太大，它远比罗马和迦太基或马其顿和波斯的差距显著得多，即便出现了杰出的阿兹特克领袖或无能的西班牙征服者，也无法改变最终的结果。要是阿尔瓦拉多或桑多瓦尔指挥卡斯蒂利亚人在1520年11月进入墨西哥城，要是他们遇到了暴躁易怒的瓜特穆斯而非谨慎又混乱的蒙特苏马，这场远征可能会步履艰难。但只要在1521年科尔特斯受挫期间抵达墨西哥海岸的七只后续船队仍旧出现，就会有更大规模的远征军补充起初战败后的损失，其中一些会得到更优秀的将军的统率，也会有更多的士兵——在附近的加勒比定居点上有三万西班牙人可以作为兵员。科尔特斯本人在"悲伤之夜"的灾难发生后宣称，他自己的生命并没有多少价值，因为在那时的新大陆，有成千上万的卡斯蒂利亚人可以取代他，并继续征服阿兹特克的伟业。

征服墨西哥是历史上少有的、用技术胜过各种各样的个人天才与成就的事例——正处于军事复兴中的欧洲，对抗既无马匹也无轮子，完全没有见过金属和火药的敌人。对北美洲西部的征服过程中，没有涌现出像科尔特斯那样有能力的征服者，而土著民也没有像岛屿都市特诺奇蒂特兰那样集中且脆弱的神经中心，入侵者们依靠连续不断的战争，在40年中完成了整个征服。美国在其边境和土著人的战争中，用许多说英语的无能将领指挥军队，而他们的对手则是英武勇敢、心灵手巧，而且大规模装备西方武器和马匹的印第安部落。美国指挥官在对抗中总是发起愚蠢的进攻，从而损失部队并丢掉自己的性命——但这一切并不影响印第安土地不断受到侵犯的事实，也不会改变土著军队逐步被击败的结果。我们也应当铭记，从10世纪到11世纪出现在北美东北海岸[①]的挪威探险家——他们是新大陆的第一批欧洲入侵者——由于缺乏火器、马匹和合理的战术，同时也无法依靠后续的大型海船船队补充大量士兵，在对抗土著部落时最终只在个别场合获得过持久性的胜利。挪威人虽然在导航和操船上拥有卓越才能，还有传奇般的勇猛武力，但他们没有便利且充分的人力和物资补给，因此他们的诸多优势并不足以确保征服或殖民的行动能够成功。

西班牙的武器与战术

将卡斯蒂利亚人令人吃惊的胜利归因于文化混乱、疾病、土著盟友以及其他次要因素的现代学者们，非常不情愿承认在征服过程中西方的技术和军事优越性所发挥的主要作用。

---

① 原文误为西北。——译者注

也许他们害怕这样的结论会暗含欧洲中心主义，或者承认西方在精神文明上的优势。然而，墨西哥和西班牙军队在装备和战术上的巨大差异是无关道德或基因的，它只和文化与历史有关。

在所有兵器和铠甲方面，西班牙人都要远远优于他们所遭遇的每个土著部落。他们的铁剑比墨西哥人的黑曜石棒更锐利，更轻巧，刃也要长得多。技艺娴熟的剑手可以用剑进行刺击和砍杀，这样的武器——正如书面材料和墨西哥艺术作品所证明的那样——能够一次攻击就砍下一整条肢体，或是将毫无甲胄的敌人彻底肢解。征服者的剑是长度更短的罗马剑的直系后裔，它起初也是一种西班牙剑，曾给予罗马军团在古代地中海地区最强大的穿透铠甲的能力。各个时期在墨西哥作战的全部1600名卡斯蒂利亚人，都装备了这样的致命武器，即便在西班牙人的子弹和弩矢都用尽时，精良的剑也能够在很大程度上保证他们取胜。

许多士兵装备了梣木制的长矛。大部分长矛长度在12英尺~15英尺之间，顶部装有沉重锐利的金属头。和给予此类武器灵感的马其顿萨里沙长枪一样，当密集阵形的士兵挥舞西班牙长矛时——卡斯蒂利亚"大方阵"在16世纪的西班牙一度成为最致命的步兵力量——就会创造出一堵不可击穿的墙壁。在西班牙习惯用语当中，它的意思就是无法进入的"钢铁麦田"。当长矛被披甲骑兵当作骑枪用于追杀溃逃士兵时，一次攻击就能够把一名士兵的头颅打飞。最后，西班牙人还有数以百计的轻型钢尖标枪（jabalinas），当剑手在近身状况下投出标枪时，就像罗马标枪（pila）一样致命。

几乎所有西班牙人都装备了钢盔，钢盔保护了部分面部，而且不会被弓箭或投石击穿。绝大部分人还装备胸甲,携带用钢加固过的盾,这就解释了为何很少有人被阿兹特克人的棒打或剑击弄死。与此相反,那些战死的人是被数十名墨西哥战士绊倒或打倒的重装上阵的卡斯蒂利亚人。新大陆没有任何部落曾体验过欧洲式的步兵冲击作战概念——这一传统源自公元前7世纪古希腊沙场上的密集方阵,在欧洲之外十分罕见。

欧洲人在与特拉斯卡拉人、阿兹特克人的诸多步兵交战中,最主要的敌人是疲惫。披甲的西班牙人几乎无法被剑或投石伤害到,但在频繁使用重剑、长矛进行砍杀、戳刺后,他们很快就会劳累不堪,最终时常被迫退到火炮和轻兵器火力掩护幕之后休息:

> 他们从四面八方包围了他们(西班牙人),西班牙人开始攻击他们,就像杀戮苍蝇一样作战。一有人被杀,就立刻会有新锐士兵补上。西班牙人就像海里的孤岛一样,被四面的波涛拍击。可怕的冲突持续了超过四个小时。期间有许多墨西哥人、几乎所有西班牙盟军战死,一些西班牙人也牺牲了。在快到中午的时候,西班牙人已经再也无法忍受作战中的劳累,开始出现了动摇。(B. 撒哈古恩,《征服墨西哥》,96)

为了确保自身的生存,每个卡斯蒂利亚人都屠宰了数十名敌军——有的场合下可能是数百名敌军。对这些套在铠甲中,身形又相对较小的士兵而言,这需要他们付出极大的努力,消耗极多的肌肉力量和耐力。他们主要害怕的事在于,自己可能会不慎失足或被绊倒,然后被敌人拖走。我们的资料曾提到,在两年的战争进程中，有数以百计的卡斯蒂利亚人受过伤，但这些砍伤和挫伤几乎都发生在四肢上，很少能够致命。杀人的方法是用戳刺的金属剑击穿人的胸部或面部，但这对抵抗披甲步兵的阿兹特克战士而言，几乎是不可能完成的任务。

有些学者对西班牙钢材所发挥的重要性表示轻蔑，但他们无法解释一点，即为何在"悲伤之夜"和特拉特洛尔科伏击战后，阿兹特克人迅速使用了他们得到的数量稀少、相当珍贵的卡斯蒂利亚剑和长矛。为何在与阿兹特克人的所有步兵交战当中，特拉斯卡拉人都认识到只有卡斯蒂利亚人能够突破阿兹特克战线，所以他们十分欢迎使用西班牙步兵作为突击行动的刀刃？在潮湿的时节里，许多征服者发觉更轻巧也更舒适的当地棉织品就足以防御土著石弹和石刀。他们有时会抛下自己的铠甲——这令人印象深刻，因为这证明，尽管阿兹特克兵器的使用者是战争史上最为凶残的战士之一，但西班牙人对此并不感到害怕。

优越的金属兵器只是西班牙人的一部分优势而已。与土著的投石索或弓箭相比，火绳枪和弩更为准确，射程更长，穿透力更强。西班牙弩可以在超过两百码远的地方抛射弩矢，在接近100码远的地方直瞄射击极为准确。使用弩几乎不需要什么技巧，弩矢和可替换部件也能使用当地材料轻松制造。弩的主要弱点在于，弩身过于沉重（15磅）和相对较低的射击速度（每分钟一发）。尽管阿兹特克弓箭手能够在一分钟内射出五六支箭，但他们很难在200码远的地方命中目标，即便在更近的距离上，它们的燧石箭头也无法击穿西班牙士兵的护甲伤害到重要器官。此外，土著弓箭也远没有弩矢准确。熟练掌握箭术需要多年的训练，而一个卡斯蒂利亚人可以在几分钟内重新使用战死或受伤弩手的弩。

火绳枪（拥有火绳点火装置的早期火枪）大体上有着和弩一样的优缺点——巨大的穿透力，很少的训练要求，优良的准确度，较远的射程，对应缺点则是缓慢的射击速率和笨重——当单发射击无数毫无铠甲的战士时，火绳枪要比弩更为致命。它们也更易于制造和修理。火器的真正优势不在于它们易于使用——它们相当难以操纵，也难以装填——而在于它们拥有更好的准确度和致命性。一个优秀的射手，可以在150码的距离有一定把握地展开杀戮。他手中武器发射出的庞大弹头——可能重达六盎司的铅弹——在近距离有时会连续穿透多达六个无甲的阿兹特克人躯体。当科尔特斯于1521年春季返回特诺奇蒂特兰时，他拥有近800名火绳枪手和弩手。在西班牙阵形中，弩手排成密集队列，越过火绳枪手头顶射出弩矢。科尔特斯的士兵能够每十秒钟射出10～15发投射物，进行连续的地毯式射击。面对墨西哥人的密集人群，在10～15分钟的短时间内，西班牙人很少会射失，当卡斯蒂利亚射手被部署在长枪兵身后或者船上以及要塞顶部时，他们往往能够杀死成百上千的敌军。

在同时代的欧洲战争里，战术和武备正处于复兴之中，就连最有纪律且装备最精良的瑞士、西班牙长矛手，也在马里尼亚诺（1519年）、拉比克卡（1522年）和帕维亚（1525年）等战役中，被火绳枪手轰得支离破碎。如果以精心控制的齐射模式进行射击，新式火枪就能撕裂那些快速移动、训练优良的欧洲长矛手组成的纵队。而当火绳枪手们面对数目更大，组织却不够良好，防护也相当低劣的阿兹特克战士集群时，其武器的效力无疑就会变得更大。就算阿兹特克人曾经缴获过火绳枪，并掌握其使用方法，这样的技术在没有科学研究体系支撑的状况下也会迅速停滞下来：火绳枪仅仅是欧洲火器持续进化中的一环而已，用不了多久，燧发击发技术、更好的枪膛铸造方法、膛线技术和性能提升的火药，将会不断提升火器的威力。

对于长矛手和火绳枪手在平原上的合成战斗方法，西班牙人拥有将近一个世纪的作战经验——火绳枪手会走出方阵，射击，退到矛尖组成的墙壁后方装填，然后再走上前去射击——他们以此挫败了欧洲贵族骑兵的冲锋。在面对近乎裸体的墨西哥步兵时，这些久经考验的卡斯蒂利亚方阵几乎无懈可击。对欧洲的火药优势持怀疑态度的人应当记住：土著军队蜂拥而上的战术——祖鲁人就是个极好的例子——早在连发枪时代之前，便成就了西方枪炮杀人无数的威名。

西班牙人的纪律享有盛名。火炮、火枪和弩在面对敌军冲锋集群时依次射击，形成了可怕的交替火力网。很少有火绳枪手或剑手会在直接上级战死之前逃跑，相反，一旦受人尊崇的"夸奇潘特利"——装在竹架上，由著名战士背负的花哨旗帜——倒下或被夺走，阿兹特克军队中的地方军就很可能土崩瓦解。个人勇气和高超武艺并不总是与作战纪律同在，而作战纪律在西方很大程度上被定义为留在队列当中和战友并肩作战。

令阿兹特克人最为恐惧的东西，莫过于西班牙火炮，有的火炮有轮子，或者安放在车辆上，西班牙人的火炮中至少有一部分是射击更快的后装火炮。关于在为期两年的战争中，科尔特斯的士兵实际使用火炮的数量和种类（许多火炮在"悲伤之夜"中丢失了），各种资料的数据互不相同，但西班牙人应该带上了10~15门火炮，包括小型的隼炮，也有较大的射石炮。在对付阿兹特克暴民时，如果这些火炮使用得当，它们就是极为致命的武器，它们既能射出葡萄弹——由较小的铁弹组成的霰弹，也能打出重达10磅的大实心弹和石弹。小型的后装隼炮几乎可以每一分半钟射击一次，其直瞄距离为500码，曲射时可以打到接近半英里之外。只要瞄准了正在冲击的墨西哥人，每次齐射都会将战士的四肢、头部和躯干撕裂开来。

西班牙编年史对科尔特斯的马匹和它们给阿兹特克人带来的十足恐惧着墨甚多。在最后一次特诺奇蒂特兰攻城战时，他麾下大约有40匹马。墨西哥人起初认为它们是奇怪的半人马，或是能够和骑手交谈的神物，后来才意识到它们是类似某种巨型鹿的大型食草动物。马匹给战斗带来明显优势，比如恐怖、侦察、运输和机动力等，而且它们载着披甲枪骑兵驱驰时完全势不可挡，这让贝尔纳尔·迪亚斯·德尔·卡斯蒂略称它们为西班牙人"幸存下来的希望"。

从历史上看，击败骑兵的唯一方式是集群作战，就像法兰克人在普瓦捷曾做过的那样，或者是像瑞士密集方阵一样使用加长的长矛，又或者像法国人一样朝着迫近的骑乘冲击展开地毯式火枪射击。阿兹特克人既缺乏自耕农步兵传统，又不曾进行过冲击作战，更没有任何火器，因此无法进行上述这些行动。如果他们尝试大规模集结部队来阻塞冲锋骑兵的道路，他们很快就会受到火炮齐射而遭到削弱。因此，在炮兵予以协助的情况下，西班牙骑兵在冲击敌军，用骑枪刺杀单个的阿兹特克人，或者迫使敌军成群聚在一起寻求保护，反过来又为科尔特斯的火炮提供了更好的目标，这种战术被证明极为致命。

和古代的马匹不一样，科尔特斯的坐骑并非矮种马，而是由摩尔人带到西班牙的大号阿拉伯马孕育出的安达卢西亚柏柏尔－阿拉伯马。后来的英国观察者声称，西印度群岛的马是他们所见过的最好马匹。它们的庞大体型和骑手的专业技能——像桑多瓦尔和阿尔瓦拉多一样的西班牙贵族自幼便开始骑马，成了在马上使用骑枪戳刺的高手——构成了一幅可怕的杀戮景象。

> 一打骑手就能给一大群印第安人造成巨大破坏，这令人印象深刻：事实上，似乎骑手并不是直接造成伤害的，而是这些"半人马"（用迪亚斯·德尔·卡斯蒂略的话说）的突然出现导致了印第安人士气大为低落，从而让他们胆怯，让西班牙步兵能够以新的力量向他们冲击……印第安人不知道应当如何对付这个超自然的、半人半动物的野兽，只是麻木地站在那里，让猛击的马蹄和闪耀的刀剑把他们击倒。（J. 怀特，《科尔特斯和阿兹特克帝国的陨落》，169）

并非所有致命的武器，都是从西班牙带来的物品。一些最具杀伤力的武器存在于征服者自己的脑海里，只有在战斗急切需要的状况下，杀人机器的潜在蓝图才从脑袋里蹦出来成为现实。西班牙人迅速意识到，在墨西哥的庞大财富中包含着不曾透露的——也未被触碰过的——可以用于欧式武器的原材料，其范围从制造船只和攻城器的优良木材一直延伸到制造刀刃的金属矿和火药原料。

将自然资源视为文化或军事的唯一推动力的看法相当流行。倘若真是如此，我们就应当记起，阿兹特克人坐拥战争资源的富矿——这可是充满火药、铁、铜和钢原料的整个次大陆。事实上，令阿兹特克人毁灭的不是缺乏矿产，而是缺少系统探究抽象思维和科学技术的方法。阿兹特克人之所以没有车轮，可能是因为他们没有马，但他们也完全没有其他基于轮子的战争和商贸工具——独轮车、人力车、水轮、水车轮子、滑轮、齿轮——因为他们既没有科学理性传统，也没有兴趣去研究无利可图的东西。

西班牙人的理性方法，在他们临时建造战争机械上体现得最为明显，这遵循了可以追溯到古典时代的攻城器与船舶设计方案。在"悲伤之夜"前夕的痛苦战斗中，西班牙人于几个小时内建造了三架移动木战车（mantelete），它们是能够移动的木塔，可以保护火绳枪手和弩手在步兵头顶上射击。科尔特斯发现堤道被弄断时，他下令建造移动桥梁——这一欧洲专长可以追溯到恺撒在高卢和日耳曼的战役。在逃出特诺奇蒂特兰后，西班牙人着手制造火药，其中硫黄就是从附近的"烟山"（海拔17888英尺的波波卡特佩特山）上收集来的。西班牙人给了土著金属匠人相关设计和指导，让他们协助制造10万多个铜箭头供土著弓使用，还要另行制造5万支金属弩矢，供西班牙弩使用。在最后的攻城战中，为了节约火药，西班牙人甚至建造了一台巨型投石机——尽管它被证明毫无效果，因为它的绞盘、武备和弹簧部件显然是来自业余人士的错误设计。

最令人印象深刻的工程项目，是马丁·洛佩斯让预先建好的13艘双桅帆船下水。这些船长度超过40英尺，船身最宽9英尺，是像桨帆战舰一样的庞大船只，它用风帆和划桨驱动，却又是平底船，吃水仅有2英尺，是根据特斯库科湖狭窄且沼泽化的水域特意设计的。每条船上载有25人，能够携带一定数量的马匹和1门大炮。为了建造这样的船只,西班牙人征发了成千上万的特拉斯卡拉人拖拽木料,运输从维拉克鲁斯搁浅的船上抢救出来的铁制工具。洛佩斯随后让他精心组织的土著工作队把双桅帆船彻底拆散,出动了大约5万人的庞大队伍充当搬运工和战士,将它们翻山越岭运到特斯库科湖。当它们于干旱季节抵达特诺奇蒂特兰后,洛佩斯组织建造了一条12英尺宽,深度约与宽度相当的运河,让船只通过运河从沼泽地驶入湖中相对较深的水域:这个工程动用了4万名特拉斯卡拉人,时间长达7周。

双桅帆船被证明是整场战争中的决定性因素,有三分之一的西班牙人力被用于操纵它们,船上还配备了将近百分之七十五的火炮、火绳枪和弩。这些帆船保持了堤道通行自由,确保了西班牙营地在晚上的安全,在敌军战线虚弱部位装载步兵登陆,强制封锁外围,削弱城市,有条不紊地粉碎了数以百计的阿兹特克独木舟,并将重要的食物和补给输送给分散在各地的西班牙部队。它们将特斯库科湖从西班牙人的主要弱点转变成了最大的优势。它们高耸的甲板阻止了阿兹特克人登船,为射击和装填的火绳枪手和弩手提供了充分掩护——这是西方人在运用步兵和海军混合战术时的传统特点。

然而,在这最后的总结当中需要指出,特诺奇蒂特兰有一个不适用于萨拉米斯的重要特征:特诺奇蒂特兰和最终的胜利、战争的终结是同义的,萨拉米斯则并非如此。在萨拉米斯,文明受到了挑战,在特诺奇蒂特兰,文明则被粉碎了。也许在所有历史当中,没有任何一场类似的海战胜利能够结束一场战争,并彻底终结一个文明的存续。

（C. 迪奈尔，《征服墨西哥中的海军力量》，188）

尽管双桅帆船是在距离特斯库科湖超过100英里的地方建造的，但它们在阿兹特克当地水域作战时将证明，在工程方面这些船只远比整个墨西哥文明史上建造的任何舰船都更为巧妙——只有通过2000年里都在西方普遍存在的对科学和理性的系统化探究，才能实现这一业绩。

西方军事传统的几乎所有要素都确保西班牙人能够获得胜利，克服数量劣势、补给缺乏和未知地理等问题。战争结束后，征服者之间产生了数十万页的西班牙文诉讼文件、正式调查文件和司法令状，这证明了每个战士所具备的强烈自由感和名誉感：这是一种个人所具备的对公民军队的感觉，即便是科尔特斯或西班牙王国，在没有宪法支持的前提下，也无法剥夺公民个人的权利和特权。在前去迎击纳瓦埃斯的路上，科尔特斯的一些士兵抓住了阿隆索·德·马塔，他是一位携带法律文件和召回他们领导人的传唤文书的特使。接踵而来的则是关于德·马塔官方地位的法律争论，最终，当后者无法提供证明他是国王所属的真正公证人的相关文件，从而无权担保他带来命令的真实性时，这场争论才宣告结束。

事实上，在16世纪的西班牙，自始至终都存在一种强烈的政治自由感，也许它的最好体现是胡安·德·科斯塔（1549~1595年）的专题论述《公民政府》（*Govierno del ciudadano*），它论述了在宪政国家中公民的恰当权利和行为。大约与此同时，科尔特斯的一位传记作者，赫罗米诺·德·布兰卡斯写下了《关于阿拉贡的评论》（*Aragonesium re-rumcomentarii*，1588年），论述了阿拉贡君主政体的契约特征，以及它与政府立法、司法部门的关系。

卡斯蒂利亚人参与决定性的可怕战斗的推动欲望,无论是在特诺奇蒂特兰的街道上,在堤道上,还是在奥通巴平原上或者特斯库科湖上,都始终旺盛,而这一点墨西哥人并不具备。后者偏爱阳光明媚的盛况,战士的地位、宗教性仪式和捕获战俘的方法在有些时候是作战中必不可少的要素。在整场战争中,来自新大陆和西班牙的热心商人和承包人停泊在维拉克鲁斯,向科尔特斯提供子弹、食物、武器和马匹。

征服者不管是由桑多瓦尔、奥尔达斯、奥利德还是阿尔瓦拉多指挥,都是把自己的性命托付给一个抽象的指挥与服从体系,而并不仅仅是托付给像科尔特斯那样的富有吸引力的领导人。主动性在整个征服进程中给予了科尔特斯难以计数的优势。他麾下的士兵口无遮拦的频繁抱怨和西班牙官方正式审计和调查的威胁,也迫使科尔特斯在和他的主要副手讨论战略、制定战术时充分考虑,因为他们知道一旦失败,就会出现大量批评。所有这些西方军事传统的组成部分都给予了西班牙人极大优势。但在最后的分析当中,还要指出一点,约有2000年历史的理性主义传统确保了埃尔南·科尔特斯的战争工具能够比敌人的工具多杀死成千上万的人。

理性与战争

从石器时代开始,人类总会进行某种科学活动,达到增强战争组织的目的。但自希腊人以来,西方文化就已经会利用某种抽象思维,在远离宗教干涉和保持政治自由的情况下讨论知识,并策划结合自由与资本,将理论突破性地运用到实际中,以这种方式来推动军事的发展。这些努力带来的成果,便是西方军队在杀戮他们对手时的技术能力始终在持续增长。通常情况下，希腊重装步兵、罗马军团步兵、中世纪骑士、拜占庭舰队、文艺复兴步兵、地中海桨帆战舰和西方火绳枪手装备的破坏力要比其对手强得多。难道这很值得奇怪吗？即便西方人的敌人通过缴获或购买西方兵器来加强自己的装备，就像奥斯曼人、印第安人和中国人所了解到的那样，也不能保证技术上达到平等——鉴于欧洲武器设计与生产是不断进化的，一旦武器过时，西方人就会创造出新的武器。创造性从不是欧洲人的专利，更不用说超群智力了。更确切地说，西方人创造优秀武器的意愿，也时常倚赖于它无可比拟的效仿创意能力——就像三列桨舰、罗马西班牙短剑、星盘、火药的组装和改进所证实的那样，西方人总是渴望用借鉴、采纳乃至剽窃的方法获取创意，而丝毫不顾及新技术被引入时给社会、宗教或政治等领域带来的震动。

学者们正确地指出，欧洲人既没有发明火器，也不曾垄断火器的使用权。然而，大范围制造、分发火器并努力进行提高其致死性的研究，这样的行为只属于欧洲人。从 14 世纪引入火药到现在，火器上的所有主要改进——火绳、燧发、击发火帽、无烟火药、线膛、米尼弹、连发枪和机枪——都是在西方产生，或在西方帮助下出现。总体而言，欧洲人不会使用或进口奥斯曼土耳其和中国的枪炮，他们也不会反过来去学习自己给予亚洲或非洲的军火设计。

在技术上持续创新、不断取得进步的想法体现在亚里士多德《形而上学》中的格言里，因此也能看出，西方文明中前人哲学家的理论，有助于希腊知识整体的某种持续发展。在《物理学》（204B）中，他承认，"在所有发现之中，由其他人交付给后人的此前劳作的结果，会让接受结果的人逐渐进步"。西方技术发展在很大程度上是经验主义研究，人们通过感官知觉、观察和试验现象获取知识，记录此类数据以获得不受时间影响的发展成果，这些成果通过以后的集体批评和修正，变得越发准确。在西方文明的开端，有亚里士多德、色诺芬和埃涅阿斯（Aeneas Tacticus）点亮知识的灯塔，但在新大陆，则没有任何人可以担当他们的角色，这就解释了为何若干个世纪之后，科尔特斯能够在新大陆制造火炮和火药，而与此同时阿兹特克人则无法使用他们俘获的西班牙火炮；为何特诺奇蒂特兰周围土地的致命潜力在此前若干个世纪里都无法得到开发，却在西班牙人到来后寥寥数月内就开采出火药和矿石。

西方的技术优势，不仅仅是 16 世纪军事复兴的结果，也并非历史的偶然巧合，更不是自然资源预先决定的宿命，而是基于古代研究方法所获得的成果。西方人这种特立独行的理念，最早可以追溯到希腊人。尽管据传理论数学家阿基米德曾说，"整个工程行当都是肮脏且卑鄙的，每种技术都导致它本身走向纯应用和纯利润"，但他的器械——起重机和传说中聚光加热的大型反射玻璃——却把罗马人攻陷叙拉古的时间延迟了两年。第一次布匿战争中的罗马海军，不仅仅是在仿效希腊人和迦太基人的设计，而且发明出"乌鸦"这样的创新性改进———种将敌军战舰拖离水面的起重机[①]——由此确保了他们的胜利。早在美国的 B-29 轰炸机在东京上空扔下凝固汽油弹之前，拜占庭人就使用铜管喷射希腊火这样的压缩爆炸

[①] 原文如此，但按照绝大多数学者的看法，所谓的"乌鸦"是一种辅助跳帮的吊桥，可以帮助罗马军队发挥其肉搏方面的优势，而回避相对薄弱的航海技战术。——译者注

物——这是一种由石脑油、硫黄和石灰调配成的药汁,和燃烧弹的原料一样,这种药汁即便被水浇着也可继续燃烧。

军事知识也不仅是经验主义的。在西方,军事知识得到了抽象化的提升,并且得以刊登发行。从阿里安(《战术理论》)和韦格蒂乌斯(《罗马军制论》)开始,到16世纪关于弹道学和战术的浩繁参考书［例如路易吉·柯拉多的《实用炮学手册》(1586)或者尤斯图斯·利普修斯的《论罗马军队》(1595~1596)］,西方军事手册将第一手知识和抽象化的理论研究融入了实际建议当中。与之相反,最为杰出的中国和伊斯兰军事著作,尽管雄心勃勃并且面面俱到,在实际的杀戮蓝图上却不够实用,它们往往被嵌入宗教、政治或哲学,其间塞满了从安拉到阴阳的理论,讨论着冷与热、多与少的哲学。

在战场上的英勇表现,是人类的固有特征。但以大规模生产武器的能力来抵消这样的勇猛,则是一个文化现象。就像亚历山大大帝、尤里乌斯·恺撒、奥地利的唐·胡安和其他西方指挥官一样,科尔特斯往往能无情地消灭数量上居于优势的敌军,这不是因为他们自己的士兵总能在战争中表现得更好,而是因为西方人的指挥官始终受到监督、西方军队坚持理性至上的理念,同时秉持着科学传统。

第七章 市场——或资本主义的杀戮

——勒班陀,1571年10月7日

> 支持战争的经费,应当源于积累的资本,而非强征到的贡金。
>
> 修昔底德,《伯罗奔尼撒战争史》,1.141.5

桨帆船战争

无处可逃

眼前这些奇怪的船只,是商用驳船吗?奥斯曼帝国海军的桨帆舰队正准备开始战斗,但此时在总司令米埃兹津扎代·阿里帕夏的视野里,前方几百码远处的海面上却出现了六艘古怪的前所未见的舰船。也许它们是某种补给船?不过它们显然船体崭新而身形庞大——而且这些庞然大物正在缓慢地向司令的旗舰"苏丹娜"号冲来!事实上,这六艘巨大的怪船是新近建造的威尼斯加利亚斯战舰。每艘船上都有接近50门重炮——这些火炮密集排列在左右两舷,从艏楼和艉楼甲板上方进行射击,仿佛在舰上各处轰鸣一般。每一艘这种新奇的海上怪物,都能投射出比欧洲最大的划桨战舰还多六倍的炮弹,仅就火力而言,一艘这样的怪船,就相当于苏丹海军里一打普通桨帆船。

在平静的海面上,加利亚斯战舰能够机动自如,凭借风帆和船桨向各个方向机动、开火。现在,这六只庞然大物中有四只开始有条不紊地轰开阿里帕夏的桨帆船——正如一份同时代记载所述:"持续不断的炮火风暴,是如此的可怕。"大量的葡萄弹和五磅实心弹,撕开了土耳其人的甲板。而少数命中土耳其船水线的30磅乃至60磅铁制实心弹,则摧毁了整整一支土耳其分舰队——在火炮的可怕威力下,人、铺板和船桨的碎片混杂在一起,难以辨认。

"巨舰,有大炮的巨舰!"据说,土耳其船员们曾经在射来的致命炮火面前这样尖叫。在加利亚斯战舰的指挥官中,有两位分别名叫安东尼奥·布拉加迪诺和安布罗奇奥·布拉加迪诺,他们刚刚听说兄长马尔坎托尼奥几周前在塞浦路斯遭到了可怕的折磨并被杀死了。现在这两兄弟催促数以百计的炮手不断开火,在这个周日的上午,他们决定不留任何战俘以报复土耳其人。

尽管整个奥斯曼舰队在规模上要大得多,但如果阿里帕夏的战舰不能越过加利亚斯战舰,迅速与基督徒联合舰队展开近战的话,也会在海上被敌人有条不紊的炮火撕成碎片。

> 海面上,到处都能看见被击毁的船只上散落下来的人员、桁端、船桨、木桶、炮管和各种武器装备,仅仅六艘加利亚斯战舰本来不该造成如此巨大的毁灭,这是桩难以置信的事,因为迄今为止尚未有人尝试把它们投入到海战前线。(K. M. 塞顿,《教皇和东地中海》,1056)

大部分基督徒观察者都相信,在桨帆船间的正式战斗开始之前,奥斯曼大舰队就有三分之一的船只被打散、失去作战能力或是沉没海中。仅仅四艘欧洲战舰在30分钟内的射击——六艘加利亚斯战舰中有两艘位于右翼，漂离了位置，因而几乎没有参战——就击毁了大量的土耳其桨帆船，多达一万名土耳其海员也随之落入海中。阿里帕夏通过这些奇怪的加利亚斯战舰，看到了未来海战的些许亮点，这种新的战争模式不依靠撞角、跳帮士兵或桨手来取胜，而是凭借大规模制造出的铁质火炮、高耸甲板和大型船体称雄海上。

虽然如此，奥斯曼舰队中央战线还是有一部分战舰向前突破，最终绕过猛烈的炮火冲到唐·胡安的王家号周围——这是一艘足以被称为"巨大"的桨帆船，它从塞维利亚的造船厂下水，由胡安·包蒂斯塔·巴斯克斯本人富有艺术气息的手加以装饰，亲王的旗帜上绣着花哨的耶稣受难像。只需要观察基督徒战线的中央部分就能注意到西班牙、威尼斯和圣座的联合部队，在那里，唐·胡安左右两侧战舰的指挥官，分别是教皇国船长马可安东尼奥——他在即将发生的战斗中英勇战死——和年过七旬的威尼斯人塞巴斯蒂安·韦涅罗。得益于唐·胡安奇特的天才和雅量，热那亚人、威尼斯人和西班牙人摇摇欲坠的联盟得以在三者协同战术指挥下有效运作着。

随着遭遇痛击的土耳其战舰接近神圣同盟大舰队，教士们急忙跨上甲板，在桨帆船撞击前的最后时刻祝福船员。教士中有许多人全副武装，他们不仅要给信徒们提供精神上的慰藉，还要给予物质上的支持。"我的孩子们，"唐·胡安在撞击前几分钟告诉他的士兵，"我们来到这里要么得胜，要么死亡，一切皆是天意。"在勒班陀，神圣同盟舰队里的每条船都装饰着耶稣受难像。着魔一般的战斗方式，出现在基督徒而非想象中"狂热"的穆斯林身上。所有基督徒，都被传说中奥斯曼人最近在塞浦路斯和科孚岛犯下的暴行激怒了，他们确信，这是他们在决定性会战中与土耳其舰队交战，从而为数十年来伊斯兰教徒袭击基督徒海岸复仇的最好也可能是最后的机会。

不久，800名基督徒和土耳其士兵就在苏丹娜号上混杂在一起。这是一艘华丽的桨帆船，甲板全都用抛光的黑胡桃木制成。但不管苏丹娜号有多么美丽，它还是缺乏王家号上用于防御登船的保护网，因而苏丹娜号成为两军战线最中心的屠场，这是十字架与新月间名副其实的海上战场。基督徒们大部分身着铁制胸甲，使用火绳枪射击，他们几乎两次攻入阿里帕夏座舰中央，但随后又被成群涌来的土耳其人击退。较小的奥斯曼加列特战舰在战斗之初加利亚斯战舰的舷侧炮击中幸存下来，这些舰只时不时停在两艘绞杀在一起的旗舰附近卸下援军，他们把希望寄托在土耳其耶尼切里近卫军占据绝对优势的人力和战斗技能上，也许这些战士能够抵销西班牙和意大利步兵的更好的火器、铠甲和团队凝聚力。在另一边，更多的基督徒战舰也停靠在苏丹娜号一旁，卸下火绳枪手生力军加入到争夺阿里帕夏座舰的战斗中。

许多欧洲桨帆船要比同类的奥斯曼战舰更为庞大，西班牙战舰尤其如此。它们更为高耸的甲板让登船队能够直接跳到土耳其战舰上，与此同时，还有数以百计的基督徒炮手留在甲板上向下射击，把炮火倾泻到正遭到围攻的敌军弓箭手头上，自己却不用担心受到伤害。基督徒也偏爱大规模冲锋的作战形式——西班牙人更是如此，在这种战斗中，纪律、凝聚力和纯粹的数量优势能够压倒耶尼切里士兵的个人勇气和武艺。

唐·胡安本人手持战斧和阔剑，亲自率领士兵发起最后一次冲击，这一次终于彻底战胜了苏丹娜号上的船员。正当阿里帕夏用小弓射出箭矢时,一发火绳枪子弹击中了他的脑部,阿里帕夏随即倒下。很快,他的头颅就被挂在一柄长枪上,放到王家号的后甲板上示众;他所珍爱的来自麦加的镀金绿旗从桅杆上被扯了下来,教皇的锦旗取而代之。奥斯曼舰队中央战线上还有96艘战舰,但当船员们看到他们的海军司令被斩首,而苏丹的旗舰现在也成为唐·胡安个人的战利品之后,恐惧就席卷了整个战线。西班牙人把他们自己的船只拖到一边,远离这艘死亡之船,前往基督徒舰队正遭到围攻的右翼,寻找额外的捕获对象。

与此同时,阿戈斯蒂诺·巴尔巴里戈——他在几天后死于眼部的可怕创伤——指挥下的基督徒左翼,则被狡猾的穆罕默德·锡罗科"舒卢奇"(Mehmed Siroco,"Suluk")指挥的战线更长的奥斯曼右翼包围,并被推向埃托利亚的海岸。事实上,唐·胡安舰队三个分队所构成的战线,全长不过7500码,更为绵长的奥斯曼战线也许会绕过两翼袭击神圣同盟海军的后方,海军司令对此的担忧完全正确。不过巴尔巴里戈凭借优异的操舰技术完成了辉煌壮举:他的战舰反向划桨向后开进,拖住了大部分位于他战线前方的敌舰,随后他开始指挥用火炮扫射敌舰甲板,等待占据数量优势的土耳其桨帆船登船,从而反过来将敌舰引诱到海岸边。巴尔巴里戈麾下,有来自威尼斯兵工厂的最好的桨帆船,其中有"基督复活"号、"命运"号和"海马"号,尽管他在数量上处于劣势,但他的战舰和船员在质量上都要优于奥斯曼土耳其。

一旦土耳其士兵耗尽了他们的弓箭补给——许多箭头是淬过毒的——锡罗科和巴尔巴里戈之间的战斗就成了又一场步兵间的陆战。狂暴的基督徒们身着铠甲手执火器,以密集的横队和纵队在甲板上推进。在基督徒们看来,他们能够有条不紊地屠戮土耳其农民。这些农民中的大部分人很快就耗尽了弓箭,既没有金属护身,也没有火绳枪提供掩护,耶尼切里也不会帮助他们。在桨帆船甲板的近距离交战中,火绳枪的射击撕裂了毫无甲胄的土耳其人,几乎每发子弹都会造成伤亡。穆罕默德·锡罗科也会很快丢掉他的脑袋,随后,这位舰队司令的无头尸体被抛入水中,狠狠羞辱了一番。[①] 他的56艘战舰中,绝大部分都被基督徒击沉或俘获,船员也都被杀死。基督徒没有放过任何降兵或伤员。按照神圣同盟的说法,没有一艘土耳其桨帆船得以逃脱,也没有任何一艘船上的船员能够幸免。

巴尔巴里戈的部队坚持要杀死他们所发现的每一个奥斯曼水手或士兵,尽管他们的对手已经被杀戮的景象吓得目瞪口呆,大部分人也毫无自卫能力。与此同时,神圣同盟的军人们也解放了数以千计身陷枷锁的基督徒划桨奴——在勒班陀之战中,最后一共有15000名划桨奴被解放。意大利和西班牙的记载一再赞扬拯救欧洲奴隶的业绩,却仅仅用寥寥数语承认大部分死在勒班陀的土耳其人也许是在甲板上乞求宽恕时被杀,甚至是在无助地漂浮在海面上的舰船碎片中时惨遭屠戮。然而,保全唐·胡安左翼所付出的代价依然高昂。威尼斯海军领导人中的大部分精华——马里诺·孔塔里尼、温琴佐·奎里尼、阿戈斯蒂诺·巴尔巴里戈的侄子安德烈亚——都在这场严峻的考验中阵亡。

此时,只有热那亚老将吉安·安德烈亚·多雷亚指挥的基督徒右翼还面临险境。多雷亚向右侧漂移了很远,而他在维持基督徒战线完整时又显得迟缓而懒散。战后,神圣同盟的海军将领们发誓说多雷亚是在横向开进远离唐·胡安的中央战线,

---

[①] 根据 Niccolò Capponi, *Victory of the West: The Great Christian - Muslim Clash at the Battle of Lepanto*, Da Capo Pr, 2006 书中的材料,穆罕默德·锡罗科并未当场战死,而是受伤被俘,并在战斗结束4天后伤重不治。——译者注

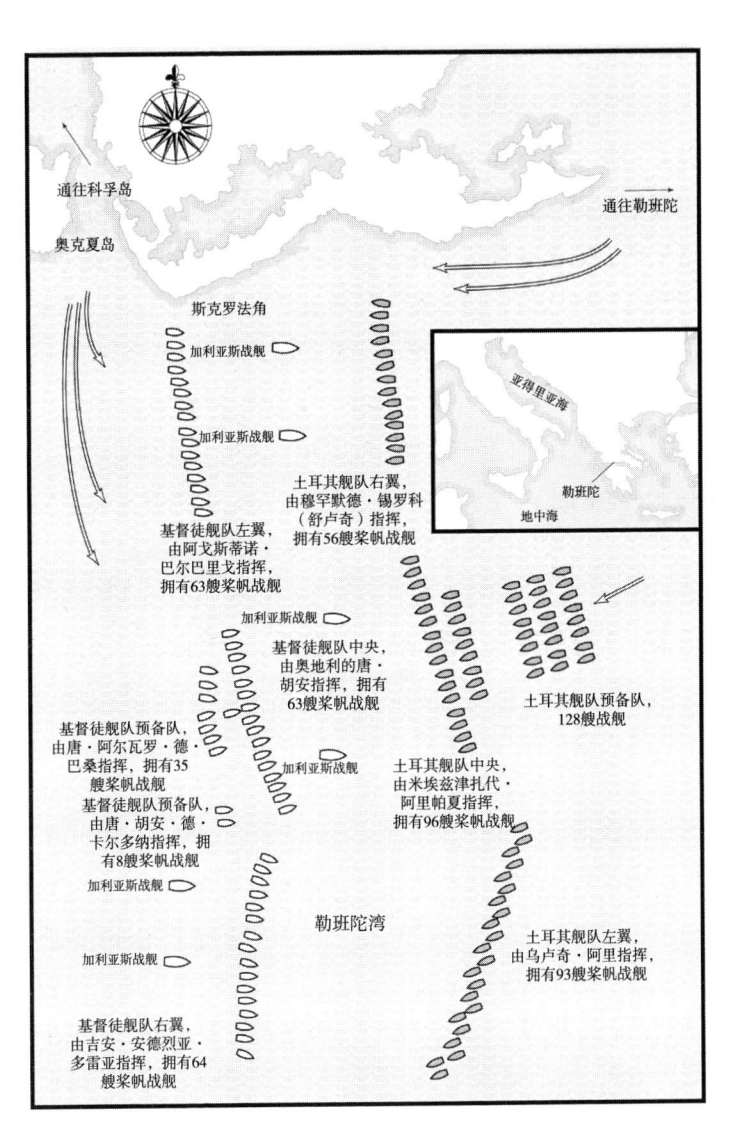

勒班陀海战，1571年10月7日

而非径直向前与土耳其舰队交战。难道这个狡猾的热那亚人正如后来传说的那样,希望让他自己的战舰免于可能降临的毁灭?无论如何,刚刚与阿里帕夏中央战线接战的基督徒桨帆船也开始担忧:倘若多雷亚继续向右侧进行机动,保护他麾下的本国部队免遭可怕而充满传奇性的海盗乌卢奇·阿里的包抄和攻击的话,那么基督徒中央战线上的桨帆船就会暴露侧翼了。

在几分钟之内,他们最担心的糟糕状况就发生了。基督徒战线的右翼和中央之间出现了一个空隙。乌卢奇·阿里和一打奥斯曼桨帆船立刻涌入这个裂口,直奔精疲力竭的基督徒中央,开始攻击他们战线的侧翼和后方。这让人想起了亚历山大在高加米拉的超凡战术。基督徒在战斗中的大部分损失都是这时造成的。受惊的桨帆船遭到来自舷侧的攻击,又没有机会转身开火回击。乌卢奇的海盗开始贪婪地拖走他们的战利品,数量上处于劣势的威尼斯和西班牙桨帆船——其中有三艘是由传奇人物彼得罗·朱斯蒂尼亚尼指挥下的马耳他骑士操舰的——此时甲板上杂乱地堆积着死者和伤者。但对奥斯曼人来说不幸的是,乌卢奇的最后一搏是由贪欲掌控的,他停下来拖走战利品而非继续猛打猛冲,轰开更多的敌军桨帆船。

同盟中两位最为勇敢的海军将领胡安·德·卡尔多纳和圣克鲁兹侯爵阿尔瓦罗·德·巴桑,此时率领着拥有 40 多艘尚未投入战斗的桨帆船的基督徒预备队——神圣同盟军已经对这样的意外状况做好了准备。在已经获胜的基督徒中央战线里桨帆船分队的协助之下,预备队战舰上的火炮开始向乌卢奇展开轰击。短短几分钟内,基督徒的大炮就赶走了海盗。要是乌卢奇没有砍断拖缆逃离的话,他的整支部队都会被打得粉碎。然而多雷亚的胆怯还是让基督徒付出了昂贵的代价。但是乌卢奇的成功逃离无疑更为严重：他是地中海依然健在的唯一一位土耳其海军上将，他将会在次年执掌苏丹麾下舰队的重建，并在1574年成功夺取突尼斯的战斗中，作为监军再次参战。

现在，基督徒在整条战线上——中央、右翼和左翼——都取得了胜利。胜利部分源自那些被置于舰队战线前方大约一英里处的加利亚斯战舰，它们在战斗伊始提供了致命的密集炮火；欧洲桨帆船上的火炮在质量和数量上的优势同样对战斗的结果影响很大，欧洲人锯短桨帆船的船头，让火炮从舰艏的炮位射向土耳其战舰的水线。土耳其人的还击炮火瞄得太高，射得太慢，最后甚至无力还击了。不夸张地说，几乎在每个场合，基督徒的战舰都在炮火对射中摧毁了他们的敌人。一旦桨帆船绞杀在一起，战斗就成了步兵在甲板上的作战，欧洲人——尤其是其中的西班牙部队，总数达到了27800人，当中有7300人是德意志雇佣兵——被证明在战斗中优于土耳其步兵。西班牙人的火绳枪重15磅~20磅，能够将两盎司重的子弹射到400码到500码之外，粉碎行进路途上的一切血肉之躯。只有在奥斯曼士兵涌入势单力孤的基督徒桨帆船，把它们淹没在箭矢的海洋里，并制服受伤的守卫者时，土耳其军舰才能偶尔取得胜利。在狭小空间内使用重装步兵展开冲击战方面，奥斯曼人缺乏经验。在这种场合下，集体的团结和纪律会带来胜利，个人的勇武和灵活则不会。

到星期日下午3点30分为止——这时距离加利亚斯战舰开火仅仅过去四个小时多一点，战斗就已经结束了。在战斗中，平均每分钟有超过150名穆斯林和基督徒战死，而勒班陀之战中总的死亡人数，则达到了四万人之多，还有成千上万的人受伤或失踪。巨大的伤亡数字，使得这场战役和萨拉米斯、坎尼和索姆河一起并列为海陆战争史上最为血腥的单日屠戮之一。当战斗结束时，奥斯曼帝国庞大地中海舰队的全部桨帆战船中，有三分之二要么成了漂浮在水上的废物，要么被离开的基督徒桨帆船朝着西方拖走了。

"浮动的臭阴沟"

勒班陀的战场上有接近18万人，他们在现代士兵难以想象的条件下划船、射击、互相刺杀。双方桨帆战舰的污秽程度令人震惊，这些船在一定距离以外看起来很优雅，但仔细检查后就会发现它们十分肮脏。一旦两军战舰在殊死搏斗中缠在一起，它们就不再是古代寓言里地中海白色浪涛间滑行的光亮船只，而是带来死亡的可怕的浮动平台。过去的2000年间，在很大程度上，海上战斗的根本性变化并非来自技术进步或航海设计的发展，古典时代的希腊三列桨舰和威尼斯桨帆战舰在尺寸、构造和动力方面都有相似之处。实际上，船只的服役或适航条件直到不久之前才发生变化，这种变化尤其体现在强制身披枷锁的桨手进行劳动、更大规模的上舰水兵以及在远海进行距离更长的航行等方面。

在公元前415年，雅典人的侵略舰队从比雷埃夫斯赶往西西里岛时，需要进行为期数周的迂回航行才能抵达目的地，每天晚上，他们都把轻巧的船只拖上岸过夜；相比之下，16世纪的桨帆船更为沉重，其航线却时常直接穿越整个地中海。在理论上，桨帆船可以携带20天的淡水补给——因而可以在不给划桨奴隶留出足够休息空间的前提下，在夜间继续航行。此外，小亚细亚、西班牙和法国三地之间横跨地中海的航行，在1571年已经变得寻常可见。在这种航行中，船只也时常会连续数天晚上不停靠安全港口，而这样的远航，在古典时代则是闻所未闻的。

在勒班陀海战中，有许多大型威尼斯桨帆战舰的长度达到了 160 英尺，船身最宽部分可以达到 30 英尺。战舰两边各有 20~40 排船桨，一把 40 英尺长的巨型桨需要五个人一同划动，这导致桨手人数上升到古典时代的两到三倍。通常只有在赶往或离开战场时，战舰才会升起风帆，在战斗中，如果从后方刮来的风会增强突袭的效果，也会短暂升帆。甲板上尽可能地挤满了水兵、弓箭手和火绳枪手，有时，四五百名桨手和士兵的总重量甚至几乎使战舰倾覆。每艘桨帆战舰上都有接近 200 名不参与航海工作的步兵登船队，除此之外，每舰还有 10 英尺~12 英尺长的撞角和多达 20 门的火炮可用于攻击敌舰。大型火炮位于船头和船尾，数量更多的三四磅火炮则杂乱地分布在甲板的舷侧上。许多桨帆战舰的主炮是一尊巨大的铜制 175 毫米火炮，重达数吨，可以将 60 磅重的实心弹射到一英里之外。

桨帆船是一种十分脆弱的舰船，即便在小风暴面前也很容易倾覆（在 16 世纪末，由于坏天气，地中海沿岸的基督徒国家每年几乎都要损失近 40 艘桨帆船），但与此同时，它也是一种非常容易建造的舰船。优良的标准化设计使得桨帆船能够在 20 分钟内保持八节甚至更高的爆发速度，它的低矮舷侧，使得水兵们能够横穿甲板迅速跳到被捕获的船上。然而，过分拥挤的划桨手以及人和海的过于接近让船只在运输过程中极为悲惨，在战斗中也可能成为藏骸所。桨帆战舰和它们的船员们会遭到猛烈的撞击，被雨点般的实心弹和葡萄弹痛打，被榴弹点燃，还会遭到小型火器和弓箭的扫射。缺乏高耸甲板、装甲和结实顶盖保证，几乎每次猛烈炮击都会导致可怖的伤亡。

根据同时代历史学家詹皮耶特罗·孔塔里尼的说法，勒班陀周围的水域是一片血海——成千上万的基督徒和土耳其人在水中不断失血，直至死亡。此外，在漂泊的尸体中，还有数以千计的伤员紧紧抱着各类杂物挣扎求生。有目击者说，高过土耳其桨帆船的基督徒战舰使用甲板炮火将敌船彻底击碎，并用火绳枪扫射一切敌人。那些被困的耶尼切里禁卫军由于他们的体格、花哨服装和竖立羽翎成为易受攻击的目标，在猛烈的火力下不得不蜷成一团，在划桨长椅下方寻求庇护。最终，耶尼切里在耗尽弹药后向致命的基督徒炮手们扔出在甲板上能找到的一切东西，甚至包括柠檬和橘子进行还击。

如此多参战者被局限在如此狭窄的空间内——通常，每艘船上多达 400 名的桨手和士兵只占据 3000 立方英尺的空间——因此，不管是用肌肉力量还是用火药反应所驱动的弹丸和箭镞，几乎总能找到目标。在古典时代三列桨舰的撞击中，大部分死者是被淹死的，而在 16 世纪的海战中，人们也同样经常死于弓箭和炮火，而那些被锁起来无法动弹的桨手们则往往遭到登船队的成批屠杀。桨帆船是用于相对平静水域的巧妙设计——地中海上基本上没什么大风大浪，火力和速度使得它们成为可怕的商船掠食者。但一旦桨帆战舰遇见了桨帆战舰，彼此之间的长处就互相抵销了，这导致战斗更像一场混乱的陆战较量，而非操舰技术的比拼。

对于桨帆战舰上大部分小型火炮而言，其极限射程不超过 500 码。考虑到缓慢的开火速度——对奥斯曼舰队尤其如此——大部分战舰在接近目标前，只能进行一次齐射，而后就在进攻者疯狂地重新装填时展开了撞角撞击或是登船战。在勒班陀，欧洲舰队真正的优势在其火炮数量更多、重量也更大。威尼斯的炮兵是整个世界上技艺最为优良的炮兵，因此欧洲人能够集中火力，在奥斯曼桨帆战舰接近并准备登船时突然开火，以数十门重炮的一轮齐射全歼第一波敌军攻击部队。

火炮、火绳枪和枷锁在身的奴隶桨手的组合，大大提升了古代划桨战舰的威力，在勒班陀海战中造就了可怕的杀戮。尽管古典时代萨拉米斯海战的总损失要超过勒班陀海战，但战争的残酷程度则是2000年前的船员们所无法想象的。在勒班陀，常常能见到整条船上的船员们——包括桨手和数以百计的散兵——在钩船、登船和互相扫射时，遭遇敌方人员的杀伤火炮以及在直瞄距离上的火绳枪的射击，并因此惨遭屠戮。詹皮耶特罗·孔塔里尼说，在每条船上，剑、弯刀、铁锤、匕首、弓箭、火绳枪和燃烧弹这些武器到处造成杀伤，引起了巨大的混乱。一份西班牙资料则提到，在战后人们发现，右翼的一条桨帆船上所有人非死即伤。对于地中海里的欧洲海军，一个不言自明的真理是：由于缺乏奥斯曼舰队的人力，欧洲人只能越发依靠火药来从事肌肉不能完成的工作，这对威尼斯海军来说尤其如此。桨帆船上进行的战斗中，参战者也远比陆战时更为脆弱，在超载的船上几乎没有足够转身的空间，周围的海洋则切断了一切撤退通道。基督徒的铠甲和奥斯曼人的长袍、钱袋使得士兵一旦被抛入或不慎落入水中，便很少有一直漂浮的机会。大部分甲板都特意打蜡、上油，以妨碍闯入者在船上立足，让他们落进水里。

奥斯曼土耳其军队不仅使用剑手和弓箭手登船，还常用战舰的撞角进行冲击。但到了勒班陀的时代，火炮能够发射重达30磅以上的铁弹或是石弹，这足以洞穿低矮的桨帆船。在汹涌的海洋上，这意味着只需要一次齐射，就能在几分钟内让船只沉没，带着枷锁的桨手们也就随之葬身鱼腹。许多土耳其桨帆船在勒班陀没有被当成战利品拖走，而是被击沉或放弃了，因为基督徒的炮火已经彻底将其击毁，而登船队并没能登上船只。当四周密布着火炮、能够向任何方向开火的新式欧洲战船出现时，古典战法中船头伸向前方、船靠着船、一齐发起进攻以防敌军突入的战术已经没有那么重要了。为了节省火药和铅弹，在齐射之后，乘坐小船的基督徒会使用长枪来刺杀他们在海上发现的任何幸存的土耳其人。

相对而言，大量铜铸火炮的出现，最终注定了撞击战术的消亡：每在船上安放一门5000磅重的火炮，就意味着要使用更多的桨手，使得载重更大的桨帆船在航速上不至于下降。但增加桨手数量又意味着船只进一步增重，需要更大的甲板空间。这样的矛盾表明，在桨帆船依然适于航海的前提下，其体积与重量必须符合物理定律的约束——这与如何供养并维持400名桨手、船员和炮手是截然不同的问题。

解决问题的答案，是更大型的三桅盖伦船，而非颇具创新性且装备精良的加利亚斯战舰。前者没有船桨，却有更高的甲板和更宽阔的帆。盖伦战舰本身就具备充足的甲板面积，能够容纳数量日益增长的重炮和数以吨计的弹药，并在减少船员数量的前提下保持足够的推进动力。桨帆船只能适应地中海的航海条件，而盖伦船更大的船体则能够保证在海况较差的大西洋和太平洋上的航行需要，足够储存补给的空间可以让船只在海上停留数个星期之久。与西班牙和法国不同，奥斯曼帝国没有大西洋沿岸的港口，因而到了17世纪仍然缺乏跨洋航行经验和建造一流盖伦船的技术。即便是在波斯湾和红海等伊斯兰势力控制的水域上，欧洲战船也要比奥斯曼桨帆船更为常见。

勒班陀的名字，让人联想到这样的干净画面：花哨的文艺复兴风格旗帜、庞杂的欧洲艺术大师油画和各种迷人的基督教的纪念活动与纪念品。然而，在一艘16世纪地中海桨帆船上的真正生活，几乎令人无法忍受。大部分连续服役的战舰会在五年内腐烂得不适于航海。古代三列桨舰较少使用奴隶桨手，因此给每个桨手更多的生活空间，而勒班陀时代桨帆船上则塞满了奴隶，通常五个奴隶一起被锁在划桨长椅上。奴隶桨手在他被锁着的地方大小便，在汹涌的海洋上甚至时常会随地呕吐。他们只穿一条很短的束腰布，无法抵御海水、雨水或霜冻——更不用说航海季节中漫长的地中海夏日，以及随之而来的酷热了。16世纪的桨手也不像他们的航海前辈一样，能够自由地到岸上搜寻食物，他们也不会在夜间上岸寻找庇护所，因此他们往往不得不整天在长椅上工作、睡觉、吃饭。干燥的饼干和一杯酒是当时的标准食物配给，这与古代雅典海军中自由人桨手的配给——蛋糕等充裕补给——大不相同。拥有100条此类船只的舰队，就如同有四万张饥饿嘴巴的浮动城市一样，一旦整支舰队被拖进港口，就会迅速耗尽当地的食物储备。与此同时，数以吨计未经处理的污水则被随意排出，在港内四处造成挥之不去的瘴气，传播疾病并带来死亡。

同时代的记载里，也提及了许多离奇的细节，可以说明海上航行的恐怖之处。水手、水兵和桨手都戴着洒有香水的围巾来掩盖恶臭，防止呕吐，据说这是地中海地区男性倾向于使用气味强烈香水的原因。当苍蝇、蟑螂、蚤、虱和老鼠在桨帆船上泛滥成灾，四英寸厚的甲板里塞满了细碎垃圾时，船长们有时会在近海暂时淹没船只，期望完全浸没在海里几个小时清除掉船里的害虫——尤其是极为挑剔的马耳他骑士团船长们更倾向于如此。当四五个人一个挨着一个被日夜锁在一起，闷在其他人的蚤、虱、粪、尿和汗水里面时，肆虐的瘟疫能够杀死整个舰队里的船员——通常情况下最常见的疫病是痢疾和伤寒。这就是1571年10月7日发生冲突时，将近20万名绝望海员的服役环境。

勒班陀的文化与军事创新

勒班陀位于希腊西海岸外，处于奥斯曼控制下的巴尔干和基督徒的西地中海之间，是欧洲和它的敌人发生海战的合适地点。不论东西方何时在地中海遭遇，科林斯湾外的水域总和战争有所关联，就像在亚克兴（公元前31年）和普雷佛扎（1538年）附近发生的两场大海战一样，而萨拉米斯也就在科林斯地峡以东不到200英里处。奥斯曼舰队在成功征服了塞浦路斯后，正计划在位于今天的纳夫帕克托斯旅游社区的小海湾里越冬，这个小海湾位于科林斯湾西北海岸内侧。一旦春天来临，苏丹的海军司令阿里帕夏麾下的船员完成休整，他就期望能够在远离伊斯坦布尔的地方展开新一轮劫掠，也许甚至能够像去年8月夺取塞浦路斯那样，对欧洲人控制的海岸再次发起大规模入侵。

为了回应土耳其人对马耳他的进攻（1565年）、1571年8月对马古斯塔基督徒的屠杀，以及在这之后奥斯曼劫掠者不断出现在欧洲海岸的状况，威尼斯、西班牙和教皇国最终组成了一个庞大但却有些不牢固的联盟。到1571年早秋为止，新成立的基督徒神圣同盟联合舰队已经从西西里出发，横渡了亚得里亚海。因为地中海冬天的气候太过起伏不定，往往使得划桨战舰间无法展开决定性会战，所以基督徒在冬季来临之前拼命寻找奥斯曼大舰队试图展开较量。联军担心在距离西欧不远处越冬的庞大奥斯曼舰队随时可能会直接穿越亚得里亚海，在意大利沿海地区甚至威尼斯本地肆意劫掠、绑架、屠杀。

最终，教皇庇护五世让西班牙的腓力二世和威尼斯元老院相信，与其让自己的小规模舰队被苏丹麾下的庞大海军逐个捕获并击败，还不如让联合舰队冒险一搏，一劳永逸地将土耳其的威胁赶出西地中海。教皇警告说，如果他们无法在这个秋天找到奥斯曼舰队的话，那么在军事行动中难得表现出的协同性就完全有可能丧失。是孤军奋战还是与苏丹媾和，每个基督教国家都将不得不面对这个问题。早在9月28日夜间，土耳其大舰队停泊在科林斯湾西北部不远处的消息，就传到了停泊在科孚岛的神圣同盟舰队那里。唐·胡安的舰队在一周前刚抵达埃托利亚海岸，他说服了麾下正在争吵的海军将领们，让他们在次日，也就是10月7日，周日的早晨进攻土耳其人。他用简短的讲话终止了争论："绅士们，商讨的时刻已然过去，战斗的时刻即将来临。"和在萨拉米斯一样，争吵不休的欧洲人在战斗中面对的敌人，是统一独裁的亚洲人。

在船只数量方面，神圣同盟明显处于劣势，奥斯曼人至少比他们多30艘桨帆战舰，至于轻型战舰数量更是悬殊；在兵力方面，土耳其海军也超出神圣同盟两万人之多，基督徒在战术领导力上的优势和航海技术上的微弱领先，无法弥补数量上的巨大差距。同盟的海军司令，奥地利的唐·胡安，是西班牙查理五世的私生子，现任国王腓力二世的异母弟弟。在16世纪的地中海世界，威尼斯与热那亚海军中可谓是将星荟萃，我们可以举出一连串优秀而顽强的将领兼海员：塞巴斯蒂安·韦涅罗，时任克里特岛总督，未来他将成为威尼斯元首；彼得罗·朱斯蒂尼亚尼,时任墨西拿城执政官;马尔坎托尼奥·科隆纳,勒班陀教皇国分舰队的指挥官;阿戈斯蒂诺·巴尔巴里戈,神圣同盟舰队的左翼司令。和这些人相比,后起之秀唐·胡安更加富有天分,而他在战场上的表现也更令人印象深刻。

时人记载,唐·胡安的无私、执着和热情团结了那些近乎绝望的南欧国家,阻止了土耳其人继续西进,尤其是经由西地中海沿岸城市攻入欧洲的意图。关于这个年仅26岁的亲王的所有浪漫事迹,我们没有必要全部相信——比如关于他的宠物狨猴,他豢养的驯狮,或是战斗开始前片刻,他在旗舰王家号甲板上跳了一支吉格舞的传说——我们只需知道,当时很少有人能够将这样一群互不服气的对手团结在一起,形成联盟。颇具商业化头脑的威尼斯人,十分不情愿与他们之前的贸易伙伴奥斯曼人作战,只有在遭到毁灭威胁时才投入战斗。至于西班牙帝国,在与土耳其人作战的同时,也还需要时刻做好与意大利人、荷兰人、英国人和法国人交锋的准备。在教皇国,关于地中海正逐步变成伊斯兰势力的内湖的警告,很少有权贵会去相信,考虑到教皇往往热衷于在欧洲王朝继承战争中不断施展阴谋的习惯,更是如此。无论如何,几十年以来基督教徒们头一次发现,同盟的掌舵人换成了一个堂堂正正的领袖——比起中饱私囊或是牺牲整个欧洲来为自己的母国争取权益,他对于如何遏制伊斯兰教传播更感兴趣。(在战后,唐·胡安捐出了属于他个人的战利品——勒班陀战役总虏获的十分之一用于照顾舰队里的穷人和伤员,此外他还捐出了墨西拿城出于感激送给他的礼物——三万金杜卡特。)

接近勒班陀外海时,基督徒舰队一共拥有超过300艘战舰,这些各式各样大小不一的舰艇分属威尼斯、西班牙、热那亚以及其他国家：208艘桨帆战舰，6艘加利亚斯战舰，26艘盖伦战舰（这些战舰姗姗来迟，并没有在战斗中发挥作用）以及其他76艘较小的战舰。这支庞大舰队的总兵力，则包括了多达5万多名桨手和3万多名士兵——这是自十字军东征以来，世人前所未见的庞大泛基督徒联军。然而，这支军队在规模上仍然要小于苏丹那支接近10万人的舰队，土耳其舰队拥有230艘主力战舰和80艘其他各类战舰，在数量方面占据上风。尽管如此，事实最终证明，基督徒桨帆战舰的质量优势而非奥斯曼桨帆战舰的数量优势决定了勒班陀海战的胜负。威尼斯桨帆船是地中海上设计最好、航行也最稳定的战舰，它也是土耳其同类战舰的模板。西班牙战舰也要比奥斯曼战舰建造得更好、更结实。唐·胡安在请教了他的威尼斯将领后，给联军桨帆战舰提供了奥斯曼舰队所未知的新发明，讽刺的是，这场海战虽然是自亚克兴海战以来最大的划桨战舰会战，但它恰恰意味着划桨战舰即将走下海战的舞台。勒班陀将是海军史上最后一场大规模桨帆战舰战斗。

首先，基督徒锯掉了他们的桨帆战舰的撞角，这意味着使用撞击战术的时代已经过去。比起安装撞角，舰上多安放一门火炮显得更为有用。此外，撞角也会影响艏楼上火炮的射界，导致炮手必须向高处射击，以免炮弹打到自己的船艏。去除撞角之后，基督徒的桨帆船拥有了更好的视野和安放火炮的更大空间，能够直瞄射击前进道路上的敌舰。在勒班陀，基督徒火炮的平直炮击撕裂了奥斯曼桨帆船的舷侧，而大部分土耳其火炮进行的齐射，则都高高地、无害地飞过基督徒战舰的外侧索具和桅杆。双方在炮击效果上的巨大差距，归功于唐·胡安和他的海军将领，他们意识到炮火能比桨帆战舰的铜质撞角击沉更多的奥斯曼战舰。

威尼斯兵工厂的生产能力，以及西班牙工匠的专业技术，确保了基督徒桨帆战舰在武备状况方面要远好于土耳其战舰。这不仅因为平均每艘桨帆战舰上的火炮数量更多——神圣同盟的战舰上共有1815门火炮，相比之下，规模大得多的奥斯曼大舰队只有750门——还在于每门基督徒战舰上的火炮，在铸造、保养方面都要比奥斯曼同类武器做得更好。威尼斯人在战后发现，被俘获的数百门土耳其火炮不够安全，也没有使用价值——这一判断得到了对现存奥斯曼火炮的现代冶金学分析的支持。取胜的欧洲人发现，这些武器仅有的用处就是作为战利品展示或者被当成废料回收，在自由市场中，这样低劣的武器只能用作原料而已。考虑到欧洲火炮市场充满竞争，到处充斥着意大利、英格兰、德意志和西班牙工坊的最新设计，为了销售利润方面的考量，这些破烂货还是被当成船锚或者压舱物比较好。

基督徒也拥有更多的小型回旋炮，它们猛烈轰击奥斯曼桨帆战舰，为登船部队清扫道路。甲板上的欧洲士兵身着重型胸甲，这样的装备使得数以千计的士兵几乎不会受到土耳其人弓箭的伤害。火绳枪是一种笨拙的武器，更多的基督徒并不使用它进行战斗，尽管如此，在使用火绳枪向大群狭窄空间里的士兵开火时，射手还是可以在300码到500码的远距离内杀死敌人。因此，土耳其海军副司令佩尔塔乌帕夏曾提醒他的指挥官们，尽量避免聚到一起作战，因为他们自己的士兵是没有火器的封建征召兵，无法和披甲的火绳枪手作战。虽然以现代的眼光看来，原始的火绳枪并不准确，但在海战中，基督徒火枪手能够安全待在登船网后方，将这些武器倚在甲板上瞄准大群土耳其船员进行射击。由于桨帆战舰上人群的密集程度，以及船只撞击、纠缠在一起的混乱场景，一个火绳枪手可以轻易射中目标。

在火器使用方面，欧洲火绳枪部队有更多的经验和更好的训练，因而与数量上远少于自己的奥斯曼同行们相比，他们的火药和枪炮更可靠，并且射速是奥斯曼人的三倍。与弩相比，奥斯曼人的反曲复合弓的确是致命的武器，它们具备更好的射程、准确度和射击速率，但掌握这样一件武器需要数年的训练时间，而且在射击了几十发箭矢后，弓手就会疲惫不堪。此外，弓也不可能像弩或是火器那样被迅速大量制造出来。传统上，欧洲人强调将尽可能多的致命武器发到尽可能多的人手上，他们很少考虑射手的社会地位问题，也不担心有效使用武器所需要的状态与训练程度。

在欧洲人看来，军事技术对于社会的影响远不如其作用来得重要，然而苏丹却像关注印刷机一样关注武器本身。在土耳其的最高统治者看来，武器不应成为社会和文化不稳定的源头。通常状况下，即便耶尼切里和其他训练水准更低的奥斯曼部队接受了欧式武器之后，他们也无法采取合适的集群步兵战术，因为这会与穆斯林战士的英雄信条和职业部队的精英地位相抵触。"奥斯曼人并未像西方那样使用密集步兵的步枪战术，也没有让大群长枪兵一致行动，而是依靠每个火枪手或是神射手作为单个战士进行战斗，为了死后天堂的位置而战。"（A. 惠特克罗夫特，《奥斯曼帝国》，67）

在勒班陀，更重、更多的火器，更快的射击速率，更可靠的弹药和训练状况更好的炮手，为欧洲增添了无数的优势——要是船长们不会恐慌，径直驶向可怕的土耳其舰队中心就更能够发挥这一优势了。数十年来，欧洲海员们的小群商船往往会在地中海被土耳其海盗截住，他们的沿海村庄也时常被奥斯曼桨帆战舰突如其来的进攻摧毁，是唐·胡安一个人的努力，才让他的海军将领们第一次相信，战斗的优势完全在欧洲人一边。这一次，奥斯曼人被困住了，他们被迫在昼间应战，直面欧洲最优秀的军事航海技术的组合，而这场战斗也是欧洲人最终能够将压倒性优势的火力投入战争的最好例证。

与欧洲对手相比，北非和土耳其的战舰数量更多，更轻巧，武备更少，它们依靠的是更多的数量、更快的航速、出其不意的突袭，以及高度的敏捷性——这使得土耳其人能够在沿海水域进行袭扰，并取得对敌舰队机动性上的优势。从设计上来说，土耳其战舰是用于护卫商船、参与两栖作战并支援攻城战的，而不是用来摆好阵形与欧洲战舰展开正面炮火对决的。不幸的是，阿里帕夏忘记了这些土耳其舰队的先天优势，选择了直面基督徒可怕的火力，与敌人对射火炮，展开一场决定性的海上战斗。这是一场世界上其他任何一支舰队都不可能取胜的阵地战——英格兰的盖伦战舰和炮手组成的舰队除外。然而，阿里帕夏在某种程度上别无选择，因为历史大势既不在桨帆战舰一边，更不在奥斯曼军事一边：在勒班陀海战后不到20年，两三艘不列颠盖伦战舰，就可能和地中海上的整支土耳其舰队装备相同数量的铁制火炮。

六艘加利亚斯战舰的设计可以追溯到希腊化时期的抽象化船只研究，它们的存在，外加火炮和火器方面的数量优势都帮助欧洲舰队占据了上风，除此之外，基督徒还制造出钢制登船网来保护自己的桨帆战舰和那些瞄准敌人的射手。唐·胡安后来声称，没有一艘基督徒战舰曾被奥斯曼人登船，这都是保护网的功劳——如果这个说法属实,那保护网确实是个相当令人震惊的发明。双方舰队中的桨手方面,也存在质的不同。在16世纪,威尼斯海军政策分歧中的很大一部分,是关于共和舰队船员组成的讨论。在几十年里,威尼斯人逐渐接受了一个理念:为了让他们自己的舰队在规模上与奥斯曼大舰队相匹敌,就需要增加成千上万的不同来源的桨手——这一数目远超过共和国能够充当桨手的自由公民的数目。起初,威尼斯人雇用外国桨手,然后又将兵源改为本国的穷人,最后则把罪犯也招募进来——在罕见的情形下,他们也会使用俘虏和奴隶。其他意大利邦国和西班牙也面临同样的迫切需求,他们也都在很晚的时候,以极不情愿的态度使用了奴隶桨手。尽管勒班陀之战中的双方都使用了奴隶桨手,但神圣同盟中依然有自由桨手服役,联军也倾向于让参战奴隶获得自由。相比之下,土耳其桨帆船上的基督徒奴隶在战前受到威胁,除了低头划桨之外,任何异动都是死路一条。有一些迹象表明,在战斗中至少有几条船上的奴隶发起了暴动。

实际上,在土耳其舰队中,没有任何一个自由人战士——戴着镣铐的桨手不是自由人,耶尼切里不是自由人,根据封建兵役征集来的农民不是自由人,改宗的将领和海员不自由,甚至阿里帕夏自己也不自由。在战斗中,一水之隔的基督徒将领们是自由的贵族,其中许多人甚至不是职业军人,与唐·胡安分享指挥权的76岁威尼斯律师塞巴斯蒂安·韦涅罗就是平民出身,而指挥教皇国分舰队的意大利贵族兼地主马尔坎托尼奥·科隆纳同样不是行伍出身。这些骄傲并且时常随性的人,没有一个会因为在勒班陀战败,或因为教皇、威尼斯总督或是国王腓力二世的一个念头而被处决。相比之下,阿里帕夏和他的指挥官们知道，一场尴尬的失败之后，苏丹会需要足够数量的人头来承担罪责。

250 勒班陀的神话

15000多名基督徒奴隶在勒班陀获得了自由，而在苏丹这边，有超过200艘桨帆船和接近100艘较小船只被毁或丢失。战争的结果，使得意大利本土免受奥斯曼的海上入侵。在战斗的余波中，欧洲人玩笑似的产生了径直航向金角湾或解放摩里亚、塞浦路斯和罗得岛上希腊语人群的想法。基督徒舰队——现代之前地中海上最大的舰队——遭受的损失是8000～10000名死者、21000名伤员、10艘桨帆战舰。与此相比，有3万名土耳其人在勒班陀被杀死，其中有许多人是熟练的弓箭手，短短几年内无法培养出他们的继任者。数以千计的人就在他们的桨帆战舰被拖走时被杀死，更多的人则被留在原地淹死，或是在清理战场时被夺取性命。战后，基督徒们乘坐小船射死或刺死依然在水中活着的任何奥斯曼人，劫掠者则寻找战败土耳其贵族的私人钱财、衣物和珠宝。根据基督教史书上的记载，只有3458名土耳其战俘。考虑到这是一场近10万人参加的会战，这个数字低得令人震惊。6000名耶尼切里突击部队中的大部分人也死去了。历史学家詹皮耶特罗·孔塔里尼认为，这支精英部队中，有数千人被打死。成千上万的奥斯曼伤员并没有留下任何记录，他们中的许多人必定受了可怕的枪伤。180艘各类战舰——大部分后来发现已经无法修复——被拖到了科孚岛，几十艘被冲到了埃托利亚沿海，只有屈指可数的几艘返回了勒班陀。

这一损失对苏丹而言可谓倍加惨重，因为他和欧洲人不一样,既没有制造成千上万支新火绳枪的能力,也没有组建一支由征召兵组成的新军的能力。桨手——更不用说军火制造者和设计者了——必须从欧洲海岸以雇佣兵、背教者或者奴隶的形式弄来。考虑到欧洲制造的火器价格低廉、数量丰富并易于使用,大部分铸造质量较高的火炮都不得不进口:

> 轻兵器对海战发展的主要影响,并不像我们认为的那样是以增强火力的形式直接体现,而是以大量削减训练需求的形式间接发生。在惨重的人员损失面前,依靠火绳枪的国家较之依靠反曲复合弓的国家,拥有更大的恢复能力。让西班牙村民变成火绳枪手很容易,但让安纳托利亚农民变成反曲复合弓高手,则几乎是不可能的。(J. 吉尔马丁,《火药与桨帆战舰》,254)

34 名奥斯曼海军将领和 120 名桨帆战舰指挥官的损失,使得苏丹的大规模替代计划成为现实——在此后的 12 个月内,土耳其确实完成了 150 艘由尚未干燥的木材建成的战舰,并制造了大量粗制滥造的火炮——苏丹的新海军也会缺乏有经验的海员、弓箭手和老练的桨帆船长。

西方以外的人们总是抱怨欧洲对纪念仪式的垄断,并难以忍受西方人对历史艺术本身的控制,这完全是有道理的。勒班陀战役的后果,比任何其他事都更不公平,一场西方式"胜利"的故事,很快就通过印刷出来的历史书籍、委托制作的艺术品和到处流传的通俗文学,传播到数以百万计的人们中间。在所有这些纪念形式当中,没有任何内容涉及从奥斯曼土耳其人的角度看待这场会战。与此相反,我们只听说苏丹在战后发出的要杀死伊斯坦布尔所有基督徒的威胁，以及大维齐的自嘲——按照他的说法，这场战败"只是修剪了"奥斯曼的胡须，并没有刮掉它——此外就是无数海战死者家属的哀叹而已。少数几份关于会战的土耳其记述并不具备文学性，也没有广泛刊印发行，它们是干涩的、政府批准的、格式僵化的记载。除了少数伊斯坦布尔政府精英之外，几乎不会有任何其他读者对其发生兴趣。如果书记官还没有全部被流放或处决的话——塞兰基、阿里、洛克曼和泽伊雷克——这些有着细致描绘的宫廷编年史表明，奥斯曼资料把土耳其人的失败归咎于安拉的愤怒和对迷失正途的穆斯林所犯罪行的必要惩罚。对大众不够恭敬和生活放纵的含糊指责仅仅强化了政府对其子民的愤怒，至于苏丹的装备、指挥和海军组织中存在问题，则没有什么解释或分析。

与之相反，在意大利文和西班牙文材料中，则有数十本充满激情的第一手著述传遍了地中海地区，尽管这些材料时常在事实和分析方面互相抵触。就像我们不知道阿布德·阿-拉赫曼在普瓦捷或是墨西哥人在特诺奇蒂特兰的感想一样，对于土耳其人在勒班陀的体验，我们同样几乎一无所知。通过研究二手材料，我们能够得知非西方文明的人们在战斗中的状况，而多数情况下，只有在欧洲人进行相关研究并出版著作之后，这样的材料才能获得。因此，薛西斯、大流士三世、汉尼拔、阿布德·阿-拉赫曼、蒙特苏马、谢利姆二世以及祖鲁王开芝瓦约麾下几乎所有士兵的姓名，都已经失诸史册了。少数幸存下来的姓名，在很大程度上还得益于埃斯库罗斯、希罗多德、阿里安、普鲁塔克、波里比乌斯、李维、伊西铎尔、迪亚斯、罗塞利、孔塔里尼、科伦索主教或哈特福德上校等人的努力，他们以波斯人、阿非利加人、阿兹特克人、奥斯曼人和祖鲁人所没有的精神与政治传统进行书写,才拯救了一批关于其他民族的珍贵材料。

今天,西方在军事史上的排他性垄断地位几乎依然毫无改变。地球上的60亿人更有可能按照欧美的观点而非伊拉克式的理念来阅读、倾听或观看海湾战争(1990年)的记载。关于越南战争的故事也大体上来自西方,即便对美国干涉最犀利的批评者,也很少信任来自共产主义越南的官方公报和历史。在所谓的500年到1000年间的欧洲"黑暗时代",依然有比整个波斯或奥斯曼帝国时期更多的独立历史记载得以发行。不管是在薛西斯还是苏丹辖下,也不论是《古兰经》中或是河内政治局发布的材料里,历史都不是真实的——至少在西方写作观念中,真正的历史恐怕会让这些政权不快和困窘,或者亵渎某些所谓神圣的事物。

这就是允许异议声音和自由表达的社会的特性。讽刺的是,在欧美公民公开指责他们自己政府的军事行动时,却实质性地增强了西方文明的信用度,并强化了其对知识传播的垄断地位。在勒班陀的情况正是如此:大部分欧洲、美洲、非洲甚至亚洲的读者,都更有可能通过英文、西班牙文、法文或意大利文的记载了解这场战斗,也可能是从塞万提斯、拜伦或莎士比亚的著作中间接了解,但他们却不会从以土耳其文撰写的、同情奥斯曼的编年史中得知任何关于这场海战的具体情况。

基督教世界中,从未有过勒班陀战后庆祝那样的盛况。遍及整个意大利和西班牙的人们,唱着赞美颂纪念这场伟大胜利,教会也向上帝献上了表达赞美和感谢的传统颂歌。梵蒂冈创制了一个特别的玫瑰经十月瞻礼①,至今仍然有少数意大利教堂纪念这一瞻礼日。在那个冬天后来的大部分日子里,缴获的土耳其地毯、旗帜、武器和头巾缀满了威尼斯、罗马和热那亚的街道与商店。特别铸造的纪念币上印上了这样的字样:"蒙上帝恩宠,在对土耳其人战争中取得海战大胜的一年。"甚至在欧洲北部的新教地区,也有数以十万计的木刻、版画和圣牌流传。长着双翼的圣马可狮出现在遍布威尼斯的胜利纪念物上。威尼斯大画家韦罗内塞、维琴蒂诺和廷托雷托绘制了勒班陀之战的巨幅油画。这副巨作中最出色的描绘,莫过于夺取阿里帕夏旗舰的过程,以及巴尔巴里戈受到致命伤时的景象。由瓦萨里绘制的相关主题的著名壁画依然装饰着梵蒂冈。在教皇的宫殿中,还有数十件纪念这场巨大胜利的纪念物和绘画。提香为腓力二世绘制了一幅纪念肖像,在这幅画中,就在胜利看上去像是从云层上来到凡间之时,西班牙国王站在圣坛上,将他的儿子唐·费尔南高举向天,一个被俘的土耳其人被作为近景陪衬,而燃烧的敌军舰队成为远处的景观。

在墨西拿,为表达对唐·胡安将这座城市从土耳其舰队威胁下解救出来的感谢,安德烈亚·卡拉梅奇雕刻了一尊亲王的巨像——直到今天,这件瑰丽的艺术品依然令人印象深刻。费尔南多·德·埃雷拉的《勒班陀之歌》直至今天仍然是现代西方文学诗集的常见选段。米格尔·塞万提斯作为一名在此战中手臂受伤而致残的老兵,多年后在他的《堂·吉诃德》里,写下了令勒班陀走向不朽的只言片语:"在那里死去的基督徒比幸存下来的胜利者还要快乐"。未来的英格兰国王詹姆斯一

---

① 10月的第一个主日。——译者注

世此时还是个男孩，他为了纪念勒班陀，写下了数百行的史诗。在斯特拉福特，年轻的莎士比亚也显然受到了深刻影响：在他后来的戏剧中，有位公爵名叫普罗斯佩罗，这是以那场会战中一位著名的意大利贵族命名的，而他的奥赛罗也被设定成替威尼斯人效劳的勇士，曾经参与保卫塞浦路斯岛的战役，抵抗过土耳其人的进攻。

大部分画作和流行歌曲，都将基督徒那令人印象深刻的胜利归因于上帝的干预。但更多的同时代世俗历史学家在寻求战术层面的解释时，却并不确定神圣同盟是怎样在几个小时内，就使得数个世纪以来土耳其人入侵的努力化为泡影的。为何数量上处于劣势、互不协调并且直到战前还互相争执不休的欧洲人，在并不熟悉的敌方水域，在远离本土基地、各国政府还互相憎恶的情况下却取得了胜利？是幸运带来了胜利吗？——就在唐·胡安的舰队驶入奥斯曼舰队中央时，风向突然发生变化，加快了他麾下桨帆战舰的速度，又或许，是微风将基督徒开火时飘散的烟雾吹到了敌军眼中？还是相对平静的海面缺少降雨的天气，确保了步履艰难的加利亚斯战舰能够在土耳其舰队面前轻松机动、抢先瞄准，同时也保证了成千上万支基督徒火绳枪拥有干燥的发火设备？从战争结果来看，至关重要的是，奥斯曼人愚蠢地接受了基督徒的挑战，尽管后者的战舰排水量更大，武备也更好，在决定性会战中将占据优势。加利亚斯战舰一旦打出开场齐射，看起来就能够向任何方向射击，所以交战双方的同时代人都注意到，即便是不屈不挠的土耳其人也"变得害怕起来"。所有的记述都在很大程度上将基督徒的胜利，归因于六座浮动堡垒和它们在战斗开始时对奥斯曼战线前端的轰击。

又或许基督徒的优势是在精神方面？勒班陀之战发生在一个星期天上午，船员们甚至在准备好杀戮之前，还在甲板上接受了教士们的弥撒。就在几天前，基督徒在科孚岛上得到了塞浦路斯陷落、奥斯曼人背信弃义地屠杀了法马古斯塔所有人质和战俘的可怕消息。在勒班陀之战的船员中反复讲述最多的故事是关于当地的英勇守军领袖马尔坎托尼奥·布拉加迪诺遭受酷刑并惨遭分尸的恐怖记述：他在得到投降后可以安全离开的承诺后，被活活剥皮实草。唐·胡安的船员也看到了奥斯曼人最近在科孚岛上的渎神行为——亵渎基督徒的坟墓，拷打教士，绑架平民，侮辱教堂。同时代的所有记载都评论说，基督徒步兵一旦登上土耳其桨帆船，就以近乎非人的凶猛方式进行战斗。

又或许勒班陀战斗的结果应当归因于唐·胡安出色的战地领导能力？毕竟是他维持了整支大舰队中意大利、西班牙和威尼斯桨帆战舰间的协调工作。除了这位亲王，同样重要的还有教皇与腓力二世表现出的政治才能。然而，在最大程度上抵消掉奥斯曼人的英勇表现与庞大数量的是大量的第一流欧洲战舰，这些战舰配备了强大的火力，也拥有装备更好的士兵——这恰恰证明了西方资本主义经济体系下的设计、制造以及分配武装方式的优越性。数量庞大的火炮、火绳枪、弩，以及制造精良的船只，在战斗中抵消掉了奥斯曼人的数量优势、土耳其士兵令人恐惧的声望，以及奥斯曼帝国部队在本土水域作战的便利。因此，所有这一切在没人能够预见到胜利的结果的情况下，就已经使得神圣同盟获得了很大的机会来争取胜利——毕竟基督徒联军在凝聚力、指挥和战术方面都占尽上风。

欧洲与奥斯曼人

一个破碎的大洲

16世纪的中欧和东欧，仍旧遭受着从6世纪以来东方势力的围攻。当北非和小亚细亚被伊斯兰教统一起来，成为庞大的奥斯曼霸权治下的行省与附庸国时，欧洲却由于宗教倾轧陷入更大的破坏当中。基督教世界已经分裂成罗马天主教和东正教两个部分，到16世纪时，新教分立，建立在民族、文化、语言亲和力基础上，不再单纯向梵蒂冈效忠的民族国家在英格兰、法兰西、荷兰、意大利、西班牙等地勃然兴起，基督教世界变得越发碎片化了。

在10世纪早期，法国就赶走了最后一批伊斯兰袭击者，但是在16世纪的很长一段时间内却在和奥斯曼结盟。这份友谊并不总是没有回报的：在1532年，法国人利用奥斯曼的帮助从热那亚手中夺取了科西嘉岛，让土耳其海军司令巴巴罗萨的桨帆舰队——这支舰队被指定由基督徒俘虏划桨——在法国港口(1543～1544年)过冬。这就难怪在会战的上午，奥斯曼海军司令哈桑·阿里自信地催促土耳其人离开港口，驶出科林斯湾，在外海展开会战，因为对面的基督徒"来自不同国家，有着不同宗教习俗"，无异于一盘散沙。

随着奥斯曼人将越来越多的目光投向西方——不仅是为了更多的奴隶和虏获品，也是为了欧洲的武器和制成品，西方世界则将注意力转向了更遥远的西方与南方。新发现的美洲航线，以及沿非洲海岸的贸易线路提供了不一样的致富途径，既无须与土耳其人战斗，商人们也不用忍受穿越奥斯曼占据的亚洲地区的漫长商路，以及随之而来的高额关税。到16世纪为止，一盘散沙的西欧不仅没有受到统一东方的威胁，反而自行发展出一系列新的商业中心——马德里、巴黎、伦敦、安特卫普，西方世界自身也变得越发强大，而这些城市对东地中海穷乡僻壤的兴趣则日益降低。

考虑到奥斯曼帝国境内与其他新商贸路线相比的普遍停滞状态，巴尔干和东地中海诸岛被西方国家视为并不值得为之与土耳其舰队争锋的鸡肋之地。大部分被当作奴隶役使的基督徒，终究是不值得解救的东正教徒，毕竟西欧人早在君士坦丁堡陷落前很久就和拜占庭人之间存在宿怨。即便基督徒对抗穆斯林，或者说东方对抗西方是一场始终存在的战争，英法两国有时也会无视这场圣战的必要性，有时甚至还会向苏丹伸出援手，而威尼斯则变得越发依赖沿土耳其沿海地区进行贸易。勒班陀将是历史上最后一场几个西方大国仅仅因为相同文化与宗教基础便团结起来，对抗伊斯兰世界的大会战之一。

然而，整个伊斯兰世界，甚至奥斯曼帝国本身仍然在人口数量、自然资源水平和领土面积方面超过任何一个地中海基督教国家。虽然如此，一旦南欧诸国能够团结起来进行大规模远征的话，伊斯兰势力反而会成为弱势的一方。在少数几次仅有部分国家结成同盟的场合——在中世纪发生的伟大的第一次十字军东征是最好的例子——西方甚至能够在宗教改革、火药发明、探索大西洋之前很久，就在远离欧洲的地方取得胜利。欧洲的军事能力是从古典时代一脉相承下来的，并非发明火药或发现新大陆之后带来的侥幸成功。第一次十字军东征以法兰克人占据圣地而告终，表明西方拥有用陆路和海路运输并供养军队的卓越能力，这在伊斯兰世界里无人能够实现。在少数几次外部势力攻入欧洲的场合——例如薛西斯统治的波斯人，摩尔人，阿拉伯人，蒙古人和奥斯曼人，外部势力的君王们处于统一的帝国或是宗教军队首领位置，他们的西方对手却是孤立的、分裂的，甚至时常互相争执敌对。不过，在基督教世界中罕见的合作努力很快就逐渐消失了。到 14 世纪为止，再也没有任何一支可以与十字军相提并论的泛欧洲联军能够越过地中海，发动远征。然而，即便是在宗教和政治领域分裂破碎的状况下，在伊斯兰侵略面前，欧洲仍然相对安全，因为这样的入侵所需要的后勤专业技术和重装步兵数量，甚至超出苏丹所拥有的资源。在 15 世纪，奥斯曼土耳其统一了亚洲、巴尔干和北非的很多地区，而且得益于以武力推进宗教传播的方针，它境内的人民大体上接受了同一个神明，这就使得分裂的欧洲处于相当程度的劣势。就像伊斯兰征服开始之初的 8 世纪一样，许多互相交战的基督教西方小国，会遭到一个庞大的宗教政治统一体持续的攻击。

奥斯曼知识分子和毛拉们并不将战争视为天然错误的行为。在土耳其内部，也不存在一个知识阶层抵制杰哈德思想——这与西方人对和平主义乃至"正义战争"理论日益增长的兴趣不可同日而语。没有一本伊斯兰小册子，有类似伊拉斯谟或其他人提出的主张，将战争从本质上阐述为邪恶的东西，并认为只能在最紧密的道德约束环境下才能进行这种邪恶的行为。欧洲的公民可以从古典时代的遗产里继承个人自由观点，从基督教信条中接受精神兄弟的想法，但西方的生存事实上取决于他们在多大程度上忽视了杀戮总是有罪的这一想法。

因此，欧洲人依靠传承自更早年代的西方传统来抵抗奥斯曼人，这些传统包括：在决定性会战中歼灭敌军、在资本主义制度支持下制造出充足而有效的武器、通过公民军队的理念将大量公民送上战场。幸运的是，随着基督教在中世纪的演化，在西方已经很少有与个人利益或资本主义相悖的信条。如果说教士们都有一段时间担心生计的话，那他们在允许教友尽其所能攫取利润时，就不会带有任何负罪感了。

到勒班陀会战时为止，对于罗马曾经在北非、近东、小亚细亚和大部分巴尔干地区设立的诸行省，欧洲已经失去了控制，至于东地中海的沿海水域也是如此，它被穆斯林牢牢控制着，越来越受到伊斯坦布尔的影响。奥斯曼人发现，一个鼓吹对异教徒开战的统一宗教，有利于多文化庞大帝国的扩张。宗教战争的政策，使得非西方人拥有了前所未见的道德驱动与宗教狂热，这种作战时的疯狂姿态，甚至在迦太基人、波斯人和匈奴人的猛烈入侵中也未曾被欧洲人见到过——尽管上述这些民族都曾经入侵过欧洲，在一段时间内甚至试图将希腊和罗马并入自己的版图。

然而，尽管基督徒一盘散沙，他们依然对苏丹的军队保持着巨大优势。西方在军事上的支配地位，在罗马陷落后有所下降，但欧洲的大部分国家1000多年来都潜藏着古典时代的文化传统——理性主义、公民军队、资本主义形式、自由思想、个人主义、对重装步兵和决定性会战的依赖，这些因素使得它们拥有远超过自身人口、资源或领土比例的军事力量。欧洲的主要问题不再是普遍的和平主义，而是几乎毫无间歇的战争：在查理曼王国终结后的中世纪，由于缺乏中央政权的制约，西方文明的内战以近乎自杀的方式进行着，欧洲王公们之间不断进行极为血腥的自相残杀。

意大利城市共和国和西班牙帝国境内的桨帆战舰制造技术

要比亚洲先进得多，也要灵活得多，更有可能不断进化发展以应对海上的新挑战。土耳其舰队的全部组织架构乃至术语都是抄袭威尼斯或热那亚的，这和中世纪早期伊斯兰舰队效法拜占庭航海技术和海军管理一样。双方的划桨方式相似程度令人惊讶——这种方式显然是意大利人专门设计出来的。所有的军事创新——从锯掉桨帆战舰撞角到创造加利亚斯战舰和使用登船网——都首先在欧洲出现。军事科学中，关于战略与战术的抽象理念在新的火药时代复活，同时也成了西方所专有的领域，因此，两支舰队的指挥官们都是欧洲人这一点可以说绝非巧合。苏丹本人更青睐出身意大利叛教者的海军将领，他们熟悉欧洲的习俗与语言，因此更有可能使他的桨帆战舰跟上敌军在创新领域的步伐。

基督徒舰队中的士兵，并不全是能够自由投票的公民——毕竟此时只有威尼斯和少数几个意大利邦国是共和政体，然而神圣同盟的船员，主体也并非奴隶。奥斯曼大舰队中的情况则恰恰相反，其中堪称精锐的耶尼切里禁卫军和划桨奴隶一样，都无权对政治事务说三道四。土耳其划桨奴相比基督徒划桨船员更有可能逃跑，至于欧洲战舰上的普通士兵的地位，则是自由人，他们不像土耳其敌人那样是属于某个帝国贵族的财产。

> 在整支舰队当中，基督徒奴隶的脚镣都被打开了，并且他们都配上了武器，还得到了自由与奖赏的承诺，以鼓励他们英勇作战的行为。穆斯林奴隶则相反，固定他们的枷锁被仔细检查，还敲下铆钉，并给他们戴上手铐，让这些人除了拉桨之外做不了任何事。（W. 斯特凌-麦斯威尔，《唐·胡安传》，1.404）

此外，这场决定性的会战，是那些被北非海盗和土耳其桨帆战舰频繁骚扰困扰的基督徒精心选择的。神圣同盟的大舰队希望与苏丹的舰队迎面对战，杀死每个奥斯曼人。后者的部队则停泊在冬营里，对战斗的态度迟疑不定。而且在基督徒舰队当中，有各式各样的个人想法和个性在起积极作用。来自西班牙、意大利、法兰西、英格兰和德意志的冒险者，以及马耳他骑士团、其他各个宗教修会的贵族，甚至还有新教徒和至少一名武装妇女都是参战人员的一部分，他们直到第一轮射击开始前几秒钟还在互相辩论、争吵，这最终给予了大舰队多元化意见，并使得指挥官能够根据变化的战斗状况尽可能做出快速反应。即便是西班牙的基督教王国专制政权，同样也要在民事和司法的监督和审查下行事，并且这样的政府在损害个人自由的程度上，也无法与苏丹统治下的极权主义政权相提并论。

然而，使得基督教小邦结成的联盟能够获得胜利机会的，还是它们令人印象深刻的能力。它们不仅建立了资本主义体制，制造出优秀的船舶，还能大规模生产火器并雇用技艺娴熟的船员，考虑到它们有限的人口和领土，这更是一项伟大的创举。尽管在勒班陀，代表欧洲力量的只有三个真正的地中海大国——教皇国、西班牙和威尼斯，但这三个国家的经济总和要比整个奥斯曼帝国的国民经济规模大得多。早在舰队出航前，教皇国的大臣们就已经积攒了维持200艘桨帆战舰作战一年的全部资金（包括船员和补给费用在内）。

最为引人注目的城邦国家

威尼斯共和国和奥斯曼土耳其的区别，是对阵双方在经济生活上巨大差异的一个缩影——这个城邦国家所能提供的物产和服务，在规模上要远小于法兰西、西班牙或英格兰。在勒班陀会战发生时，威尼斯本土人口还不足 20 万。这个城邦的领土局限在北意大利数百平方英里的小圈子里，以及东地中海、希腊、克里特、亚得里亚海沿岸的一些商业前哨里。与此相反，苏丹则统治着百倍于威尼斯的人口，有着远多于它的木材、矿石、农产品和贵金属储备。威尼斯固然在东西方之间从事着有利可图的贸易，但苏丹控制着比这个小小城邦大上 1000 倍的土地。然而，在军事资产、贸易、商业和对地中海的影响等方面，威尼斯在整个 16 世纪中仅仅依靠自身的实力，便几乎可以与奥斯曼相匹敌了。

显而易见的是，威尼斯的力量，来自它根据现代专业化与资本主义化生产原则来制造战争武器的不可思议的能力——该国每年 700 万杜卡特的收入中，有 50 万留作大兵工厂的活动经费，在这里威尼斯人生产出成千上万支火绳枪、火绳钩枪和火炮，还制造干燥过的木材，保持稳定数量的战略储备。除了数十家小型私人造船厂之外，还有一个公会确保在危急时刻能够提供准备好的船只——这有点类似第二次世界大战中的美国战时生产委员会，在私人企业的支持下管理生产和劳动，以此在短时间内创造出新的生产线。勒班陀之战结束三年后，法国君主亨利三世出于娱乐的目的，在威尼斯大兵工厂亲临一线检查生产，据说那里竟在一小时内完成了一艘桨帆战舰的组装、下水和装备！即便在通常条件下，大兵工厂也能在几天内下水一整支桨帆舰队，它对船舶生产、融资操作和批量制造原则的完美结合，在 20 世纪前都显得无可比拟。

根据（威尼斯）十人议会的命令，有 25 艘武装齐整、配备了航海设备的桨帆船将被保存在水池里。其余船体和上层建筑保持完好的桨帆船则被保存在陆地上,一旦用麻纤和沥青塞满船缝就可以下水。它们存放的两座船坞及其前方的水域都保持清洁,因而它们能够迅速下水。每条桨帆船都标上了数字编号,它的索具和其他设施上也标记着同样的数字,因此它们能够尽快组装起来。(F. 莱恩,《文艺复兴时期的威尼斯舰船与造船者》,142)

苏丹将威尼斯大兵工厂的复刻版放在了金角湾①附近,那里的造船工匠是从那不勒斯和威尼斯雇来的,希望能够复制威尼斯的成功(对于成果,可以说是评论不一:外国访客看到许多火炮被随意堆放,因为大部分火炮是从基督徒军队中偷来或抢来的,而非在这座建筑里制造的)。但是假若说土耳其人建立一支现代化桨帆舰队的能力,取决于它进口或偷窃西方产品与技术的努力的话——它凭借这个几乎在两年内弥补了在勒班陀的损失——威尼斯的力量则在于更大范围内的思维、政治与文化的独立发展,而这在东方是找不到的。无论人口多么庞大、自然资源多么丰富、领土面积多么巨大,也无论劫掠到多少掳获、通过强制税收敛财多少或者吸引到多少外国人才,西方式的实力永远无法通过这样的方式获得。

威尼斯大兵工厂的建立,源自其资本主义体系和立宪政府机制的自然发展,伊斯坦布尔的独裁政权完全无法想象出这样的制造业奇迹。威尼斯由一个选举出来的最高行政长官(总督)和大体上由贵族商人组成的元老院联合统治,这个政府允

---

① 在君士坦丁堡附近的狭长海湾,位于博斯普鲁斯海峡南口西岸。——译者注

许从贸易中滋长出的资本主义在相对低税负的环境下发展，并且保证个人财产是合法所得，不会被充公。此外，威尼斯的公司也被赋予了法律保护，成为不属于任何个人的、任人唯才的经营实体，从而能够超越任何个体，在利润的基础上判定成败。一个威尼斯公司并不依赖于任何个人或家族的生命、健康或地位，而是完全依靠根据诸如投资、回报之类抽象商业原则，加上股票、股息、保险、海事贷款等金融工具辅助下行动的效率来获取利润。由于国家承担了制造商船的昂贵投资，又提供了海上保护，因此只有很少资本的小商人也可以在竞争船舶和商贸路线使用权时与大公司竞争。到勒班陀之战发生时为止，每年有超过800次出入威尼斯港的商业航行——每天，来到港口的船只数量都会增加至少两艘。

　　国家支持的资本主义体系在自由的社会环境里运作，并经由共和国选举出来的公会进行监督，所有阶层中富有才能的人都相信，这是地中海沿岸最适合商业经营的社会氛围。要解释威尼斯桨帆船为何在整个地中海中设计最佳、武装状况最好的问题，除了共识政府体制、自由市场环境和投资刺激等原因之外，理性主义和公正质询也功不可没。在亚洲，没有任何事物能够像欧洲融会交流思想的精神市场那样，极大地促进致命武器的发展——这一点可以从范诺乔·比林古乔的《火法技艺》（威尼斯，1540年），尼古洛·塔塔格利亚的《新科学》（威尼斯，1558年）和路易吉·柯拉多的《实用炮学手册》［威尼斯，1586年（意大利语）；米兰，1592年（西班牙语）］上刊登的关于铜炮与铁炮效力的实证研究中管窥一斑。这些正式的论文中，常常会在附录里增补上威尼斯和热那亚各个委员会的年度报告，以及来自造船高手本人那里更多的非正式文本。

像特奥多罗这样的专家，在1546年就针对大兵工厂内桨帆船的生产做过报告。思想交流的自由和理性主义的古典遗产——这在唐·加西亚·德·托莱多对航海技术、船舶推进和武备所作论述（马德里，约1560年）或佩德罗·德·梅迪纳的《女王号航海记》（塞维利亚，1563年）中表现得十分明显——这些东西意味着，欧洲人将第一手经验和抽象理论结合在一起，以此大大推进了造船业和航海业科技的进步。军事研究是威尼斯高等教育的一部分，以威尼斯附近的帕多瓦大学为中心。在那里，著名的加里布埃洛·法洛皮奥（1523~1562年）和法布里库斯·阿奎彭登特（1537~1610年）指导下的科学与医学研究举世无双。在绘画方面，廷托雷托、焦尔焦内和提香保持着意大利文艺复兴时期在希腊艺术启发下的优秀传统；与此同时，像阿尔杜斯·曼努提马斯（1450~1515年）这样的出版商很快就建立起了欧洲最大的出版中心，他本人专注于印刷著名的阿尔杜斯版希腊罗马古典书籍。

相比之下，出版社直到15世纪晚期才被引入伊斯坦布尔，即便到那时政府也由于担心印刷术会传播对政权有害的信息，而在很长时间内禁止建立出版社。伊斯兰教本身从没有经历过不受限出版的时期，也没有接触过大规模自由宣传知识的想法。大部分广为人知的奥斯曼文艺作品是受宫廷生活启发的，同时服从于帝国和宗教审查制度，这两点可以说是西方人闻所未闻的。理性主义的存在，则被认为与《古兰经》的政治首要地位相抵触，后者作为苏丹权力的核心内容显然不能动摇。由于没有真正意义上的奥斯曼大学，而出版社和促进抽象知识流传的广泛阅读体系也从未建立，土耳其人从桨帆船战争中得到的知识仅仅出现在实际操作培训和地中海海员们口口相传的传统当中。

和土耳其人相比，威尼斯的优势并不在于地理、自然资源、宗教狂热或是对持续交战与袭扰的执着，而是在于它的资本主义体系、共识政府制度以及不计较利益而对研究的执着投入。只有在上述状况下，技艺娴熟的航海工程师、船员和训练有素的海军将领才能够胜过奥斯曼在领土、岁入、游牧民族的战士文化传统以及单纯人力资源上的优势。苏丹寻求着欧洲的商人、船舶设计师、海员，进口火器，甚至肖像画家；而与此同时，几乎没有一个土耳其人能够发现欧洲需要他们的服务。

奥斯曼主义

也许，勒班陀之战对阵双方经济上最为明显的差异，能够从基督徒俘获的阿里帕夏旗舰上发现的那15万枚金币上体现出来。在其他奥斯曼海军将领的桨帆战舰上，胜利者也发现了几乎同样规模的小金库。由于土耳其帝国缺乏银行系统，而阿里帕夏担心触怒苏丹后家产被没收，同时也是为了在税吏面前小心隐藏资产的需要，他把巨大的个人财产带到了勒班陀的海上。当海军司令在海上被杀，他的座舰沉没后，这份财产便在战后被敌人洗劫了。如果像他这样一个奥斯曼社会最高层人物——苏丹的妹夫，而且正为他的统治者参与一场伟大圣战——在伊斯坦布尔都不能进行安全的投资，也无法隐藏财产的话，那成千上万更加不幸的普通臣民就更不能奢望这一点了。

富裕的奥斯曼商人时常暗地里到欧洲投资，选择进口昂贵的欧洲奢侈品；他们也可能考虑到未来被没收钱款的危险，由此选择隐藏或埋藏他们的积蓄。其结果是，即便在奥斯曼帝国的首都，人们也习惯性地缺少对教育、公共建筑和军事远征的投资。也许当亚当·斯密写下以下这段话时，脑海里想的正是阿里帕夏："的确，在那些不幸的国家，人民随时有受上级官员暴力侵害的危险，于是，人民往往把他们财产的大部分藏匿起来。这样一来，他们所时刻提防的灾难一旦来临，这些人就能随时把财产转移到安全的地方。据说，在土耳其和印度这种状况是常有的事，我相信，在亚洲大部分国家同样如此。"（《国富论》）无论如何，数以千计居住在伊斯坦布尔的威尼斯人和其他意大利人、希腊人以及犹太人、亚美尼亚人一起，促进了庞大的东西方贸易网络的发展。像欧洲火器、制成品和纤维这样的高附加值产品，通常会被用于交换亚洲的原料商品棉花、丝绸、香料和农产品。形成鲜明反差的是，威尼斯人认为，他们没有必要去接纳从事奢侈品贸易和银行储蓄的土耳其专业人士来增强自己的经济。

奥斯曼人十分封闭的经济，其背后的政治与宗教组织结构是既开明又可怕，既高效又静止，既合乎常理又保守的——在大部分方面，这个体系都与资本主义市场经济格格不入。传统中所描绘的腐败、无能的奥斯曼官僚政府是误导性的，其谬误程度和近来的修正主义者几乎相等——后者把奥斯曼政府描绘得与欧洲同类机构不相上下，如果不是更先进的话。在勒班陀会战时，奥斯曼的政治、经济和军事实践与欧洲传统的区别已经达到了登峰造极的程度。首先，军队和政府的官僚是由奴隶充当的——他们的数目高达八万人，甚至可能更多——这些人要么从奴隶贩子那里购买，要么在战争和劫掠中夺取，要么是作为德米舍梅制度（每四年从被征服的基督教行省中选取合适的基督徒青年强迫其改宗伊斯兰教）下的强制"赋税"征收而来。在这些年轻的基督徒俘虏中，最优秀的人物会接受奥斯曼语言和宗教教育，并在政府和军队中获得高位，最后成为苏丹本人忠诚而有价值的终身奴隶。

这种官僚体系，造就了一个持续流动的政府和军事精英阶层。这个阶层并不向天生为穆斯林的人口持续开放，也不会依靠世袭或朝代进行自我复制。德米舍梅制度下的儿童并不凭借出身或财富得到提拔。由此，土耳其人制造出某种程度上的精英管理体系——这是柏拉图在他的《理想国》当中所提模式的一个可怕版本——在这一模式当中，少年会和他们的父母分离，接受公共教育，依靠自身业绩得到提拔，从而激发他们为国家效力的欲望。德米舍梅制度确保了苏丹拥有一批忠诚的核心追随者，他们没有父母，也没有给自己子女取得向上流动地位的想法：后者生来就是穆斯林，因而没有资格充当政府候补官员或是耶尼切里新兵。偷盗基督徒少年的行为固然受到巴尔干大部分被征服臣民的愤恨，但被拐走儿童的父母有时也能够得到这样的安慰：相比在当地以农奴身份过着赤贫生活，在苏丹的政府里为帝国服务的方式也许会给他们的孩子更好的未来。

任用改宗基督徒作为官员的方式，消除了土生土耳其人获取权力并滋生暴动的一些威胁，同时还为整个帝国提供了伊斯兰教活力的证明——真主能够将最好的基督徒少年转化成苏丹最忠诚最虔诚的穆斯林臣民。在帝国存在的几个世纪里，数以百万计的基督徒被俘获并改宗。在勒班陀，大部分军事指挥官，控制舰队后勤的官员，耶尼切里和奴隶桨手原本都是基督徒，他们也都是被迫改宗伊斯兰教的奴隶。

德米舍梅制度也体现了宗教渗入奥斯曼社会各个方面的程度。16世纪奥斯曼最伟大的海军将领海尔丁·巴巴罗萨、乌卢奇·阿里和图尔古特·阿里帕夏在出生时都是欧洲基督徒。

苏丹的母亲许蕾姆苏丹是苏莱曼大帝的妻子，她则是一个教士的女儿，来自乌克兰基督徒家庭。勒班陀会战时的帝国大维齐即帝国首相穆罕默德·索库尔卢，则是一个来自巴尔干的斯拉夫人。奥斯曼在武力上取得成功的秘诀一定程度上就是它与欧洲的矛盾关系，它既追求欧洲，又厌恶欧洲，既劫掠欧洲，又与欧洲贸易——它总是一边欢迎西方商人，一边绑架欧洲少年，一边雇用背教者罪人。奥斯曼的首都是受到尊崇的欧洲城市君士坦丁堡，并非东方城市，这本身就承认了接近西方带来的固有金融优势。

正如之前阿契美尼德君主统治小亚细亚的方式一样，这个帝国完全操纵于苏丹之手，苏丹本人是由他父亲的奴隶后宫的一个成员养育的，因此在理论上也是一个奴隶，此外，他还是安拉的仆人。1538年，苏莱曼大帝曾在宴饮时写下的话，让人想起了大流士或薛西斯：

> 我是真主的奴隶，世界的苏丹。凭借真主的恩典，我是穆罕默德团体的首领。真主的全能和穆罕默德的奇迹伴随着我。我是苏莱曼，麦加和麦地那的呼图白上颂念我的名字。我是巴格达的沙，拜占庭土地上的恺撒，埃及的苏丹，我把舰队派往欧罗巴、马格里布和印度的海域。我是夺取了匈牙利王冠和王座，让他们成为卑微奴隶的苏丹。彼得总督扬起头来发动叛乱，而我的马蹄已经将他踏入尘土，我征服了摩尔达维亚的土地。（H. 伊纳尔哲克，《奥斯曼帝国》，41）

继承权会传到统治者许多子嗣当中最有野心的一个人手

上，在权力的竞争中，候选者母亲在后宫中的地位，以及可能高达数十名互为对手的兄弟姐妹的性命都悬于一线。苏丹的女儿们诞下的大部分男性婴儿都会在出生后被杀。任何一点宫廷阴谋、下毒和肆意处决的内容，都让人想起苏埃托尼乌斯在《罗马十二帝王传》里的记载。不管是东方还是西方，独裁政治已经足够糟糕了，而这种统治与精英阶层在继位时决定新强人的放血仪式结合后，更可能产生灾难性的后果。因此，在勒班陀的两支舰队代表了政治与宗教组织上的两个不同极端——奥斯曼海军是苏丹的整个奴隶核心；基督徒舰队则是自治国度的同盟，其中一些还是由选举出来的政府来治理。

奥斯曼在15世纪的惊人扩张依靠两大奇迹：其一，团结游牧民族，向西面和南面攻取并劫掠附近更古老、更定居化的富裕国家的能力——对拜占庭、巴尔干北部的基督徒采邑、埃及的马木留克、安纳托利亚东部和伊朗伊斯兰政权的攻击都是这种能力的标志；其二，征收棉花、香料、丝绸、农产品等东方财富，将它转运到欧洲换取武器、船只和制成品的手段。只要奥斯曼军队能够夺取新土地，获得新的战利品，找到新的奴隶来源并垄断东西方间的贸易通道，那么不管帝国的行政管理中存在多少经济和政治上的不稳定性，不管这导致了怎样的内在低效，它都能够继续扩张并保持繁荣。

从理论上讲，苏丹拥有帝国境内的所有土地；从实践来看，最好的庄园会被分配给军政显贵。所有的财产都被课以沉重的赋税。在这里，并没有为数众多、能够投票的公民土地所有者阶层。地方官员的任命完全落入了那些有能力征收贡品或是拥有庄园的贵族手中，而大部分土耳其本族官员，甚至包括维齐在内，都要配备通过德米舍梅制度获取的基督徒奴隶作为助手。奥斯曼军事人力资源的主体并非来自耶尼切里，而是来自蒂马尔体系，在这一体系中，军事领主会得到被征服的土地，并对土地上的人们拥有近乎绝对的控制权。在缴纳了帝国赋税后，蒂马尔特①可以保留从他名下农民那里收来的剩余利润，以便在战时召集部队。如果说耶尼切里是外部出身的奴隶士兵的话，那么奥斯曼军事的其他部分大体上就是对地方领主负有义务的农奴组成的陆海军。这样一个不自由的劳动体系与欧洲军事形成了鲜明反差，欧洲人要么从本国人口中征召大量的战士和桨手（例如威尼斯），要么就从公开市场上以简明易懂的合同招募士兵。奥斯曼的征兵体系初看起来有"不需要开销"的优势，并且是建立在地方的信任和战友情谊上，而非基于薪水之上。但是仔细审视之后，我们会发现，就强制征召士兵的军事本质而言，整个蒂马尔征召方式保持良好运转需要诸多因素的配合：对外征服能够持续不断提供新的土地，独裁的蒂马尔特在战场上能够保持英明的领导，战役征召时间相对较短不至于妨害农业生产，而且帝国必须不断取胜以提供虏获品。

在所有专制统治中，都会存在某种权力制约体系。这种制约要么来自宗教界的批评，要么源于商业或知识阶层的必然崛起。然而，在奥斯曼人的统治之下，国家的政治权力从来没有脱离过伊斯兰教的控制。无所不在的穆斯林意识形态的影响将绝大部分商业与精神生活置于《古兰经》的主导之下。虽然穆斯林学者能够创造出与《古兰经》相关的教学与注释，但这并不是大学里进行的、能够带来军事创新、技术进步或经济复兴

---

① 即拥有蒂马尔的领主。——译者注

的真正研究：

> 奥斯曼学术受到了传统伊斯兰观念的影响，将宗教学习视为唯一的真正科学，其目的仅在于理解真主的世界。笃信《古兰经》和先知的传统，构成了这种学习的基础，理性为宗教服务。宗教科学的方法是，首先在《古兰经》中寻找关于一个论点的证明，然后在先知的教义中寻找，接着搜寻有记录的先例，个人推理仅仅被当作最后的手段。（H. 伊纳尔哲克，《奥斯曼帝国》，173）

尽管近来的修正主义学者努力否认将奥斯曼经济视为"停滞"的19世纪观点，但伊斯兰教对自由市场活动的有害影响必然比文艺复兴时期的基督教对欧洲资本主义的有害影响大得多。首先，在奥斯曼帝国中，从来没有一个真正的供需体系，也没有损益体系，更不用说利息概念了："伊斯兰教断然反对利益在所有经济交易中的存在。《古兰经》中的利率（riba）概念并不仅限于贷款利率。从字面来看，它意味着在金钱或物品的物理方面超过某物。"（M. 乔杜里，《伊斯兰经济理论》，15）

在土耳其，不存在真正的银行。事实上，第一家奥斯曼银行是由欧洲投资者创办的，时间在1856年。私人的货币财富更可能被埋藏或隐蔽起来，而不是作为存款或投资。价格是由政府法令规定的，并受到行会的严厉监控。私有财产并未受到宪法保护，反而随时可能被帝国的强制机构没收。税款被随意设定在高位，在执行税收时各种规则又显得反复无常。地主永远不可能猜到税吏何时会来，来的频率会有多高，也不知道他们到底需要多少。奥斯曼帝国庞大的官僚和军事体系吞噬了预算，吸收了可用资本。帝国臣民的识字率很低，不超过百分之十的人口能够阅读。这里也没有真正的世俗大学来培育金融或外交阶层。毛拉们所拥有的庄园规模很大，而且受到了免税的优待，伊斯兰教众本身也往往能够以高利贷违反《古兰经》的原则为由减免借贷。

因此，在世界经济发生巨大转变，例如大量来自新大陆的金银涌入市场、西欧的盖伦船开拓了前往东方的替代贸易路线的时候，奥斯曼人却发现自己相对欧洲人而言，根本无力调整固有的经济体系。任何独立的、较小的欧洲国家——威尼斯、西班牙、英国、法国或是荷兰——都能够建造在规模上与苏丹海军相当的舰队，尽管它们并没有奥斯曼帝国的巨大的领土和人力。总之，在勒班陀会战这段时间，奥斯曼帝国在抵达了它轻松扩张的最高点后，遭遇了一个灾难性的却又很合理的后果。

> 随着军事扩张陷入停滞状态，土耳其开始受到沉重的压力。因为岁入减少，帝国也就不能继续维持适当规模的陆军和海军，这反过来又减少了军事层面的选择。于是，这个体系开始相当不雅地快速堕落下去，消耗并吞噬自身的财富。税收被继续提高，甚至导致人口减少。对军政官员而言，他们很快就觉察出获取个人财富的途径是购买和利用公共职位。腐败早在16世纪中叶苏莱曼允许出售官职就已出现，而且所谓统治机构成员也就是帝国官僚阶层里的土耳其精英们，其私人财富也在同一时期迅速增长。（E. 琼斯，《欧洲奇迹》，186）

勒班陀的意义

学者们倾向于将勒班陀视为一场导致了战略僵持的战术胜利。在以决定性优势击败土耳其舰队之后，神圣同盟未能充分利用它的优势——近一年的时间里地中海上只有很少的奥斯曼战舰。基督徒没有夺回塞浦路斯，也没能解放希腊。仅仅过了两年，由于亚洲贸易被切断导致岁入减少而苦苦挣扎的威尼斯，就不得不与苏丹媾和结束战争。在接下来的两个世纪里，奥斯曼人继续推进，他们将会征服克里特，深入匈牙利，最终来到维也纳城下。不到一年之后，苏丹效仿威尼斯大兵工厂的军火基地终于建立，在那里，欧洲工程师们操作船坞，建立起了一支全新的伊斯兰舰队，尽管战舰的质量令人生疑。

然而，像普瓦捷一样，勒班陀依然是东西方关系史上的分水岭事件。这场战役之后，西地中海得以保全，伊斯兰的桨帆战舰很少冒险越过亚得里亚海——和西班牙的穆斯林在普瓦捷会战后不会继续对北欧造成威胁一样。一旦奥斯曼人在勒班陀被挡住，西地中海持续长期的自主地位就不再受到怀疑。勒班陀战役的胜利，确保了欧洲与美洲间横跨大西洋的贸易继续持续，这不仅让欧洲因为新大陆的宝藏而变得富裕，经过非洲之角与东方贸易的商业利润不断增长，也让奥斯曼帝国显得越发微不足道。在1580年，穆罕默德·伊本－埃米尔·艾斯苏德埃米尔写道："欧洲人已经发现了跨洋航行的秘密。他们是新世界和通往印度大门的主人……信仰伊斯兰的人们并没有最新的地理科学信息，也不理解欧洲人占据海上贸易的威胁。"（W. 艾伦，《16世纪土耳其的权力难题》，30）

勒班陀的胜利，也证明了欧洲不必全体团结起来就能击败土耳其人：由几个南地中海国家匆忙组成的联盟，就足以挡住建立在政教合一与专制基础上的笨拙的奥斯曼帝国。随着欧洲在自由市场、新教信仰和全球贸易下的人口与经济活力愈加增长，东西方间的不平衡也越发加剧。相比之下，源于小亚细亚东部草原的奥斯曼军事文化虽然扩张较为轻易，但此时已经达到极限。这个帝国第一次发现，自己需要面对比衰落的拜占庭和巴尔干地区其他孤立王国强大得多的敌人——西方国家能够不断改进火药武器，建立先进的防御工事，制造出优秀的船舶并更新军事战术，以此轻松击败土耳其这个依赖战士个人武艺的国家。

就地中海上十字与新月间的桨帆船海战而言，也存在一个极具讽刺意味的状况。到1571年为止，北大西洋地区的英国、法国和荷兰所拥有的船只，都已经比在勒班陀作战的古老桨帆船更为先进，数量也更多。即便在奥斯曼帝国和南欧国家争夺它们眼中世界军事霸权的时候，那些拥有北方远洋海军的国家已经巩固了在新大陆和亚洲的殖民地，并控制了贸易路线上的据点，并证明真正的战略重点已不再是地中海。在火炮与风帆并重的新时代，将200~400人装到一艘划桨战舰上作战的做法毫无意义，因为这样一艘船会在远距离就被船员人数仅有它一半的风帆战舰轻松击毁。到1571年为止，西班牙人是地中海上最为优秀的水手，但在不到20年内，西班牙无敌舰队的盖伦战舰和火炮，将被证明在各方面都逊色于拥有更好火炮、船员、军官和风帆的英国舰队。

最后，唐·胡安在勒班陀证明了，南欧人不再需要畏惧土耳其人，后者在长达数个世纪穿越巴尔干地区的推进中，曾令整个基督教世界感到恐惧。随着西班牙的再征服活动（1492年）以及勒班陀海战的胜利，军事力量的未来已不再是骑手、游牧民族或海盗，而是返回到古典时代的旧范式：卓越的技术、创造资本的经济体和公民军队组织。奥斯曼帝国曾依赖游牧战士的勇猛、购自欧洲的枪械和军事知识以及基督教世界内部天主教、东正教和新教之间的巨大分歧取得胜利，并在此基础上建立起一个辉煌的军事帝国。然而，一旦拜占庭最终崩溃，而欧洲开始与亚洲展开海上贸易，奥斯曼帝国易于攫取的资本来源便枯竭了。苏丹会发现购买或效仿技术变得越来越昂贵，而土耳其帝国的管理者还会在模仿欧洲的过程中学到，即使欧洲军事科学被销往外部世界，这些科学本身也并不是静止的，而是处于不断的变化之中。"全世界都知道，"塞万提斯在《堂·吉诃德》中这样提及勒班陀，"相信土耳其人不可战胜是何等的错误。"

资本主义、奥斯曼经济和伊斯兰

为什么在勒班陀的奥斯曼帝国舰队是为了获得战利品、劫掠虏获以及对西方贸易征收关税和岁贡的产物，而威尼斯和教皇国的船只则在更大程度上是在银行业、工业、殖民和探险中资本的附赠品？为什么奥斯曼和其他伊斯兰国家用原材料交换欧洲人的制成品会成为定律？为什么在伊斯坦布尔会有叛教者身份的欧洲工人、军火及船舶设计师和雇佣兵指挥官，但很少会有土耳其同行在西方得到聘用？为什么不是欧洲从奥斯曼帝国那里学到大规模制造火炮和桨帆战舰的秘诀？为什么新式的加利亚斯战舰没有出现在土耳其舰队里，却出现在基督徒舰队中？

伊斯兰世界从未充分发展出真正意义上的市场经济，因为在这里，任何经济体系一直处于没有自由的危险之中，而赚取利润的理念还与《古兰经》相对立，这样的特征在政治、文化、经济和宗教等诸多领域都别无二致，因而不受约束的经济理性主义显然不受欢迎。关于伊斯兰教和自由市场间的模糊关系，目前依然存在学术争议。几个世纪以来，历史学家和经济学家都在试图解释，为什么欧洲在过去能够将它的力量投射到伊斯兰世界的核心，为什么今天伊斯兰国家经济规模远远小于西方国家，比如，为什么一个小小的以色列的国民生产总值就超过北非沿海的所有伊斯兰国家的经济总量。

在类似这样的辩论中，出现了奇怪的辩手组合。持进步论观点的西方学者尽力主张，阿拉伯国家的经济与西方相比仅仅有所"不同"，而不是效率更低，因为欧美观察家并没有将伊斯兰文化的益处计入考量：较低的犯罪率，更牢固的家庭，更少的无理由消费，更多的慈善捐赠。他们还补充说，几个世纪以来，伊斯兰国家已经找到了巧妙规避宗教对复利正式限制的方法——但这样偷偷摸摸的行动和烦琐的程序本身就损害了资本的便利。奇怪的是，伊斯兰经济学家有时会采取一个非常不同的——也更诚实的——方法，承认伊斯兰教中的道德限制对资本形成的固有阻碍。在今天的伊斯兰国家中，宗教和道德对物质主义、纯粹的经济理性主义产生的限制，许多人反而感到自豪。

如果说，在勒班陀的奥斯曼舰队不如其欧洲对手先进，一个欧洲国家就能组建并负担与苏丹的整个帝国相当的舰队的话，那么时至今日，当我们观察超过10亿人的整个伊斯兰世界——尽管很难称之为一个整体——则会发现，尽管石油生产和出口创造了巨大财富，但整个伊斯兰文明本身哪怕在只面对一支西方军队时都处于明显劣势。正如威尼斯可以在桨帆战舰方面与奥斯曼相匹敌一样,现在法国、英国或美国单独一家所拥有的空军、战舰和核武器,都超出了整个伊斯兰世界的总和。在小居鲁士聘请"万人远征军"为他争夺王国后2400年,奥斯曼效仿威尼斯大兵工厂后500年,萨达姆·侯赛因还是使用来自石油贸易的收入从西方商人那里购买他所有的武器,而他的石油产业也是依靠雇用西方技术专家创建并维持的。

自由资本是进行任何大规模战争的关键,是西塞罗所称的"战争之源",没有它,军队就不能征召、补给或作战。资本是技术创新的源泉,它与自由密不可分,时常与个人主义的表现有关,因此成为古往今来军事胜利的关键。资本主义诞生于西方并扩张到整个欧洲,从交替出现的、源于西方的社会主义和共产主义范式中生存下来。在最近一次资本主义理念震撼全球之时,人们发现,它与个人自由和民主密不可分,这在相当程度上体现了西方从萨拉米斯时代一直到海湾战争时期的军事支配地位。在过去和现在,西方和伊斯兰文明在达成资本主义经济的途径方面,都存在极大的差异:

> 尽管民主资本主义是人类经验的发展成果,但伊斯兰教的基本经济信条则是神启的。因此,对一个穆斯林来说,他的经济生活并不完全是一个物质主义职业,或是此世的天职。穆斯林经济的刺激因素既来自获得财富的个人驱动力,也来自他希望成为真主忠实仆人的愿望。因此,穆斯林从事经济活动时的计算意图和方式必须是合乎教义的。(M. 阿布杜－劳夫,《一个穆斯林对民主资本主义的思考》,60)

资本主义——即便是16世纪的地中海资本主义——所追求的并非社会正义，也不是"合法"的"意图"或愿望。恰恰相反，其理念一如既往地是承认人的永恒贪婪——这对建立一个承认天然利己的体系很关键。让17世纪的塞浦路斯人和希腊人鄙夷土耳其人的，并不仅有种族和宗教仇恨，还有奥斯曼统治逐渐破坏他们自身经济和物质生活的行为。作为遥领地主，威尼斯人在地中海东部对他们手下讲希腊语的佃农和农民的态度，就和他们后来的继承人奥斯曼帝国一样无情——今天在威尼斯依然可见的富丽宫殿就足以证明他们对地中海东部财富的榨取——但他们的出口贸易知识，他们在地中海港口以最高价格出售农产品的能力以及他们开办一些产业的习惯，都催生出一定程度的繁荣经济。

对于受压迫的农民而言，从长远来看，奥斯曼统治下的税收将明显低于欧洲人治下，因为后者创造了更多的资本。这些资本的一部分最终在很大程度上造福了民众。我想，在古代和现代的受压迫者心中存在的对资本主义的极大憎恶，不仅源自随之而来的巨大贫富差距，获利者和受害者间不公平的、泾渭分明的天然界限，也来自一个默认信息：在自由市场经济下，许多因为少数人贪婪而受害的人，仍然要比那些在用意良好的乌托邦社会主义中生活的人状况更好。富人尽管从未试图在穷人身上获利，穷人却依旧认为富人道德沦丧，还从后者那里赚取一定的利益，这本身就是一件让贫困者不舒服的事情。

对一个资本主义体系而言，要让它运转，国家就不得不保护自由市场，不控制、不干扰。由于政治和宗教两方面的原因，这是苏丹不能做的事：奥斯曼人对贸易平衡毫无概念……奥斯曼的贸易政策源于一个古老的中东传统，国家必须特别关注城市里的市民和工匠不会遭遇生活必需品和原材料的短缺。因此，这样的政权始终欢迎且鼓励进口，并阻碍出口。（H. 伊纳尔哲克，《奥斯曼帝国及其在世界历史上的地位》，57）

资本主义并不仅仅意味着进行商贸，还带来了包括保险、企业、簿记、股息、利息、自由获取信息、政府为财产和利润提供官方保护的复杂基础架构。没有自由价格和自由市场机制对人们所需、所愿做出最好的判断，高效的生产就是不可能的，因为上百万人的欲望和要求很难立刻显现出来，人们只能对此进行糟糕的猜测，而猜测的结果又时常被强制中央集权国家的政府所忽略。

勒班陀为身处困境的地中海西方世界争取了时间，西方文明用跨洋市场带来的更强大力量，取代了已经丧失的、古典政治体系下团结的力量。中世纪时期（500～1500年）欧洲已经进行了一系列抵抗，互相争吵的小君主们将阿拉伯人、维京人、蒙古人和奥斯曼人的一系列进攻挡在欧洲中部之外，并进行了十字军东征和再征服活动反攻回去，而新的西方民族国家不仅对伊斯兰世界发起攻势，还将战火带给非洲、澳大利亚和新大陆的土著民族。这并非意味着在伊斯坦布尔没有人才，事实上，在那里出现过不少卓越的天才人物：位于博斯普鲁斯海峡的土耳其灯塔有含铅玻璃窗，灯笼使用浮在油上的油绳助燃，这种灯塔远远优于欧洲的设计。奥斯曼帝国还有许多杰出的数学家、医疗作家和工程师。但是，所有这些思想者在工作时，通常都与欧洲同代的研究资料隔绝开来。没有人在国内享受到广泛的制度化支持——他们甚至还需要担心自己的工作可能招致来自伊斯兰激进主义的负面反应。

奥斯曼帝国所缺乏的，是将个人才智转化为生产力的系统，因此，任何创造都不能造福民众。在这样的体系里，执政者总是要优先考虑国家、宗教或文化利益，因此不能生产出令民众富裕的批量货物。最终的结果是，当苏丹能够聘用威尼斯船舶设计师，仿照威尼斯大兵工厂设立造船厂时，却没有任何本土的理论和实践能够帮助奥斯曼的船舶建造业继续发展，或确保它在远离西方模板后不断创新。要做到这一点，就需要竞争性招标、不受限制地追求利润，以及与整个地中海整合的货币化经济，同时也必须在小亚细亚建立出版业、银行业和大学。如果无法出现其中任何一个要素，苏丹就不得不使用他源自征服、贡税和掠夺的巨大资本，去购买他无法自产的东西——这样的战略使得他的士兵永远不会得到像他们的西方敌人那么多、那么有效的武器。成千上万的人就因为那些原因死在勒班陀。

战争与市场

最基础的资本主义形式出现在古希腊，这种来自古代的遗产，有助于解释为何后古典时代的欧洲人在因为宗教和政治上的原因自相残杀数个世纪后，依然保有自主权并免于非西方人的入侵，同时还和更为统一的伊斯兰对手一样富有。盈利（kerdos）这个词，在希腊语的表达中无所不在。虽然古典学者之间仍然存在"现代主义"和"原始主义"的分歧：两者对于无限制市场的程度与对资本主义理论的抽象理解存在不同意见，但对于公元前5世纪的希腊，特别是对帝国时期的雅典而言，经济活动中存在越来越多的共识。经济应当是分散的、受供需调节的，其特点是应该包括成熟市场、利润、银行和保险的理念，同时政府对神圣不可侵犯的私有财产权和继承权应当进行有力的保障。

到公元前5世纪中叶时，希腊人敏感地意识到，金钱和市场正开始在战争中发挥作用。后来像柏拉图和亚里士多德那样的保守派感叹，战斗已经不再是重装步兵方阵间的勇气较量，而是成为一项不受约束的事业。只要有钱，就能让军队士兵远离家乡，接受薪水，在陆地和海上进行战斗。而增加雇佣军的员额，引入复杂的武器装备如舰队、攻城器和弩炮等，也仅仅需要金钱就能够办到。是资本，而非勇气，决定谁生谁死。在公元前5世纪至前4世纪的西方，对战争决策和经济活动的道德约束似乎已被废弃，大约在同一时间，在外交礼节、武力和道德经济层面依靠道义而非纯粹商业原则行事的、尚处在萌芽阶段的有限战争思想也走到了终点。这种变化的动力，主要源自资本主义体系和民主理念：设计师们需要建造出比他们的竞争对手更好的武器，并以此获利，而统治者则努力以尽可能便宜且致命的方式，武装尽可能多的部下。

在修昔底德《伯罗奔尼撒战争史》的第一卷中，伟大的民主政治家伯里克利提醒他的雅典同胞，在对抗伯罗奔尼撒半岛上那些眼界更为狭隘的农业国家的战争中，他们固有的军事优势，是由自己的市场经济体制提供的。伯里克利的结论是：

> 那些耕种自己的土地的人，在战争中更愿意拿自己的生命而非金钱去冒险，因为他们相信他们能够在战斗中幸

存下来，却不确定金钱会保存下来。因此，尽管伯罗奔尼撒各邦能够在单独一场对阵战中击败其他所有希腊人，但在对抗一个在体制上与他们完全不同的军事强权时，他们未必会如此好运。(《伯罗奔尼撒战争史》，1.143.2-3)

战争的胜负由金钱来决定，即便斯巴达人也勉强承认了这样的观点。阿基达马斯国王在大约和伯里克利同一时期(公元前431年)，警告他怀有偏见的战友们："战争不再是重装步兵军备的问题，而是金钱的问题。"(《伯罗奔尼撒战争史》，1.83.2)

在随后的希腊化时代里，用金钱赢得战争这种新颖的观点变得毋庸置疑。亚历山大对阿契美尼德国库的劫掠，促进了其后两个多世纪里东地中海地区的军事复兴，相对较小的操希腊语王朝核心统治着塞琉古亚细亚和托勒密埃及庞大的亚洲人口，因为这两个王朝建立了精密的交易制度、精细的农业合作体系，并拥有大规模雇佣军，具备使用复杂攻城器、操作投石机及建造舰队的能力——只有将阿契美尼德王朝的旧国库转化为流通领域的铸币，在此基础才能实现上述一切改变。罗马是古典世界里出类拔萃的资本主义战争机器，其军事活动能力首次以经济上的可行性来衡量——这得到了丰富的帝国书面材料和铭文记录的证明，其中提到了承包给私人经营者的复杂后勤补给系统。古典文化与其在地中海东部和北方的敌人不一样，它在军事上的成功，一定程度上是基于铸造钱币的能力、对私有财产的尊重和对自由市场的经营。

到了帝国晚期，观察家们很快指出，罗马的军事无能，是因为货币贬值、税收过高，以及政府进行的低效价格管制、腐败的官方商人、对农民不加约束的征税所导致。筹集资本的理想制度在操作中走向反面，吞噬了人民的储蓄，清空了一度充满富庶自耕农的乡村。但是，即使在帝国崩溃和随后的"黑暗时代"与中世纪时期，欧洲人也善于制造各种更为出色的大宗军用物资，从甲板到无与伦比的双刃剑、十字弓和希腊火。正因为如此，许多西方国家都曾发布法令，禁止其商人向潜在的敌人出口此类武器。

倘若有人想要替代使用资本主义来筹集战争资金的方式，他们要么使用简单的胁迫来征召部队——不支付报酬强行征用战士，要么在战利品的许诺下召集部落民展开劫掠。这两种方法都可能召集出庞大而充满斗志的军队：韦钦斯托科利麾下25万人的高卢军队几乎在阿莱西亚（公元前52年）击败恺撒，而成吉思汗（1206~1227年）和帖木儿（1381~1405年）率领部众进行的入侵行动，则占据了亚洲大部分的土地，这些都是最为明显的例子。正如我们在之后章节中将会看到的那样，祖鲁国王开芝瓦约召集了两万名战士，在伊桑德尔瓦纳屠杀了英国军队（1879年）。但是，即使是那些最势不可挡的部落，也不能真正长时间维持一切——粮草、医疗和薪水都是一支拥有复杂武器体系的军队所需要的元素。在某种程度上，农民、生意人和商队得不到报酬就会拒绝工作，如果没有固定的薪水和供应合同的话，几乎不可能维持起一支常备军队。

无论现代还是古代，对于那些没能接受资本主义理念和私营企业信条的国家而言，如果它们进行足够长时间的战争，最终就会遭遇到西方军队，并感受到其不受道德影响并且不受约束的市场补给能力。在这种状况下，非西方军队的人员数量、出色领导力和战场上的勇气都无从发挥；更小规模，领导力更差的西方军队完全无视敌人的优势,因为他们由那些能够从战争中获取利润的人进行支持,后者提供了更好的供给、装备和武器。阿里帕夏在勒班陀的失败并非由于他战术愚蠢,也不是因为耶尼切里缺乏勇气,甚至不是因为土耳其缺乏金钱。之所以成千上万的奥斯曼的忠诚战士会在埃托利亚外海遭遇悲剧性的损失,是因为基督徒们或多或少接纳了无神论体系下的市场资本主义:它产生了足够数量的加利亚斯战舰、火绳枪、火炮、防登船网以及批量生产的桨帆战舰——还有敢于冒险的指挥官们,这些人在得知战争模式的改变之后,毫不犹豫地锯断撞角来迎接新的战争时代。

// 萨拉米斯大海战是海军史上规模最大、混乱程度最高——同时也是死伤最为惨重的一场交战。在欧洲艺术家们手中，这场海战被重塑为一场拥有高耸船艉的地中海桨帆战舰之间的较量。虽有失实之处，但他们至少把握住了当时25万海军战士拥挤在成百艘战舰上的情景。这些人或者在划动船桨，或者在登上敌舰，要么尽情杀戮，要么无助溺水——这一切，都发生在数千码见方的狭小空间里。///

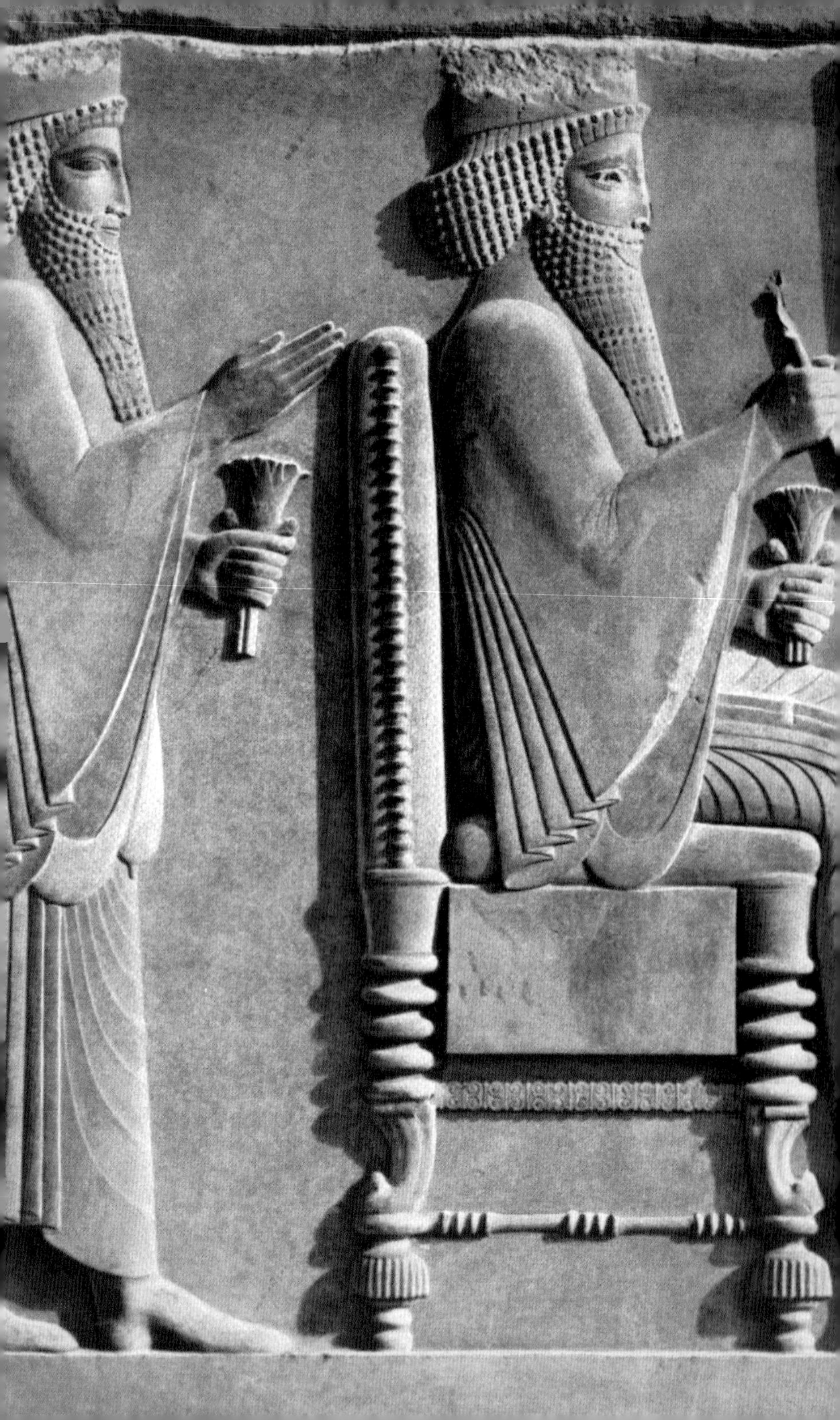

/ / 地米斯托克利。他一手创建了雅典舰队,并策划了波斯舰队的覆灭,奠定了雅典帝国的基础。在这之后,那些他所拯救的公民们投票决定将他放逐,并在地米斯托克利不在场的情况下将这位英雄判处死刑。(上图)/ / /

/ / 在浮雕中,大流士和薛西斯两位国王同时出现。两人都曾入侵希腊,而结果也都是以失败收场。在浮雕中,他们的形象都近乎神祇——表情僵硬而冷漠。这样的风格与鲜活的古典希腊雕塑显得截然不同。(左图)/ / /

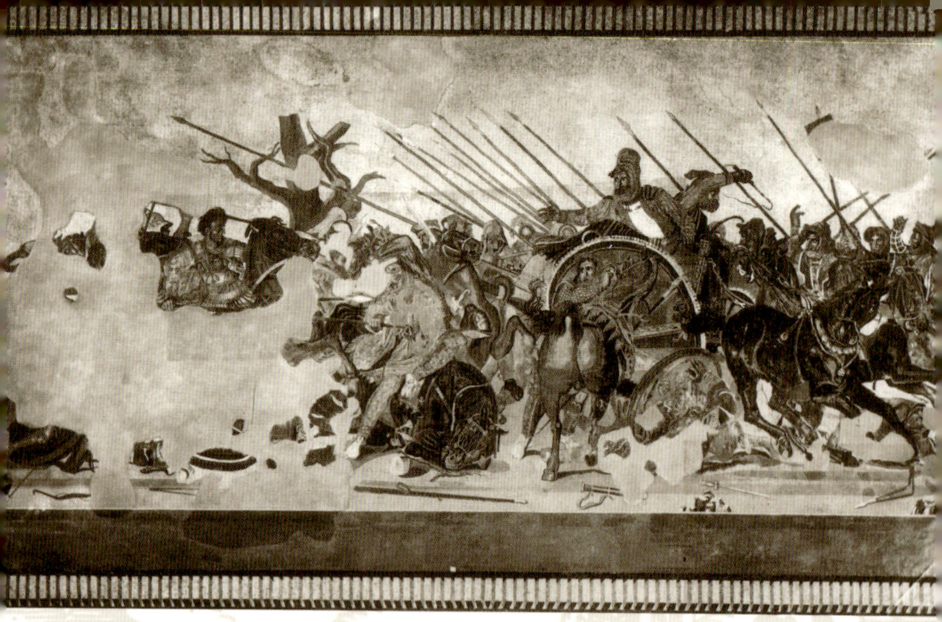

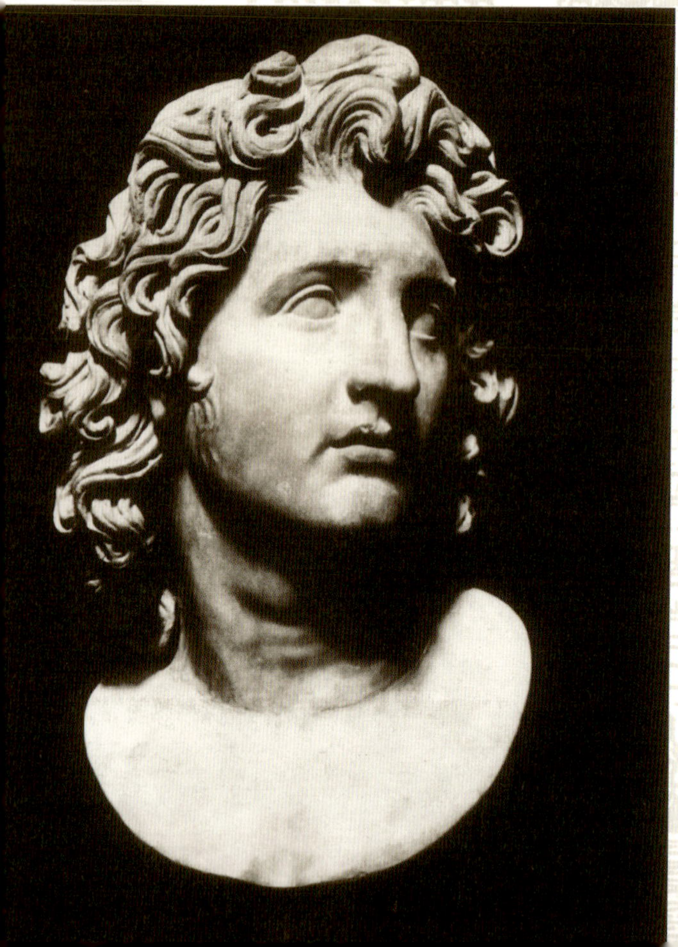

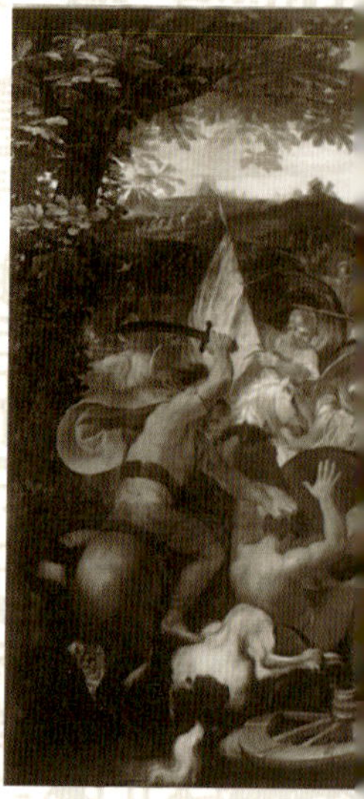

/ 东方与西方的碰撞。这是一幅来自庞贝古城的地板镶嵌画。画中,当亚历山大冲[向]大流士三世时,两者巨大的反差摄人心魄——大流士虽然被卫士们簇拥在皇家战[车]上,却依然面有惧色;反倒是单枪匹马的亚历山大正努力冲进敌阵,只求近身肉[搏]。有人将这幅画视为伊苏斯之战的复现,但看起来,这幅画更像是糅合了多场战[役]的要素,将亚历山大四次伟大的胜利兼收并蓄起来。///

/ 在夏尔·勒布伦(Charles Le Brun,1619—1690年)的巨幅油画中,在高加米拉,亚历山大的军队正追亡逐北,清扫满是俘虏和战利品的战场。真实的情况恐怕要可怕得多:超过5万具尸体被留在原地,在10月的骄阳下慢慢腐烂。(上图)///

/ 一尊希腊化时期的亚历山大半身像。亚历山大的面庞如奥林匹亚诸神一般威严。雕像体现出的是亚历山大大帝的活力、俊美,以及凝视的眼神中所透露出的远见卓识。(左图)///

/// 波斯浮雕，其形象显示出波斯帝国军人的整齐划一、毫无个性。观察浮雕可以发现，士兵未穿金属护甲、戴头盔，也没有重型盾牌来保护自己。///

// 古典时代的雕刻家和作者们不约而同地表现出对汉尼拔·巴卡的喜爱。尽管汉尼拔的身上，充满了典型的非西方军人的特征——背信弃义、傲慢自大与残忍无情，但他精湛的战争技巧、无尽的勇气与极度的顽强，也得到了人们发自内心的赞赏。值得注意的是，关于汉尼拔，所有留存至今的文学艺术作品都来自他敌人的文化圈。汉尼拔的敌人摧毁了他的国家、他的家庭，也迫使他以自尽结束生命，但在关于他的记载中，他的敌人却多半表现出同情，并为他披上了一层浪漫的外衣。///

// 一幅15世纪晚期的手稿插图。插图尝试表现出坎尼之战里庞大军队的碰撞与面对面战斗的残酷。然而,文艺复兴时期战争模式显然更为温和,一旦将之套用到古典时代的暴力场面下,其表现力便显得过于苍白了;即便是那些最有想象力的插图画家,对于一场超过10万人参加的战斗也缺乏直观概念,在那样的战斗中,每分钟都有数以百计的人死于杀戮。(上图)///

// 卡尔·冯·施托伊本(Carl von Steuben)关于普瓦捷之战的浪漫化作品。作品展示的是法兰克战士"紧密犹如坚冰"的阵形,此战中,站位密集、穿戴锁甲的长矛士兵粉碎了伊斯兰骑马武士一轮又一轮的冲击。这场战争被视为成功保卫基督教世界的一个重大事件,在普瓦捷,信念战胜了数量——这体现出宗教的价值。这场战争往往被后人当成一场骑兵之间的较量——正如下图(《追击败军》)所展示的一样——但事实上,绝大多数法兰克士兵也许是下马战斗的。(右图一)///

//《追击败军》。尽管这张图的作者选取了典型的战争模式,将法兰克人描绘成骑马作战的士兵,但画中他们长矛的密集程度与方向,都与古典时代步兵方阵开战的姿态别无二致。(右图二)///

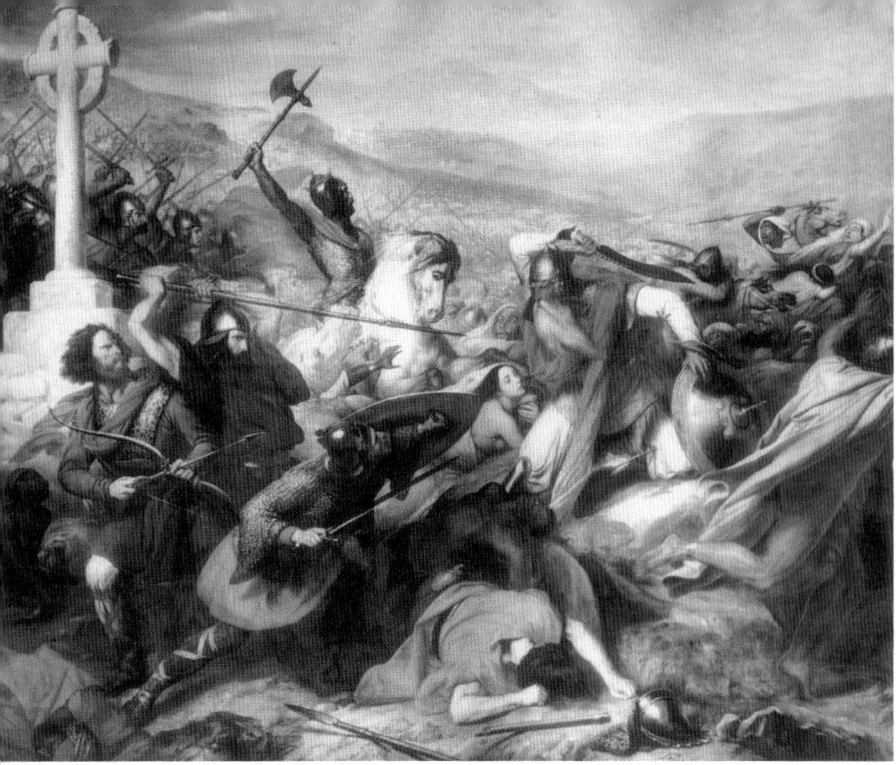

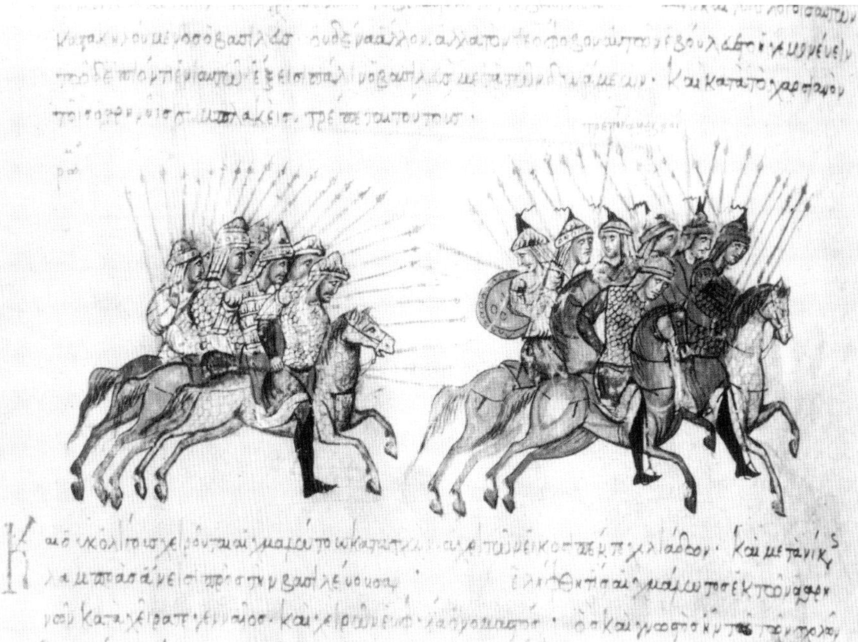

AVSTRO

- Huichilubusao
- Calcacan
- Suchimilco
- **LAGO DOLCE**
- Mezguique
- venezuola
- Mesticalcingo
- Fonte de laqua che intra in la cita.
- Atacuba
- LEVANTE
- PONE[NTE]
- Giardan de mutezuma
- **MEXICO**
- Piazza
- El Tempio
- Casa de ch animali
- La strada che ua alla uera cruz et al mare del Nort.
- Iztapalapa
- Calh[...]
- Tempio de la oration
- **LAGO SALSO**
- Argori p conseruar le case dalle onde del lago.

/ / 这张墨西哥城地图,通常被认为是科尔特斯本人的手笔。地图本身便显示出这座城市的宏大规模与其中的巨额财富。城中庞大的人口据估计达到了 20 万人之巨,这些人的食物都通过大量穿行于湖上的小独木舟来运送。/ / /

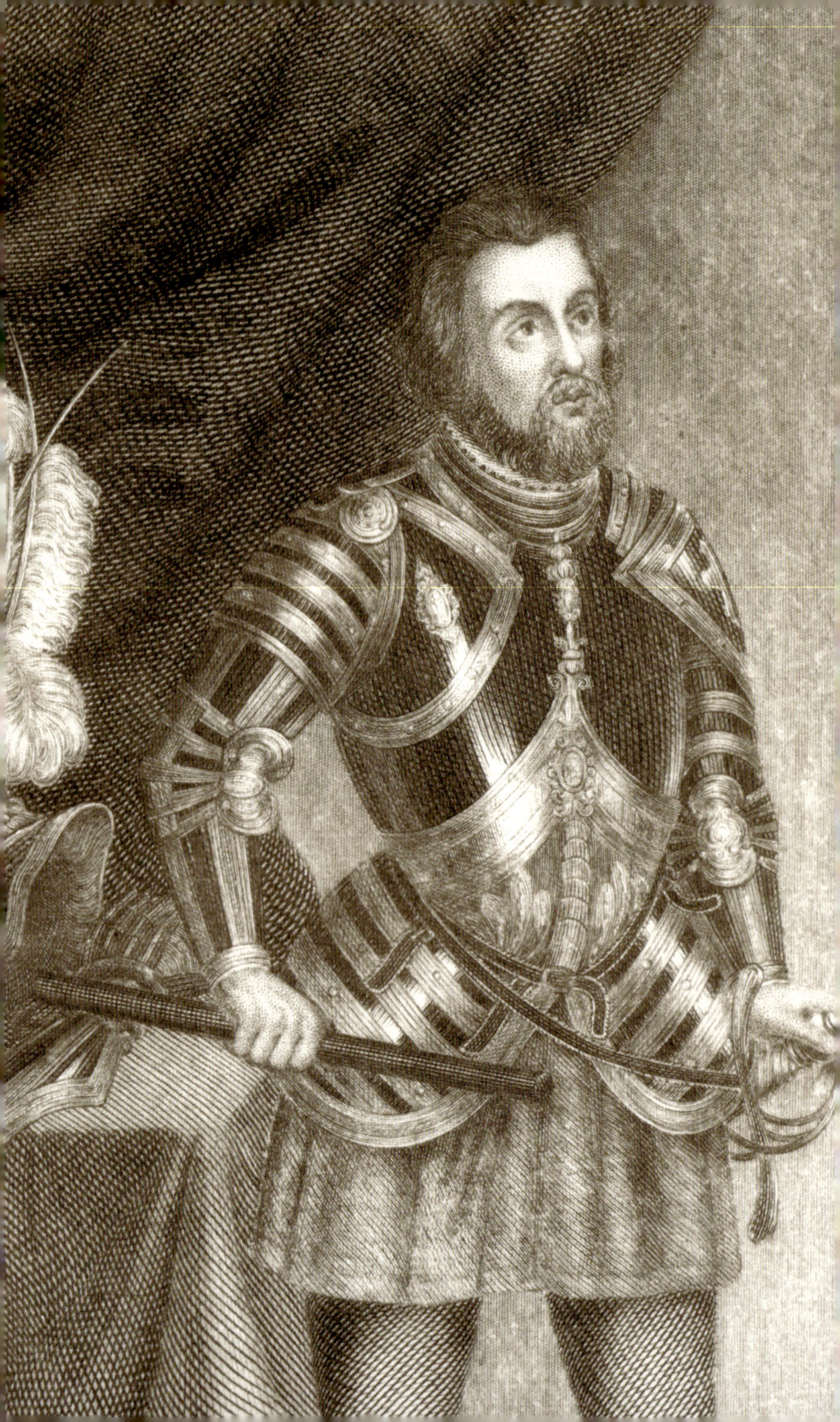

/ / / 赫南·科尔特斯。通常在画中他都被描绘为一个经过国王犒赏胜利回家的骑士；而真实的情况远非如此：他在贫困和绝望中死去，那些得益于他的征服而获得富贵之人却不愿帮助他。/ / /

TO DI MOTEZVMA
VATO DALL'ORIGINALE
NVTO DAL MESSICO

// 晚期墨西哥画作中，突出表现了西班牙钢制武器在攻击毫无保护的血肉之躯时所产生的致命效果。在这幅描绘托克斯卡特尔（Toxcatl）节的作品中，120名西班牙人杀死了超过3000名没有武装的阿兹特克贵族，代价仅仅是数人受伤。（上图）///

// 一幅关于西班牙人如何攻城的画作显示，攻城者武器先进，阵形紧密；而阿兹特克人在数量方面占据绝对优势，护甲更少，他们试图用突袭的方式夺取西班牙人的堡垒。不论是西班牙人还是墨西哥人，所有同时代的观察者们都认为，欧洲武器是征服者们取胜的关键因素。（下图）///

// 一幅西班牙木刻画，画中的蒙特苏马身着戎装。事实上，他根本就没有参加过战斗，在他的帝国首都被西班牙人摧毁数月之后，他自己也死于非命。（左图）///

// 对于16世纪的欧洲人来说，在勒班陀，基督徒能够迅速集结起一支庞大的舰队，这证明基督教世界在抵御穆斯林侵略时所迸发出的强大力量。这幅场景宏大的油画出自乔尔乔·瓦萨里（Giorgio Vasari，1511-1574年）之手。画中，代表正义与邪恶的超自然力量，观看着六艘庞大的加列亚斯战舰引领着神圣同盟的庞大舰队向前迸发。画家将桨帆战舰的阵形排列得十分密集，给人以明确的信息：这场海战更像是陆战。在混乱的战斗中，数以百计的战舰很快纠缠在一起，这一点就更为明显了。（上图）///

// 对许多欧洲插图画家而言，描绘勒班陀海战时，刻画数以千计奥斯曼水手生命中的最后一刻是个颇为流行的主题。根据那些目击者留下的记录，可以拼凑出一幅可怕的景象：身披长袍的幸存者攀附在失事桨帆战舰的残骸上，之后他们要么被大海的波涛吞没，要么被基督徒战舰上的长矛兵刺死。对奥斯曼人而言，他们的绝大多数伤亡都出现在战斗结束之后；我们可以相信，这3万人的损失中，多数人要么死于溺水，要么在敌人清扫战场时被处以极刑。（右图）///

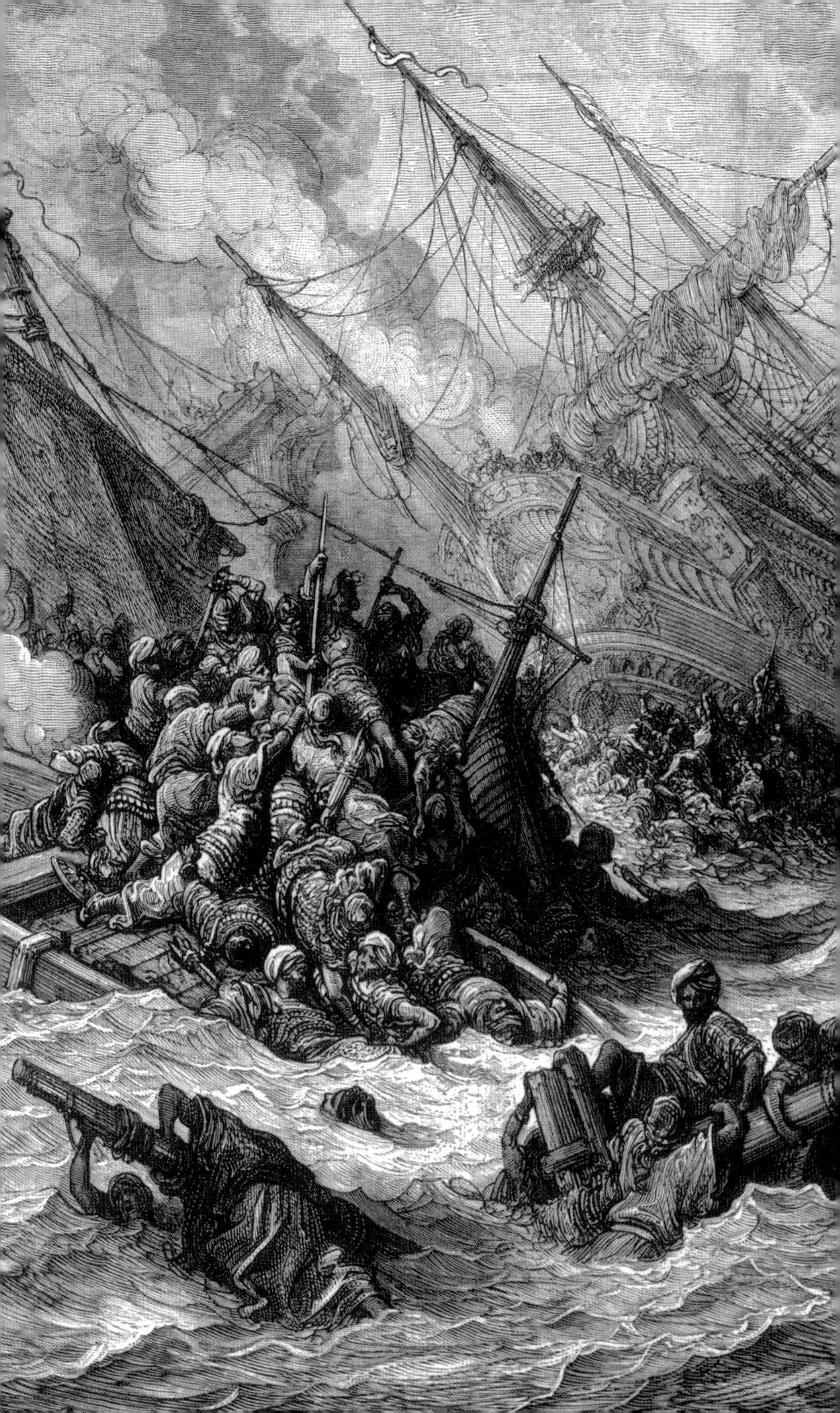

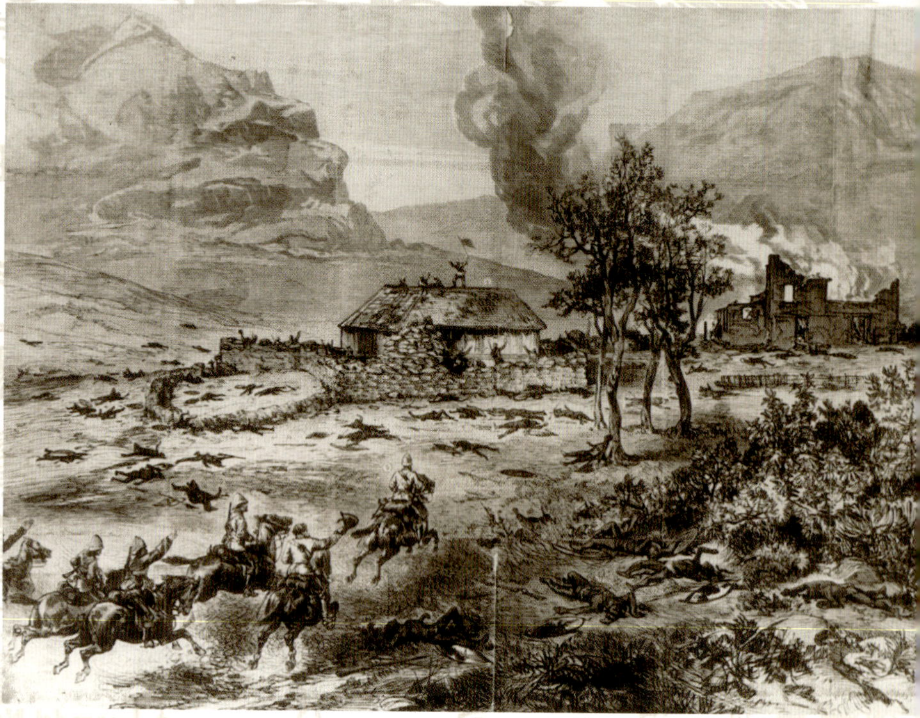

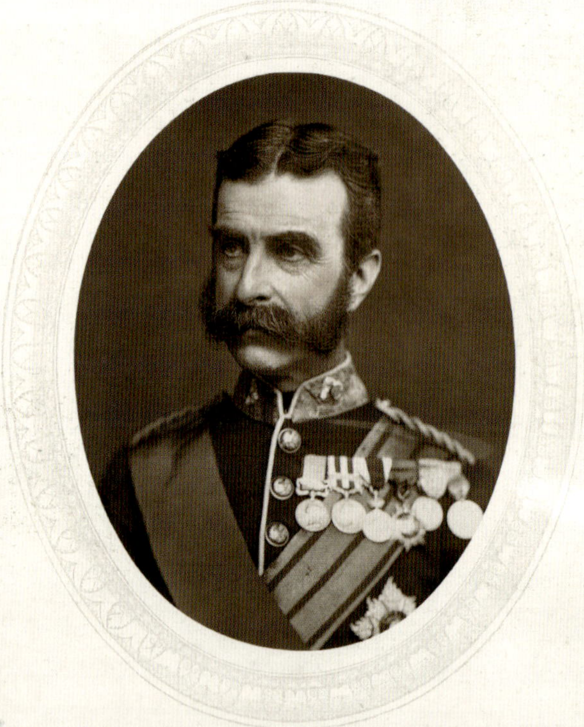

// 开芝瓦约国王。他低估了他的敌人；在罗克渡口之战后，他访问了伦敦，这才不得不赞叹英格兰所拥有的巨大资源。（上图）///

// 罗克渡口几乎可以说是个无险可守的地方；尽管如此，在几个小时之内，不列颠士兵就利用布袋和箱子构筑出了一个久攻不破的堡垒。（左图上）///

// 切姆斯福德勋爵。针对祖鲁的权力中心，他决定兵分三路。这样分兵的结果是：不到一年的时间里，庞大的祖鲁帝国就灰飞烟灭。（左图下）///

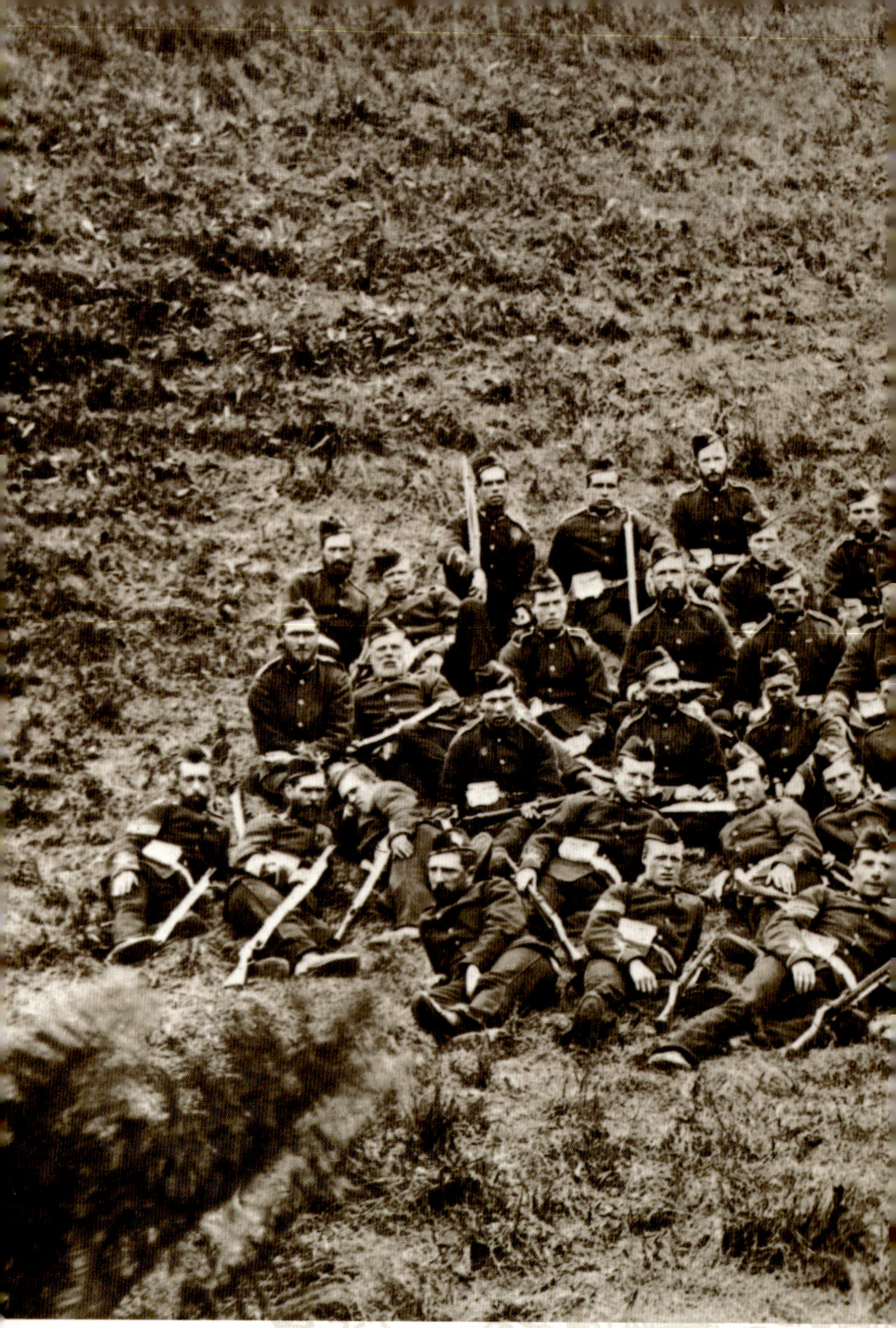

// 在伊桑德尔瓦纳，24团几乎全军覆没，只有在罗克渡口接受"简单任务"的B连幸存了下来。这是在经历了严峻考验数天之后，50名幸存B连官兵的合影。布隆海德中尉在照片右侧下方。///

uzapalapa

/ / / 这张图中的祖鲁武士们乃是当时南部非洲最可怕的军人,但事实证明,他们无法击垮由一小群不列颠来复枪兵组成的方阵,也不能攻破后者驻防的工事。/ / /

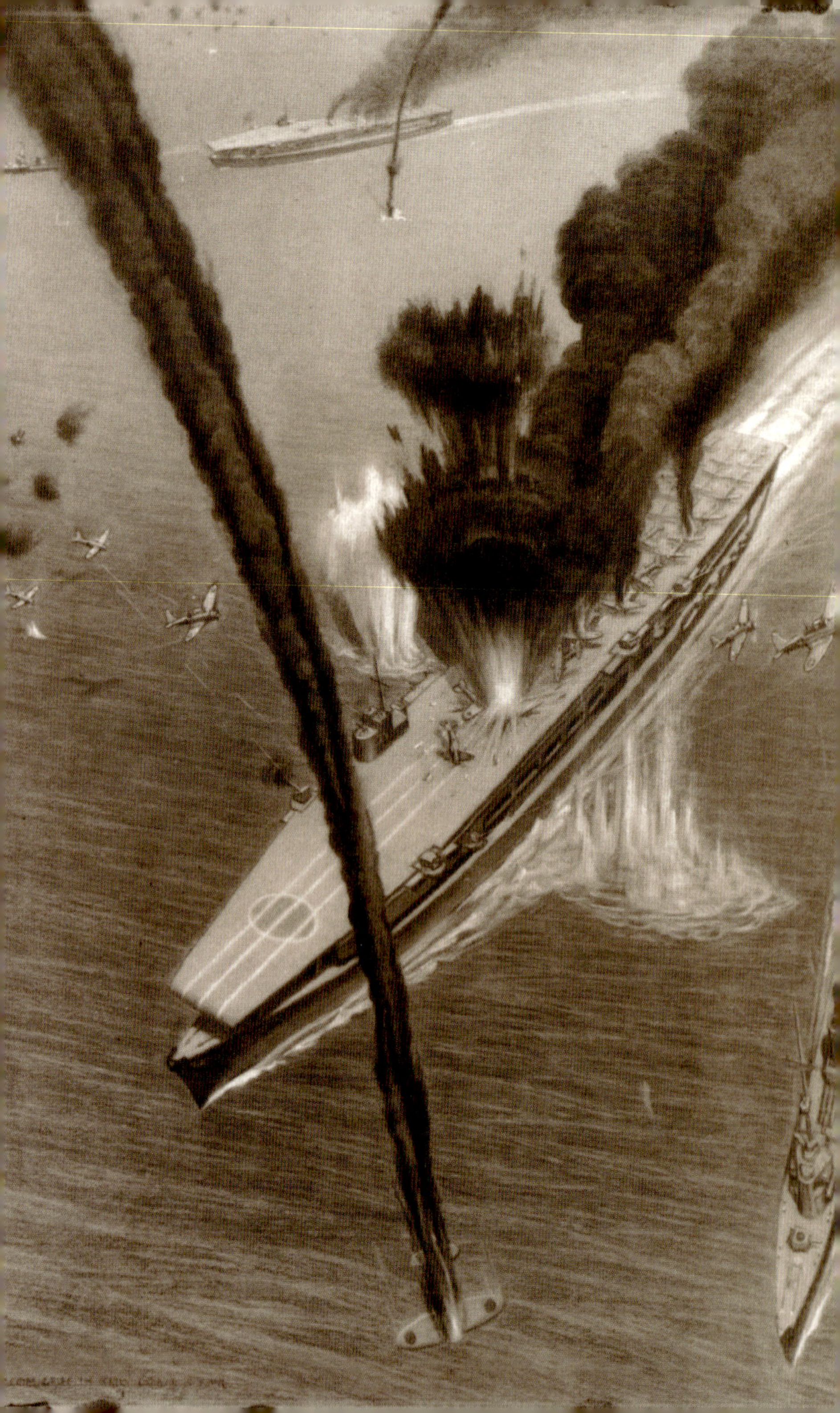

//约克城号首先被日本帝国海军的俯冲轰炸机与鱼类轰炸机击伤,之后又遭到日本潜艇的鱼雷攻击,最终沉没。在这之前,约克城号曾经在珊瑚海海战中严重受损,但奇迹般地被迅速修复了。(上图)///

//在格里芬·贝利·科尔(Griffin Baily Coale)的中途岛水彩画中,赤城、加贺两艘日本航空母舰都已经在美国俯冲轰炸机的第一轮攻击中被击中起火。画中还能看到一架零式战斗机拖着浓烟栽向大海,它是被突然出现在高空的美军野猫式战斗机击落的。在日军航母的木质甲板上,到处都是加满燃料、挂载炸弹的飞机,这意味着美军只要命中少数炸弹,就能让这些航母因为连锁爆炸而陷入火海。战斗之后,美军飞行员报告说,日本航母甲板上的旭日图案自然成了轰炸机瞄准的目标。(左图)///

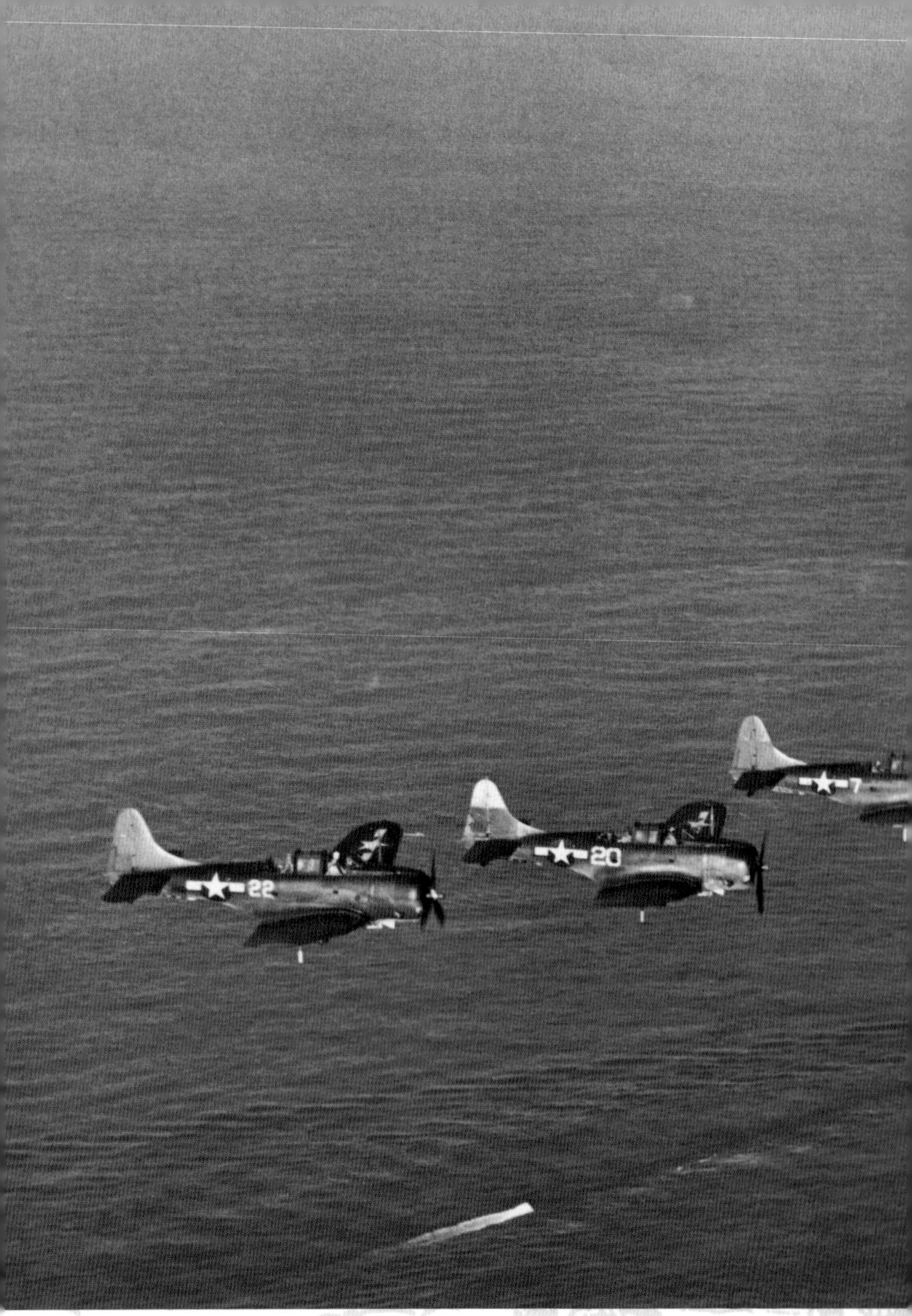
22
20
7

// 到了 1942 年，美国的 SBD 与 TBD 轰炸机都已经显得过时了。然而在中途岛海战中，呼啸着俯冲投弹的 SBD 轰炸机群（如图）依旧被证明是致命的武器。在更低的空域，TBD 鱼雷机未经计划的悲壮攻击与壮烈牺牲，为俯冲轰炸机争取到了不受干扰的投弹机会。///

// 珍珠港的设施和人员保证了中途岛海战中美军能有三艘而非两艘航空母舰参加战斗。倘若日本人也有类似的能力，那他们将在中途岛拥有六艘航母，对美军形成压倒性的优势。//

// 在日本帝国海军中，山口多闻海军少将也许是最有能力的指挥官。这张图中留下了他的身影，此时他感谢了自己的参谋人员，并准备随自己的旗舰飞龙号一同沉入大海。///

/ / 在中途岛海战之前,大黄蜂号上的第八鱼雷机中队成员(如图)中,没有人参加过任何一次战斗任务。上述中队成员,大多在战斗开始的数分钟内便战死了,只有乔治·盖伊少尉(第一排左四)幸存。盖伊的飞机也被击落,但他成功逃生,并在水中的救生筏上观看了整场战斗。在从三艘美国航空母舰上起飞的82架TBD复仇者式轰炸机的机组成员中,只有13人在攻击之后幸存,而这些飞机发射的鱼雷无一命中目标。这些轰炸机在攻击规避状态下的日本航母时,飞行速度不超过70英里每小时。而在它们上方,日军的零式战斗机以超过300英里的时速俯冲而下,倾泄的弹雨将鱼雷机打成了筛子。/ / /

/// 1968年的春节攻势中,美军在人口密集的市中心区域作战,同时还受到了紧密的媒体监督的掣肘,但依然在当地粉碎了越共的抵抗。美军的成功源自装甲部队与炮兵的毁灭性的打击、持续的空中支援,以及小队海军陆战队高度纪律性与毁灭性的战斗风格。如图,海军陆战队在顺化的石质城堡中,控制了一座塔楼作为据点。///

/// 1968年的春节攻势中，美军在人口密集的市中心区域作战。///

第三部分

控制

第八章　纪律——武士不总是士兵

——罗克渡口，1879 年
1 月 22～23 日

> 他们看似拥有自由，却并非完全如此——法律是他们的主人，他们对法律的敬畏更甚于士兵对你的恐惧。法律命令他们做什么，他们就做什么；而这命令永恒不变：在交战中，无论面对什么敌人，无论多么寡不敌众，绝不能逃跑，而应当坚守在自己的行列中，要么在那里胜利，要么在那里死亡。
>
> ——希罗多德，《历史》，7.104

杀戮场

"人人各守其位"

伊桑德尔瓦纳（Isandhlwana）战斗的最后时刻，无疑十分惨烈。安东尼·W. 邓福德中校的 250 名纳塔尔（Natal）土著骑兵，与恩格瓦尼（Ngwane）以及巴苏陀（Basuto）部落的 300 名步兵，在数小时的猛烈齐射中，摧毁了祖鲁人的进攻浪潮，此时却耗尽了弹药。不幸的是，邓福德的土著人分队在部署时没能组成防御方阵。这支队伍稀疏地沿着山脊徒步展开，形成了一条 600～800 码的松散阵线，士兵们端着未上刺刀的卡宾枪，向敌人射击。邓福德像伊桑德尔瓦纳营地的其他英军指挥官一样,大大低估了祖鲁团级单位的规模。因此,在上午大部分时间里,他都毫无必要地将部队暴露出来,在离营地较远的地方采取行动。作为伊桑德尔瓦纳的高级指挥官,他没能将守备部队排成类似标准英式防御体系的阵形。邓福德和他的士兵们将为他自己愚蠢的战术布置付出生命的代价。数千祖鲁人轻易地涌过他们脆弱的行列,刺杀他们,追击他们;敌人很快就出现在辎重车之间——而且还杀到了正规军的后方!沿着英军战线的每一处,几乎都能看到因拼命寻找额外的弹药而使射击越来越缓慢的士兵。

承受住英军近一个小时有序齐射的屠杀后,祖鲁人第一次可以如愿使用他们致命的阿塞盖短矛(assegais)了。他们和欧洲营地的随营人员展开近身格斗,这使得他们不再遭受来复枪火力的猛烈攻击,这样的攻击曾经粉碎了他们穿越开阔地的最初攻势。一旦交战被局限在营地内,这些赤裸双脚、携带锋利短矛的轻装武士,面对负担沉重的英国敌人时事实上是占据优势的——英军大多使用笨拙的马蒂尼-亨利单发来复枪,这种枪被设计用来在1000码之外杀人,而不是5码。"Gwas Unhlongo! Gwas Inglubi!"("戳白人!戳那些猪!")在任何英国或土著骑手仍有机会幸运地夺取坐骑,并不顾一切冲出人群时,祖鲁人这样高喊着。

与此同时,东北方大概600码处的英军步兵——久经沙场的第24团约400名皇家来复枪团成员——仍然活着,他们开始散开,分成若干个互相隔绝的小方阵,每个方阵50人或60人,有条不紊地朝四面八方的祖鲁人倾泻着火力。他们中的几十个人,在弹药告罄后相互握手,然后举起刺刀冲向敌人。有的人使用小刀,抢夺敌人的短矛,尽可能多地杀死祖鲁人。战斗之后，祖鲁人称，一些徒手的英军士兵最后死命挥动空膛的枪支来战斗，或者赤手空拳击打敌人。一旦弹药不济，所有英军士兵都被敌人的攻击所压倒，祖鲁武士由此得以在投掷短矛的距离内发动进攻，而英国人自己只能射出零星的来复枪火力。

第24团的英勇毫不出人意料。该团早就被时人描述为"没有男孩新兵，只有饱经战争沧桑的成熟男人，士兵们大多蓄须。这些人保持着出色的纪律和对胜利的信念，他们会坚守在阵地上，确保每发子弹都能命中目标"（M. 巴尔索普，《祖鲁战争》，61）。但是切姆斯福德勋爵将部队分散后，第24团的剩余兵力太少，而且还缺乏易于补给的弹药，他们在战斗中从没有组成大型防御方阵，因此在以小股兵力战斗或被围困时，他们全军覆没的命运也就注定了。似乎他们的军官们像在坎尼的罗马将领一样，完全忽略了自身西式纪律的优点与自己在进攻中的强大实力。

一度长达2500码的英军战线，呈半圆形杂乱无章地环绕在伊桑德尔瓦纳山的斜坡，此时已经有近两万名祖鲁武士自由进入了防线之内。英军指挥官亨利·普莱恩和安东尼·W. 邓福德中校在己方遭到屠戮的前一刻，终于认识到这种部署根本无法对抗祖鲁人。梅特拉加祖鲁，参加过战斗的一名祖鲁老兵，后来讲述了英军中校邓福德生命中的最后几分钟：

> 他们殊死抵抗，有的用手枪，其他的用剑。我不断听到某人喊"开火"，但我们人数远远超过枪击能够应付的数量，因此我们将他们全都杀死在原地。一切结束后，我看着这些人，发现一名手臂悬在吊带上的军官，有着浓密的小胡子，他被卡宾枪手、普通士兵和其他我认不出身份

的人围绕着。(《1879 祖鲁战争故事》,38)

直到 1879 年 1 月 22 日下午 2 点,所有战斗才结束,此时距离祖鲁军队包围营地之初不到两个小时。第 24 团的 6 个连中,只有区区十数人成功逃生。21 名军官当场被杀。伊桑德尔瓦纳营地中原有的 1800 人绝大部分战死了——其中包括 950 名英国正规军,殖民地志愿兵,以及营地和辎重随员,连同 850 名各纳塔尔团的非洲土著兵。在混乱中,仅有极少数分散逃跑的人得以在大混乱中骑马逃到安全的地方。几个小时后,切姆斯福德勋爵的中央支援部队才赶回到屠杀的地点:

> 草丛中铺满尸体。每具躯体都残缺不全,腹部被剖开,祖鲁人相信,这是为了释放死人的灵魂。这里,展示着士兵头颅围成的可怕圆圈;那边,一名小男孩鼓手被倒吊在大车上,喉咙被切断。一位纳塔尔骑警和一名祖鲁战士倒毙在地,在他们倒下时相互卡住了对方,那名骑警扑在对手上面。两名分别来自双方的战士躺在了一起,祖鲁武士的头颅被刺刀贯穿,而白人士兵被短矛捅入胸膛。一名第 24 团的士兵被短矛从背部刺入,身边还倚着另外两把短矛,矛刃都严重弯曲近乎对折起来。这里到处都是类似的景象。(D. 克莱莫尔,《祖鲁战争》,96 - 97)

实际上,英军从此再未在现役部队中使用未成年男孩——他们已经发现伊桑德尔瓦纳的五名小孩都被祖鲁人切掉生殖器并塞入自己嘴里。许多祖鲁武士都会剁下英军尸体上蓄须的下巴,作为胜利的纪念。还有其他一些人将尸体的肠子捣成肉酱,更进一步地亵渎这些无头的躯干。许多头颅被摆成圆圈。相应的,每当英军马蒂尼-亨利来复枪点45口径子弹的怪异轰响破空而过,随之而来的景象,便是受害者的肢体被炸飞,两颊和脸被炸开,胸腹部裂开大洞——这意味着战场上祖鲁人的尸体要比英国军队多得多,给参加伊桑德尔瓦纳战役的一代人留下了抹不去的伤痛。后来的欧洲观察者们提到,年老的武士们在战斗过去数十年后仍处于痛苦之中,他们失去了手臂或腿,身体上更是充满着触目惊心的丑陋弹痕。

布尔殖民者在南非和当地人进行了一个世纪的战斗,他们在实践中学到,数量居极度劣势的欧洲人,甚至只装备开火缓慢的低精度前装燧发枪,都可以击败50倍乃至上百倍的祖鲁军队——如果一切都遵循周详的谋划的话。纪律正是关键。一座安全的营地必须建立在灌木林中,用笨重的补给大车环绕四周,并相互连接构成一座临时防御车阵——将车辆卸载、移动以及用锁链结成一道坚固壁垒,是项费时费力的烦琐工作。防御者每隔一小时就要派出侦察兵与巡逻队,因为祖鲁人习惯在广阔的草地中潜行,即便数量巨大也不容易暴露。弹药必须贮备于营地中央,能够在大车之间自由分配,确保单发来复枪的火力能够持续下去,由此将行动更快速的祖鲁人阻挡在工事外。理论上讲,射手们还应当肩并肩地站在一起,射出密集的子弹,以防祖鲁人从防御者之间跃过,涌入间隙——如此还能提升团队士气,也有利于开火中的交流。

假如还有时间的话,首先应清除车阵周边地面的主要障碍物,为步枪手提供开阔的射击场地;然后散布荆棘枝和破碎的玻璃瓶,如能挖掘壕沟和构筑土墙来延缓赤足武士的冲击更好。野战火炮——如果条件允许的话,早期的加特林机枪也很适合——应当控扼住车阵薄弱的位置,将一波又一波进攻者推向两侧来复枪的火力网中。为了战胜坐享人数、速度和出其不意等天然优势的祖鲁人,这些都是必须要完成的部署。以寡击众的欧洲人想要赢取战斗,就不得不在祖鲁武士冲入己方阵线前将其远距离射杀。然而,英军在伊桑德尔瓦纳并未遵循其任何既有的缜密方针。这是为什么呢?

伊桑德尔瓦纳战役,是祖鲁战争中双方的首次大规模较量,此时英军军官们还沉浸在最初的傲慢情绪中,根本没认识到祖鲁人极其擅长动员成千上万的武士进行长距离奔袭,且能够在不被发觉的情况下靠近乃至进入英军营地。马蒂尼-亨利来复枪可以在1500码外瞄准,致命的点45口径子弹重达480格令,即便在很远的距离精度也不会下降很多。尽管如此,它并非自动武器,只能单发射击。经验丰富的步枪手,标准的弹药携行量是70发子弹,可以一分钟射出12发。但是每发过后需要重新装填,这意味着松散的英军阵线,如果远离防御工事和支援方阵,就很有可能被行动迅捷的祖鲁武士的冲击所淹没,因为大批进攻者会蜂拥围住还在笨拙摸索子弹的单个步枪手。即使最好的步枪手,也需要花五秒钟退去前一发弹壳,装填新的子弹,瞄准,射击;而在长时间的开火中,连这样的射击速度都无法保证。如果弹药供应稍有中断——伊桑德尔瓦纳就发生过好几次——由此打断了英国士兵的齐射循环,就会使得行动迅速的祖鲁战士们能有机会缩短至关重要的战斗距离并冲过杀戮地带,进而突破并摧毁英军战线。就算弹药袋满载,一名快速射击的枪手会在五六分钟内耗光子弹,然后就会陷入重围,只能进行近身肉搏。

美国内战末期,斯宾塞连发枪和亨利来复枪已经投入使用，1864年秋到1865年初穿越佐治亚和卡罗莱纳的谢尔曼麾下联邦军，已经装备了这两种枪。美国平原上常见的温切斯特1873杠杆式点32口径连发来复枪，射速是马蒂尼-亨利的三倍，达到每分钟30发，完全压过了马蒂尼的10发或12发。但不列颠根深蒂固的军事保守主义（早期的棕贝斯燧发滑膛枪作为标准步兵武器保持数十年），认为连发武器在对付执矛土著的殖民地战争中并不具备决定性作用的傲慢心理，加上短视的财政政策，对能远距离发射大子弹的重型强力来复枪的渴求，所有这些因素都阻碍了英军采用射速更快的小口径来复枪。祖鲁战争，是欧洲部队最后一次用单发来复枪与土著作战，在伊桑德尔瓦纳也没有加特林枪为当地驻军提供连发火力。

1879年1月22日早晨，英军指挥官完全没有意识到需要谨慎战斗。祖鲁兰的英军统帅切姆斯福德勋爵想要在伊桑德尔瓦纳进行这样一场战斗：以骑兵、炮兵支援的步枪手，去对抗整个祖鲁军事力量。进行正面战斗的强烈欲望，可以解释为何切姆斯福德会无视22日早晨和中午从被围的营地传来的大量信息。他认为，应当欢迎祖鲁军队出现在开阔平原，而不是害怕。英军已经寻得一场决定性的最终会战，一场不会持续太久、代价又很低的战役。现在握有优势的是他们。

他们真正忧虑的是一场旷日持久的游击战，包括不断发生的小规模战斗和伏击，而不是在光天化日之下进行的欧洲式军事对抗。切姆斯福德在伊桑德尔瓦纳的营地拥有火炮和超过50万发来复枪弹。此外，那里还有一流的部队，比如第24团，他们具备丰富的齐射经验，能用持续的步枪火力打击1000码处任何袭来的土著敌人，300码之外的敌人则会被他们彻底歼灭。至少切姆斯福德是这样想的。

大约两万名武士组成的祖鲁主力部队已经开拔多日，距离伊桑德尔瓦纳营地的距离也远不止五英里。祖鲁人和阿兹特克人一样，他们的战斗方式由仪式化战争发展而来，仍然偏好在白天蜂拥而上进行打斗，而且这群人总是明目张胆地接近对手，并试图进行他们著名的侧翼机动——这也使得他们成了纪律严明的英军步枪手阵线的最佳标靶。切姆斯福德勋爵了解这些因素，所以并未流露出多少担忧。40年前，1838年11月的恩卡姆河畔（后来以"血河"而闻名），安德烈·比勒陀利乌斯不就带领区区500布尔牧场主击败12000名祖鲁人，杀死3000人，并击伤数千人之多吗？和英军不同的是，布尔人当时还是使用开火慢、精度低且笨重的燧发滑膛枪，他们从防护良好的车阵后面，有条不紊地射击迎面冲来的祖鲁人超过两个小时，然后派出骑手追杀，又消灭了数以百计的伤员和溃兵。

那么，除了天真与傲慢的心态，还有什么能促成40年后伊桑德尔瓦纳的错误呢？1879年，不列颠全军分成三支笨拙的纵队，共17000人入侵祖鲁兰。725辆大车和7600头牲畜，组成了漫长辎重车队，驮载着补给、帐篷、火炮，以及为预计两到三个月短期战役准备的大约200万发弹药——这足够射杀每一个祖鲁男人、女人和儿童十次之多。尽管英国步兵、土著辅助部队和殖民者组成的混合部队人数不足祖鲁军队的三分之一——其中正规军步兵稍稍超过5400人——切姆斯福德还是计划将部队进一步分成三部分，向祖鲁在乌伦迪的据点前进，在行军时这些纵队间隔40~70英里，穿过200英里长的边境线。通过这样的安排，他可以将祖鲁人逼入一场决定性会战，从而避免游击战，也可以防止祖鲁人对英属纳塔尔的大规模突然袭击。

祖鲁兰缺乏良好的道路，因此725辆大车几乎无法全部以单列纵队行进。英军拥有多次和南非其他部落战斗的经验，最近也曾经袭击过祖鲁村寨，他们相信任何非洲土著的冲锋，都无法抵挡欧洲人的来复枪火力。他们的自信最终被证明是正确的，然而，这样的信心多少需要一些富有纪律性的防备措施才能成为现实。

切姆斯福德本人跟随中央纵队在伊桑德尔瓦纳扎营。但此后，他在发生战斗当天的早晨，将2500人派到营地之外去搜索据说有两万人的祖鲁大军，留下远少于派出部队人数的士兵在营地里，因此进一步分散了自己手头的兵力。在9点30分切姆斯福德接到警告，留守伊桑德尔瓦纳的英军正遭受攻击，而此时他不过刚离开12英里。然而，切姆斯福德依然相信普莱恩和邓福德的部队只是碰上了敌军的侦察兵而已，并非真正陷入险境。因此，从早晨剩余的时间到中午，一支规模远大于伊桑德尔瓦纳守军的部队就驻守在距离营地不过四小时路程的地方，却没有派出支援——尽管切姆斯福德得知了一系列的消息——他的部队被包围，处境危险——但他却毫无动作。很明显，他认为，他自己比身处伊桑德尔瓦纳的普莱恩更靠近祖鲁主力部队，而营地守军完全可以自行解决遇到的小麻烦。事实将证明，他的判断完全错误。假如一接到普莱恩的情报便即刻返程的话，切姆斯福德还有可能在战斗白热化阶段赶到伊桑德尔瓦纳，将营地守军的实力恢复到最初的水平，从而防止下属们的战术错误酿成大祸。

亨利·普莱恩中校，以及轻率的邓福德，都应当承担起这场灾难的大部分责任。切姆斯福德离开之后，普莱恩在敌人第一次进攻期间就没有将部队部署成方阵,他从未参加过实战,更不用说指挥如此大建制的一支战斗部队了。和常规做法相反,不到600人的小部队被部署用于掩护营地超过一英里的正面——这条战线太长,根本不能建立起稳固的防线。事实上,普莱恩还命令他四散的连队向祖鲁人前进,组成一条战线,试图和邓福德的骑兵连成一片。后者愚蠢地率领部队转移到距离营地很远的地方,然后又撤退回来。在这样的机动过程中,土著人骑兵稀疏的战线和英军正规军步兵连队之间,已经拉开了太远的距离。

英国人手里并没有保留任何预备力量;他们的左侧翼完全没有设防。在祖鲁人进攻之初,英国人就未能建立起一个完整的环形防线,大车、帐篷等都没有任何防御。一部分人从帐篷中冲出来参战,没有携带刺刀或者额外的弹药。这是祖鲁人梦寐以求的最好状况。激战中,一度有15分钟的间歇——接近1000码的地方,上百名最勇敢的武士被英军初次齐射的火力炸成碎片,祖鲁人有点手足无措——此时普莱恩仍有第二次机会将部队撤至营地,在那里他们可以利用大车、食物和弹药补给箱等障碍物重组阵形,以方阵抵挡敌人的冲击。可是,也许是受到惊吓、缺乏经验,或者没有适当评估部队身处的危机,他并没有下达改变阵形的命令。

在前一天晚上,车辆并没有拖到一起部署成防御阵形,因此,此时的营地延伸超过四分之三英里。切姆斯福德在战役初期下达过命令,务必要构筑车阵,最好还要挖掘壕沟,但后来在伊桑德尔瓦纳他并没有坚持这两项举措。他宣称,自己已经计划第二天就离开伊桑德尔瓦纳的临时营地。他后来又声称,其手下那些经验欠缺的赶车人本可以用一个晚上的时间完成车阵工事，但是地面太硬，很难挖掘壕沟，而那片天然陡坡能确保高地安全，万一遭受攻击，此地是个不错的射击场。对于准备工作的欠缺，营地中几乎所有具备应对祖鲁人经验的殖民地军官都曾发出过警告；只有第二天早晨跟随切姆斯福德离开的人得以幸存。

切姆斯福德的亲笔公文——包括要求每晚建筑坚固的防御营地，部队之间建立频繁的联系，进行持续不断的骑兵巡逻，以及时刻紧绷神经准备对付祖鲁人突袭——都仅仅停留在书面上而已。在实际操作中，他带着错误的观念在指挥，以为配备马蒂尼-亨利来复枪的一两千名欧洲人，就能够在这片土地上横行无阻。尽管营地里还有50万发点45口径子弹，但几乎所有守军在祖鲁人最后大开杀戒之前就打光了自己的弹药储备。弹药集中存放在一个中央军火仓库的沉重木箱里，箱盖被铜条和螺丝牢牢扣紧，并且没有公平地分配给各个连队。随着战斗的进行，没过多久，邓福德的土著部队已经无法回到军火库进行弹药补充了。一名吹毛求疵的军需官甚至拒绝给其他殖民地和土著连队进行补给，理由竟然是他们错误地打开了本属于第24团的箱子！幸存者的记录中提到，绝望的人们尝试用刺刀撬开沉重的箱子、掏出子弹，然后疯狂奔回远处的战线继续开火。就近找到可用弹药的补给人员，通常不得不跋涉半英里把它们送到更远处的步枪手那里。甚至在做出灾难性的决定，放弃巩固营地之后，英国人还派出超过一半的部队在战前的早晨进行徒劳的搜索，并将剩余的防守人员分散在无法防御的位置上。尽管如此，如果大批弹药能在防御战期间得到有效分发的话，英军仍然有机会抵挡住祖鲁人的进攻。

第24团各连被数量上占绝对优势的敌人压垮后，一些人逃回辎重车旁寻找掩护和子弹。根据祖鲁人的口述记录，扬哈斯本上尉是最后战死的人之一，他在辎重车上不断开火，直到被包围上来的大群敌人用枪打死。祖鲁人的记述强调了不列颠军人在最后一刻的纪律："啊，伊桑德尔瓦纳的红衫军，他们人数是如此之少，战斗时却又如此英勇！他们像岩石一样倒下，死后依旧守在各自的位置上。"（D. 克莱莫尔，《祖鲁战争》，86）许多目击者称，邓福德集合起一小部分步枪手形成环形防线，在他们有限的弹药告罄之际，在高喊"开火"时依然保持着精确的节奏。在最后射击与戳刺带来死亡的可怕时刻，没有任何一个营的正规英国步枪手溃散或是逃跑——要知道他们面对的，是40倍于己方的敌人。

伊桑德尔瓦纳山上的大屠杀就此结束了。这是英国殖民史上最有启示性的灾难，尽管这场战役本身在损失方面并不是最惨重的。伦敦舆论很快抓住酿成悲剧的集体无能来做文章，但却很少有人提及，此战之中有2000名祖鲁人被当场杀死，另外还有2000人不是垂死挣扎就是伤势严重失去战斗力。所以，祖鲁战争中英军唯一一次明显的失败，却给祖鲁民族带来了整个战争中最大的损失。战斗的每一分钟里，那些注定会死去的防守者们，打死打伤了超过30名祖鲁人！由于营地里实际上只有不超过600人使用马蒂尼-亨利来复枪进行射击，我们可以推测出，在全军覆没之前，平均每名英军打死打伤了五到七名祖鲁人。

开芝瓦约国王得知这样一场"胜利"的消息后，悲痛地说道："一支短矛刺入了我们民族的身体中。没有足够的泪水来悼念这些死去的战士了。"摧毁一支小规模的英国驻防军队的战斗，让他的武装力量付出伤亡近十分之一的代价。科涅利乌斯·维涅当时是祖鲁部族的访客,在他的记录中,妇女和孩童们在一名死于伊桑德尔瓦纳名叫姆桑杜西的战士所归属的群寨里群聚哀恸。在战斗后几周的时间里,类似的场景一定重复上演了几千次:"不论是走进或者接近村子,他们都在栅栏前哭泣,哀痛至极时甚至在地上打滚;不仅如此,直到夜幕降临,他们撕心裂肺的哭声依旧没有消失,反而持续下去,撕扯着每个人的心。"(C. 维涅,《开芝瓦约的荷兰人》,28)从祖鲁人的战争角度来看,英军的失利意味着双方敌对行动已经彻底结束。毕竟,经过一场正面会战,一支敌对部族已经被消灭,因此理应停战。"听到自己的人民战胜了白人,国王很高兴,"时任开芝瓦约的荷兰语翻译的维涅写道,"同时他也相信战争应当就此终结,毕竟他认为白人已经没有更多的士兵了。"(C. 维涅,《开芝瓦约的荷兰人》,30)

另外一个团的祖鲁生力军,正朝着距离六英里之外的罗克渡口前进,去攻击一小股人数略超过100的英军分遣队。这支部队的成员大多数是人到中年的预备役人员,总数超过4000人。英国分遣队正在暗中戍守着一处供给站和医院。一旦这支落在后面的英国部队被歼灭,其余的英军肯定会明白没必要继续毫无意义的征途,并撤回到纳塔尔。之后发生的事件,将成为祖鲁战争最具有讽刺意义的事件。接收到敌袭的报告之后,担任罗克渡口指挥的两位名不见经传的中尉,在第一时间就加强了阵地防御,组成紧密阵线,并下令自由分配弹药。在接下来的16个小时里,他们成功地利用英军的纪律,抵消了整支祖鲁生力军巨大的人数优势和英勇无畏的作战精神,守住了阵地。

"难以想象还有比这更糟糕的阵地"

与伊桑德尔瓦纳的高地不同,罗克渡口的一切都有利于祖鲁人。两座小型石结构建筑相隔大约 40 码,它们曾经是农舍,后来被改建成传教站,不适合防御。英军将其中一座建筑布置成了医院,其中的 35 名伤病员不得不想方设法加入营地的临时防御之中。房屋的屋顶是茅草,这意味着储藏室和医院可能会被点燃。更糟的是,据点周边三面的高地很快都被祖鲁人控制了。阵地四周有一定数量的障碍物——果园、围墙、沟渠、建筑物等,它们既妨碍火力的发挥,也为奔跑中的祖鲁战士提供掩护。

营地南边是奥斯卡贝格山,其高度使敌人狙击手能自由射击沿北面胸墙部署的防守者。此外,数百支最新式的欧式步枪已经落入祖鲁人之手;几个小时之前,他们在伊桑德尔瓦纳还获得了超过 25 万发点 45 口径的子弹。下午 5 点刚过时,进攻开始,此时天色渐渐暗了下去,开展攻势的祖鲁人得到了夜幕的掩护,进攻者开始包围这个小小的据点。"难以想象还有比这更糟糕的位置",一名军官这样评论罗克渡口的英军防御。这支不列颠人分遣队的兵力,只有在伊桑德尔瓦纳覆灭的那支大部队的百分之五;更何况高地的存在,以及附近的地形似乎都注定了他们厄运难逃。

这支杂牌军中甚至没有一个经验丰富的高级军官。小小驻军的指挥官,名誉少校亨利·斯伯丁在正午前不久从罗克渡口出发,去赫尔普马卡寻求援军,将基地留给了两名低级军官管理。临走前他叫来他的副官约翰·查德,命令后者接过指挥权;同时补充说,在他离开的短暂时间里,几乎不可能会有任何敌对行动出现。守备部队的大部分人很是不满,因为真正参与战斗赢得荣誉的机会,出现在位于北面数英里之外祖鲁兰核心区域的伊桑德尔瓦纳,英军的中央部队正在那里试图彻底击败祖鲁人的军队;而他们自己却停留在纳塔尔的一处边界补给站,远离传闻中的前线。

约翰·查德中尉几周前才来到南非,他被分配到了皇家工程部队;此时他正在监管下游数百英尺渡口处一艘摆渡船的施工。而他的同僚冈维尔·布隆海德中尉,则是第24团第2营B连的指挥官,该团其他连队全都在伊桑德尔瓦纳被歼灭。查德和布隆海德都没有战斗经验,而且事实上后者的听力还受过严重的损伤。同时,他们也确实不是上级眼中优秀的军官,一名上司曾经将布隆海德评价为"无可救药"的人。他们的个人记录里,没有任何内容能够预示,在即将来临的10个小时里,在拼上性命的交战中,他们能够展现出伟大的英雄主义精神和出色的领导才能。也许一位前任军士长曾经对局势有所帮助,他的名字是詹姆斯·道尔顿,这位身高6.2英尺、膀大腰圆的50岁老兵可谓久经沙场,他是军需所的负责人,似乎参与了许多关于基地防御的关键决策。

除了自然条件不利于防守以及缺乏经验丰富的高级指挥官外,这座基地在兵力上也处于极大的劣势。这里总共只有139名英国士兵,其中尚有35人因为伤病卧床不起。去掉厨师、传令兵和车夫,实际上步枪手才80人而已。伊桑德尔瓦纳的部队遭到灭顶之灾的消息传来之后没多久,整整一个团的精力充沛的祖鲁部队就开始进发。这支祖鲁部队的兵力达到4000人,对于溃逃的欧洲士兵和惊慌失措的土著辅助部队来说,这是一个令人不安的数字。本来这些败军也许能援助被围困的罗克营地,帮助驻军避免交锋,骑马继续向西撤退到纳塔尔。英方记载提到，祖鲁的进攻非常偶然并且目的明确，较为可能的原因是祖鲁部落首领认为，切姆斯福德的大部分补给都在罗克渡口，占领这个基地既可以填饱数千祖鲁人饥饿的肚子，又能彻底摧毁中央部队的补给储备。

用 80 名步枪手，实现近 2000 名步枪手所无法达成的胜利，这样的想法似乎很荒谬。不过事实上，西方人经常在兵力处于劣势的情况下作战——有时还是相当大的劣势，比如在萨拉米斯、高加米拉、特诺奇蒂特兰、勒班陀和中途岛等战役中都是如此。然而在上述战例中，西方军队都至少有几千人可以抵抗敌人的大军。甚至科尔特斯在最后一次进攻墨西哥城时，麾下都有数以百计的欧洲士兵，而不是区区几十个人。正如我们在之前章节中已经见到的，数量上的不足，固然可以由技术上的优势、高昂的战斗意志、优秀的步兵、充足的补给和严明的纪律来弥补，但是欧洲人也需要凝聚力或者火力优势才能对抗数以千计的敌人。亚历山大 5 万人的军队在战斗中可以击败 25 万波斯大军；但如果公元前 331 年 10 月 1 号的早晨，他麾下只有一万人的话，波斯的马扎亚斯就会凭借兵力优势彻底压倒帕米尼奥所在的马其顿左翼，也许战斗将会以马其顿军队战至最后一人，最终惨遭屠戮而收场。

几名英国士兵被派往附近赫尔普马卡的营地寻求增援。在那里，偶然会出现几个在伊桑德尔瓦纳的屠杀中幸存的士兵，他们大多是纳塔尔殖民地卡宾枪团的成员或骑警。这些散兵游勇骑着马路过营地，却拒绝加入防御。在此之前，沃斯中尉率领 100 名殖民地骑兵离开了伊桑德尔瓦纳，在罗克渡口驻防，当这些士兵们看到祖鲁进攻部队的规模后，他们就逃跑了。殖民地部队的逃离，使得基地驻防军失去了潜在的 100 支马蒂尼-亨利来复枪，本已捉襟见肘的防守力量显得更为薄弱。在这些部队逃跑的时候，史蒂芬森的非洲土著步枪手很快也溃散了，包括史蒂芬森本人和几名欧洲军士都离开了自己的位置。查德的人射杀了一名策马狂奔的士官。

溃兵的到来，对士气产生了明显的影响。在伊桑德尔瓦纳的灾难得到确认，与祖鲁人进攻罗克渡口英军驻地的两到三个小时之间，英国士兵们已经看到一连串的殖民地和土著部队骑马来到驻地，散播恐怖的流言，然后惊惶逃离。同时，驻地周边防御人数的减少，也改变了抗击祖鲁人的整个计划。如果在敌军即将进攻的消息传来时，查德和布隆海德能有450人左右的兵力来守卫那片矮墙的话，那么哪怕只有100个技巧熟练或者起码能使用来复枪射击的人能够加入他们，他们还算是挺幸运的——即便有这几百人，当他们分配在临时搭建的土墙上时，也只能保持每12英尺部署一名射击手。查德很快做出决定，内墙的防御工具还需要加强，以便一旦人手不足、结构薄弱的外部壁垒不可避免地被攻破，还能有一个内圈防御工事来进行抵抗。

敌军显得十分强大。这支来袭的4000人大部队，指挥官是开芝瓦约国王的兄弟达布拉曼齐亲王。他违背了国王的两个命令：第一，国王下令不许从祖鲁兰进入英国治下的纳塔尔，而罗克渡口刚好横跨在两者的边界上；第二，不要进攻任何一支驻守在防御工事之后的英军。达布拉曼齐统率的是开芝瓦约军队中两支平均年龄较大的部队——包括3000～3500名乌图尔瓦纳和乌德洛科团的战士，他们都是41～50岁的已婚男子。此外，他还拥有1000名年龄刚过30岁，隶属因德卢-埃恩怀团的未婚青年。所有这些人，都在伊桑德尔瓦纳的战役中被用作预备队。在罗克渡口的攻势开始之前的数小时里,他们正在追杀平原上四散奔逃的绝望的溃兵和伤员。达布拉曼齐的祖鲁军队安全渡过布法罗河进入纳塔尔后,他立刻将上述三个团的人手整合起来,准备让所有军队对英军据点进行攻击。在他麾下的部队中,只有少部分勇士曾经参加过在过去十年里部族间的争战。最重要的是,他们相对而言没有经验,也没有看到多少伊桑德尔瓦纳屠杀的场景:仅仅一个下午的时间里,祖鲁民族十分之一的成年男子就非死即伤。

所有人都觉得,他们回家之前起码要让短矛尝尝鲜血的味道,特别是在己方同袍在伊桑德尔瓦纳突破英军战线时取得了惊人的战果的背景下。最后,一部分祖鲁士兵拥有自己的火枪,而少数士兵还在伊桑德尔瓦纳缴获了近800支马蒂尼-亨利来复枪以及数十万发子弹。如果祖鲁人在派出大部队正面冲击北墙薄弱部分的同时,能将射手部署在营地上方的奥斯卡贝格山上进行支援的话,也许他们在第一次冲锋时便能拿下整个基地。

然而,对于这些祖鲁人而言,未知的问题在于,他们并不了解防守罗克渡口的24团B连士兵们的西方军人本性。这些英军士兵就像利奥尼达斯麾下在温泉关殊死拼杀的斯巴达战士一样,他们几乎没有机会逃跑,只能在基地中等待残酷的战斗和可怕的命运。英军士兵中,至少80人是正规军士兵或者精英射手,这些人通常能够在300码之外击中祖鲁战士,并打中1000码之外密集的大群敌人。所有这些士兵都在坚定信念的支撑下,决心无论生死都坚守在自己的位置上。更可能的情况则是所有人都濒临灭顶之灾,毕竟双方的人数差距是如此明显。为何英军会选择在毫无希望的情况下继续进行战斗?他们的战斗意志源于纪律,这种纪律由不列颠军队的训练和规章铸就,由士兵对军官的敬畏得来,由士兵之间的友爱和忠诚支撑。这些士兵能够躲在临时工事的后方进行战斗,因此祖鲁人无法像在伊桑德尔瓦纳般成功施展侧翼机动和渗透来取得胜利。要夺取这个基地的建筑群,祖鲁人将不得不直面来复枪和刺刀的攻击,并越过临时围墙攻入工事,杀掉里面的所有人才能取得最终胜利。

在这场战斗中,英军的射击在十小时内都保持着稳定的状态——这些红衫军在近距离内有条不紊地用点45口径步枪的火力撕裂祖鲁人的躯体,用锐利的刺刀捅穿祖鲁人裸露的手臂、腿和腹部。英军步枪手拥有围墙保护,因此祖鲁人很难用短矛刺中他们的肩膀或是脖颈,因此进攻者把希望都寄托在己方的狙击手身上,后者能从高处的斜坡上射击衣着显眼的红衫军。从22号下午到23号清晨,查德和布隆海德将他们小规模驻军的火力发挥到了极致,英军阵地席卷着名副其实的火力风暴,数以百计的祖鲁武士被密集的铅弹击中而战死沙场。这样的杀戮并非是难以想象的,毕竟英军严格地遵循正规军事实践和战场纪律,这使得依靠胸墙防御的士兵能持续不断地射击。在战斗中,他们甚至没有休息的时间,由于火药的烧灼以及马蒂尼-亨利来复枪的巨大后坐力,他们的肩膀、臂膊和双手都被熏得发蓝,还被撞出斑斑血迹。

罗克渡口的16个小时

1879年1月22日下午2点30分。收到伊桑德尔瓦纳屠杀噩耗数十分钟后,查德、布隆海德以及道尔顿一致认定,用行动缓慢的牛车带着伤员从罗克渡口撤离已不可行。因此,他们并没有慌乱地逃离,反而命令拆除所有营帐,丢弃在院子的外围作为障碍物。接下来,他们勘察了周边的环境,并马上设计出一道防御围墙。兵站里有充足的重型饼干箱和玉米袋,假如在一个小时左右的时间里将这些杂物堆积成齐胸高的某种类型的防御墙,作为工事就能给士兵提供有限的保护。此时查德作为皇家工程部队成员的专业能力,对守军而言具有无与伦比的价值。他和布隆海德,还有道尔顿即刻组织起工作组,开始搭建一道连接两幢石质建筑、停放好的车辆以及石头畜栏的矮墙,构筑起一个矩形的防御阵地。士兵们和没有逃走的土著部队一起工作,将100磅重的饼干箱和200磅重的玉米袋堆积到五英尺的高度,以便步枪手瞄准和装弹的时候能得到一些防护。

这些袋子简直是天赐良物,其重量和密度使得敌人的子弹无法穿透,同时敌人也几乎不可能将这面麻袋围墙推翻。医院外墙还凿出一些洞口,伤病员们可以透过孔洞射击从南面接近的祖鲁士兵。在这项临时赶工完成的不可思议的壮举中,军官、土著士兵、伤病员和英国征募兵一起工作,在略多于一小时的时间内构筑了一段长约400码的防御工事——所有这些工作,都在危机迫在眉睫之际完成。幸运的是,工事北边地形稍微抬升,玉米袋搭成的护墙刚好与之结合,使得从外面看墙的高度在许多地方超过六英尺。没有祖鲁人可以跃过这样的高度,他们在进攻时只能迎面冲向英军的子弹和刺刀。

1879年1月22日下午3点30分。由于查德相比布隆海德的军阶略高,所以他掌握了整支防御部队的指挥权。他回到河边,收集起关于他正在建造的渡船的工程资料,带走水运工具和工程设备,同时将渡口的人员撤离。他现在得到了多名信使的消息,数以千计的祖鲁人正朝他这里进发,这些野蛮人刚刚屠戮了数量20倍于查德所部的军队，尽管如此，他和手下的人都没有表现出任何惊慌。相反，查德还和布隆海德仔细地沿着临时工事的环形防线走了一圈，确保所有位置的墙面都达到了四英尺高。确认这一点之后，他们下令停止工作，保证筋疲力尽的士兵在总攻发起前能够获得充足的休息。

第24团的步枪手们以适当的间隔进行部署，满载的弹药袋和成堆的子弹就放在脚边。每把枪上，都装好了刺刀。这两名低级军官几乎没有在非洲参加过任何战斗，更不要说拥有任何面对祖鲁人的经验了，但他们的作为，却和在伊桑德尔瓦纳的军阶更高、经验更丰富的指挥官们形成了鲜明对比。查德和布隆海德的正确部署给予了这些以寡击众的战士们一个生存的机会，在伊桑德尔瓦纳的士兵们则不可能幸免于难。

1879年1月22日下午4点30分。祖鲁人来了，零星枪声不断响起，由于土著士兵和殖民地部队突然逃跑，第24团第2营B连只剩下不到100名英国正规军士兵的小部队，防守者不得不被重新安排，分配到已经削弱的围墙防守兵力中。查德认识到，现在部队规模大大缩减了，原来的工事在战斗中可能很快会显得周长太长不适合防守——毕竟现在他只有100名出头的状态良好的士兵，而不是450人——因此他用饼干箱搭建了第二道墙，这道墙由北至南连接储藏库和北墙，倘若西北方向的外墙被突破，就能有效提供一个更小的环形防御工事来掩护里面的士兵。

1879年1月22日下午5点30分。在北面的玉米袋围墙处，英军开始猛烈开火。英军阵线在这里延伸太长，最为薄弱，而且糟糕的是附近还有不少自然障碍——果园、栅栏，仅仅30码外有一条沟，紧靠英军防御阵地外围有一些灌木丛和

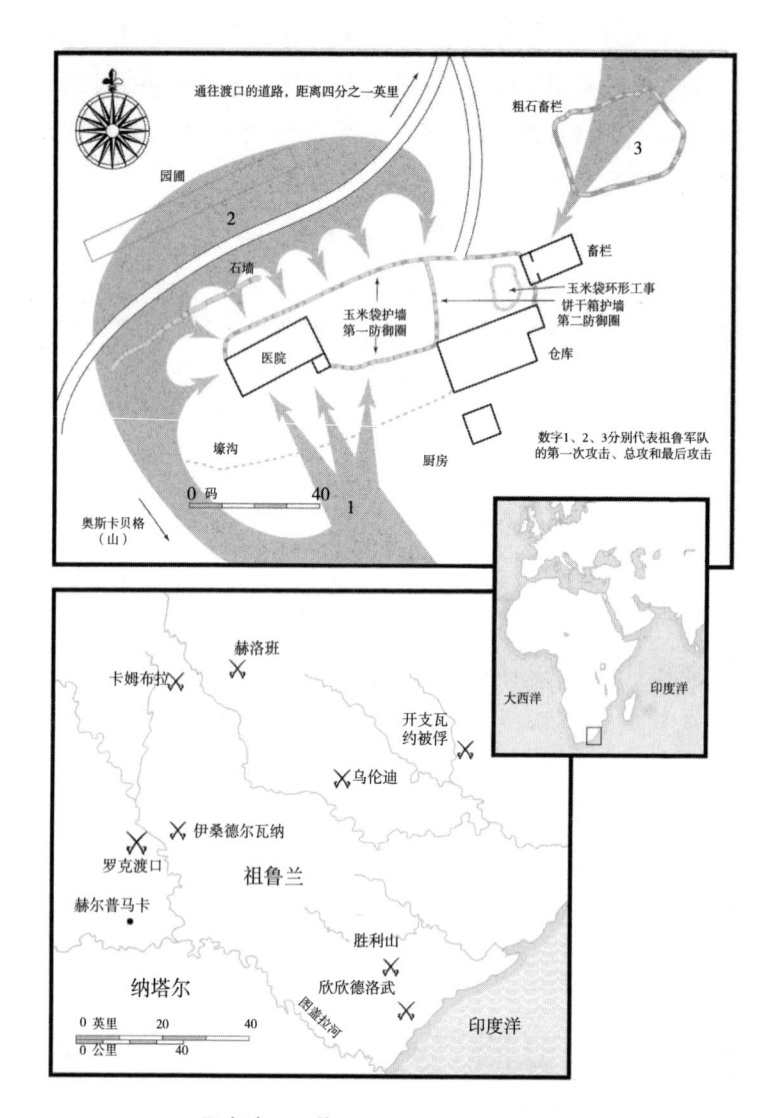

罗克渡口之战，1879 年 1 月 22～23 日

一段六英尺高墙——这些障碍掩护了奔跑进攻的祖鲁人的行动，给他们协调攻势的机会。与此同时，从南面奥斯卡贝格山的斜坡处，一些祖鲁人使用缴获的马蒂尼－亨利来复枪向北墙英军防守者的后背射击，偶尔还能击中目标。人数有千人之多的因德卢－埃恩怀团，叫喊着"乌苏杜！乌苏杜！"的战吼奔跑着冲击南墙的防线。数分钟之内，整个基地都遭到了攻击——来自奥斯卡贝格山的狙击火力，短矛手对胸墙的反复人浪冲锋，还有隐藏在沟里、栅栏后、英军围墙外树丛中的分散射击，让英国守军疲于应付。

接下来的一个半小时里，几十名北墙的英军士兵摧毁了祖鲁人的一次又一次进攻浪潮，进攻者很快发现，在越过玉米袋垒成的围墙时，无法躲开子弹或者刺刀的攻击。英军的主要问题则是射击后的来复枪正在发热。持续射击中，马蒂尼－亨利来复枪的枪管渐渐变红，质地较软的铜弹壳一填入就开始膨胀，卡住后膛，有时会阻止弹药发火。士兵不得不用一根清洁杆将变形的弹壳捣出来——这便给了祖鲁人小战斗群体在墙下聚集的机会，他们开始相互帮助翻越障碍。作为回应，布隆海德组织起精锐步枪手在墙内进行刺刀反冲锋，将那些已经跃过墙壁的祖鲁人撕成碎片。英军的伤亡人数也在不断增长，这大多数是后方躲在奥斯卡贝格山上射击的数百名祖鲁人所造成的。几乎没有步枪手死在祖鲁短矛之下。倘若祖鲁人能够协调好他们的来复枪火力，并且进行准确的射击，他们将能够轻易打死英军所有的驻守部队，因为他们有数百名射手，而英军射击部队的规模则小到不足百人。

1879年1月22日晚上7点。夜幕降临时医院燃起大火，伤病员面临被烧死的威胁，而一旦医院失守，整个西侧基地的防御体系也将分崩离析。后面的一个多小时是一场英雄式的逃亡，医院中只有八人未能逃生。差不多在同一段时间里，查德命令全部守军撤退到南北向的饼干箱子围墙构成的第二道防线之后。在他已经遭到减员的部队防守着原来周长三分之一的环形防线时，尽管时间仓促，他又下令建造另一道也是最后一道防御工事。这个最后的避难所，是由九英尺高的玉米袋搭建的环形堡垒，足够庇护从医院撤离的人员，英国人还能从这第二道墙上越过前面步枪手上方进行射击，虽然如此，枪手们赖以掩护的外墙仍然逐渐被攻破了。

在基地外平原上的某个地方——也许就在祖鲁人包围圈之外仅仅几千码——斯伯丁少校终于率领他承诺的援军，从赫尔普马卡骑马狂奔而来。然而他一见到医院熊熊燃烧的火光以及基地之外的祖鲁大军，就转身离去，并将这只预备队带回赫尔普马卡。看起来，他认为自己的部下和整个营地都已经被毁灭了。假如斯伯丁继续进军的话，他仍然有很大的可能杀入重围，在交战高潮之际提供一批至关重要的援军。

1879年1月22日晚上10点。在近五个小时的持续开火后，战斗的局势转而慢慢有利于英军。查德中尉在他的官方报告中写道："杂乱的射击持续了整个晚上，敌人尝试进行了好几次攻击，被我们逐一击退，直到午夜之后，敌军进攻的积极性才有所减弱。我方的士兵在射击时保持了最大限度的冷静，没有浪费一枪，医院燃烧的光亮也给我们的射击带来了巨大的帮助。"（《1879祖鲁战争故事》，46－47）

随着黑夜的到来，奥斯卡贝格的祖鲁狙击手也逐渐失去目标，在这之后他们就加入了祖鲁大军的攻势当中。英国人新构筑的环形工事周长更短，而且将坚固的储藏仓库囊括进来成为南墙，大体上消除了驻守护墙的士兵们遭受后方敌人射击的威胁。正如查德所提到的，医院燃烧的火光产生了意想不到的效果，它照亮了和营地相临近的区域，使得冲向英军阵地的祖鲁人暴露在光照之下。尽管英军遭受了大量伤亡，但缩小的防御圈使得步枪手们可以在这条最后防线上以更紧密的站位进行射击，这使得来复枪的火力比之前更集中，弹药的供应也更有效率。英军已经极度疲惫，从他们争分夺秒搭建防御设施开始已经过去了 7 个小时；祖鲁人的情况则更加糟糕，这些祖鲁士兵们基本上两天没进食，而且在没有任何休息的情况下连续行军并战斗了 12 个小时之久。

1879 年 1 月 22 日晚 11 点 30 分。英军放弃了一段石头围栏，那里曾是整个外围工事东北部的枢纽。现在，英国人只剩下一个周长不到 150 码的防御圈。很多人的刺刀——约 21 英寸长的可怕的三棱钢制利刃——已经弯掉或者扭曲变形。他们的枪管已经发热，不仅会灼伤双手，还常常堵塞产生故障。大多数英国人相信，只要 3000 人左右的祖鲁部队从山上发起冲锋，就能最终消灭这支小小的守军。这支被围困在小防御圈中筋疲力尽的部队也许不会想到，祖鲁人在他们步枪的火力下遭受了极其惨重的伤亡，而且在午夜来临之际，这些进攻者也因为极度的饥饿与疲劳而无法继续攻势了。

祖鲁人仍旧在试探英军火力，并继续着翻越围墙的尝试，虽然他们总是无功而返。进攻者往往在奋力拖拽英军来复枪枪管时被射杀或是刺死——烧红的钢铁也会在混战中灼伤双手和胳膊。但是午夜之后，祖鲁人已经很少发动攻击，此时查德和布隆海德派遣一半人手去修复玉米袋围墙，分配弹药，并把储水车拖到防御圈内，准备迎接黎明时可能到来的最终战斗。

1879年1月23日凌晨4点。破晓的第一束光线洒向战场之时，查德巡视了战场上的残骸，命令士兵们再次加固墙体，在战斗过的地方搜集祖鲁人的武器，并小心翼翼地探查基地外的平原。他们发现，祖鲁人已经神奇地从这个杀戮场中消失了，但士兵们仍旧坚守在工事中，等待着可能出现的总攻。

1879年1月23日早上7点。一个庞大的祖鲁人队列，突然出现在基地四周的山脊上，然后这些敌人似乎又缓缓离去了，他们放弃了围攻。事实上，此刻只要进行最后一次冲锋，英国的守军就必败无疑。也许祖鲁人同样因过于疲惫和饥饿而难以继续攻势，又或者他们侦查到了远处切姆斯福德勋爵的解围军队。侦查人员发现了351具敌人的尸体；那些挣扎着爬行并最终死去的也许还有200人。后来的报告指出，祖鲁人死亡数大约在400~800之间，因为战后几周里，直到罗克渡口以外几英里的范围内都能找到倒毙的祖鲁战士。一般说来，在整个祖鲁战争里，英国人都大大低估了祖鲁人的死亡数，这是因为战斗结束后，他们几乎不会离开战场超过半英里去清点尸体，也不会考虑到他们射中的大多数祖鲁人都会在缺乏医疗、食物和水的情况下艰难爬行，直到死去。英军只战死15人，受伤12人。哈弗德中校和切姆斯福德的救援部队一起于第二天抵达。面对这片曾经是要塞的废墟，哈弗德做出了如下评价："根据这里的景象以及我的感受，此地仿佛是遭受过一场风暴的摧残，尸体就像是被胡乱扔到这片土地上一样，唯一完整的，是战场中央一座玉米袋子垒成的小小环形工事。"（D. 查尔德，《亨利·哈弗德中校的祖鲁战争日记》，37）

战后，根据英军的统计，他们消耗了超过两万发子弹，由于实际上只有100名左右的士兵进行了射击，子弹消耗量显得非常之大。在超过 8 小时持续的开火中，驻军平均每人用掉了 200 发点 45 口径子弹。平均每名英军士兵杀死或击伤五名左右的祖鲁人。每一名红衫军被杀，就有超过 30 名祖鲁人倒下。这和在伊桑德尔瓦纳的情况完全相反：

> 在这两次战斗中，祖鲁人采用了相同的简单策略，包围敌军，进行大规模的密集进攻，没有复杂的谋划，但是勇气非凡。罗克渡口一战证明，只要一个连数量的冷静的步枪兵，就能能够抵挡 4000 祖鲁人的进攻——当然要符合几个基本的前提：①组成紧密的战斗阵形；②拥有基本的防御墙，或者车阵，以便在掩护下进行射击；③准备足够的弹药。前面两条经验已被布尔人反复强调；第三条则是进行战斗的基本要素。由此我们可以得出不容置疑的结论：伊桑德尔瓦纳的灾难和罗克渡口小胜的不同之处在于，两名能力并非特别出众的中尉采取了其长官所忽视的基本预防措施。(A. 劳埃德，《祖鲁战争》，1879，103)

在祖鲁史上最伟大胜利的 24 小时里，开芝瓦约国王两万人的部队却在伊桑德尔瓦纳和罗克渡口损失超过 4000 名武士。战斗之后，仍旧有两支敌军部队留在他的土地上；被激怒的不列颠正紧急派出数以千计的生力军，报复祖鲁人所进行的屠杀。祖鲁人的国家并没有经验去对抗一支由纪律严明的步枪手组成的近代军队，这样的军队能够依照指挥进行瞄准、射击，以及重新装弹，进行自由射击时也能根据目标的距离和类型，遵循严格的条令使用武器。

为何英军会在罗克渡口战胜如此强敌？很显然，他们有更好的食物供给，医药治疗，还有弹药；他们的士兵射击更加训练有素。更为重要的是，他们制度化的纪律体系确保了士兵的射击能够形成一道稳定的弹幕，这是非洲人在以往的土著战争中前所未见的。不列颠拥有工业化的、完全资本主义的经济体系，这带来了足够的经费，用于运送并供应数以千计士兵到远离国土的地方作战。欧洲科技造就了马蒂尼－亨利来复枪：一种可怕的枪，它弹丸大，精度高，能彻底杀死被击中的祖鲁成年人战士。

整个战役期间，英国军官们力图通过正面交战的方式，以决定性的会战来确定战争的胜负。在罗克渡口护墙上 16 个小时的交战中，数十名英军士兵以积极进取的自主行动改善了防御，他们是：代理军需助理官道尔顿（维多利亚十字章），防守者里的中坚力量；军医雷诺德（维多利亚十字章），他建立了临时医疗站；士兵胡克（维多利亚十字章），他将伤病员从医院救出。围墙上的所有射手都是凭着明确的权利意识和责任感加入军队，对团里的战友们则保持了绝对的忠诚。步兵团的纪律要求，士兵们应当保持开火，直到子弹消耗殆尽或者自己阵亡为止；而严格的英国武器训练体系，也保证了他们通常都能击中所瞄准的目标。1879 年 1 月 22 日，罗克渡口的守军在战斗中证明，他们是当时世界上最危险的 100 个人。

帝国之路

为何与祖鲁人作战？

大多数的国家冲突，看似由边界争端而起，却又并非如此简单。1879 年的英国－祖鲁战争也是如此，这场战争表面上是由祖鲁兰和欧洲人控制的纳塔尔、德兰士瓦之间对于确切边界的分歧引发，但事实上，这场不可避免的冲突更多是因为殖民者们对更多土地、劳动力和更好的安全状况的渴求。除了以遭到悍然攻击为借口，英国没有其他明显的理由来入侵祖鲁兰。甚至伦敦的大多数国务大臣们都不想在这个时候在南非进行一场战争，因为此时帝国更为关键的利益所在地是印度、阿富汗和埃及，这些地方都需要大英帝国资源的全力投入。交战双方的观察者都发现，并不存在一支进入纳塔尔或德兰士瓦，挑起争端的祖鲁军队。事实上，开芝瓦约国王曾多次下令，要求他的军队避免穿过祖鲁兰边境进入他国。

从17世纪到19世纪，当渴求土地的荷兰和英国牧场主和农场主们最初定居于南非部分地区时，该地区的其他部分相对而言尚且人烟稀少。祖鲁兰是许多部落世代居住之地，比较之下，欧洲人忽视了对此地的开发。然而，到1879年战事爆发时，非洲西南的土地大体上被列强瓜分殆尽，与开芝瓦约国王控制下自治且人口稠密的祖鲁王国，形成了明确的边界。在1879年1月初，切姆斯福德勋爵就已经率领一支超过17000人的混合部队渡过布法罗-图格拉河，在南非高级长官巴托·弗里尔爵士的指令下入侵祖鲁。切姆斯福德表面上是"保卫"纳塔尔，实际任务则是寻找祖鲁军队，在战斗中摧毁他们，俘虏开芝瓦约，从而瓦解独立的祖鲁国家。英国-祖鲁战争从一开始就是侵略祖鲁人民的战争，其目的在于，永久性地消除庞大的土著部队集结起来并穿越人口相对稀疏的英国和布尔定居区边界所带来的威胁。德兰士瓦行政官员谢普斯通直言英国人对祖鲁军队的担忧："假如开芝瓦约的三万勇士及时转变为雇用劳动力，祖鲁兰将成为富饶和平之地，而不是现在这样的情形——这个国家对其自身和近邻，都是长期性威胁的源头。"

(J. 盖伊，《祖鲁王国的毁灭》，47）

在祖鲁人与邻近德兰士瓦的布尔人经历了多年的边界争端后，祖鲁兰的边界完整性问题早已被交给英国赞助的边界调查委员会，该委员会迅速向弗里尔报告称，争议中的土地可能是属于祖鲁人的！委员们发现，是英国人默许的布尔人入侵，而不是祖鲁帝国的扩张激化了边界危机。由于欧洲人的天性，尤其是布尔人的特点——他们采用大牧场经营的方法，每个独立的家族差不多都需要数千亩的土地来进行生产——这带来了一种荒谬矛盾的本地景象：殖民地需要大量的原属于土著部落的土地，但是又缺乏密集的人口来防御其征用的大范围区域。和祖鲁兰接壤的纳塔尔省中，超过百分之八十的土地——大约1000万英亩——归属于仅仅两万名欧洲人，只剩下200万英亩价值最低的农村土地被丢给30万非洲本地居民去争夺。欧洲殖民者自身缺乏必要的力量来保护他们原来大胆夺取的东西。

实际上，英国政府对吞并祖鲁兰没什么兴趣——那里的天然财富稀少，疾病蔓延，本地人自尊心强，难以控制——由于缺乏证据证明祖鲁人有入侵纳塔尔或者德兰士瓦的意图，英国军队1879年进犯的真正理由也成了一个谜。直接的动机很可能源自地方长官被赋予的行动自由，毕竟弗里尔是个行事方式难以预测的人。弗里尔决定不惜一切代价迅速开战，他相信，历史大势毫无疑问地对祖鲁奇特的军国主义模式不利，而且随着祖鲁兰被征服，人们也许会认为，是他建立了一个全新的庞大的南非联邦，并成为殖民地的总督。

弗里尔和他的参谋始终对大约拥有4万武士的祖鲁军队心存疑虑，一个不到25万人口的国家却能动员集结出如此庞大的一支军队，令英国人难以安眠。按照弗里尔的想法，在欧洲殖民地的边界，如此强大的土著军力的存在，早晚会酿成灾难，尤其是在考虑到在过去一个世纪中祖鲁人这个好战民族的征服史，以及白人殖民者对牧区的不断需求，战争就更加不可避免了。弗里尔明显掩盖了一个事实，祖鲁军队始终处于动员的状态，但还是与英国保持了大概37年的和平，长期的稳定状态是由欧洲人打破的。头脑更为清醒的纳塔尔总督亨利·布尔沃爵士认为，英国应当尊重己方调查委员会的成果，但他的观点被好战分子们忽略了。弗里尔相信，应该将大英帝国政府的保护范围延伸到富有侵略性的布尔定居者头上，后者渴望英帝国军队去打败自己的老对手祖鲁人。

弗里尔急于挑起敌意，他抓住三桩事件大做文章，声称战争不可避免。西哈约，一名祖鲁酋长，从受英国保护的纳塔尔逮回他两名不贞的妻子，然后在祖鲁兰将她们处刑——这触动了弗里尔意识里大英帝国领土不可侵犯的理念，以及普遍标榜的19世纪英式道德准则。这一事件发生之后，开芝瓦约国王拒绝交出西哈约。英方的反应正如因拐骗事件而誓师航向特洛伊的希腊诸邦国王们一样，他们认为这个问题关乎荣誉，必须立即做出反击。接下来发生的另一事件，则是沿祖鲁兰与纳塔尔之间图格拉河行动的一支英帝国考察队被扣押。这些考察队员未受伤害，但扣押他们的祖鲁狩猎队肯定会怀疑，绘图考察就是正式吞并某些边界地区的前奏。最后，更令弗里尔恼火的是，很多传教士最近逃离祖鲁兰，他们称皈依基督教的祖鲁人受到虐待，甚至有时会被开芝瓦约处死。

弗里尔的决策很大程度上基于此类二手信息，以及祖鲁人明显不会在自己的国度里如英国绅士般行事的看法。他确信，自己已经得到了入侵祖鲁兰君主国的合法开战理由。他向开芝瓦约发出最后通牒，要求对方放弃强力的军事组织系统，解散庞大的军队。祖鲁国王的回应有着多种版本的翻译，在不少资料中还被曲解，但事实上开芝瓦约的话极其坦率而骄傲：

> 我以前告知过谢普斯通（英国驻祖鲁兰代表），我不会进行杀戮吗？他跟白人提过我有做出如此约定么？假如他是这么做的，那他误导了他们，我确实会杀人；但不要认为我会用杀戮的方法来处置任何事。白人为什么会做出无端的指控呢？我还没有开始杀戮；至于我的行为，那完全由我国的习俗决定，我不该背离。为什么纳塔尔的总督要干涉我的法律？我曾跑到纳塔尔去指摘他的法律吗？……（D. 莫里斯，《血洗长矛》，280）

布尔和英国殖民者都渴望得到廉价劳动力，用于拓展农场，并建设德兰士瓦和纳塔尔殖民地，然而，南非的奴隶制度数十年前便已失去合法地位。他们显然痛恨四万祖鲁成年男子成为军人的事实，农场主们希望这些非洲人毫无武装地通过边界，作为贫穷的廉价移民劳动力替他们卖命。接替切姆斯福德担任英军总指挥结束战争的加尼特·沃尔斯利爵士，在他的日志中提到了英国视角中战后理想状态下的祖鲁兰：

> 与残酷对待人民的罪犯开芝瓦约相比，我们和他的区别在于：他不经审判就会处决他人，在他的统治下，生命与财富皆岌岌可危。凭借一直维持的军事系统，他阻挠人们成家和正常工作，使得他们贫穷不堪……在未来（大英帝国治下），所有人都能自由婚娶，随意来去，并选择

雇主，他们会如我们期望般变得富裕，这个民族也会兴旺起来。（A. 普雷斯顿，《加尼特·沃尔斯利爵士的南非日志，1879－1880》，59）

另外，当地业主们很乐于有一支规模可观的英国军队来保护殖民地——祖鲁战争期间，大英帝国实际上耗费了大约525万英镑的军费，以尽力满足军队的补给需求。马匹和牲畜所有者，车辆制造者，纳塔尔的牧民都很欢迎战争，因为这意味着大幅哄抬价格良机的到来。那些试图增加对南非资金和人力投入的殖民地居民们也有着类似的看法。切姆斯福德和纳塔尔的英国军官们也期待一场轻松、迅速和光荣的胜利，这能帮助他们在军队里的晋升。军官之间存在激烈竞争，他们希望在即将到来的入侵行动中有所作为——大家都认为，这是一次时间很短、相对安全而且充满机遇的军事冒险，大英帝国的军人能够轻松击败虽然勇敢但在技术上极度落后的敌人。

欧洲人与其他民族

在人们更为广泛的观念中，对待本地土著居民的、典型欧洲人的英国式的奸诈态度才是战争的导火索，这种态度奇怪地混合了沙文主义、崇尚暴力的帝国主义和常受误导的善意。对不列颠而言，开芝瓦约的军队是其人民"文明化"机会的障碍，因此后者理应欣然接受一个"优等"种族的宗教与文化。基督教的到来，能终结祖鲁人的一夫多妻制度，阻止任意谋杀和处刑的恶习，消除一系列可怕的风俗——同类相食、毁损尸体、缺乏羞耻感地赤身裸体、鸡奸，并禁止与勇士净礼密切相关的、在传教士们看来很离奇的一系列仪式化生殖习惯——"乌库－赫洛邦哈"（uku－hlobonga），或者叫"股间（大腿之间）性交",是指未婚勇士不用生殖器插入,还有"苏拉-伊曾贝"(sula izembe),是指已婚武士在"擦拭斧头"战斗后的完整性交。英国法律还禁止开芝瓦约国王臣民的随意相残,带来了安定团结而不是四处流浪的人民,因为尊重私人财富和促进更高的生存标准才能够为有效的资本主义经济提供必要基础。

1856年,英国人指出,在一场邪恶的内战中,开芝瓦约屠杀了他兄弟麾下超过7000名武士,及其所部族群另外的两万人口,包括老人、妇女和儿童。图格拉河畔那片杀戮之地后来以"马塔姆博"(Mathambo)亦即"白骨之地"著称。更早在位的恰卡曾经屠戮的人数,更是在开芝瓦约手中牺牲者的十倍之多。与阿兹特克统治者一样,祖鲁国王在部落战争中和任意妄为的谋杀乐趣中屠戮的土著居民人数,远多于欧洲人在征服战场上杀死的数量。即位前夕,开芝瓦约便已杀害了每一个嫡亲兄弟、庶兄弟、堂表兄弟,以及祖鲁兰内部任何能威胁到他王位继承权的远亲。

英国军队的强大,似乎足以证明欧洲模式的优越性——这或许也是弗里尔和切姆斯福德在准备进行他们所一厢情愿的快速征服前夕心中所期望的情况。不管怎样,1879年1月11日,英军还是跨过了边界,弗里尔骄傲地写道,"愿上帝保佑,让我们数周之内便摆脱长期困扰着所有殖民地人民的噩梦"(C.古德费罗,《大不列颠与南非联邦,1870–1881》,165)。

和西班牙人在墨西哥以及美国人西部扩张的经历一样,英国对祖鲁兰的征服,产生了一系列可预测的事件,这些事件在过去四个世纪里,代表了欧洲人进入亚洲、美洲、大洋洲和非洲时的基本模式。到1800年止,欧洲只有1.8亿人口,而全世界有9亿人,但是欧洲人以不同的模式占领或控制着全球几乎百分之八十五的陆地。1890年时，全球三分之二的远洋船只都属于英国，世界范围内半数海运贸易由英国船队运作——大多数的越洋运输行为要么由英国推动，要么使其帝国受益。英国工厂的生产能力，外加帝国舰队及商人的运输效能，意味着部队和补给可以在数周之内被投送到全球任何地方——欧洲之外没有任何国家具备如此能力，欧洲国家中也只有寥寥数国能与之比肩。有观点认为，不列颠之所以在亚洲、非洲、大洋洲和美洲都拥有据点，仅仅是因为他们是唯一能够轻松做到上述这一点的民族。

16世纪的早期欧洲海上探索，首先引发了零散的殖民活动，最终随之而来的则是全面的入侵和征服。为数不多的欧洲人——东南亚的法国人，美洲的西班牙人，中非的德国人，以及无处不在的英国人——通常都会因为直接吞并土地的行为，或是因为侵入当地人的狩猎、放牧区域寻找矿藏、黄金、港口或淡水而激起反抗。殖民者和商人们随着探险队出现，并试图在新的土地上永久定居下来。法律文件——不论是西班牙国王的许可，还是英国官僚的冗长公告——很快制定出台，向目不识丁的土著统治者宣读，用西方式的借口为吞并行为辩护。在一支欧洲军队屠杀愚昧的土著敌人之前，宣读一系列的自己的苦衷，虽然古怪，但却是典型的西方式惯例。弗里尔勋爵和当年的科尔特斯一样，以法律和道义上的权利为公开前提，审慎地宣布他对整个国度的毁灭：他发布了包含13点要求的声明，不识字的开芝瓦约肯定无法读懂；就算把这些理论翻译过去，对方也不能完全领会。

最初的小型远征队伍往往因为欧洲人指挥上的自负，对技术的过度依赖，以及对当地军队巨大的规模的无知而遭到灭顶之灾——"悲伤之夜"（Noche Triste）及在伊桑德尔瓦纳发生的情形，和在印度支那、美洲、中非以及印度的其他无数惨败都存在着共性。欧洲火器后来在19世纪的扩散，为土著人民带来一定帮助，小巨角（1876年）被屠杀的美国骑兵，阿富汗迈万德（1880年）之战溃败的英军，还有阿杜瓦（1896年）之战被埃塞俄比亚人击败的意大利人，都可以证明这一点。19世纪晚期，通过自由贸易获得易操作的步枪和大量弹药的土著人，在取得一点小小的胜利之后，几乎马上就再次遭遇了更为明智、装备更精良、统率更得力的西方军队，后者发动进攻不仅仅是为了更多的土地，同时也是为了复仇和彻底地征服有时甚至彻底毁灭一个民族。

纵观殖民斗争，在欧洲人看来，土著人对欧洲死者的亵渎——墨西哥城金字塔上被献祭的西班牙人、在伊桑德尔瓦纳被开膛破肚者、在喀土穆被斩首的英国人——为他们消灭土著人提供了充足理由。根据他们思想中关于交战的公平法则，只要有欧洲人在正面战斗中被杀，就理应加以报复。当欧洲人发现己方被攻破的小要塞充满被斩掉首级、割去头皮或开膛破肚的尸体后，都会无比愤慨。在他们看来，这种将罪恶加之于死者或者妇女和儿童的行为与交战无关，比他们用加农炮和步枪撕裂土著武士躯体要邪恶得多——这是在战斗中对抗活生生的勇士阶层的行为。

像蒙特苏马、"疯马"和开芝瓦约这样的部落领袖，有时会以富有同情心的形象出现在欧洲史料里。除了基督教传教士和探险家通过口头访谈收集的信息，当地没有文字记录。土著酋长们经常天真地认为欧洲闯入者的败退意味着对抗的结束，而完全意想不到自己对一支欧洲前卫部队的暂时胜利意味着他们将要面对西方人的第二波攻势。西方人很乐于用复仇的借口巩固自己的征服计划。

在对美洲、亚洲和非洲四个世纪的殖民史中,土著人同类相食、人祭、破坏尸体、谋杀战俘、偶像崇拜、一夫多妻等陋习,以及缺乏成文法律的落后体制,都是欧洲人侵吞领土的典型借口。欧洲人与他们的对手不同,法国人、西班牙人以及英国人认为杀死成千上万的土著人是不得已的举动,他们将其视为西方化的艰难进程,是改善本地人民命运的必经之路。不列颠的传教士、高级宗教官员和学者对帝国扩张中的贪婪举动大加反对,他们希望直面问题,通过改良或者同化来补救:祖鲁人应当西方化,成为文明的大英臣民,从而摆脱专制压迫和自身的野蛮愚昧。即便是最受自由主义影响的批评家,也只有很少数人(如果不是没有的话)建议,欧洲人应该返回家乡,和平地离开祖鲁——毕竟这意味着听任土著人随意杀戮,继续他们之间的部落战争。

在征服过程中,欧洲人首先会拿某地区中人口最多、最好战的部落开刀,将其作为征服目标。像科尔特斯或切姆斯福德这样的指挥官,通常用大量土著同盟军辅助自己的军队,毕竟在理论上,阿兹特克国家或祖鲁国家的垮台,将会结束地区动乱,并且赢得此前曾经受到那些好战政权残酷压迫的民族的支持。提供火器或者欧洲出产的商品给当地人,也能确保在美洲或非洲总是有大量的部落分遣队加入欧洲远征军。这些土著人渴求劫掠,也希望自己免遭仇敌的伤害,并贪图西方贸易者手中的其他各种商品。我们不应忘记,许多土著人是部落长年仇杀的牺牲者,他们痛恨阿兹特克人和祖鲁人远甚于欧洲人。

至少在第一代的殖民战争中,有一种很典型的情形,即西方人用技术与纪律对抗土著人的勇气和数量。祖鲁人和阿兹特克人都不会制造火器；他们也无法理解让士兵组成阵列，井然有序且紧密协同地进行冲锋或射击的作战方式；他们同样不能从肉搏战斗开始前直至结束，始终将己方军队置于指挥之下，以西方式决定性战斗的方式解决争端。过去几十年中，祖鲁人通过缴获或贸易获得了不少火枪，但是英国持续正规的密集齐射理念——认真的训练和全面的纪律体系产生的结果——却和他们的非洲式战争风格完全不同，难以模仿。即使在伊桑德尔瓦纳后祖鲁人获得了大约800支现代马蒂尼-亨利步枪和成千上万发弹药，他们的射击依旧显得零散而缺乏准确度，几乎总是没有任何杀伤效果。

理论上讲，伊桑德尔瓦纳战后的祖鲁国家军队与英军中央部队的残部相比，不但装备更好，更具有20倍于英军的人数优势。但是正如勒班陀的奥斯曼火枪手未曾熟谙欧洲人的密集滑膛枪阵形和齐射一样，祖鲁射手也不过是把火枪当作比当地武器更好用的兵器——一根更具穿透力的棍棒，或者射程更远的标枪——它们仅仅加强了单打独斗的能力，而这才是祖鲁的传统。祖鲁人差不多总是瞄准得过高，他们射击时就像投掷标枪一样，认为枪弹抛射出去后会很快失去动能，急剧下落。尽管他们在伊桑德尔瓦纳缴获了大量野战火炮，甚至拖走了弹药车和补给车辆，祖鲁军队还是无法部署能够对抗英军的炮兵——他们不仅仅缺乏使用重炮的经验和知识，也没有足够的战场纪律去按规定时间间隔装弹、瞄准和射击重型武器，更没有熟练的驭手来将牲畜套上弹药车。

港口和远洋船只是欧洲力量的核心，它们为冲突提供了源源不断的火器和补给。祖鲁战争中，人力、枪炮、食物和弹药持续从开普敦和德班运来。伊桑德尔瓦纳灾难后，一整支崭新的英国军队——近一万名补充征召的士兵和超过400名军官——从英格兰出发不到50天便抵达纳塔尔。土著军队通常无法理解维拉克鲁斯或德班不过是个运输站，西班牙或英国征服者从数千英里之外拥挤不堪、躁动难安的欧洲将所需人力运到那里——耗时仅仅几周而已。

阿兹特克、伊斯兰或者祖鲁军队总是依靠快速包围和侧翼机动来取得胜利，这种战术对邻近的土著部落非常有效。这样的战斗方式不需要太多临时的变阵，他们凭借更好的训练、更高的机动性、庞大的数量和武士的英勇，用伏击或者恐吓的手段来击退规模更小、行动迟缓的欧洲分遣队——他们还成功利用了当地茂密的灌木丛、森林或者热带雨林等地形地貌。但甚至在与欧洲人的决战中，土著人都没有完全抛弃传统的战斗仪式，这意味着土著军人不太可能进行夜战，也很少借军事胜利之势不受限制地展开追击。更有甚者，这些土著军人有时将文化（宗教祭典，战前舞蹈以及盛宴和年度丰收庆典）或者自然（季节性因素，异常的天象）现象完全置于战斗功效之上。切姆斯福德勋爵入侵后，开芝瓦约集结了军队，然后命令他的巫医为大约两万名前线部队人员催吐。集中进行催吐之前，要花三天时间对部队进行补充和检阅，然后让他们禁食直到全军"净化"为止，这严重削弱了祖鲁武士的体能。

西方人从希腊时代起，也发展出一系列的战争仪式：战前牲祭，长篇演讲，音乐演奏；休战期间的宗教节日；仪式性地盛装出行和日常阵形操练。但是这些传统仪式有时会被操纵，时常遭到延误，甚至在军事需求与其相左时全被抛开。可以预见的是，大多数欧洲军队战前没有禁食、呕吐、净化或自残的仪式，这些因素会妨害士兵的战场效能。欧洲军队进行战前准备时，更有可能让让士兵得到朗姆酒的配给，坚定的动员演讲，或是通过射击仪式进行最后的纪念。从希腊时代起，战前牲祭和仪式一直是装样子，因为它们的作用与其说是真的要和神意相通，还不如说是激发士气。

欧洲人愿意无视他们的基督教信仰或自然需求，无论昼夜，一年365天，每天都可以投入战斗。恶劣的天气、可怕的疾病和险峻的地理环境，都被看作可以用恰当的技术、军事纪律和资本征服的简单障碍，极少被当成天降憎恨或某些全能意志敌意的表达。欧洲人看待暂时挫折的态度，通常也与他们在亚洲、非洲、美洲的对手不同。失败并非上帝发怒的征兆或者不幸的命运，而是战术、后勤或技术的瑕疵所导致，通过严谨的审视和分析，在下一个场合总能得到轻松补救，欧洲人几乎总是会有下一次机会，一直到征服成功为止。正像其他所有西方军队那样，也正如克劳塞维茨所言，祖鲁兰的英军将战争视为政治的延续。与祖鲁人不同，英军不会将战争视为勇士个人积累战利品、女人和威望的机会。

土著民众站在欧洲人一边作战的情况，比个别欧洲人士为土著奋战的情况要常见得多。科尔特斯在墨西哥得到了成千上万特拉斯卡拉人的协助，在非洲也有所谓"卡菲尔"与英军一起作战。阿兹特克人和祖鲁人都发现，基本上没有欧洲人愿意和他们一道抗击其他白人入侵者。纳瓦埃兹想要摧毁的是科尔特斯本人，而非西班牙的事业，因此在他失败后，大多数士兵加入了进军特诺奇蒂特兰的行列。约翰·邓恩曾短暂帮助过祖鲁人，但是1879年的英国-祖鲁战争中他很快重新加入英国一方。尽管所有布尔人都很蔑视英国在非洲的统治，但没有一名欧洲人在开芝瓦约的队伍中对抗英国人。相反，数以千计的非洲人加入了各种各样的殖民地团。

欧洲人的主要困难还是在于和来自欧洲的土生殖民者间的战斗；非洲的布尔人和美洲人都曾发起反抗英国的独立战争，造成其损失惨重，他们的武器、纪律和战术在很多情况下都不亚于英国统治者，有时甚至还会占据优势。以布尔人为例，布尔战争里的短短一周，亦即1899年12月11日至16日，仅仅在马格斯丰泰恩、斯托姆贝赫和科伦索三场战役里，就有将近1800名英军战死，其数目远远多于1879年整场战争中祖鲁人所杀英军的人数！

许多学者很不情愿讨论欧洲军事优势的问题，因为他们要么是把这和范围更大的、有关智力或道德准则的议题混同起来，要么就关注欧洲人偶然的挫败，把它们当成是典型例子，而无视西方优越性的一般规律。实际上，欧洲人能够在远离欧洲、后勤上面临巨大的困难、战斗人员相对缺乏、对恶劣地形和气候也不熟悉的情况下征服非欧洲人，与智力、道德准则或是宗教优越性没有任何关系，而是再次显示了一种特殊文化传统的延续，这种传统从古希腊人开始，在战场上为西方军队带来了不同寻常的利益。

祖鲁灭亡之后

罗克渡口的战果，与19世纪后期在刚果、埃及、苏丹、阿富汗和旁遮普反复上演的戏码一样，足以成为殖民战争的典型。罗克渡口胜利之后，切姆斯福德勋爵率领一支大大强化的队伍，重新入侵祖鲁兰。除了年初在因埃赞（1月22日）、因托姆比河（3月11日）、埃索韦小据点的围攻（2月6日~4月3日），以及赫洛班（3月27~28日）的几场残酷的僵持外，英军之后还进行了三次决定性会战,分别在卡姆布拉(3月29日)、欣欣德洛武(4月2日)和乌伦迪(7月4日)展开。这三次最终会战的前两次,英军和殖民者部队在驻防营地歼灭进攻的祖鲁人,后者发起近乎自杀式的冲锋,血战到底。

战争的最后一场会战发生在乌伦迪,开芝瓦约国王指挥部附近。一个英军方阵——由火炮和加特林机枪支撑——从容地离开设防营地,步入正面交战。他们很快便遭到祖鲁人的攻击,后者已然明白冲击工事是徒劳的,但没有意识到,在能够无障碍射击的开阔平地上,试图击破一个坚固的欧洲步枪方阵同样是愚蠢的行为。不到40分钟,大约由4165名欧洲人和1152名非洲人组成的英军方阵击退了两万祖鲁人,杀死至少1500人,击伤3000人,伤者中又有很多人在东躲西藏中迷失直到死亡。

战斗结束后,英军和祖鲁人的尸体都被埋葬在乌伦迪的战场;按照西方的标准方式,英军为他们消灭的人立起一块碑:"纪念1879年为保卫古老祖鲁秩序在此倒下的英勇武士"。英国人和墨西哥的西班牙人与西部的美国人一样,不仅击败了人口众多的敌人,而且在此进程中摧毁了他们的自由和文化。绝大部分书籍不断宣扬传奇般固守罗克渡口的小股英国红衫军,而绝口不提被马蒂尼-亨利步枪撕裂的数千勇敢祖鲁武士的英名。在这种态度下,祖鲁人悲剧性地加入了成千上万被杀死和遗忘的波斯人、阿兹特克人还有土耳其人的行列,无法成为鲜活的个人,而是历史学家笔下"四万被杀"或"损失两万"的苍白数字。相反,西方历史编纂的动力——天赋自由和理性主义传统——在于详细地纪念他们为数较少的杀手。没有希罗多德,贝尔纳·迪亚兹·德尔·卡斯蒂略,或是詹皮耶特罗·孔塔利尼的青史一笔，战斗中人们的英勇就将随着尸体腐烂而消逝。

1879年1月祖鲁战争爆发时，开芝瓦约握有大约为数3万~4万可支配使用的部队。六个月后，英军在祖鲁兰的各个战场上杀死了至少一万人，毫无疑问，战后死于伤势的人数更多。有关祖鲁人阵亡数字还缺乏准确的记录；但是缺乏医疗体系的致命问题和马蒂尼-亨利点45英寸口径子弹的可怕威力，必然使得战争期间有数千伤员死于休克或感染，或者只因为失血过多而死亡。马蒂尼-亨利步枪沉重而平缓的射弹，加上加特林机枪和火炮的可怕火力，能在人体上制造恐怖的窟窿，少数幸存祖鲁老兵的残肢断体和丑陋疤痕证明了这一点。即便是在英国殖民史上最糟糕的一天亦即1879年1月22日，英军还是在伊桑德尔瓦纳、罗克渡口和因埃赞杀死了超过5000祖鲁人，死亡人数占整支祖鲁军队的百分之十二至百分之十六。

到战争结束时，祖鲁人大多数的牲畜要么被杀，要么被肢解，或是被盗走。帝国军团的组织系统被瓦解——英国利用虚假的和平，将开芝瓦约的王国分解成13个敌对酋邦，这是一个阻碍祖鲁兰繁盛，防止其对抗临近欧洲殖民地的未来战争的解决方案。英军为了1879年的"胜利"仅仅付出了1007名士兵和76名军官的代价，另有小规模但数字不确定的军人死于热病和伤势。六个月的战事中，尽管在各种战斗里英军处于一比四或一比五的兵力劣势，但英国士兵平均每杀死十个或更多祖鲁人才损失一人。英国的入侵和战场征服，以及相当寡廉鲜耻的战后处理手段，将祖鲁人民分裂为虚弱的敌对派系，一个独立的国度从此终结，祖鲁民族的整个生存方式已经在事实上被摧毁了。

312 祖鲁的强与弱

恰卡

祖鲁人的好战性格，在非洲无出其右。在非洲大陆上的数百支部落中，任何军队在组织体系和指挥结构方面都不及祖鲁"伊普皮"（团）的复杂精巧。大陆土著战争中，也没有其他部落的纪律能与祖鲁人相媲美。在当地军队中，祖鲁人独树一帜，很大程度上弃用了投射武器，转而使用短矛进行肉搏交战。尽管如此，数量极少的英军却能在区区几个月时间内摧毁非洲最可怕的军事力量。他们是如何做到的？

和西班牙人入侵前夕的阿兹特克帝国情况相同，在欧洲人19世纪期间抵达纳塔尔时，祖鲁还是一个相对较新的国度。1800年前的近300年中，祖鲁民族不过是一些操班图语的游牧部落，他们缓慢地迁入现今的纳塔尔和祖鲁兰。但是在19世纪初，众多恩古尼部落中的姆泰特瓦部首领丁希斯瓦约，通过整合被击败的部落组成一支民族军队，迅速摆脱了班图人仅靠袭掠和小股行动的传统战争模式。

丁希斯瓦约以打造一支专业军队的方式来建立一个联盟国家，他抛弃了过去仪式化战争里主要使用只会造成擦伤的投射兵器的做法：这种条件下伤亡相对较轻，非战斗人员大多不会卷入战斗。在位八年的（1808~1816年）丁希斯瓦约颠覆了西南非洲班图文明的古老传统，他没有消灭或奴役击败的其他部落，而是将它们兼并进来。与此同时，他寻求与沿海的葡萄牙人进行贸易，让平民生活从属于军事训练，由此奠定了祖鲁帝国的基础。他最得力的副手，小祖鲁部落的革命性领导者恰卡实际上掌控了帝国（1816~1828年），并且以连老丁希斯瓦约都无法想象的方法，使这一帝国能够提供数量庞大的常备军。恰卡的军事变革标志着祖鲁势力的崛起，这个军事机器组成的王国，在被英国征服之前延续了60年(1816~1876年)之久。在1828年被其兄弟杀害之前，恰卡完全转变了非洲人的战争方式，抵抗了白人的入侵。他在交战中屠杀了五万敌人，同时也在独裁心态日益频繁发作时，无端谋杀了数千本国民众。恰卡12年的统治，遗留下一个松散的专制联盟，拥有大约50万臣民和一支近5万战士的国家军队。在祖鲁人的全新帝国形成的数十年里，可能有100万非洲土著人民被杀或死于饥饿，这都是恰卡帝国梦的直接后果。因此，南非的历史变迁，体现出了一个欧洲殖民军事经历中多数人并未意识到的状况：在非洲、亚洲和美洲，不论是土著部落还是欧洲人，杀死的己方人民通常都要多过不同种族间的相互杀伐所造成的伤亡。比如在1820~1902年间，恰卡和他的继任者们所杀死的祖鲁人比切姆斯福德勋爵还要多，而布尔人比开芝瓦约屠戮了更多的英国人。

一个枕戈待旦的国家

关于祖鲁军事有许多富有传奇色彩和虚构的内容，但是我们可以摒弃他们的武士因强迫禁欲或使用致兴奋药物而善战的流行观点，甚至还可以否认他们从英国或荷兰贸易者那里学会团级体系以及包围战术的看法。婚前的祖鲁人拥有大量的泄欲方法，战役中携带大量鼻烟，偶尔抽下大麻，饮用清淡的啤酒，还从他们过去几十年击败部落武士的经验中创造了大大促进战斗力的方法。祖鲁人军事组织化的一般理念，甚至包括制造高品质金属矛头的知识，可能都来自对早期欧洲殖民军队的观察；尽管如此，完善的、以年龄划分部队的体系，以及野牛式进攻的法则，却完全是由祖鲁人自己发展出来的。

不可否认的是，祖鲁的强大实力来自其军事效能的三项传统资源：人力、机动性和战术。在这三方面，祖鲁人的作战方法，几乎与所有土著非洲人的战斗方式不同。在班图部落在恰卡领导下对东南非洲的征服中，在英国征服之前的19世纪的大部分时间里——期间丁甘国王（1828~1840年）、姆潘德国王（1840~1872年）、开芝瓦约国王（1872~1879年）相继即位——祖鲁控制了25万~50万人口，能够集结大约由35个"伊普皮"组成，规模为4万~5万人的军队，其数目是其他任何非洲战场的黑人或白人军队的数倍之多。

与大多数来自蛮荒之地的部落军队不同，祖鲁人不是以临时组织的乌合之众进行作战。他们不会按照习俗约定展开仪式化战斗，而是放弃了非杀伤性的投射武器交战方式。祖鲁"伊普皮"是其基础社会风俗的折射，这个社会的方方面面都追求不断获得战利品，并满足每个臣民直接进行杀戮的欲望。如果说阿兹特克武士追求以俘虏记录来提升地位的话，那么祖鲁人就是以在敌人的血泊中"清洗他的短矛"来换取小小的社会地位，或是开创出新的贵族家族。

整个祖鲁国家都被军团化了——与古典斯巴达的方式相似——祖鲁人通过建立年龄分级体系来完成全民军事化，这样的组织甚至取代了原有的部落从属关系。男孩们在这个社会大军营里，将经历正规军事训练，在十四五岁时作为后勤人员参战。大多数祖鲁男子在青春期后期进入"伊普皮"时已是羽翼丰满的武士，能够在一天内赤脚奔跑50英里。单身汉组成的大队被安排进终身兵团，男人不允许正式结婚，直到他们年近40时才会得到专门的补偿；因此，建立一个独立家庭的能力成了军队中一条巨大的社会分割线。在恰卡的体系之下，高达两万人之多的35岁以下男性保持未婚，保持长期服役的状态。即使是更年长的、能够合法娶妻建立自己的"克拉尔"亦即自主家庭的战士，也通常会投身到漫长的战役之中。

在武士中强制"禁欲"的看法也是夸大的，因为祖鲁男子会与女人例行公事地进行除完全插入以外的各种性交行为。当然，"禁欲"意味着武士不能拥有由长期伴侣组建的独立家族，也不能在30岁之前和处女发生关系。这种制度导致年轻女人怀孕的拖延，使得祖鲁人口繁殖力下降。这样的年龄分级的习俗，实际上可能是恰卡在人口已然过剩的形势下，意图控制祖鲁兰人口的方式，由此就能抑制在人口压力下过度放牧牲畜对草地造成的不可持续性利用的状况。

无论这种按年龄分类进行兵团编组的独特方式其确切原因何在，最终，这样的方式在军队中产生了不同寻常的团队精神，因为"伊普皮"——以与众不同的名称，奇异的发式，珠宝，毛皮和盾徽而著称——作为同龄武士组成的大队，在整个生涯中常常都会作为独立的单位参加战斗。从战术上讲，祖鲁进攻模式简单而有效。阵形部署被称为水牛角，每个"伊普皮"被分成四组，两个较年轻的团组成阵形的侧翼或"角"。如此部署的两翼快速在敌军两边展开，旨在包围对方，并击退其对阵形的"胸膛"或者说"伊普皮"中老兵团的进攻，当交战全面展开时，"腹"也就是年长的后备军会上前战斗。可想而知，考虑到祖鲁人借助草丛和灌木神出鬼没、全速包围和接近受惊之敌的作战方式，以及在近战中用锋利长矛和沉重棍棒了结对方的可怕能力，这样的标准化进攻在平原上与敌对部落对抗，被证明是十分成功的战术。

恰卡在位时，军队大规模放弃了投掷用短矛，代之以用于刺击的阿塞盖短矛——即现在被称作"伊克尔瓦"的短矛，这一名字源自将其从敌人腹部或背部中拔出时的声音——和高大的牛皮盾。新的阿塞盖短矛比原来投掷用短矛拥有更重和更大的铁刃，它经常和大盾配合，作为从上往下进行刺杀的武器。和同样靠近敌人进行面对面交战的罗马军团士兵一样，当祖鲁士兵快速逼近，并猛烈刺出阿塞盖短矛时，他往往还能用盾击打敌人。他的阿塞盖短矛矛刃相对尺寸较小，较为锋利，更类似于一把罗马短剑而不是一支希腊短矛。每名武士还挥舞一把圆头棒，或者是尾部突起的硬木棍棒。与邻近的其他非洲部落迥然不同，祖鲁人喜好肉搏战，而不使用投掷兵器。他们期待与敌人直面相对，凭借更非凡的勇气、武器技巧和肌肉力量将对方击败。祖鲁武士鲜亮的服装——包括多种多样的羽毛，牛尾流苏，以及皮制项链和头饰，以及慑人的战吼，用短矛击打盾牌时发出的可怕声音，再加上战前的舞蹈，都是为了在开始进攻之前恐吓敌人。

在一场战役里，一支祖鲁"伊普皮"能在三天之内行进100~200英里，因为他们只携带少量食物或补给，主要靠俘获敌人的牲畜来生存。年轻的男孩们，即"乌迪比"，带着睡垫和能保证他们紧跟"伊普皮"行军的充足食物。一旦追上敌人，"伊普皮"的头领会安排各团组成阵形的角、胸和腹部。军队奔跑接敌，这是为了在数分钟之内包围和挤压敌军阵形，只要取胜，人们便能在收工回家前洗劫败者的领土。终生进行的使用阿塞盖短矛和圆头棒的训练，加上"伊普皮"的坚韧和专业化的快速包围战术，为祖鲁武士在肉搏战中赢得了显著优势。然而，无论过往还是现在，颂扬祖鲁勇气的人都忘记了，整个祖鲁军事体系存在显著的内在军事弱点，这些内在缺陷使

第八章　纪律——武士不总是士兵 /449

祖鲁军队不仅在面对如英军之类的欧洲正规军时脆弱不堪，而且甚至面对处于数量劣势、训练欠佳的布尔和英国殖民地民兵也是如此。

首先，尽管祖鲁战士经受过严酷的军事训练历程，随后又被分配至他们所属的团里，服从于终生性的甚至时常显得残忍的纪律约束，但他们由此产生的英勇和凶狠的作战风格，并不能和欧洲军事纪律理念相匹敌。欧洲理念强调的是纪律、纵队和横队的紧密阵形、同步展开的集群齐射、严密的指挥链、战略战术的抽象概念以及成文的军事法典。祖鲁军队的各个团之间一旦发生冲突，士兵们会在两败俱伤的内斗中大肆争吵乃至战斗至死，其凶残程度远远胜过英军各团士兵间的典型拳击争斗。

其次，祖鲁军队中也不存在真正的指挥体系，各个团时常会拒绝服从来自国王的直接命令——乌图尔瓦纳、乌德洛科和因德卢-埃恩怀团在罗克渡口都无视开芝瓦约禁止进攻设防阵地、不许攻入纳塔尔的命令，这几个团各自为战，也没有统一的指挥。乌图尔瓦纳和乌德洛科团很大程度上凭运气才遇上了因德卢-埃恩怀团，而较为年轻的因德卢-埃恩怀竟然胆敢邀请达布拉曼齐亲王参加战斗，这才把亲王手下两个资格较老的团投入到对罗克渡口的匆忙进攻当中。除了松散且公式化的攻击计划之外，祖鲁人并没有任何系统化的训练，也没有成紧密队形行军的方法，这导致他们在实战时陷入了大规模的混乱中；同时也意味着，他们在撤退时几乎必定会演变为单纯的溃逃，进攻中也不会以有序的波次展开。当祖鲁人直面敌军战斗时，他们是以个体为单位作战的；各个团并未依靠紧密队列和同时戳击长矛在首次交锋中实现突击效果。在进攻罗克渡口时，祖鲁军队发动的一系列毫无协同的攻击，导致了严重的兵力浪费。与此相反，倘若祖鲁人能够展开突然的集群突击，计划在几分钟内将数以千计的战士集中到壁垒上的一点，那么他们便一定能够冲开守军兵力不足的防线。

最后，祖鲁战士生活在充斥着精神力量和巫术的世界里，这与不敬神的欧洲人形成了鲜明的对比：后者强调的是抽象规则、军事条令，以及能够进行冷酷杀戮的步枪、加特林机枪与火炮组成的军事力量。对祖鲁人来说，早在战斗开始前，巫医们就用献祭的牛肠、药草和水调制成药剂，给予战士们力量，帮助他们克服即将到来的考验。祖鲁人对饮食进行严格控制，还要服食催吐剂（这只会削弱他们的耐力）和礼仪性质的人肉片。在杀死一名敌人后，他会把尸体中的肠子取出来，从而让灵魂离开躯体，阻止它对自己施加报复。巫师们力求以伏都教式的咒语向敌对部落施法。祖鲁人相信，英国士兵在己方损失甚少的状况下，屠戮数以千计猛攻中的祖鲁人的神秘能力，同样也只能以魔法，而不是以训练、科学和纪律的逻辑来解释。因此，祖鲁人尽管每每惨败，却丝毫不肯改变战术，而是借用迷信来解释己方部队接近英军战线时遭遇的神奇铅弹弹幕。

在祖鲁人心中，只有巫术才能解释为何英国人用他们的步枪杀死了数以百计的人，而祖鲁人在使用缴获的同类武器时，却一直只能命中少数目标，他们几乎总是射得太高（这是为了给予子弹"魔力"），从没有协作发起齐射。在祖鲁人遭遇卡姆布拉惨败后，幸存的战士们确信英军一方拥有超自然生物的协助，因此盘问科尔内留斯·万，为何会有"如此多前所未见的白鸟从白人一边飞过他们（祖鲁人）头顶？为何他们会遭到穿着衣服、肩上扛着步枪的狗与猿的攻击？其中一个人甚至告诉我他还看见大车营地里面有四头狮子。他们说,'白人并没有公平交战;他们用上了动物,给我们带来毁灭'。"(C. 维吉恩,《开芝瓦约的荷兰人》,38)在其后针对欧洲人的进攻中,依然满是部落习性的祖鲁人用他们的步枪射击爆炸的火炮,认为榴弹里面有小白人,会跳出来杀死落在当中的任何人。在战争结束后,(祖鲁)老兵们确信他们是被英国人悬在军队头顶上的铁幕击败的,这也许是对红衫军打出的铅弹弹幕或英军刺刀反光所做的神化解释。

勇敢与怯懦

祖鲁人的战术是固定的,欧洲人可以预见其行动方式。一个英军的防御营地或者方阵在面对祖鲁人进攻时,能够预料到的是,祖鲁人在进攻一开始的两面包围运动,不过是其主力"胸"部阵形推进的前奏。虽然理论上,"腹"部阵形是一支机动后备,他们却不受中枢指挥,因此不会针对敌军阵线中准确的抵抗点或弱点。这支部队经常完全不参与战斗,假如"胸"和"角"的初始进攻失败,那么他们很可能会逃遁。

祖鲁军队拥有令人印象深刻的机动能力,这种能力的来源是多方面的,但有两个关键因素经常被忽视。这支军队因为缺乏任何轮式交通工具来运输相当规模的预备弹药,所以携带不了多少火器,因此尽管在英国入侵前的数十年内,已经有将近两万支滑膛枪和线膛枪进入祖鲁兰,祖鲁人也无法很好地加以利用。况且由于不携带任何粮食,祖鲁军队不得不在士兵精疲力竭、饥饿而死之前取得速胜。倘若在黎明之前,祖鲁军对罗克渡口最终发动一次协同攻击,他们就很可能打破英军防线。然而事实上,在清晨时,祖鲁围攻者已经超过两天未曾进食了,他们的身体也处于最虚弱的状态。

现代学者可以很轻易地嘲弄切姆斯福德那支部队，调侃辎重的笨拙和部队的行动迟缓。然而，是英军而非祖鲁人能够在饱食后投入每场战斗，更何况他们始终拥有着充足的补给和近乎无限的弹药和武备。英国大车也许看上去十分滑稽——18英尺长，6英尺宽，高达5英尺以上——并且在任何地方都需要10~19头牛来拉动，甚至在祖鲁兰的硬地上都只能一天行动5英里。但是这样的一辆辎重车，可以装载多达8000磅的枪支和弹药以及大量的饲料、食物和水。在后期的战斗中，任何冲进英军营地的祖鲁人，都饥饿到直接在战斗白热化时打开缴获的补给——后来从他们尸体嘴里发现的、已经吃下的一部分食物能够证明这点。

在非洲的艳阳下，全副武装、行动笨拙的英国士兵形象，成了一副讽刺画，看起来似乎英国兵都是一些脱离实际，沉溺于偏见和物质享受的人。但事实远非如此，英国战士远比轻装、敏捷的祖鲁敌人更为致命。直至近年来，诸如灭绝成性的恰卡那样的祖鲁人，才开始被美国校园文化神化成某种悲剧性的、强大而致命的自由斗士，尽管事实上他既不可怕也不热爱自由。在非洲，真正最致命的战士，是一名面色灰白的英军士兵，身高稍过五英尺六英寸，体重150磅，轻微营养不良。这样的人通常是从英格兰的工业化贫民区征召而来，超负荷地携带着10磅重的步枪、背带，沉重的包裹里有大约60磅的食物、水和弹药。这样一名毫不引人注目的战士，在战争中的几乎每次作战中，都能击倒三名甚至更多的祖鲁人。

大多数祖鲁"伊普皮"没法成为一个有凝聚力的整体去打击敌人，祖鲁士兵也没有护甲，这就使得祖鲁矛兵们即便在面对部落敌人的战线时，也无法进行正面的冲击。祖鲁盾牌作为个人防具和武器使用，因此武士们无法组成防御盾墙。祖鲁人面对敌人只能蜂拥而上，这和阿兹特克人以小群体冲入敌人阵线进行刺杀劈砍的方式很相似。如果"伊普皮"面对的进攻者处于兵力上的优势地位，或者意志动摇、阵形松散，祖鲁人就能发起成功的冲锋和包围攻势。但是，在面对一个要塞化的阵地或是英军步枪手组成的防御方阵时，整个祖鲁战线的进攻都会失利，然后在面对持续的齐射或者随后的刺刀冲锋时出现溃散。

即使获得火器，祖鲁人也没能转变其固有的战术，少数射手们仍旧自顾自地零散开枪，而其他武士继续用短矛进攻，毫无配合可言。尽管在1879年英国-祖鲁战争前50年里，有大量可用枪支流入了祖鲁兰，但祖鲁人从未学会战线冲锋或进行有序的射击，开芝瓦约也从来没有得到易于理解的火器装填发射理论。虽然马在两个多世纪前就被引进南非，祖鲁人也只是少量使用，没有将它们饲养繁殖起来，或是采用任何方法建立一支巡逻骑兵部队——这使得在战争中，英军始终拥有更多的机动哨探，战后进行追击时也拥有一支致命力量。

上述种种情况的综合结果，往往就是这样一种景象：祖鲁人同时携带着传统冷兵器和欧式热兵器，发起杂乱无章的进攻，数以千计的战士冲向敌人，其他的就在远距离随机放枪，期望以绝对的数量优势、噪声和速度惊吓或者瓦解对手。在伊桑德尔瓦纳，稀疏的英军阵线、阵形中的缺口和糟糕的弹药供应，使得祖鲁人获得了偶然的胜利。在随后所有其他交战中——赫洛班的夜间惨败是显著的例外——祖鲁人毫无协同的冲锋战术演变成自杀行动。当这样的进攻失败后，祖鲁指挥官也不会下达有序的撤退命令，更不用说用且战且退拖住敌人，或者组织预备队掩护撤退了。整个祖鲁的"伊普皮"有点类似罗马边界上的日耳曼部落,他们轻率地从敌人眼前崩溃和奔逃,毫无准备。一旦"伊普皮"的冲锋陷入崩溃,恐惧感就开始弥漫在战场上。在祖鲁战争中,数以千计的祖鲁士兵都被英军骑兵随心所欲地用骑枪刺杀、用枪打死,或者被马刀砍得血肉模糊。

英方记录中,有数百起事件展示出祖鲁人无可比拟的勇气——他们以四五十人为一组,无畏地冲向正在迸发枪焰的加特林枪管,还有几百名战士在马蒂尼-亨利步枪将强力的子弹送入他们的颈部和脸上之前,踩踏着自己人的尸体,与罗克渡口的英军步枪手进行白刃格斗。乌伦迪决战的初次交锋中,弗朗西斯·科伦索写道,"一名孤单的祖鲁战士,被若干枪骑兵追赶,发现自己已经无处可逃。他转而面向敌人;丝毫没有惧色地展开双臂,露出他的胸膛迎向钢铁兵器,然后面对敌人倒下,这是一名真正勇敢的士兵所应该做的"。(《祖鲁战争的历史及其源起》,438)在南非的部落战争中,祖鲁人在近一个世纪里,凭借他们无可匹敌的勇气、武力、速度,以及庞大的数量,成就了决定性的胜利,在那个时代他们往往是宰杀敌人的屠夫。然而,当他们与训练有素、严守纪律的英国步枪手阵列作战时,正是曾经使他们成功的模式导致了这个国家的自我毁灭。

祖鲁人已经抛弃了很多南部非洲的传统军事仪式化行为——投射战争,表演式竞争,为赎金而俘虏,但开芝瓦约仍旧认为,即将到来的与英国的战争是一次简单的军事武力展示。在他的思维里,他的军队只需战斗"仅仅一天",然后就能与英国人达成协议。如果这位祖鲁领袖同时审视过伊桑德尔瓦纳的胜利和罗克渡口的失败,他们很可能会丢弃整个传统作战方式，发起一场游击战争，伏击行进途中的英国辎重车队，并不惜一切代价避免攻击工事完备的英军阵地和步兵方阵。战争爆发时，开芝瓦约似乎已经感觉到，假如他们避开掘壕固守的英国步枪手，只在夜间、运动中或者出其不意的情况下与欧洲人作战的话，那么一切有利因素都会倾向祖鲁人一边。

和英国对手相比，祖鲁人拥有更为庞大的军队，熟谙地形，而且已经得到了三支英军部队前进方位的明确警告。此外，祖鲁兰缺少公路，大部分地区未被绘入地图，河流溪流交织流淌，间以遍地的丘陵、溪谷及峡谷——这样的地形几乎无法让满载的车辆通行，即使是在好天气下也不可能一天行驶超过五英里。倘若祖鲁人不断攻击英军辎重部队，很有可能令英国军团因补给难以为继而深陷敌境，最后，英国人很可能退出这场战争，毕竟无论是身处伦敦的首相，还是总参谋部的官僚，都无法对这些部队进行实际上的支援。然而，习俗、惯例和传统还是促使祖鲁"伊普皮"的角、胸、腹阵线如往常一样发动进攻——所以这些武士也如往常一样，遭到英军步枪手的成批屠戮。

自恰卡统治以来，祖鲁人以对王室命令的服从而闻名——这个残忍的国王习惯于绞杀在他出现时打喷嚏、发笑或仅仅是看着他的人，虽然如此，祖鲁国王无处不在的恣意惩罚从长期来看是在削弱祖鲁的凝聚力和核心控制力。从丁希斯瓦约和恰卡到开芝瓦约，几乎每位主要的祖鲁领导人都被谋杀，最后这一位也很可能是在英国征服祖鲁后被毒杀而死。开芝瓦约的父亲姆潘德在位超过30年（1840~1872年），最终独自死在熟睡之中，算是罕见的善终。但这样的美好结局，是在他晚年放弃对于自己"伊普皮"的大部分权力，并将其转交给他的儿子之后才享受到的。

英军的情况则与此相反。他们通常按成文的法律和条例执行判决，鞭打和囚禁的刑罚都是行之有据。士兵们或多或少都明白他们会碰到什么，在英军中，无论罪犯级别高低，均可得到相对统一而可以预测结果的司法审判，每个人都拥有不受恣意处刑的权利。就绝大多数情况而言，官兵们服从命令是因为相信其合理性，而非因为畏惧。没有英国军官或治安官拥有祖鲁或阿兹特克国王式的、凌驾于下属之上的绝对权力。英格兰的小型专业军队，比之开芝瓦约云集千万的"伊普皮"更能代表国民军事组织：前者将军事生涯理解为公民习惯和价值观的体现，后者的社会却是军队的影子而已。虽然英国拥有千百万人口，但其军队规模却很小，而即使是女王本人也不能未经任何审判就对某名士兵施加刑罚。

英军的传统

在1879年，世界上还存在着比英国殖民军规模更大、组织更出色的欧洲军事力量——尤其是在法国和德国。残酷的美国内战（1861～1865年）和短暂而激烈的普法战争（1870～1871年），宣告了大规模骑兵和缓慢行进整齐战列战术的终结。机枪、新式连发步枪和榴弹摧毁了王公们最后的贵族自负情怀，开启了近现代工业化战争的黎明。与此相反，英军在滑铁卢（1815年）之后进行的殖民战争，除了个别例外（比如灾难性的1854～1856年克里米亚战争），对抗的敌人都没有现代化的武器、精心打造的要塞或者复杂的战术。结果便是英军成为一支特别的反潮流的军队，他们越来越发现自己被排除在时代之外，远离现代西方大规模征召并装备新兵的策略。维多利亚式军队反映了英国社会的等级划分，在海军中这一点尤为明显。由于英国军队没有受到其他更现代化的欧洲和美洲军队的挑战，因此直到最后一刻都没有抛弃过去时代的战术，并且仍旧以血统出身而非功绩作为晋升的首要标准。

只是在祖鲁战争前十年，英国战争部次长爱德华·卡德韦尔才进行了一些有意义的改革尝试，比如取消军官职位的购买，改善入伍条件，并力推采用现代步枪、火炮和加特林机枪。然而直到1879年，仍然只有18万英国士兵——远少于罗马帝国的25万——镇守一个跨越亚洲、非洲、大洋洲和北美的帝国，在这个帝国内部，混乱频频出现在印度、阿富汗、南非和西非。英军的问题，并不仅仅在于数量不足和内在的等级偏见。这支军队还承受着长期债务危机的折磨——这导致薪饷不济和武器过时。即使在禁止贵族逐级购买军官职位后的19世纪晚期，相当多的军官还是些思维僵化保守的老古板，他们怀疑地看待科学以及随之而来、促成社会工业化的机械专业。尽管指挥蹩脚和缺乏资金，传奇式的纪律和训练还是挽救了英军。大英帝国仍旧拥有一支非常有效的国家军队。绝大部分英国红衫军，比世界上其他任何国家的军队都更加训练有素、积极求战。当组成他们著名的方阵时，这些军人能进行持续、精准而致命的步枪火力齐射，是欧洲乃至全世界当之无愧的最好的士兵。

在罗克渡口攻势之前的几分钟里，没有一名英国正规军士兵在数千祖鲁人接近前加入殖民者和土著部队的逃窜行列。相反，不到100名能够行动的人，在16小时内倚靠围墙连续射击超过两万发步枪子弹。在此前几个小时的伊桑德尔瓦纳血战中，英国正规军第24团几乎所有正规连队都在原地覆灭，而不是逃之夭夭。一名参与屠杀的祖鲁老兵乌胡库后来这样回忆英军最后的顽抗：

> 他们被包围得水泄不通，背靠背站立着，把一些人环绕在中间。他们的弹药现在打完了，除了一些近距离还能打到我们的左轮手枪。我们从短距离上投掷阿塞盖短矛，杀死很多人后才能破坏方阵。我们终究用这个方法战胜了他们。（F. 克兰恩索，《祖鲁战争历史及其源起》，413）

祖鲁人到达罗克渡口前一刻，查德中尉的人射杀了一名和史蒂芬森上尉的纳塔尔土著分遣队一起逃窜的欧洲军士。查德觉得没有必要在报告中提到这次射击，英国军官团也承诺不调查这次行为，毕竟这明显是击毙擅离职守的殖民地军士的公正举动。后来，加尼特·沃尔斯利甚至批评了在伊桑德尔瓦纳英勇拯救女王军旗的两个人——梅尔维尔和科格希尔少尉。沃尔斯利的观点是，当麾下被围攻的士兵还活着并仍在战斗的时候，英国军官在任何情况下都不能离开营地。在步兵抵抗崩盘后，逃离伊桑德尔瓦纳的少数骑兵部队后来顺理成章地受到了质疑。

在因通比河那场较小的灾难过后，哈瓦德中尉由于在麾下士兵被祖鲁人包围时自己跑出去求援，受到了军事审判。尽管哈瓦德被军事法庭宣布无罪，沃尔斯利将军还是坚持要将他的异议在全军各团前进行宣读。沃尔斯利厌恶一名英国军官抛弃自己的士兵却只是抱歉了事的想法，他阐明了自己对军队传奇式纪律核心的信任：

> 一名军官越是发现他的队伍处境无助，就越应该忠于

职守与他们共命运，不论结局是好是坏。因为英国军官的地位为世人所尊敬，他在军队士兵中拥有相当的影响力。士兵们会觉得，不论发生什么事情，自己在危机中能够绝对信任的是军官，任何情况下军官都绝不会抛弃士兵自己逃走。我们军事史里记载的大多数英勇行为，应归功于这种英国士兵对军官的信任；由于这项军事法庭的判决动摇了信念的根基，我觉得有必要将我对该判决的重要异议正式公布出来。（D. 克莱莫尔，《祖鲁战争》，143）

英国军队的主力会组成横队和方阵。在横队当中，每列有三到四排士兵——通常分别俯卧、跪地和站立——这些士兵按照命令轮流开火、装填，五到十秒钟后再次开火。即使是使用单发的马蒂尼 - 亨利步枪，整个连队准确的射击次序依然能够确保近乎稳定的弹幕覆盖。而如同盒子般四角为直角的方阵，则能够保证辎重处在安全的中心位置，庇护伤员和预备队——方阵的完整性保证没有英国士兵会在阵形边沿的任何一点逃跑。为了确保对火力的控制，英军时常会在战场上每隔 100 码的距离上打下木桩，让枪炮军士修正开火顺序，让步枪手校准目标。

英国枪骑兵对祖鲁人的屠戮，同样因其训练有素的周密步骤而显得可怕：

剑桥公爵属第 17 枪骑兵团是个充满骄傲的部队。"牺牲或光荣"是他们的座右铭，巴拉克拉瓦战役中的英雄表现是他们曾获得的荣耀。德鲁里 - 劳（该团团长）将他们精心排好，就像是在阅兵一样……看着身穿蓝色制服、脸庞白皙的骑手们跨在高大的英国马上，他们看上去像是机器一般,制服规整一丝不乱。德鲁里-劳领着他的团呈纵队前行,当地形抬升时,他下达命令:"小跑——组成中队——组成横队!"然后,将士兵排成两列纵深,"快步跑!"战马向前腾跃,然后当钢铁骑枪随之向前时,三角旗摇曳招展,"冲锋!"接着步兵在方阵中爆发出喝彩。这个骑兵团迅速追上撤退的祖鲁人,骑枪也像阿塞盖短矛一样毫不留情,骑手攻击一个又一个祖鲁武士,枪起枪落,无情地刺穿着敌人的身体。(D. 克莱莫尔,《祖鲁战争》,214)

何谓西方式纪律?

遭到攻击时,展示勇气是任何战士共同的美德。无论来自哪里,任何战士都能表现出不同寻常的英勇。在服从指挥的同时又能展现勇气的特征,也并非西方军队独有。原始部落和文明化军队都从恐惧乃至战士们对首领、将军、国王或独裁者的敬畏中获得胜利。在罗克渡口英国基地的北部围墙上,紧抓红色的马蒂尼-亨利步枪枪管的祖鲁人,和几秒钟后用点45口径步枪弹沉着地将他们撕成碎片的英国人一样勇敢。祖鲁武士几乎和英军士兵一样服从自己将军的指挥,他们无所畏惧地用人浪冲击着驻防阵地。

然而到最后,是祖鲁人——只要国王点个头,他们就会被处决——而不是英国人,逃离了罗克渡口:

这看起来很矛盾,为何进攻中如此英勇的人,会在行动最终失败后惊慌逃窜。不过这对祖鲁人而言似乎也并不矛盾。对他们来说,如果其进攻最终失败,他们就会认为，逃走是理所应当的事了……一旦一个人开始逃离战场，影响将会蔓延全军。就连恰卡自己的团，有时也会逃跑。这就是祖鲁人战斗的传统结局。他们要么摧毁敌人，要么就是以溃逃收场。(R. 伊格尔顿，《他们像狮子一样战斗》，188)

在罗克渡口战役的几个小时以前，大多数"伊普皮"在伊桑德尔瓦纳取得他们最大的胜利后，就带着战利品解散回家了——相反，六个月后英军在乌伦迪屠杀祖鲁人之后，凶残的英国枪骑兵连续若干小时追杀践踏败逃的祖鲁军队，根本不停下来休息。为什么勇敢又顺从的祖鲁人在胜利或失败之后，和同样勇敢且顺从的英国士兵相比缺乏纪律呢？

从古希腊时代起，西方人就在探索，怎样能将个人的勇敢、对领袖的服从，与更广义上的来自纪律、训练与平等主义的更为制度化的勇气区分开来。自希腊化时代的传统开始，欧洲人便已经着手将所谓的不同勇气类型，从个人行动的大胆轻率一直到将整条战线凝聚起来的共有勇气构造成一个层级体系——按照他们的说法，前者只会偶尔成为赢得对手的原因，后者才是取得长久胜利的关键。

举例来说，根据希罗多德在普拉提亚会战（公元前479年）后的记载，斯巴达人没有奖励阿里斯托得穆斯的勇猛，后者因为在温泉关没能参战而受辱，就在此战中直接冲出己方阵列，近乎自杀式地攻击波斯人。相反，斯巴达人给予波西多尼乌斯很高的评价，因为他勇敢地和同伴一起在方阵中战斗而"没有盲目求死"（希罗多德，《历史》，9.71）。希罗多德暗示阿里斯托得穆斯并没有理性地战斗，这名疯狂的战士之所以如此作为，只是因为去年夏天，他因故错过了在温泉关光荣战死的机会，被人认为失去荣誉而想加以挽回而已。

古希腊对于勇气标准的建立，与训练和纪律密不可分：重装步兵凭借冷酷的理性而非狂热战斗。一个合格的重装步兵理应珍爱自己的生命，并且乐于为城邦奉献一切。他在战斗中取得胜利的标准，并不在于他杀了多少人，或者展示了多么了不起的个人勇武，而在于他能在多大程度上帮助战友前进，或是战败后如何保持秩序，以及在遭受攻击时能否保持阵形。

对群体神圣性的强调，不仅仅是斯巴达人的精神，也是通行于整个希腊城邦世界的普遍法则。在古希腊文学作品中，我们可以频频发现关于士兵之间团队凝聚力的相同主题——只要献身保卫自己同胞和文明的事业，所有的公民都能够成为优秀的战士。修昔底德的《伯罗奔尼撒战争史》第二卷中，雅典将军伯里克利在葬礼演说上提醒公民大会，真正勇敢的人并非那些狂暴的人，这些人"只因处在邪恶的状态下，便有了不珍惜自己性命的最佳借口"。这种人，按他的说法，"不奢望过上更好的日子"。当然，真正的勇气则体现在"'那些即使承受着灾难，其表现得也相当与众不同的人'身上"。（《伯罗奔尼撒战争史》，2.43.6）

我们从希腊著作里，了解到坚守行列、一致行动和严守纪律的必要性，这些因素远比单纯的力量和勇武重要得多。普鲁塔克写道，士兵们携带盾牌是"为了确保整条阵线的利益"（《道德论集》，220A）。真正的实力和勇气，是带着一面盾牌屹立在阵列中，而不是在捉对厮杀里杀敌无数并成为史诗和神话的良好素材。色诺芬告诉我们，这样的团体凝聚力和纪律，来自自由拥有财产的业主们："战斗和下地干活一样，离不开他人的帮助"(《家政论》,5.14)。会被惩罚的只是丢弃盾牌、破坏阵形或是引发恐慌之辈,而绝不是那些没能杀够敌军的人。

同样的,西方人在看待装备华而不实、高声嚎叫或是发出恐怖噪声的部落战士时,如果对手在这样的展示中,没有秩序井然的行进以及对行列的保持,那么他们的眼神里也只有蔑视。"可怕的外表可不会造成什么伤害",埃斯库罗斯如是说(《七雄攻打底比斯》,397-399)。修昔底德描写斯巴达将军伯拉西达进攻伊利里亚村民时的演讲,是西方在古代对部落式战争的轻蔑总结:

> 进攻开始时,他们会给没见过他们的人带来恐惧。他们的人数似乎多得可怕;他们的高声叫喊令人难受;他们在空中挥舞兵器的方式很是吓人。但是当他们遇到那些能够坚守阵地,抵抗他们进攻的军队的时候,事情就完全不同了。他们作战时毫无秩序;他们没有固定的阵形,因此一旦他们的军队在作战中受到压迫,他们并不羞于放弃自己的阵地;既然逃跑和进攻一样不失荣誉,他们的勇气甚至永远难以经历考验……这种乌合之众,一旦他们的第一次冲锋遇到坚强的抵抗,他们便会退去,远远地发出威胁,以夸耀他们的勇敢;但如果对手在他们面前退却的话,他们就会迅速地进行追逐,极力利用他们的优势,表现他们在没有危险的时候是多么勇敢。(《七雄攻打底比斯》,4.126.5-7)

在进攻强固的阵列时,祖鲁人远比伊利里亚人能坚持到底；尽管如此，修昔底德对于战场上两种不同行为——叫喊、虚张声势，与坚守阵线（所谓的"常规战斗秩序"）的对比，套用到英国-祖鲁战争上也并不显得过时。在这两场相隔千百年的战争里，能够以阵形进行操练、接受并执行命令、服从中央指挥链的士兵，在战斗中更可能以团队和阵列的方式共同行进、停止和撤退。时间将证明，这样有序的战斗体系，相比一群随意进退的乱军，能更有效地歼灭敌人。

古典时代的范例

亚里士多德作为希腊时代思想家中的典型，解析了勇气的特性，对其与利己主义、服从和纪律的关系进行了最为系统化的分析。在解释为何某些类型的勇气比其他的更可取、更具永恒性（跟国家的理念和对政府的信赖不可分割）这个问题时，他几乎与其他希腊思想家都所见略同。他谨慎地分析了五种军事行动中的勇气，并将其中之一公民勇气放在优先位置。这种勇气只属于公民士兵，因为在国家与同胞公民们面前，他们不希望表现出懦弱的一面，而且他们还渴望获得公众给予无私奉献之人的荣誉认可。"人，"亚里士多德附和伯里克利的说法，"勇敢起来不应当是被迫的，勇气本身就是高尚的事物。"（《尼各马可伦理学》，3.8.5）

亚里士多德同样认可第二类明显的勇气，那就是训练有素或装备精良的士兵能具备的勇敢，这种勇敢源于他们握有的物质优势。但是他警告人们，这些据称是勇敢的人可能名不副实：一旦他们短暂的优势消失，很可能就会逃离战场。此外，亚里士多德承认第三类表面上的勇敢，常常被误认为真正的勇气：这种勇敢是那些疯狂的战士所具备的狂热之勇，他们毫无理性，因为痛苦、癫狂或暴怒而战斗，对于死亡或同伴的福祉毫不关心。这同样是一种昙花一现的勇气，当鲁莽的劲头停住时，它就会消失得无影无踪。

亚里士多德眼里的第四和第五类勇敢，尽管分别来自盲目的乐观主义和无知，同样也能够满足关于勇气的准则。有些人在战争中表现出英勇，仅仅是基于错误的认识，因此也难以长久。有的人勇敢则是因为他们以自己的偏好判断事物，相信此时命运站在自己这一边；然而此类战士往往会对战场形势做出错误的估计，同时他们也没有意识到，有利条件是变化无常的，可能在几秒钟之内就彻底改变。无论何种情况，他们的勇气都不是基于价值观和内在特点，更不是来自有序产生的精神支撑，因此无法持久，在战斗的白热化阶段也不够稳定。

由此类推，某些人在无知状态下的勇猛战斗，只是因为他们错误地感觉优势在自己一边；一旦他们意识到自己身处险境，他们马上就会逃离战场了。与乐观主义者的情况一样，这种无知无觉的状态带来了相对的勇气，却无法形成一个绝对的价值观。柏拉图在他的对话录《论勇气》中，表达了同样的观点，在书中他借苏格拉底之口辩称，真正的勇气，是士兵在行列中奋战和维持阵列的能力，即使他知道将要面对怎样的逆境也毫不退缩——这和那些看似英雄的人，只因为所有条件都有利于他时才奋勇作战形成了鲜明的反差。

在西方文明体系里，人们很早就将纪律的理念制度化为坚守阵列和服从长官的行为，在他们看来，长官们的权威来自宪法赋予的权利。雅典少年们——那些守卫比雷埃夫斯港和阿提卡内陆地区的年轻新兵，会进行一年一度的誓约仪式，其中包含如下的承诺："无论我身处战线哪个位置，我都不会抛弃战友……任何时候我都准备好服从明智行使权威的人，服从已经公布施行和未来将会生效的审慎明智的法律。"[M. 托德,《希腊历史铭文》(牛津,1948)第二卷,204]像色诺芬和波里比乌斯这样的作者,将军队比喻成一连串墙壁组成的壁垒,每一面墙都是一个连队,每块砖都是一名士兵——是纪律的砂浆将士兵和连队固定在准确的位置,确保整个壁垒的完整性。用色诺芬的话说,缺乏纪律约束的军队一团混乱,"像一群人离开一个剧院时一样"。(《论骑兵指挥官》,7.2)古典时代的文化不鼓励民兵畏惧掌权者,也不煽动鲁莽冲动之勇。士兵们在战斗中的位置和移动,以及头脑和精神上对指挥的接受程度,都应当是可预见的。在战斗的高潮阶段,所有人在面对死亡时,都可能会丢掉对国王的敬畏。勇敢——如亚里士多德所言,也可以成为易变的情绪。哥萨克人就像现代军事史学家笔下的游牧战士一样,在追击中胆大妄为,但是当角色反转,他们在发现自己与敌军部队展开冲击战时,则变成了可怜的胆小鬼。

罗马军团走得更远,他们试图将公民的勇气与官僚制度结合起来,通过训练、紧密阵形中士兵的密切联系、军团制度以及否认个人勇武的态度达到这一点。在罗马,1世纪初的著名犹太史学家约瑟夫斯对罗马人的战场优势曾做出过评论,这段评论相当著名,时常为人引述:

> 倘若你看到罗马军队的行动的话,就能理解,这个帝国完全是他们的英勇所造就的,而不是命运的赐礼。他们不会等到战争爆发才来操练武器,也不会在和平年代无所事事,只在需要的时候才动员起来。完全相反,他们似乎出生时手中就拿着兵器;他们绝不会中断自己的训练,或是等到危急时刻才行动……他们的演练就像不流血的战

斗，他们的战斗则不过是血腥的演练。(《犹太战争》，3.102-107)

近400年后，韦格蒂乌斯在4世纪撰写了一本罗马军事体制手册，他再次将训练和组织视为罗马取得胜利的根基："确保胜利的不是单纯的数量和天生的勇气，而是技巧和训练。我们可以看到，罗马人民之所以能够征服世界，无非是因为他们在军营里进行训练，在战争中进行实践。"(维格蒂乌斯，《罗马军制论》，1.1)韦格蒂乌斯的著作在法兰克和其他中世纪西欧日耳曼君主中相当流行，因为他强调建立严守纪律的阵线和纵队来进行战争。在蛮族君主的眼中，他的作品展示了如何恰当引导条顿式的狂热战士，将其转变成精力充沛但严守纪律的步兵。

操练，队列，秩序和指挥

源自欧洲军队的纪律是通过训练和机械记忆来制度化一种独特勇气类型的尝试，这种纪律能够在士兵稳定队列、保持秩序时得到最好的体现。西方人执着地热爱操练密集队形，这并非是没有道理的：倘若战场上局势不妙，所有人都想要逃跑的话，训练和信仰就能阻止这种集体溃逃的发生。解决问题的关键，并非在于让每个人都成为英雄，而是创造出一群战士，他们在总体上比缺乏训练的人更能勇敢面对敌人的冲锋，即便激斗正酣时还能服从上级命令，并始终忠诚保护自己的同袍。他们对永久性的、持续存在的公民体系保持着不变的顺从，而非追随某个暂时性的部落、家族或友人。

人们怎样获得纪律，然后又将其保持若干世纪之久？古希腊、罗马和后来的欧洲军队，从训练体系以及士兵-国家间的明晰成文协议中找到了答案。17世纪的指挥官，比如拿骚的威廉·路易，他将欧洲人集中使用火力的倾向，和古希腊罗马作者笔下强调维持紧密方阵与军团的战术直接联系起来。秩序井然的行军方式，以及组成战线的能力，都带来了直接而更为抽象的优点。当军队以密集阵形移动时，能实现更快速和有效的部署，传达命令也更为便捷。密集纵队和横队的阵形是火力集中化的基础，这两种布阵方式使得步枪队的持续齐射成为可能。此外，训练体系本身还能从思想意识上强化士兵对命令的贯彻程度。与战友同步前进的意愿，来源于一名西方士兵对指挥官命令迅速而准确的执行。如果一名士兵能在阵列中找到自己的位置，与同伴一起协调前进并保持行列的话，这样的人相比那些无纪律的杂牌兵，肯定更能服从其他关键性命令，在良好的指挥下使用武器，最终彻底击败敌人。

西方人特别强调一种奇特的观念，即适时集中兵力：

> 但事实上很明显的是，这种密集阵列的操练方式，并没有出现在大多数国家的军队和军事传统中。从世界范围看，古代的希腊人和罗马人，以及近现代的欧洲人利用心理效果来适时集中兵力、保持团队的方法，只是一个特例而已，并非军事史上的通行原则。那么，为何欧洲人在发掘密集队列操练的非凡潜力方面，拥有一技之长呢？（W. 麦克尼尔，《始终在一起》，4）

麦克尼尔继续给自己的问题提供了各种各样的答案，但他整个探讨的核心依旧是公民社区理念，或者说，是自由人与军事组织达成协定，由此获得相应的权利并承担对等的义务。在这样的环境下，即使是高度个人主义的西方人，也不会将军事训练看作是压迫，而是将其当成平等主义的体现——在这样的训练中，所有背景各异的士兵，都被转化成身着制服，外观统一而行动一致的整体，此时个人特征和差异化的地位都暂时消失了。麦克尼尔相信，训练在很大程度上是"古代希腊罗马自由概念的印记，是积极的、共享的公民权"。我们可以补充的是，在希腊重装步兵方阵的密集队列中，每个人都占据着一个与其他人相当的位置，就像在公民大会中的情况一样，每个男性公民都具有和其他人一样的权利——古希腊乡村从根本上促进了平等主义，那里农场星罗棋布，没有大地产的存在。

如果要举一个更为现代的例子的话，这就像青少年们进入弗吉尼亚军事学院（简称 VMI）的新生班级后的情况一样。在那里，他们马上会被剃掉头发，抛弃平民的服装，并且学习如何步调一致的行进和操练——在这里，他们的等级观念、种族思想与政治态度都消失了，一切元素统统都融入军校生统一外观、步调一致的高唱颂歌的队列中。即使是最凶暴的街头流氓或摩托车匪帮——他们带着乌兹冲锋枪，多年来在对抗同类暴徒中积累了丰富的枪战经验——他们依旧是一群乌合之众，无法在战斗中抗衡武装起来的 VMI 学员团。和暴徒相比，VMI 学员中或许没有人品行不端留下前科，或是在盛怒之下射杀过他人，但他们依旧拥有更强的战斗力。当然，这些学员与纳粹德国或斯大林苏联军队里走正步的步兵相比，仍然有不同之处，那就是他们完全明白自己的服役状况，同时军法体系也会保护他们不受随意的惩处——与此同时，这些人也同意，倘若他们恣意妄为地使用暴力，就会受到重罚。这就是训练和纪律的力量，通过文明的洗礼，人们从部落式和血亲家族式的义务体系中，升华出公民军队的忠诚理念。

以某种观念来说，在行列和阵形中进行战斗的方式，恰恰是西方式平等主义的基本表现，在思维一致、训练有素的同伴组成的磨灭个人特质的方阵中，战场外所有的等级差异都消失得无影无踪。我们可以推测，在第一次布匿战争中迦太基人雇用斯巴达战术大师科桑西普斯，和19世纪后期日本人征召法国和德国野战教官的行为，是基于同样的理由：不论是方阵兵还是步枪手，他们试图创造出自己的士兵，希望这些战士能够在行列中操练和前进，以西方人的致命方式进行战斗——罗马人和美国人都很快发现了迦太基人和日本人的进步。约2000年前的韦格蒂乌斯，就概述了西方军队中这种强调训练的独特状况：

> 对新兵进行军事训练之初，就应当进行走正步的操练。这样做的原因，是因为无论行军时还是战斗中，首先要勤加注意的，便是始终使全体士兵保持一致的步伐。要达到这样的境界，只有依靠坚持不懈的操练，如此才能使士兵们学会在快速运动的同时保持阵形。如果一支部队在遭遇敌人时被分割，而又不能保持严整的队形，那将是非常危险的事情。（《罗马军制论》，1.1.9）

欧洲人军事纪律传统的核心，就是对防御的强调，或者说，正如我们在希罗多德的著作中所见到的，欧洲人相信，士兵坚守在队列里的行为，远比成为一名优秀的杀手更为重要。亚里士多德在《政治学》(7.1324b, 15ff)中，讲述了非城邦人民的古怪风俗，这些人都异乎寻常地注重杀死敌人——斯基泰武士在杀死一个人之前，不能从一个仪式性的杯子中饮酒；伊比利亚人将尖刺环布在武士坟墓的四周,代表他们在过去战斗中杀死敌人的数目;在交战中砍倒一个人之前,马其顿人都必须在腰间绑缰绳而不能挂腰带——这些与城邦人民的习惯形成了鲜明对比。祖鲁军队同样遵从古老的部落传统,武士接受柳条编成的项链,后者标志着一名武士得到证实的击杀敌人的数目。

就像亚里士多德也曾指出的那样,西方军队强调的内容包括防御时的凝聚力——这种凝聚力与军队的训练和秩序有着紧密的联系,同时也对保持阵地或阵形的完整极端重视。西方军队中所有的军事条例都清楚表明,懦夫是不顾形势逃离阵形或是抛弃队列的人,而非没能成功杀敌达到某一特定数字的人。一名阿兹特克武士,靠着击倒和捕获一连串的贵族俘虏来建立威望;而一名西班牙的火枪手或长矛手,则以保持在战线中的位置为自己的最高使命,对他来说,自己保持横队或纵队的协同一致最为重要,他应该支持己方的队形,帮助整支军队默默地碾碎敌人的阵列。在祖鲁战争中,英国人和祖鲁人一样,有其固定的进攻模式,战斗的方式也可以被预见。然而,英国人的军事体系突出阵形、训练和秩序,并将能够维持以上这些军事要素的人视为战场上的勇者。从理论上来说,士兵应该作为一个整体进行战斗——他们发动齐射,有秩序地进行集群冲锋,没有命令绝不后退,从不轻率地发动追击,也不会在追击时花费太长的时间——这样的军人,才能击败敌人,取得胜利。

1879年的英国-祖鲁战争,为祖鲁式勇敢与英国式纪律的较量,提供了极好的注脚。然而,尽管祖鲁军人经常被描述成像英军一样英勇的战士,却没人会声称他们是拥有纪律的士兵:

关键的发明是国家的产生,也就是用公民社会取代血

亲家族的社会。公民政府是文明与野蛮的分界线。只有真正意义上的国家，才能支撑起庞大的军队。同样只有国家才能用纪律约束人民，使其成为士兵而非蛮勇的武士。唯有政府能指挥士兵走向战场，而非要求武士参加劫掠；也唯有政府才能惩罚拒绝作战的人……原始部落的武士，缺乏有组织且结构完善的政府的支撑。这样的野蛮人不愿屈从于纪律，也没有能力或者耐心服从明确的指挥。他只能从捕杀动物的过程中，学习到某些肤浅的战术准则……同时他也太过关注眼前的战斗，而无法从长远考虑，策划战役的进行与发展。（H. 特尼-海伊，《原始战争》，258）

罗克渡口的参战者中，有 11 人获得了维多利亚十字章——几乎有十分之一的参战士兵得到了这一奖励。尽管我们有若干目击材料显示，英军的神枪手们远距离射杀了大量的祖鲁人，但并没有人因为杀人的数量而获奖。现代评论家认为，这样滥发奖励的行为，正是为了缓解伊桑德尔瓦纳灾难带来的负面情绪，同时消除公众对英军士兵战斗能力的质疑，这种质疑在维多利亚时代可谓极其常见。至于真实情况，或是或否，没人能说清。然而，在漫长的军事历史中，很难再出现和罗克渡口相似的例子：一支兵力处于一比四十劣势的军队，在敌人的围攻中非但能够存活下来，而且每损失一个防守者，便能杀死 20 名进攻者。当然，在那个年代里，世界的其他地区几乎没有和欧洲士兵一样训练有素的战士，绝大多数欧洲士兵在战场纪律方面，也难以匹敌 19 世纪末的英国红衫军，他们才是真正意义上精锐中的精锐。

第九章　个人主义

——中途岛，1942年6月4～8日

> 在人民不能独立自主地生活，而被专制统治所支配的地方，不可能存在真正的军事力量，这样的民族仅仅是在表面上善战罢了……因为一旦人们的灵魂遭到奴役，对于让自己承担风险去增强别人力量，他们显然不乐意抛弃一切去执行这样的任务。相比之下，独立的人民是在为自己而非他人的利益冒险，因此他们愿意并且渴望直面危险，因为他们自己能享有胜利的奖赏。因此，制度的设计，对军队能够展现出的勇气来说意义重大。
>
> ——希波克拉底，《论空气、水和环境》，16，23

漂浮的地狱

中途岛海战的第一天，亦即1942年6月4日的早晨，海战史上最大的航空母舰会战正如火如荼地进行着。在大洋上，有两处死亡之地尤为引人注目，其中之一，是正在遭受美国俯冲轰炸机空袭的四艘日本航母。当敌袭不期而至时，日本帝国海军所有的飞机都停放在甲板上加油和重装弹药。汽油箱、高爆炸弹和各类弹药散落在甲板上，它们都因为日本人的大意，暴露在美国人投下的、雨点般的500磅重和1000磅重的炸弹之下。至于机库甲板下方，各种军火和鱼雷的放置同样乱成一团。紧张忙乱的船员们还在徒劳地努力，试图将飞机上计划用于中途岛登陆进攻的武器装备换下来，换上合适的弹药。日本人的侦察机刚刚发现在东面不到200英里外巡弋着美国航母舰队，因此南云中将正试图对其发动一次突然袭击，然而并没有预案。

现在，这些日本航母处于易受攻击的罕见状况下，如果一发1000磅重的炸弹命中甲板——上面满是加好油料、全副武装的战机，那就会引起一连串的爆炸，最终令整艘船化为灰烬，并在数分钟内沉入海底——只要两分钟，1000磅重的爆炸物便能摧毁工人们五年辛苦工作的结晶，让6000万磅钢材打造的舰只化为乌有。中途岛海战期间，日本帝国的战斗序列中，包括了三艘重要的航母——赤城号、加贺号和苍龙号，它们都是在之前六个月里三场战斗中连续获胜的老兵。此时此刻，恰好在这几艘战舰毫无防备的情形下，美军轰炸机从两万英尺高空开始急速俯冲而下，而下方的日舰却完全无法观测到它们的到来。在1942年6月4日上午，十点二十二分到二十八分，在这不到六分钟的时间里，日本航母舰队中最令人骄傲的几艘战舰全部葬身火海，而第二次世界大战太平洋战场进程也由此被迅速扭转过来。与那些历史上的伟大海战——阿提密喜安（公元前480年），萨拉米斯（公元前480年），亚克兴（公元前31年），勒班陀（1571年），特拉法尔加（1805年），还有日德兰（1916年）的情况不同，中途岛海战是在开阔的海洋中进行的：无论船员是否被烧伤，一旦他们失去了在海上的安全平台而孤立无援，很可能就永远都无法找到海岸或是小船来逃生了。

排水量33000吨的加贺号，以及其上的72架轰炸机和战斗机，很可能首先遭到了美军VB-6和VS-6中队25架SBD无畏式俯冲轰炸机的进攻，领军的是美国企业号航母上技艺高超的韦德·麦克拉斯基少校。九架麦克拉斯基指挥的战机冲破了可怕的对空防御炮火，直指日舰。随后，所有这些战机以超过每小时250英里的速度俯冲向下，开始投弹。四发炸弹命中了目标。日军的飞机本来已经加满油，挂齐弹药准备起飞，但在短短几秒钟后，这些战机开始爆炸，飞行甲板上满是飞机爆炸产生的裂缝和空洞，附近的人员几乎都被炸死。甲板上的任何金属物体——扳手、管线、配件——在爆炸中成了致命的霰弹，它们四处飞溅，划出诡异的运动轨迹，撕碎沿途的人体组织。在第一轮命中之后，又有两发炸弹击中这艘航母。船上的升降机被打成碎片，下层机库里等待的所有战机也被引燃。一颗炸弹炸毁了航母的岛式上层建筑，舰桥上所有的军官当场阵亡，其中包括加贺号的舰长。

转眼间，加贺号的动力系统就停止了。这艘战舰像死了一样完全停在水中，随即爆炸声开始响起。对于航空母舰来说，裂成两段迅速下沉的情况非常罕见。快速的航母通常不会被战列舰截住，并且受到后者巨大炮弹的轰击；而即便在被鱼雷击中的情况下，航母在主力战舰中也算是生存能力较强的——事实上，这种情形也很难得，因为巡洋舰和驱逐舰组成的保护网始终护卫着航母本身。然而，在中途岛外海的情况却不同寻常，就在几分钟时间内，加贺号的800名船员已经因为爆炸而被活活烧死、被弹片肢解或是直接被高热汽熔化了。舰对舰的空中打击方式，是炸弹、鱼雷、机关炮与航空燃料的致命组合，尽管飞机对战舰进行攻击时，并不像战列舰使用16英寸海军炮那样射出恐怖的炮弹，但呼啸而下的金属机翼也会带来可怕的死亡体验。半年前，在珍珠港，日军对美国战舰也做过同样的事情。不过现在，他们自己燃烧的航母不是停靠在码头边，而是航行在公海上，距离日本控制的领土有数百英里之远。在这些钢铁巨兽上日军获得救援和医疗的微弱希望，只能来自其他的日本舰只，而后者自己也正遭受空袭，因而行动谨慎，极力避免和正在爆炸燃烧的航母太过接近。因为耻于令天皇失望，少数军官选择和他们的战舰一起沉入大海。

几乎是在加贺号遭受打击的同时，她的姊妹舰，34000吨的赤城号——南云中将的旗舰——正载着编制63架战机里的大部分航行。这艘战舰被同样来自企业号航母的迪克·贝斯特和VB-6轰炸机中队第一分队至少五架SBD俯冲轰炸机，以完全同样的方式逮个正着。尽管在这支较小的空袭编队中，飞机都只携带了5000磅重的炸弹，但此时的赤城号同样全无防备——至少40架加满油料、全副武装的飞机正在启动，准备前去摧毁约克敦号。攻击中，至少有两到三枚美军炸弹击中了航母。爆炸先是烧毁了起飞中的日军战机，冲击波在甲板上撕开大洞，随后，蔓延的大火到达了下层，直抵易燃的油料柜和军械库。据草鹿龙之介海军少将记载，此时甲板已经起火，对空炮和机关炮自动燃烧起来，它们都是被船上的火焰引燃的。"四处都是尸体，无法预知接下来什么将被击中……我的手脚都被烧伤，其中一只脚尤其严重。事实上，我们就这样抛弃了赤城号——所有人都显得张皇失措，没有任何秩序。"（W. 史密斯，《中途岛海战》，111）

与陆战中被袭击的一方不同，在海上行驶的航母中，船员们面对炮弹和炸弹时没有那么多的逃跑途径，他们逃生的范围被限制在小小的飞行甲板以内。在瓜达尔卡纳尔岛，如果一名步兵遭遇可怕的炮击，他可以逃跑，挖掘掩体或者寻找隐蔽处；而在中途岛外海一艘爆炸的航母上，一名日本水手不得不选择是被活活烧死，在船体内窒息而死，在红热的飞行甲板上被猛烈扫射最终无处可去，还是跳入水中，等待偶然出现在太平洋温暖水流中的鲨鱼将他吃掉。落水日本人的最好愿望，是被美军舰只救起，这意味着他能在美国战俘营里生存下去，获得安全的庇护所。反观美军，水手或飞行员在中途岛海域最糟糕的噩梦，便是被日本海军俘获，他们将会被迅速审讯，接着就是斩首，或者被绑上重物从船舷抛下。

对进攻一方来说，海军俯冲轰炸机命中目标的概率，和多发动机轰炸机在两万英尺及以上高空进行的高海拔"精确"轰炸相比，显得更高——至少在俯冲轰炸机飞行员没有被他们自己引起的爆炸吞没，或被敌人击落，或无法从一次过于贴近敌军甲板的俯冲中脱身时是如此。中途岛海战，证明了单架无畏式俯冲轰炸机携带一枚 500 磅重的炸弹，在靠近目标上方 1000 英尺高空进行俯冲攻击，比 3~4 英里高空 15 架 B-17 组成的整个中队更具破坏力。虽然每架 B-17 可以投下 8500 磅的爆炸物，但轰炸效果却并不明显。

美军俯冲轰炸机投下的这样一颗炸弹穿进了机库，点燃了赤城号储存的鱼雷，即刻将船体由内到外彻底毁坏。和英式航母不同的是，较为快速灵活的日本航母与美国航母一样，并没有装甲强化的甲板。他们的木制跑道只能给下层贮藏的燃料、飞机和炸弹提供拙劣的防护——而跑道自身又很容易被旁边准备起飞的战机引燃。赤城号上有超过 200 人在几秒钟内阵亡或失踪。一名日本海军军官和著名飞行员、当时在赤城号上服役的渊田美津雄回忆起航母内部处处灾难的场景：

> 我从一架梯子上蹒跚爬下，然后走进待命室。这里已经被那些在机库甲板上受到严重烧伤的受害者挤满了。很快又有几颗炸弹引发新的爆炸，令整个舰桥都震动起来。起火的机库散发出的浓烟冲过通道进入岛式上层建筑和待命室，迫使我们寻找其他避难处。当我爬回舰桥时，我发现，加贺号和苍龙号都已经被击中，升起了浓稠的黑烟柱。这一幅景象令注视者陷入极度的恐惧中。(渊田美津雄、奥宫正武，《中途岛，日本注定失败的战役》，179)

在这场灾难中，帝国舰队最优秀的海军飞行员顷刻间化为乌有。损失惨重的还有日本海军中技能最为娴熟的航空勤务员，他们是数量稀少且不可替代的专家，长期服役，经验丰富，能在上下摇摆不已的航空母舰上，对飞机进行快速装挂弹药、维护和添加燃料等高难度工作。

在这不可思议的六分钟里，第三艘日本航母，18000吨的苍龙号也将经历她的两艘姊妹舰所承受过的地狱式打击。此次打击由马科斯·莱斯利和美军约克敦号航母的第三轰炸机中队完成，该舰现在仅位于100多英里之外。在攻击中，苍龙号的718名船员很快葬身火海。美军俯冲轰炸机装备的炸弹都不是有效的穿甲武器，在任何情况下，这都是一个明显的弱点。即使命中的是木制飞行甲板，此类炸弹通常都无法穿透过去，在下层的军械库、引擎和油箱中爆炸。几分钟之前，41架美国鱼雷轰炸机的攻击完全失败了，现在似乎仅凭无畏式的小型炸弹又很难穿入航母脆弱的内部并将其击沉。然而，在加贺号和赤城号的战况中，更轻的美军炸弹有着意外的收获：由于三艘航母的战斗机都在准备起飞，上午十点二十二分时，日军航母上最脆弱的目标，实际上正是它们的木制甲板。暴露在甲板上、满载弹药和燃油的日本轰炸机和战斗机，用自己的汽油和炸弹直接引爆了航空母舰。在这罕见的情势下，一枚美国炸弹，在甲板上引发了数十次的爆炸。

苍龙号受到袭击时，在加贺号以东，赤诚号以北，距离这两艘燃烧的航母 10~12 英里，同样正准备释放战机，对三支美国航母编队进行一次密集的空中打击。莱斯利的 13 架俯冲轰炸机悄无声息地从 14000 英尺高空俯冲而下——而日军战斗机当时正在海平面上方不远处，忙于完成对莱姆·梅西最后剩下的几架美国鱼雷轰炸机的屠杀，因而没有顾得上在上方云层进行巡逻。约克敦号的飞行员至少有三枚炸弹击中了苍龙号——1000 磅的炸弹从略超 1500 英尺的高度释放——迅速将这艘更小型的航母变为炼狱，因为日本人自己的炸弹也被引爆，猛烈爆炸的日本战机、汽油和弹药将船体撕成碎片。几秒钟内，苍龙号就彻底丧失了战斗力。30 分钟后，弃船的命令被下达了。人们看到苍龙号舰长柳本将军的最后时刻，是他在被火势吞没的指挥台上高喊"万岁"。莱斯利攻击中队的最后四架战机认为对已经毁损的苍龙号作进一步轰炸纯属多余，因此他们转而俯冲对准一艘战列舰和一艘驱逐舰。一名苍龙号上的飞行员，身处下层甲板的大田达也看到："一切都在爆炸——飞机、炸弹、油箱"（W. 洛德，《不可思议的胜利》，174）——很快他自己也从船边被炸入海中。

第四艘也是最后一艘日本航母、更现代化的两万吨级的飞龙

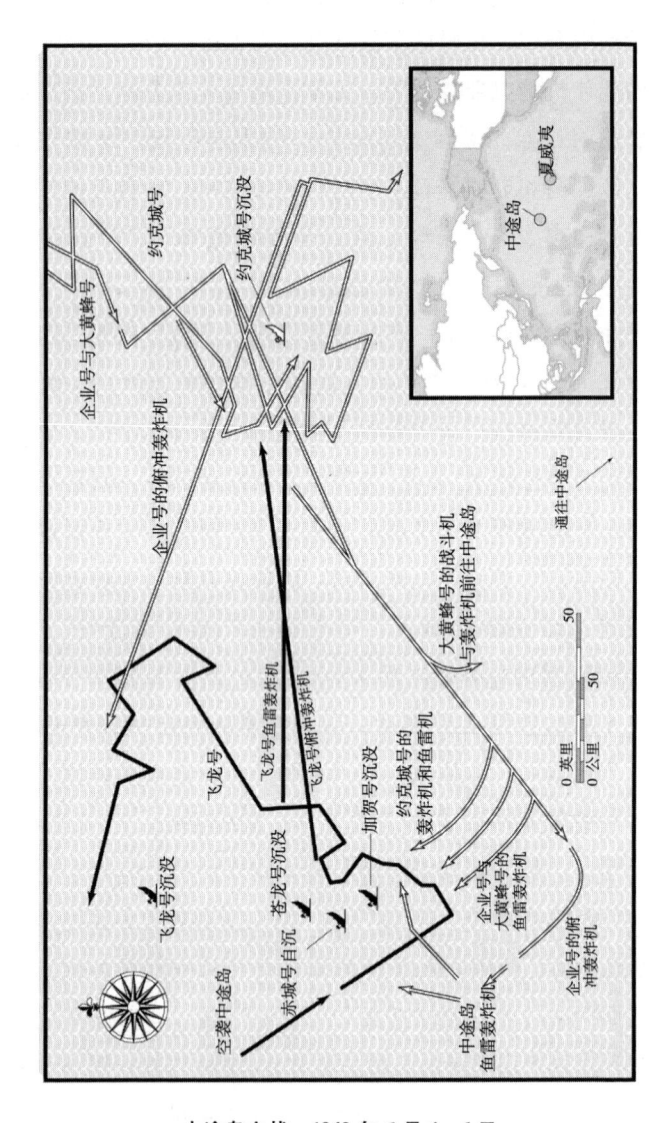

中途岛之战，1942年6月4~6日

号,在上午对中途岛发出的轰炸攻势期间已经逐渐漂向东南方向,因此它基本上躲过了美军航母俯冲轰炸机的第一攻击波。只需要几十分钟时间,飞龙号就能对约克敦号发动毁灭性的攻击,并很可能击沉这艘美国航母。然而,就在6月4日那天晚些时分,一支来自企业号和约克敦号的、没有战机掩护的美军俯冲轰炸机返航编队最终发现了它。下午4点前,来自企业号的24架SBD找到了飞龙号,编队中有10架飞机还是从受到重创、正在倾斜的约克敦号上转移过去的。这些战机在厄尔·加拉赫、迪克·贝斯特以及德维特·W.沙姆维三位中尉的带领下,从云层里现身,出其不意地向下俯冲。四枚炸弹直接命中飞龙号,而美国人的攻击也再次引燃了准备起飞的日本战斗机和轰炸机。飞龙号的飞机升降机从甲板上炸飞出去,撞上舰桥。几乎所有日军的死难者,都在甲板下层遇到大火并被困住,死亡总人数超过400人。飞龙号舰长山口多闻少将,日本海军中最富有智慧也最具侵略性的指挥官之一,在舰桥上和他的战舰一起沉没——这是一个无法弥补的损失,许多人确信他将是帝国海军总司令山本将军的接班人。一名副官向山口报告说船上的保险箱里还有钱,也许能够抢救出来,少将却命令他不用多管。"我们会需要钱在地狱里用餐。"他小声说道。(W. 洛德,《不可思议的胜利》,251)

在不到12小时的时间里,2155名日本海军人员阵亡,四艘舰队航母毁损并很快沉没,超过332架飞机,连同他们技能最精湛的飞行员在袭击中荡然无存。在整场海战结束前,又有一艘重巡洋舰被击沉,另一艘遭到重创。赤城号、加贺号、飞龙和苍龙号,是帝国舰队的骄傲,这四艘战舰都是参加过对抗中国、英国和美国战役的老兵,现在它们都永远安息在太平洋海底了。六分钟后，太平洋海战的走势开始转而有利于美国，交战仅仅六个月时间，美军大规模的报复性攻势已经令日本海军军令部深为惊惧。

从严格的军事角度来看，中途岛的死亡数目并不大——两只舰队的损失，加在一起也没有超过4000人。这样的损失，只占罗马在坎尼或者是波斯在高加米拉损失的一小部分；而战斗付出的代价，也少于萨拉米斯、勒班陀、特拉法尔加和日德兰这样残酷的战役——或者是日本在莱特湾受到的屠杀式打击。然而，这几艘航母的沉没，代表着无数个日夜宝贵的技术劳动与不可替代的资金投入转瞬间化为乌有——这是日本赖以进行战争、摧毁美国舰队和太平洋基地的唯一力量。一天之内，超过100名最优秀的航母飞行员死亡，这相当于日本一年内所有毕业的海军飞行员。美国人的技术、经验和人力原本就占据决定性优势，因此日本的军事失败并非什么戏剧性的后果。回到华盛顿，恩斯特·J.金将军，所有美国海军行动的总指挥，总结称6月4日的中途岛海战是350年里日本海军第一次决定性的失败，这场海战的胜利恢复了太平洋海军力量的均势。

此外，这些沉没的航空母舰本身也无可取代。整个"二战"期间日本仅仅下水了7艘类似的庞大舰只；与此相反，直到战争结束为止，美国有超过100艘舰队航母、轻型航母和护航航母进入服役序列。美国人还建造和修复了24艘战列舰——尽管他们在珍珠港损失了近乎整个战列舰队[①]——以及无数重型、轻型巡洋舰，驱逐舰，潜水艇和支援舰只。在战争的四年里，美

[①] 原文如此，但事实上，美军在珍珠港受到损失的仅仅是其太平洋分舰队的一部分战列舰，其他辅助舰只的损失更是有限。——译者注。

国人每建造16艘主力战舰，日本只能建造1艘。

对日本人来说更糟糕的是，日本海陆军飞机的最高月产量也只是刚刚超过1000架而已。到1945年夏季时，在美军的轰炸之下，由于工厂需要进行疏散，而原材料和劳动力严重缺乏，总产量几乎不到原来的一半。相反，每63分钟，美国人就能迅速制造出一架包括大约10万个零件的复杂的B-24重型轰炸机；美国飞机制造业拥有的工人不仅在数量上大大超过日本，在生产效率方面更是后者的四倍多。到1945年8月，战争开始不到四年，美利坚合众国已经生产出了近30万架飞机，以及87620艘战舰。从1944年中期开始，美国工厂每六个月就能打造一支全新的舰队，补充的海军飞机数量堪比中途岛所有美国参战部队的总和。1943年后，美国的新式舰船和飞机包括：16艘全新的埃塞克斯级航母，配备地狱俯冲者式俯冲轰炸机，海盗式和地狱猫式战斗机，以及复仇者鱼雷轰炸机——无论数量还是质量都超过了日本人所拥有的任何装备。现代化的艾奥瓦级战列舰在战争的后半程出场，这一级战舰比日本海军中服役的任何舰只都更快速，装备更精良，活动半径更大，防御力更强，即便是和日本人巨兽般的大和号与武藏号相比，也具有更高的作战效能。在中途岛海战后的寥寥数月的时间里，不仅美国海军和空军的损失得到了弥补，而且其整个武装力量更在以几何级速率增长；相比之下，日本海军的实力则开始萎缩，其落后而经常遭受轰炸的工厂甚至无法补充在美国枪炮下报废的舰只和飞机，更不用说增加日军保有装备的总量了。威尼斯兵工厂的快速制造能力，以及坎尼战役之后罗马军团的恢复速度，仿佛在这里得到了再现。

当然，6月4日早晨美军在进行轰炸时也付出了不小的代价。黄蜂号损失了12架野猫战斗机中的11架，约克敦损失5架俯冲轰炸机和战斗机，企业号损失14架俯冲轰炸机和1架战斗机。但是这些损失和几分钟前美军鱼雷轰炸机近乎完全被屠戮的状况相比，依旧在可以承受的范围内。

破坏者的末日

可以通过两件密切相关的事件，来理解在中途岛发生的事情：在战斗中，先是一整支美国空军部队被日本战斗机飞行员消灭，在此之后没过多久，同样全军覆没的结局则降临到日本航母的头上。中途岛海战中，驾驶笨拙老旧TBD破坏者鱼雷轰炸机的飞行员们，彻底陷入和日本航母同样的窘境，但恰恰是他们拉开了6月4日清晨美国航母攻势的序幕。从某种意义上说，美国鱼雷轰炸机被日本零式战机歼灭的结局，一些野猫式战机的缠斗，都为那些驾驶俯冲轰炸机潜伏在云端的战友们赢得了攻其不备的机会。所有美国鱼雷轰炸机都英勇地逼近日本舰队，但没有击中目标。在日本人的炮火下，几乎所有战机都被击落，带着每架飞机上的两名驾驶员落入大海。冲向日本航母的TBD机群上一共有82人，只有13人生还。尽管如此，在中途岛，两名日本海航指挥官之一的渊田美津雄还在海战前夕的官方报告中嘲笑美国人缺乏战斗意愿。

20世纪30年代中期服役的TBD破坏者鱼雷机，直到战争爆发都不具备摧毁任何战舰的能力；事实上，驾驶员和后座炮手在这种飞机上犹如置身于飞行棺材里一般。当TBD装载专用的1000磅重的老旧鱼雷时——这种鱼雷很不可靠，很可能会从目标底下毫无损害地穿过，即使击中目标也有可能哑火——飞机时速便很难达到100英里。在挂满弹药时，这种飞机的作战半径只有175英里。当TBD攻击反向航行、航速30节的舰只时，只能被迫紧贴海面，以低于60英里每小时的实际相对速度缓慢拉近和目标之间的距离——这还是没有逆风的状况。此外，全副武装时这种飞机几乎无法爬升。如此漫长和毫无掩护的攻击过程，使它们很容易成为日本零式战机的靶子。在中途岛的战场上，日本的零式战斗机有时会组成40架或更多架的密集编队，以300英里的时速自高空蜂拥俯冲而下，追逐敌机。此外，和美军过时的飞机相反，1941年的日本鱼雷轰炸机能以近300英里的时速进行俯冲攻击，并且可以在更大的作战半径内携带更重也更有效的鱼雷武器。

在6月4日当天，在41架攻击日本航母的鱼雷机中，有35架被击落——在当代美国军事实践中，这是一件很难被理解的事：现在我们的部队拥有的压倒性技术、物质和数量优势，出于对损失少量战士的担忧而时常不投入到战斗中。大多数驾驶破坏者鱼雷机的飞行员，从未尝试过在一艘航母甲板上携带鱼雷起飞——现在他们身处老旧的飞机中被指派执行任务，缺乏返程的燃料，去攻击一个他们不了解具体情况也尚未定位的目标。在战争的最后一年里，美军被日本使用神风战机①的方式所震惊；但此时，这些破坏者在中途岛接收到的出击命令，也和勒令机上的飞行员自杀没有多少区别。

中途岛海战，是过时的TBD鱼雷轰炸机参加的最后一次重要海战；在中途岛，有一些海军飞行员已经驾驶少量新的替代品格鲁曼TBF复仇者上天。它们配备新式鱼雷，到战争结束时，这一型号的鱼雷机创造了针对日本舰队低空进攻的惊人

---

① 自杀式飞机，用自身去撞击战舰。——译者注。

纪录。复仇者的速度是破坏者的近两倍，携带的武器弹药也两倍于后者，这样的武器在进攻中能令敌人吃到更多的苦头。尽管如此，在中途岛，任何一艘航母载机编队中的老式 TBD 战机都无可替代——事实上，在 5 月 29 日作为用于替换老飞机的复仇者中，有 19 架从弗吉尼亚的诺福克抵达珍珠港，这天就在大黄蜂号开拔前往中途岛的一天之后。这批飞机中只有 6 架通过轮船运到了中途岛，供海军陆战队使用。如果复仇者取代了所有三艘航母上的破坏者的话，美国人击沉敌舰的数量会更多，而飞行员的损失肯定会更小。话虽如此，正如我们所见，就某种意义而言，中途岛海战最终之所以能够成为决定性事件，恰恰是由于这些老旧战机脆弱的机身：当日本舰队面临的危机来自高空而不是低处时，是这些脆弱的鱼雷机吸引了贪婪的零式战机去追赶它们。不管怎样，海军历史学家塞缪尔·艾略特·莫里森用李维对坎尼战役的回忆来类比这场战役，给他的整篇文章冠以"对鱼雷轰炸机的屠杀"之名。确实是名副其实的可怕屠杀。

6 月 5 日早晨，约翰·C."杰克"·沃尔德隆少校，大黄蜂号 VT-8 鱼雷轰炸机中队指挥官，在起飞前向同僚们散发了最后的命令。油印报纸以一段悲伤的话作为结尾：

> 我最大的愿望，就是我们能获得有利的战术条件，但倘若我们的处境越发糟糕，我依旧希望我们中的每个人都能竭尽全力去摧毁敌人。如果只有一架飞机能够成功切入进行投弹，我希望机组成员能勉力飞行，命中目标。上帝将与我们同在。祝大家好运，希望你们能够顺利着陆，让敌人下地狱吧！（G. 普朗格，《中途岛奇迹》，240）

上午八点零六分，杰克·沃尔德隆从大黄蜂号起飞，开始了他人生中最后一次飞行，率领 15 架破坏者去攻击日本舰队。几乎就在刚刚起飞之后，问题就马上产生了。大黄蜂号上的 35 架俯冲轰炸机和 10 架野猫战斗机被云层遮挡了视线，迅速超过了迟缓的破坏者。沃尔德隆被落在后面，只能独自寻找和攻击航母——这是一项几乎不可能成功的任务，因为既没有野猫战机抵挡零式战机的进攻，也没有高飞的无畏式俯冲轰炸机转移帝国舰队的防空火力。相反，整个日本舰队的海空防御都将对上沃尔德隆中队以 100 英里时速掠过水面的缓慢战机。大黄蜂号俯冲轰炸机的进展更糟糕，它们根本就没有发现日本舰队，因此也没有投下哪怕一枚炸弹。考虑到这是一个缺乏有效的雷达和先进导航仪器的时代，并且当时编队中的飞机大多由经验不足的飞行员驾驶——大黄蜂号的飞行员从来没参加过正式行动——他们却要飞过无边无际的太平洋，寻找下方一个微小的目标，大黄蜂号的战斗机和俯冲轰炸机失败的搜索，恐怕并不像某些历史学家的记录中那样，是一件难以理解的事。

日本舰队为了躲避清早来自中途岛的空袭，进行了大量迷惑性的机动，因此南云中将麾下航母到达的方位，与美军参谋计算好让己方舰队中的轰炸机和战斗机预定到达的位置相比，多少有些偏差。沃尔德隆本能地预见到敌军的变化；他马上转向往北，指挥第一支美国海航中队寻找日本舰队。

沃尔德隆缺少战斗机掩护，也没有友军轰炸机在上方吸引敌人，他意识到自己和同僚们将是首批展开进攻的美国航母飞行员。这些人一致认为，就算他们都能从战斗中生还，在用鱼雷打击日本舰队后战机也会缺乏足够的返航燃料。尽管如此，沃尔德隆仍旧通过电台告知大黄蜂号，他将不顾一切地前进。

345

（大黄蜂号的）马克·米斯切尔舰长回忆说，沃尔德隆"承诺他会冲向任何阻碍，他很清楚自己的中队将步入毁灭，没有任何安全返回母舰的机会"。(S. 莫里森，《珊瑚海、中途岛和潜艇行动，1942 年 5 月至 1942 年 8 月》，117)

首批来袭的零式战机击落了一架沃尔德隆的 TBD，接下来的几分钟有 14 架鱼雷轰炸机也陆续被机枪和航炮打成了筛子。只有极少数飞机接近并向赤城号和苍龙号投下了鱼雷，但事实上它们都彻底错过了目标。那些被机枪火力击毁后没有爆炸的破坏者残骸撞向海面，在入海瞬间解体，四分五裂的机体以 100 英里的时速划过浪涛、四处翻滚。人们看到沃尔德隆的最后一个瞬间时，他还站在烧得灼热的驾驶舱中坚持控制飞机。他的直觉和驾驶技能，最终引导着第八鱼雷轰炸机中队冲向日本航母。然而不幸的是，大黄蜂号上本应支援他的轰炸机和战斗机仍旧在他后方，大多找不着目标，在遥远的高空继续飞行——而他自己却正驾驶一架 TBD 破坏者冲向敌舰。

现代战争中的步兵战斗无疑是无情而残忍的，但海军飞行员在战斗中受到的伤，往往更加可怕，而且他们在被击中之后几乎完全没有生还的机会。我们通常会想象，飞机的金属外壳、玻璃顶棚和飞行员底下装甲加固的座椅，会使枪炮的弹丸偏离，从而给那些成为敌人目标的驾驶员提供一定的防护。事实上，由于战斗机常常被高速飞行的弹幕击中，子弹和快速移动的目标在相撞时，击穿的瞬间产生的压力往往能将飞行员撕裂。进一步说，"二战"时期的海军飞行员是坐在数千磅的燃料上，高爆燃性物质近在咫尺，倘若敌军炮火和曳光弹引燃这些致命的混合物，瞬间就能令飞行员从人间蒸发。

在中途岛，驾驶一架满载弹药的破坏者，无异于在慢行道上开着一辆福特平托①，并在车尾部和座位下都装着炸药，而其他更快速的驾驶者会在它们经过时用机枪射击引燃这个火药桶。与陆上战斗中对伤员的照料不同，在空中，即使是表面上的非致命伤都很难得到快速的处理，因为飞行员不能撤退到后方去。被击中只是惨剧的开始，而非结束。一发导致失血的炮弹，也会伤害乃至摧毁飞机本身，在几秒钟后，更糟糕的情况发生了，弹丸撞击油箱，爆炸的汽油形成接踵而至的火球。即使在和平时期，海面上客机失事后，坠落的地点往往布满属于航空器的细小金属碎片——而乘客更为破碎的躯体，则常常会在巨大冲力和之后延烧的火势作用下化为齑粉，或者被焚烧得无法辨认。

在航母发动的一次理想攻势中，破坏者应当最后出场。SBD 无畏式俯冲轰炸机一马当先，从 15000 英尺的高空呼啸而下，与此同时，更快速的野猫式战斗机从更高的位置下降，掩护这次攻击。一旦敌军舰船和飞机忙于应付，那些老迈的鱼雷机理论上就可以在海平面高度偷偷潜入这场混战，并发射他们的鱼雷。然而事实上，由于美军导航方面的混乱，沃尔德隆的破坏者战机要承受所有日本防空火力和空中进攻的冲击。没有一架第八鱼雷轰炸机中队的战机幸存。那天清晨八点离开大黄蜂号的 30 名飞行员中，只有海军少尉乔治·H. 盖伊（Eesign George H. Gay）从这场屠杀中生还；尽管负伤，他还是在飞机撞上海面时蹒跚爬出，然后在日军没有发现的情况下漂浮待援，直到第二天下午被一架美军救援飞机救起为止。第八鱼雷机中队的厄运，只不过是 6 月 4 日三支鱼雷机轰炸中队遭遇的

---

① 这是一款油箱存在安全隐患的跑车。——译者注

第一场屠杀而已,我们只能通过盖伊事后的描述,才了解到其他29名中队成员生命最后时刻所发生的事情。

在那天早晨一边倒的射击对抗中,致命的零式战机定期返回航母,重新加油和武装。赤城号的一名目击者记录道:"勤务人员向返回的飞行员致以欢呼,拍打他们的肩膀,大声喊出鼓励的话语。只要飞机做好了重新启动的准备,飞行员便点头示意,向前推动油门杆,咆哮着飞回天空。这样的场景在孤注一掷的空中搏斗进程中一再上演。"(渊田美津雄、奥宫正武,《中途岛,日本注定失败的战役》,176)美军飞行员就算没有被这些零式战机击落,也很难重返战场了;大多数从下沉的轰炸机里爬出来的人,都在敌人的扫射中死去。根据已有的资料,两名海军飞行员在中途岛被俘虏,受到审讯,在短暂的关押后就被绑上重物抛下船去。日本巡逻舰的惯例是先审问俘虏,榨取敌军情报,然后"适当地处理掉他们"。

日本航母舰队的总体士气极度高涨,甚至近乎狂妄。为什么不呢?到目前为止,舰队还没有遭受过一次真正的失败,他们极度蔑视嘲弄美国船员、步兵和飞行员的战斗力。从1941年11月7日战争爆发起,仅日本航母编队就击沉或击伤了八艘战列舰和两艘巡洋舰(珍珠港,11月7日),以及炸毁和击沉英国战列舰反击号和威尔士亲王号(11月10日距关丹不远处),巡洋舰休斯敦号和马布尔黑德号(爪哇以北,1942年2月4日),英国巡洋舰埃克塞特号、康沃尔号和多塞特郡号(2月27日芝拉扎附近和4月5日在科伦坡附近)。同样是这支日本舰队,将三支盟军的航母编队送入海底,或是使对方受到沉重打击(4月9日,在亭可马里附近击沉竞技神号,在5月8日珊瑚海海战中击沉列克星敦号,击伤约克城号)——而付出的全部代价,不过是几艘驱逐舰和一艘轻型航母。在准备进行中途岛战役时,美利坚合众国的整个太平洋舰队,只有一艘战列舰和三艘航空母舰还能参战。前飞行员奥宫正武,以及航空工程师堀越二郎,总结了战争前半年日本海空军取得的骄人胜绩:

> 战争最初六个月里,敌军和日本船舰的损失比例,完全实现了海军"理想战斗条件"的内容,即"只在拥有制空权的条件下,进行一场决定性海战"。在太平洋战争之前的十年里,我们已经训练飞行员,让他们毫无保留地相信,在掌握制空权的情况下进行海上交战一定会取得胜利。太平洋战争初期阶段的神奇战果,很好地支持了这样的信念。(堀越二郎、奥宫正武,《零战》,153)

这份信心经常导致日军对被俘士兵毫无理由的残忍行为,他们将投降视作懦夫之举。紧接珍珠港之后的威克岛战役初期,日本水兵就极其残酷地虐待被俘美军水手,在将他们用船运往日本和中国的集中营之前,通常会用猛烈的棒击来施加刑罚。至少有五名美国人在一艘船的甲板上成了斩首仪式的牺牲品,在将他们的尸体丢下海之前,欢呼的日本水兵会将死者的身体彻底肢解。太平洋战争开始时的野蛮行为,部分由于内在的种族仇恨,部分来自20世纪30年代日本军国主义者对古代军事礼仪中武士道核心理念的歪曲,某种程度上也是出于对欧洲人长期殖民亚洲压抑的愤怒。尽管如此,日本人的战争方式很快就会受到美英盟军的反击。这种交战双方相互之间的憎恨,足以解释中途岛参战人员的紧张状态和亢奋情绪。

战场杀戮结束后，对投降者以及手无寸铁的俘虏的屠杀和折磨，在日军士兵中几乎是普遍的行为，在中国、菲律宾和太平洋战场皆是如此，日本人暴行的频率远高于英国人或美国人。盟军集中营和日本集中营之间毫无可比之处，后者有令人毛骨悚然的医药实验和例行的射杀俘虏行为。当然，美国人实际上造成了更大规模的惨剧，例如对日本城市的轰炸，和对广岛、长崎的原子弹袭击。但是在美国人眼里，无差别的地毯式轰炸作战和谋杀战俘并不能相提并论。这是彻底的西方式战争特点，源自古希腊在光天化日之下挑选场地进行杀戮的习俗，这种习俗在罗马时代得到发展，在中世纪得到进化，在基督教世界中依旧存在，这是关于正义战争（ius in bello）的概念。

盟军也进行了大规模歼灭敌人的行动，但那几乎都是通过公开和直接的进攻完成的，并事先表明了自己的意图。这样的大规模攻击往往是报复性的，盟军会在敌人的火力下发动攻击，而不是在营地里偷袭，或是停火后背信弃义地进攻。日本的防空火力和战斗机会尝试射击跳伞的敌军轰炸机机组，这些人被迫在敌占区着陆后，经常会被日本人处决。对美国人而言，日本人在抵抗盟军对他们城市和工业区轰炸的正面交战中，是"毫无规则约束的"。他们知道美军飞机会来，他们应该想象到，自己发动战争、在中国和太平洋地区以最为野蛮和残忍的方式攻击他国，必然招致报复。美国人可以进一步分析得出结论：只要他们在轰炸时，是在实际的火力对射中杀死敌人，同时将轰炸这种方法作为破坏日本帝国军事工业基础的努力之一，那一切几乎就和正面战斗没什么不同。日本人的思路则与此相反，他们只会计算轰炸中死亡的人数，然后指出，成千上万死于美军轰炸的本国无辜公民，要比日本战俘营里审讯者和警卫处决、肢解的美国俘虏多得多。

双方的这种分歧，在东西方冲突的历史中处处可见：对于杀死失去反击之力战俘的行径，西方人予以谴责，而在正式战斗中，他们自己装备更精良的部队，对敌人公开和"公平"的大屠杀却显得理所应当。非西方人将敌人对于他们相对装备简陋的士兵及更加脆弱的市民的机枪扫射、炮火密集轰击和地毯式轰炸看成是野蛮之举——而他们自己却经常肢解和处决战俘。在这种意义上，科尔特斯和切姆斯福德勋爵会因为阿兹特克和祖鲁人屠杀俘虏而义愤填膺，但是他们自己会觉得，激烈交战中从后方追杀数千缺乏防护的土著美洲人和祖鲁人的行为，则显得十分正当。英国人惊惧于敌人在伊桑德尔瓦纳斩首和亵渎死者的行为，但又认为乌伦迪会战时，用机枪扫射数百携带短矛的祖鲁武士是公平的对决。站在美国人的立场而言，使用燃烧弹进行轰炸的战术，以及1945年3月仅一周之内就烧死20万居住在东京的日本士兵、工人和市民，同时又将日本战俘安置到美国内陆相对人道主义的战俘营的行为，体现了完美的军事理性；对日本人来说，屠杀坠机的B-29飞行员的举动（往往是仓促进行的斩首），只不过是为他们几十万被烧死同胞进行的一次小小报复。

沃尔德隆第八鱼雷机轰炸中队在针对苍龙号的充满厄运的攻势以日本人的屠杀告终，大约就在同时，另一个破坏者中队——欧仁·E.林塞率领下来自企业号航母第六鱼雷轰炸机中队的14架鱼雷轰炸机——飞过了赤城号航向加贺号。尽管企业号的鱼雷轰炸机机组比沃尔德隆的部下经验更为丰富——他们中有一些人参加过最近在马歇尔群岛和威克岛的战役——就像大黄蜂号的战机一样，林塞的TBD们没有战斗机护航，没有俯冲轰炸机的协助，除了鱼雷机之外的其他飞机仍潜行在高处云层里。一开始对日本舰队位置的错估，云层的遮掩，还有鱼雷轰炸机、战斗机和俯冲轰炸机之间太大的高度差距，意味着这批破坏者也和企业号的护航战斗机早早失去了联系。后者再没有发现来自同一航母的鱼雷轰炸机或俯冲轰炸机，最终一弹未发，返回母舰。

支援飞机完全不在场的状况，意味着第六鱼雷轰炸机中队也将遭遇不可避免的屠杀。然而，日军轻松挡下第二波次鱼雷机攻势的结果，却给了帝国舰队的海军炮手们错误的安全感——有些军官觉得，甚至不需要从空中进攻美国人的母舰，他们就可以击败整个美国海军。赤城号上的空军指挥官源田实恰当地将破坏者比作疲惫的骡子。经过数小时对抗陆基轰炸机和航母鱼雷机的战斗之后，帝国舰队的船员发现，尽管美国人表现了出人意料的英勇，但是还很业余，并且缺乏经验，驾驶着过时的飞机和使用低等级的鱼雷徒劳地尝试攻击。这样的评价，几乎在各方面都十分正确。

隶属于日本人遭受攻击航母的25架零式战机，改变高空巡逻的路线，呼啸而下直扑第六鱼雷轰炸机中队，此时后者距离日本舰队还有数英里之遥。15分钟时间里，日舰的对空火力和战斗机的攻击就撕碎了笨拙的破坏者，美国人本来分成两部分从加贺两边发动进攻，两支分队却双双遭遇灭顶之灾。林塞的飞机第一个被击中并很快起火。最终，在上午九点五十八分，自林塞中队离开企业号两小时后，四架尚存的TBD接近到可以对加贺号启动鱼雷的距离。然而，没有一架飞机命中目标。这四架飞机，是第二攻击波14架飞机中仅有的生还者。除了这些飞机的机组成员以外，另外20名飞行员和投弹手已经消失在了大海中。日本人对 TBD 的屠杀还在继续。

6月4日上午8点，一个个中队的飞机从三艘美军航母上起飞，在中途岛附近的洋面上攻击日本舰队，现在，最后一波鱼雷机攻势——约克敦号上莱姆·梅西第三鱼雷轰炸机中队的12架破坏者——到达苍龙号的时间，刚好是大黄蜂号和企业号的 TBD 坠入海中之时。和其他受命运支配的鱼雷轰炸机一样，梅西的到来也没有战机护航，他和他的部下完全暴露在日本防空炮火和空中力量的攻击之下。甚至只有五架 TBD 战机能接近并向苍龙号发射鱼雷，其中三架的射击远远偏离了目标。6~10架零式战机紧咬第三鱼雷轰炸机中队的残部一直到航母附近，迫使迟缓的美国飞机下降到离海面只有 150 英尺的高度。

梅西和早先的沃尔德隆还有林塞一样，都在那天上午牺牲。在驾驶一架老迈的破坏者时，技巧和勇气都毫无作用。第三鱼雷轰炸机中队里，最终返回的寥寥几人报告说梅西的飞机是首架被击中的，最后有人看见他时，他刚从燃烧的驾驶舱中蹒跚爬出，站在自己飞机的机翼上。约克城号吉米·萨奇指挥小小的战斗机护航编队，正在梅西上空数英里处与零式战机勇敢地交战，他们寡不敌众，无法给第三鱼雷轰炸机中队提供任何帮助。又一次，由于运气不佳、飞行员普遍能力不足和参谋工作的失误，综合导致了第三艘美国航母大黄蜂号上整支俯冲轰炸机大队和战斗机中队完全没有参与对日本舰队最初的攻势。大黄蜂号所有的野猫战机和无畏式战机不是回到了母舰，便是在中途岛紧急迫降或是因为缺乏燃料而坠毁海中。只有沃尔德隆的鱼雷机中队发现敌人，而他们在发动失败的攻击之后，遭遇了全军覆没的厄运。

到日军击败第三波美军鱼雷机的进攻为止，零式战机组成的舰队保护屏障正陷入混乱，这些飞机的高度也下降到接近海平面，没能在舰队所需求的高空排列成严整的阵形搜寻敌军的俯冲轰炸机。早晨的战斗过后，许多日本战斗机在航母上着陆，进行燃油补充和重新武装，舰队的防空火力完全集中用于在海平面上摧毁那些难逃厄运的鱼雷轰炸机。然而就在这时，奇迹发生了，就在第三波次也是最后一个波次的 TBD 攻势被击退那一刻，来自企业号和约克城号的飞翔在高空的无畏式轰炸机，仿佛经过精心安排一般恰好出现了。第一批 102 架来自美军航母的机群，既没有被击落也没有失踪，仍旧保留有整整 50 架俯冲轰炸机——这少于初始攻击力量的三分之一——他们随之发动进攻。现在，轮到美国人在日本战舰中造成极度惊慌的时刻了，无畏式轰炸机毫不迟疑，从 15000 英尺高空俯冲而下，猛烈的攻击很快就引燃了赤城号、加贺号和苍龙号。

351　　对生活在 21 世纪的现代美国人而言，这些超过半个世纪前的航母飞行员——在座驾被零式战机撕裂之时，梅西、沃尔德隆和林塞身处火海，正努力从飞机中解脱出去——在"二战"后的暗淡岁月里，被作为英雄主义的超凡典型受到后人景仰。他们的名字甚至出现在早期的美国硬汉派漫画中——马克斯·莱斯利、莱姆·梅西、韦德·麦克拉斯基、杰克·沃尔德隆——这些被命运吞噬的战士不是年轻的 18 岁新兵，而是往往已经结婚生子了。在有必要的情况下，为了捍卫一切他们所珍视的事物，在短短数秒内他们不得不抛下家人，凭借着超乎意志的热情，驾驶着他们老旧的飞机冲向日本舰队上空，在炮火中走向生命的终点。人们也许会感到疑惑，在一个充斥着乡村音乐，放映着妮可、阿什利和贾森影像的美国，能否再次看到类似的壮举。

帝国舰队出动

中途岛是第二次世界大战中最大的海战之一，它也像两年后的莱特湾海战一样，是海战史上最为纷繁复杂，也最具决定性的战斗之一。双方在国际日期变更线两侧激战了三天，战区范围广达1000英里。这场海战见证了日本航母对中途岛的进攻，航母间的鱼雷和俯冲轰炸攻击，零式战机和美军岸基、舰载战机的空中格斗，潜艇的鱼雷攻击和驱逐舰的反潜攻击，以及日本战列舰与重型巡洋舰希望与美军航母和巡洋舰展开炮战的徒劳努力。1942年6月的第一周，在浩瀚的太平洋上空、海面与水底的军人们充满热情地努力战斗着。

作为日军成功奇袭珍珠港的设计师，山本海军大将在中途岛-阿留申攻势中集结了近200艘战舰——航空母舰、战列舰、巡洋舰、驱逐舰、潜艇、运输舰——其总计吨位超过了150万吨，由超过10万名水手和飞行员操纵，还有20名海军将领指挥。仅仅在中途岛战场上就有86艘战舰参战。因此，从参战人员数量角度而言，日美舰队的交战规模接近了东西方之间在萨拉米斯（15万~25万人）或勒班陀（18万~20万人）的大战。直到两年后美国人在莱特湾海战中组建出一支更为庞大也更为致命的大舰队为止，驶往中途岛的日本舰队是海战历史上规模最大、实力也最为强劲的舰队。

赤城号、加贺号、飞龙号和苍龙号航空母舰上的飞行员，是日本最优秀的飞行员，比他们在美国舰队上的菜鸟同行们多出了许多年的经验。整支大舰队号称在航空母舰和运输舰上拥有接近700架舰载与岸基飞机，仅仅在中途岛附近就有300余架。日本人对在中途岛——"夏威夷的前哨"——取胜极为自信，以至于他们将这场战役设想为规模更为宏大的作战行动的前奏：在理想情况下他们将于1942年7月初派出常胜的航母部队进攻新喀里多尼亚和斐济，当月底对悉尼和盟军在澳大利亚南部的基地展开轰炸，而后于8月初集结整支舰队对夏威夷发动毁灭性打击。

到1942年早秋为止，随着占领中途岛，山本对不知所措、毫无防备的美军发起闪电般攻势的梦想就将得以完成。在丧失了太平洋上的所有基地，被切断了通往澳大利亚的补给线，太平洋舰队也最终沉没后，美国一定会争取以谈判取得和平——这一和平将确认日本对亚洲的控制，在太平洋上划出美国的明确影响力界限。B-25中型舰载轰炸机于4月18日对东京突然发起的轰炸，也仅仅让日本统帅部确信，需要加速执行在太平洋上扫除美军的夏季最终计划。

学者们时常能够找出山本计划中的诸多错误，这份计划将被证明是过分复杂、缺乏协调的，此外它还有着太多的目标：征服中途岛，占据阿留申群岛西部的一些岛屿以及歼灭美军航母舰队，这些目标很难一起实现，有时甚至会互相冲突。因此，日军舰队被分成了一系列互不连续的机动部队——至少分为了五个部分，而每个部分自身又有诸多从属部分——这些部队过于分散，互相之间常常毫无联系，以至于日军从未能在任何一个地方集中，发挥他们的数量优势。

在理想状况下，山本的舰队会在作战之初派出超过15艘潜艇进入中途岛以东，尽早探测出从夏威夷或西海岸赶来的美军舰队的航线。潜艇能够为海上搜索飞机提供燃料，也能够预先告知主力舰队正在接近的敌军舰队规模与数量，而后向开进中的敌军主力舰射出鱼雷。但由于美军对日军整个攻击模式的优秀情报工作，几乎所有潜艇都来得太晚了。它们未能向山本提供任何关于美军开进的消息。在海战初期的多数时间里，它们都落到了美军舰队大部分战舰的后方，对美军事实上已经远离中途岛等待日军航母来临的消息毫无知觉。

随后，细萱海军中将会率领包括2艘轻型航母、6艘巡洋舰、12艘驱逐舰、6艘潜艇、其他各类舰船，以及旨在占据阿留申群岛的2500名陆军在内的北方部队出击，此次进攻在战术上将被证明是成功的，但并未给日军带来任何战略优势。尽管占据中途岛能够让日军进攻夏威夷和美国舰队司令部，但日本海军部中没有人能够解释占据白令海上一两个驻扎少数美军部队，毫无工业，距离夏威夷和美国西海岸都极为遥远的寒冷小岛有何长远意义。

针对中途岛本身，日军则将会派出南云中将①的第一机动部队，它拥有赤城号、加贺号、飞龙号和苍龙号航母，此外还有两艘战列舰、三艘巡洋舰、11艘驱逐舰的支援。在航母上的飞机通过反复出击轰炸削弱了岛屿防御后，田中赖三少将会指挥12艘运输舰和三艘作为运输舰的驱逐舰搭载5000名士兵占据中途岛。要是占领军需要得到掩护，或是美军舰队打算吞下诱饵，试图阻击入侵的话，粟田健男中将②会以四艘重型巡洋舰和两艘驱逐舰提供进一步火力支援，前来增援的还会有近藤中将③麾下更庞大的舰队——两艘战列舰、四艘重型巡洋

---

① 原文误为大将。——译者注。
② 原文误为少将。——译者注。
③ 原文误为大将。——译者注。

舰、一艘轻型巡洋舰、八艘驱逐舰以及一艘轻型航母。日军设想美国海军会迟迟无法抵达战场、受损严重、举动也将幼稚可笑，还会不顾一切地进攻相继出现的诱饵船，结果让更为庞大也更为致命的帝国航母和战列舰坐等上钩，逐一痛击。

接着，藤田类太郎少将会以两艘水上飞机母舰和两艘小战舰占领附近面积狭小的库雷岛，以期建立岸基空中部队，利于对中途岛进行侦察，也利于攻击美军舰队。在海上交锋中，美军没有什么武器能够与日军重炮相比拟，要是美军航母失去了空中保护或是发现自己距离日军快速舰队过近的话，美军的武器库里将没有任何东西能阻止日军战列舰炸毁美军战舰。

日军大舰队的核心则在其他地方。由高须中将指挥的四艘战列舰，两艘轻型巡洋舰以及 12 艘驱逐舰位于远离中途岛的北方，它们和山本大将由三艘战列舰、一艘轻型巡洋舰、九艘驱逐舰、三艘轻型航母组成的主力部队——其中包括巨兽般的排水 64000 吨的大和号战列舰，其 18.1 英寸火炮能够将巨型炮弹打到 25 英里开外——待在一起。这支位于北方的部队会掩护对阿留申群岛所展开的攻击的侧翼，要是美军在中途岛阻击日军入侵的话，理论上它还要赶回中途岛西南方向……在山本看来，他已经将海军部队打造成了环环相扣的铁链，这将捆住美军，阻止他们所有的西进行动，确保不再出现美军轰炸日本本土的状况。尽管日军计划极为复杂，其中也存在一定程度的简单逻辑：通过将舰队部署在阿留申群岛和中途岛之间从而封锁北太平洋，山本确保了他的北方部队或南方部队能够把数量上严重居于下风，正处于混乱当中的美军赶出来。不到 100 名美军稚嫩鱼雷机飞行员的牺牲，就毁掉了山本歼灭美军太平洋舰队的详尽构想，这是多么奇怪啊！

两个集群间的漫长距离，也意味着数量上居于劣势的美军无法同时保护中途岛与阿留申群岛。在进攻阿留申群岛和中途岛的部队，以及协同出击的战列舰和巡洋舰队完成入侵的同时，山本的战列舰和航母将作为某种机动后备力量存在，开赴美军展开反击的地点。胆小的美国人不可能在阿留申群岛与中途岛被占领之前露面，到了那时候，他们就会遭遇从新近获得的基地上飞来的岸基轰炸机和不需要保护人员运输舰的日本舰载飞机。由于日本舰队迄今为止尚未失败，在质量上也占有优势，因此击败实力较弱、经验也不足的美国舰队就无须合兵一处了。

对日本人而言，表面上的唯一问题是他们假定数量上远处于下风的美国人会自高自大、猝不及防，而不是降低姿态耐心等待。南云中将在战斗前夜的敌情报告中总结称："尽管敌军缺乏作战意志，它还是可能令人满意地对我们的占领行动进程发起攻击。"山本显然无法设想此前已被击败的美国人能够预计到登陆中途岛，更不会想到他们也许能够率先集中三艘航母攻击南云麾下的日军航母部队。但美军在战舰和中途岛上都安装了雷达，中途岛事实上作为不沉的航母而存在。

按照美军不顾一切地在中途岛附近展开航母作战的方案，双方实力对比大致相当——四艘日本航母迎战三艘美国航母，后者得到了岛上的空中支援。按照拿破仑的方式，切斯特·尼米兹海军上将会着手对付山本设下铁链的各个部分，逐一摧毁孤立链条，直到双方实力对比更为均衡：首先击沉日本舰队核心——航母，然后阻止战略上更为重要的中途岛登陆，最终在有必要的状况下对山本的战列舰和巡洋舰展开空中打击。

仅仅将这支庞大舰队集结起来进行部署，就意味着日本战舰需要离开母港大约1800英里，即便在抵达目的地后，一些战舰之间的距离可能还有1000英里之遥。如果要保持无线电静默的话，这支大舰队的各个组成部分将很难保持联系——考虑到日军这个笨拙计划的关键要素在于诱出美军数量上处于劣势的舰队，与此同时出动从南到北的优势兵力蜂拥而上，这个劣势就极其关键了。

为了应对上述日军舰队，美军只拼凑出三艘航空母舰——包括受损严重的约克城号，它在珊瑚海之战中几乎被击沉，刚刚修到可以航行。罗伯特·西奥博尔德少将率领一支由两艘重型巡洋舰、三艘轻型巡洋舰、十艘驱逐舰组成的小舰队被派往阿留申群岛，但这支舰队部署得很糟糕，没有起到任何阻止日军登陆或攻击敌军舰只的作用。美军在夏威夷连一条可以部署到中途岛方向的战列舰都没有。与此相反，尼米兹上将匆忙集结了他手上所有的战舰——大约八艘巡洋舰和15艘驱逐舰。19艘潜艇在中途岛和珍珠港之间来回巡逻。

日军的计划运作起来相当不便，但考虑到帝国舰队在各级战舰上的庞大数量优势，以及日军经验丰富得多的船员，计划本身并非注定失败。但正如我们将要看到的那样，在计划、作战和战后的关键阶段，各级美军士兵表现得异常富有革新精神，甚至近乎古怪，而且总是难以预知。在美军中，当来自上级的命令相当模糊甚至根本不存在时，大部分人都不怕承担主动制定方针政策的责任——这一习惯与帝国舰队中控制作战的方式恰恰相反，而那一方式也在相当程度上反映了日本社会固有的主流价值观与看法。其结果是，美国人在计划执行出现失误时会当即予以更改，当正统攻击方式徒劳无功时便转而试验具有创新性的攻击方法——这与基督徒在勒班陀锯掉他们的撞角以增加火炮准确度，或科尔特斯派士兵前往火山口补充火药储备不无相似之处。

西方与非西方的日本

中途岛之战中的美军只在雷达和通信方面享有技术优势。美军一线航母上的战机——野猫战斗机、毁灭者鱼雷机、无畏式俯冲轰炸机——都无一例外劣于同类的日军战机，后者拥有更高的速度、更优越的机动性和更可靠的武备。日本鱼雷到1942年为止都在世界上首屈一指，美国的鱼雷则可以被认为是同类武器中最糟糕的产品。轻便、高速、易于建造的零式战斗机是工程天才的产物。1941年的美国陆军航空队里没什么东西能够达到它的水准。四艘日本航母本身也和英国与美国航母一样现代化。日本还制造了海上最庞大的战列舰：大和号与即将下水的武藏号，它们的庞大吨位和武备远远优于战争爆发之初的任何一艘英美战列舰。

显然，美军在中途岛的胜利，并非源于战后某些日本观察者所称的西方技术优越性。事实上，作为日本社会拥抱西方科学和工业化生产的大规模革新中的一部分，日本在半个多世纪的时间里已经吸收了许多西方军事组织原则和装备技术。到20世纪初，日本这个自然资源匮乏的国家已经通过在相当大程度上接受西方战争方式，成为货真价实的世界大国。中途岛的日军战舰是西方军事科学的具体化产物，并非源自亚洲军事科学。

直到1945年为止，日本从未被西方人殖民或征服过。它和欧洲之间距离遥远，又亲近秉持孤立主义和内向型做法的19世纪的美国，还缺乏诱人的土地和充裕的资源，加之数目庞大的饥饿人口，这都使得日本对西方征服者而言并不具备吸引力。然而，在19世纪日本与西方首次发生迟来的接触后，它就有意识地决心效法西方，并不排斥西方的工业生产技术和技术研究方法，而是在它们的基础上加以提高。虽然飞机是美国发明的，自力推进的铁甲舰和航空母舰是英美创造的，以油料为动力的海上舰队理念也纯粹是欧洲人发展起来的，但到1941年为止，日本人在舰只和飞机设计方面已经与英国人和美国人并驾齐驱，在某些方面甚至超过了他们。和其他亚洲国家（尤其是中国）不一样，日本在19世纪末逐步开始忽略它原有的文化禁忌，全盘接受西方资本主义、产业化发展和军事行动的理念。即便是日本的文化保守分子也不得不承认，仅仅依靠超人的勇气和武士的力量无法抵御来自西方的野蛮人和恶魔。日本的生存将依靠采用欧洲武器和大规模生产方法——而日本人的聪明才智则会在每个必要的步骤上对其加以改进。

在16世纪中期首次与葡萄牙人接触，并从他们那里学到火器制造技术后，日本人在数十年内就给整支军队装备了改进后的火炮和火枪——在此进程中威胁到了武士阶层的存在，后者的军事资本建立在精神性的、反技术的、排外的、反现代化的基础之上。出于这些新技术的反动，封建领主们逐步解除了人民的武装，此外，作为对外国各方面影响的全面禁令的一部分，他们还阻止了武器的进一步输入。海船被禁止建造。基督教被宣布为非法，大部分外国人遭到驱逐。到1635年为止，日本再一次断绝了与"大鼻子的，满是臭气的"野蛮人的接触，这一状况要到马修·佩里将军指挥一支强大的美国海军舰队于1853年驶入江户湾才会发生改变。到那时为止，日本的技术进步已经全然停滞下来，在全国上下的武器库里都只能找出少数古老的火药兵器可以用于抵抗美军。

佩里的火炮和榴弹，他的蒸汽动力舰队，以及他麾下携带线膛枪的陆战队队员让日本人接受了外国船舶进港的行为。当佩里于 1854 年从中国赶回日本后，日本人正式签署了允许美国船舶进入日本水域，并在周边海域自由航行的条约。几个欧洲国家随即跟进，开始与日本贸易，介入整个亚洲大陆的事务。然而，这些羞辱却带来了根本性的变化。与中国和东南亚国家的东方式愤恨相反，日本人由于认识到帝国拒绝西方科学的愚蠢，对外国入侵的反应并不局限于单纯的愤怒。在进行了少数徒劳抵抗后，日本文化发生了意识形态和物质层面的广泛而前所未见的变革，它开始全面接受西方制造业与银行业。

到 19 世纪的最后 25 年为止，日本军阀的权力已被终结。1877 年，装备着传统日本刀和火绳枪的武士们在萨摩发起了最后一搏的暴动，结果被一支以征兵方式组成的、采用欧式训练与装备的军队彻底击败。这向日本人证明了西方战争方式视阶层、传统和民族遗产如无物，悄无声息地在战场上发挥效力。武士家族那时已经仅仅是古老而奇怪的活化石，全国团结在皇帝身后，开始了效法现代欧洲民族国家的努力。

> 步枪和火炮的订单雪片般飞向法国……当德国于 1871 年击败法国后，日本人迅速转向了胜利者，改变了学习对象。很快日本士兵开始走鹅步，效法普鲁士步兵战术。日本海军军官大部分来自一度反叛的萨摩藩，他们向英国皇家海军学习，时常经年累月搭乘英军战舰出海。日本的新式战舰也会在英国制造，因为英国统治了海洋，而日本人希望学习最优秀的国家。日本的西方化并不局限于军事

事物，西方的艺术、文学、科技、音乐和风尚也在日本繁荣兴旺。大学生们尽情接触一切西方化的东西……而武士们也变成了工业家、铁路巨头和银行家。（R. 埃哲顿，《大日本帝国的武士》，44）

其结果是，日本得益于完全西方化的、在组织和装备上都优于亚洲其他任何武装力量的军队，到1894年为止已经将中国赶出朝鲜。就在中国人仅仅毫无章法地进口欧洲枪炮和舰船，继而普遍抗拒建立自己的现代化武器产业所需的必备基础时，日本陆军和海军则享受着本国萌芽中的武器产业成果，并采用了欧洲的最新战术条令，还加上了他们自己的创新努力，例如发起夜袭的战术，以及判断出敌军薄弱环节后立刻展开大规模攻击的策略。

在1900年的义和团事变中，日本远征军被证明是所有开赴北京、援救使馆的欧式部队中武装、纪律和组织最为良好的军队。当俄日战争于1904年爆发时，日军尽管在数量上处于相当的劣势，但很快就证明不仅他们的海军和陆军在组织架构和纪律方面都要优于规模更庞大的俄军，而且连日军的火炮、战舰、弹药和现代化补给手段都要远远优于对手。日本海军的火力尤为致命，其射击精度、射击速率都远远优于俄军，射程也要高出对手一筹。

武器史上最令人印象深刻的革命之一就是，日本在略多于四分之一个世纪的时间（1870~1904年）里，就在军事上几乎与欧洲列强中的最优秀者并驾齐驱。尽管缺乏俄国和中国这些近邻的人口与自然资源，但日本已经证明它凭借第一流的西方化军队可以击败数量上远多于自己的敌军。因此，对于眼下流行的关于地形、煤铁之类的资源或对疾病的遗传敏感性等自然因素在很大程度上决定文化活力和军事能力的学说，日本却提供了一个经典的反例。在它获得持续一个世纪之久的奇迹性的军事支配地位之前、期间和之后，日本本土都并未发生变化，而真正改变的则是它在19世纪热烈效仿与本国遗产全然不同的西方传统元素的态度。

不仅日本海陆军将领们在穿着和头衔上与欧洲同行类似，他们的舰船和火炮也几乎一样。对日本的亚洲敌人而言不幸的是，西方化的日本军队并非一闪而过的现象。日本并没有把西方武器和战术作为有若干个世纪之久的日本军事学说的辅助品或是炫耀外表，而是利用它们对日本军队进行了激进的、根本性的、永久性的重组，而这将让它支配亚洲。

然而，日本对西方技术的广泛接受，却并不总像一开始看到的那样。日本依然存在着顽固的文化传统，它会阻碍科学研究和武器研发过程中真正的、不狭隘的西方方法。日本人总是对他们自己非常危险的西方化努力持有一种暧昧的态度：

> 在佩里到访后，日本人只得承认西方技术远远优于本国技术（如果不是承认西方文化其他各个方面也完全占优的话）。对任何一个民族而言，这样的承认都是令人不快的，对日本人来说就尤其如此了，因为他们与地球上的大部分民族不一样，怀有对"大和"民族自身的伟大、内在优越乃至神性的信念。日本人在思考自身价值时的矛盾心理，显得尤为痛苦。由于许多人自惭形秽，因此他们开始害怕并厌恶西方人，就像他们之前害怕并厌恶中国人一样。当西方人后来被证明并非不可伤害时，摧毁他们的诱

惑就开始滋长了。(R. 埃哲顿，《大日本帝国的武士》，306）

最为不幸的是，日本政府开始慢慢形成一种官方立场，为国家在全盘接受来自完全不同文化（而且据称是腐败又野蛮的文化）的技术与产业进程中的错乱进行系统性的辩护。最终出现的答案，是极为种族主义和沙文主义的：欧洲人不仅因为他们的颓废、丑陋、臭味和自我中心而受到讥笑，还被描述为天生受溺爱、娇生惯养又软弱的人，这些懒人无法依赖男子气概中的内在勇气，只能凭借聪明的发明和机器来取得胜利。

早在20世纪初，日本人就对欧洲技术和日本文化间的全部关系，作过一个老练的解释：日本人是一个极为优秀的战士种族，他们仅仅需要接受外界的主意，让日本更为英勇的战士在公平的竞技场上较量。因此，就在工业家和科学研究人员推动日本经济和军事沿着欧洲路线现代化时，多数日本人依然留在相当大程度上等级化、专制化的亚洲社会中。日本对西方自由主义理念的拒绝，正如对欧洲科学的效仿一样强烈。

日本继续被晦涩难懂的耻辱感控制着，它支配着公众行为的各个方面，规定了普通日本人应当怎样表达情感，在公开场合如何行事，怎样在房屋和消费品上花费金钱。对皇帝的忠诚是绝对的。颓废的、西方意义上的个人主义则没有紧随欧洲技术的引入脚步进入日本。军方享有对政府近乎完全的控制。因此，经典的悖论便立刻出现了：现代化的、快速发展的西方武器和军事组织难道能够融入稳定的日本文化，又不带来个人主义、自愿组成的政府、自由放任的资本主义和自由表达等政治文化后果吗？本书的一个论点便是，西方战争方式不仅基于技术上的优越性，还有一整套政治、社会与文化体制确保了西方的军事优势远超过单纯拥有尖端武器。优良的技术是无法仅仅靠进口获得的，为了确保技术不至于立刻变得停滞不前，最终遭到荒废，也必须接受随之而来的自由质询、科学方法、无约束研究和资本主义生产。

日本国内缺乏大规模的自然资源，欧洲法西斯主义在20世纪20年代和20世纪30年代的崛起，欧洲殖民主义者的种族主义历史，美国针对亚洲移民的歧视，这些因素都有助于在"二战"前夕巩固日本民族主义者和右翼军国主义者的地位。对一个像日本那样没有土地和物质储备，却要负担庞大人口，又被欧洲在新加坡、澳门、菲律宾和东南亚的殖民地环绕，面对着美国在太平洋上的强大军事存在的小国而言，用崭新的矿石重制武士的古老英勇血脉是自然而然的结果。武士道的古老骑士信条，日本民族乃是天选民族的神道理念，以及战士传统的趾高气扬在工业化时代变成严厉而明确的种族主义理念（它认为外国人是软弱胆怯的），因此当不可避免的战争爆发时，自然会发生最糟糕的暴行了。

战前日本军事思想存在至少两个主要基础。首先是国家宗教神道——体现人神天皇的完整皇权，日本民族的神圣来源，还有日本的天定命运。在这方面，日本的政治权威与宗教权威的混合与阿契美尼德帝国、阿拉伯帝国、阿兹特克帝国或奥斯曼帝国类似，完全与它们所对立的西方国家相反。其次则是古老的封建武士信条，它被19世纪的军国主义者重新诠释并包装为武士道。武士道主张虽然武士是中世纪的精英，但他们的价值观也能用于现代化民族国家的日本。

日本文化的另一旋律是对外国事物挥之不去的猜疑，而

1931年与中国爆发冲突则让引进最新技术创新变得更为困难。好战的日本越是想得到民族主义的又是西方化的军事力量，美国和英国就越不可能给予它方便的信贷、最新的技术和进口资源。在国内，日本越是想效仿外国军事硬件上的最新设计，它自身的虚伪就表现得越明显。毕竟，它又一次从表面上被贬抑为腐败又低等的社会"借"来高新科技，然而同时又拒绝沿着西方的路线进行激进的政治与文化重构（那本可以确保日本与西方在技术上保持持续性的平等地位）。在20世纪的剩余时间里，同样的悖论也会给许多第三世界国家造成麻烦：购买西方技术，与维持、改造、创造技术，乃至培训出能够使用并提高技术的公民阶层并不是一回事。以日本为例，它在中途岛拥有比美国更好的飞机，但日本文化对个人主义、自由和政治的理念却与西方文化大相径庭。日本军部政府的崛起，以及他们对天皇崇拜的坚持，持续压制着自由辩论、个人主义和民众抗议，但当时正是需要采取更开明的研究方法和产业政策的时候，因为这对于日本武器产业的持续发展和创新才最为重要。西方针对日本军国主义的敌意，加之日本自身拒绝接受开放自由社会，导致技术创新普遍停滞，偶尔还会出现无力利用本国天才的状况。

尽管在1942年6月的中途岛，日本海军就技术层面而言与美军相当，甚至还有优于美军之处，但只要美国政府、私人产业和公民阶层为战争展开总动员，这样的均衡态势就无法持久。事实上，在偷袭珍珠港后短短一年半时间内，日军不仅在数量上少于美军，而且在关键的航空设计、火炮、坦克、雷达、核研究、医疗、食物补给、基地建筑、大规模生产军需物资方面都远远落在美国之后。到1944年为止，日本的航空部队、陆军和海军大体上依然在使用与开战时一样的装备，而他们的美国同行则在生产1941年几乎无法想象的飞机、舰只和车辆。

至于美军兵器在中途岛劣于日军，其唯一理由就在于"一战"结束后美国出现了普遍的自我满足，这一差距又因为国内当时存在乌托邦式的世界和平理念、孤立主义信条和后来的经济萧条而愈演愈烈。到1941年年底为止，美国人依然还处于从将近20年对军备的严重忽视中苏醒过来的过程之中，还要承受缓慢的经济增长和很高的失业率。与此相反，日本人在将近十年的时间里，把他们国民生产总值中的很大一部分投入到国防开支当中，尽管日本国民生产总值要比美国小得多，其国防投入比例却远高于美国，此外，日军还从中国战场上获得了多得多的第一手实证研究。在中途岛，日军拥有在质量和数量上都处于优势的飞机与战舰，不过这也许是他们在战争中最后一个占据双重优势的时刻。

实际上也没有任何证据表明，西方化的日本军队对于接受迎面冲撞的西方方式参与决定性会战会有任何的迟疑。日本海军在表面上和美国海军一样具备很强的攻击性。日本在19世纪接受了德国式正面冲击和集群突击战术，这样的战术在面对美军机枪、自动步枪和野战炮时，将被证明只会带来灾难。日本的巨型战列舰证明了它的海军企图使用优势火力在火炮对战中摧毁敌军水面舰艇，正如它在1904年与俄国人作战时那样。千真万确的一点是，日本本土的武士战争军事传统有着强烈的仪式性元素，这一元素有时甚至会被置于实用意义之上，例如，尽管火器早在16世纪就为日本人所知晓，它却在此后200年中多少落入非法境地。到1941年为止，日本海军和美国海军一样富有攻击性，在参与战斗至死的迎面冲突时，他们时常拥有同样的战斗意愿。和西方武器一起引进日本的，还有西方式的正面攻击理念。

在采用西方战争方式时，日本人真正处于明显劣势的地方，是他们未能利用这样的决定性战术，发起一场全面歼灭、毫无怜悯的战争。这一恐怖的实践方式大大背离了他们的武士传统。日本人在面对与他们截然不同的西方理念时备感不适：西方人不施诡计便找出敌军，在充满仇恨的突击战中进行交锋，在这种战争中，拥有更强火力、更好纪律、更多人数的一方会具备决定性的致命性优势。

与此相反，在1904～1905年与俄国的战争和1931～1937年与中国的战争中，日军取得了一系列漂亮的会战胜利，但这样的胜利本身却时常是不完整的，也并不一定是整体战略计划的一部分：这一战略计划要求彻底歼灭敌军，直至敌方丧失发动战争能力为止。日本人对如何在战场上杀死成千上万参战人员所知颇多，而且他们甚至愿意面对堑壕阵地发起自杀性的英勇正面冲击，牺牲己方的士兵，但日本人在军事上的如此勇猛却并非西方人所需要的，那种勇猛应当可以让人们不断发起持续性的突击战，直到其中一方取胜或被歼灭为止。在日本和伊斯兰战争方式中，奇袭、突然攻击、战场上的灾难和耻辱都是迫使敌方坐到谈判桌上妥协的手段。

在太平洋战争中，日军对以一系列正面作战为代价的牵制和奇袭手段颇为偏爱，这时常意味着他们过于取巧，反而错过了取胜的关键机会。在对珍珠港战果辉煌的突袭进攻让美国人失去防御能力后，日本方面并没有任何后续计划去持续轰炸夏威夷，迫使其降服，乃至袭扰西海岸港口，摧毁太平洋航母舰队的最后避难所。与此相反，南云中将的航母在12月7日亦即周日上午的最初攻击过后，便立刻离开了夏威夷，对供给整个太平洋舰队的、至关重要的油罐不加打击，也没有搜索未被发现、未曾接触的美军航母。在中途岛前若干个星期的珊瑚海海战中，日军的战术胜利却导致了战略失败，当时美军的顽强抵抗令日军感到震撼，而且日军还损失了数十名最优秀的航母飞行员，因此推迟了对莫尔兹比港的入侵。中途岛海战和其后的莱特湾大海战都见证了日军战术的失败，而这一失败很大程度上是因为他们天真地认为应当欺骗敌军，而非遭遇敌军并将其击毁，从而选择分散己方部队。

> 他们对奇袭估价过高，这在战争之初极其有效，因而他们总是觉得自己能够出奇制胜。他们喜爱牵制战术——将部队部署在奇怪的地方，以此迷惑敌军，将敌军拖到基地之外。他们相信海上的决定性会战和陆上有着相同特征——诱使敌军进入不利战术处境，切断敌军撤退路线，攻入侧翼，随后集中兵力展开杀戮。（S. 莫里森，《珊瑚海、中途岛和潜艇行动，1942年5月至1942年8月》，78）

日军的机动性和诡诈不只反映在山本大将对战争双方相对工业能力的名言之中——他可以在六个月内在太平洋上兴风作浪，但之后就无法保证什么了。更确切地说，日本军方的几乎所有重要战略家都承认，他们对与美英展开全面战争的全新处境备感不安，因为那需要不断与英美舰队展开正面冲突。在1941年，日本军方高层中似乎没有人觉察到，奇袭美国会在西方人眼中引发全面战争，而在这种全面战争中，美国要么就毁灭它的对手，要么就在这一进程中让自己遭遇毁灭。不过，认为民主社会虚弱且胆怯的想法是非西方人的历史性错误，这可以一直追溯到薛西斯入侵希腊。尽管西方的共识政府不会迅速被惹怒，但它却通常选择歼灭战——将米洛斯城邦从爱琴海地图上抹去，在迦太基土地上撒盐，把爱尔兰变成几乎一片荒芜，在重新占据耶路撒冷之前将其废弃，将整个北美土著人文化赶入保留地，用原子弹轰炸日本城市……因此，共识政府是比军事君主和独裁者更为致命的敌人。尽管偶尔会使用漂亮的诡诈或奇袭手段，也有采用"间接路线"取得战争胜利的明确记录，比如伊帕密浓达对美塞尼亚的大规模袭扰（公元前369年）和谢尔曼向海洋进军就是著名的范例，但西方军队一直认为，发动战争的最经济的方式是找到敌军，集结足够的力量将其击败，随后直接挺进，公开在战场上将其歼灭。这一切都是源自迅速、彻底、决定性地终结敌对状态的文化传统。"二战"中美国海军的作战行动，就是一系列向西朝日本推进，发现并歼灭日军舰队，在物理上消除一切属于日本政府的领土，一直打到日本帝国本土为止的持续努力。中途岛海战中参加战斗的美国水兵，也是1200多万人动员进入武装力量的庞大征兵中的第一波。按照罗马人在坎尼会战之后或民主政权在"一战"中的行为方式，美国政治代表们投票表决赞成对日开战。民意测验显示，全国公众几乎一致赞成对在珍珠港犯下罪行之人发动恐怖的灭绝战。在这场战争里，美国也会自始至终持续展开选举，它的民选政府发动了共和国历史上最为激进的工业与文化革新，将这个国家变成了庞大的武器生产基地。

与此相反，日本人只是偶然引入了欧洲在19世纪对共识政府和公民军队的理念，而这两点都在20世纪30年代被军部政府弄得名声败坏。日本军事思想家认为，要想把一支规模庞大、精神饱满的军队送上战场，教导全体人民对天皇产生狂热奉献精神，让他们一致相信日本民族必将统治世界是好得多的方法，而且这一方法也更符合日本人自己的文化传统。只有少数聪明又博学的军官对日本武士精神评价颇高①，大部分人认为没有必要让公众去辩论日本攻击世界上最大的工业强国是否明智。

> 西方人不理解的是，日本在现代化和西方化的表面之下，实际上却仍然是东洋人。日本由封建主义变成帝国主义的速度之快，使得只想学习西方方法而不想学习西方价值观的领导人，来不及或者无意去发展自由主义与人道主义。(J. 托兰，《日本帝国的衰亡》第一卷，74)

在中途岛海战后，就连伤员都被隔离了起来，日本人民对那场灾难的重要性依然不得而知，他们只听说在阿留申群岛取得了"大捷"。与此形成鲜明反差的是，美国选民不仅立刻得知了战斗细节，还可以在战斗打响之前，就从一家主流报纸上得知日本通信密码已被破译的关键信息。在日本，个人主义从属于群体共识：

> 因为它(日本领导层)浸透在国家意识形态之中，因此它难以(如果不是无法的话)用冷静的现实主义方法和

---

① 原文如此，根据上下文应该是对美国评价颇高。——译者注。

科学方法分析军事局面。日本的军事训练强调指出，"精神动员"（日语原文为精神教育）是部队备战时最重要的一方面。从本质上讲，那是用日本国家意识形态的精神和原则进行灌输：个人对国家的认同和他对天皇意志的服从。这是对早已在学校中进行的灌输过程的继续。日本实施征兵制的原因之一就在于，这给军方提供了事实上以武士道和皇道理想培养全体男性人口的机会。（S. 亨廷顿，《士兵与国家》，128）

其结果是，日本在战争中的多数场合都出动了规模庞大且高度渴望战斗的军队。在中途岛海战中，日本的武装士兵人数要远多于美国，他们也显得精神饱满、渴望战斗。但日本人缺乏公民军队理念，亦即缺乏自由公民阶层通过投票创造向共识政府提供兵役的条件这一理念，这也意味着日本存在着与西方截然不同的战士：他们依靠的时常是老一套狂热主义而非对契约的忠诚，是精神而非冷静的理性，整体划一要盖过个人主义，在牺牲之外他们还欣然接受自杀，官方评价会倾向于表扬无名的民族精神并以此替代对个人的表彰。这些更为细微的文化差异在中途岛表现得相当明确，这也有助于解释为何在数量上处于优势的敌人会被如此彻底地击败。

关于日本看似明显的自然资源劣势，它的较少人口以及渺小土地已经说明了很多问题。但在中途岛，日本有途径从它新近获得的帝国为舰只攫取足够的石油，为它人数上远多于美军的水兵获得足够的食物。我们应当记住日本的人口接近美国一半。日本在太平洋上不断扩大的帝国领土，带来了具备战略意义的充足金属、橡胶和石油补给，而且它已经在装备军队方面领先了整整十年。从实际角度而言,因为俄国边境自1941年起已经基本上平静下来,日本占据的中国东北地区在1941~1942年间也大体相对安定,日本事实上只是在与英美在太平洋的军事存在展开单独交战,不像美国,它当时则要把大部分装备和绝大部分兵力投入到击败德国人和意大利人,补给成千上万英里之外的英国人、中国人和苏联人上。是美国而不是日本处于不妙又不智的两线作战困境之中,而且它的盟友水平低劣,敌人又极为致命。虽然美国明确采取了先击败纳粹的方针,但日本却把几乎全部资源投入到进攻亚太地区的英美军队上。在半个多世纪的时间里,日本人已经完成了将西方经济与军事实践应用到本国,创建现代化海军和高端工业化经济的关键性的工作。至少在一两年的短暂时间里,对欧洲技术的长期持续改造会让日本能够与任何一个西方军事列强相匹敌,正如它在"二战"前六个月的一连串海战胜利所证明的那样。在冲突开始后,日本拥有的是来源可靠的原材料资源,以及由日本种族优势、武力价值和帝国命运的信仰哺育出的充满活力的军队。

宗教热忱、武士道、切腹、与船偕亡和神风攻击等要素,在胜利中给予了日本人傲慢的资本,在失败中则使得他们陷入狂热与宿命论。但这样的行为时常会对世俗的战争本身造成负面影响,而且会被证明无法与"颓废的"敌人随心所欲的个人主义理念相匹敌。即便在战舰沉没后,依然需要舰上的优秀海军将领继续服务。富有经验的飞行员作为指导者的价值,要远大于驾驶自杀式轰炸机的价值。直言不讳的下层军官才是可贵财富,沉默之人则不是。对受辱的失败进行评估,而非自杀了事,这也许是可耻的,但这样的经验积累在战争中不可或缺。

一旦指挥技艺娴熟的将领取出自己的肠子①，他的经验也就随之丧失了。同样的道理，海军将领们应当允许自由的声音，听取来自聪明的日本水兵们的第一手经验。统治者有必要去害怕那些知情且容易激动的选民，而需要与天皇争论战略的战争策划者，常常会比仅仅在天皇面前鞠躬的战争策划者取得更大的成果。

尽管日本声称要为它在朝鲜、东南亚、中国和太平洋诸岛上征服的东方人同胞创建一个大东亚共荣圈，它却并没有允许可以自由投票的公民阶层存在的持久传统，也不让非日本的亚洲人通过加入日军，有朝一日与日本人享有同样的宪政保障和自由。日本的生死系于种族牌——将美国定义（并妖魔化）成"白种人"，因而日本就成为同属人类但明显更为优越的"黄种人"。中途岛之战时的日本国内不存在任何自由媒体，也没有任何选举，真正行使权力的是表面上听从天皇使唤的军事专制政权。其结果则是迷人的异常状况，尽管日本周边的国家曾被法国、荷兰、德国、英国和美国种族主义者和帝国主义者在数十年中施加了繁重的压迫，但土著人在起初欢迎亚洲解放者后却更有可能去帮助"白种人"美国人，而不是他们的亚洲同胞日本人。前者的民选政府终究有可能在一段时间后将独立赋予它的属地和卫星国，而后者的专制政权（它自我定义在种族层面而非思想层面）却只会进行经济剥削，并不会在未来给予任何平等机会。较之皇帝的意愿威压下的卑微灵魂，民主社会中的人类心灵更有可能发生改变与进步。

---

① 这里指切腹自尽。——译者注。

尽管美国人在理论上是一种文化而非种族（不过以黑人为例，他们在许多州里依然被可耻地剥夺了投票权，在太平洋战场上作战时也被隔离，时常充当厨师和勤务兵），日本军国主义的全部信条依靠的，则是日本对"劣等"亚洲属民的种族优势这一隐含假设。要是日本接受了西方的民主传统，在文化上转向个人主义和自我表现，它本有可能激起整个亚洲奋起抵抗贪婪的欧洲人。不过，要是出现那种状况，也许就没有必要发生第二次世界大战了。

要是说这些自由体制的缺乏在1942年6月4日约束了日本的总体战争努力的话，在中途岛这样的机动迅速、交战距离遥远的会战中，日本军事文化本身的严格控制才被证明是至关重要的，它在多数场合下表现为单纯缺乏个人主动性。对战斗的仔细审视表明，美国人对个人主义的内在信仰在每个场合都被证明是决定性的，而这一信仰本身正是漫长的自愿组织政府和自由表达传统的产物。能够解释美军不可思议胜利的远不是幸运、突然或意外，而是美军个人自身的力量。

中途岛战场上的自发性和个人主动性

将错综复杂的士兵与国家关系简单提炼为以下结论——中途岛战场上的美国人是个人主义者，而日本水兵和飞行员则是不假思索的机器人——那就未免太过夸张了。服从是几乎所有文化中军事生活的特征。倘若没有指挥链，命令和军事纪律就不能存在。中途岛的美国海军是具有高度纪律性的，也有成千上万富有想象力且智慧的日本士兵的确尽了最大的变通努力以补救6月4日的灾难。

话虽如此，个人主义在传统日本文化中是个有所不同的概念，日本公民在若干个世纪中都不认为选举产生的代议制机构，按照自己意愿书写和表达，或者为纠正冤屈而自主展示有必要存在：

> 让个人服从于集体，为了家庭、村庄和国家的利益牺牲个人利益（在这些利益无法相比较的情况下，通常会认为较大群体的利益应当占据优先地位）的自愿行为，与家庭、村庄和国家维持和睦的压力混合在一起，任何对团结构成威胁的行为在道德上都是错误的，挑战现状从而制造冲突的人必定是犯错者。(R. 道尔，《日本土地改革》，393)

即便是那些愤恨老一套欧洲中心论说法的学者——亦即不同意日本人很少珍视个人主义，因而也对共识政府本身评价极低这一说法的学者——也承认日本人对个人发展的理念与西方实践截然不同：

> 对西方读者而言，即便是在 20 世纪 30 年代生活在德国的读者而言，建立在分层的存在基础上的、支撑日本军部的威权主义金字塔看上去也必定是令人窒息的，也令人备感束缚。我们当中有多少人愿意让个性完全服从于家庭、村庄和国家？不过，并没有理由去得出不属于这一社会顶层的日本人认为自己正在窒息而死，或是被耳提面命的结论，即使他们正处于这种状态，也同样不能得出他们对此介意的结论。(R. 斯梅琴斯特，《战前日本军国主义的社会基础》，182)

我们并不打算认为，具备十足干劲和高度纪律的日本士兵在能力方面不及美国的战士，事实上，日本士兵普遍是勇敢的，也无一例外愿意为他们的天皇而死。更确切地说，在像中途岛这样的复杂拉锯战中，乃至说在整个太平洋战争当中，帝国舰队都因为日军缺乏局部主动性而浪费了无数良机。事实上，缺乏主动性在日本社会中与其说是例外，还不如说是典型。对于帝国海军在中途岛的战败，前海军高级军官渊田美津雄和奥宫正武，进行了类似修昔底德式的分析：

> 归根结底，不仅是在中途岛海战中，而且是在整个战争中日本战败的根源深深地蕴藏在日本的国民性里。我国国民有一种违背理性和容易冲动的性格，所以行动上漫无目标，往往自相矛盾。地方观念的传统使我们心胸狭窄，主观固执，因循守旧，对于即便是必要的改革也迟迟不愿采用。我们优柔寡断，因此易陷于夜郎自大，这又使我们瞧不起别人。我们投机取巧，缺乏大胆和独立精神，习惯于依赖别人和奉承上司。(渊田美津雄、奥宫正武，《中途岛，日本注定失败的战役》，247)

在中途岛海战中，美国人对个性而非群体共识，对自发性而非死硬服从，对不拘礼节而非等级制度的坚信至少体现在四个重要方面——对日本海军密码的破译、对约克城号航母的修理、美国海军指挥层的天性、美军飞行员的行为——这些因素，都被证明对战争的结果有决定性的影响。

密码破译者

美日间最为明显的反差，出现在收集情报的关键领域，它可能早在开战前就决定了战斗结果。正如深入敌后的谍报和秘密情报搜集工作一样，对时常变动的密码进行破解也是一门精细的艺术。它融合了复杂的数学技巧，语言学的复杂知识，对秘密信息传播背景的社会学和历史学了解，对无线电通信过程的熟悉，对传输的明确消息——或者更确切地说，可能消息——的常识性评价估量。英国破解德国顶级密码的卓越努力范例（布莱切利庄园破译德国国防军被统称为"超级机密"的密码电报）就表明了最优秀的密码破译者们是个人主义者，他们还常常是古怪的思想家、来自各行各业的人士，不过他们的整体形象，却时常被此前安坐在大学数学系与语言系里的破译者过分代表了。

当具备如此高度创造力的头脑得到了自主的权利，而且大体免于军事纪律约束时，其能力便会发挥到极致。在严格的军事管理中，破译者的角色不仅是不大合群的，还与军管理念极端相悖。美国海军的密码分析员们不修边幅又不遵传统，看上去就像40年后在加利福尼亚硅谷中创造了计算机革命的非正统叛逆者一样。在"二战"的所有参战者当中，英国人和美国人是最老练而优秀的密码破译者，他们军方的正式密码破译部门可以追溯到"一战"和自主大学的时代；而日本人在这方面则是最差劲的，这一点绝非偶然。

在日本舰队抵达中途岛周边地区之前，美军高层指挥官们就大致知道了山本大舰队的位置、航向、日程表和目标。美国人发疯一般地做出努力，巩固一度极遭忽视的中途岛防务，为其配备飞机、火炮和部队人员；美国海军快速集结，做好了反击准备。而日军潜艇未能找到美军舰队，更不用说发起攻击了。美国航母安全抵达战略地点等待正在赶来的日军战舰……

这一切都源于美国海军对日本人加密电报的破译。到1942年5月中旬，中途岛上转眼间遍布火炮、飞机和守军，即便日军舰队消灭了美军航母，日本侵略军也难以轻易占领中途岛主岛。

引领美国海军破译日本海军顶级密码（这套密码以"JN-25"之名为人所知，包括大约45000个五位数字）的人物通常被认为是约瑟夫·J. 罗奇福特海军中校和劳伦斯·萨福德海军中校。罗奇福德对他的工作坦陈如下："档案工作搞得不好，不过我把材料统统都记在脑子里了"。（G. 普朗格，《中途岛奇迹》，20）他脚跋拉拖鞋，身着睡衣，经营着拥有非同寻常自主权的太平洋舰队战斗情报局（以"HYPO"之名为人所知）。而在珍珠港的一间没有窗户的地下室里的萨福德，则多少给予了这一部门破译日军电报密码，猜测最贴切含义的自由发挥的能力。

判断这两人究竟谁更古怪显得相当困难。萨福德在1916年毕业于安纳波利斯海军学院。他是让制服裁缝和勤务人员感到绝望的人物之一。他留着"疯狂教授"的发型，由于说话速度跟不上思考速度，讲话也不连贯，他的长处在于纯数学方面。罗奇福特脾性温和，富有献身精神，为人方正，但也固执己见，精力十足，对等级和官僚体系毫不耐烦，他的头脑并未受到正统军官训练的约束。（D. 范·德尔·瓦特，《"二战"之太平洋战争》，88-89）

罗奇福特手下紧密协作的团队，从传统的尼米兹上将那里得到了全力支持，尽管上将手下各类人员的外表和"HYPO"

的运作方式让他颇感烦扰。美军高层指挥官的确对这些非军方人士各式各样的自由思考和千奇百怪多少有些不爽，像金上将便对他们的行动不感兴趣。但他们在日军中的同行要想如此不修边幅、无视礼节、身着奇装异服、不去保持一丝不苟的记录，则完全难以想象。日本人也根本无法想象，容忍一群知识分子和各类怪人对军事生活的普遍不屑——给予他们这种自由和免役的特权——是推动战争事业的前提。

研究中途岛的大部分严肃学者都毫不犹豫地认为，罗奇福特的努力对美军胜利贡献良多。塞缪尔·埃利奥特·莫里森总结说，中途岛"是一场情报的胜利，是勇敢机智地运用情报的胜利"。（《珊瑚海、中途岛和潜艇行动，1942年5月至1942年8月》，158）日本退役军人兼历史学家渊田和奥宫则在他们对现代历史上日本海军首次大败的分析中一致认为：

> 美军提前发觉日本的攻击计划，是日本失利的唯一最主要的和直接的原因，这无可置疑。从日本方面来看，敌人情报工作这一成就转而成为我方的失败——我们没有采取充分的保密措施……但是，说它是美国情报工作的胜利，其意义还不止于此，这一次敌人情报工作的积极成就是重要的，但同样重要的是在反面，亦即日本情报工作的糟糕和不顶事。（《中途岛，日本注定失败的战役》，232）

罗奇福特和他的团队的个人主义，以及他们在美国军方内部正常运转的能力与自由，是西方强调个人表现和主动性的悠久传统代表，而那又是共识政府、资本主义市场和个人自由带来的红利。仅仅因为一个脚趿拉拖鞋的美军军官知道日军正在迫近，就导致成百上千的勇敢日本水兵最终葬身中途岛战场。

约克城号的修复

如果说情报工作给了美国人日军攻击计划的提前预警的话，约克城号航母在受损后令人惊讶的修复则保证了有三艘而非两艘美军航母迎战南云中将的四艘航母。约克城号上的飞行中队在击沉日军航母中扮演了关键角色，这艘航母也吸引了日军的全部反攻火力，使其远离企业号和大黄蜂号，若非如此，日军本可以轻易取胜。如果没有几天前在珍珠港对母舰的创新性修理工作，吉米·萨奇的野猫式战斗机，马克斯·莱斯利表现优异的SBD俯冲轰炸机将无法出现在战场上，莱姆·梅西的破坏者轰炸机队的牺牲也无法实现。

约克城号在中途岛战前不到一个月受了重创，它在5月8日的珊瑚岛海战中至少被一枚炸弹直接命中，还吃了无数的近失弹。日本海军的轰炸机毁灭了飞行甲板，摧毁了船体内部的廊道和舱壁，将它的速度降到了25五节，还破坏了它的装甲带。几发近失弹像深水炸弹一样毁坏了它的油管，导致出现大量溢油。它在5月27日跌跌撞撞地开回了珍珠港，船内的电缆和油管均已损坏。它的飞行中队也因为日军的飞机和防空火力损失惨重。无论如何，日本人都相信约克城号已经沉没在珊瑚海。大部分美国专家估计约克城号的彻底检修需要至少耗时三个月，具备完全适航能力则需要六个月的时间。

然而，约克城号抵达珍珠港干船坞没几分钟，修复工作就开始进行了。早在船坞积水被彻底排干之前，工程师、维修技术员以及各类施工者就在尼米兹上将本人的陪同下脚蹬高筒靴走到巨舰周围，检查损伤状况，记录所需物资。数以千计的工作人员立刻投入行动中：

> 1400多人——船体装配工、造船工人、机械师、焊工、电工——涌入船体内部、上方和下方；从当天起，他们和码头工作人员们在两个昼夜里轮班工作，建造了修复船舶结构强度所必需的舱壁支柱和甲板，更换了在爆炸中受损的电线、仪器或装置。(S. 莫里森，《珊瑚海、中途岛和潜艇行动，1942年5月至1942年8月》，81)

上百个电弧焊机耗尽了岛上的电，当地居民因而抱怨停电。许多工作既没有蓝图也没有正式指令，都是匆忙上阵完成的：

> 没有时间去寻找图纸或草图了。人们直接把钢梁和铁棒带到船上开工。碰到损毁的航母骨架时，就用燃炉把坏得最糟糕的部分烧掉；钳工们则在修剪新的断面，把它裁到切合击伤部位轮廓为止；装配工和焊工们进入航母，把新的部件"钉"到合适位置上，随后继续从事下一项工作……(W. 洛德，《不可思议的胜利》，36-37)

其结果是，在约克城号于5月30日亦即周六上午抵达后不到68个小时，它就在电工和机械师依然身处甲板的情况下，装载了新的飞机，补充了飞行员之后离开了干船坞。就在约克城号航母驶出港口，迎战南云中将的航母之后，最后一名修理人员才乘坐摩托艇离开。为了纪念这一惊人的业绩，虽然这艘航母正在西进，也不会像许诺中的那样最终得以向东返航，但军乐队们却打趣地在修补好的飞行甲板上奏起了"加利福尼亚，我来了"。

翔鹤号与瑞鹤号是日军中最新生产也最为致命的两艘航母，当后者①同样离开珊瑚海战场返航后，日本人针对船只损伤和飞行员损失的反应却大有不同。日军舰队的航空指挥官三和义勇大佐对驶入吴港海军基地的翔鹤号（它在约克城号抵达珍珠港之前十天到达吴港，其结构性损伤也少得多）总结得出，它的损伤并不严重，但还是需要三个月的修理工作。尽管美军在珊瑚海之战中并未触及她的姊妹舰瑞鹤号，但瑞鹤号还是损失了百分之四十的飞行员，因此在整场中途岛战事当中，它尽管船况优良，却依然待在港口里等待飞机和飞行员的补充。美国人和日本人在修理珊瑚海之战中受损船只的强烈反差，是那么显而易见。

> 他（尼米兹）必须使用每一艘可用的航空母舰，因而他要求竭尽全力抢修约克城号，使其能够参战。迅速修复"约克城号"是一项巨大的成就，是一个带戏剧性的初步胜利。相比之下，日本人在修理翔鹤号和对瑞鹤号进行补充问题上拖拖拉拉，满以为没有这两艘参加过袭击珍珠港的战舰，他们也能把美太平洋舰队吃掉。（G. 普朗格，《中途岛奇迹》，384）

要是角色掉转过来，富有主动性的命令和修理工们出现在吴港而非珍珠港，南云中将就能使用六艘航母对付两艘美军航

---

① 此处原文有误，应为前者。——译者注。

母，而不是历史上的四艘日军航母对三艘美军航母。在那种状况下难以想象企业号和大黄蜂号会逃脱被击沉的命运。

我们知道美军指挥层坚持要求迅速修复约克城号的举动相当英明。但大部分埋没在历史记录中的则是成百上千美国焊工、铆工、电工、木匠和补给军官的个人决断和即兴创造力，他们在没有书面命令的状况下自行决断，将一艘几乎被毁灭的船只变成了浮动的武器库，它对击沉南云中将的第一航母舰队①大有帮助。

指挥中的灵活性

山本大将为中途岛海战制订的庞大战术计划缺乏灵活性。在他更加精明的下属当中，很少有人不断努力，让海军大将认识到帝国舰队的资产分布得太过广泛，让他了解到把珍贵的飞机和舰船投入到阿留申作战行动是浪费，让他意识到，夺取一千英里之外的岛屿，并同时歼灭美军舰队的矛盾战略是如此荒谬。尊重上级的悠久传统，加上珍珠港战后山本的声望，妨碍了认真提出和听取意见的做法，进而导致任何可能的计划变更都不复存在。南云中将的参谋长草鹿少将注意到了许多高级军官对山本计划怀有个人保留意见，"事实上，这一计划联合舰队司令部早已确定，我们只好全盘接受"。(G. 普朗格，《中途岛奇迹》，28)

山本难以操作的战略框架几乎确保了一定会出现战术问题，这也反映了日本帝国军队指挥层内部抑制主动性和独立性的等级制度。对中途岛之战中日军领导层的批评通常集中在南云中将于 6 月 4 日上午做出的关键决定：①他下令出动原本可

---

① 即日本帝国海军第一机动部队。——译者注。

以保护舰队的大部分战斗机,和轰炸机一起攻击中途岛;②他还决定派出全部四艘航母上的轰炸机立刻攻击中途岛,并未留有防备美军航母突然出现的预备队;③他在得知美军航母出现后做出了关键决定,并未立刻出动舰载机,而是下令将装载的炸弹换成对舰鱼雷。在这三个场合,于1944年6月在塞班岛地堡中自杀的南云都简单地遵照日本海军标准流程行事,却没有意识到对美作战与过去会有多么大的不同,轻松击败猝不及防、众寡悬殊、缺乏经验的敌军的经验已经不再适用了。

至于攻击中途岛本身,每次轰炸机出击都需要有大批战斗机护航是日本舰队的传统作战流程。但中途岛上空的两个状况让这一教条式做法并不适用于6月4日:中途岛上的战斗机防御作战效能不高,这意味着轰炸机只需要得到极少量战斗机护航就能很好地命中目标;日军不能确定美军舰队位置,这就表明,在南云的航母上空保留一支庞大的战斗机预备队,抵挡可能出现的美国海军攻击,显得相当必要。然而,南云和他的军官们都不认为有必要修改长久以来坚持的信条来适应当下的状况。

南云将他的几乎所有航空力量都投入到中途岛,这是一个无法机动的目标,岛上也没有能够严重威胁到日本舰队或其飞机的战斗机或轰炸机基地。无法移动的中途岛必定不会消失在南云的情报之中,当天上午的一系列失败轰炸出击也证明中途岛无法毁灭他的航母。与此相反,灵活机动又无法探测到的企业号、大黄蜂号和约克城号航母则必定能够做到以上两点。

要是南云留下一半轰炸机作为预备队,做好一旦发现美国舰队就展开攻击的准备,与此同时还将实力完整的战斗机留在航母上,那么这就是新颖且离经叛道的做法。倘若南云如此行事，他依然可以一直对中途岛发动规模较小却有规律的轰炸出击，就像他探测美国海军存在时所做的一样。在海战中，当即倾其所有出击有时是个良策，若干分钟后美国海军将领们就会如此攻击南云，但这只是对付快速移动的航母时的备用策略，因为航母的俯冲轰炸机极为致命。不过这一战法在对付飞机老旧、明显无法伤害到海上舰船的岛屿守军时毫无意义。南云集中力量去对付对他没法造成什么伤害的错误目标，与此同时又忽略了能够将他的战舰送进海底的目标；不过，山本大将的大计划也应当遭到严厉指责。

更为关键的则是，在南云的轰炸机迅速出发攻击新发现的美国航母之前，他做出了为轰炸机更换弹药的决定。让轰炸机携带鱼雷而非炸弹，无疑会产生无可否认的优势，但这样做的话，全部四艘日本航母的飞行甲板上会立即堆积出乱成一团的汽油、武装飞机和炸弹，从而抵消掉一切优势。南云也害怕在没有战斗机护航的状况下立刻出动轰炸机；战斗机飞行员在袭击中途岛的战斗中精疲力竭，还要参与防御作战，还要补充油料。然而，他缺乏护航的俯冲轰炸机至少可以发现美军舰队，有些轰炸机应当还能突破美军防御，给战舰造成损伤。是不惜一切代价歼灭敌军、让飞机远离目标飞行甲板的渴望，让斯普鲁恩斯将军在傍晚时分出动企业号和约克城号上的每一架俯冲轰炸机去攻击飞龙号。尽管没有任何战斗机支援，美军还是把日本航母炸成了碎片。

用炸弹轰炸陆上设施，用优秀的日本鱼雷攻击舰船是个好办法。但战斗中很少会留有使用好办法的空间，它需要的却是在瞬间做出适应实况的改变。在航母间的战争中，一支舰队的飞机应当留在己方上空保护战舰，或是长途出击猎杀敌军战舰。正如渊田和奥宫指出的那样,"南云选择了自以为正统的和比较安全的方针,但是从那时起他的几艘航空母舰就注定要遭劫了"(《中途岛,日本注定失败的战役》,237)。虽然草鹿将军后来承认,保留相当数量全副武装的飞机,一旦敌军航母出现就起飞攻击的做法是明智的保险手段,但他还是认为在中途岛海战中没有必要如此谨慎:"要求让一半部队处于无限期的战备状态,以等待也许根本不在这一海域活动的敌舰队,这是第一线的指挥官所难以容忍的。"(G. 普朗格,《中途岛奇迹》,215)

最后,日军在使用航母和战列舰时采用了严格遵照制度乃至陈旧僵化的方法,但这无法适用于高度动荡不定,而且时常发生变化的太平洋战场的实际战况。在对抗美国人的战争中,理论上主要任务在于炮击其他战列舰,将巡洋舰和驱逐舰轰成齑粉的战列舰不再是象征国家威望的工具。相反,它们在掩护价值更高的航母时表现得最为有效,考虑到它们庞大的防空武器库为不可替代的航母提供了保护,它们可以环绕航母,以确保减弱迫近的潜艇和飞机的攻击力度(一般而言,战列舰是更能诱惑飞行员的目标,但它们更难遭到空中打击,装甲防护更好,在鱼雷面前防御能力也较强),还能在保护运兵船的同时,用它们庞大的16寸和18寸火炮削弱岸基目标。

要是山本的所有战列舰都环绕着南云的航母,随后在夜间驶往中途岛轰击跑道,很可能会有更多的美军轰炸机被击落,会有多得多的岸基与舰载飞机将攻击目标从日本航母转移到这些令人印象深刻的主力舰上。一旦山本的战列舰主力不断炮击中途岛,也就没有必要出动舰载机轰炸中途岛了。然而,战列舰却未曾参与任何作战行动。在战争中的大部分时间里,日的大和号与武藏号巨型战列舰,以及其他类似的战列舰都是完全无用的资产,日本人很少能够在太平洋海战中恰当部署战列舰。与此相反,美国人经历过珍珠港的灾难,并得知英国的威尔士亲王号、反击号战列舰以及无数重型巡洋舰被日本海军轰炸机击沉后,迅速赋予了战列舰全新角色。从那时起,海军的巨兽们就在有必要的情况下被配属给航母,就像在冲绳发生的状况那样,它们可以保护航母,吸引火力,或者像在菲律宾或诺曼底滩头那样,炮击敌方陆军。

在理想状况下,航母编队应当以松散队形推进,以分散来自空中的打击。不幸的是,日本人以恰好相反的方式接近中途岛:即便在主力战列舰相距甚远的情况下,他们依然把四艘航母以尽可能接近的方式排列。要是日军编成相互之间距离在50英里以内的两到三支航母机动部队,让四艘分散的航母互相配合发起空中打击,其效果就要好得多。他们可以借此稀释敌军轰炸机的攻击强度,就如同美军第16、17特混编队所做的那样,让此前已经受损的约克城号承受所有日军炸弹,使距离较远的企业号和大黄蜂号免遭任何攻击。若是把性格暴躁、极其好斗的山口将军部署到距离加贺号和赤城号50英里的地方,让他直接掌握飞龙号和苍龙号上的航空资源,以及在两支航母机动部队周围环绕着的大约一打的日本战列舰,想象一下这样的中途岛海战中会发生什么吧!不过,那时的战术就不能依靠海军大将(他实际上还无法与外界沟通)绝对权力掌控下等级森严的指挥层了,它需要的是真正的非中央集权化,还要求统帅部具备横向且富有弹性的架构。

美军指挥体系就要有弹性得多,而舰队命令本身也足够宽松,在执行过程中能够让美军根据中途岛之战的展开状况随时予以调整。尼米兹实际上就是在指导弗兰克·J.弗莱彻将军和斯普鲁恩斯将军凭借美军获得的情报游弋在占据优势的日本舰队侧翼，利用他们手头的一切东西展开猛烈攻击，当日军水面舰艇冲过来援救时便当即撤退。美军的攻击计划，乃至战舰部署本身的细节则留给指挥官弗莱彻和斯普鲁恩斯来完成。尼米兹的命令既要求"采取强有力的消耗战术给敌军造成尽可能大的损失"，又要求"你们必须遵循不轻易冒险的原则。这一原则须理解为：若无把握使优势之敌遭受较之我更大的伤亡，则须避免暴露自己，免受其打击"。(G. 普朗格,《中途岛奇迹》, 99 - 100)

与此形成对比的是，正如斯普鲁恩斯将军和弗莱彻将军完全自主地一发现战机就投入几乎全部美军航空部队打击日军一样，南云中将认为以"正确"方式展开攻击是他义不容辞的责任。像斯普鲁恩斯和弗莱彻这样的行动可能是急躁的，但考虑到航母战中第一次打击时常能够消灭敌军的报复能力，毁灭足以让成百上千架次飞机升空的平台，因而此类行动也是基于第一次打击往往最为重要的经验知识。

当日本海军高级将领之间出现罕见的分歧时，这样的紧张状况时常会以奇怪的形式主义方式表现出来，起到适得其反的作用：他们会提出辞职乃至自杀，会以竞争性的努力争取接受而非推诿批评，会因为出现战术失误而决心和战舰一起沉没赎罪，甚至早在珍珠港战役期间，南云将军和山口将军就因为对后者的航母部署方式存在争议，双方展开竞争性较量。不拘礼节又轻松的美军指挥体系是多么与之相异啊！弗莱彻将军身处受损的约克城号上，他让斯普鲁恩斯将军做出了出动舰队舰载机这一关键决定，不担心双方会争夺指挥的荣誉，也不怕两人之间产生什么怨恨。

他当时心里清楚得很：在第二次世界大战中领导美舰队取得首次海战大捷的将领将会成为众望所归的英雄，将会名垂青史，流芳百世。但是，当他意识到他已不再可能最有效地指挥空中打击力量时，他把指挥权交给了斯普鲁恩斯。这是一种无私的、真诚的、爱国主义的行为。现在，尼米兹和斯普鲁恩斯的声誉都超过了弗莱彻，然而弗莱彻是他们两人之间的纽带，是一个有头脑、有个性的人才，他让一个天才充分地发挥了才能。(G. 普朗格，《中途岛奇迹》，386)

日本和美国的军事传统都褒扬总司令亲临战地的行为，自从出现重装步兵将领亲临希腊密集阵前排作战的文化以来，这一行为也一直是西方军事实践的特征，但在中途岛这样庞大规模的复杂战区里，美国人早已做好了为实际功效而放弃形式的准备。想出了一整套完全不可行计划的山本大将就身处大和号上。但由于日军保持了无线电静默，而大将的旗舰又远离航母战场，战地指挥官和日本统帅部就几乎没有任何即时直接通信的可能。山本对中途岛海战的控制就如同薛西斯在坐落于山丘上的皇位上俯瞰萨拉米斯一样，但前者所得到的第一手战斗进程信息要远少于后者。

与之相比，身处珍珠港的尼米兹海军上将却几乎能立刻对1942年6月传来的事态进行评估，对他的海军将领们保持经常性的劝告。事实上，无论是在实际距离层面还是电子层面，坐在珍珠港办公室里的尼米兹都要比位于海上战列舰上的山本更接近中途岛之战。就日本传统而言，总司令应当位于舰队中最重要的战舰上（在这场航母交战中，总司令竟需要待在一艘战列舰上！），经验丰富的航母指挥官要做好与他的战舰一同沉没的准备，对来自上级的战术蓝图无条件接受是有纪律性和军人气质的表现（但这并不一定是在军事上有效的表现）。就像某些趾高气扬的军阀一样，山本制订了他的正式计划，命令部下服从计划，然后就乘坐庞大的、引人注目的（也是和战斗极不相关的）大和号，在相对的孤立和寂静之中脱离了战场。

不幸的是，他的对手很少留心武士传统，却在制订新的应急计划乃至偶尔交换指挥权的过程中保持着持续不断的电子通信和临时协商。美国海军将领们倾向于将他们正在下沉的船只上的人员全部撤离，从而在船只沉没时蒙受相对较少的人员损失，这一做法颇具代表性。他们不愿和旧战舰一起沉没，而是渴望得到新的战舰，不愿被消耗在失败之中，而是希望从失败中学到东西。当成千上万的水兵试图在船只沉没的最后时刻逃生时，他们并不关心罗斯福总统的照片是否可能会很快沉入太平洋底部。

并非所有的海战都需要想象力和适应能力。像哈尔西和弗莱彻这样古怪、好斗又自行其是的美国海军将领，有时也会因为自己攻击性过强而让舰队几乎陷入危险之中，珊瑚海系列会战、瓜达尔卡纳尔岛争夺战和莱特湾的胜利便是证明。但总的来说，战争迷雾的存在，使得制订的计划在交火几分钟后便告过时，快速反应、创新性和主动性的价值要时常胜过墨守成规的战法、一致同意方能执行的要求以及对等级与礼仪的坚持，这些都是航母战争中不言自明的道理。就这一层面而言，在战场上独立行事的士兵要优于循规蹈矩的士兵，根据当时实际状况决定作战方式的军官要好过遵照公认常规做法的军官。

飞行员的主动性

美国人拥有过时的飞机，多数技艺生疏的飞行员，以及近乎于无的航母作战经验。然而，他们的确反复发起空袭，在作战当中，具备高度个人主义的飞行员们使用了不可预知的出击方法和离经叛道的进攻方法，结果打乱了日军航母舰队，使美军最终得以将其歼灭。航母上的日军观察员们对美军岸基飞机和舰载机的前八次攻击中表现出的技术生疏大为摇头——在不知从哪里冒出的第九波俯冲轰炸机毁灭他们的舰队时，他们又大感惊骇了。

学者们时常评论说，以中途岛为基地的陆航轰炸机和海航飞行员未能对日本舰队造成任何实际损害。这些人驾驶着老旧的布鲁斯特水牛、沃特捍卫者，新的复仇者鱼雷机，落后的海航 SBD 俯冲轰炸机，野猫战斗机，B-26 掠夺者轻型轰炸机和 B-17 空中堡垒发起攻击。然而，他们的反复进攻虽然缺乏配合，各自为战，也没有什么技巧，却是几乎连续不断的，因此产生了让日军始终手忙脚乱的效果，对日军至关重要的战斗机很快就出现损耗，时常需要补充燃料和弹药。早在航母最终被打得起火之前，中途岛上的战机就出击了五次，这些出击常常由自作主张的飞行员们所发起。

在决定性战斗前一天即 6 月 3 日午后不久的时候，九架陆航的 B-17 轰炸机离开中途岛攻击距离该岛尚有 600 英里正在迫近的日本舰队。这些飞行员并没有作战经验，携带的炸弹也不足 11 吨。他们并未命中任何目标。随着 B-17 轰炸机在几个小时后返回中途岛，一队混杂的 PBY 侦察机又起飞了，尽管这些飞机很难达到 100 英里每小时的速度。每架飞机都尽可能带上了一枚鱼雷，径直开往日本舰队，随即发起了一次突然夜袭。尽管第二次出击更为奇怪，但它除了给一艘油轮造成了些许轻伤外，几乎没有获得任何成功。

次日清晨 7 点，正当日军航母舰载机出发攻击中途岛时，来自岛上的美军鱼雷轰炸机和 B-26 轰炸机再次嗡嗡作响地飞向南云中将的航母舰队。事实上并不存在什么飞行计划，更不用说中队间的协同战术了。赤城号上的小川大尉①认为整场攻击都是无效的——当帝国舰队的零式战斗机击落了大部分复仇者和一架 B-26 时（一共四架 B-26），这一判断得到了证实。美国人又一次一无所获。

在此次攻击过去一个小时之后，15 架 B-17 抵达日本舰队上空，开始了第四次轰炸。空中堡垒从将近两万英尺的空中扔下炸弹，其中只有少数接近了目标，虽然美军事后声称给日军造成了难以想象的伤害，但他们事实上再次一无所获。几分钟后，海航的 11 架破旧捍卫者轰炸机出现，飞到距离海面仅有 500 英尺的地方，开始了老一套的滑翔轰炸攻击。它们也未能取得任何战果。

来自中途岛的全部五次攻击都是自发的，参战的包括海航、陆航和海军的飞行员，至少有五种不同轰炸机搅和进了这场大杂烩，攻击高度从 500 英尺延伸到 20000 英尺，飞机作战准备不足，鱼雷瑕疵众多，炸弹也无法给现代化装甲舰造成严重伤害。在这些攻击完成后，所有日本战舰都毫发无损，而中途岛的飞机则损失了一半，然而，日本舰队由于连续若干小时

---

① 小川正一大尉在加贺号上。——译者注。

的警戒和射击变得疲倦。企业号、大黄蜂号和约克城号上的三波破坏者机群那时已经出现在天际，准备开始它们自己徒劳的鱼雷袭击。在渊田大佐和奥宫中佐对来自中途岛的攻击的总结当中，尤其强调了日军怎样忙于应付前五轮美军出击：

> 我们普遍认为，敌人的攻击技术不足惧。但说来奇怪，正是由于敌人的攻击直到此时没有取得任何成果，倒是大大有助于美国的最后胜利。我们忽略了采取一些明显必要的预防措施。如果采取了这些措施，也许能够避免几小时后发生的惨败。敌岸基飞机所做的看来是徒劳无益的牺牲到头来并没有落空。(《中途岛，日本注定失败的战役》，163)

正如我们所见，来自三艘美军航母的鱼雷机飞行员同样富有主动性，当然，考虑到他们的低劣装备和可怜经验，他们很快也会面临同样的命运。不过公允地说，几乎没有海军飞行员准确定位到日本舰队位置。大黄蜂号的战斗机和俯冲轰炸机并未找到敌军，在第一波美军攻击中的152架战机中，有45架、或者说接近三分之一的战机从未遇敌。与中途岛的无线电通信也是相当艰难的，在飞行员起飞后，就没有什么新的消息传递给他们了，而日军却突然掉头，朝着远离中途岛的方向开进。美军飞抵日军上空需要大约一个小时的时间。在这段时间里，敌军舰队会出现在上次报告位置以北三四十英里的地点，在理论上不会遭到来袭的轰炸机攻击。而这些飞机已经进入了行动极限，燃料储备很低，而且飞向了错误方向。

许多美军航空指挥官忽略了标准作战命令，而是通过自己的主动行动发现了日军。大黄蜂号上的破坏者轰炸机指挥官杰克·沃尔德伦告诉他的中队，"只需随我前进，我会把你们带到他们头上"（W. 史密斯，《中途岛》，102）。他正确地判断南云在得到美军航母的相关报告后会改变航向，因此最终的确实现了这句话，而且把部下带向死亡。沃尔德伦的才干确保了他能够发现日军，也保证了他麾下的战机会被击落，在屠戮美军破坏者的过程中，日军战机也会忽略来自高空的俯冲轰炸机的威胁。要是沃尔德伦没有改变航向，他就永远无法发现敌军舰队，日军击退其他进攻就要轻松得多，也会做好等待 SBD 的准备。

与此类似的是，当韦德·麦克拉斯基率领企业号上的俯冲轰炸机抵达 155 英里开外的集结点时，他的飞机也没有发现任何日本舰队。他同样出于本能当即做出判断：南云的航母已经改变了航向（日军岚号驱逐舰当时正在追赶南云舰队，它的航迹有助于麦克拉斯基判断）。因此开始向北展开针对日本航母漫长的彻底搜索，在几乎用尽轰炸机燃料储备时最终将其发现。要是麦克拉斯基没有猜测，或是没有猜对，又或者他在试图通过无线电获得命令时来回盘旋，企业号上的轰炸机就会像大黄蜂号一样对战斗毫无作用。要是赤城号和加贺号都得以逃脱，那么企业号或大黄蜂号就必定会承受来自这两艘航母舰载机的怒火。这就难怪企业号的舰长乔治·莫里称麦克拉斯基的主动行为是"整场作战行动中最重要的决定"（G. 普朗格，《中途岛奇迹》，260）

在实际的轰炸行动中，美军飞行员个人在见到受损的日本船只需要更多"照顾"，或是感觉他们的炸弹扔到新目标头顶上更好时，也会做出违背最后接到的命令、仓促变更作战方式的决定。即兴改变目标的作战理念，确保了飞龙号被击沉，重型巡洋舰最上号被重创。这两艘日军战舰所遭到的毁灭性打击，都源自原本奉命攻击其他地方的美军轰炸机。

这样自由思考的美国飞行员一旦受到自己鲁莽而具备传染性的热情影响，就时常会表现得相当无能——如果不是极端危险的话——正如我们在中途岛之战里失败的岸基攻击中曾看到的那样。B-17轰炸机的许多次仓促出击是有勇无谋的，其中一架B-17甚至攻击了一艘美军潜艇。B-24轰炸机在6月6日做出的夜间轰炸威克岛的不明智努力，最终导致凄惨的失败——飞机并未找到岛屿，此次飞行任务的指挥官克拉伦斯·廷克少将自此音信全无。虽然如此，日军和美军的侦察机、战斗机和轰炸机飞行员们之间的比较反映出美军飞行员拥有强得多的创造力和适应能力。正如整场太平洋战争中自始至终表现的那样，自主权利在中途岛得到了回报。

西方战争中的个人主义

因为美国决心毁灭日本，而非仅仅消除日本的军事威胁，英勇且智慧的日本水手和飞行员会让美国人在中途岛后的三年内损失成打的航空母舰、战列舰和驱逐舰。在瓜达尔卡纳尔、塔拉瓦、贝里琉、硫磺岛、冲绳以及所罗门群岛外海的一系列海战中，成千上万不同军种的美军将被计划良好、组织优良的日本进攻屠戮。然而令人惊讶的事实依然存在：不到四年时间里，美国在完全毫无防备的状况下遭遇奇袭后，依然在将主要兵力投入到欧洲战场的同时，在并未依靠万岁冲锋、神风攻击和仪式性自杀的状况下，不仅击败了数量庞大、久经沙场的日军，而且摧毁了日本这个国家本身，终结了它作为可怕的军事大国和现代化工业国存在的半个世纪历程。日本的海军、陆军和空中力量不仅输掉了太平洋战争，也在这一进程中不复存在。

其结果是，到了1945年8月，日本的状况比起一个世纪前的1853年——佩里准将在那时抵达江户湾，加速了日本的西方化进程——还要糟糕得多。长达一个世纪并没有附带自由化的西方化未能使日本跻身西方大国之列，反而让它被西方大国毁灭。美军在大约45个月内完成了前所未有的残酷成就，对这一成就至关重要的是倚赖于个人创新的悠久传统，这与东方对群体一致、服从帝国或神圣权威、个人从属于社会的强调形成了鲜明反差。终结日本的开端是中途岛，日本人在那里损失了最好的飞行员、无法替代的空勤人员以及航母舰队的核心人员——而最为重要的是，在短短三天内他们的自信心就土崩瓦解到可怕的地步，以至于他们开始害怕与天边的美军战舰交战，而不像原先那样热切求战。

在西方军事效能中，个人主义长期以来发挥着作用，通常情况下它会在战场上以三个层次表现出来：统帅部、普通士兵自身，以及给予战士武装、将战士送上战场的社会。所有文化都可以创造出才华杰出、气质高度独特，并且能够运用独立思考和直觉的军事领袖。罗马遭遇了许许多多富有天分的部落军队领袖和东方君主——朱古达、维钦斯托克利、布狄卡、米特拉达梯——他们的才能时常可以带来战场上的胜利。但是，他们的个人主义，以及其他类似他们的人的个人主义，很大程度上并非这些人所处文化的特征，却与他们享有绝对权力的程度相关。因此，在他们死后——所有罗马的敌人通常都会战死或自杀——他们的民族解放战争就随之崩溃，这表明他们的君主政治、神权政治和僭主政治烙印很少能够创造一连串天才军事领袖，更何况，一个只有追随者的国度，永远无法依赖自身的创造性和自主性来发动战争。

同样的说法对法老、位于新大陆上墨西哥和秘鲁的统治者、中国皇帝以及奥斯曼苏丹等独裁者的王朝也一样成立。他们也同样把军事权力集中到自己手中，并不鼓励下属臣民的主动性，确保胜利的机会并不在于军事上的即兴创造，却只依靠他们自己时常出错的判断。与此相反，像地米斯托克利、斯巴达的莱山德、西庇阿·阿非利加努斯、杰出的拜占庭将领贝利撒留、科尔特斯以及乔治·巴顿和柯蒂斯·李梅等人，却与他们自己的国家发生争吵，被同样自由思考的下属们包围，而且并不仅仅依靠纪律维系部队，还热衷于开发部队的主动性。

身处西方军队队列中的士兵，时常会运用其他社会中未曾发觉的独立思考潜质。这让我们在此想起曼提尼亚会战（公元前418年）中阻止会战的"老人"，他警告斯巴达高层指挥官们，军队的部署并不明智；身处小亚细亚（公元前401年）的色诺芬万人远征军间（他们就像被雇用的杀手团伙一样形成了移动的武装民主社团）存在着残酷的交换意见；在十字军东征当中，各种各样的古怪的法兰克贵族团体之间互相争吵得就像与敌军作战一样；勒班陀战前，各种脾气糟糕的海军将领间也是争执连连；19世纪身处印度与非洲的英国职业士兵，尽管高层指挥表现平庸，他们的作战技能与想象力却带来了成功。

所有人都时常作为个体行事，作为人类也会珍惜自己的独立与自由。但正式承认，乃至时常从法律层面承认一个人对个人行为的自主领域——社会、政治和文化方面——则是独一无二的西方理念，这一理念会令大部分非西方世界感到惊骇，有时这些惊骇还显得颇为有理有据。与自愿组织起来的政府和对政治自由的法律承认不同，个人主义是一个文化存在，而非政治存在。西方的政治与经济将自由赋予了抽象和具体意义上的个人，在此过程中培养了个人的好奇心和主动性，而这在没有真正公民，没有自由政府和市场的社会中是闻所未闻的。个人主义是西方政治与经济的回报。

正如我们曾在萨拉米斯和坎尼那样的案例中所见到的那样，诡诈的个人主义源自更为宏大的西方自由、立宪政府、财产权和公民军国主义传统。雅典公民大会投票赞成了对西西里的灾难性远征（公元前 415 ~ 前 413 年），随后以坚定英勇的方式让雅典在战争中继续坚持了九年——这与 19 世纪的英国议会或 20 世纪的美国国会极其相似，后者批准了各种政治与经济政策，将对战争的努力托付给成千上万人身自主且自由思考的公民。从公元前 5 世纪哲学家普罗塔哥拉的断言"人是万物的尺度"，到由西方法学家们起草、联合国于 1948 年接受的《世界人权宣言》（"各联合国国家的人民已在联合国宪章中重申他们对基本人权、人格尊严和价值以及男女平等权利的信念……"），存在着长达 2500 年之久的个人自由传统，以及对个人而非政治、宗教集体的固有信念，非西方国家在这方面无法与之比拟。无论这是善念还是恶念，在东方，一头神牛有时会比一个人的性命还要重要；皇帝相比普通人则是不可侵犯的存在；一个人一生的目标，或许就是为了一场宗教朝圣；在战争中，为了一个精神领袖，战士们时常需要发起自杀性的冲锋来证明忠诚；一名战士还必须冒着他（她）的生命危险，只为救出皇帝的相片……没有多少西方人能相信上述理念。

与此相反，日本依赖的是坚定的服从——正如过去2500年中，西方的大部分敌人所依赖的一样——而非具有独立思维的司令、有创新精神的士兵和完全独立自主的立法机构。严格的等级制度和个人对日本天皇神性的完全服从，意味着最终决定日本政策的是一小撮军国主义者的想法，而他们既不需要得到日本人民的批准，更不需要告知日本人民。就像古典时代东方帝国的庞大军队一样，中央集权控制和大众意识所铸就的军队，得到了良好的训练，拥有巨大的规模，并且充满战斗意志。但这样的军队，在面对公民军队国家发起的反击时——这样的国家依靠成千上万自由思考个体的集体智慧——则会变得相当脆弱。

随着太平洋战争的终结、日本社会的毁灭和军国主义者的名誉扫地，阻碍这个国家全面接受西式议会民主及其一切伴生物的百年路障最终被搬开了。战后引入的立宪政府带来了土地的再分配。媒体自由、抗议自由、妇女解放和中等消费阶层的出现也是美国占领的回报。其结果是——如果不采用日本对个人与社会角色的极端重新解读的话——至少在世纪之交，日本拥有了世界上领导最为优秀、最能创新、技术上最为先进的军队之一，而这支军队也处于选举产生的立法机构、行政长官的完全控制之下，还受到民间的稽查。

如果说日本过去对西方军事研究和发展的失之偏颇的接受，最终在世纪之交将日本带到几乎与欧美军队同一技术水平上，那么，它目前对西方政治和社会体制更为全面的接受已经确保了它在军事上——至少在军事技术层面上——与当今的任何一个欧洲国家几乎相当。在21世纪里，只要日本抛开漫长且好战的历史中的固执，继续以前所未有的程度去鼓励个人才能和创新，它在武器领域的科学进展终将挣脱效仿的桎梏。

第十章　秉持异议与自我批评

——春节攻势，1968 年 1 月 31 日~4 月 6 日

考虑到我们所要对付的敌人，西西里远征所犯的错误，与其说是由判断失当所致，不如说是在于计划远征的人执行不力。在派出第一批部队之后，他们并未采取必要措施予以支援，反而忙于处理个人的恩怨，竞争对人民的领导权，因而不仅敷衍了事地进行战争，也使国家内部政策陷入混乱……即便如此，直到远征的领袖们最终互相敌对，陷入带来毁灭的个人争斗后，远征军才最终失败。

——修昔底德，《伯罗奔尼撒战争史》，2.65.12~13

针对城市的战斗

西贡，美国大使馆

西贡一片宁静祥和，就像在假日里一样。元旦节庆和庆祝阴历新年的各式活动，在实质上产生了长达 36 小时的休战期。无论如何，越共很少会用大规模部队对越南南方的中心城市展开公开进攻。然而，在 1968 年 1 月 31 日早晨，这一切都改变了，而且毫无预兆。南越全境，或者说从西贡美军司令部收到

的惊慌报告中所了解到的南越全境，都在几分钟内遭到敌军的渗透和攻击。共有100多个南越城市、村庄和乡下小村，正被敌军进攻的浪潮席卷而过。对美军指挥官而言，这样的场景乍看上去完全违背常识。他们确信敌军从不会大举进攻，特别是在1967年，猛烈轰炸渐渐令战争态势向不利于北越[①]的方向转变之后，更应该如此。

美国在此地的权力中心，是南越首都西贡，在人们的想象中，它是一个神圣不可侵犯的要塞。军事援助越南司令部（MACV）作为提供军事与民事支持的庞大网络，其核心堡垒便是美国大使馆，它的围墙由丑陋的混凝土修筑而成，牢不可破的外观象征着美国的惊人实力与庞大投入——是美国阻止了来自北方的共产主义渗透，从而最终在南方建立起资本主义民主国家。在20年前的第二次世界大战中，美国取得了精彩的胜利，继而又在1953年解救了资本主义的"自由"韩国，因此在越战最初几年里，美利坚依然怀着战无不胜的感觉作战。在美国人眼里，解决东南亚问题的关键并不在于击败敌军，而在于找到敌军并将其引诱出来战斗，随后美军压倒优势的火力就会立刻将对手彻底摧毁。

但城市街道与密林一样，都不利于西方式的战争手段。如果美国人打算公然轰炸、射击敌人，以此将数以千计的共产主义分子烧成灰烬的话，那么北越军队的应对之道，则是偷偷在夜间进攻，而且他们甚至不打算虚伪地遵守规则，把目标限定在作战人员之内。的确，就连大使馆也是他们的进攻目标——

[①] 即越南民主共和国，1976年越南统一后改名为越南社会主义共和国。——编者注

事实上，大使馆是敌军于1月31日凌晨3点左右，在全国范围内发起全面进攻时的第一个目标。大约4000名越共游击队员参加了这次战斗，其中许多人身着平民服装，他们还很快得到了渗透进来的北越正规军部队的支援。这些人对在西贡的几乎所有南越和美国政府机构展开了攻击。根据这个鲁莽的计划，数以百计的骨干精锐部队，对越南共和国军队（ARVN）司令部、无线电台和电视台、警察大院、政府机构以及军人、警察和美国官员的私人住宅展开了突击，意图掀起人民的总暴动，从而展开他们许诺已久的民族解放战争。

19名越共突击队员计划强攻进入密闭的美国大使馆，击败一小队猝不及防、正在睡觉的卫兵。一辆卡车和一辆出租车将他们运了过去，随后突击队员在院墙上炸开一个洞，杀死了五名美军陆战队队员，随后开始徒劳地用榴弹和自动武器攻击大使馆主楼的厚重大门，期望能够进入真正意义上的使馆办公室。倘若几个小时之后，广播电视向全国播送越共在埃尔斯沃思·邦克大使本人的办公室窗户里若隐若现的画面，美国公众将会做何感想？

事态并不会如此发展。在五个小时内，直升机就把美军空降兵运到了院子里。美军杀死了全部19名敌军渗透组的成员，确保了使馆的安全。敌军的此次攻击就像当天早晨针对阮文绍总统府邸和其他南越、美国建筑的数十次攻击一样，完全出乎意料，却也同样遭遇了失败。按照北越那些制订计划的人物的吹嘘，这些突击将标志着针对美军及其"傀儡"南越军队的全面起义，他们也以此鼓励下属部队：

> 勇猛前进，不断展开决定性的进攻，结合政治斗争和

军事争取，消灭尽可能多的美军、仆从军和傀儡军……克服一切艰难困苦，为连续进攻作战付出牺牲，最大程度展现你们的革命英雄主义。准备好粉碎敌军一切反扑，在任何情况下，都要坚持革命立场。(M. 吉尔伯特、W. 海德编著，《春节攻势》，21)

然而，西贡的大部分居民更担心的事情，则是缺乏安全感的街道，以及间或出现的射击。担惊受怕的美国和南越军政官员们在数以千计的私人住宅里自行设置障碍，并开始向任何可疑人物射击。

很少有越南人愿意推翻他们自己的政府，更不用说美国人了，当地居民中的绝大多数只是在一边旁观，几乎没有人参与共产党的"起义"。大部分人仔细地观望着越共取得胜利的程度——他们正在掂量形势的变化，等着看是共产党还是美国人会在不久之后掌握生杀予夺的大权。就像跟随科尔特斯屠戮其他土著墨西哥人的特拉斯卡拉人，或是在祖鲁兰调配给切姆斯福德的部落非正规军一样，南越人做好了和那些具有可怕战斗力的西方人并肩作战的准备，对抗共产党——但前提是，美国人必须确保他们能够获得军事胜利，并向越南提供长期的固定援助。而现在，就连美国人自己的大使馆都已经处在攻击之下了！

上午十点左右，美军正在清理一片狼藉的使馆大院时，邦克大使在数十架电视摄像机和数十名记者的陪同下继续上班。这些媒体人士中的不少人曾向国内发出内容荒诞的电报，声称越共曾在一段时间内占据了美国大使馆，还控制了使馆主楼。事实上，错误的信息不仅来自新闻界。身处国内的林登·B.

约翰逊总统急匆匆向全国保证,这次敌人的突击与其说是个重要军事行动,倒不如说更像底特律贫民区的骚乱。至于指挥驻越美军的威廉·威斯特摩兰将军,则坚持向全国声明,这些有预谋、有计划的进攻只不过是试探性的佯攻,目的在于吸引美军从远在北方的双溪围攻战上抽调资源。不过他还是欢迎敌军这样集中起来,因为这为占据压倒性优势的美军火力提供了更为明显的目标;在政客们为这场攻势发愁时,威斯特摩兰却从中看到了取得决定性胜利的机会。

威斯特摩兰起初猜测春节攻势是规模巨大的佯攻,这个想法在次月被证明是错误的,但他的另一个观点则不无道理——成千上万的越军现在更有可能出现在开阔地带,并因此变得易受攻击,很快就将被歼灭。过去三年里,威斯特摩兰在越南所进行的全部努力,就是要创造传统的西方式决定性会战条件,在这种会战中,美军可以依靠其训练和纪律俱佳的冲击式作战步兵,以及巨大的技术物资优势发动打击,进而摧毁敌军,胜利回国。美国人在越南遇到的问题,和所有西方人在海外作战时遇到的问题大体上是一样的,那就是敌军总是不愿意投入大规模会战,转而将战争变成渗透战、丛林战、恐怖炸弹袭击和巷战。在撤退而非会战中,大流士三世与亚历山大大帝保持了安全距离;阿布德·阿-拉赫曼劫掠那邦尼市的行动,远比与查理·马特在普瓦捷展开遭遇战要成功得多;阿兹特克人有时会在夜间突袭取胜,或者在山间小道上出其不意打败西班牙人;倘若开芝瓦约选择伏击英军辎重而非迎头冲击红衫军的方阵,那么祖鲁人也许就能取得更好的战果。

在下个星期里,6000万名身处国内的美国人,在电视上看到的战斗画面,与之前第一夜进攻时多少有些不同。镁光灯下的照片里，包括了一些死在使馆大院里的美军影像。坦克和自行榴弹炮在西贡的街道上横冲直撞。报纸头条上，赫然写着"战争的魔爪触及西贡"。一幅尤为令人烦恼的画面整天出现在电视上：阮玉鸾将军对着一名被捕的越共渗透分子脑袋开了一枪。那名战俘属于渗透部队中的一部分，该部队此前射杀了阮玉鸾手下的许多安全部队成员，其中还包括一名待在家中的军官及其妻儿；此外，不穿制服、身着平民服装的敌军特工并不该得到与被俘士兵相同的待遇。然而这些事实都在新闻导致的狂热中被人遗忘了。为《生活》杂志拍下这张照片的合众社摄影师埃迪·亚当斯，赢得了普利策新闻摄影奖。

这些脑浆四溅的血腥影像，似乎成为春节攻势的缩影，让人觉得整个战事一片狼藉——垂死的美国人无力保护他们大规模远征军的神经中枢，而腐败的南越盟友则射杀没有武装的无辜者——而公众却在这个时候得到保证："曙光就在隧道的尽头。"在美国人看电视的时候，他们一定会怀疑胜利是否真的触手可及，同时为了应当相信谁、又该相信什么而头痛不已。

关于春节攻势，最重要的图片是埃迪·亚当斯拍下的照片：一位南越将军射杀一名双手反剪在背后的男子。对此，最令人印象深刻的评论，是彼得·阿内特从槟榔发回的诅咒式警句，"为了拯救这座城市，我们有必要先毁灭它"。为报道春节攻势中的事件而特别颁发的唯一一项普利策奖，于两年后授予从未踏足越南的西摩·M.赫什，因为他曝光了美军在美莱村屠杀100余名平民，这本身就说明了一些事情。（D.奥伯道夫，《春节攻势！》，332）

在大使馆之外，富寿赛马场也发生了一场激烈战斗，那是一个数条林荫大道交会的交通中心，有足够空间协调一整支军队,因此被越共作为进攻要点占据。赛马场周围的房屋里塞满了数以百计的狙击手。美军部队和越南共和国军队展开了长达一个星期的逐屋作战,最终才得以锁定敌军的位置并将其逐走。越共的士兵们极少会投降,几乎需要全部歼灭才能取得胜利。然而在电视上,美军却因炸毁住宅招致指责,好像没人注意到,即便是节日休战当中,越共的狙击手仍然在城里射击美军陆战队队员。

消灭掉全部有组织的渗透人员,将他们击杀或逐出西贡,消耗了大约三周时间。第七步兵师第三营的一个陆战队连奋力突击富寿赛马场,与越共的一个营展开了城市交火中典型的残酷战斗:

> 无后坐力枪在墙上炸出了空洞,榴弹发射器伸进锯齿形的残垣断壁向内射击,随后士兵们爬进冒烟的入口。随着战斗的持续进行,数以百计惊恐的平民从装甲运兵车旁边逃过。随着这队士兵逐步靠近赛马场,他们继续与越共在激烈的逐屋战斗中展开角逐。武装直升机从空中俯冲下来,用多管机炮和火箭弹齐射炸开建筑物。到那天(1月31日)下午一点为止,这个连已经向前推进了两个街区。随后越共退到了混凝土制公园长椅后方的堑壕阵地上,他们还利用部署在赛马场看台上混凝土塔里的重武器进行火力支持。(S. 斯坦顿,《美军的崛起和衰弱》,225)

浴血顺化

更为惨烈的城市战出现在遥远的北方,接近非军事区(DMZ)的省会顺化——它曾是统一的大南帝国的美丽首都,拥有大约14万居民。尽管顺化是南越第三大城市，而且位于北越边界附近，但其此前所受的战火侵袭依然相对较少。这样的状况很快就将发生变化。几乎就在美国大使馆遭到攻击的同时，两个整编团外加两个营的北越军队兵分三路突入城市，在战斗中北越投入的兵力数量最终会上升到接近12000人。很快，他们就和渗入顺化的部队接上了头，后者混在庆祝春节的人群中进入了城市。北越军队迅速突破了兵力不足的越南共和国守军，随后占据了"皇城"——这是一座大型要塞，俯瞰着遍布古代宫殿庙宇的旧城。

一旦控制住局面，北越军队就有组织、有计划地将特工网络撒布下去，广泛搜寻南越士兵、官员、亲美分子和外国人。大约有4000~6000人被捕获，其中的大部分被打死或枪决。医生、教士和教师是北越特别针对的目标。最终，人们在万人坑里发现了3000具尸体，至于其他人则成了文档中的"失踪人口"。尽管西方记者很快就遍布顺化的街头巷尾，但很少有人对这些处决事件做出评论，甚至还时常有人否认集体处决曾经发生过。

以陆战队为先导的美军反击十分猛烈，此后经过持续26天毫无间隙的战斗、坦克攻击、增援和空袭，这才让美军夺回了几乎被夷为平地的皇城。和西贡一样，陆战队队员们在私人住宅里进行搜索时，往往在遭到敌军射击之前，对敌军所在地点及其身份一无所知：

> 我最终开始理解为何我们会在穿越街道时经历这么大的麻烦。这些房屋里有许多是单层住宅，但有两栋是两层楼房，为在那里等待的北越军（NVA）提供了有利的射击

阵地。在我们试图跑过街道时，北越军可以立刻从这些阵地上朝下方的我军直瞄射击。这一点相当明显，我们也清楚地理解了自己的处境，所以我们把还击火力瞄准街对面的房屋门窗，那是最有可能被敌军当作射击阵地的地方。我们没有意识到的是，北越军也在街道上从房屋之间连通良好的堑壕阵地上朝我们射击。（N. 沃尔，《绿色相位线》，159－160）

美军曾接受过机动战和歼灭战的训练。在这种战争中，他们漫步于湿地和丛林，参与激烈而短暂的交火，而后呼叫炮兵轰击和空袭，接着返回要塞化的、相对安全的驻地。像重装步兵或切姆斯福德勋爵的红衫军一样，战争的要点在于找到敌军，随后凭借西方军队更为强大的火力将其击败——毕竟火力本身是优越的训练、技术和补给的产物。尽管威斯特摩兰将军声称春节攻势是敌军的失误，认为这带给他的部队一个罕见机会，能够在空旷地带与北越军作战。然而，纵观整个春节攻势期间，只有很少几次敌军的进攻最终导致了传统的西方冲击式战斗。更为频繁发生的情况则有所不同，在巷战里，美军为了从火力优势中获得好处，就不得不呼叫炮兵和空军对越共狙击手藏身的城市住宅展开轰击，但毁灭这些敌人一方面会导致南越的地产主疏远美军，同时也留给美国国内敌对媒体抨击的话题。

越共和北越军以小股独立部队单位在夜间渗透进入顺化，还时常不着制服参加战斗。他们成群结队地从窗户和墙壁后方用自动武器、迫击炮和榴弹发射器射击，陆战队队员展开的反击让人想起斯大林格勒——在这种战斗中，需要一个街区接着一个街区地驱逐敌军，在这期间得摧毁数以百计的房屋。通

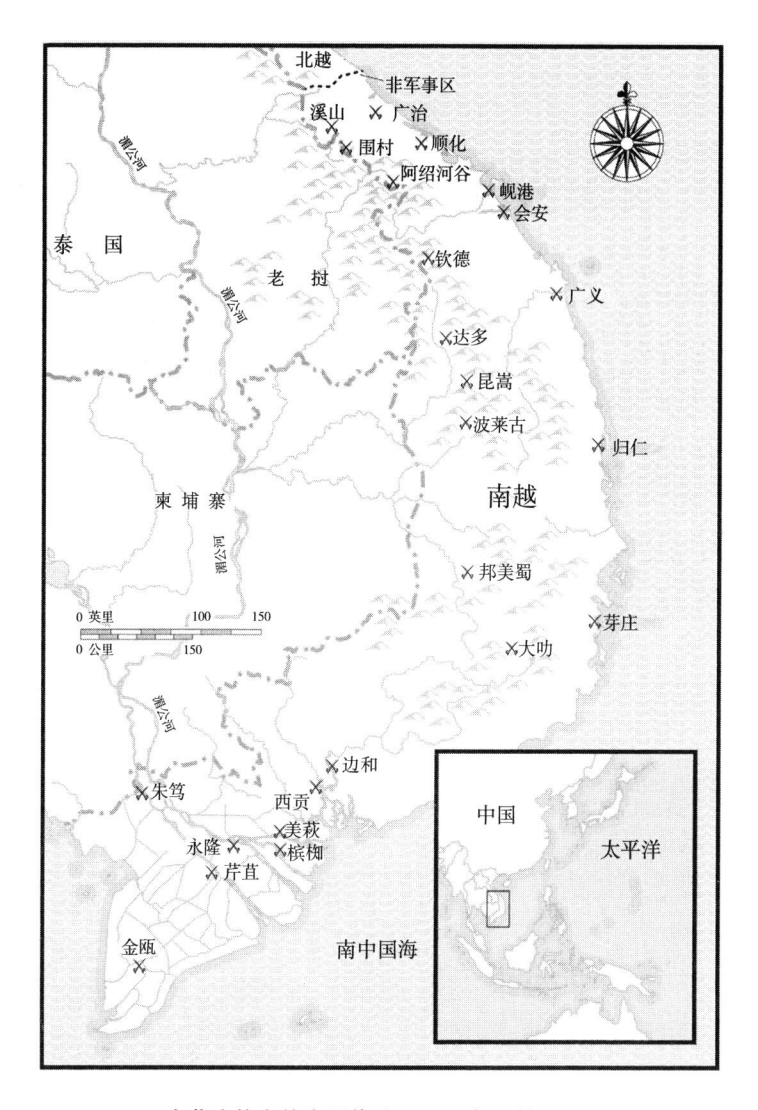

春节攻势中的主要战斗，1968年1月31日

常，美军所面临的选择很简单：要么被隐蔽良好的狙击手随机干掉，要么就得用榴弹炮和空中轰炸摧毁整栋建筑——虽然建筑本身往往是历史古迹，美军也不得不出此下策。

> 他们没刮过胡子，满身污垢，全身覆盖着从粉碎的砖石建筑上掉下来的尘土。汗水和血斑掩盖了他们劳累的神情。这些军人一连穿了两周的制服，他们的肘部和膝盖在破军衣上裸露出来……这些本被训练为两栖机动反应力量的陆战队队员，现在成了鼹鼠士兵。他们像一群脏乱的老鼠一样停滞不前，在倒塌房屋的垃圾堆里俯身行进，身边是被炸出弹坑的院墙、被击毁的汽车、倒下的树木和电线。死亡在等待着他们，死神的触碰随时有可能敲击到肩头上，许多人将永远不知道死亡从何而来。（G. 史密斯，《围攻顺化》，158）

尽管如此，敌军在不到一个月的时间里就被赶出了顺化。最终，双方的死亡人数统计出现了戏剧性失衡的状况。美军和他们的南越盟友——精锐的黑豹连被授予了突击皇宫、消灭敌军最后据点的荣耀——一共杀死了5113名敌军。相比之下，只有147名美军在作战中丧生，另有857人受伤——这样的死亡数字，在两次世界大战中都意味着美军取得了重大胜利。然而在顺化自由漫步的记者却忽视了双方各自的损失，对更大规模的战术形势也毫无兴趣。与此相反，他们多数时候是在肮脏的街道战斗中采访美军士兵。他们时常发回简短的采访，就像一名陆战队队员在一分钟的射击间隙接受的下列采访一样：

问：最艰苦的部分是什么？

答：（我们）不知道他们身处何处——这是最糟糕的事情。他们可能在四周转移，在下水道里奔跑，在路边沟里埋伏，什么地方都有可能。他们可能在任何地方。只要希望你自己能够日复一日地活下来就行。每个人都仅仅希望回家上学。仅此而已。

问：你曾经失去过任何朋友吗？

答：很不少。我们在前几天损失了一个弟兄。的确，这整个事情都糟透了。（S. 卡尔诺，《越南》，533）

这是西方战争史上第一次，数以百万计士兵的双亲、兄弟姐妹和朋友在安全的起居室里看着激战中的士兵——事实上，这也是在任何时间、任何地点发生的任何冲突中的第一次。任何国家的记者都能够拍下死伤者的影像，他们在大多数时候能够自由行动、观察并发回他们自己编写的报道。这些报道可以在几小时内（如果不是几分钟的话）被记者以可怕的彩色图片的方式传回国内，让享有投票权的美国公众听到、读到或看到。即时视频通信时常是以缩减的无背景片段形式出现，在这方面的技术突破与西方传统上对无限自由的强调结合后，其结果就是导致人民对战争的强烈反感迅速出现。这种情况在过去极其少见，即便是针对雅典远征西西里、欧洲征服美洲或英国在祖鲁和布尔战争中行径的异议也没有达到这种程度。

就在美国人在电视中看到残忍杀戮的图片，看到对满腹牢骚的陆战队队员的采访时，陆战队队员们似乎觉得南越友军不愿与他们一道冲击敌军的坚固阵地，同时认为北越敌军相当致命，但此时几乎没有报道提到北越对无辜者进行的屠杀。至于猝不及防、数量处于劣势的美国陆战队的战绩，即他们以不到150人战死的代价，在三个多星期里就把一万名敌军从要塞化的城市中心赶走的惊人表现，更是没有多少人表示出一丝一毫的欣赏。尽管顺化之战变得相当残酷，它还是一场令人印象深刻的美军胜利，也许是能够和"一战"或"二战"中任何英勇行为相匹敌的壮举。然而这一次，美利坚的军队却没有得到人们的认可。

双溪

北越军和越共于1月31日破坏了为期36小时的春节停战，并以八万多人的军队对西贡、广治、顺化、岘港、芽庄、归仁、昆嵩、邦美蜀、美萩、芹苴和槟椥等主要城市发起了有组织的进攻。在百分之五十的南越军放假离队时，南越的44个省会中有36个遭到了进攻。然而，除了西贡和顺化之外，大部分地方在一个星期内就赶走了渗透进入的敌军。这一反击本身就是惊人的壮举，因为美军实在猝不及防——关于入侵规模和时间的警戒情报早在数周前便已发出，但内部矛盾不断的军事援助越南司令部高层却基本上忽略了它。

虽然只有相对较少的部队渗入了西贡和顺化这类大城市中心地带的关键设施，但在战斗之初，北越军还是实现了远远超过美军及其盟友实际损失的心理效果。他们很快就发现，攻势并没有必要取得胜利，只需攻克一些原先被认为安全的地域，再坚守若干天，就可以导致美国内部非难和不满的爆发。此外，美军指挥层起初并不清楚敌军的意图。威斯特摩兰将军本人认为，春节攻势只是将美军从双溪包围战拖走的牵制战术。然而，与之相反的想法倒更有可能成立：早先在双溪展开的包围战是为了吸引美军的注意力，为北越在此后一周发起对城市的进攻提供了便利条件。

春节攻势正式开始前10天，1月21日早晨5点过后不久，数以千计的北越炮兵对美军双溪基地展开了猛烈炮击，这是总攻的一个组成部分。双溪是位于非军事区附近的一个前进区驻防点，其作用在于切断来自北越的人员和军需补充。在1月的最后一周里，基地被围的消息传遍了世界。许多报纸将这次围攻战称为又一个奠边府——1954年，法国在奠边府的驻军几乎被歼灭，共有16000名幸存者投降。

然而，每日展开的空袭、每小时运来的补给、老挝和越南难民相对安全的疏散活动，以及持续不断的交通，以上这些因素保证了6000名在双溪被围的士兵处于相对较好的状况。那么，他们在被围的双溪继续坚持，是否代表着很大的战略价值呢？这一点很难说清楚。美军选择坚守这个孤立据点作为诱饵，这似乎是吸引北越军以整师兵力投入开阔地带交火的精心计划；他们也有可能是在担心，反战抗议加剧之际，选择于美国大选年撤退会暴露政府关键性的弱点。不管决定留守的原因如何，双溪的战况远非奠边府可比，在这里，美军毁灭性的火力又一次得到了展示。当年，数量上处于劣势的法军在邻近中国边境的北越领土上被分割包围，并且没有足够的空中支援，处境孤立，而现在的美军，不仅位于非军事区以南，可以得到日常补给、增援，与后方的联系既轻易又频繁，而且火力充足，能够向敌军倾泻成吨的弹药。虽然如此，被围的陆战队队员依然处于久经沙场的北越士兵的汪洋大海之中，而且对于具体任务，他们自己也多少有些不确定。美军在双溪地区的最终计划到底是什么？双溪到底是威斯特摩兰宣称的非军事区防御锁钥，未来在老挝军事行动的要地，还是区区一个导致敌军伤亡的杀戮地带，一旦解围即告放弃？

北越的老兵们突袭了双溪附近的围村，击溃了当地的老挝-南越驻军和他们的美军顾问团，从而控制了通往双溪的所有陆上道路。很快，双溪基地就遭到几乎不间断的炮击——在某些日子里，双溪遭到了多达1000发炮弹、火箭弹和迫击炮弹的轰击，这种攻击的目的在于拖垮陆战队和摧毁机场。北越军装备了一些苏联和中国生产的最新武器，例如122毫米口径的重迫击炮、地对地导弹、火焰喷射器、坦克以及130毫米重炮，这其中大部分武器的基本设计可以追溯到"二战"期间德、法、美等国的同类装备，同时进行了相应的改进。数以千计的中国和苏联顾问秘密在北越展开工作，他们不知疲倦地向北越增运火炮、训练炮兵。

尽管北越拥有新式致命武器，但是美军的反击依然具有可怕的威力，这次反击是步兵战历史上最为致命的炮击和空袭之一。从1968年1月20日到4月中旬，在将近三个月的围困战中，美军一共投下了110022吨炸弹和142081发炮弹。按照某些人的估计，美军实际上总的炮弹消耗超过了20万发。这种令人惊讶的火力需要不断地重新补充，最终，超过14000吨补给通过空运进入双溪——而这一切都在敌军持续火力的威胁下进行。数以千计的北越军人，在营地周围的丛林里被美军的火力烧成灰烬。按照大部分学者的估计，北越的死亡和重伤人数在一万人左右，这相当于他们起初对美军进行围困时投入兵力的一半。

双溪的战斗，成了一场对越共军队的可怕屠杀。就在美国本土政府内外的人们进行抗议，反对让陆战队队员为了防卫一个前哨据点而无谓牺牲时，数以千计的北越年轻士兵在突击一个小小机场的失败努力中死去，但在公开场合，北越人却对付出如此牺牲的逻辑保持沉默。一位美国空军飞行员对敌人自取灭亡式的战斗作了如下评论：

> 在2月中旬，这块地方看着就像越南的其他地方一样，山地连绵不绝，丛林茂密，在密布的树林中能见度极低。五个星期之后，丛林变成了真真切切的荒漠——大块大块伤痕累累的裸露土地，几乎没有一棵树还挺立着，整个一片弹片与弹坑的景象。(T. 胡普斯，《干预的界限》，213)

不到200名美军战死，另有1600人受伤，其中845人已被空运疏散。当我们考虑到双溪及其附近围村的战斗损失，以及4月份试图进行陆上救援（珀伽索斯行动）时的伤亡，再加上运输机、战斗机飞行员的损失，实际上的总损失数字无疑会高一些。然而，在双溪战场上每战死一名美国人，还是会有50名越南人丧生——这相差悬殊的数据接近了西班牙人和阿兹特克人在墨西哥，或是英国人和祖鲁人在南非时进行杀戮的可怕交换比。

在整场围攻战中，美国媒体非但没有对这样的单方面杀戮表现出丝毫惊讶，反而总是期待美军会遭遇惨败。春节攻势刚刚开始，就发生了情报船"普韦布洛"号在朝鲜水域被俘的事件，此时《生活》杂志就警告其读者，美国在全球范围内的受挫，会以"隐约逼近双溪的可怕杀戮"而落幕。在围攻战进行了一个月后，美军的反击火力已经稳定在相当高的水平，小阿瑟·施莱辛格依然于3月22日在《华盛顿邮报》上写道，"不管我们做什么，我们必须不能重演奠边府。"他继续警告美国人，"让我们的勇士不要因为将领们的愚蠢和总统们的固执而牺牲"。小奥利弗·E.丘布在《新共和国》上附和了普遍存在的歇斯底里式呼叫：他回顾了俾斯麦对德国士兵与干涉巴尔干的相对价值评论，表示双溪"还值不上一个陆战队员的生命"。① 他总结说，这场围攻战"极易以越南战争中前所未见的军事灾难告终"（B.奈尔第，《空军与双溪围攻战》，39-40）。与此同时，在围攻战开始后的三个星期里，以联队建制出现的B-52轰炸机，在被围的基地周围划出了一个网格体系，每90分钟，就有三架轰炸机使用高爆弹和凝固汽油弹用地毯式轰炸的方法抹去一个2000米乘1000米的网格，如此昼夜不停——这是若干年后海湾战争轰炸战术的预演。按照上述方法，空军开始有条不紊地摧毁陆战队壁垒周围1000米范围内的几乎所有活物。

双溪围攻战于4月6日结束，在春节攻势达到顶点后，这场仍在进行的最后较量至此告终。但到了6月底，美军援越司令部在认定己方已经取得防御战的胜利之后，便下令废弃基地。6月5日，双溪被美军夷为平地！美国人在几个小时内就完成了北越共产党人在几个月内都无法完成的事。虽然出于确保陆上运输队与被困陆战队会合的目的，美军曾经不计较任何劳动力的消耗，在几周之前修理好了附近9号公路上的所有桥梁，但这些桥梁此时也被有计划地全部炸毁了。在春节攻势和之后的停火中，美国人显然决心放弃他们之前壁垒森严的非军事区，

---

① 俾斯麦在谈论巴尔干半岛的重要性时认为，该地"还不如一个波美拉尼亚掷弹兵的骨头重要"。——译者注

并取消在接近北越边境前沿防御区里部署的部队。曾在将近三个月里勇敢直面持续火力的陆战队队员们听到这一消息后怒不可遏，几乎发生了暴乱；他们认为，继续据守基地的行为，而非杀死敌军的数量，才代表他们逝去的朋友至少能够死得其所。

到了1968年4月，在即将展开的美国总统大选中，双方都在谈论减少美国在越南的军事存在，要么是通过罗伯特·肯尼迪谈判撤军的许诺，要么是休伯特·汉弗莱暂停轰炸的暗示，要么是理查德·尼克松逐步"越南化"的另行解决方案。正如美军太平洋舰队司令、海军上将尤利西斯·格兰特·夏普在美军于双溪取得惊人胜利后所述，"他们在华盛顿因为春节攻势变得歇斯底里，对和平的渴望都有些走火入魔了，他们已经下定决心，就算我们赢不了战争也要尽快将其终结"（B. 奈尔第，《空军与双溪围攻战》，104）。美军在被围地区的英勇防御，北越军遭遇的骇人损失，以及突如其来放弃双溪的行为，这些都象征着在1968年晚春越南发生了变化——变成了一个泥潭。在这个泥潭里，军事行动与价值观或战争进程并不一定能够关联起来。较之顺化，双溪更好地反映了高层指挥的无能，陆战队队员的英勇与纪律，空军令人惊讶的技术优势——以及许多美国媒体完全歇斯底里的态度，这种态度在战争中习惯性地降低了美军伤害敌人的能力，而且只是在战后才对越共军队的伤亡和痛苦状况夸大其词。也许南越驻美大使裴艳的言论，最好地总结了春节攻势既胜且负的悖论：

> 此后不久，我就清楚美军从越南完全撤军只是个时间和形式的问题了。在那一意义上，1968年的春节攻势，可以被当成五年后战争终结的序幕。因此，它便是第二次

印度支那战争的高潮。事实上，对我而言，春节攻势因为美国公众的自以为是和误读曲解，从潜在胜利的景象里，嗅到了失败的意味。(M. 吉尔伯特、W. 海德编著，《春节攻势》，133)

虽胜尤败

泥潭

在春节攻势过后，美军时常吹嘘他们在整场越南战争中从未遭遇重大失败。即便把整个美国干预时期计算在内，除了少数配备美国顾问的大院遭到突袭，一度被敌军攻占外，这一吹嘘也大体上成立。尽管为期数月的春节攻势中，有好几个不同的阶段，但战局的第一阶段基本上在不足一月时间内就结束了。到1968年2月底，顺化已经解围，双溪保卫战也在4月初胜利结束，在攻势的第一周后，其他小城市也肃清了敌人并重获安全。

尽管媒体对攻势做了耸人听闻的报道，民意调查依然显示，大部分美国公民在整个春节攻势期间都支持美国继续干涉越南局势。根据某调查数据统计，百分之七十的公民希望美军获得军事胜利，而非撤退了事。沃尔特·克朗凯特自越南归来后，却告知数百万美国人，他们的军队正陷于困境，而且"唯一理性的解脱方法……将是谈判，并不是作为胜利者，而是作为一个有荣誉感的民族"（D. 肖尔沃特、J. 阿尔伯特，《美国窘境》，29），但对大部分美国人来说，他们依然愿意支持一场自己认为能够取胜的战争。至少在短期内，美国军方在越南面临的问题，并非军事行动缺乏国内多数人的认可，而是肆无忌惮、富有影响力且极为时髦的少数派批评者的增长——这些活动家对立即终结美国干涉的关注，远甚于大多数支持者对维持干涉的关注。

如果把问题严格限定在军事层面，那么我们会发现，春节攻势也许是一场悲剧，但远非战败。真正的大灾难是美军在胜利后没能利用越共军队的混乱，反而暂停了轰炸，这样就给了敌人虚弱的印象，并让敌人感到，美国并未对胜利感到欢欣鼓舞。事实上，春节攻势的决定性胜利标志着美军开始从根本上削减对越战的投入。1965~1967年的大规模增兵，很快导致在越南的美军总兵力达到1968年4月4日的54.3万人的最高峰，其后则骤然下降，在1972年12月1日回落到不足三万人，最终在1973年停火后全部撤离。约翰逊总统似乎意识到了他所处的窘境——赢得了战争，却在美国国内输掉了公共关系战，在春节攻势开始后一个月，他于1968年2月28日向内阁发表演讲：

> 我们需要小心提防像威斯特摩兰回来时说他看到了"隧道尽头的曙光"这种话。我们现在承担着春节攻势的冲击。胡志明从不用去参加什么选举……他在许多方面就像希特勒一样……但我们，总统和内阁，则被称作谋杀者，他们（媒体）却从不对胡先生说这种话。种种迹象都在这里。他们都在说"结束战争"，但你从来看不到任何媒体人出现在那里（越南）。他展开了春节攻势，破坏了休战，对44座城市进行攻击，使得战争局势升级，这一切都在我们暂停轰炸时发生。就像乡村律师在做了平生最伟大的演讲后，他的代理人依然被电刑处死一样。我们

现在的处境正是如此。(M. 吉尔伯特、W. 海德编著,《春节攻势》,43)

就连北越人也承认他们遭遇了惨痛失败。大约四万名越共和北越正规军在几周内战死。敌军在1968年一年的死亡人数,就超过了美军在超过10年的整个干涉期间的战死数量。共产党将地方干部投入巷战的战略被证明是十足的灾难。这远没有导致总起义,只是以可怕的杀戮告终,导致了越共在南方的基层组织于此后两年里被毁灭。在春节攻势后,民族解放阵线(NLF)事实上就基本没什么军事武装了。它需要在丧失了最富有经验的组织者的状况下从头开始重建。这就是越南人因为完全不理解美国在空中力量、军队纪律和补给上的全面优势,而在美军的致命攻击之下付出的惨重代价——美军的优点在战场上同样可以暂时抵消掉猝不及防、低劣的指挥和国内社会不稳所带来的负面作用。

共产党的各类高层人员也承认了春节攻势的可怕代价。陈文茶上将虽然采用了他典型的双关话语来回答问题,却依然坦承了与美军直接交手的灾难性错误所导致的严重损失:

我们没有根据科学的分析,没有仔细权衡各种因素,在某种程度上从主观愿望出发采取行动。正因为如此,尽管这次进攻是天才的、有独创性的、适合时机的决策,组织实施果敢、出色,整个战场配合默契,全体指战员无比勇敢、舍生忘死,取得了极其巨大的胜利,在越南南方和印支地区造成了富有战略意义的转折,但是,我们也在人力和物力方面,特别是各级干部蒙受了重大牺牲和损失,

使我方力量明显削弱。（R. 福特，《春节攻势!》，139）

如果北越人都知道他们输掉了春节攻势，那为什么在大部分西方观察者看来敌人事实上获胜了呢？

这种感受，很大程度上源自攻势爆发前夕过高的期望。在反战运动的刺激下，四面受困的美国军方于1968年初过早地向公众保证，美军正在赢得战争胜利。作为这个过分乐观评价的一部分，军方又犯下了错误，承认美军并不足以立刻在战场上击败敌军，从而导致状况恶化。到1968年为止，如果想要停止国内的反战运动，继续维持公众对战争的支持，美军就需要至少完成另外四个同样重要的目标：北越在持续四年的激烈地面战后已经到了屈服边缘的证明；南越最终能够承担主要防务的过硬证据；美国能够以最小化的伤亡完成迅速撤军的保证；南越成为自由且人道的民主国家的信心。

尽管春节攻势显然是以美军获胜而告终，但这场胜利却使得以上这些虚妄的幻想彻底破灭。春节攻势表明，达成上述所有这些目标都困难重重；与之相反，北越虽然战败，如果不考虑其牺牲式策略所付出的人员代价，那么他们反倒是以一种似是而非的方式，证明了长期战略的先见之明。只要北越人愿意承担成千上万人战死的代价，以此换取与美军交战的机会，那么时间就总是在共产党一边。因此，一位美军情报官员这样概括武元甲将军残酷的消耗战略："他的军队并不是一支将棺材运回北方的军队；武元甲用运回国内的美军棺材数目来衡量自己的胜利程度。"（G. 李维，《美国在越南》，68）

只要苏联和中国继续向北越提供尖端武器，只要越共继续向具有影响力的美国记者、学者、和平主义者摆出解放者和爱国者而非破坏和谈者和恐怖主义杀手的姿态，只要美国军方依然根据荒谬的交战法则进行常规战争，采取清点尸体而非夺占阵地的计算方式，那么北越人就能够以自由国度即将来临的诺言，招募到充足的人手——并且总能够以可怜的交换比，杀死一些美国人。一名阿兹特克使者曾警告科尔特斯，声称墨西哥人可以用死亡250人的代价杀死一个卡斯蒂利亚人，即便如此依然能够获胜。在现代语境下，这一警告对威斯特摩兰将军有着深远影响——并不是因为战场上美国人太少或敌人太多，而是因为从政治角度而言，美军实际上存在着死亡数字的上限。美国统治集团也许相信越南战争是针对暴政的、长达25年的全球斗争中的一场代理人战争；但美国人民越发怀疑把他们的财富和儿子送到那么远的地方是否有必要，特别是在中国人和俄国人不可能通过越南抵达美国海岸的时候。倘若威斯特摩兰是1520年身处特诺奇蒂特兰的科尔特斯，他可能会回去向卡洛斯国王①报告阿兹特克人的威胁，请求下达命令，在推进之前要求得到更多的征服者。实际上，科尔特斯认同了阿兹特克使者关于交换比的威胁，因此确确实实地计划着用每一名征服者的性命，来换取250名阿兹特克人的死亡！

在春节攻势当中，共有80万难民离开村庄，其中许多人成群结队赶往西贡，使得这座城市的人口很快就膨胀到接近400万。美国发起的名为"民事行动与革命性发展支持"（CORDS）的安定乡村计划，几乎成为一个灾难。随着人们希望的散去，乡村是不可能彻底安全了。对顺化的攻击、屠杀和突入美国大使馆建筑群的行动，震撼了许多南越人。倘若连身

---

① 原文误作菲利普。——译者注

处西贡市区的美国官员都无法免于攻击，那居住在乡村里的越南人又能有多安全？双溪作为非军事区附近的重要基地，还经历过一场英勇的保卫战，随后也遭到放弃，还被夷为平地——美国人显然没有考虑到如此举动具有的象征意义，而这场战争本身就充斥着各种象征主义的手段。空军部次长汤森·胡普斯的话，概括了美国人的沮丧：

> 对我们所有人而言，有件事十分明确：春节攻势的实际境况，与 11 月时人们热情洋溢的乐观态度形成了鲜明的反差。这表明，事实上美国无力控制局势，我们也并未走向胜利，敌军依然拥有可观的实力与活力——公允地看，这足以消除联军将轻易取胜的想法……即便是坚定秉持保守主义的《华尔街日报》，也在 2 月中旬表示，"我们认为，如果说美国人民还没有准备好的话，他们也应当开始接受这样的状况：我们在越南所做的全部努力都将会毁灭，一切都将在我们脚下分崩离析"。(T. 胡普斯，《干预的界限》，146 – 147)

美军在春节攻势中获胜后，继续要求增派 20.6 万名士兵，外加 25 万名预备役人员——这样的要求很难向美国人民表明，美国武装力量正在取得地面战争的胜利。胡普斯称此次增兵的要求为"昏招"。在没有新战术，也没有长期战略的状况下，援越司令部领导层还幻想得到规模更大的、超过目前最高达到 52.5 万人数量的美国驻军。当然，美国人民会感到疑惑：难道 20 多年前，美国不是在诺曼底用更少的部队，在更短的时间内击败了德国国防军吗？于是，增兵的要求被忽略了。

美军在越南保存下来的记录，因为对敌军死亡数目的不准确估计而广受诟病，但它在记录美军自己的死亡人数方面必然最为精确。因此，大部分观察者相信春节攻势导致1000～2000名美军死亡。美国人对他们的小伙子们以未曾听闻的一比三四十的比例杀戮敌军漠不关心。他们不像军方那样关注敌方死亡人数，而是像武元甲将军一样关注美军死亡人数——然后他们发现这个数字已经飙升到难以忍受的一周战死300人甚至400多人。

美军处于长达2500年致命军事传统的巅峰，但美国的战役策划制定者却完全忽略了整个西方军事遗产的信条，这是多么奇怪的一件事啊！科尔特斯同样面临众寡悬殊的困境，并且远离国内援助，处于奇怪的气候环境之中，部队内部矛盾积累到近乎叛乱的程度，还面临着被召回国内的威胁，他面对的是毫不留情的狂热敌人，以及反复无常的盟友——尽管如此，至少他还知道，无论是他自己的士兵，还是西班牙王国，对他能数出多少具敌军尸体都漠不关心，所有人的注意力都在于他能否在军队大体幸存下来的同时占据特诺奇蒂特兰，从而终结敌军抵抗。切姆斯福德勋爵也被军队内外的批评困扰，面临解职的威胁，而且对敌军的实际规模、特性和位置一无所知，招致了布尔殖民者、英国理想主义者和土著部落盟友的怀疑——他仍然能够意识到，尽管数以千计的祖鲁人死在他致命的马蒂尼-亨利步枪下，除非他能够横扫祖鲁兰，摧毁王家栅栏村庄的核心并俘虏国王，不然战争就会持续进行。

美国将领们从未完全领会，或者说从未成功向华盛顿的政治领导人传达一个简单教训：如若南越土地并不安全，也难以据守，而敌对的北越却并未遭到入侵，也没有受到失地辱国的教训，他们的军队也没有丧失战斗力，那么杀死敌军的数量就几乎没有任何意义。大部分（如果不是全部的话）美国高层军官服从了灾难性的作战规则，这保证了他们麾下的英勇士兵会在毫无决定性军事胜利可能的状况下战死。似乎数以千计来自美国顶级军事学府的毕业生们竟对他们自己的西方战争方式的致命传统一无所知。

类比，真实与虚假

修昔底德在《伯罗奔尼撒战争史》（公元前431～前404年）的第六、七部中记载了雅典领导人和公民在大舰队远征西西里（公元前415～前413年）时，所犯下的一连串错误。他先是告诉我们，雅典人对于派遣舰队的决定有过激烈争论，而那些要求雅典出兵、使其摆脱叙拉古压迫的西西里盟友，则被证明是腐败、奸诈、软弱的，最终在战斗中更是毫无价值。雅典远征计划的总设计师亚西比德甚至早在参战之前，就被反复无常的公民大会召回国内。他最终向敌军提供帮助，在斯巴达安顿下来，投奔了这场持续27年之久的伯罗奔尼撒战争中雅典的主要对手。

其余的雅典指挥官——莱马库斯和尼西阿斯——则是优柔寡断、心胸狭窄之辈，而且尽管他们从雅典带来的军队拥有压倒性优势的实力，却始终怀疑雅典会陷入无法取胜的战争泥淖之中，并坚信由此将会带来一场政治灾难。事实上，年老守旧的尼西阿斯不情愿向叙拉古发起决定性攻击的态度，以及动辄要求大规模增援的举动，似乎源自对自己政治未来的担忧，而非出于战略上的明智考量。尽管修昔底德曾经感慨，若是雅典人能够及时派出增援部队，这场战役就有可能以胜利告终，但他本人对当时的历史记载则与上述结论相悖。他告诉我们，雅典人派出的不是一支大舰队，而是两支——在人员、船只和补给数量方面，都超过了他们远征军将领的要求。

最终，他对西西里战事的记载，就像是一出索福克勒斯式的悲剧，又正如奥马尔·布拉德利将军对 20 世纪 50 年代早期与中国人开战假设的评论，"错误的时间，错误的地点，与错误的敌人进行的错误战争"。西西里终究是一个崭新的作战区域，距离雅典有 800 英里的海路，攻击的对象则是并没有直接与雅典敌对的大城邦，而在战役进行期间，希腊本土的斯巴达军队甚至可以畅通无阻地开进到雅典城下。

难怪修昔底德告诉我们，面对持续传来的海外远征军陷入僵局的消息，以及将领对于人员与物资不断增加的需求，雅典公众很快就丧失了信心。不论古今，在一个共识政府所在的社会当中，当海外军事行动被证明花费高昂、生命损失极大并且无望获得最终胜利时，反对的呼声就会高涨起来。就这一层面而言，美国的反战情绪是可以预计的。在西方历史上，当西方国家处于显然难以获得胜利的少数状况下时，民众便会抗拒本国的军事行为，越战中美国国内的抗议，并没有脱离历史的戏码。不过那些战争其实未必对国家的长远利益有害，尽管的确不利于战场上不幸的士兵。

对于越南，美国人在地区和地缘上的目标一开始就不大清晰：我们试图确保越南南方的独立反共政权安全存在下去，并依靠这一政权终结共产党对东南亚的大举入侵。但在实现上述看似明确的目标时所使用的方法却要模糊得多，从未有人仔细考虑过如何才能取得胜利，也没有人认真推算过最终所需要付出的代价。在 20 世纪 60 年代初，美国人认为，在理想状况下他们能够为南越训练一支先进的民主军队用于抵抗侵略,两三年内,改组后的越南共和国国军就能像大韩民国国军一样足以自卫。然而,这需要大约三万名美军近乎永久性地沿非军事区设防,以确保和平。心怀感激的越南人民会支持新生的民主政权,志愿加入军队,使国家免于共产党统治,毕竟后者在过去已经导致大量平民死亡和流离失所。至少美国人这么想。

然而,到 1964 年为止,共产党表现得越发顽强,南越政权则愈加虚弱,美国人民也比想象中更加疑虑重重。在 1964 年年底到 1965 年年中之间的某个时段,约翰逊总统开始选择了一个灾难性的战略:将战争逐步升级,却不改变此前小规模美军部队作战时的基本准则。总统对军事事务一无所知。他派出数十万美军前往越南与第三世界共产党作战——部署超过 50 万人的军队,每年投掷 120 万枚炸弹,每个月杀死数以千计的敌人,每周战死三四百名美军——同时却对在盟国和敌国中引发的地缘政治和国内政治关切毫无察觉。投入这样一支规模庞大的军队却又无法取胜,只会导致苏联察觉到美国实力虚弱、国内越发不稳,并且感受到南越政府令人注目的无能,然后采取进一步的冒险举动。一旦一个帝国在军事冒险中投入如此庞大的资源,时间就会变成敌人而非盟友,正如无法在战场上即刻赢得胜利就会产生怀疑的浪潮一样——这对任何霸权都是致命的——而这浪潮还会影响到战场之外,冲击到那些本就心神不宁的盟友和国内公民。

然而美国还是在将近十年时间里,坚持在既没有明确战区界限,甚至连大后方也没有的非常规作战地区展开一场常规战争。因为它的整体战略目的在于阻止共产主义在亚洲传播,与此同时,还要尽一切代价避免与苏联或中国发生冲突,哪怕是间接或意外冲突也应当予以回避，所以，每当固执的筹划者们就美国战略变化展开争论时，就会产生诸多悖论。总体而言，多方妥协后的政策使得在港口布雷的举动相当迟缓——直到1972年，美军才被允许布雷；由于担心杀死其他共产党国家的供应商和顾问，美国政府也没有批准清除敌人在河内和海防重要的政府设施。关于入侵北越，也存在绝对且不容置疑的禁令。为运载战争补给提供动力的城市发电厂和补给仓库也长年被设为禁区。在战争中的大部分时间里，美军都不允许大规模部队进入柬埔寨、泰国或老挝，但敌军恰恰在那里设置了大量的补给仓库和部队避难所。军方强调的是空中打击、炮击以及建立筑垒防御基地，而非在城市和乡村发起旨在消除越共的、雄心勃勃的游击进攻和持续的反暴动努力。

然而讽刺的是，尽管美国政府的策略模糊不清而且欠缺考量，由此进行了误导性的限制战争的工作，但美国的力量仍然使得这场杀戮持续将近10年之久。在乱成一团的越南，无差别地轰炸丛林被视为可以接受的军事实践，而更加人道的、对河内工厂和码头进行准确攻击却不被接受——其结果便是，美军在失败的攻势中牺牲了成千上万美国人的生命。在战后，前往河内的参观者会惊讶于这座城市似乎在轰炸中损失极少——尽管反战活动家们断言，美军曾在街道上杀死了数以千计的人，并几乎将这座首都夷为平地。

约翰逊和尼克松政府认为他们能够在这里实现韩国模式——尽管韩国政府相当腐败，尽管有一支庞大的中国军队投入战争，尽管有接近五万名美军丧生，尽管朝鲜战争的作战方式有严格的政治因素限制，但美国还是在某种程度上赢得了胜利。但他们时常误读了南越与韩国的相似之处。就苏中两国与美国相对实力对比而言，这两个敌对国家在1950年要比1965年弱得多。在上一场战争中，苏联和中国都无法对美国海岸形成可信的核威胁。此外，美国政府还低估了中国传统上对美国常规军力的畏惧，没能够记起共产党在朝鲜战场上由于美军的空中打击和炮击死亡80多万人，多半不愿意在越南重复惨败。不去激怒拥有核武器的共产党大国，固然需要处事谨慎，但多数情况下，对俄国人和中国人的反应过度关切，却不恰当地限制了美国的反击范围。

到1965年为止，由于美国人确信可能出现范围更广的干预，局势甚至可能升级到核冲突的级别，因此他们避免在北越水域和苏联船只发生冲突，不越境追击敌军战机，也不敢将河内威胁到需要中苏直接干涉才能保住政权的程度。看起来，约翰逊政府宁愿美国人在中俄志愿者手上悄无声息地丧生，也不愿让他们死在公开战斗里。此外，在朝鲜战争中，美军飞行员很快就主宰了朝鲜的天空，而在1972年的越南，苏联和中国提供了精良的防空装备和人员——8000门高射炮，250个地对空导弹连，两三百架现代化喷气式战斗机，数以千计的外国顾问，这意味着在任何持续进行的轰炸战役中，美国飞机的损失数量都会不断攀升。越南的森林覆盖率也比朝鲜高得多，由于遮天蔽日的丛林掩盖了敌军部队的具体位置，这让准确轰炸变得更为困难。

更为重要的是，韩国总统李承晚获得的国内支持要高于任何一位南越领导人。李能够把自己伪装成对抗北方的斯大林主义者傀儡政权从而保护韩国独立的人——这一方式也正是胡志明在越南采取的伪装手段，他提醒越南人，美国只是一连串帝国主义入侵者中的最后一个，终将步日本和法国的后尘被赶出越南土地。在朝鲜，美国人相信，是他们坚持战斗的努力，阻止了指向日本的共产主义浪潮。与此相反，只有很少人相信，丢失越南会导致共产主义的影响范围超出东南亚——而且几乎没有美国公民或士兵关心东南亚的安全。生活在 1964 年的美国人，和战后初期亦即冷战之初的 20 世纪 50 年代的美国人相比，是截然不同的一群人——他们更为富裕，更倾向于变革，对 20 年来全球范围内针对共产主义的、代价高昂的持续对抗往往感到厌倦。

最后，美国在朝鲜面对的是统一的共产主义集团的实际威胁，但到 1965 年时，许多美国人有一种幼稚的想法：此时中国和俄国近乎是敌人，而越南是中国的传统敌人，至于柬埔寨、老挝和泰国，这些国家的共产党从未完全团结起来，反而在它们之间，以及它们和越南共产党之间有着一段漫长的敌对历史，因此，让美国的盟友以及美国本国人相信，在越南发生的共产主义侵略会威胁到欧洲或美国，就更为困难了。

> 越南的共产主义尽管看上去可能相当讨厌，却并未对美国的国家安全构成任何明确威胁。要是越南位于非洲或西亚，而不是在中国边境上，共产党从法国殖民者或当地反共政权手中夺取政权，只会引起很短时间的关注罢了。
> （D. 奥伯道夫，《春节攻势！》，334）

412　要是美国能够决定性地赢得战争，上述所有考虑就都无关紧要了。但想象中的胜利，在现有的战争条件下却是无法实现的——数以百万计的美国人因此变得愤怒而刻薄，将他们的军事和政治领导人评价为无知又无能。

断层线

早在 1965 年，即春节攻势开始前三年，媒体和流行文化思潮一致认为这场战争不仅错误，而且越发不道德，由此引发了美国军事与政治集团内部在战争行为的认知方面出现巨大断层。激进主义左派，亦即共产主义者、社会主义者、和平主义者的老同盟，与较新的持不同政见者和无政府主义者结合在一起——这一派系的范围从汤姆·海登、简·方达、阿比·霍夫曼，延续到苏珊·桑塔格、玛丽·麦卡锡、拉姆齐·克拉克和贝里根兄弟，他们都公开鼓吹美国撤军。他们接受失败——如果不是欢迎失败的话，认为美国扮演了老套的帝国主义、种族主义和剥削阶级的角色，于是，这场战争在他们看来，与美国历史上的许多丑闻毫无二致。事实上，许多人希望对美国将领和政客提起诉讼，对他们的战争罪行进行审理。

此外，还有许多不那么极端但也许同样天真的传统自由主义者，随着战争的进行，他们也变得有些歇斯底里了。他们把北越人想象成欧洲社会主义者那样，认为越南战争纯粹是一场"内战"——尽管北越暴行的证据可以一直追溯到 20 世纪 50 年代初期，而且苏联与中国正在直接干涉这个国家的内部事务。另外，南越人不支持共产主义的态度也是十分明显。这两个派别都呼吁美国立刻撤军，对北越的军事胜利要么公开赞赏，要么保持中立。

民主党中间路线派别依然信奉冷战中的围堵政策。但是在春节攻势之后，持不同政见者，以及像罗伯特·麦克纳马拉那样曾在约翰逊政府中任职的人感到，要想在越南获胜，其代价未免太过高昂，在美国社会内部造成的对立也太过严重。许多人质问，美军部队为何没有部署到更该去的地方，尤其是那些抵抗苏联和中国对欧洲和韩国发起入侵的"防波堤"地区。总体而言，到1970年为止，这样的中间派呼吁以谈判解决问题，认为美军只有逐步不可逆地撤离越南，才能使得美国自己免于被国内矛盾撕成两半。

至于保守主义者，他们内部同样处于四分五裂的状态。在巴里·戈德华特和乔治·华莱士（他在1968年的竞选伙伴是柯蒂斯·李梅）这样极右派的眼里，看不到有什么因素可以阻止美国使用一切可能手段（包括入侵北越，甚至可能使用战术核武器）来快速而胜利地解决战争。他们相信，美国相对于北越在军事战术方面拥有巨大的优势，相对于俄国和中国也在战略上占据上风。在他们眼中，美国缺乏的不是实力，而是意愿。

至于更为主流的共和党人中，也有很多人对交战的军事法则感到愤怒，但他们依旧相信，根本无须全面入侵北越或向北越宣战，仅仅凭借有力的地面战就能够相当快地赢得胜利。因此，他们主张对北越展开更广泛的轰炸，深入老挝、柬埔寨和泰国展开突袭，在空中发起深入到中立国的追击，在敌军港口布雷，并对越南水域展开封锁。到1970年为止，理查德·尼克松主导下的越南化政策就是他们的信条，他们希望持续进行的美军轰炸可以巩固南越人的抵抗能力。

最后，一些主流民粹派和保守主义孤立派人士，包括参议员韦恩·莫尔斯、麦克·曼斯菲尔德以及《华尔街日报》的编辑们，认为越南已经超出了美国的利益范围，不值得任何一个美国人为此牺牲。然而，他们对撤军的呼吁的重点在于美国正在亚洲浪费数目骇人的生命和资本——这与那些主张撤军的激进主义左派大相径庭，后者关心的似乎是越南人，而不是美国的死者。

其他断层就没有那么意识形态化了。例如，南方人对美国的"荣誉"高度珍视，通常会支持使战争走向胜利的升级战争的方针，而那些生活在新英格兰和西海岸的人则更有可能鼓吹立刻撤军。黑人和西班牙裔领袖视抵制战争为争取更大公民权利的组成部分，与自由主义白人结为同盟，因此通常赞成不惜一切代价迅速结束战争——尽管他们的选区有相当一部分人前往越南服役、牺牲。妇女倾向于视和平高于胜利。受过高等教育的人即便不倾向于承认战败，也希望重新分析战争的成本，而那些没有大学文凭的人则更可能支持美国官方政策。

倘若简单地以是否支持战争作为区分，那么传统中将人群分为"共和党"与"民主党"的二分法，其意义显得极为有限。即便是更为刻板的二分法"鹰派"和"鸽派"，也时常升级成"法西斯分子"和"共产分子"的对立，最终变成"战犯"和"叛国者"——这一切都让人想起修昔底德在他的著作《伯罗奔尼撒战争史》第三部中对科叙拉（科孚岛，公元前427年）停滞状态的描述。修昔底德提到，一个自愿组织而成的社会，倘若面临使其削弱的战争，就会逐步去除它辛苦培养的薄薄一层文化伪饰——那些曾经显得文明、谦逊和诚实的表现逐渐剥落，可以预见，这些文明的外衣成了极端主义下的第一批受害者。在一个自由社会里，倘若进行着一场看似无法获胜又不受欢迎的战争，一旦人们对战争中的行动和花费意见不一时，所有以上这些内部分裂的状况都在预料之中。早在西方文明处于初始阶段之时，伯罗奔尼撒战争期间阿里斯托芬的戏剧、欧里庇得斯的悲剧和修昔底德的历史，就提供了足够多的先例，让人们看到对于战争的异议与反对。但越南战争期间的抗议问题，则与漫长的西方反战传统相去甚远，也许这可以归纳为西方文化中三个新出现的因素。

首先，电子时代的来临，使得杀戮的景象会即刻出现在电子屏幕上。几乎没有美国军事领导人意识到这一媒体革命的后果，他们对电视记者和摄影记者丝毫不加约束。要是欧洲人直接看到索姆河之战的冲锋场景，或是美国公民看到奥马哈海滩的杀戮，与此同时记者又在广播中发表评论，强调美军从波涛汹涌的大海冲向坚固阵地的疯狂，那么第一次世界大战和第二次世界大战也许就会有不同的结局。事实上，关于索姆河的电影剪辑已经震撼了英国公众，要是有更多的电影，要是这些电影被实时放映，英国公众可能就根本不会支持战争了。等到美国高层最终意识到媒体对战争报道的革命性变化程度后，时间已经太晚了。

> 几间位于西贡的燃烧房屋的图片，在语调阴沉的电视播音员口中，就成了首都发生毁灭的例证，给人留下了这样的印象——毫无疑问，这种灾难性的影响，就是整个西贡的景象，或者至少是那座城市大部分地区的样子。从一件事上归纳出整体结论，是人类的天性，而这一直是公众对于越南形成扭曲观点的第一因素，这也必然助长了美国在1968年春节攻势后的悲观情绪。（M. 泰勒，《剑和犁》，215）

视觉形象拥有自发阐述的能力，因此带来新的需要，即针对图像的即时编辑与评论，这对记者的诚信和能力提出了更高的要求——而那时派往越南的记者则没有多少经验，也未曾得到过充分引导。数百万人可能会看到一名美军士兵烧毁了一座村庄,但却没有实况报道告诉他们为何会这么做。轰炸顺化的景象在世界范围内得到广泛播放,随之产生了反美主义浪潮,而共产党人在同一座城市中杀死数以千计无辜民众后留下的万人坑,却没有同时在美国电视屏幕上出现。

其次,越南战争是在美国历史上文化与政治变化最为剧烈时进行的,此时民权运动、妇女解放运动、摇滚乐、吸毒和性革命此起彼伏,这种状况使得战争被当作所有反体制活动的催化剂,也成为各种持不同政见者的聚焦点。摄影记者和电视团队在唱反调时运用了这一崭新媒体文化,从而使他们有别于过去战争中的纸媒报道者。要是美军当中那些希望在越南短暂执行任务的未来巴顿们纯粹是出于积累作战经历和说明材料为将来的晋升做准备的话,职业记者也可能同样因为炒作美军的丑行或无能行为的特殊例子迅速获得名望。因此,许多高级军官和记者——尽管他们对战争态度相异,却在各自的职业行为特性上十分相似——都习惯性地向美国人民撒谎,这一点令人遗憾,但考虑到美国干预的性质,又在意料之中。

最后,20 世纪 60 年代早期的美国处于经济繁荣的巅峰,它实现了此前任何一个文明都未曾见证的普遍富裕水准。其结果是,数以百万计的美国持不同政见者——学生、知识分子、记者——可以在不用从事过去那种单调机械劳动的状况下,获得旅游、空闲和金钱。已经有数百万人能够享受一度只属于一小部分贵族的自由、流动和富裕的生活方式。在过去,被限制在校园里的穷学生们需要长时间地进行学习,还要担忧毕业和未来的工作,而教授们则很少离开校园,时常承担繁重的教学任务,而在 20 世纪 60 年代早期的美国,数以百万计的激进分子拥有可供旅行的时间与自由,也有能够扩大抗议和激进主义行动能量的金钱。

电视媒体为巡回记者、卫星传输、空中旅行和调查报道提供了庞大的预算。大学给予不同政见者豁免学费、延迟征兵的待遇,以及自由主义奖学金。补助、休假、奖学金和有津贴的出版方式,为原本贫穷的学者提供了出版书籍的机会,他们也得以传播对战争的批评意见。反战运动成了投入亿万资金的产业,正如在越南的巨额开支一样,它的存在完全依靠美国资本主义经济的庞大生产力。由此带来的结果,是抗议程度时常逾越传统的异议界限,直接为敌人提供帮助,正如北越人后来承认的那样:

> 我们的领导人每天都会在上午9点收听世界新闻,跟踪美国反战运动的发展。像简·方达、前任司法部长拉姆齐·克拉克这样的人以及外交使节访问河内给了我们在不利的战场局势面前坚持下去的信心。当简·方达穿上一件红色越南服饰,在记者招待会上表示她对美国在战争中的行径备感羞耻,将会与我们一同奋斗时,我们感到欣喜万分。(L. 索利,《一场更好的战争》,93)

在西方战争的漫长历史上,很难相信会有比越南战争更艰难的战争,在这场战争中,美国士兵会有此前的战士根本想象不到的一群敌人:时常指责他为国效劳,还为敌人提供帮助的本国公民,在任何时间、任何地点都可能是越共恐怖分子和渗透分子的越南平民,以及他自己的政府——它以军事逻辑之外的东西作为决策基础,限制了士兵对敌人的报复地点和报复方式。

越南的神话

美国新闻媒体相对较快地对越南战争做出了大体正确的描述：华盛顿的军政高层时常误导战争，偶尔会对战争进程撒谎。美军战术——尤其是对丛林和森林的地毯式轰炸——大体是无效的，如果不是时常产生非人道且负面效果的话。豁免兵役的方法不够公正，南越政府时常撒谎，而其交战法则更是古怪滑稽。

记者们指责美军高层在这场奇怪战争过程中相当无能，这样的批评非常正确。在部署到越南的 53.6 万名士兵中，只有百分之十五是作战部队。尽管由于恐怖分子和渗透分子的存在，越南境内没有绝对安全的地方，但大部分老兵实际上和敌军没有多少接触。当极少数前线士兵服役一年，至少适应了战争的严峻考验后，他们就又被突然派回国内去了。多数军官不会在实战中服役六个月以上，而一些后方基地则充斥着游泳池、电影院和夜总会。

这样严峻的问题自然需要公开曝光。对这样一场远离美国边境又未曾公开宣战的战争，在对战争目的、战争行为和战争道义性进行重新审视时，异议显得极为珍贵，也极有助益。军事革新，亟须的立法机构对总统权力滥用的限制，对美国海外干预是否明智展开的全面审视，都源自反战运动。在 1968 年之后，美军变得相对精干，作战也更为灵活，在克赖顿·W. 艾布拉姆斯将军指挥下，消除了许多媒体着重曝光的劣迹。最终，与古代雅典对西西里发动的灾难性远征这一案例一样，越战是又一个典型：在距离国内如此遥远的地方，投入巨大的财富与人力，而这样的战争事实上并不合乎美国利益。冷战的交战法则，让美国既无法完全切断共产党的补给线，也不能入侵北越，接受了这样的法则后，这场战争根本无法迅速取胜。

然而，在对美国政策的整体批评中，时常会出现某种歇斯底里的情绪——对一个自由、富裕的西方社会而言，对这种情绪的容忍是可以预知的，毕竟从柏拉图到黑格尔，西方社会已经忍受了足够多批评民主的人。这种批评遮掩了真相，批评的作者们却在身后留下了神话。其结果就是今天很少有人知道，美国在春节攻势或1973年对北越的惩罚性轰炸中取胜后，一个独立的、非共产主义的南越是否能够存续下去——要是关于战争进程的真相，或者北越共产党人的卑劣历史与行径能够准确而严肃地向美国人民报道的话，这本不该是个问题。同时，即便媒体继续谎话连篇的报道，我们还是能够推断，要是共产党未能在1975年征服整个国家的话，被杀死或被迫流亡海外的越南人会少得多。

关于春节攻势，西方媒体报道的一切几乎都是误导性的，其误导程度就和北越宣称的巨大军事胜利，或美国军方保证的共产党攻势不会产生任何长期的持续的政治后果，也不会导致美国政策变化一样。在《大故事》一书中，资深记者彼得·布雷斯特拉普用两卷本的巨著，曝光了西方媒体就春节攻势公布的欺骗信息，有时他们简直是在讲述一个彻头彻尾的谎言。在他看来，以美军引人注目的英勇为特征，讲述美军苦战得胜的故事，既不符合有利于记者职业生涯的轰动效应，也与记者们通常会有的反战情绪背道而驰。

尽管南越政府并非杰斐逊式的美国统治体系，但关于民族解放阵线或北越享有南越大众支持的说法也决不正确。在春节攻势之前，共产党吹嘘——这一吹嘘也被原样报道了——在

1400万南越人中，生活在他们直接控制地区的就有1000万人，因此自然会欢迎春节"解放"。事实上，大部分南越人生活在越南共和国军队和美军设立的安全区内，而且几乎没有人加入总起义。在越共的春节攻势失败后，大部分人更感到了共产党的可怕。顺化也并没有完全变成废墟，这座城市远不是荒无人烟，也没有被完全放弃，而是在接受了无数吨来自美国的援助重建物资之后继续屹立。到这一年年底为止，大部分难民已经返回家乡，城市所发挥的作用比之战前还要大得多。虽然如此，媒体的报道依然是截然相反的：他们继续声称"赢得顺化的唯一方法就是毁灭它"。

这一错误的评价是对彼得·阿内特著名报道的附和，他报道了一名美军军官对湄公河三角洲槟椥争夺战的总结："为了拯救这座城市，我们有必要毁灭它。"(D. 奥伯道夫，《春节攻势！》，184) 然而，除了阿内特本人之外，几乎没有任何证据能够表明哪个美军军官曾说过这句话。对惊讶且愤怒的美国公众而言，这番话是美军在春节攻势中故意使用盲目战法还击的证明。阿内特从未给出这段话的所谓来源，没有指出这名军官的姓名。他也没有提出任何其他人——平民或军人——能够证实这一表述。找出有罪军官的军事调查最终一无所获。事实上，身处槟椥的美国顾问在被越共打垮之前，确实有可能呼叫了空袭，以避免自己被消灭，而这样的轰炸也许真的会导致平民伤亡。但并没有证据可以表明美国人有意毁灭了槟椥，也无法证实这一毁灭行为源自官方政策。

对越南南方或北方的轰炸也并非针对无辜平民，在北越军和越共炮兵的无差别轰击和游击队的进攻当中，有更多的平民惨遭屠戮。美军的轰炸和使用落叶剂也没有让越南的土地变得荒芜。在1962~1971年之间，只有百分之十的乡村土地上被喷洒了落叶剂，而这些土地上仅仅居住着不足百分之三的人口。在春节攻势那一年，进口新稻种的种植面积扩大到了四万公顷。到1969年，稻米产量已经达到了550万吨，是第二次世界大战以来产量最高的一年。1971年，美国稻种催生了奇迹，产生了南越历史上最高纪录的稻米产量——大约610万吨。到1972年为止，在美国的压力之下，南越政府最终把200多万英亩土地分配给将近40万农民——而在那时的北越，基本上不存在任何私有财产，20世纪50年代有成千上万的人时常仅仅因为有两英亩土地就被挂上资本家的牌子，要么丧生，要么流亡海外。真正毁灭了越南农村经济的是越共对乡村的渗透和在1975年之后正式实行的耕地集体化，尽管当时是和平时期，依然导致各种农业生产全面崩溃。到20世纪70年代末，越南尽管身处亚洲，周围有富裕的日本、印度尼西亚和韩国，却已经是世界上最贫穷的国家之一，濒临全面饥荒。越南在20世纪80年代和90年代的经济好转，完全是依靠引入一定程度的市场化改革。

并非所有对美国出兵越南予以批评的人，都是有原则的持不同政见者。即便在战争过去后很久，许多人依然公开承认他们欢迎共产党取胜，因此以浪漫主义的方式看待春节攻势。这一看法反映的，与其说是战地状况的真实写照，还不如说是他们自己的意识形态：

> 更为普遍的是，春节攻势对在美国重建某种社会主义存在的尝试，起了强有力的推动作用……随着暴动者跃入视野，"呼喊着他们的口号，怀着让人精神崩溃的愤怒战

斗，"我们意识到他们不仅是高贵的牺牲者，还将赢得这场战争。我们沿着他们的努力势头前进，希望能够与越南革命者联合战斗（春节攻势让民族解放阵线的旗帜成了一个象征），弄清楚我们新发现的"权力属于人民"应当怎样在美国实现……攻势向人们展示了社会主义不仅是道德立场或学术信仰，也能够实际体现在人民联合行动中。（M. 杰托曼等编，《越南和美国》，376）

这些人对顺化屠杀、北越在春节攻势中的整体失败、南越和美国对共产主义的厌恶完全不理不顾，反而将北越在节日休战中的残忍进攻和屠杀称为"敏捷且平和"的行为。

尽管南越政府极其腐败，有时还相当残暴，他们却从未像北越那样展开大规模屠杀。早在顺化屠杀之前，共产党就弄出了一连串肮脏的处决与迫害记录，但它们却被战争的批评者遗忘或忽略了。北越从没有打算诚心参加于1956年举行的全国大选，那本该让全体越南人自由地进行非强制投票；在1976年，这样的"自由"选举以共产党赢得百分之九十九的票数告终。当这个国家最初分裂时，十分之九的难民是从北方赶往南方的——用脚投票的难民总人数最终接近了100万。20世纪50年代早期，共产党组织的土地集体化中，被处决的越南人远不止一万人，事实上，这一数字可能接近10万——这是于1977~1978年间发生的柬埔寨大屠杀的序曲。然而，著名的反战批评家后来还是申诉说：

我们是那些在越南的人吗？是那些抵抗美国，希望临时革命政府迅速消失，南方被北方强行统治的人吗？我不是。难道我们会预见到越南就像匈牙利发生革命后一样出现和解吗？这是我所期望发生的事情。难道我们能够预知再教育营的整条锁链，被施加到数以万计未经审判就被处以无限期监禁的人身上吗？难道我们能够估计到，解放者会在若干年后，被国际特赦组织作为侵犯人权者谴责吗？难道我们能够预测到数以十万计的船民会登船离港，向他们极为珍视的祖先和土地告别吗？（H. 索里兹伯里编，《重新审视越南》，244）

答案是"当然能够"。对任何观察过北越在战前数十年里的残暴人权记录的人来说，这是显而易见的。也许美国异议分子的最大道德罪恶是他们后来对柬埔寨的大屠杀几乎一致地保持缄默——那着实是整个 20 世纪里最为可怕也最不人道的事件。少数就这场杀戮撰文的异议分子也时常将红色高棉归咎于美国——似乎是那些与共产主义战斗的人们导致了共产主义的胜利，并最终引发共产党的大屠杀一样。

不过，并非所有批评美国战争方针的人，都会在咖啡馆里摆出一副学术姿态。数以百计的美国人访问河内，向北越提供援助。汤姆·海登和简·方达向战场上的美军广播敌方宣传内容，据说还用一位北越英雄的名字 Troi 命名自己的儿子（后来改名 Troy）。在战争进程中，戴维·哈伯斯塔姆撰写了一部对胡志明几乎全盘赞颂的传记。像马丁·路德·金这样的杰出自由主义者，也错误地声称北越人是受了美国宪法理想的影响，而我们的轰炸则像是纳粹在"二战"期间的暴行一样。赫伯特·阿普特克和米歇尔·迈尔森这样的共产党员，则向美国人保证战俘都受到了良好对待。这两个人都曾和敌方高级官员会晤,在北越电台接受采访,随后对共产事业的贵族们发表演讲。

总体而言,前往北越的美国访客视共产党人为"英雄",而非战犯。曾在河内审讯过美国战俘的戴维·迪林杰说,对美国战俘的折磨拷问是一场"战俘骗局",是尼克松政府编造了无辜美国战俘遭到折磨的报告。迪林杰武断地认定,"唯一可以核实的、对北越手里的美国战俘进行的折磨,是国务院、五角大楼和白宫对战俘家人的折磨"。(G. 李维,《美国在越南》,336)安妮·韦尔斯在很久之后的反思中,对激进分子的感受做了最好的总结:"你应当理解,对我们这些身处反战运动中的人而言,得到前往越南、在巴黎会见阮氏萍阁下(民族解放阵线代表团团长)的许可,被视为极大的荣誉。这些人是我们眼中的男女英雄。"(J. 克林顿,《忠诚的反对》,124)艾伦·金斯伯格写过一首诗:"让越共击败美军吧!……若这是我的希望,我愿我们战败,让我们的意志粉碎,让我们的军队溃散。"(《诗选,1947-1980》,478)

诺姆·乔姆斯基基于 1970 年访问河内,他在战争结束后若干年所说的话,最好地总结了反战活动家对美国的顽固看法:

> 我们进攻了一个国家,杀死了几百万人,将土地一扫而空,进行化学战,然后扔下了依然一团糟糕、人们还在因为炸弹而死亡的地方撤退了,我们实行了广泛的化学战,受害者数以十万计。在这一切发生后,我们所问的唯一一个人道主义问题,却是他们会不会送来在轰炸他们时被击落的美军飞行员的消息。那就是唯一一个可供讨论的人道主义议题。你得去纳粹德国才能找到这样的怯懦与邪

恶。(J. 克林顿,《忠诚的反对》,195)

422　让记者和反战活动家们失望的是,法国记者让·拉库蒂尔后来在一次采访中承认,他在报道战争时的推动力,很大程度上是意识形态而非真相。而此人的赞颂性质书籍《胡志明》则是哈伯斯塔姆所撰传记的一个资料来源:

> 我的行为有时更像一个激进分子而非记者。我掩饰了北越在抗美战争中的一些缺点,因为我相信北越人民的事业足够美好,足够正义,因此我不该暴露他们的错误。我相信曝光北越政权的斯大林主义天性是不合时宜的,尤其是在尼克松正轰炸河内的时候。(G. 塞维编,《美国人在越南的经历》,262)

凯斯·比奇,一位美国驻亚洲资深记者,在美国战败后十年对战争中的报道提出了一些看法:

> 媒体助长了战争的失败。噢,是的,它们的确这么做了,这不是因为什么惊天阴谋,而是因为报道战争的方式。人们似乎时常遗忘的事情是,这场战争是在美国而不是越南输掉的。美军从未输掉一场战斗,但他们从未赢得这场战争……前往那座可怜又贫穷的首都(河内)的访客,时常听闻他们的越南主人抱怨,与过去的好日子相比,他们现在受到了(西方)媒体的敌视待遇。(H. 索里兹伯里编,《重新审视越南》,152)

媒体同样创造了关于美军和自越南归来老兵的全部神话。老兵们远没有被战争经历折磨得精神失常、受困于创伤后应激障碍，或是堕落成酒鬼、嗑药者，他们和在此前战争中归来的老兵一样适应良好，精神病患者所占比例也不比总人口中的对应比例高。

> 把越战老兵描绘成能够充分适应社会，并未受到战争烦恼的人，会削弱反战宣传，因此越战老兵正在融入社会，或是已经良好地融入社会的证据，就被针对美国政府亢奋而尖锐的指责淹没了。（E. 迪恩，《地狱在颤抖》，183）

至于驻越美军的吸毒率，也并不比国内平民中的同年龄组高。与此相反，大部分老兵后来都对亲密战友无意义的逝去，以及他们无法赢得战争的结果表示悔恨，更对此后发生的共产党夺权、迁移营、船民和柬埔寨大屠杀表示痛责①。在那些曾于越南服役过的士兵当中，有百分之九十一的人后来表示他们乐于参战。

黑人和西班牙裔在越南的死亡人数，和他们在总人口中所占比重也并非不成比例，美国政府更没有策划某种种族主义阴谋来灭绝某些种族。托马斯·塞耶在进行了详尽统计之后，总结得出的结论是，"尽管有各类反面传言，但就战死数目角度而言，黑人并未在越南承担并不公平的负担……战死的典型美

---

① 迁移营：即再教育营；船民：乘船逃离越南的难民；柬埔寨大屠杀：柬埔寨共产党夺权后展开的屠杀，据越南方面和西方估计死亡人数达百万以上。——译者注。

国人,是在陆军或陆战队中服役的白人正规军士兵,年龄只有21岁甚至更低。"(《无前线的战争》,114)据记载,百分之八十六的死者是白人。

如果可以对负担不公这一现象进行什么归纳的话,那么它大体上是个阶层问题。在越南前线作战部队服役的人,绝大多数是南方州和农业州的下层白人,其人数与占据的人口权重不成比例,在他们中,三分之二的人并非来自征召兵,而是自愿从军。这些年轻人所处的社会经济环境,与那些误读他们的记者、那些指责他们的反战活动家和学者,以及那些指挥极为低劣的军队高级将领,形成了巨大反差——后者倒是大体上来自中上层阶级。阶层问题反而被那些反战活动家们所忽略。也许这解释了为何像《猎鹿人》(左翼战争记者彼得·阿内特称之为"法西斯垃圾")这样的流行电影,克里登斯清水复兴合唱团的音乐(如《幸运的儿子》),布鲁斯·斯普林斯汀的早期歌曲(如《关灯》、《生于美国》)都遭到了持精英主义态度的越战批评者的忽视或谴责——这些作品大体上发自受歧视种族或社会下层,和他们对战争行为中的不平等状况所持态度有关。然而,士兵们绝没有变得疯狂、兵变不断或是感到幻灭,大部分志愿来到越南的美军士兵英勇作战,后来也保持了热情,仍旧为服役而自豪。在曾经前往越南的美军士兵当中,有百分之九十七的人得到了光荣退役的待遇。

在一场持续了10多年,战斗条件极端恶劣,又未曾正式宣战的战争中,美军士兵这样的态度和行为就尤为令人惊讶了。对那些老兵而言,越南战争是比"二战"残酷得多的战争——这再一次体现了美国士兵的优异表现。尽管如此,这一点也很少得到报道。例如,在太平洋战场上,步兵在四年时间里平均每人作战 40 天;而越南战场上的作战士兵,在一年服役期间里平均要与敌军战斗 200 多天。

大部分在 1968～1973 年间出版的关于越南战争的美国书籍,都显得不够准确。和祖鲁战争或中途岛的同时代记载不一样,这些书始终是在有选择性地使用数据,提供旨在诱发国内舆论偏颇观点的材料,或是捍卫过去在准确性和道德上都可疑的观点、立场或者行为。大部分记述把整个章节用于记载美军在美莱村屠杀大约 100 名无辜平民的行动,却几乎没有人关注到,共产党在顺化冷酷地进行处决后,留下了将近 3000 个墓穴。反战运动的巨大而无人承认的悲剧在于,这个运动自身缺乏可信度、公正性,而其鼓吹者又热衷于夸张事实。正如美国军方在越南糟糕透顶的过分行为一样,它玷污了公开提出异议的权利,毁坏了严格审查军事行动的神圣的西方传统。

后　果

统一的越南

美军在春节攻势后,继续进行了为期五年的战争。随着美军地面部队和空中支援部队于 1973～1974 年间撤出越南,南越的最终失败已是确定无疑。由于不再需要担心美军轰炸,苏联和中国提供的援助逐步增加。就在 1973 年通过谈判达成和平协定后,北越立刻向南方输送了四倍于 1972 年战时运输量的军事补给——他们对美军不会空袭这批补给极有信心。和美国留下了成千上万部队确保停战协定执行的朝鲜不一样,几乎所有美国士兵都在 1973 年 3 月之前离开了。在共产党发动的大规模攻势下,西贡于 1975 年 4 月 30 日陷落。然而,北越为胜利付出了极为可怕的代价——至少 100 万人战死,失踪和受伤者数量可能也有这么多。最终，就算只和南越军队比较，共产党方面的战死人数也比他们高四倍。

许多人指责美军在10多年的轰炸中可能无意中杀死了五万名平民。如果这一数字属实，那它无疑是战争的可怕悲剧性后果，反映了糟糕的事实——空军为了切断补给输送，时常对乡村小道、丛林和村庄进行无差别轰炸。但考虑到相对于北越总人口的比例，这一不幸数字依然表明，北越的平民死亡人数远少于"二战"期间的德国和日本——而且与在共产党对城市发动的无差别炮击、火箭弹袭击以及恐怖袭击中丧生的据信大约40万名平民相比，这也只是个小数字。在这场失败中，除了在国内付出的社会与文化代价外，美国一共死亡了58000人，还花费了超过1500亿美元。

共产主义的胜利，给越南带来了比战争年代更多的死亡，更大规模的流离失所——这在多数状况下源自更长时期内的饥饿、监禁和逃亡，而非立即发生的大规模屠杀。日本和法国的占领，曾在过去导致越南出现一定程度的流亡现象，但在这个国家的历史上，像1975年共产党夺权后人民大规模逃离南越的现象，却是其他任何时期无法比拟的。准确的流亡数字依然有待争议，但大部分学者都认为，有100多万人乘船离开，还有数十万人通过邻近的泰国乃至中国从陆路逃离。最终的流亡数字大大超过了1954年越南分裂时超过100万难民长途跋涉南下的纪录。仅仅美国最终就接收了75万越南人和其他东南亚人，其他西方国家也接收了100万人。那些死在漏水船只或风暴中的人的数量在5万到10万之间；为了离开越南，大部分人选择去贿赂共产党官员，结果他们又在公海上被越南海军洗劫。应当注意的是，到1980年为止，越南共产党在一场全国范围内的民族清洗运动中，还流放了数以千计的华人。

在西贡陷落后的头两年（1975~1977年）中，东南亚的平民总死亡人数——包括死于柬埔寨大屠杀、当场处决、集中营的恶劣环境的人数，再加上未能顺利逃脱的难民——几乎达到了美国干涉的主要10年（1965~1974年）期间平民死亡人数的两倍。当被问起为何成千上万的医生、工程师和专业人员会被送进集中营时，一位北越官员说，"我们必须除掉资产阶级垃圾"。然而，胡志明市的共产党媒体主管私下里却这样评论移民美国，"只要打开国门，所有人都会在一夜之间离开"。（S. 卡尔诺，《越南》，32，36）

关于再教育营死亡人数的相关数据并不存在，但据信其死亡人数应当数以千计——仅仅在南越境内就建立了40座再教育营。共产党的精英们很快就挑出最豪奢的美国和南越住宅，将其作为自己的驻地。按照美国左翼的说法，南越是被腐朽独裁的政权所统治，这一点是完全正确的，但他们盗窃的手段，与1975年夺取政权后的共产党政府相比则要逊色得多。在后者的统治之下，就连中国和苏联船只都需要通过行贿才能在海防卸货，而地方官员则通过向希望离开国家或集中营的人们提供方便而大发横财。关于战后越南的大部分媒体记载都并未指出，事实上东南亚为和平付出的代价更甚于抗美战争时期，共产党官员们在停战后的24个月里杀死或驱逐的本国人，比美国人在十年战争中杀死的当地人还多。

根据冷战批评家们时常嘲笑的多米诺骨牌理论，在短期内，事态的确进一步恶化了。在越南、柬埔寨和老挝沦入共产党治下后，泰国在一段时间内成了两种意识形态的对抗锋线，因此被迫与美国结合得更为紧密。1975年之后，随着战争在阿富汗、中美洲和东非爆发，苏联非但没有收敛，反而表现出了更强的对外干预倾向。越南的军队在战后非但没有削减规模，反而得到了进一步的扩张。它很快就仅次于中国和俄国，位列世界第三大陆上力量——它的前线士兵和准军事部队合计达300万之多——随后这个国家还与柬埔寨和中国开战。曾参与反战运动的美国极端分子中，很少有人为在1975~1980年间被杀的数十万亚洲人抗议。不过那时，双方的死者也都是共产党人了。

越南战争的经历，成了人们所能想象的、战争中自由社会最糟糕状况的案例——这场测试，针对的是从根本上被扭曲的自由批评机制。在测试中，许多异议分子都极端愚昧，他们的即时通信工具极为强大，他们对敌人的同情更甚于己方士兵。然而，即便是存在如此批评者的状况下，即便处于这样特别的环境下，美国的力量也并未长期衰弱下去。考虑到民主资本主义在20世纪80年代和20世纪90年代必然发生的大发展，这一潮流最终冲走的是越南的前保护人苏联，越南沦陷于共产主义之手并非一系列后续事件的先兆。到目前为止，世界上192个自主国家当中，仍旧有179个具备某种真正的立法机构，其代表也由选举产生。而越南就像卡斯特罗的古巴一样，曾经站在历史的错误一边，现在仍然如此。

427　　决定论者会争辩说，越南迟早会自由，美国发动的战争，很大程度上只是个无足轻重的战场，让美国人付出了不必要的损失，但并未影响到苏联共产主义的主要围堵政策，也没有导致对全球范围内民主消费资本主义的冲击。一定程度上的多米诺骨牌效应的确存在，但它们的影响实在太小，并不具备全球范围内的重要性。另外，战争的支持者也许依然能够计算出，越南战争的确削弱了共产主义，对保卫菲律宾、马来西亚和新加坡有所帮助——而美国最终的失利，则使得成千上万的东南亚人死于或受困于贫穷和暴政，直到不可阻挡的西式自由浪潮在 21 世纪触及他们为止。对于成千上万名参加这场被错误引导的十字军远征①的美国人和越南人而言，他们参战的目的，原本是为了阻止后来发生的暴行，结果他们却战死沙场，腐烂在泥土中。美国撤军后不久，还有数百万人死在东南亚。对所有这些人来说，关于越南远景未来的"假设"都已经毫无意义了。

越南与西方的战争方式

驻越美军绝非无能之辈，在日常军事行动中，这支部队表现出传统西方式的致命要素。尽管存在关于猖狂吸食毒品和煽动叛乱的夸张报告，即便战争明显无法取胜，即便国内存在规模可观的严厉批评，美军士兵依然保持良好纪律，训练有素。不管征兵有多么不平等，公民军队的理念依然相当程度上存在于美国境内。随着投票年龄的最终变动，所有超过 18 岁的美军士兵，都能够在全国大选中发出自己的声音，可以向记者自由表达他们对军事服役条件的意见。在越共和北越军当中则绝非如此。据信，大部分美国士兵通过投票，选择了支持继续军事干涉越南的领导人。当他们在越南作战时，总体而言，多数美国人真心实意地希望他们留在那里；当他们开始离开时，大部分美国人也确实希望他们离开。反过来看，投票和自由意见表达依然不是越共军队或北越军队的特征。最终，就连获胜的共产党人都意识到这两者的主要不同之处。前越共将领范春安

---

① 这里指越南战争。——译者注。

后来怀着反感评论说:"二三十年前关于'解放'的一切谈话,一切密谋,一切组织,最终产生了这个贫穷破旧的国家,最终领导它的是既残暴且具有家长作风的帮会,这一帮会由教育状况低劣的理论家们组成。"(L. 索利,《一场更好的战争》,384)

美国人为自由而战,为解放他们与之作战的人们而战。但荒谬的是,尽管越南人在战争中几乎享受不到任何自由,对自由的渴望却驱使许多越南人加入伪装成独立战争的共产主义事业。越南农民们得到了关于"解放"战争的许诺——解放(libertas)是个很有罗马共和意味的概念,并非源自越南本土文化。但由于共产党人已经连续和日本人、法国人、美国人战斗了大约30年,他们从没有机会能够和平管理国家,因而始终无法履行做出的承诺。这一幻想在1975年胜利后骤然消失,那时被延迟了30年的民主言论实践,终于可以开展起来了。前越共支持者段文遂解释了一个似是而非的现象——他和其他人为何会帮助一个与自由极端相悖的运动:

> 就像其他在越南和美国参与反战运动的人一样,我被民族解放阵线倡导的政治纲领迷惑,其中包括著名的正确方针——民族和解不报复政策,不结盟外交政策,独立于美国、俄国和中国之间……在日本人统治之下,有近200万越南人死于饥饿,但没有一个人逃离越南。在西贡政府的战时统治下,数十万人被逮捕、被监禁,但没有一个人逃离国家。然而那些倾向于河内,或者被河内宣传术迷惑的人却声称,船民是经济难民……但在这些难民当中……也有越共,有曾经的反战运动领袖,甚至还有越共前任司

法部部长。你可以想象，倘若一个国家的司法部部长都需要流亡，那么这个国家的法律状况将是何等的糟糕！（H. 索里兹伯里编，《重新审视越南》，225）

越共和北越激励军队的方式，并非否定自由选举、否定私人财产与否定自由的意见表达，而是使用一个非常西方化的理念——创建官员由选举产生，拥有自由媒体的"共和国"。其结果是，为共产主义（共产主义本身也是可以追溯到柏拉图的西方乌托邦思想在19世纪产生的一个分支）效力的越南人，事实上怀有获得西方式理想个人自由和国家独立的错误希望，而成为民族主义者抵抗外国人的战士。与此相反，他们在1975年——三十年战争后的第一个和平场合——发现，他们自己的政府实际上并非共和国，他们自己也决非自由。整场越南战争中，另一个不为人知的讽刺之处在于，抵抗美国的人们却把美国式的许诺化入自己的抵抗，但这种许诺绝非美国的实际情况，这虚幻的梦想不仅蒙蔽了他们自己的士兵，也骗过了许多美国学者和记者。越南的官方名称是越南民主共和国，这一命名并非来自东南亚的神圣传统，也不是对斯大林主义的曲解，而是源自希腊和罗马的自由语言。然而在越南，既不存在民主，也没有一个共和国。

美国给越南带去了过量的武器装备、战争补给和消费品，吸引了100余万农民从乡村赶往业已过于拥挤、人口多达300万的西贡，并在此过程中创造了蓬勃发展的经济。总的来说，生活在美国资本主义体制下的人们发现，从上万英里之外跨海船运或空运物资，要比中国或俄国向它们门口的卫星国输送物资容易得多。通常情况下，美国武器也要比敌人的武器好得多，在通信、飞机、雷达、船舶和装甲车辆方面尤其如此。当越共和北越在武器装备上和美国居于平等地位的时候——大部分此类状况出现在自动步枪、迫击炮、反坦克炮、地雷和榴弹上，那纯粹是进口中国和俄国武器的结果，而这些武器从根本上说又是效仿欧洲设计，或者根据欧洲研究传统展开研究的产物。苏联武器生产和发展的历史，就是一个效仿西方武器的故事，它在"二战"期间得到美国的援助，1941～1945年在东线缴获并模仿德军武器，战后招募德国科学家，通过谍报和利用背叛者不断赶上西方设计；归根到底，还有在18世纪和19世纪引入英国、法国和德国顾问帮助沙皇实现军事现代化。

越南人缺乏本土科学传统来制造杀戮工具——本土制造的杀伤力很低的竹木陷阱除外。没有西方式的武器，共产党人就会被消灭。越南的军事组织和纪律也同样是舶来品。北越军中像"师"和"将军"那样的概念，以及自动武器训练和步兵战术，都是效仿苏联和中国的样板——而它们又是来自西方军事体系的舶来品。不可否认，北越军按照当地现实条件，对作战行动进行了改动，然而，在战争中，美国人是被与M-14和M-16步枪极其相似的自动步枪杀死的。而在他们面对的敌人中，从列兵、尉官的军衔表，到连、团级组织结构，几乎与己方完全一样。这是极大的讽刺。一个近乎专家的人才能够区分美军81毫米迫击炮和北越军82毫米迫击炮结构的不同。

尽管北越几乎全盘引进了西方的武器和组织结构，但美国人很快发现他们自身的军事理念——从自由精神、个人主义，到极好的补给、精细的装备，以及对展开决定性冲击战的渴望——也绝非停滞不前。尽管补给线长得可怕，而且缺乏明确的前线和火线，限制性的交战法则又抵消了西方传统的决定性会战优势，国内还存在反战浪潮，但美军还是在战争中不断进化，最终被证明优于北越军。

没有一支1944年的美军会在没有被批准越过莱茵河，也不可以随意轰炸柏林的前提下，身受束缚地与德军在法国作战。要是美国人只是在丛林里作战，只占据日本殖民帝国的城市，许诺不轰炸东京，不在日本港口布雷，也不侵犯它的本国土地，而同时记者和批评家们还会访问东京，在日本广播电台向美军士兵播送节目，恐怕赢得第二次世界大战的将会是日本。无论是罗斯福还是杜鲁门，都不会在诺曼底成功登陆或1945年3月毁灭性地轰炸东京后，与希特勒或东条英机①进行谈判。"二战"中的美国士兵是在追求胜利的过程中战死，而不是在为了避免失败或是向极权政府施压、使其参与停战谈判时战死。在战争中，不使出全部军事力量进行攻击，或是向敌人保证存在撤退的避难所的态度，以及限制军事打击目标、在愿意展开谈判的前提下于任何时期内停火的做法，都是荒唐至极的行为。

对于施加在作战行动上的奥威尔式束缚，美军本身的应对并不好。后方部队的数量猛增——大约百分之八十到百分之九十的驻越美军，实际上从未参与过实战。一年的"旅游"期，使得许多新兵会在参战的头几个月里战死，而当幸存者在战斗中表现得更为明智，更有可能教给其他人在战场上的存活诀窍时，他们却又被调回了国内。军方时常把越南战争变成美国式官僚主义的噩梦："援越司令部参谋机关目录足有50多页长。它包括了一名参谋长，两名副司令和他们的参谋机关，一名负

---

① 原文误作斯大林。——译者注。

责经济事务的副参谋长，两位处理各类事务的副手，一名参谋秘书，三个完整的'参谋组'，一个总参谋处，一个'特别处'，一个'人事处'。"(R. 斯佩克特,《春节攻势之后》, 215)

有时候，坚持在会战中公开而直接的战斗方式，只是反映了传统西方战争的表象——冲击战、直接进攻和压倒优势的火力——却并不具备夺占并控制财产的附带结果。用优势火力轰开敌军，用训练有素的步兵突进的作战方式，完全是属于亚历山大大帝和查理·马特的欧洲军事传统。用巨大的代价夺取土地，然后将其放弃则并不属于这一传统。以 1969 年 5 月 10 日为例，第 101 空降师师长梅尔文·蔡斯将军将他的部队投入到对"汉堡山"（937 高地）的广受诟病的强攻之中。在可怕的交火中，他麾下强攻山岭的部队战死 56 人，与此同时则杀死了超过 500 名敌军。就在蔡斯回应来自国内政客的嘈杂攻击时——有人指责他付出十比一的交换比，明显是在浪费美国人的生命——美军在夺取高地后突然又将其放弃，蔡斯在不经意间总结了西方的全部战争方式，以及这一战争方式在越南为何不一定能带来战略胜利的原因：

> 那座高地位于我的作战区域内，那里是敌军所处的地方，那就是我进攻它的地方……如果我在另一座高地上找到敌军……我向你保证，我也会对其发起攻击……的确，就地形而言，937 高地并不具备特别重要的意义。然而，敌军驻扎在那里的事实却至关重要。(G. 李维,《美国在越南》, 144)

这场有限战争忽略了夺取并保护土地的原则。本质上，美军作战只是为了避免极其腐败的南越战败，而并不是为了击败北越久经考验的共产主义军队——不管这是出于明智地避免更大规模冲突的必要原因，还是因为错误而无端的、对苏联和中国潜在干预可能性的担心。这场战争是对美国政治智慧的公众投票，而不是对西方军事力量的真正试金石。从过去到现在，很少有人会怀疑美国本可以赢得越南战争，许多人只是不清楚是否应当参战而已。

谁输掉了战争？

尽管我的观点与近来的流行理论相悖，但我始终认为，媒体自身不会导致越南战争失利。记者并没有设法从军事胜利中抓住政治失败。事实上，他们只是强调美国时常犯下的错误和南越的腐败，但并未对北越的暴行、共产主义在亚洲的残暴历史，以及相关的地缘政治利害关系给予相称的关注，因而加速了美国影响力和战斗能力的崩溃。他们渲染相对较小的美军失利、夸大共产党小胜的能力时常改变民意，从而让他们对决定战争进程的美国政治家们拥有过度影响力。

然而，尽管拥有勇敢的士兵、优良的装备和充足的补给，最终还是美军指挥层自己输掉了这场战争。军方高层之所以会输掉这场战争，是因为他们没有预料到，自己无法适应让这场战争变得相当艰难（但并非无法取胜）的政治稽查和监督条件。保守主义者和坚持原则的自由主义者，对美国当时战略荒谬之处的评估都是正确的：前者要求美国赢得任何一场它承担的战争；后者则坚持认为，考虑到政治环境，美国无法赢得胜利，因此不该继续战斗。一旦全国人民理解了战争继续打下去的必需条件，那么考虑到战斗所要付出的代价，就能得出投入战争并不符合他们利益的结论。美军可以轻松赢得它想打的那

432

种战争，但却不知道如何按照所要求的方式获胜——虽然如此，倘若付出足够的勇敢和智慧，这场战争依旧可以打赢。因此，美军对数十万越南人为嗜杀成性的政权（这个政权将会很快奴役全国，毁灭经济）奋战的原因一无所知，却不停地展开鲁莽轰炸——在越南，平均每平方英里的土地上落下了70吨炸弹，全国上下男女老少每人可以均摊到500磅炸药。不考虑人类苦难和共产主义治下越南不幸的话，一位俾斯麦流派的现实主义者会指出，在相对无足轻重的国家，投入如此多的人员和资本并不符合美国的地缘政治利益；而倘若对共产主义治下的越南不闻不问，当冷战从对土地的争夺转变成对全球经济、技术和大众消费文化的争夺时，这个国家就可能会像过去令美国头疼时一样，变成令共产主义邻国也烦恼的国度。

如果媒体和记者不向国内发回带有偏见的片面报道，不告诉美国人他们的政治家和军事高层自相矛盾，战争结果依然会如此收场。长期秉持的言论自由和自我批判的西方传统最终并没有毁灭美国，尽管这样的传统使其在越南的努力最终失败了。越南共产党人赢得了战争，失去了和平，屠杀了自己的人民，摧毁了国民经济——这一切都发生在一个封闭的、审查一切信息的社会里。尽管美国具有自我厌恶的癖好，而美军也输掉了这场战争，但这个国家却赢得了和平，其民主和资本主义范例赢得了前所未有数量的拥护者，它改革后的军事体系经过考验，并没有变弱，而是越发强大。

越南战争的记录——书籍、电影和官方档案——依然几乎是西方垄断的事物。反战活动家们指责这一信息上的垄断——尽管他们那时仍然在自由社会里出版书籍，发表演讲，从而帮助着西方在出版领域的垄断。当共产党的战争记载版本出现在纸面或影像上时，它们立刻就成了怀疑的目标。几乎没有人怀疑这样的信息不可能得到自由出版，政府控制的知识传播也不够可靠。与此相反，尽管美国政府和它的批评者无数次撒谎，但它们很少在同一个问题上同时撒谎。在有着各类互相冲突记载的市场上，大部分观察者会发现，自由才是真相的保证，因此这些人不会在北越、中国或俄国记载中寻找真实情况。美国人在越南战争中的经历——不管是高贵还是可耻——依然几乎是只属于西方的故事。

战争中的审查、监督与自我批评

尽管越南战争中的公民稽查、保留异议和自我批评与西方过去的实践相违背，但它在内在精神上依然没什么新鲜内容。在雅典剧院舞台上嘲笑伯里克利（"海葱头"）的方式，与美国校园嘲弄威斯特摩兰将军（"浪费更多的土地"）的方式毫无二致。是伯里克利而非威斯特摩兰，因为在战俘前额烙上烙印而招致雅典批评家的攻击。简·方达和她的国家的敌人一起冷嘲热讽，正像雅典右翼分子在伯罗奔尼撒战争即将结束的几个月里讨好斯巴达一样。请记住，柏拉图在一阵近乎叛国的咆哮中，称萨拉米斯大胜是个错误，认为这让雅典人变得更糟糕了。

对埃斯库罗斯而言，战争只是"战神的食物"。索福克勒斯视战争为"我们的忧愁之父"。即便是帝国主义者伯里克利也将战争视为"全然的愚行"。"他们把当地变成一片荒漠，然后称之为和平"，是塔西陀对罗马军队在殖民战争中行为的评价。无论是勃鲁盖尔、戈雅还是毕加索，在西方历史、戏剧、演讲、诗歌和艺术材料中，总是有着对当代冲突和战争普遍荒诞性的直率批评。欧里庇得斯的戏剧在将近两万名能够投票的雅典公民面前演出，它们反映出了伯罗奔尼撒战争期间对人员和物资损耗认识的演化过程。在伯罗奔尼撒战争中，中立国家30年来的饥荒、政变和毁灭以及西西里发生的灾难，与越南战争的相似性要远高于与"二战"的相似性。欧里庇得斯的《特洛伊妇女》在雅典屠杀米洛斯人（公元前415年）后不久上演。根据其中的内容，特洛伊人中，不仅士兵蒙受了战争之苦，连无辜的妻子、母亲和孩子也被卷入。喜剧作家阿里斯托芬也写了几部剧作——《阿卡奈人》《和平》和《吕西斯特拉特》——调侃流水一般的战争花费，并展现出奸商和自大狂们的嘴脸，这些败类对自身利益的兴趣要远大于对公民利益的兴趣。当剧情讲述一支斯巴达军队行经雅典乡村时，雅典大众看到，他们自己的公民肆意诋毁强制疏散并与斯巴达继续作战的政策。

简·方达、汤姆·海登和贝里根兄弟也许背叛了国家，但他们叛国的程度远不如在公元前480年站到"米底"一方的希腊人，这些人在萨拉米斯加入了波斯军。西贡的新闻发布会——以"五点钟傻瓜"闻名——也许是尖刻的，其特征是无休止的指控和反指控，但它们并不比地米斯托克利和他的联合舰队长官们在萨拉米斯前夜差点动手的争吵更激烈；也无法与西班牙人和意大利人在勒班陀会战之前若干小时内出现的绞刑执行与近乎公开战争的冲突相提并论。媒体也许毁了威斯特摩兰将军的名声，但这一毁坏程度，远不及说长道短的雅典公民大会对英雄地米斯托克利的诋毁，后者被流放出国，死于国外，在国内也受人厌弃。对越南战争的批评毁了林登·约翰逊，但伯罗奔尼撒战争中的反对风暴，则导致伯里克利被处以大笔罚金——他最终精疲力竭、疾病缠身，在这场为期 27 年的战争中的第三个年头过去之前就逝世了。

正如北越异议分子不会在华盛顿抗议己方士兵在顺化所进行的杀戮一样，薛西斯的宫廷就像河内政治局，不容许任何异议或审查。让我们再一次记起在萨拉米斯被肢解的腓尼基海军将领，或是可怜的吕底亚人皮提奥斯，这些人都错误地认为他们能够和大王争论些什么。对于萨拉米斯的希腊人，坎尼的罗马人，勒班陀的威尼斯人，罗克渡口的英国人以及在中途岛和越南的美国人而言，人能够投票，能够说出自己想说的话，这原本就是自然而然的事情。然而，这样的自然行为，对波斯人、迦太基人、奥斯曼人、祖鲁人、日本人和越南人而言，却远非如此。即便是像亚历山大或科尔特斯那样的独裁者，通常也会听从他们随从和士兵中的批评意见，而这一方式也是阿兹特克皇帝和波斯大王无法习惯的。

林登·约翰逊（的名誉）可能被他的国内批评者们毁灭了，但早在数千年前，就连专制的亚历山大大帝都没有逃过唱反调的西方人的追究。当亚历山大询问哲学家第欧根尼他希望得到什么时，据说此人回答，让国王不要挡住他的阳光。亚历山大无疑是一个暴徒，也是个危险的人，他曾在一段时间内违背了西方式自由的理念，但与波斯的阿契美尼德王朝的君主相比，他只是个业余独裁者罢了。亚历山大与马其顿将领们发生争吵的可能性，要远高于薛西斯和他的总督们发生争执的可能；亚历山大在会堂上被德摩斯梯尼攻击的可能性，在街角被哲学家要求让路的概率，也要比大流士在波斯波利斯宫廷遭遇此类事件的概率高得多。埃尔南·科尔特斯献给了他的国王整个次大陆的统治权和成船的贵金属，虽然如此，他晚年时，却很大程度上被人排斥,过去的鲁莽和杀戮给他带来的并非西班牙王国的持久赞扬和纪念,而是来自教士的严厉批评,来自官僚的非难,来自此前同僚的法律诉讼。

随着将军们被召到国会列队作证,参议员和众议员们被召到白宫给出关于他们"不忠"投票的记录,国会和总统就战争行为发生的冲突贯穿了整个越南战争。但与那些罗马共和派将领不同的是,很少有美国将领自己的独立军事指挥机构。美国参议员很少会介入战场。越战中新闻界无休止的争吵和混乱的状态,可以令坎尼前夜执政官间的冲突黯然失色。卢修斯·埃弥利乌斯·保罗斯和鲁莽的 C. 泰伦提乌斯·瓦罗都是选举产生的执政官,这两人互相鄙视,因而他们在为共同指挥的军队制订计划时相互出现了误解。法比乌斯·马克西姆斯的战略最终改变了第二次布匿战争的态势,但他在一段时间内成了罗马最不受欢迎的人,并因为他的拖延战术被称为懦夫。查理·马特在普瓦捷取得的成就,时常被后来的史学家忽略,这很大程度上是因为他作为教会土地的没收者,遭到了教会的妖魔化描述。

科尔特斯在他的征服过程中曾被古巴总督迭戈·贝拉斯克斯宣布为罪犯。他在墨西哥城的逗留则被潘菲洛·德·纳瓦埃斯抵达维拉克鲁斯打扰了,纳瓦埃斯身上还携带着一份逮捕他的书面命令。贝尔纳迪诺·德·萨阿贡神父对他的同胞埃尔南·科尔特斯没什么好话,在写作时却对被征服者屠杀的土著人感同身受。不管科尔特斯写给卡洛斯五世多少"官方"信件,我们却从他的同代人那里,得到了多少有些不同的故事。巴托洛梅·德·拉斯卡斯认为西班牙人对待印第安人的方式令人憎恶,也详细描写了征服的罪恶。到科尔特斯死亡的时候,他已经很大程度上被忽略了，也没有得到人们的赏识，在书面出版物上遭到了严厉批评，甚至还穷困潦倒。与此相反，我们在西班牙而非墨西哥的书面资料中看到，很少有对蒙特苏马的批评。当西班牙人因科尔特斯的傲慢和残酷批评此人的成功时，阿兹特克领主们对蒙特苏马大加指摘的原因却仅仅是他未能将西班牙人赶出特诺奇蒂特兰。没有阿兹特克人写下材料，解释在大金字塔上杀戮成千上万无辜者的决定，更没有人对此加以批评。

纳塔尔主教约翰·科伦索和他的女儿们，将他们的一生奉献给宣传，向英国公众广而告之他们的政府对祖鲁人施加的种种暴行。与之相对，英国媒体则发出了关于伊桑德尔瓦纳耸人听闻、也常常并不准确的消息，一方面让公众相信有必要召集一支不必要的庞大援军，同时也率先开始怀疑是否有必要做出如此反应。很少有人的职业生涯从这场战斗中得到什么好处——切姆斯福德或他的后继者加尼特·沃尔斯利爵士都身败名裂。科伦索家族在战争中代表祖鲁人时的活跃态度，在批评英国人不人道行为方面的严厉风格，几乎可以与美国反战活动家对北越人的同情程度相提并论了。

日本人将中途岛战役解读为一场己方的大胜，受伤的水手们被关在医院里，以确保灾难的消息永远不会传到公众耳中。山本海军大将独自制订了错漏百出的计划，感到没有必要多作讨论，也不容许存在异议。所有这一切与美军战前的公开讨论形成了鲜明反差——作战情报的敏感细节甚至在战前就被泄露到了报纸上。美军的战略则在尼米兹海军上将召开的公开会议上进行了讨论，讨论结果则要发往华盛顿，由民选政府予以批准或否决。尽管胡志明自称是共产党员，但他与日本军国主义者的同源关系远甚于他与美国人的关系。

越南人时常依靠美国学者、宗教人士和知识分子，来完成他们的军队无法做到的抵消美国力量的努力。当共产党污蔑美国人，神圣化北越人的战役并使之登上世界舞台时，主要依靠西方媒体而非共产党媒体或第三世界媒体，这绝非偶然。"美国傀儡"和"资本主义战争贩子走狗"的说法，在美国校园里听起来可能干净利索，但这些词并不真实，也无法让美国公众信服或者使他们呼吁停止越南战争。仅仅《纽约时报》和《60分钟》就能做到《真理报》和《工人日报》根本无法做到的事情：劝说美国人民认识到战争既无法获胜也并不正义。对北越人而言，喧嚣不已、相当混乱和脾气糟糕的美国人——威廉·F. 巴克利斯和简·方达那样的美国人——是阴险之人，而并非简单的坏人或者好人。

那么，我们应当对西方军事实践的最终信条做出什么评论呢？这一传统可以追溯到2500年之前，有着奇怪的习惯，总是让军事行动置于政治稽查和公众审查之下（尽管这屡屡导致自我毁灭）。当一个动荡不安的西方公民阶层指导它的军人们应当在何时何地如何战斗，甚至还允许作家、艺术家和记者们自由乃至放肆地批评己方部队行为时，难道会出现什么好事吗？难道报道春节攻势和越南战争的案例不能说明公众审查让美国输掉了一场本该获胜的战争吗？其报道之猛烈与荒谬，让它足以成为极为关键的案例进行研究，并让人怀疑的是，容许对军事提出异议和进行公开指责，是否明智之举？

如果说，媒体对最细微的军事行动都施以放肆批评的行为以及不间断的公众审查，确实伤害了美国在越南的战争努力的话，那么自我批评的机制则有利于修正美军在战术和战略上的严重错误。艾布拉姆斯将军麾下的驻越美军在1968年到1971年间的作战表现，要比1965年到1967年间的表现高效得多，这很大程度上是在军队内外保留不同观点的理念所致。1973年的轰炸模式，远不是毫无效果和无差别乱炸一气的，通过摧毁北越境内的若干关键设施，美军迫使共产党回到谈判桌前。对河内的战争机器而言，尼克松的所谓"中后卫二号"作战行动，要比三年前那场广受批评的、无差别轰炸的"滚雷"行动致命得多。如果说1965年的约翰逊政府还不清楚在越南有什么利害关系，也对最终演化出的新交战法则一无所知的话，那么1971年的尼克松政府就准确理解了美国的困境。作为反战情绪和自由异议的产物，尼克松政府非常清楚其所处困境的特点。

更为重要的是，春节攻势并不是一场独立的战斗，越南战争本身也不是一场孤立的战争。它们都发生在冷战的全球背景之下，那是一场规模更大、在全球范围内进行的价值观与文化的斗争。在这一背景下，西方的审查制度，虽然对那些接受命令、被要求击退春节攻势的可怜士兵们不利，在较长时间范围内却对美国的公信力有着正面影响。为了击败西方国家，往往不止需要击败其军队，还要彻底消灭其对信息传播的垄断。因此，要消灭的不仅是西方军人，还要毁灭那些能够自由表达观点的信息传递者。

西方军事实践中较为诡诈的部分，是北越共产党人从未理解的所谓精明和顽强。他们对驻越美军感到困惑，对美国政府加以指责，但小心翼翼地避免对美国人民发起大规模批评；他们咒骂美国军方，但赞扬美国的知识阶层；他们对倾向性的新闻报道欣喜若狂，但偶尔出现一个讲述他们自己流氓政权天性的诚实故事时，却会感到困惑，认为自己被伤害了；他们对美国电视报道的西贡"解放"感到自鸣得意，对后来报道船民的内容则大发雷霆。如果说困惑的北越人会对《华盛顿邮报》批评美国军队更甚于批评共产党感到高兴，如果说他们对为何一位美国电影明星能够在河内的炮兵阵地上摆姿势，却不出演设在卡内基音乐厅的爱国主义戏剧感到困惑（而且此人在回国后依然能够免于牢狱之灾），他们也会在被问起1976年的"自由"选举性质时感到愤怒，也对少数勇敢记者最终告诉全世界共产党在柬埔寨的大屠杀时惊讶万分。

因此，对军事行动进行自我批评、公民稽查和普遍非难的奇特倾向，构成了一个悖论。对公开评价的孤立和对军事错误的承认最终带来了更为优秀的计划和针对逆境更为灵活的反应，事实上，这种倾向本身又是更大视角下的西方个人自由、自愿组织政府和个人主义传统的一部分。军事行为要被士兵本人诘问，被身处武装力量之外的人们稽查、挑剔，被记者向公众解释，被通过社论加以评价，还时常遭到错误刻画的认识，这些可以确保问责制度，有助于广泛交流意见。

与此同时，这种自由理念所带来的歪曲事实的评论，可能时常会妨碍当时的军事行动，就像修昔底德本人所观察到的那样，柏拉图在《理想国》中担忧的那样，也正如越南战争中的春节攻势那样。在越南，由于口无遮拦和歇斯底里取代了理性与积极的评价，美国的痛苦可能被延长了，也可能因此导致了战场上的失败，但总的来说，美国并没有输掉针对共产主义的战争。倘若美国是越南那样的封闭社会，也许美军很有可能会赢得这场战斗，但输掉的却是整场战争。就像苏联那样，这个国家在干预阿富汗局势后彻底崩溃——从战术无能、政治短视和战略愚蠢这些因素上来看，这是一场与美国干预越南类似的军事干预，但巨大的差别在于，俄国人没有自由批评，没有公开辩论也丝毫没有对错误进行审查的报道。这些机制既能阻碍西方武力的日常战斗进程，也能确保西方事业的最终胜利，这是多么奇特啊！如果说西方对自我批评的信奉，一定程度上导致了美国在越南失败的话，这一机制也是战后数十年中，西方全球影响力爆炸性增长的最重要因素——即便数目众多、极其好战的越南军队在此期间为一个在国内越发被人厌弃，在国外为人避之不及，在经济和道德上都宣告破产的政权奋战不止，也依旧无法改变这一点。

在今后的数十年里，越南会变得更像西方，而不是西方变得更像越南。拥有畅所欲言的自由，挑逗性的标题，浮华的曝光，总司令是身着领带西装的文员，而非戴着运动太阳镜、佩戴肩章并拐着左轮手枪的武夫——这样的一方更有可能最终在战场内外获胜。尽管修昔底德对雅典在西西里远征中的相关愚行大加批评，对雅典公民大会极其口无遮拦的方式也少有赞誉，雅典纠正过去错误的能力，以及在无法想象的困境中继续坚持的惊人毅力还是给他留下了深刻印象。

对雅典这样一个开放文化的战争行为，我们既然用历史学家对雅典在远征态度上朝三暮四、不予支持的尖锐批评开始这一章，也应当用修昔底德的另一个较不为人知的观点来结束这一章。叙拉古人在抵抗雅典人时，表现极好。修昔底德相信，这是因为他们也身处一个自由社会，"和雅典一样是民主政治"。(《伯罗奔尼撒战争史》,7.55.2)他总结得出,自由社会才是最能抵抗战争冲击的体制:"叙拉古人很好地证明了这一点。正因为叙拉古人和雅典人特性最为相似,所以他们和雅典人作战时,也显得最为成功。"(《伯罗奔尼撒战争史》,8.96.5)

结语　西方军事——过去与未来

> 对于每个国家而言，战争作为对抗其他国家的使命永不休止，并贯穿其存在的整个过程中……至于绝大多数人口中所谓的"和平"，不过是个名词罢了——真实情况是，任何一个国家在本质上，每时每刻都在与任何其他国家进行着一场没有硝烟的战争。
>
> ——柏拉图，《法律篇》，1.626A

希腊的遗产

从希腊城邦时代的早期军事行动到贯穿整个 20 世纪的绵延战火里，欧洲军事实践总能体现出某种持续存在的特性。正如卷首引语所暗示的，西方战争模式的传承仅仅限于西方文明中，且源于希腊。埃及人军队中可没有个人自由的概念；波斯人也不会将公民军队和民事监督的理念引入波斯大王的军队里；色雷斯人不会接受具有科学精神的传统；腓尼基人无法列成纪律严明的长枪方阵来进行冲击式的战斗；至于西徐亚人，则完全没有由小地产主组成的步兵部队——正因为如此，在温泉关、萨拉米斯与普拉提亚进行战斗的希腊军队，与古地中海地区任何其他文明的军事力量相比有着本质上的不同。

这个独特的传统，已经流传了 25 个世纪之久，它的存在一方面解释了为何西方军队能在绝对劣势下击败对手，另一方

441　面也解释了西方文明如何能将自己的军事力量奇迹般地投射到千里之外，离开欧陆，远达美洲。兵力多寡、战场地理、食物补给、气候环境、宗教信仰——这些通常能决定战争胜负的因素，却难以妨碍西方军队取胜的步伐，他们倚仗文化作为自己的王牌，不论是人力还是自然上的挑战都无所畏惧。即便像汉尼拔这样的战术天才，也只能望之兴叹。

当然，这并不意味着在之前近3000年的岁月里，经历了一系列动荡、暴政与堕落的所有西方军队都出自同一个蓝本。当年亚历山大的长枪步兵和现在的美国大兵显然还有不少差距，而特诺奇蒂特兰的胜利与萨拉米斯大捷显得迥然不同。我们应该记住，非西方文明同样能催生出致命的可怕军队，比如蒙古人、奥斯曼人，以及共产党领导的越南军队，在亚洲，他们不仅击败了当地的对手，还将欧洲人逼上了绝境。尽管如此，西方人的军事特色依然显得致命性危险且经久不衰，从古希腊时代至今跨越了漫长的时间与遥远的空间之后仍不改本色，却时常被人们无视——由此可以看出，现在的历史学家们并不喜欢来自古典时代的传承，尽管这才是千百年来西方军事活力的核心内容。翻开本书的各个章节，扑面而来的是一种既视感，这是一种奇妙的感觉，无论是亚历山大麾下的长枪步兵，还是罗马军团的勇猛战士，或是法兰克人的链甲武士、纵横新世界的西班牙征服者，英国红衫军、美国大兵与海军陆战队，他们身上一再出现的是同一种理念。而正是这种理念，指引着西方文明如何去发动战争、如何来取得胜利。

无论敌人来自亚洲、非洲还是新世界，无论对手是帝国臣民还是部落武士，欧洲人与美国人的军队在几十个世纪传承的文化加持之下，总能够以一种致命的姿态获得胜利——当然，偶尔西方人也会面临失败,那是因为他们的敌人同样接受了西方式的军事组织、借用了西方式的武器,或者是把西方军队困在了离家千里之外的地方。我们应当注意到,在分析此类案例时我们能够发现,西方人之所以能够取胜,并非因为智力上有什么与生俱来的优势,或者是拥有基督教道德观,事实上他们在宗教信仰与基因层面并没有任何过人之处。尽管波斯人、迦太基人、穆斯林、阿兹特克人、奥斯曼土耳其人、祖鲁人和日本人的作战方式各不相同,但在历史的长河里,他们的军队依然存在两个共性:他们作战的风格与西方人迥然不同,而且他们的军队不会像西方军队那样远涉重洋出兵征伐。薛西斯、大流士三世、阿布德·阿-拉赫曼、蒙特苏马、阿里帕夏和开芝瓦约等非西方领导人,将战争视为神权的争夺、部落的纷争或者是王朝更替的较量,也只有在他们这种臆想出的战争模式中,速度、诡计、兵力和勇气能够抵消掉西方步兵的纪律、欧洲文明的技术与资本所迸发出的巨大力量。蒙特苏马无法想象在地中海进行战争的图景,正如阿里帕夏从未见到美洲大陆的阳光一样。

在我们所审视的区区几个战争史片段中,西方与非西方的界限显得泾渭分明。生活在公元前480年的希腊水手们,在战争来临之际仍然坚持讨论并投票决定战略、选择领袖、进行监督,一如他们创造并运作自己的舰队那般。他们的这种行为模式和2000年后勒班陀海战中的威尼斯人颇为相似,却和勒班陀海战中土耳其苏丹的水兵、萨拉米斯海战中薛西斯的海军截然不同,后两者在法理上都是君主的奴隶而非自由人战士。同样的,亚历山大远征军序列中的长枪步兵,在精神上的传承者是卡莱战役中的罗马军团,以及在罗克渡口战役和祖鲁战争中一系列其他战役里英勇奋战的英国士兵。即便寡不敌众,英国红衫军也会按照纪律有条不紊地进行射击并列成阵形,在冲锋时也会遵令行事、进退一致。不论是马其顿步兵还是不列颠射手,战斗时都会排成行列整齐的密集方阵,这在欧洲以外文明的军队中难以想象。罗马在坎尼惨败之后重建军队的方式,与美利坚在中途岛海战前几个月遭遇珍珠港突袭后迅速恢复战斗力的特点别无二致。这两个国家在输掉一场战役之后,利用同样的共和传统,将那些拥有投票权的自由公民们征召入伍,铸造出全民皆兵的强大军事力量。

一般情况下,高加米拉的马其顿方阵、科尔特斯的西班牙军队、勒班陀的基督教舰队以及罗克渡口的不列颠连队,这些西方军队在武器上普遍要胜出他们的对手一筹。尽管阿兹特克人拥有丰富的自然资源,他们却不太可能造出火绳枪、火药或者是十字弓;奥斯曼土耳其人也没法制造第一流的青铜炮;至于祖鲁人,假若他们想要自己制作马蒂尼-亨利来复枪,更是天方夜谭——同样毫无疑问的是,一把火绳枪的致命程度远远超过一支标枪,而一门威尼斯5000磅重炮的威力则大大胜于奥斯曼人仿制的同类武器,一枚0.45英寸口径的弹头在杀伤力上也要优于祖鲁人使用的长矛矛尖。日本人在19世纪明白了只有欧洲人才能设计战列舰,他们对此善加利用使其成为自己的优势——在日本海的洋面上,战列舰能战胜任何其他浮在水面上的东西[①]。类似的,北越士兵也并未使用他们曾经使用的大刀长矛,而是借鉴了西方人的现代化武器来进行作战。

当然,西方军事力量并不仅仅体现在武器的先进性上。在

---

① 日本最终选择了大量购买并模仿西方战舰的道路。——译者注。

越战中，风起云涌的停战运动和持续不断的政治干涉，制约了美国军队在东南亚的发挥；而纳塔尔主教科连索则利用家族资源，发表反对大英帝国入侵祖鲁的言论。圣方济修会的修道士伯纳狄诺·迪萨哈冈在记叙西班牙人征服墨西哥的历史时，批判了其祖国军队的道德水准——这些行事方式是阿兹特克人、越南人或者祖鲁人所无法想象的。与科尔特斯和切尔姆斯福德勋爵等人一样，取胜而归的地米斯托克利去世时并没有被视为英雄，尽管在故乡他因为曾经指挥军队杀死无数祖国的敌人而赢得了感激。这并不令人感到奇怪。那么，西方文明中这种保持不同意见的本性，是否削弱了他们进行战争的能力呢？不总是如此，至少长期来看不是。西方在批判和监督的传统下，不仅建立起了欧洲式的信用体系，同时还保证了关于战争的作品多是出自欧洲；此外，这种舆论模式还提供了一条途径，使得那些战场之外的人们对于国家财富和人力该如何使用拥有了发言权，有时这样的做法便将干戈之争消弭于无形了。

其他战斗呢？

本书中所引用的战例并不是为了阐述军事上某种绝对的真理，而只是提供一些具有普遍特性的例子。本书里的篇章反映了战争中重复出现的主题，而不是对各个时期的战争史做连贯详尽的记录。这也就意味着，倘若随机选择出差不多同一时期或是同一地点发生的其他战役——例如，普拉提亚战役（公元前479年）、格拉尼克斯河战役（公元前334年）、特拉西美涅湖（公元前217年）、科瓦东加（Covadonga，718年）、征服秘鲁（1532～1539年）、马耳他围城（1565年）、珊瑚海海战（1942年），以及仁川登陆（1950年）等，我相信分析得出的结论也会颇为相似。几乎在以上所有的战役中，争取自由、冲击作战、公民军队、技术、资本、个人主义、民事监督以及公开讨论这些因素所发挥的突出作用显得如出一辙。从中世纪的希腊火到现代战争中的汽油弹，从古希腊的陶片放逐到现代政坛的控告弹劾，从表面上看，它们跨越了一段漫长的历史，但从抽象意义上来说，它们之间的距离并没有看上去那么遥远。

即便列出一系列西方军队的失败战例——从温泉关保卫战（公元前480年）、卡莱战役（53年），到阿德里安堡（378年）、曼兹科尔特（1071年），再到君士坦丁堡围城（1453年）、阿杜瓦战役（1896）、珍珠港事件（1941年），以及奠边府战役（1953～1954年）——并对其进行逐一分析，我们所得到的结论不会大相径庭。从上述几个战例来看，其中的绝大多数情况下，西方军队都面对着在数量上处于压倒性优势的敌军，而他们自己则缺乏明智的领导者（克拉苏指挥罗马军团，拜占庭人则在罗曼努斯的率领下，意大利人在埃塞俄比亚、法国人在越南作战时的指挥也是一塌糊涂）或者对战况缺乏充分的准备——更何况他们还远离欧洲在异乡进行战斗。同时，即便西方人在以上这些战役中损失惨重，但这些灾难本身并不会马上威胁到希腊、罗马、意大利、美利坚或者法兰西的安危。那些具有更大历史影响意义的失败——诸如阿德里安堡战役、君士坦丁堡城陷和奠边府大败——要么处于欧洲边陲，要么发生在一个政府或者帝国的末日，同时，胜利的一方要么拥有西方精神所创造出的武器，要么有受过西方军事训练的顾问对其进行指导。

西方文明的军事传承是由其深厚独特的文化积淀所带来的

红利。西方军事特色并不能保证西方军队在与非西方军队的战争中次次取得胜利。罗克渡口战役中，如果不是查德、布隆海德、道尔顿这三位军官的杰出表现，英国人很可能全军尽殁于祖鲁人之手。萨拉米斯、勒班陀和中途岛战役的胜利，多亏了军事上的卓越指挥。战争舞台上的表演者，乃是变幻无常的凡人，而战争中的现实情况又是那么无法预测——酷热、严寒和暴雨都会改变战局，而在热带气候中作战的方式和在接近北极圈的高寒高纬度地区作战又截然不同，是否靠近自己的故乡进行战争也会带来不小的区别。在非洲、亚洲或者美洲的土地上，西方军队就像其他军队一样，时常会遭遇失败，其士兵也许会被屠戮殆尽——这是因为他们的领导者往往是愚蠢之辈，而且他们会在错误的时间、错误的地点被卷入一场错误的战争。正如本书所指出的，由于文化上的因素，他们在战场上的容错率大大超出他们的敌人。

地米斯托克利、亚历山大大帝、科尔特斯，以及200年来的英美将领们，在战争中拥有一些先天优势，这足以抵消指挥不当、战术失策、补给受限、地形不利和兵力不足带来的影响——或者简单来说，"糟糕的一天"。上述优势对于战斗结果都有着直接的影响，而且它起源于文化层面，并非取决于基因、病菌和地理。一旦大英帝国决定入侵祖鲁帝国的领土，后者的败局就已经注定，伊桑德尔瓦纳的胜利于事无补，切尔姆斯福德勋爵的战术错误并无大碍，而祖鲁武士们的英勇奋战显得毫无作用。

在检视那些西方军队曾面临的最糟战况时，例如坎尼或者春节攻势时，情况越发危急，西方军队顽强而致命的优点就越发突出。既然西方人的军队容忍反对意见的传统在经历越南战争的考验之后依旧能够被保留下来，那么这一特色在其军事体系中的地位就仍然毋庸置疑。在骑士纵横战场的"黑暗时代"里，西方步兵仍旧大行其道，这似乎比之前与之后的时代更能说明问题。自由公民组成的罗马军团在坎尼战役中败给汉尼拔麾下的迦太基佣兵，这一战例使观察者更加仔细地思考公民军队的价值所在。至于大英帝国与祖鲁的战争进程，则揭示了后者拥有非洲国家中最有纪律、组织最好的一支军队，这是宝贵的一课，却也只是个特例，说明了西方式军事纪律中进退整暇、布阵严谨在取得胜利时无可替代的重要作用。

西方军事文化的奇特之处

在讨论西方军事体系的优越性时，我们需要精确使用相关术语，而这恰恰是绝大多数战争史记载所缺乏的东西。政治自由这一现象仅见于西方，这并非全人类的共同特性。西方式自由所提供的选举制度与宪政政治，和部落式的自由大有不同，后者仅仅是少数统治者偶尔赐给普罗大众荒芜的土地与独立行事的许可罢了。同样的，以自由人身份作战的渴望，不能简单地和守卫者赶走自己家园中的僭主和外国势力时爆发出的热忱相提并论。波斯人、阿兹特克人、祖鲁人和北越居民都希望自己民族所居住的土地能够从外国军队的占领下解放出来，但他们是为了能够在文化上取得自治而战，并不是为了能够身为享有投票权的自由公民这一身份和成文宪法保护下的公民权利而战。一个祖鲁人也许可以在非洲南部的平原上自由漫步，相较于居住在狭小兵营里的英国红衫军，在某种意义上更加"自由"一些；然而，一个祖鲁人会因为他们国王的一念之差而人头落地，而任何一个英国人都不会遭受这样的待遇。祖鲁人的国王恰卡早已无数次证明了这一点。北越的共产党人给他们的军队承诺，与建立一个西方式"民主共和国"相差无几——而不是建立一个亚洲人的王朝，不是警察国家，也不是一个封建社会——这是对抗外国入侵者的民族主义战争获胜后的回报。

在任何时代，都存在军队之间的大规模对抗；但是，其中只有少数军事力量会选择用可怕的冲击式较量来结束战斗，在能够进行近距离决定性战斗时绝不会逃避，更不会转而用远程交战或者阴谋诡计来解决问题。波斯人和奥斯曼土耳其人常能发展出复杂精密的方法来征募军队；而只有西方文明在征召战士时，会明确地告诉他们军事服务乃是他们自由公民身份的重要组成部分，而他们自己将会决定战争的时机、方式与目的。在任何文明中，步兵都是常见的兵种，但数量庞大的步兵集团、脚踏实地决不后退的战斗风格、面对面近战的战术却是西方军事的独门利器——拥有地产的中产公民阶层，长期与无地农民和骑马贵族保持着紧张的关系，这种历史悠久的传统造就了西方独特的军队。

对于武器来说，仅仅知道如何挥动或者在使用中进行改进是远远不够的，这无法与发明一种新武器并进行大规模生产相提并论。非洲人和美洲的印第安人能够使用来自欧洲的来复枪，其中有些人也许会成为神枪手，个别的甚至能够学会如何修理枪托和枪管，但他们从来不能够大量生产这样的枪械，更遑论去改进出更完善的型号，或是提炼出弹道和弹药方面的抽象原理来进行更为深入的研究了。

购买与出售是人类的天性，但对私有财产的绝对保护、制度化信托投资体系的建立，以及对市场概念的理解，则需要后天的学习。资本主义不只意味着卖出货物,也不只意味着使用货币、建立市场。相反,资本主义是一种西方文明所特有的商业实践,它将个人对私利的欲望与大规模生产商品,通过自由市场提供的服务和制度化保障下的个人利润、自由兑换、资金存放和私有资产结合起来。

446   好战士未必是好士兵。这两种杀手都十分勇敢,但在强调纪律的军队中,团体利益比个人英雄主义更为重要,士兵们在训练中被要求按照队形行军,按照命令进行团体戳刺、射击,无论进退都宛如一人——上述行为对最勇敢的阿兹特克武士、祖鲁人或者波斯人来说都不可能做到。每支军队都有大胆敢为的人,但只有少数军队会鼓励士兵发挥主动性并欢迎而非惧怕这样的创新行为,因为独立思考的士兵在战争中的行为恰如自由公民在和平时期一样,可能会使某些人忧虑不已。士兵之间的争论、将领之间的意见不一——无论是希特勒的将军们还是阿兹特克的领主们——都是军队中普遍存在的现象。然而,军事体系中制度化的批判式态度——士兵听从政治领袖而非将军,军营里保留法庭,统一执行的纪律需要经过检讨、仲裁与批准——在西方以外的地方闻所未闻。公民能够自由甚至是肆无忌惮地批评战争与战士,这种传统是欧洲孕育出的文明独有的特色。

西方战斗力的延续

历史早已远去,那么现在与未来呢?西方军事体系充满杀伤力的传统能否继续延续下去?理应如此。在1947~1948年、1956年、1967年、1973年以及1982年发生的一系列边境战争中,小国以色列一次又一次决定性地击败了其阿拉伯邻国组成的松散联盟,尽管后者得到了来自苏联、中国和法国大批精良武器的援助。在这几十年里,以色列的总人口数从未超过500万人,而它所面对的敌人们——好几次包括了叙利亚、埃及、黎巴嫩、约旦、伊拉克以及海湾国家——所拥有的人口远远超过1亿。尽管边境无险可守,人口基数小得可怜,开战时往往猝不及防,但数量上处于劣势的以色列军队却总能在战场上展现出高人一等的组织度、补给水平和纪律,它的士兵们训练好于敌人,也更具有个人主动性——事实上,这支军队便是由第一代优秀的欧洲移民所创造的。至于以色列国本身,则是具备自由市场、自由选举权与自由话语权的民主社会。它的敌人们显然不具备以上任何一个特点。

从1982年4月2日到6月14日,在不到三个月的时间里,一支英国远征军跨越8000英里的征途,并将防御严密的阿根廷人逐出了福克兰群岛①。和英国人相比,阿根廷军队距离巴塔哥尼亚海岸只有200英里,它能够轻易地得到船只和飞机带来的补给。英国人付出的损失只是225人的牺牲,其中绝大多数是水兵,他们遭到导弹攻击丧生于皇家海军的战舰上。尽管后勤补给困难且对手又得到了进口武器的援助,同时作为主动出击一方的阿根廷拥有出其不意的优势,但玛格丽特·撒切尔夫人的政府还是以很小的代价夺回了这个南大西洋上的小群岛。资本主义民主社会的联合王国再一次送出训练有素、纪律严明的战士,并在这场奇特的小规模战争中获得胜利。显然,这些英国士兵和阿根廷独裁政府统治下的军队截然不同。

1991年1月17日,美国及其盟国联军击败了久经沙场的

---

① 即马尔维纳斯群岛。——编者注

伊拉克军队——萨达姆拥有 120 万陆军、3850 门火炮、5800 辆坦克和 5100 部其他装甲车辆——在区区四天之内，美军战死者不足 150 人，其中的大多数还是死于无规律的导弹打击、友军误击或者其他事故。萨达姆·侯赛因的军队就像阿根廷人一样，装备着买来的一流武器。伊拉克军队中有不少经历了残酷的两伊战争的老兵，他们要么驻守在自己国家的土地上，要么距离本土并不遥远。在之前入侵科威特的军事行动中，伊拉克军队完全取得了出其不意的优势，就像阿根廷人"入侵"福克兰群岛和阿拉伯人在赎罪日战争中所做的那样。在对抗美军时，伊拉克军队可以仰仗通往巴格达的高速公路来轻松获取补给物资。

然而，伊拉克士兵们存在的问题可不仅仅是松弛的纪律与糟糕的组织。他们中没有人真正了解何为个人自由。在对抗西方军队时，伊拉克共和国卫队所能发挥的作用，和波斯长生军一样十分有限。那些被美国战机轰成灰烬的士兵们并没有投票决定入侵科威特或者与美国对抗。萨达姆本人提出的作战方案没有经过任何人的审核就直接使用；在他的统治下，伊拉克的经济不过是萨达姆家族生意的延伸罢了。他的军事力量的硬件——从毒气到坦克和地雷——全部只能依靠进口。任何质疑入侵科威特这一决定是否明智的伊拉克记者，肯定会像吕底亚人皮西乌斯在薛西斯入侵希腊前夜时一样遭遇厄运。伊拉克的军事机器本身并没有入侵欧洲或者美国本土的能力——这支军队就在距离库那科萨和高加米拉古战场不远的地方几乎全军覆没。同样是在这片土地上，很久以前，色诺芬的万人远征军和亚历山大大帝的马其顿大军在亚洲本土将亚洲帝国的部队彻底击溃。

分析大多数最近发生的战争,我们会发现,即便有些国家完全照搬西方的坦克、飞机和大炮,或者从其他渠道获得西方武器装备的设计,仍然不能保证最终的胜利。阿拉伯人和阿根廷人将他们的军官送到国外进行训练,而这只是白费功夫,至于他们将自己的军队组织并塑造成欧洲风格的尝试,同样于事无补。对于以色列、不列颠、美国及其海湾战争中的诸盟国而言,他们往往能克服后勤困难的问题,在短暂而猛烈的战斗之后,相对轻松地取得胜利。拥有2500年历史的西方战争模式,产生了一种欧洲所独有的战争实践经验,并成为这些国家能够取胜的关键所在。

简单而言,以色列人、英国人和美国人的军事体系,在进行战争时拥有共同的文化基础——这种无处不在的传统是超脱于大炮、飞机等技术兵器的存在。从这个层面来看,西方军队与他们的敌人是如此不同,无论他们的对手是否勇敢作战,都不会影响战争结果。在20世纪的最后几十年中,没有任何迹象表明西方文明会将军事上的统治地位拱手相让,更不用说在战场上赢得战争。倘若美利坚合众国能够不受政治的约束而完全释放出它武库中可怕的军事力量,恐怕越战将会在一两年内就宣告结束,而战局也将像海湾战争那样完全处于一边倒的状态。

关于未来的军事场景,人们总是在讨论三种可能性:要么是天下太平,没有战争;或者是偶发性的战争;也有可能是一场单独的、足以毁灭整个地球的世界大战。我相信,第一种可能性只是美好的幻想,无须讨论直接出局。正如古希腊人曾经告诉过我们的一样,发动战争似乎是人类固有的天性,按照古希腊哲学家赫拉克利特(Heraclitus)的说法,"(战争)是我们共同的父亲"。无论是理想主义者还是悲观主义者，无论是康德学派的乌托邦主义者还是阴郁的黑格尔信徒，偶然间都会预想到文明人战争的终结。乐观的人认为国际审判庭的存在终将带来世界性的和平，就像近年来联合国与国际法庭所扮演的角色那样；悲观者则哀叹于资本全球化与民主权利化所带来的全球性停滞，认为在这样的大环境下，地球上胆怯而虚弱无力的公民们为了保持舒适生活将会无所作为。

克林顿总统执政期间（1992～2000年）的美国政府显得过于理想化，又自诩和平主义者，但他签署施行的海外军事部署却比美国20世纪其他任何一个总统都要多。现代战争不仅频繁发生，其血腥程度往往也更甚于19世纪。发生在卢旺达和巴尔干的大屠杀就像是未开化部落的流血冲突，其执行者丝毫不理会国际社会的谴责。在1991年的海湾战争中美国甚至动员了国民警卫队作为预备队，这样的动员程度甚至超过了冷战时期发生最严重的危机时的情况。供应给全世界的石油产品，很大一部分要么遭到禁运，要么燃烧成灰烬，要么在海上处于危险的境地。在这个年代，贝尔格莱德在轰炸中成为一片废墟，多瑙河脉动的航运被封锁且彻底切断；在波斯尼亚和科索沃发生的长达6年的屠杀无人阻止，尽管这两地距离罗马、雅典和柏林都并不遥远。看起来，民族之间、家族之间、部落之间，永远都会纷争不断，不论是否有外来威胁、国际制裁或者历史教训，也不论是否存在来自一个单极大国的横加干涉，这些争斗不休的对手们浑然不在意现代战争中固有的荒谬的经济问题。战争的进程也许显得理性，但战争的开端却未必如此。

同样，尽管在自动武器的使用、指挥环节的安排、军装服饰的选择等方面，世界各国军队都渐趋统一且彻底进行了西方化改造，然而这一切并不意味着新生的全球性文化会带来长久和平。来自不同种族、信仰不同宗教、说着不同语言并且隶属不同国家的人们，虽然都穿着阿迪达斯鞋、购买微软的电脑程序，并且同样喝可口可乐，却依旧像以前一样会试图杀死自己的敌人——在杀人之后，他们又都回到电视前，在国际频道上观看《梦幻岛》这样的电影。

一个颇具个性与想象力的知识分子群体创造了全新的西方化精神文明，然而，放眼1982年春季的南大西洋上，面对英国人与阿根廷人互相将对方炸成碎片的景象，他们也只能感叹现实的残酷。在英国接受教育的阿根廷诗人、小说家乔治·路易·博尔赫斯（Jorge Luis Borges）如此评论这个将两个文明国家拖入战争深渊的愚蠢赌局："就像两个秃头的人为了抢夺一把梳子而战一样。"尽管如此，这两个国家间的战争却就此开始。倘若他们像尼采笔下"没有胸膛的人"那样缺乏气概的话，他们便不会关心茫茫大海上覆盖灌木的荒岛，而是对周日下午直播的足球赛更有兴趣。修昔底德声称他所写下的历史将会是"任何时代的财富"，他提醒人们，国家发动战争的原因可能是为了"恐惧、自身利益或者荣耀"——而这并不总是违背理性认知、经济利益或者生存需要。我相信，尽管我们生活在一个颓唐的年代，尽管像柏拉图、黑格尔、尼采和斯宾格勒预言了阴暗堕落的未来，但荣誉始终会存在，而且不少人在不久的将来会因为它招致死亡。

诚然，某些传统西方军事体系中的关键因素已经离我们而去，比如现在美国和欧洲国家的军队反倒更像是某种雇佣兵集团。这些佣兵未必是完全职业化的军人，他们更像是社会中用服役来换取经济收益的群体，那些和他们属于完全不同阶层的人决定了他们战斗和死亡的时间、地点和方式。履行投票权利的美国人，无论是士兵还是公民，都在不断减少。多数美国人对于他们国家军队的本质缺乏认识，也并不理解这个军事体系与政府和公民权之间颇具历史意义的联系。联邦政府变成了一个庞然大物，跨国公司也不断涌现，因此那些作为自主个体进行工作的美国人——例如家庭农场中的农民、小商人或者在居住地经营的商铺主——在数量上日渐稀少。对于很多人来说，自由意味着脱离责任，而与此同时，在购物商场、电视节目与互联网的影响下，人们的生活变得更为统一而自我满足，而与理性至上、个人主义和主观能动性渐行渐远。那么，西方世界是否还会有这样的公民：在中途岛奋不顾身英勇战斗，在萨拉米斯荡开长桨划动战舰，在坎尼的惨败之后涌入军队，重组残破的军团？

悲观主义者也许会因为看到那些来自美国富裕市郊了无生气的孩童，而感受到腐化堕落的种子，但我们是否到了崩溃的边缘呢？我对此并不确定。历史告诉我们，只要欧洲和美国坚持共识政府、资本主义、宗教自由的制度，不忘政治结社、言论自由与宽容知识分子的传统，那么在需要的时刻西方国家依旧能够将作战勇敢、纪律严明、装备精良的士兵投入战场，而他们的杀戮能力，在这个星球上无人能比。我相信，倘若我们的政治体制没有彻底堕落变质或是被完全推翻，那么它就能够在物质主义所带来的腐化中生存下去。在这个时代，整个有关公民军队的关键理念与物质条件过于丰富所带来的享乐主义格格不入；言论自由被用于关注我们自己的错漏之处，而非用来对付可怕的敌人。欧洲并不总是拥有西方军事体系的所有元素。在公民军队的理念逐渐淡出视野、雇佣兵军队取而代之以后，共和政治的影子依旧保护着罗马帝国，帮助它继续前行数百年。

至于一场由诸如美、英、法、俄、中这样的核国家，或者是伊斯兰世界所发动的全面战争，同样也不太可能发生。在50年的冷战岁月里，美苏两个超级大国并没有使用过它们庞大的核武库。在苏联解体之后，人们没有理由认为前述的任何一个势力会比冷战时的美苏更为好斗。冷战留下的遗产是更为严格的自我约束，而非鲁莽轻率。在战略武器方面，无论是核武器还是生物武器，其储量都在不断削减。以史为鉴便可以想象，即便拥有核武器，也未必总能保证和对手形成互相毁灭的均势。天基反弹系统，在不久的将来将成为现实。有矛必有盾，这是适用于整个军事史的真理，然而在最近半个世纪核冬天的阴霾下我们却将之彻底遗忘。到了现在，攻守的天平重又开始向防守的一方倾斜：各国投入大量军事预算用于研发导弹防御系统、用于镇暴的特殊装备，甚至是可以反弹子弹、抵御弹片并防护火焰的单兵护甲。

在21世纪，任何威胁使用核武器的国家，都会意识到自己将面临两个令人不快的选择：一方面，使用核打击可能会遭到同类武器的报复；另一方面，在不久的将来，敌人也可能会在导弹抵达目标之前，使用某种方法偏转其弹道，或者干脆将其摧毁。精明节制使用武器的方式才是热战与冷战的行为准则，大胆冒进、浪掷武力的态度显然不足取。据说，能够造成瘟疫的生物武器、能够瞬间杀死大批敌军的神经毒剂，以及我们无法想象的病毒武器，都有可能在未来将人类灭绝殆尽。对于这种末世论调，军事历史学家们做出了自己的回应：在历史上,无论是警戒部队、敏锐的边境防御体系,还是预防技术和疫苗接种技术以及反情报手段,它们一样在不断向前,从不停滞。核威慑针对的是人类本身,而非某种特定的文化现象,因此,所有的国家——即便是那些民主国家——都会奉行"边缘政策",将双方的冲突迫近到战争边缘以尽可能地保证自己的利益。一个支持恐怖分子攻击曼哈顿岛的流氓国家,在核武时代需要铭记的是,核导弹飞行抵达目标的那15分钟,可能就是他们自己生命中的最后15分钟。

倘若我们既不会享受永世和平,也不会在一场大战中遭遇种群毁灭,那么第三条道路,即我们将会生活在随机发生的却更为致命的常规战争中,看起来也许是未来几千年中的主旋律(自第二次世界大战之后,在战争中死亡的人数已然超过了"二战")。我们西方人在提及"二战"这场杀戮时之所以战栗恐惧,是因为这场战争吞噬了许多西方人的生命。然而我们却并不知道,更多的朝鲜人、韩国人、中国人、非洲人、印度人以及东南亚的人民的死亡,是由于某些不为我们所知的战争。他们在希特勒和他的第三帝国灭亡之后半个世纪的时间里,要么死于政权的崛起和衰落,要么作为冷战前沿的炮灰湮灭于无形。

从这个角度来说,西方军事的未来似乎更加令人心烦意乱,因为自从1945年以来,西方的武器与战术逐渐扩散到了整个非西方的世界中,造成了无数的牺牲和死亡。最令人担忧的情况在于,尽管西方的军事纪律、武器技术、决定性战争观以及资本主义迅速扩张影响面,但与之相伴的自由理念、公民军事体系、民事监督模式以及保持异议的权利却并没有一起出现。这样的半西方式独裁体制已经逐渐浮出水面——核武化的朝鲜或者伊朗——也许很快就会利用购买得来的西方军事技术、培养出的精英人才，发展出几乎可以和欧美相抗衡的武器装备与部队，甚至最终达到完全独立自主的境界。而这样的国家并不会感恩西方军事体系的源头，反而会仇视它们的老师。中国仿效欧洲和美国，建立了灵活而网络化的卫星导航系统，却也兼具其自身特色；而其军事工业显得隐秘不公开，不像欧美的军事工业一样，始终处于国民的监督之下。这些都是显示东西方差异的好例子。

在这新时代来临之际，非西方的文明能否从西方人那里获得武器装备、军事组织与理论指导，并将其与自己的传统融会贯通呢？资本主义的伊朗、越南或者巴基斯坦，能否在科学精英的帮助下，不依赖自由公民、个人主义，以及民事监督和对军队战略战术的审查制度，长期维持一支高科技与高组织度的军队呢？或者，这些西方未来的对手，是否仅仅是一时借助了西方文明带来的东风，随后因为在知识、宗教与政治领域的包容性不足且缺乏传统的根基而会很快被打回原形？这些国家是仅仅会赢得一些偶然的胜利，还是会使用几十枚装载核武器的导弹指向我们的城市，成为萦绕在我们心头挥之不去的可怕幽灵？

也许某国的军队可以每天从互联网上窃取西方军事机密，但倘若不能够将所搜集的信息公开反馈给民事与军事领域的领导者，那么取得的信息未必会发挥作用，也就无法发挥与其在西方军队中所发挥的对等的威力。倘若我们的对手们接受了共识政府、言论自由与市场经济的理念，他们还会继续与我们为敌吗？也许会，也许不会。但这并非我们唯一需要关注的问题，无论是过去还是现在，西方文明本身都不是铁板一块，也从未处于稳定的状态,其庞大的军火库同样可能把矛头转向自己的主人。彻底西方化的军队不太可能向传统西方国家发动战争,但这一点从未得到百分之百的确认——至于这类国家之间,同样存在爆发战争的可能。贯穿整个历史,最为恐怖的有组织杀戮,并不是出现于欧洲以外的部落社会中,也不是存在于西方文明与其他文明的碰撞中,而恰恰发生于欧洲之内,就在西方国家之间。在我看来,整个世界越是西方化,欧洲式杀戮场所吞噬的范围越将随之不断扩大延伸。

在研究中,我们还应注意到另一个要点。通常,在讲述西方军队对抗其他文明的战士时,总会牵涉到欧洲与美洲以外的土地。少数例外,也只是来自亚洲、非洲的敌人或是伊斯兰入侵者攻击了欧洲的外围——薛西斯、汉尼拔以及蒙古人、摩尔人和奥斯曼土耳其人——至于欧洲的文化核心区域,自从罗马帝国崩溃以后就从未受到任何威胁。时至今日的形势表明,非西方的军队依旧不会在欧洲与美国的境内进行战争。假如西方文明境内燃起风烟,那必定是一场内战,或者是西方势力之间角逐霸权的战争。我相信,在21世纪里,以上的战争模式依旧存在,西方战争范本以外的入侵和攻击方式,注定难以成为真正的主流。

西方对决西方?

随着民主政体、资本主义、言论自由、个人自由以及全球一体化经济的理念在全球范围内传播扩散,也许世界大战的阴霾终将离我们远去。尽管如此,一旦战争爆发,其致命程度也将更胜以往,而过去所积累的军事传统,将会帮助未来的军队在杀戮能力方面更上一层楼。这样的可怕未来,从现今的战争中我们便能管窥一斑——在部落仇杀中，尽管人们对于如何制造出拥有可怕杀伤力的西方武器一无所知，他们却依然使用这些武器去制造杀戮。

事实上，即将到来的真正危险，不仅仅是核武器与 F-16 战斗机这类先进武器的扩散，而更在于知识、唯理性论的传播，在于自由大学的不断创立，甚至包括民主制度、资本主义以及个人主义在这个世界上的不断发展——正如我们在书中的战例分析里所见到的，这些因素才是战场上最具有杀伤力的东西。多数人将理性至上、资本主义与民主制度及其附属价值观，视为永世和平与繁荣的源头。也许他们是对的，但同时我们必须牢记，这些理念在过去的岁月里，同样也是创造出世界上最致命军队的基础。

在未来，真正的危机与过去曾经经历过的别无二致。也许西方文明会陷入道德沦丧的困境，而其他文明通过学习也可能获得看似强大的军事力量。但以上这些都不足以令人畏惧，反倒是一场将老欧洲与新美洲统统卷入，吞噬西方文明世界的经济、军事与政治力量的内战，才更为可怕。这历史悠久的阴影始终笼罩着西方世界。区区一场葛底斯堡（Gettysburg）战役所夺取的美国人的生命，就超过整个19世纪美国与印第安人战争所造成的死亡总和。一小股布尔军队在六天战斗中所杀死的不列颠士兵，则远远超过祖鲁人在一年内所造成的杀戮。在整个20世纪，绝大多数肆虐于地球上的危机，都可以从源自欧洲的两次世界大战中找到导火线——德意志的地位变迁、欧洲的分分合合、俄罗斯帝国的崛起与崩塌、巴尔干半岛的繁杂纷争，以及美利坚登上世界争霸的舞台，这一切的一切皆自欧洲而始。

许多人也许会相信所谓的老生常谈，认定民主势力之间不会互相交战，而统计数据看似也支持这一论点。尽管如此，在西方文明世界中，武器装备可怕的杀伤力使得容错率低得可怜。一次内战，便能在欧洲文明开端之时带来可怕的杀戮并令文化陷入混乱的深渊。事实上，在西方，共识政府体制的国家常常会与同样政体的国家互相间征战不休。雅典背离了自己的文化信仰，攻打了同为民主政体的西西里城邦（前415年）。民主的彼奥提亚联盟在曼提尼亚战役（前362年）中对抗民主的雅典。在公元前146年，罗马共和国终结了亚该亚联邦的存在，并将科林斯城夷为平地。到了文艺复兴时代，意大利诸邦之间始终处于你死我活的竞争当中。大革命时代的法国和议会统治下的英国势同水火；民主议会的美利坚合众国曾与共识政府的不列颠进行了两次战争。在美国，曾经有一个邦联政府、一个邦联总统与邦联议会挑起内战。在南非，布尔人与英国人各自选举出代表，最终还是走向刀兵之争。印度与巴基斯坦的民选领袖曾经多次互相威胁发动战争。至于中东的巴勒斯坦议会，甚至从未带来和平；而随着巴勒斯坦国自治权的不断扩大，这个议会和以色列的关系是否会比阿拉法特时代更进一步，尚存疑问。在德皇专权的时代，德意志帝国同样拥有某种意义上的议会政治；希特勒登上权力宝座，亦是通过选举而非政变夺权；俄罗斯攻入车臣的决定，也得到了议会的许可。

诚然，民主政体之间发生战争的可能性更小，但一旦它们决定互相开战并且付诸实施，那么由此产生的冲突将会将西方战争可怕的一面暴露无遗。每一个像雅典尼西阿斯这样的优秀政客，都会有一个像叙拉古的赫莫克拉提斯这样来自民主政体的对手；每一个流水线化生产武器的威尼斯式的军火库，都会有热那亚式的量产船厂进行回应；每一个南北战争中如格兰特一样的优秀公民军人，都会有一个如李将军这样的毕生敌手；每一个像毛瑟这样的军械天才，总能遇到一个柯尔特这样的对头；每一个超凡脱俗、经历多年学习的德国火箭科学家所研发的武器，都会有一个英国雷达天才用自己的发明针锋相对。在欧洲或者美洲进行的西方内战，尽管在夺取生命的数量方面会远远超过非洲50年部落仇杀的总和，但这并不是西方之间的战争被称为灾难的理由。西方文明阋墙于内的行为，就像在历史中曾经得到验证的一样，始终威胁着整个文明的存续。无论这种行为是好是坏，它都成了现代生活方式的催化剂，并成为工业化生产、技术进步、大众文化传播以及政治架构搭建的共同基础。

今天，自20世纪30年代以来，欧洲再一次经历了巨大的政治变动。两德统一之后，新德国影响力的扩张才刚刚开始。欧洲一体化的前景，对于孤悬海外的英国而言，更加使其地位变得模糊不清；与此同时，对美国的共同敌意与嫉妒，似乎也在欧洲大陆内部创造出合作协同的气氛。至于东部欧洲，由于始终面对既不属于欧洲也不类似亚洲的俄罗斯，因此一直处在一个左右为难的大环境中。欧洲人对于西方化的日本，显得既尊敬又害怕——这种情形随着中国的崛起显得更加明显。而朝韩两国的不确定性关系则使未来蒙上了一层阴影，两方都坚持民族统一的理念，而南方的资本主义和北方的核武器都有可能成为统一的重要工具。孤立主义在美国得到复兴，尽管美国对于全世界政局的干涉达到了一个高峰，但这种扩张性政策的支持率却滑落到了历史最低点。在未来，那些在滑铁卢、索姆河、凡尔登、德累斯顿和诺曼底大屠杀中逝去的鬼魂，仍旧会盘桓在人们的头顶，挥之不去。

对于西方文明与非西方文明在下一个千年里的战争，我并没有太多的担心——无非是更多骤起骤落的冲突，例如中东及其周边地区的动荡，或者是非洲与南美的可怕暴乱。在这些历史的小插曲里，除了偶尔可见一些致命的武器装备之外，基本与西方传统无关，这些相互厮杀的人们仍旧使用他们自己的方式进行战斗。倘若能够以史为鉴的话，我们是否可以认为，西方文明将致命的武器指向自己之时，并不会真正威胁到世界的进步与文明的延续？假如果真如此，让我们祈祷吧，但愿美国与欧洲之间能够继续维持半个世纪的罕见和平，因为这样的和平与曾经延绵不断的纷争是如此格格不入。我们应当记住，在整个世界不断西方化的过程中，军事领域也将经历同样的进程，战争的本质也会向西方模式靠拢，由此变得更为危险致命。也许在下一个千年里，全世界的人们都会接受西方式的理念，而这将是一个尤为危险的事情。文化并不只是人们脑海中的概念，一旦涉及战争，文化将会成为拥有可怕杀伤力的实体，文化的差异往往能在转瞬间决定无数年轻人生存还是死亡。

西方文明给整个人类的贡献，在于它创造了唯一能够良好运转的经济体系，在于它带来了推动物质文明发展与科学技术进步的理性思维，在于它提供了唯一能够保证个人自由的政治架构。西方文明中的伦理学与宗教更是将人性中最好的一面发掘出来——同时也创造出最为致命的军队和武器。我希望我们最终将会理解这份西方的遗产。这是一份有毒的厚礼，我们不应拒绝它，也不应为之感到羞愧——我们应当铭记，我们充满致命威力的战争方式，终究是文明的保卫者，而非掘墓人。

后 记

2001年9月11日之后的《杀戮与文化》

在精装版《杀戮与文化》上市大约三周之后，恐怖分子在美国本土发动袭击，导致近3000名无辜美国民众丧生。而仅仅过去不到一个月，即10月7日，对于这场罪行的嫌犯，美国政府以空中和地面打击进行了回应：打击的对象是基地组织恐怖分子的网络，以及同情该组织并提供庇护的政权，即阿富汗塔利班政权的伊斯兰激进主义势力。当我们这些美国人每天阅读着来自阿富汗坎大哈的新闻，了解诸如杰哈德圣战、伊斯兰罩袍等名词，并重温所谓"在越南的教训"时，那些看似只存在于《杀戮与文化》书本里、遥不可及的姓名、民族与地点——亚历山大大帝，伊斯兰军队，不自由的东方人，以及春节攻势——现在都近在眼前、真实可见了。

在本书的结语部分里，我曾指出，在过去20年里发生的大事件——包括福克兰群岛争夺战、巴勒斯坦的激烈冲突以及海湾战争——都支持了本书的理论，体现出2500年来西方军事体系超越时间和空间的总体优越性。我所提出的论点并不关乎道德层面。事实上，我更加倾向于认为，西方世界在文化、政治、经济、公民权利以及责任等方面的优势，最终使得欧洲国家及其继承者们能够获得强大的军事实力，这种实力超过了西方世界人口与土地所应该表现出来的比例。在过去六个月里所发生的事件，就像之前20年中的历史一样，再次支持了我的观点。

尽管"9·11"事件并不像萨拉米斯海战或是勒班陀海战那样，是传统意义上数以千计战士们之间的生死较量，但它依然是一场里程碑式的交锋。在2001年9月11日恐怖袭击中死去的美国人的数量，比任何我们历史记载的战斗死亡人数都要多。纽约和华盛顿两地的死亡人数相加，超过莱克星顿和康科德战役中的损失，也超过阿拉莫保卫战或是萨姆特要塞战斗中的牺牲人数，也超过了哈瓦那港口爆炸、卢西塔尼亚号沉没或者珍珠港遇袭时的遇难人数——这些历史上的袭击事件，同样将美国拖入了战争。更重要的是，"9·11"事件并非偏离历史轨迹的一次偶然，在某种意义上，"9·11"是伊斯兰世界和整个西方不断产生分歧之后的一次高潮表现，它是继黎巴嫩、沙特、索马里、苏丹、也门和美国世贸中心美国人遇害事件之后的延续。美国平民死伤惨重，而又一起无缘无故的恐怖袭击策划被曝光，再加上多个主权国家都牵涉到针对美国的阴谋中，这一切都引起了美利坚全国上下空前的愤怒，并导致美国做出猛烈的军事回应，这在海湾战争之后还是第一次。

在不到10周的时间里，美军彻底摧毁了阿富汗的塔利班势力。这场战争对于美军后勤而言，无疑是一场噩梦，他们在一个距离祖国6000英里的内陆敌国境内作战，他们的敌人——恐怖分子及其寄主拥有内外支持，而且此时伊斯兰世界与西方世界之间的关系也渐趋紧张。尽管困难重重，美国军队还是彻底击溃了他们敌人的政权，用一个共识政府取而代之，并继续率领盟友打击全球境内的恐怖分子巢穴，足迹遍及阿富汗、也门、原苏联境内的部分地区以及菲律宾等地。

"9·11"事件刚刚发生之时，批评家们既不相信美国能够在阿富汗取得胜利，也不相信在面对一个模糊不清的全球恐怖策源地时，这场战争能够取得多少成功。现在怀疑论者们并没有从过去的历史中检视西方军事的致命力量，反而抛出理论，认定亚洲次大陆上严酷的冬季不可战胜。他们把俄国人与英国人在阿富汗的惨败、越南战争挥之不去的阴影、恐怖分子的凶残以及他们塔利班支持者的狂热特性拼凑在一起，幻想出一副可怕的场景。在针对纽约世贸中心与华盛顿五角大楼的恐怖袭击刚刚结束时，西方的传统优势便已经展露无遗——我国的民选官员冷静地举行集会商讨对策，被劫持飞机上的乘客们投票决定牺牲自己来拯救数以千计的国人，人们对于死难者家属进行了自发的、大规模的支持，而庞大的美国军队也立即从几乎全球所有地区被召集起来，枕戈待旦——尽管如此，只有少数人能够从过去西方国家的成功中获得信心。在恐怖袭击发生几十个小时之后，《杀戮与文化》中第一章到第九章所描述的所有主题，已经走出书本成为现实。

在20世纪八九十年代，对于远离本土的恐怖袭击，美国所做出的回应，是虚弱而混乱的；但对于此次事件，政府的反应却显得迅速而颇为有力。国内安全等级得到了迅速提升，而对于境外目标的打击也得到了批准，美国政府妥善抚恤了近3000死难者的家庭，遏制了经济衰退的势头，并消解了那种存在于全世界范围内的不确定感。对于新近施行的国内安全法案，或许自由意志论者会感到不安——恐怖分子往往以不活跃的状态蒙混过关，藏身于普通民众中间——尽管法案得到实施，但美国的社会依旧显得开放自由，义务的束缚并不能改变这一点。对于某些愤世嫉俗的评论家来说，将作战行动的代号命名为"持久自由"可能显得太过单纯，但事实上，这样的语调和主题，恰恰与当年萨拉米斯海战中雅典桨手们的呐喊如出一辙：他们用"eleutheria"作为口号，在战斗中激励彼此。

尽管美国人不再使用全民动员的方式来征募军队（在一个拥有3亿人口的国家，这样的动员将会带来一支过于庞大臃肿的军队，两三千万青年会被毫无必要地征召入伍），公民军队的精神却继续存在着。我们军队中的飞行员、陆战队队员和特种部队士兵们，本身就具有极高的积极性和纪律性，而且在战斗中显得尤为致命。对于应征入伍的士兵而言，倘若能够获得与自由公民身份对等的权利与义务，那么他们在纪律性与创造力方面就能够胜过那些被迫加入军队的塔利班分子。这就像布匿战争时期，罗马军队固然会遭遇败绩——这一系列的失败在坎尼到了悬崖的边缘——然而，正如坎尼之后的罗马一样，美利坚在"9·11"事件之后并没有继续衰弱，反而变得更加强大。

恐怖分子偏好以不对称的方式进行一场看不见硝烟的战争，此时攻击的出其不意与突然到来的恐怖能够使得较弱的一方战胜比自己强大得多的对手。尽管如此，美国军队仍旧拥有更为强大的火力——考虑到激光和雷达制导的炸弹能够找到群山之巅山洞中的敌人，并且穿透陡峭的山坡命中目标，他们的优势就更加明显了。就像亚历山大大帝在高加米拉战役中所进行的决定性战斗一样，美国人坚信，击败敌人最有把握的做法，便是直接攻入阿富汗，找到塔利班与基地组织的军队，尔后利用空中火力、代理人军队以及特别顾问团等手段，对敌人予以迎头痛击，在正面较量中尽可能多地杀死恐怖分子及其支持者。

美国军队非常重视空中力量，以及其投射出的威力巨大的智能炸弹，这种武器能够摧毁特定房屋中的恐怖分子，同时避免殃及无辜。正如之前科索沃战争中所体现的那样，美国军队在阿富汗战争的空中打击行动又一次证明，美利坚的武装力量可以随心所欲地攻击敌人，而不会在对手的防空火力下损失任何一名飞行员。当然，随着2002年战事的发展，显而易见的是，美国仍然需要出动陆军，将恐怖分子从他们的巢穴中赶出来。在任何环境下，美国的步兵都被证明比他们的敌人更加善于近距离作战。尽管我们的国家已经不像古典时代的希腊或者共和国时期的罗马那样，是由小地产主支撑的农耕国家，但我国依然存在庞大的中产阶级人群，这保证了从他们中征募的步兵相较而言受过良好的教育，能够独立思考，并且代表了我们国家的大众文化。他们的对手则是被强征入伍的贫穷部落民，或是目不识丁的农民。两相对比，高下立判。也许这样形容显得有些过于简单，但事实就是如此。在普瓦捷战役13个世纪之后，西方的步兵们再一次和那些自称伊斯兰战士的敌人进行了对抗。

在西方军事体系所有的优点当中，技术优势无疑是在对抗恐怖主义的战争中最有力的工具。正如科尔特斯在特诺奇蒂特兰时所展示的一样，胜利女神总是站在西方军队一边。显而易见的是，基地组织的恐怖分子及其支持者，不可能像美军一样拥有庞大的军火库，自然也就无法拥有诸如飞机、舰艇和精密地面武器这样的高科技装备。在10月初双方交战最开始的数周里，美国军人展现出可怕的能力，他们可以杀死数以百计的敌人，同时不损失一名士兵或是飞行员。至于塔利班及其盟友使用高科技武器的能力——他们最多也就能使用诸如火箭弹、小型自动武器、肩扛式防空导弹这样的东西，而且还都需要进口。就像阿兹特克人一样，塔利班及其恐怖分子同盟军并没有世俗理性主义的指导，也不会在没有利益驱使的情况下进行深入的科研探究，这决定了他们不可能创造出足以与美军分庭抗礼甚或是更高一筹的致命武器。

从这一方面来看，恐怖分子们就像勒班陀的奥斯曼土耳其人一样，只能完全依赖西方文化所催生的技术氛围。他们所能使用的一切高技术设备——从手机、飞机、ATM银行卡到自动武器、爆炸装置与防空导弹——全都来自西方社会。

同样的，美国人雄厚的资本力量也被证明是一个巨大的优势。"9·11"事件发生后仅仅几周，美利坚合众国不仅通过自由意志的机构——议会投票决定增加军事装备开支，同时还募集到足够的金钱来建立使用这些装备的军队，并对其进行支持和补给。除此之外，一件美国式的强大武器也被用来对付恐怖分子——美国冻结了恐怖分子支持者的银行账户，并阻断了其进行电子金融操作的渠道。由此将美国的敌人们封锁在了西方金融体系之外，使他们无法通过金融体系来进口武器与补给。

此外，纪律性也被证明是美国与其敌人之间的主要差距所在。迄今为止，在战争中没有任何美国部队向敌人投降；相反，数以千计的塔利班士兵和数百名基地恐怖分子放弃了自己的事业向敌人交出了武器。反恐联盟遭受的主要失败，是美国的代理人——北方联盟军队在战争之初的一小段时间内遇到的挫折。有许多记录谈及了基地恐怖分子自杀式的攻击方式，但迄今为止，这种狂热的作战态度并没有在战场上带来任何广泛的优势。真正可怕的战场杀手，恰恰是美国士兵。《黑鹰坠落》这本书，以及根据此书改编的电影，成为他们最为著名的宣传材料——美国人也许会处于远离祖国的地区，在复杂困难的地形上作战，需要面对数量远远超过自己、不惜一切代价也要杀死他们的敌人。就像过去一样，美国士兵以密集、纪律性小组作战的风格，使得他们能够给敌军造成巨大的伤害。

美国军队与众不同的个人主义行事风格，同样体现在战斗过程中。可怕的新式武器被投入使用，包括像"黛西割草机"升级版巨型炸弹或者是热压弹这样的大威力炸弹，它们都能体现出个体士兵、科学家或者制造工人几乎在瞬间迸发出的创造力，正是这种创造力应对了来临的挑战。就像中途岛海战中，损坏的约克城号得到迅速修复并冲回战场一样，在9月11日之后，诸如战场卫星制导炸弹这样的新战术得到大量运用，而新式武器则在战场上得到检验，要么被接受，要么得到改进，也有可能被拒绝使用——这一切完全取决于受到委托的个人的意愿，而非出于某个政府法令的强制要求。

就在恐怖袭击发生之后，国内很快便出现了不同的声音。某些极端言论宣称美国扮演的世界性角色可能招致了此次攻击；而更温和的批评则认为，对抗这样一个善于隐藏的敌人既不明智也不现实，更不用说这个敌人高明地将自己融入10亿穆斯林的精神认同之中了。在战争进行过程中，那些在校园里和媒体上大唱反调的人们，往往会公开抱怨一系列和军事有关的话题——比如质疑军事回击是否符合道德准则，炸弹是否会波及无辜者，拘留身处美国的中东籍人士是否合理，在古巴被扣押的囚犯应当怎样处置，以及总统将朝鲜、伊朗和伊拉克称为"邪恶轴心"是否恰当，凡此等等。迄今为止，对于美国政府最为恶意的批评，也并未在战场上成为军队的掣肘。如果说这类对军事行动的公众监督机制与自由观点理念并没有对战场上的胜负产生直接帮助的话，至少这些批评言论能够迫使军队保持警醒，毕竟他们的一举一动都处在公开的监督之下。有些共和党成员声称，民主党的言论是不爱国的体现；民主党人也反唇相讥，他们认为共和党人士带有无穷无尽的战争渴望，简直是一群龇牙咧嘴的响尾蛇；在这种争斗之下舆论往往会取折中的观点，国家也就能够同时从爱国主义的热诚与秉持原则的保留观点之间取得平衡。从长远来看，我相信这种激烈争论的方式，带来的益处一定远远超过弊端。

《杀戮与文化》一书，在大量的报纸杂志上得到了评论，并在电视和广播等媒体上被广泛讨论，不论是国内还是国外都是如此。"9·11"事件的不幸发生，使得本书得以与这个时代联系起来，而这原本是不可能的。本书的理论基于文化差异，而非环境因素，因此很快就和其他流行理论产生了矛盾，例如贾雷德·戴蒙德的新近作品《枪炮、病菌与钢铁》。其后，我和戴蒙德先生曾在全国广播公司的节目中讨论过西方世界崛起与主宰地位的话题。很显然，我并不相信，我们对抗恐怖主义的战争之所以能够成功，是因为美国自身优越的自然环境，或是因为古希腊人将他们的自然优势传递给了某些邻国。

总体而言，对于本书的批评大都是正面的——偶尔会有一些教授提出完全的反对意见，不承认西方军队能够比来自其他文化传统的军队更有效率地杀敌。当然，学界人士相比其他人，对于这样宏观的看法总是显得慎之又慎。对于《杀戮与文化》这本书而言，那些来自不同学术领域的专业人士惊讶地发现，自己研究的内容能够和许多其他学术范畴与时代有如此直接的联系：本书涉及古代史研究、中世纪研究、西班牙征服史、文艺复兴时期的地中海历史、大英帝国研究以及美利坚合众国历史等。像约翰·基根、乔弗里·帕克以及丹尼斯·萧华特这样的军事历史学家们,都为这本书写下了热情洋溢的评论;而为数不少的杂志与报纸,例如《华尔街时报》《军事历史季刊》《美利坚的遗产》以及《国事评论》——它们常常邀约我根据本书的视角,定期对现在的战事进行点评。

对于本书的主要观点,唯一存在的怀疑声音来自一个完全未曾预料的地方。在英国,《杀戮与文化》一书被冠以《为何西方取胜》的标题出版发行,因此激怒了一批在改革派杂志与报纸上发表文章的记者与历史学家,这些刊物包括《新政治家》《独立报》以及《曼彻斯特卫报》。改革派人物认为,我的观点反映出美国人正洋洋得意于目前美国在军事力量方面的优势。一位愤怒的评论家甚至认为这本书是一个 WASP 式①的道歉——事实上,希腊人、罗马人以及西班牙人和意大利人既不是盎格鲁撒克逊血统,也非新教徒,而这本书三分之一的案例分析完全是针对基督教存在之前南地中海世界的情况。

在现今的危机中,我感到这本书总会引起争议,如果说数以百计来自学界和公众的信件和电子邮件能够说明点什么的话。对于本书中关于西方军队所持续的勇猛作战方式,有些人在获得了同样的结论之后感到如释重负。正如一位读者所说的,"现在我确信我们确实能赢得这场战争了"。私下里,不少学者曾经和我通信,对于本书所预言的西方军事优越性,他们往往会告诉我一些类似下文的话:"当然,你所说的东西是正确的,但你知道,我们不应该说出那样的话。"其他人则只

---

① 这个单词代表盎格鲁撒克逊系的白人新教徒。——译者注

是简单地发给我一堆细枝末节的问题，其中参考了一些意义不甚明确的战役或者武器，对我的理论进行证实、改进或者否定——仿佛我选择的这九场2500年军事历史中最有代表性的战役，会被一大堆细节所淹没似的。

当我写下这段文字时，关于武装打击的流言在伊拉克、索马里以及伊朗三国之间徘徊不已，而美国和恐怖分子的对抗仍在继续。所有这些可能发生的冲突都远在海外，因此总会涉及可怕的后勤问题——大量的敌人，以及我们北约盟友不确定的援助，等等。尽管如此，我依旧坚信，如果美国选择进行一场领导层认为必要、民众也相当支持的战争，那么我们将很可能会取胜，并且取得决定性的胜利。以史为鉴我们可以知道，对于一个西方势力而言，其最可怕的对手往往是另一个西方势力。而在不久的未来，我相信美国不太可能在几个月的时间内和欧洲、西方化的俄罗斯或者日本这样的西方强权进行战争。

然而，一个在读者中反复出现的反应一直萦绕在我心头，这个问题也是我从未预料到的。无论是学界还是公众，大体上都认为这本书关于历史的总结颇具说服力，无论是在理论方面还是在探究方面都是如此。但同时，许多人也表现出对未来的隐忧。似乎只有少数人能够领会，西方军事将要经历的道路，相比地米斯托克利在萨拉米斯湾、可怜的唐·胡安在皇家号甲板上之时，已经变得光明许多。这几乎是个怪圈，西方文明的力量越强大，它就越是不安全。美国在这个时代拥有前无古人的全球影响力，但美国人民对于他们文化的道德水平与实力，可不像希腊人、罗马人或者意大利人在几乎被灭绝时那样充满自信。倘若我们忽视自己现今的实力并任凭这种态度发展，那么《杀戮与文化》这本书中的最终前提——西方军队所面临的最主要危机,并非是其弱点,反倒是那无可比拟的杀戮能力——依旧将会是我们在目前的冲突中最需要却也最容易忽略的课程。

V. D. 汉森

于加利福尼亚州塞尔玛

2002 年 3 月 10 日

词汇列表

阿契美尼德（Achaemenid）：皇室家族名，曾于公元前557年～前323年统治波斯帝国。

《远征记》（*Anabasis*，两本同名书，或译为《万人远征》、《亚历山大远征记》）：源自希腊语 anabasis，意为"乡间长征"；同时也是历史学家色诺芬与阿里安两本历史著作的名字，两人笔下的远征，分别指希腊万人远征军在小亚细亚和亚历山大大帝所率军队在亚洲的征程。

越南共和国国军（ARVN）：越南共和国的军队——南越政府的武装。

阿塞盖（assegai）：祖鲁短矛，装有一个大型金属矛头，被用于刺杀而非投掷。

阿提卡（Attica）：指雅典城周围的市郊区域与内陆腹地。

阿兹特克人（Aztecs）：居住在阿兹特兰（"鹭居住的白色地方"），分布在特诺奇蒂特兰周围的民族；在这里作为更大的种属名词"墨西哥人"的同义词，指位于中墨西哥的阿兹特克帝国居民。

布尔人（Boers）：定居在南非的欧洲殖民者，荷兰人后裔。

议政院（boulē）：在大多数采用立宪政体的古希腊城邦中，该组织作为上层监督机构存在。

武士道（Bushido）："战士的行为方式"——所谓的武士行为准则，日本军方在第二次世界大战前夕所提炼的价值观混合物，吸收了来自佛教禅宗、日本封建主义和20世纪30年代法西斯主义的元素。

拜占庭（Byzantine）：概括地说，拜占庭这个概念，用于形容330年君士坦丁堡建城之后，东罗马帝国完全依靠希腊文化所发展出的文明体系；在希腊式生活背景下，拜占庭人存续了源自罗马帝国时代的传统达1000年之久，直到1453年东罗马遭到灭国为止。

考迪罗（caudillo）：西班牙语中意为"领袖"，时常在16世纪加勒比与墨西哥的背景下使用，在那些地方，西班牙征服者和总督在一两代人时间里享有近乎无限的权力。

百夫长（centurions，或译为百人队长）：罗马军团内的中层职业军官，每名百人队长指挥100名左右的士兵。在共和国早期的军事改革之后，每个军团里大约有60名百夫长，其中的六人被任命为十个大队（cohort）的指挥官，大队代替百人队，成为罗马军队里的基本战术单位。

伙友骑兵（Companion Cavalry）：这是一支久经战阵的重骑兵部队，在亚历山大大帝的军阵中，他们被部署在全军的侧翼。在马其顿社会生活里，这些人属于贵族阶层。

执政官（consuls）：罗马共和国时期，每年选举出两名执政官，他们负责推行元老院发布的政令，同时也要在大军出征之时作为指挥官带兵战斗。

黑暗时代（Dark Ages）：历史名词，指代西欧500~1000年间的时代。在罗马帝国的崩溃之后留下了统治真空，由此导致的信息缺失，使得人们难以了解欧洲在这500年时间中的历史进程。

德米舍梅（devshirme）：奥斯曼帝国每四年在它征服的信

仰基督教的行省举行一次拣选，挑出合适的基督徒少年，强制其改宗伊斯兰教，最终使其进入奥斯曼军政部门的制度。

非军事区（DMZ）：非军事区，北越与南越根据1954年和平协定确立的正式边界；理论上双方均不应当在此展开军事行动，事实上越南战争中一些最为激烈的战斗就发生在那里。

公民大会（ekklēsia）：在多数古希腊城邦中，所有拥有投票权的公民进行的集会。

自由（eleutheria）：古希腊词语，意指政治方面的自由。

加利亚斯（galleass）：一种庞大的混合型三桅桨帆船，拥有高大的船沿和充足的火炮，16世纪和17世纪偶尔在地中海上作为战舰使用。

盖伦（galleon）：一种拥有多个船桅和三到四层甲板的大型帆船，15～17世纪作为商船和战船应用于外海。

加列战舰（galley）：一种大型单桅划桨战舰，船沿相当低矮，从罗马时代到16世纪在地中海上作为战舰使用。

加利奥特（galliot）：一种小型快速加列舰，通常有两根船桅，同时依赖划桨和风帆航行。

加特林机枪（Gatling gun）：一种早期的机枪，以用曲柄转动通过附在中心轴上的旋转枪膛的方式实现高射速。

罗马短剑（gladius）：罗马军团使用的短剑，剑身长两英尺（约60厘米），刃宽超过两英寸（约5厘米），可以用来砍杀和刺击，被认为是改进自更早时代源于西班牙的武器。

葡萄弹（grapeshot）：由小铁弹捆扎起来形成的炮弹，用加农炮射出，对人员进行杀伤。

火绳枪（harquebus）：一种早期的火绳击发步枪，时常需要支架以支撑其重量。

希腊的（Hellenic）：按字面意思等同于"Greek"，古典希腊时代（Hellenic Period，或 Classical Greece），常被用来指代古代希腊从公元前 700 年到前 323 年之间的历史。

希腊化（Hellenistic）：所谓的希腊化时代（Hellenistic Era），被用于指代在东地中海地域范围内，从亚历山大大帝身亡（公元前 323 年）到亚克兴海战（公元前 31 年）之间的历史时期。

下层贵族（hidalgos）：贫穷的西班牙小贵族，多为卡斯蒂利亚人、安达卢西亚人、埃斯特雷马杜拉人，他们作为征服者航往新大陆寻求财富、名望和更高的社会地位。

希腊重装步兵（hoplite）：古希腊兵种名，这类步兵在战斗时身着甲胄，左手持大圆盾，右手持矛，组成密集的大阵。这个词原本是用来指代希腊城邦中的自耕农阶层步兵，他们的经济实力可以承担战斗所需的全副盔甲；后来这个词则用于指代任何在步兵方阵中作战的士兵。

持盾卫队（hypaspists）：这是马其顿军队中步兵的称呼，他们使用大盾和短矛，在战斗中，这些战士是一条维持阵形的纽带，他们保证冲锋在前的伙友骑兵与马其顿方阵之间不会出现缺口。

长生军（Immortals，或译为不死军）：阿契美尼德王朝的禁卫军，他们由精挑细选的战士组成，人数始终维持在一万，一旦有人死去便会分配人手填补缺额，故而得名。

伊普皮（Impi）：对集结起来的祖鲁军队的统称，但通常是指祖鲁军队的某个团。

杰哈德圣战（Jihad）：穆斯林对于他们所认定的、伊斯兰教的敌人所进行的宗教战争。

克拉尔（kraal）：一个由粗糙栅栏围起来的祖鲁小村，也可以指一处牛栏，或者在更广泛的层面上指一个祖鲁家庭。

大车营地（laager）：阿非利卡人（布尔人）的营地，通常由相互连接的马车环绕而成。

罗马军团士兵（legionaries）：从公元前 300 年，一直到公元 500 年，军团士兵始终是罗马军队中步兵的称谓，他们的装备包括：一支标枪（pilum），罗马短剑（gladius），以及一面长方形的大盾（scutum）。大约 6000 名军团士兵组成一个罗马军团。

军事援助越南司令部（MACV）：军事援助越南司令部——美国在南越军事存在的头衔。

马林切（Malinche）：科尔特斯的印第安名字，源自阿兹特克语迈努利或马利纳利（墨西哥历法中的第十二个月），起初是科尔特斯的同伴兼翻译唐娜·玛丽娜的名字，后来被联想到科尔特斯本人身上。

马木留克（Mamluks）：一个奴隶战士阶层，最终在 13～17 世纪间统治埃及。

中队（maniple）：罗马军队中的编制单位，满编状态下一个中队大约有 200 名士兵；30 个中队组成一个军团，大约有 6000 名士兵。在共和国时代早期，绝大多数情况下，中队是罗马军队的基本战术单位。

中世纪的（medieval）：该形容词用于指代欧洲中世纪文化下的衍生产物，源于拉丁语 medius（"中间"）和 aevum（"时代"）。

外乡人（metic）：居住在希腊城邦里的外来移民；这类人既没有公民权也非奴隶，在数量上尤以雅典城中为多。

中世纪（Middle Ages:）：一个历史时期，大致上用于描述自罗马帝国崩溃（450年）至文艺复兴伊始（1450年）之间的1000年历史；通常，这个历史时期是针对西欧而言的。

纳塔尔（Natal）：位于非洲西南部的英国殖民地，在祖鲁兰的南侧和西侧，其首府设在德班。

泛希腊（Panhellenic）：字面上的含义是"所有希腊人的"；这个词常用来修饰希腊城邦之间形成的、以对抗波斯帝国为目标的松散联盟。

长枪步兵（phalangites）：希腊化时代的马其顿步兵，双手执长枪，排列成长枪方阵进行战斗。

长枪方阵（phalanx）：希腊重装步兵或者长枪步兵进行战斗的阵形，持短矛或长枪的步兵排成纵深8~16排的密集队列与敌人作战。

长枪（pike）：通常由木质长竿和金属枪尖组成；本书中长枪有别于短矛的地方在于，前者的长度往往超过十英尺，在使用时需要双手方能操作。最常见的长枪使用者，包括古典时代的马其顿步兵，以及中世纪的瑞士步兵。

城邦（polis）：具有政治自治的希腊城市国家，一个城邦的领土，包括城市本身，以及附近的乡村地域。城市的复数形式为poleis。

跪拜礼（proskynēsis）：俯伏在一名君主面前，或者/并且亲吻他的脚；这样的礼节在波斯司空见惯，但当亚历山大大帝试图将其引入马其顿的军队时却遭到了抵制，在希腊文化中，这样的拜见方式令人厌恶。

布匿战争（Punic Wars）：罗马与迦太基之间三场战争的总称（三场战争的时间分别为公元前264~前241年，公元前

218～前201年，公元前149～前146年），这一系列战争最终导致迦太基被彻底摧毁。

共和国（res publica）：在罗马人的概念中，共和国处于共识政府（consensual government）的管理之下，这样的政府往往通过平民代表进行监督，并由这些代表投票决定官员和将领的任免，全体公民并不直接参与政治。

武士（samurai）：封建时代的日本战士，20世纪30年代和40年代初的日本军方企图再现他们的神秘军事行为和价值观，并将其灌输给士兵。

萨里沙长枪（sarissa）：马其顿步兵使用的长枪，长达14～20英尺（4～6米），需要双手握持使用。

万人远征军（Ten Thousand of Troops）：由小居鲁士雇佣的希腊雇佣军，在公元前401年参与到波斯反叛军中，为自己的雇主争夺波斯王位。

蒂马尔（timariot）：以在战时提供士兵作为条件，获得被征服土地和乡村农奴控制权的奥斯曼领主。

保民官（tribunes）：这个词有两种含义。在军队中的称为军事保民官，属于高级军官，每个军团有六名；在政治事务中的称为平民保民官，他们被赋予特殊的身份，以保障平民（plebs）的权利。

三列桨战舰（trireme）：一种古希腊战舰，船体一侧的桨手排成三排，每艘这样的战舰上有170名桨手。

维多利亚十字（Victoria Cross）：英国军队中对英勇行为的最高奖励——一块马耳他十字形状的铜质奖牌。

越共（Vietcong）：理论上在南越独立活动的共产党暴动组织，实际上是倚赖于北越共产党政府指导和补给的军队。

西方的（Western）：这个形容词多用于修饰源于希腊并在希腊以西的地区发展起来的欧洲文明，其核心价值观与古典时代人们的思想保持一致。西方文明的理念，包括但不仅限于：宪政体系架构、公民自由观、自由交流思想的权利、自我批判的态度、私有财产观念、资本主义制度，以及将政治/科学与宗教分离的思想。

扩展阅读

第一章 西方为何获胜

事实上，有一个学术流派，专门致力于研究那些对于西方军事支配地位的不同解读方式，这些不同的解读大多产生于 16 世纪之后的岁月里。其中的重要著作包括：C. Cipolla, *Guns, Sails and Empires: Technological Innovation and the Early Phases of European Expansionism* (Cambridge, 1965); M. Roberts, *The Military Revolution, 1560 - 1660* (Belfast, 1956); G. Parker, *The Military Revolution: Military Innovation and the Rise of the West, 1500 - 1800*, 2nd ed. (Cambridge, 1996); J. Black, *A Military Revolution? Military Change and European Society, 1550 - 1800* (Basingstoke, England, 1991); P. Curtin, *The World and the West: The European Challenge and the Overseas Response in the Age of Empire* (Cambridge, 2000); D. Eltis, *The Military Revolution in Sixteenth - Century Europe* (New York, 1995); C. Rodgers, ed., *The Military Revolution Debate: Readings on the Military Transformation of Early Modern Europe* (Boulder, Colo., 1995)。倘若想研究对于更早时代军事革命的议题，可以参考的书包括：A. Ayton and J. L. Price, eds., *The Medieval Military Revolution: State, Society, and Military Change in Medieval and Early Modern Europe* (New York, 1995)。

关于东西方在技术上的接触与交流，请参照：D. Ralston, *Importing the European Army: The Introduction of European Military Techniques and Institutions into the Extra - European World, 1600 - 1914* (Chicago, 1990); R. MacAdams, *Paths of Fire: An Anthropologist's Inquiry into Western Technology* (Princeton, N. J., 1996); L. White, *Machina Ex Deo: Essays* in the Dynamism of Western Culture (Cambridge, Mass., 1968); 特别推荐的是 D. Headrick, *Tools of Empire: Technology and European Imperialism in the Nineteenth Century* (New York, 1981)。至于一个内容涉及更为广泛的问题，即欧洲文化活力的内容，读者不妨参考以下几本书: D. Landes, *The Wealth and Poverty of Nations: Why Some Are So Rich and Some So Poor* (New York, 1998), 以及 E. L. Jones 的 *The European Miracle: Environments, Economies 和 Geopolitics in the History of Europe and Asia* (Cambridge, 1987)。其他可以作为参考的文献，包括 L. Harrison and S. Huntington, eds., *Culture Matters: How Values Shape Human Progress* (New York, 2000)。

关于西方文化的本质及其在学界受到的评价，有三本优秀的著作对其进行了完善的讨论，它们是: K. Windshuttle, *The Killing of History: How Literary Critics and Social Theorists Are Murdering Our Past* (New York, 1996); A. Herman, *The Idea of Decline in Western History* (New York, 1997); D. Gress, *From Plato to NATO: The Idea of the West and Its Opponents* (New York, 1998)。也可以参见 T. Sowell, *Conquests and Cultures: An International History* (New York, 1998)。

相比之下，反西方的批评主义书籍可谓层出不穷，但能够很好地揭示这一理论本质及其方法论的书，首推以下几本: K. Sale, *The Conquest of Paradise: Christopher Columbus and the Columbian Legacy* (New York, 1990); D. Peers, ed., *Warfare and Empires: Contact and Conflict Between European and Non-European Military and Maritime Forces and Cultures* (Brookfield, Vt., 1997); F. Fernandez-Armesto, *Millennium: A History of the Last Thousand Years* (New York, 1995); M. Adas, *Machines as the Measure of Men: Science, Technology, and Ideologies of Western Dominance* (New York, 1989); T. Todorov, *The Conquest of America: The Question of the Other* (New York, 1984); F. Jameson and M. Miyoshi, eds., *The Cultures of Globalization* (Durham and London, 1998)。

对西方统治地位特征的后现代主义研究，可以参考：M. Foucault, *The Archaeology of Knowledge* (New York, 1972); M. de Certeau, *The Writing of History* (New York, 1988); E. Said, *Culture and Imperialism* (London, 1993); *Orientalism* (London, 1978); F. Jameson, *Postmodernism, or, The Cultural Logic of Late Capitalism* (London, 1991)。倘若读者们希望看一看传统主义者对西方文明体系的辩护的话，可以参看 S. Clough 的作品 *Basic Values of Western Civilization* (New York, 1960), 以及 C. N. Parkinson, *East and West* (London, 1963), N. Douglas, *Has an Amusing Polemic on the West in Good-Bye to Western Culture* (New York, 1930)。

关于西方崛起的生物学和地理学论述，代表性著作包括：J. Diamond, *Guns, Germs, and Steel: The Fates of Human Societies* (New York, 1997); A. Crosby, *Ecological Imperialism: The Biological Expansion of Europe, 900-1900* (Cambridge, 1986); and M. Harris, *Cannibals and Kings: The Origins of Cultures* (New York, 1978)。An effort to balance natural determinism with human agency and culture is found, in W. McNeill, The Rise of the West (Chicago, 1991), 以及 W. Mcneill, *The Pursuit of Power: Technology, Armed Force, and Society Since A. D. 1000* (Chicago, 1982)。

研究文化与战争间关系的大师级著作，首推 J. Keegan 的 *A History of Warfare* (New York, 1993), 可以参考的还有：K. Raaflaub and N. Rosenstein, eds., *War and Society in the Ancient and Medieval Worlds* (Cambridge, Mass., 1998)。对于"伟大战役"的纵览式著作，包括以下几本书籍：E. Creasy, *The Fifteen Decisive Battles of the World: From Marathon to Waterloo* (New York, 1908); T. Knox, *Decisive Battles since Waterloo* (New York, 1887); J. F. C. Fuller, *A Military History of the Western World* (New York, 1954); A. Jones, *The Art of War in the Western World* (New York, 1987); 以及 R. Gabriel、D. Boose, *The Great Battles of Antiquity: A Strategic and Tactical Guide to Great Battles That Shaped the Development of War* (Westport, Conn., 1994)。

第二章 自由——或者说"以你喜欢的方式生活"

萨拉米斯，公元前480年9月28日

关于这场战役，主要的争议问题在于战斗的具体确切时间、波斯舰队的规模、地米斯托克利传说中的计谋以及辨别萨拉米斯海峡中具体岛屿的名字。以上这些内容曾在为数不少关于希波战争的英语历史著作中进行过讨论，举例来说，包括：J. Lazenby, *The Defence of Greece 490 – 479 B. C.* (Warminster, England, 1993); P. Green, *The Greco – Persian Wars* (Berkeley, Calif., 1994); 以及 C. Hignett, *Xerxes' Invasion of Greece* (Oxford, 1963)。其他有价值的作品包括 G. B. Grundy, *The Great Persian War and Its Preliminaries* (London, 1901)。从某种程度上来说，George Grote 的大师巨著 *History of Greece*, 2nd ed. (New York, 1899) 中第五册关于萨拉米斯战役的编年史，仍然是无可比拟的好作品；此书现有一个新版本，由 Paul Cartledge 作序，Routledge 出版 (London, 2000)。

许多学者曾试图从复杂的地理名称与互相矛盾的古代记录中理出头绪，具体可以参照 G. Roux, "éschyle, Hérodote, Diodore, Plutarque racontent la bataille de Salamine," *Bulletin de Correspondance Hellénique* 98 (1974), 51 - 94, 以及 H. Delbrück, *Warfare in Antiquity*, Vol. 1 of *The History of the Art of War* (Westport, Conn., 1975) 中的相关章节；以及 N. G. L. Hammond, *Studies in Greek History* (Oxford, 1973); 还有 W. K. Pritchett, *Studies in Ancient Greek Topography* I (Berkeley and Los Angeles, 1965)。至于对希罗多德和普鲁塔克著作中相关希腊语段落的评论，可以参看 W. W. How、J. Wells, eds., *A Commentary on Herodotus* (Oxford, 1912), Vol. 2, 378 - 87, 以及 F. J. Frost, *Plutarch's Themistocles：A Historical Commentary* (Princeton, N. J., 1980)。

古希腊世界中的自由理念曾在一系列书籍中成为讨论话题，这里介绍的第一本是 A. Momigliano, "The Persian Empire and Greek Freedom," in A. Ryan, ed., *The Idea of Freedom: Essays in Honour of Isaiah Berlin* (Oxford, 1979), 139–151; 类似的还有 O. Patterson, *Freedom in the Making of Western Culture* (New York, 1991)。同样还可以作为参考的材料包括 M. I. Finley, *Economy and Society in Ancient Greece* (New York, 1982)。对于后来雅典大众理念中萨拉米斯海战的象征意义，C. Meier, *Athens: A Portrait of the City in Its Golden Age* (New York, 1998)，以及 N. Loraux, *The Invention of Athens: The Funeral Oration in the Classical City* (Cambridge, Mass., 1986) 都是很好的作品。

关于阿契美尼德王朝的资料，主要来自波斯文献，并辅以希腊语资料进行补充，这一领域有不少优秀的研究性作品，包括：H. Sancisi-Weerdenburg、A. Kuhrt, *Achaemenid History I: Sources, Structures and Synthesis* (Leiden, 1987); J. Boardman et al., eds., *The Cambridge Ancient History*, 2nd ed., *Persia, Greece and the Western Mediterranean C. 525 to 479* (Cambridge, 1988); J. M. Cook, *The Persian Empire* (New York, 1983); M. Dandamaev, *A Political History of the Achaemenid Empire* (Leiden, 1989); 以及 A. T. Olmstead, *History of the Persian Empire, Achaemenid Period* (Chicago, 1948)。在伊朗史研究方面，可以参照 R. Frye, *The History of Ancient Iran* (Munich, 1984) 中关于阿契美尼德王朝的部分章节。至于对大流士给加达塔斯信件的研究，可以参看 R. Meiggs、D. Lewis, eds., *A Selection of Greek Historical Inscriptions to the End of the Fifth Century B.C.* (Oxford, repr. ed., 1989)。

关于希腊－波斯文化关系的更为深入的研究，来自 D. Lewis, *Sparta and Persia: Lectures Delivered at the University of Cincinnati, Autumn 1976, in Memory of Donald W. Bradeen* (Leiden, 1977)，以及 *Greek and Near Eastern History* (Cambridge, 1997) 中的部分论文；还有 A. R. Burn, *Persia and the Greeks: The Defence of the West, C. 546–478 B.C.* (New York, repr. ed., 1984); 以及 M. Miller, *Athens and Persia in the Fifth Century B.C.* (Cambridge, 1997); 特别是 S. Averintsev, "Ancient Greek

'Literature' and Near Eastern 'Writings': The Opposition and Encounter of Two Creative Principles, Part One: The Opposition," *Arion*, 7.1 (Spring/Summer 1999), 1-39。如果读者需要一个关于波斯帝国军队的概要的话，可以参考 A. Ferrill, *The Origins of War: From the Stone Age to Alexander the Great* (New York, 1985)。

在古希腊海军与海上力量的概述方面，可以阅读的材料包括：C. Starr, *The Influence of Sea - Power on Ancient History* (New York, 1989); L. Casson, *The Ancient Mariners: Seafarers and Sea Fighters of the Mediterranean in Ancient Times* (London, 1959), 以及 *Ships and Seamanship in the Ancient World* (Princeton, N. J., 1971); 另有 J. S. Morrison and R. T. Williams, *Greek Oared Ships 900 - 322 B. C.* (London, 1968)。如果需要了解关于重建古代三列桨战舰方面的信息，可以参考 J. S. Morrison、J. F. Coates、N. B. Ranov, The *Athenian Trireme: The History and Reconstruction of an Ancient Greek Warship* (Cambridge, 2000), 以及 *An Athenian Trireme Reconstructed: The British Sea Trials of "Olympias," British Archaeological Series 486* (Oxford, 1987)。

目前，研究希腊对波斯偏见相关记载的学术流派逐渐兴起，举例来说，相关书籍包括：E. Hall, *Inventing the Barbarian: Greek Self - Definition Through Tragedy* (Oxford, 1989); F. Hartog, *The Mirror of Herodotus* (Berkeley and Los Angeles, 1988); 以及 P. Georges, *Barbarian Asia and the Greek Experience: From the Archaic Period to the Age of Xenophon* (Baltimore, Md., 1994)。一个观点比较极端的例子是 P. Springborg, *Western Republicanism and the Oriental Prince* (Austin, Tex., 1992)。

第三章　决定性战斗

高加米拉，公元前331年10月1日

关于高加米拉战役的分析，在许多不同种类的学术材料中都出现

过，大多数是在学术刊物上发表的文章，涵盖范围相对较小。对于大众读者而言，最好先从关注亚历山大统治时期的纯军事著作开始。有一本短小精悍而优秀的专著讲述这场战斗本身，这就是 E. W. Marsden 的 *The Campaign of Gaugamela* (Liverpool, 1964)。关于高加米拉的论述，同样是 J. F. C. Fuller 的 *The Generalship of Alexander the Great* (London, 1958) 一书中关键性的讨论内容之一；对于这场战斗的彻底回顾，还可以参照 H. Delbrück 的 *Warfare in Antiquity*, Vol. 1 of *The History of the Art of War* (Westport, Conn., 1975)，以及 J. F. C. Fuller, *A Military History of the Western World*, vol. 1 (London, 1954)；在 E. Creasy, *The Fifteen Decisive Battles of the World: From Marathon to Waterloo* (New York, 1908) 这本书中也可以找到相关的内容。

关于纯军事领域的著作，还可以参照 J. Ashley, *The Macedonian Empire: The Era of Warfare Under Philip II and Alexander the Great, 359 – 323 B. C.* (Jefferson, N. C., 1998)，以及 D. Engels, *Alexander the Great and the Logistics of the Macedonian Army* (Berkeley, Calif., 1978)。N. G. L. Hammond 关于亚历山大军队的研究颇有见地，但关于大帝的统治及其功绩等方面，则并非如此，举例来说，可以参看 *Alexander the Great: King, Commander, and Statesman* (Park Ridge, N. J., 1989); *Three Historians of Alexander the Great: The So – Called Vulgate Authors, Diodorus, Justin, and Curtius* (Cambridge, 1983); 此外还有和 G. T. Griffith 合作写就的 *A History of Macedonia*, Vol. 2 (Oxford, 1979)。

提供有关高加米拉之战信息的古代资料来源异常复杂——它们大多是妥协了普鲁塔克、狄奥多罗斯、阿里安和昆图斯·库尔提乌斯的矛盾记载之后的产物，讨论这一内容的最好书籍莫过于以下几本：J. R. Hamilton, *Plutarch's Alexander: A Commentary* (Oxford, 1969); N. G. L. Hammond, *Sources for Alexander the Great: An Analysis of Plutarch's Life and Arrian's Anabasis Alexandros* (Cambridge, 1993); A. B. Bosworth, *A Historical Commentary on Arrian's History of Alexander*, Vol. 1 (Oxford,

1980）；J. C. Yardley，*Justin*：*Epitome of the Philippic History of Pompeius Trogus*，Books 11 – 12：*Alexander the Great*（Oxford，1997）；J. Atkinson，*A Commentary on Q. Curtius Rufus' Historiae Alexandri Magni*，Books 3 & 4（London，1980）；以及 L. Pearson，The Lost Histories of *Alexander the Great*（New York，1960）。

关于亚历山大的传记数不胜数，其中一定会讨论到有关高加米拉战役的情况，其中最为通俗易懂的英文著作有：R. Lane Fox 的 *Alexander the Great*（London，1973）；W. W. Tarn，*Alexander the Great*，Vols. 1 – 2（Chicago，1981）；P. Green，*Alexander of Macedon*（Berkeley and Los Angeles，1974）；U. Wilcken，*Alexander the Great*（New York，1967）；而 A. B. Bosworth 在 *Conquest and Empire*：*The Reign of Alexander the Great*（Cambridge，1988）中的描写可谓准确而可观。浪漫化的亚历山大——他既是国王又是哲学家，同时提倡四海之内皆兄弟——曾经见于 Bosworth、Green 等人的作品，以及 E. Badian 在期刊论文中的论述。在多元文化大潮涌动的今日美国，以及民族矛盾重新升温的巴尔干，这样的亚历山大形象重又流行起来。

关于西方的起源、决定性战斗的传统，可以参照 V. D. Hanson，*The Western Way of War*：*Infantry Battle in Classical Greece*（Berkeley，2000）；以及本人的另一部作品 *The Other Greeks*：*The Family Farm and the Agrarian Roots of Western Civilization*（Berkeley，1999）；还有 D. Dawson 的 *The Origins of Western Warfare*：*Militarism and Morality in the Ancient World*（Boulder，Colo.，1996）；R. Weigley，*The Age of Battles*：*The Quest for Decisive Warfare from Breitenfeld to Waterloo*（Bloomington，Ind.，1991）；R. Preston and S. Wise，*Men in Arms*：*A History of Warfare and Its Interrelationships with Western Society*（New York，1970）；and G. Craig and F. Gilbert，eds.，*Makers of Modern Strategy*：*Military Thought from Machiavelli to Hitler*（Princeton，N. J.，1943）。倘若需要了解更多启蒙阶段时散兵战斗与"文明人"的冲击作战的区别，可以考虑阅读 H. H. Turney – High，

Primitive War: Its Practice and Concepts（Columbia, S. C., 1971）。

常规的波斯文献，已经在上一章节关于萨拉米斯的内容中有所讨论，不过还有一些作品专门针对阿契美尼德王朝晚期时代，特别是大流士三世统治时期，它们是：E. Herzfeld, *The Persian Empire*（Wiesbaden, 1968）；A. Stein, *Old Routes of Western Iran: Narrative of an Archaeological Journey*（New York, 1969）；对于修正主义者视角下的这段历史，P. Briant 的 *Histoire de l'empire perse*（Paris, 1996）则能提供一个很好的例子。

第四章 公民士兵

坎尼，公元前 216 年 8 月 2 日

关于坎尼战役的基本史料，来自历史学家波里比乌斯（3.110 - 118）和李维（22.44 - 50）的著作，其他诸如阿庇安的记载、普鲁塔克的《希腊罗马名人传之法比乌斯》以及卡西乌斯·狄奥的材料，还能在上述基础上补充一些逸闻趣事。关于战斗本身主要具有争议性的问题在于，波里比乌斯的材料中罗马人的军队规模（86000 人）及其受到的损失（7 万人）太过于庞大，与之相比李维的数字（罗马人阵亡 48000 人）更小更可信，但来源却不够可靠，如何在这两者之间寻求平衡显得异常困难。除此之外，关于汉尼拔是否应该挟坎尼大屠杀之余威，向罗马进军并围攻城市这一问题，学者们依旧争执不休，莫衷一是。其他并不十分重要的论战主题主要围绕着汉尼拔麾下非洲与欧洲盟军确切的装备和战术——他们使用剑、枪还是两者并用？罗马营地的确切位置也是讨论的焦点之一。

关于这场战争本身的形象化记叙，可以参看 M. Samuels, "The Reality of Cannae," *Militärgeschichtliche Mitteilungen*, 47（1990）, 7 - 29；P. Sabin, "The Mechanics of Battle in the Second Punic War," *Bulletin of the Institute of Classical Studies*, 67（1996）, 59 - 79；以及 V. Hanson, "Cannae," in R. Cowley, ed., *The Experience of War*（New York, 1992）。

而从更广的角度，诸如地形、战术与战略等方面来审视坎尼的话，可以参看以下几本书籍：F. W. Walbank, *A Historical Commentary on Polybius*, Vol. 1 (Oxford, 1957), 435 – 449; J. Kromayer、G. Veith, *Antike Schlachtfelder in Italien und Afrika* (Berlin, 1912), Vol. 1, 341 – 346; 以及 H. Delbrück, *Warfare in Antiquity*, Vol. 1 of *The History of the Art of War* (Westport, Conn., 1975) (Berlin, 1920), Vol. 1, 315 – 35.

关于坎尼战役以及第二次布匿战争，在观点上最为不偏不倚、研究最为深入的，莫过于 J. F. Lazenby 的优秀著作 *Hannibal's War: A Military History of the Second Punic War* (Norman, Okla., 1998)，这本书提供的叙事体材料由古代文献提供了严密的支持。如果读者需要更加总体化的参考书籍，不妨一阅 B. Craven 的 *The Punic Wars* (New York, 1980), 以及 N. Bagnall, *The Punic Wars* (London, 1990)。

关于汉尼拔军事生涯的传记，普通读者最适合的莫过于 K. Christ, *Hannibal* (Darmstadt, Germany, 1974); S. Lanul, *Hannibal* (Paris, 1995); J. Peddie, *Hannibal's War* (Gloucestershire, England, 1997); 以及 T. Bath, *Hannibal's Campaigns* (Cambridge, 1981)。对于罗马的人力资源，以及其动员潜力的研究，可以参看 A. Toynbee, *Hannibal's Legacy*, 2 Vols. (London, 1965), 尤其是 P. Brunt, *Italian Manpower 225 B. C. – A. D. 14* (London, 1971)。

对于迦太基的历史及其政府机构设置，一些书籍提供了完善的材料，它们是：D. Soren、A. Ben Khader、H. Slim, *Carthage: Uncovering the Mysteries and Splendors of Ancient Tunisia* (New York, 1990); J. Pedley, ed., *New Light on Ancient* Carthage (Ann Arbor, Mich., 1980); 以及 G. Picard、C. Picard, *The Life and Death of Carthage* (New York, 1968)。此外，S. Lancel 的 *Carthage: A History* (Oxford, 1995) 一书，对于罗马 – 迦太基的关系有着惟妙惟肖的描述。关于罗马建立帝国、打赢布匿战争的更大的战略视角，在 W. V. Harris 的 *War and Imperialism in Republican Rome 327 – 70 B. C.* (Oxford, 2nd ed., 1984), 以及 J. S.

Richardson, *Hispaniae, Spain, and the Development of Roman Imperialism, 218-282 B. C.* (New York, 1986) 两书中都有讨论。

公民军队的传统,以及共识政府体制与军事能力之间的关系,都是 D. Dawson, *The Origins of Western Warfare* (Boulder, Colo., 1996) 中的论题。同样的讨论也可以在 P. Rahe 的 *Republics of Ancient and Modern* (Chapel Hill, N. C., 1992) 一书中找到。B. Bachrach 在他一系列的文章和书籍中提出了以下论点:欧洲西部和北部有某种军事传统存在并长期持续,从罗马帝国时代直到中世纪都未曾被打断。详细的论述可以在他的 *Merovingian Military Organization (481-751)* (Minneapolis, Minn., 1972) 中找到。

论述罗马军队的书籍非常多,关于罗马共和国时期军团的介绍,首推以下几本:F. E. Adcock, *The Roman Art of War under the Republic* (Cambridge, Mass., 1940); H. M. D. Parker, *The Roman Legions*, 2nd ed. (Oxford, 1971); B. Campbell, *The Roman Army, 31 B. C. - A. D. 37: a Sourcebook* (London 1994); 以及 L. Keppie, *The Making of the Roman Army* (Totowa, N. J., 1984)。关于坎尼战役对后世西方军事思想的影响,可以参看的是:J. Kersétz, "Die Schlacht bei Cannae und ihr Einfluss auf die Entwicklung der Kriegskunst," *Beiträge der Martín-Luther Universität* (1980), 29-43; A. von Schlieffen, *Cannae* (Fort Leavenworth, Kans., 1931); 另外还有 A. du Picq, *Battle Studies* (Harrisburg, Pa., 1987)。

第五章 脚踏实地的步兵

普瓦捷,732 年 10 月 11 日

关于普瓦捷战役的说明,由于许多关于古典时代晚期与"黑暗时代"早期历史的常用参考资料都在 732 年之前截止,我们几乎无法找到任何同时代的信息来加以研究。图尔的格里高利所著 *Historia Francorum*(《法兰克人的历史》)截止到 594 年。无名作者所著的 *Liber Historiae*

Francorum（《关于法兰克人历史的书》）的记载持续到 727 年。Venerable Bede 的编年史则正好停笔在 731 年，也就是普瓦捷战役的前一年。

尽管《弗里德加编年史》（*Chronicle of Fredegar*）中的记载仅仅持续到 642 年，但一名续写编年史的作者在补充材料中对 732 年的战争作了简短的记录 [J. M. Wallace-Hadrill, *The Four Books of the Chronicle of Fredegar with its Continuations* (London, 1960)]；类似的，另一名佚名的伊西铎尔编年史续写者也补写了同一时间段中发生的事件 [T. Mommsen, *Isidori Continuatio Hispana*, *Monumenta Germaniae Historica*, *Auctores Antiquissimi*, Vol. 11 (Berlin, 1961)]。由于缺乏第一手资料的支持，关于普瓦捷这场战役的进行过程及其重要性，不同学者往往有不同的衡量和估计。在研究关于这一时代历史的文献时，读者会发现，大部分材料认定，这场战役标志着封建制度从此崛起，装备马镫的重装骑兵主宰战场，西方文明得到拯救——尤其是 20 世纪 50 年代之前，几乎全部由德语和法语写成的材料更是如此。然而事实上，更为严肃的记载中，并没有提到骑兵在普瓦捷发挥过多少作用，甚至可能完全没有出现在战场上；封建制度同样是在普瓦捷之后的岁月里逐渐发展起来的，在 732 年并不是发挥重要作用的统治体系；至于阿布德·阿-拉赫曼领导下的此次进攻，也只不过是一系列小规模掠袭的一部分，由于西班牙的穆斯林纷争不断，而法兰克人的统治却日趋巩固，这使得伊斯兰势力跨越比利牛斯山的扩张势头逐渐减弱了。更接近事实的情况恐怕是这样的：普瓦捷并没有什么惊人之处，这场战斗中，意志顽强的步兵取得了最后的胜利；战斗最终的结局，也并非由什么里程碑式的技术、军事领域的突破导致；阿拉伯人的失败更多归因于其向北扩张、拉长战线之后实力的削弱，这场战役本身的胜利则不能看成是拯救基督教西方的神迹。

关于这场战斗本身，可以参考的书籍包括 M. Mercier 和 A. Seguin 的专著 *Charles Martel et la bataille de Poitiers*（Paris, 1944）。还有一篇文

章特别需要关注，它是 B. S. Bachrach, "Charles Martel, Mounted Shock Combat, the Stirrup, and Feudalism"。这篇文章可以在同一名作者的著作 *Armies and Politics in the Early Medieval West*（Aldershot, England, 1993）中找到。事实上，这本 Bachrach 的论文集，是他关于加洛林时期与墨洛温时期的骑兵、马匹以及工事相对重要性的论述，其中的观点相当引人注目。他的 *Merovingian Military Organization*（Minneapolis, Minn., 1972），以及"Early Medieval Europe"同样值得一看，这篇文章被收录在 K. Raaflaub、N. Rosenstein, eds., *War and Society in the Ancient and Medieval Worlds*（Washington, D. C., 1999）。

关于法兰克人以及墨洛温时代后期与加洛林时代前期的人们，以下几本书提供了很好的研究材料：K. Scherman, *The Birth of France*（New York, 1987）; P. Riché, *The Carolingians: A Family Who Forged Europe*（Philadelphia, 1993）; E. James, *The Origins of France: From Clovis to the Capetians, 500 – 1000*（London, 1982）; 以及 H. Delbrück, *The Barbarian Invasions*, Vol. 2 of *The History of the Art of War*（Westport, Conn., 1980）。

关于查理·马特生平的研究，可以参考的是 R. Gerberding, *The Rise of the Carolingians and the Liber Historiae Francorum*（Oxford, 1987）。较为有名的两篇对这场战斗的描述，是 J. F. C. Fuller 的 *A Military History of the Western World*, Vol. 1, *From the Earliest Times to the Battle of Lepanto*（London, 1954）, 339 – 350, 以及 E. Creasy, 的 *The Fifteen Decisive Battles of the World: From Marathon to Waterloo*（New York, 1908）, 157 – 169。

D. Nicolle 在 *Medieval Warfare: Source Book*, Vol. 2, *Christian Europe and Its Neighbors*（New York, 1996）中，对5～14世纪的欧洲战争进行了概述，其中有为数不少的比较材料。也许最容易获得同时分析也最为透彻的书是 J. Beeler 的 *Warfare in Feudal Europe, 730 – 1200*（Ithaca, N. Y., 1971）。关于武器装备、服役情况等方面的细节的材料，即便大多成文于10世纪之后，仍然有其价值，一系列标准手册中都能提供类似的信息，其中较好的包括 P. Contamine, *War in the Middle Ages* (London, 1984),以及 F. Lot, *L'Art militaire et les armées au moyen age en Europe et dans le proche orient*, 2 Vols. (Paris, 1946),后者提供了一系列和此次战役有关的德语和法语的二手材料。M. Keen, ed., *Medieval Warfare* (Oxford, 1999); T. Wise, *Medieval Warfare* (New York, 1976); 以及 A. V. B. Norman, *The Medieval Soldier* (New York, 1971) 中也有零星的相关记载。如果读者对于法兰克文化后期军事状况,以及西欧人民的战争的相关内容有兴趣的话,不妨参阅 J. France, *Western Warfare in the Age of the Crusades*, 1000 – 1300 (Ithaca, N. Y., 1999),以及 *Victory in the East: A Military History of the First Crusade* (Cambridge, 1994)。

D. Kagay、L. Andrew Villalon, eds., *The Circle of War in the Middle Ages: Essays on Medieval Military and Naval History* (Suffolk, England, 1999) 搜集了为数不少关于中世纪战争文化层面的内容,而 T. Newark, *The Barbarians: Warriors and Wars of the Dark Ages* (London, 1988) 一书中也能找到许多绘制精美、还原真实的插图。

H. Pirenne 在 *Mohammed and Charlemagne* (London, 1939), R. Hodges、D. Whitehouse 在 *Mohammed, Charlemagne, and the Origins of Europe: Archaeology and the Pirenne Thesis* (Ithaca, N. Y., 1983) 这两本书中,提出了关于所谓"黑暗时代"里,欧洲文化与历史大图景的激动人心的观点。如果读者需要关于对中世纪西方知识体系的常规研究材料,可以从 R. Dales, *The Intellectual Life of Western Europe in the Middle Ages* (Washington, D. C., 1980),以及 W. C. Bark, *Origins of the Medieval World* (Stanford, Calif., 1958) 这两本书入手。更为学术性的讨论则可以参看 M. Golish, *Medieval Foundations of the Western Intellectual Tradition*, 400 – 1400 (New Haven, Conn., 1997)。此外,还可以阅读一些对"黑暗时代"传统视角下的经典研究,如 C. Oman, *The Dark Ages*, 476 – 918 (London, 1928)。

伊斯兰教的早期历史,以及富有扩张性的伊斯兰军事文化的建立,

P. Crone 的 *Slaves on Horses：The Evolution of the Islamic Polity* (Cambridge, 1980) 一书中有深入分析；在 *Meccan Trade and the Rise of Islam* (Princeton, N. J., 1987) 以及 M. A. Shaban, *Islamic History, A. D. 600 -750 (A. H. 132)* (Cambridge, 1971) 中也有类似的内容。

如果读者对普瓦捷战役的长远影响有兴趣的话，不妨一阅 B. Strauss 的"The Dark Ages Made Lighter"，这篇文章收在 R. Cowley, ed., *What If?* (New York, 1998, 71 -92) 一书中，描写了想象中法兰克人在普瓦捷战败后发生的情形。

第六章　技术与理性的回报

特诺奇蒂特兰，1520 年 6 月 24 日 ~ 1521 年 8 月 21 日

征服墨西哥历史的相关问题，在当代学术文化斗争中占据中心地位，人们在使用来自西班牙目击者的证言，还是西班牙人搜集的阿兹特克口头叙述方面，存在相当大的争议。学者们时常会接受西班牙人对于特诺奇蒂特兰的宏伟以及它的花园、动物园和市场的美丽描述，但否认同一个作者对食人行为和体系化的牺牲、人祭和肉体折磨的可怕记载。欧洲"概念"和"范式"被认为并不适合作为理解阿兹特克文化的背景，甚至连墨西哥艺术、建筑和天文知识都多少被以典型的美学与科学术语加以颂扬。然而，我们这里的兴趣并不在相对道德评判方面，而是集中在相对军事效能方面，我们不甚关心征服者是否道德，而是关注他们的征服手法。

我们也应当记住，我们目前使用的、基于技术优越层面的军事推动力理论并不总是与当时的西班牙记载相符，那些记载错误地强调了征服者的道德"优越性"、天生的智慧和基督教美德。

在记录中，存在许多关于西班牙征服的公正记载，对此并无争议。在纯粹的叙述能力方面，也许依然无可匹敌的是 W. H. Prescott, *History of the Conquest of Mexico* (New York, 1843)。对当代英语读者而言，H.

Thomas, *Conquest: Montezuma, Cortés, and the Fall of Old Mexico* (New York, 1993) 是极有价值的。读者也可以参见 R. C. Padden, *The Hummingbird and the Hawk: Conquest and Sovereignty in the Valley of Mexico, 1503-1541* (Columbus, Ohio, 1967)。关于一些优秀的比较论述，也参见 A. B. Bosworth, *Alexander and the East* (Oxford, 1996)。

关于西班牙人的征服，有大量的同时代和近乎同时代的记载。首先是贝尔纳·迪亚斯·德尔·卡斯蒂略极为杰出的文稿：Bernal Díaz del Castillo, *The Discovery and Conquest of Mexico, 1517-1521*, trans. A. P. Maudslay (New York, 1956)；可靠性时常遭到质疑的埃尔南·科尔特斯信件也值得一看 [*Letters from Mexico*, trans. A. Pagden (New York, 1971)]；以及 P. de Fuentes, *The Conquistadors: First-Person Accounts of the Conquest of Mexico* (New York, 1963)。

关于阿兹特克方面的记述和对西班牙征服的严厉批评，见 Bernardino de Sahagún, *General History of the Things of New Spain: Florentine Codex, Book 12—The Conquest of Mexico*, trans. H. Cline (Salt Lake City, Utah, 1975), 和米格尔·莱昂-波蒂利亚编纂的文集 Miguel Leon-Portilla, *The Broken Spears: The Aztec Account of the Conquest of Mexico*, 2nd ed. (Boston, 1992)。也参见 Fernando de Alva Ixtlilxochitl, *Ally of Cortés* (El Paso, Tex., 1969)。

科尔特斯的传记不可胜数，最方便得到的是 S. Madariaga, *Hernán Cortés: Conqueror of Mexico* (Garden City, N.Y., 1969) 和 J. M. White, *Cortés and the Downfall of the Aztec Empire: A Study in a Conflict of Cultures* (New York, 1971)。近乎同时代的充满溢美之词的传记是 Francisco López de Gómara, *Cortés: The Life of the Conqueror by His Secretary* (Berkeley, Calif., 1964)，保留了许多其他地方找不到的信息。

关于16世纪的西班牙军事实践，可以在 G. Parker, *The Army of Flanders and the Spanish Road, 1567-1659: The Logistics of Spanish Victory and Defeat in the Low Countries' Wars* (Cambridge, 1972) 和 R. Martínez、

T. Barker, eds., *Armed Forces in Spain Past and Present* (Boulder, Colo., 1988) 中找到相关研究。关于 16 世纪、17 世纪欧洲战争的普遍状况, 见 C. M. Cipolla, *Guns, Sails, and Empires: Technological Innovation and the Early Phases of European Expansion 1400 – 1700* (New York, 1965); J. Black, *European Warfare 1160 – 1815* (New Haven, Conn., 1994); and F. Tallett, *War and Society in Early – Modern Europe, 1495 – 1715* (London and New York, 1992)。关于 16 世纪西班牙的政治军事状况, 以及其帝国在欧洲产生的影响, 见 J. H. Elliott, *Spain and Its World, 1500 – 1700: Selected Essays* (New Haven, Conn., 1989) 和 R. Kagan、G. Parker, eds., *Spain, Europe and the Atlantic World: Essays in Honour of John H. Elliot* (Cambridge, 1995)。

罗斯·哈斯格曾撰写了一系列关于阿兹特克战争的颇有新意的书籍, 他希望从土著美洲人角度解释这一征服: *Mexico and the Spanish Conquest* (London and New York, 1994); *Aztec Warfare: Political Expansion and Imperial Control* (Norman, Okla., 1988); 以及 *War and Society in Ancient Mesoamerica* (Berkeley and Los Angeles, 1992)。关于阿兹特克文化与社会的更大论题, 可参阅 P. Carasco, *The Tenocha Empire of Ancient Mexico: The Triple Alliance of Tenochtitlan, Tetzcoco, and Tlacopan* (Norman, Okla., 1999) 和 G. Collier、R. Rosaldo、J. Wirth, *The Inca and Aztec States, 1400 – 1800: Anthropology and History* (New York, 1982)。

C. H. Gardiner, *Naval Power in the Conquest of Mexico* (Austin, Tex., 1956) 和 *Martín López: Conquistador Citizen of Mexico* (Lexington, Ky., 1958) 提到了西班牙双桅帆船在特斯库科湖上的关键角色。

关于那些贬低欧洲战术和技术在征服中的作用的文化解释, 见 G. Raudzens, "So Why Were the Aztecs Conquered, and What Were the Wider Implications? Testing Military Superiority as a Cause of Europe's Preindustrial Colonial Conquests," *War in History*, 2.1 (1995, 87 – 104), 也参见 T. Todorov, *The Conquest of America: The Question of the Other* (New York,

1984); I. Clendinnen, *Ambivalent Conquests: Maya and Spaniard in Yucatan, 1517 – 1570* (Cambridge, 1987); 以及 I. Clendinnen, *Aztecs: An Interpretation* (Cambridge, 1991)。关于对所有此类解释的批评, 见 K. Windschuttle, *The Killing of History: How Literary Critics and Social Theorists Are Murdering Our Past* (New York, 1997)。

第七章 市场或资本主义的杀戮

勒班陀, 1571 年 10 月 7 日

若干个世纪以来,关于勒班陀的记载都笼罩在基督徒的获胜感之中,它们强调西方对最终阻止了土耳其人在地中海的扩张备感宽慰。对于这场会战更为晚近的研究已经引人注目地消除了意识形态偏见。然而,在英文世界里依然缺乏完全描述这场战斗本身、包含新近学术信息的单行本学术研究[1]。其后果是,我们时常忘记除了萨拉米斯和坎尼之外,勒班陀可能是欧洲历史上屠戮最为血腥的一天。可以肯定的是,西班牙人和意大利人在战后屠杀战俘的数量位列西方历史之最,那时有成千上万的土耳其水兵丢了性命。勒班陀会战可以与索姆河会战和坎尼会战并列,作为人类克服时间和空间的限制,在若干小时内真正如同字面意义那样屠戮成千上万人的能力的见证。

关于此战,讨论意大利文、西班牙文和土耳其文中资料的全面记述,见 G. Parker, *Spain and the Netherlands, 1559 – 1659* (Short Hills, N. J. , 1979); D. Cantemir, *The History of the Growth and Decay of the Ottoman Empire*, trans. N. Tinda (London, 1734); A. Wiel, *The Navy of Venice* (London, 1910); 尤其见 K. M. Setton, *The Papacy and the Levant (1204 – 1571)*, Vol. 4, *The Sixteenth Century from Julius III to Pius V*

---

[1] 本书成书时间略早,现在读者可以参阅 Capponi, Niccolò, *Victory of the West: The Great Christian – Muslim Clash at the Battle of Lepanto*, Da Capo Pr. , 2006。——译者注。

(Philadelphia, 1984)。W. H. Prescott, *History of the Reign of Philip the Second*, Vol. 4 (Philadelphia, 1904) 有关于此战的动人描写。除了关于死伤数字、少数几艘船只在希腊海岸附近的实际位置和此战胜利的深远战略后果之外，学术界对战斗的实际进程并没有很大争议。

如果需要更加专业化的评估，见 A. C. Hess, "The Battle of Lepanto and Its Place in Mediterranean History," *Past and Present*, 57 (1972), 53-73, 尤其见 M. Lesure, *Lépante: La crise de l'empire Ottomane* (Paris, 1971)。在 C. Oman, *A History of the Art of War in the Sixteenth Century* (New York, 1937); J. F. C. Fuller, *A Military History of the Western World*, Vol. 1, *From the Earliest Times to the Battle of* Lepanto (London, 1954); 以及 R. C. Anderson, *Naval Wars in the Levant, 1559-1853* (Princeton, N. J., 1952) 中也有关于勒班陀会战战略战术的宝贵讨论。

勒班陀及这场会战的原始资料，也是 16 世纪战争的学术研究中相关章节的研究对象，可参见：G. Hanlon, *The Twilight of a Military Tradition: Italian Aristocrats and European Conflicts, 1560-1800* (New York, 1998); J. F. Guilmartin, Jr., *Gunpowder and Galleys: Changing Technology and Mediterranean Warfare at Sea in the Sixteenth Century* (Cambridge, 1974); W. L. Rodgers, *Naval Warfare Under Oars*, 4th to 16th Centuries (Annapolis, Md., 1967)。在 R. Gardiner and J. Morrison, eds., *The Age of the Galley: Mediterranean Oared Vessels Since Pre-Classical Times* (Annapolis, Md., 1995) 中有出色的画作。也参见 F. C. Lane, *Venetian Ships and Shipbuilders of the Renaissance* (Westport, Conn., 1975)。

对大众读者而言，有着相当数量的易于得到的会战叙述，它们还配有很好的当代画作。可参见 R. Marx, *The Battle of Lepanto, 1571* (Cleveland, Ohio, 1966) 和 J. Beeching, *The Galleys of Lepanto* (London, 1982)。在奥地利的唐·胡安传记中，可以找到关于勒班陀的有价值的信息，尤其可参阅 W. Stirling-Maxwell, *Don John of Austria* (London, 1883), 以及它对同时代资料的整理校勘；也参见 C. Petrie, *Don John of Austria* (New York,

1967)的动人叙述。关于基督徒的胜利在艺术和文学上的壮观纪念,见 L. von Pastor, *The History of the Popes, from the Close of the Middle Ages* (London, 1923)。G. Benzoni, ed., *Il Mediterraneo nella Seconda Metà del' 500 alla Luce di Lepanto* (Florence, 1974)这本文集中收录了一篇英文论文,可以让大众读者了解到奥斯曼方面关于此战的资料: H. Inalcik, "Lepanto in Ottoman Sources," 185-192。

关于16世纪地中海的经济社会状况,见 D. Vaughan, *Europe and the Turk: A Pattern of Alliances* (New York, 1976); K. Karpat, ed., *The Ottoman State and Its Place in World History* (Leiden, 1974); H. Koenigsberger、G. Mosse, *Europe in the Sixteenth Century* (New York, 1968)。关于地理与资本主义的问题,尤其见 F. Braudel, *Civilization and Capitalism, 15th-18th Century: The Perspective of the World* (New York, 1979),以及 *The Mediterranean and the Mediterranean World in the Age of Philip II*, Vol. 1 (New York, 1972) 等著作。也可参见 E. L. Jones, *The European Miracle: Environments, Economies, and Geopolitics in the History of Europe and Asia* (Cambridge, 1987)。

关于较早的西方军事实践,见 J. France, *Western Warfare in the Age of the Crusades, 1000-1300* (Ithaca, N. Y., 1999)。关于土耳其陆海军更为细致的记述见 R. Murphey, *Ottoman Warfare, 1500-1700* (New Brunswick, N. J., 1999)。关于威尼斯的经济,见 W. H. McNeill, *Venice: The Hinge of Europe, 1081-1797* (Chicago, 1974),以及 A. Tenenti, *Piracy and the Decline of Venice 1580-1615* (Berkeley and Los Angeles, 1967)。

奥斯曼军事、社会和经济生活是个广阔研究领域,但对于帝国架构和它的经济、军事开支方法的优秀介绍可以在较为倾向奥斯曼的 H. Inalcik, *The Ottoman Empire: The Classical Age 1300-1600* (London, 1973); W. E. D. Allen, *Problems of Turkish Power in the Sixteenth Century* (London, 1963); S. Shaw, *History of the Ottoman Empire and Modern Turkey*, Vol. 1,

Empire of the Gazas: The Rise and Decline of the Ottoman Empire, 1280 - 1808 (Cambridge, 1976) 诸多研究中找到。更为晚近的总体研究是 A. Wheatcroft, The Ottomans (New York, 1993) 和 J. McCarthy, The Ottoman Turks: An Introductory History to 1923 (London, 1997)。

伊斯兰教和资本主义间的关系是个争议雷区，西方批评者有时会强调穆斯林治下对市场的固有限制，而穆斯林学者自身则时常指出伊斯兰信仰中没有与自由市场不相容的东西。关于此类问题的评论，见 H. Islamoglu - Inan, ed., The Ottoman Empire and the World - Economy (Cambridge, 1987); M. Choudhury, Contributions to Islamic Economic Theory (London, 1986); 和 M. Abdul - Rauf, A Muslim's Reflections on Democratic Capitalism (Washington, D. C., 1984)。戴维·兰德斯曾写过两本关于资本主义在东西方关系中角色的出色评估: David Landes, The Rise of Capitalism (New York, 1966), 以及 The Unbound Prometheus: Technological Change and Industrial Development in Western Europe from 1750 to the Present (Cambridge, 1969)。

第八章　纪律——为什么战士不总是士兵

罗克渡口，1879 年 1 月 22 ~ 23 日

关于这场战争的英国官方战史，注释繁多，堪称 19 世纪学术典范: Narrative of Field Operations Connected with the Zulu War of 1879 (London, 1881)。许多极具吸引力的相关回忆录也已出版。通晓祖鲁语的亨利·哈福德被派往纳塔尔土著分遣队，参与了中央纵队最激烈的战斗，见 D. Child, ed., The Zulu War Journal of Colonel Henry Harford, C. B. (Hamden, Conn., 1980)。在 F. E. Colenso (纳塔尔主教之女), History of the Zulu War and Its Origin (Westport, Conn., 1970) 中可以看到对邓福德上校的辩护，他因错误部署而在伊桑德尔瓦纳失败，她还提到一些当时同情祖鲁人的记载。伊桑德尔瓦纳和罗克渡口战后不久，有一名南非的部落

老兵留下了一份记述,请参阅 T. Lucas, *The Zulus and the British Frontiers* (London, 1879)。加尼特·沃尔斯利爵士的日记里有少量关于祖鲁战争结束的内容:A. Preston, ed., *The South African Journal of Sir Garnet Wolseley, 1879-1880* (Cape Town, 1973)。一名受雇于祖鲁人的布尔翻译科尔内留斯·维尼的回忆录更有价值,此书由 J. W. 科伦索主教从荷兰语转译:C. Vign, *Cetshwayo's Dutchman: Being the Private Journal of a White Trader in Zululand During the British Invasion* (New York, 1969)。

  J. 盖伊对祖鲁人怀有同情地描写了祖鲁王国的崩溃及后续影响,阐述了战争的经济基础,尤其是英国和布尔殖民者的剥削本质:J. Guy, *The Destruction of the Zulu Kingdom: The Civil War in Zululand, 1879-1884* (Cape Town, 1979)。可参阅 C. F. Goodfellow, *Great Britain and South African Confederation, 1870-1881* (London, 1966),特别是 J. P. C. Laband、P. S. Thompson, *Field Guide to the War in Zululand and the Defence of Natal 1879* (Pietermaritzburg, South Africa, 1983)。

  关于祖鲁崛起和1879年英国-祖鲁战争的经典描述,见 D. Morris, *The Washing of the Spears: A History of the Rise of the Zulu Nation Under Shaka and Its Fall in the Zulu War of 1879* (New York, 1965)。D. Clammer, *The Zulu War* (New York, 1973) 全面涉及了战争的各主要战役;M. Barthorp, *The Zulu War* (Poole, England, 1980),以及 A. Lloyd 的 *The Zulu War, 1879* (London, 1974) 囊括了价值极高的阐述;最新资料来自 R. Edgerton 的 *Like Lions They Fought: The Zulu War and the Last Black Empire in South Africa* (New York, 1988),此书有实际战斗的生动记载,以及 S. Clarke, ed., *Zululand at War: The Conduct of the Anglo-Zulu War* (Johannesburg, 1984)。

  有关罗克渡口还有大量的专门论著。最著名的大概是 M. Glover, *Rorke's Drift: A Victorian Epic* (London, 1975),而 J. W. Bancroft, *Terrible Night at Rorke's Drift* (London, 1988) 包含了引人注目的插图和照片。也可参阅 R. Furneux 的 *The Zulu War: Isandhlwana and Rorke's Drift* (London, 1963)。

关于祖鲁文化及其短命帝国的书目数量巨大，除了综合性的记述，还有易于理解的针对主要问题的英语介绍。参见 J. Selby, *Shaka's Heirs* (London, 1971); 经典著作 A. T. Bryant, *The Zulu People: As They Were before the White Men Came* (New York, 1970); 和 J. Y. Gibson, *The Story of the Zulus* (New York, 1970) 的各种研究。一位美国传教士约西亚·泰勒留下了祖鲁人生活和习俗栩栩如生的记述，见 Josiah Tyler, *Forty Years Among the Zulus* (Boston, 1891)。有关祖鲁军队的最佳记叙可能是 I. Knight, *The Anatomy of the Zulu Army: From Shaka to Cetshwayo, 1818 - 1879* (London, 1995)。

在无数关于19世纪英军的出版物当中，可以参见一小部分样本 G. Harries - Jenkins, *The Army in Victorian Society* (London, 1977); G. St. J. Barclay, *The Empire is Marching* (London, 1976); T. Pakenham, *The Boer War* (New York, 1979); M. Carver, *The Seven Ages of the British Army* (New York, 1984); 以及 J. Haswell, *The British Army: A Concise History* (London, 1975)。训练的重要性，见 W. H. McNeill, *Keeping Together in Time: Dance and Drill in Human History* (Cambridge, Mass., 1995); 训练、勇敢和勇气特性间的关系，见 W. Miller, *The Mystery of Courage* (Cambridge, Mass., 2000)。

关于部落式战争特点的综合论述，见 B. Ferguson、N. L. Whitehead, eds., *War in the Tribal Zone: Expanding States and Indigenous Warfare* (Santa Fe, N. M., 1992); J. Haas, ed., *The Anthropology of War* (Cambridge, 1990); 尤其见经典著作 H. H. Turney - High, *Primitive War: Its Practice and Concepts* (Columbia, S. C., 1971)。

第九章　个人主义

中途岛，1942年6月4~8日

中途岛会战一方面是许多书籍的主要内容，也常在关于"二战"期间太平洋战场军事行动的综述性文献中，成为同名章节的主题。关于对中途岛会战本身的专题研究，应当以 G. Prange（D. Goldstein 和 K. Dillion 协助），*Miracle at Midway*（New York, 1982）为起始，该书覆盖了会战的主要问题。P. Frank、J. Harrington, *Rendezvous at Midway: U. S. S. Yorktown and the Japanese Carrier Fleet*（New York, 1967）对约克城号的修理，返回战场和最终沉没进行了分析。Walter Lord, *Incredible Victory*（New York, 1967）是写得很好的流行记述，它利用了日本和美国老兵的第一手口头和书面采访材料。此外，至少还有四本大体上从美国方面描述会战的整体研究：A. Barker, *Midway: The Turning Point*（New York, 1971）; R. Hough, *The Battle of Midway*（New York, 1970）; W. W. Smith, *Midway: Turning Point of the Pacific*（New York, 1966）; 和 I. Werstein, *The Battle of Midway*（New York, 1961）。

关于太平洋战场通史的中途岛章节，Samuel Eliot Morison, *Coral Sea, Midway, and Submarine Actions, May 1942 – August 1942*, Vol. 4 of *History of United States Naval Operations in World War* II（New York, 1949）依然是价值极高的; J. Costello, *The Pacific War, 1941 – 1945*（New York, 1981）; 以及 H. Willmott, *The Barrier and the Javelin: Japanese and Allied Pacific Strategies, February to June 1942*（Annapolis, Md., 1983）可以对其进行补充。D. van der Vat, *The Pacific Campaign, World War II: The U. S. – Japanese Naval War, 1941 – 1945* 对这场会战有着优秀的总体评价，也包括来自日军方面的宝贵观察。在 John Keegan, *The Price of Admiralty: The Evolution of Naval Warfare*（New York, 1989）中，中途岛被当作战列舰逐步让位于航空母舰的代表战例讨论。R. Overy, *Why the Allies Won*（New York, 1996）也有几页关于战役的敏锐思考，强调了日军在武器和经验上的优势。D. Kahn, *The Codebreakers: The Story of Secret Writing*（New York, 1996）和 R. Lewin, *The American Magic: Codes, Cyphers and the Defeat of Japan*（New York, 1982）讨论了美军情报行动的优势。

关于日本海军，在 A. Watts、B. Gordon, *The Imperial Japanese* Navy（Garden City, N.Y., 1971）和 J. Dunnigan、A. Nofi, *Victory at Sea: World War Ⅱ in the Pacific*（New York, 1995）中有大量有用的照片、绘图、图表和统计数据。

两位参加了中途岛-阿留申群岛战役的老兵——渊田美津雄和奥宫正武在 M. Fuchida、M. Okimiya, *Midway, the Battle That Doomed Japan: The Japanese Navy's Story*（Annapolis, Md., 1955）一书中写下了来自日本方面的精彩回忆。这本回忆录视角不偏不倚，自始至终体现出深思熟虑。M. Okumiya、J. Horikoshi、M. Caidin, *Zero!*（New York, 1956）在太平洋海空战背景下讨论了中途岛。同样有趣的是宇垣缠的日记 M. Ugaki, *Fading Victory: The Diary of Admiral Matome Ugaki, 1941-1945*（Pittsburgh, Pa., 1991）。在 D. Evans, ed., *The Japanese Navy in World War Ⅱ in the Words of Former Naval Officers*（Annapolis, Md., 1986）中有日本方面对太平洋战场主要海战的目击记载文集。

在 R. O'Connor, *The Imperial Japanese Navy in World War Ⅱ*（Annapolis, Md., 1969）; P. Dull, *A Battle History of the Imperial Japanese Navy*（Annapolis, Md., 1978）; E. Andrie, *Death of a Navy: Japanese Naval Action in World War Ⅱ*（New York, 1957）; 以及 J. Toland, *The Rising Sun: The Decline and Fall of the Japanese Empire, 1936-1945*, 2 Vols.（New York, 1970）这几本书中也有来自日本视角的优秀篇章。

关于这场会战，可以从对战双方总司令的传记中汲取许多信息。见 H. Agawa, *The Reluctant Admiral: Yamamoto and the Imperial Navy*（Annapolis, Md., 1979）; J. Potter, *Yamamoto: The Man Who Menaced America*（New York, 1965）; T. Buell, *The Quiet Warrior: A Biography of Admiral Raymond A. Spruance*（Boston, 1974）; 以及 E. Hoyt, *How They Won the War in the Pacific: Nimitz and His Admirals*（New York, 1970）。

许多书籍讨论了日本的西方化进程。在整体上可以参阅 S. Eisenstadt, *Japanese Civilization: A Comparative View*（Chicago, 1995）和

M. Harries、S. Harries, *Soldiers of the Sun*: *The Rise and Fall of the Imperial Japanese Army, 1868 - 1945* (New York, 1991)。在 J. Arnason, *Social Theory and Japanese Experience*: *The Dual Civilization* (London and New York, 1997) 中可以找到更具学术性也更详尽的评价。在 E. L. Presseisen, *Before Aggression*: *Europeans Prepare the Japanese Army* (Tucson, Ariz., 1965); R. P. Dore, *Land Reform in Japan* (London, 1959); 尤其是 S. P. Huntington, *The Soldier and the State*: *The Theory and Politics of Civil - Military Relations* (Cambridge, Mass., 1957) 中可以找到日本在19世纪接受西方军事实践和欧洲技术的详情。

关于日本军事史和日本文化在战争组织和实践中的影响，见 T. Cleary, *The Japanese Art of War*: *Understanding the Culture of Strategy* (Boston, 1991) 和 R. J. Smethurst, *A Social Basis for Prewar Japanese Militarism*: *The Army and the Rural Community* (Berkeley and Los Angeles, 1974)。Robert Edgerton, *Warriors of the Rising Sun*: *A History of the Japanese Military* (New York, 1997) 提供了日本人对他们征服的民族和战俘所作所为的良好讨论，指出在1930~1945年间的暴行可能是日本军事实践漫长历史中的一个偏差。

第十章 秉持异议与自我批评

春节攻势，1968年1月31日~4月6日

关于越南战争的书籍数目可能要多过关于本书中其他所有战争的书籍总和，这无疑反映出了美国媒体和出版业的繁盛与影响力，在一定程度上还体现了"二战"后成长起来的一代美国人的自我沉迷。就越战行为的评价存在着明确差异，但它们似乎更依赖于年代顺序而非意识形态。在1965~1978年间出版的许多书籍对美国在越南的军事存在和美国战略怀有敌意，它们要么是左翼批评家的著作——强调美国军事存在不够人道的一面，要么来自更为保守的学者——他们指责美国军事上的无

能和政治领导上的软弱。

但到20世纪80年代初,统一后的越南并没有进行自由选举,经历了船民大量逃离越南、邻国柬埔寨发生大屠杀、苏联入侵阿富汗和伊朗人质危机后,美国人对越南的认知出现了缓慢但明确的变动。虽然大部分美国人依然认为这场战争是以错误方式进行的,而且也许是不必要的,但许多人指出,即便如此,这一事业也是正确而非错误的,要是拥有正确的决定性军事战略,这场战争本可以取得胜利。修正主义者们发觉历史已经或多或少证明他们是正确的,这些人当中存在着一种自信气氛;而大部分早期的激烈批评者则抱持着忧心忡忡乃至满怀歉意的立场,他们中的一些人曾经访问过北越,赞扬过东南亚的共产主义政权,向战场上的美国士兵播送无线电广播宣传。

关于各个研究主题的概要,见 J. S. Olson, *The Vietnam War: Handbook of the Literature and Research*(Westport, Conn., 1993)和 R. D. Burns、M. Leitenberg, *The Wars in Vietnam, Cambodia, and Laos, 1945-1982*(Santa Barbara, Calif., 1983)。关于春节攻势本身,起步书籍是有些过时但依然极具价值的 D. Oberdorfer, *Tet!*(New York, 1971)。在 M. J. Gilbert、W. Head, eds., *The Tet Offensive*(Westport, Conn., 1996)中也收录了关于攻势的一些富有洞察力的文章。也见 W. Pearson, *Vietnam Studies: The War in the Northern Provinces, 1966-1968*(Washington, D. C., 1975)。在战争正史中也有关于春节攻势的不错章节,例如 S. Stanton, *The Rise and Fall of an American Army: U. S. Ground Forces in Vietnam, 1965-1973*(Novato, Calif., 1985)。P. 布雷斯特拉普记载春节攻势的两卷本研究巨著依然勾勒出美国媒体的确凿肖像:P. Braestrup, *Big Story: How the American Press and Television Reported and Interpreted the Crisis of Tet 1968 in Vietnam and Washington*(Boulder, Colo., 1977)。在 J. Arnold, *Tet Offensive 1968: Turning Point in Vietnam*(London, 1990)中可以找到关于春节攻势的一些有趣地图和绘画。

关于美国情报机关未能准确预测春节奇袭,见 R. F. Ford, *Tet*

1968：*Understanding the Surprise*（London，1995），它将未能好好利用收集来的出色原始数据归咎于情报机构间的政治内斗。在 D. Showalter、J. G. Albert, *An American Dilemma：Vietnam，1964－1973*（Chicago，1993）中有一些价值很高的与战争相关的文章，对空中力量在春节攻势中的角色分析尤其正规；关于春节攻势过后的军事行动，见 R. Spector, *After Tet：The Bloodiest Year in Vietnam*（New York，1993）。

关于曾在越南作战的士兵统计数据，亦即年龄、经济背景、服役时间、种族、伤亡率等，请参见 T. Thayer, *War Without Fronts：The American Experience in Vietnam*（Boulder, Colo., 1985）；关于对越战老兵的误解，见 E. T. Dean, *Shook Over Hell：Post-Traumatic Stress，Vietnam，and the Civil War*（Norman, Okla., 1989）。在 T. Hoopes, *The Limits of Intervention：An Inside Account of How the Johnson Policy of Escalation in Vietnam Was Reversed*（New York，1973）中，作者用整个一章论述春节攻势，并讨论了围绕着春节攻势在华盛顿发生的一些政治阴谋。

美国在越南失败的原因在 J. Record, *The Wrong War：Why We Lost in Vietnam*（Annapolis, Md., 1998）中得到了仔细审视，其认为首要原因是军事无能和缺乏政治理性和战略理性。G. Lewy, *America in Vietnam*（New York，1978）；L. Sorley, *A Better War：The Unexamined Victories and Final Tragedy of America's Last Years in Vietnam*（New York，1999）；和 M. Lind, *Vietnam，the Necessary War：A Reinterpretation of America's Most Disastrous Military Conflict*（New York，1999）都提到了对春节攻势的误读，以此纠正越南战争无法获胜、在道德上也错误的普遍看法，也许 S. Karnow, *Vietnam：A History*（New York，1983）；N. Sheehan, *A Bright Shining Lie：John Paul Vann and America in Vietnam*（New York，1988）的通俗记述可以最好地代表这一流俗看法。

在旨在为修习大学课程的读者提供资料的原始档案、演讲和文章的诸多文集中，存在着关于春节攻势的宏大而不清晰的形象，此类文集的编者对美国干涉越南和在越南发生的总体军事行为持批评态度。见 J.

Werner、D. Hunt, eds., *The American War in Vietnam*（Ithaca, N. Y., 1993）；G. Sevy, ed., *The American Experience in Vietnam: A Reader*（Norman, Okla., 1989）；M. Gettleman et al., eds., *Vietnam and America: A Documented History*（New York, 1995）；和 J. Rowe、R. Berg, eds., *The American War and American Culture*（New York, 1991）。更为平衡的文件合辑可以在 M. Raskin、B. Fall, eds., *The Vietnam Reader: Articles and Documents on American Foreign Policy and the Viet-Nam Crisis*（New York, 1965）和 H. Salisbury, ed., *Vietnam Reconsidered: Lessons from a War*（New York, 1994）中找到（尽管前者是在1965年出版的）。关于倾向于对前往北越的抗议分子们的记述，见 M. Hershberger, *Traveling to Vietnam: American Peace Activists and the War*（Syracuse, N. Y., 1998）和 J. Clinton, *The Loyal Opposition: Americans in North Vietnam, 1965-1972*（Boulder, Colo., 1995）。

关于在顺化持续26天、逐屋争夺的战斗，近来也存在许多叙述，其中不少是经受战火考验的老兵回忆录。见 N. Warr, *Phase Line Green: The Battle for Hue, 1968*（Annapolis, Md., 1997）；K. Nolan, *Battle for Hue, Tet, 1968*（Novato, Calif., 1983）；G. Smith, *The Siege of Hue*（Boulder, Colo., 1999）和 E. Hammel, *Fire in the Streets: The Battle for Hue, Tet 1968*（Chicago, 1991）。关于双溪，见 J. Prados、R. Stubbe, *Valley of Decision: The Siege of Khe Sanh*（New York, 1991）的动人叙述，也参见 R. Pisor, *The Siege of Khe Sanh*（New York, 1982）。空中力量在包围战中的作用在 B. Nalty, *Air Power and the Fight for Khe Sanh*（Washington, D. C., 1973）中有着很好的记载，此书是由空军历史研究室出版的。

美军的一些高层人物，撰写了若干相当不错的回忆录，虽然其中充满修正主义思想，而且显得较为偏执，但仍然可以作为参考。可以从 W. C. Westmoreland, *A Soldier Reports*（New York, 1976）；M. Taylor, *Swords and Plowshares*（New York, 1972）和 U. S. Sharp, *Strategy for Defeat: Vietnam in Retrospect*（New York, 1978）开始阅读。

索 引

（索引页码为原书页码，即本书边码）

Abd ar-Rahman, 138, 139, 144, 145, 147, 149, 169, 392
Abrams, Creighton W., 417, 437
Actium, 244, 335
Adams, Eddie, 393
Adeimantus, 51
Adrianople, 12, 100, 126
Aegina, 52
Aeschylus, 27, 28–29, 30–31, 39, 47–48, 51, 56, 326, 433
Afghanistan, 456, 457, 458
Africanus, Scipio, 23, 103, 110, 386
Agesilaus, 5, 69
Agincourt, 54
Ahura Mazda, 34, 37, 38
Air Power and the Fight for Khe Sanh (Nalty), 401, 402
Air war: Afghanistan, 459; American pilots, initiative of, 381–84; Grumman TBF Avengers, 343; Gulf War, 401; Japanese, 376–77; Japanese pilots, 341, 352; Khesanh, 399–400; Midway, 335–38, 341–51; SBD Dauntless bombers, 335, 350; TBD Devastators, 342–51, 373, 382; Wake Island bombing, 384; Wildcat fighters, 342, 346, 350, 373; Zero fighters, 342, 343–51, 356, 382
Alcibiades, 33, 35, 408
Alexander (Plutarch), 61, 65, 66, 73, 86, 87, 91
Alexander the Great, 5, 23, 59, 90, 114, 456; annihilation and total war, 77–78, 83, 84–86; army of, 22, 49, 57, 78–79; assassination of father, 74; Bucephalas (horse of), 64, 68; conquest of Greece, 78, 81–82; conquest of Middle East and India, 84–85; criticism of, 435; crucifixion introduced by, 88; decimation by, 88; decisive battle, results of, 82–90; evolution into paranoia, megalomania, and despotism, 62, 65, 82, 87–88; formula of attacks by, 61, 69, 78–79; freedom and, 81–82; at Gaugamela, 61, 64–69, 72–74, 78, 95, 458; Gaza and, 69, 85; Granicus River, 65, 78, 79, 82, 83; Hellenic influence, 10, 79–82; Hitler compared, 89–90; Hydaspes, 78; Issus, 65–66, 69, 78, 79; leadership qualities, 78–79; looting of Achaemenid treasuries, 274; numbers killed by, 5, 83–85; oath at Opis, 205; Parmenio and, 60–64, 65–66, 68–69, 88, 91; Persian campaign, 81–82; practice of *proskynēsis*, 81, 88; Tyre and, 69, 85. *See also* Gaugamela; Macedonian army
Ali, Hassan, 255
Ali, Uluj, 237, 239, 264
Ali Pasha, Müezzinzade, 233, 236, 244, 248–49, 262, 275
Ali Pasha, Turghud, 264
Ally of Cortés (Ixtlilxochitl), 192–93, 195, 219–20
al Qaeda, 456, 459, 460
Alvarado, Pedro de, 135, 173–74, 178, 183, 189, 207, 219, 226, 229

American Dilemma, An (Showalter and Albert), 403
American Experience in Vietnam, The (Sevy), 422
American in Vietnam (Lewy), 405, 431
Ambrose, Stephen, 8
Anabasis (Arrian), 63, 64, 65, 66–67, 84, 87
Anabasis (Xenophon), 1, 2, 3, 49, 137
Anaxagoras, 38
Andrea Dorea, Gian, 237, 239
Annihilation, 22, 29, 77–78, 83, 84–86, 95, 181, 311, 364
Antigone (Sophocles), 170
Antigonus, 77
Antiochos, 35
Aornus, 84, 86
Appian, 105
Aquinas, Thomas, 129
Aquitane, 149
Aragonesium rerum comentarii (Blancas), 229
Archimedes, 231
Argentina, 446–47, 449
Arginusae, 30, 35
Argos, 93
Ariamazes, 84
Ariobarzanes, 85
Ariovistus, 126
Aristides, 54
Aristodemus, 325, 434
Aristotle, 34, 48, 53, 57, 58, 81, 93, 99, 113, 124, 135, 161, 213, 230–31, 273, 327–28, 332
Arnett, Peter, 418, 423
Arrian, 63, 64, 65, 66–67, 84, 87
Arsouf, 23
Artaxerxes, 2, 4, 49, 70
Artemisium, 31, 40, 43, 335
Athens: citizenship, 50, 114, 120–21; democratic renaissance, 57; errors, Peloponnesian War and Sicily, 386, 407–8, 453; evacuation of citizenry, 40–41, 53; freedom in, 53, 56–59; government, 52; Macedon invasion, 78; Marathon, 39; military discipline, 328; Persian attack and destruction of Acropolis, 35; Salamis victory and, 46, 56–59; sea power of, 41, 44; triremes' names, 51
Augustine, 156
Augustus (Octavian Caesar), 37
Auschwitz, 108, 195
Avignon, 141
Aztecs, 39, 171n.; Ahuitzotl, butchery of prisoners, 194–95; Alvarado's massacre of, 173–74, 181; brutality of, 182–83; Cortés annihilation of, 95, 209–10; Cuauhtémoc, 187, 207, 218; Cuitláhuac, 182, 187, 192–93; flight of Cortés and celebration, 180; flower wars, 22, 181, 194, 196; human sacrifice and torture, 6, 22–23, 55, 174, 180, 194–95, 198–99, 210; lack of familiarity with European warfare, 181; lack of military discipline, 225; loss of leadership and collapse, 218; military rank and status, 197; mistake Spanish for gods, 173, 206, 216; mutilation of Spanish by, 118, 171, 180, 191; smallpox epidemic, European diseases, and victory of Spanish, 183, 185, 187, 213–16, 217; subservience of individual to the state, 55; surrender, 192–93; tactics of war, 197, 218, 308, 392; technological disadvantage and cultural confusion of, 112, 171, 216–18, 222–25, 226; as theocratic imperialists, 193, 207; treasure, 172, 201; war heritage and tactics, 95, 193–98, 205, 207, 229; weaponry, 195–96, 222, 223–24. *See also* Mexico City; Montezuma

Bachrach, B., 145
Bactria, 38, 85
Barbarian Invasions, The (Delbrück), 166
Barbarigo, Agostino, 236, 245, 252

索 引 / 689

Barbarossa, Khaireddin, 255, 264
Bazán, Alvarode, 237
Belisarius, 159, 386
Best, Dick, 340
Better War, A (Sorley), 427
Big Story (Braestrup), 417–18
Black Cleitus, 88
Blancas, Jerónimo de, 229
Boers, 282–83, 284, 298–99, 300, 301, 309, 313
Borges, Jorge Luis, 449
Bradley, Omar, 408
Bragadino, Antonio and Ambrogio, 234
Bragadino, Marcantonio, 254
Branchideae, 84, 85
Brasidas, 6–7, 35, 326
Braudel, Fernand, 15
Britain: allies among indigenous peoples, 309; attitude toward indigenous peoples, and Anglo-Zulu War, 303–10; Falklands, 446–47, 449; military and industrial superiority of, 304–5; Ottomans and, 255; parliamentary government, 20; *Prince of Wales* and *Reprise* sinking, 378; renewal supplies and manpower in war, 307–8; why fight the Zulus, 300–3. *See also* British army; Isandhlwana; Rorke's Drift
British army: casualties, Anglo-Zulu War, 311; cavalry, 135; code breaking, 370; discipline, 287, 292, 299, 322–24, 332–33; provisions, 318; 17th Lancers, 135, 324; size, 19th century, 322; soldier in Africa, 318–21; traditions of, 321–24; weaponry, 283–84, 311, 322
Broken Spears, The (Leon-Portilla), 180, 185–86, 210
Bromhead, Gonville, 289–90, 291, 293–94
Brunni, Leonardo, 129
Bulwer, Henry, 301
Bunker, Ellsworth, 391–92
Byron, Lord (George Gordon), 32

Byzantines, 146, 148, 149, 152, 154, 156, 159, 162, 231, 255

Caesar, Julius, 5, 7, 23, 84, 95, 117, 213
Calamech, Andrea, 253
Callisthenes, 66, 80, 88
Cambodia, 420, 426, 438
Canción de Lepanto (Herrera), 253
Cannae, 11, 95, 98–132, 458; battle, 101–4, 107–8; battle site, 106–7; carnage at, 103–5; cavalry at, 102; defeat, causes, 106; folly of Roman command, 9, 103, 106–7, 108, 119–20; Hannibal's army, composition of, 100–2; Hannibal's fighting at, 101; Hannibal's losses, 101; Hannibal's trap, 101, 103, 107–8; lessons learned from, 106; map, 109; Roman army at, 101–2, 108, 110; Roman casualties, 100, 101–2, 104–5, 115; Roman response to defeat, 9, 111–12, 126; significance of, 131–32; size of armies at, 99, 102, 107, 110
Cannae (Schlieffen), 103
Capitalism, 21–22, 455; culture and, 270–73; European, 256; Greek, 54, 273–74; *kerdos* (profit), 273; land ownership and private property, as Western value, 36, 52–53; Macedonian Successor Kings and, 37; Ottoman Empire and Islam, 269–73; Spanish, in New World, 229; Venice, 260–62; weaponry: fabrication, development, dissemination, 21–22, 229, 230–32, 247, 256, 258, 261, 270–75
Cardona, Juan de, 237
Cardwell, Edward, 322
Carolingians, The (Riché), 154
Carrhae, 12, 95
Carthage: adoption of Roman military tactics, 11, 14; culture, 112–15; defeat, 132; different cultural values and government than Rome, 9, 113, 114–15, 120, 124–26; First Punic War,

110, 115, 331; history, 113; Islamic conquest, 149; as quasi-Western state, 112–13; Second Punic War, 105, 110–11, 121

Carthaginian army: African mercenaries, 101–2, 107; elephants used, 112; Gauls in, 100–1, 107; hired men, 99, 100, 112, 125, 331; Spanish in, 101, 107; weapons, 101

Castillo, Bernal Díaz del, 170, 175, 184, 191, 311

Cataphracts, 61

Cavalry: British, Isandhlwana, 279; Byzantines, 162; Companion, 60–61, 65, 66, 71, 161–62; conditions favoring, 158–59, 184; conquistadors, 171, 184; defense against, 226; European, 164; infantry versus, 3, 21, 93–94, 135–37, 152, 157, 160–61; Islamic, 148; mounted knight, 157–58, 162, 164; Persian army, 61, 62, 63, 68, 70–71; Poitiers, 137–38, 139–40, 141; stirrups, 141, 152, 162

Celanae, 84

Cervantes, Miguel, 253, 269

Cetshwayo, King, 13, 55, 275, 288, 299, 300, 302, 303, 304, 306, 308, 311, 313, 317, 320, 392

Cetshwayo's Dutchman (Vign), 288

Chaeronea, 82, 98, 124

Châlons, 144

Chalybians, 2

Chard, John, 289–90, 291, 293–94, 296–98

Charlemagne, 23, 157, 168

Chelmsford, Lord, 280–81, 284, 285–86, 287, 300, 303, 304, 310, 395, 436

China, 16

Chomsky, Noam, 421

Christianity: attitude toward indigenous peoples, 303–10; Europe and, 150; Islam versus, 147–48; "just" wars, 129, 156, 256, 348; Mediterranean Catholicism, 199–200; military and tracts against war, 147–48, 156, 256;

papal wars against Ottomans (*see* Lepanto); Protestantism and religious fragmentation, 254, 256–58; reaction to Aztecs, 198–99; Spain and fanaticism, 198, 199–200

Chronicle of Fredegar, 138

Chub, Oliver E., 401

Churchill, Winston, 135

Cicero, 130

City of God (Augustine), 156

Clausewitz, Karl von, 103, 213, 309

Clovis, 144

Colenso, Frances, 319–20, 322–23

Colenso, John, 436, 442

Colonna, Marcantonio, 235, 245

Conquest (Thomas), 172, 177, 219

Conquest of Mexico, The (Sahagún), 223, 435–36, 442

Constantinople, 11, 141, 149, 153, 167–68, 255, 264

Contarini, Gianpietro, 241, 250, 311

Coral Sea, 364

Coral Sea, Midway, and Submarine Actions, May 1942–August 1942 (Morison), 364, 372, 373–74

Corbière, 141

Corfu, 234, 235, 253

Corinth, 52

Coronea, 5, 69

Corsica, 255

Cortés, Hernán "Malinche," 5, 22, 23, 83, 202, 204; allies in Mexico, 172, 185, 209–13, 214, 220, 309; annihilation and total war tactics, 95, 181, 189–90, 192, 193, 205, 209–10; army, composition of, 206; battle machinery designed, 227; battle of Otumba, 183–84, 229; cavalry, 135, 157, 171, 225–26; conquest of Mexico, 172, 187–88, 305; democracy and dissent among soldiers, 207; destruction of Mexico City and Aztec empire, 185–93; disciplined army of, 207; education, 206; escape from Mexico City (*Noche Triste*), 177–79, 182, 210,

220, 225; fate of, 435, 442; fathering of mestizo children, 203, 220; flight, 179–85; forces as deadly and zealous, 200; genius and audacity of leadership, 219–22, 229, 386; losses, 170, 171–72, 174, 178, 181–82, 190, 193, 220, 223; motivation, 201, 202, 203–4; Narváez and, 172, 173, 209, 219, 435; numbers killed by, 84, 171, 174, 175, 179, 182, 193; rationalism of, 205–8; reinforcements, 181–82, 187; resistance of men to native disease, 216; siegecraft, 190, 227–28; siege of Mexico City and, 172–73; size of army, 172, 188; smallpox epidemic, European diseases, and victory, 183, 185, 187, 213–16, 217; success, reasons, 168–69; view of Spanish as more than mortal and, 216. See also Mexico City; Spain
Cortés and the Downfall of the Aztec Empire (White), 226
Costa, Juan de, 229
Craterus, 61
Crazy Horse, 306
Creasy, Edward, 8–10, 166
Crusades, 5, 22, 168, 255–56
Cunaxa, 2, 49
Curtius, 62, 65, 91
Cynoscephalae, 106, 114
Cyprus, 234, 235, 254, 271
Cyrus the Great, 32–33, 49
Cyrus the Younger, 1, 270

Dalton, James, 290, 293, 299
Darius, 31, 33, 37, 40, 49
Darius III, 5, 11, 49, 61, 66, 68, 69–71, 72–73, 83, 91, 94, 218, 392
Dark Ages, 150–57, 162–64, 167–69, 252
Dark Ages, The (Oman), 167
Dávila, Pedro Arias, 204
Decimation, 88
Decisive battle(s), 77–79; evolution of, 92; indigenous peoples and lack of understanding of, 307; Japan's reluctance to engage in, 362–64; Lepanto, 258; results of Alexander's, 82–90; Western warfare and, 90–98, 256, 307, 362, 364–65
Decisive Battles of the World: From Salamis to Madrid (Fuller), 8
Decisive Battles Since Waterloo (Knox), 8
Decline and Fall of the Roman Empire, The (Gibbons), 166
Decretum (Gratian), 129
Delbrück, Hans, 166
Delium, 35, 136
Demaratus, 33, 51
Democracy(ies): discipline, fighting in rank, and shock battle, 6–7, 44, 70–72, 80, 91–98, 119–20, 137, 159, 207; effect on military, 3, 6, 23, 46–48, 51, 54–55, 56; expansion and Athenian renaissance, 57–59; Greek, early, 113, 118; inherent dangers, 58–59; resilience of culture and, 56, 111, 168; Roman, 113; wars between, 453–55; as Western value, 23, 56
Demosthenes, 78, 94, 435
Destruction of the Zulu Kingdom, The (Guy), 300
Diamond, Jared, 15–16, 461
Dien Bien Phu, 13, 399
Diodorus, 43, 48, 50, 51, 63, 73, 87
Diogenes, 435
Discipline of military: Aztec lack of, 225; British, at Isandhlwana, 287; British, at Rorke's Drift, 292, 299; classical paradigm, 327–29; Dark Ages, 155–56; drill, rank, order, and command, 329–33; Greek, 44, 46, 47; Macedonian, 70–72, 80–81; Roman, 119; Spanish, 207, 225; Western culture and, 11–12, 324–27; Zulu's lack, 316
Discovery and Conquest of Mexico, The (Castillo), 170, 175, 184, 191
Don Juan (Byron), 32

Don Juan of Austria, 234, 235, 236, 245–47, 254–55, 463
Don Juan of Austria (Stirling-Maxwell), 258
Don Quixote (Cervantes), 269
Durnford, Anthony W., 279–80, 281, 285, 286

Egypt, 17, 18, 38, 92; Alexandria, 17–18, 80, 149
Epaminondas, 35–36, 107, 364–65
Erigyius, 61
Estrada, María de, 179
Eumenes, 77
Euripides, 39, 434
Europe: allies among indigenous peoples, 306–7, 309; attitude toward indigenous peoples, 303–10; capitalism and culture, 269–73, 275; Christianity and, 150; classical continuity in, 167–69; colonization (*see* imperialism, below); deadly military tradition of classical antiquity kept alive in, 152–57; disease, new fevers and old illnesses, resistance to, 215–16; expansion of 16th century, 20, 305; fall of Rome and Dark Ages, 150–51; fragmented by religious strife, 254–58; fund-raising for war, 258; Hundred Years War, 157; imperialism, Africa, Asia, Australia, Americas, 300–3, 304–11; infantry, Dark and Middle Ages, 162–69; invasions and migrations, Dark Ages, 150; Islamic advances and halting of, 137–41, 143–44, 149, 150, 166–69, 245–46, 254, 267–69; manpower, recruitment and availability, 250–51, 258; mastery of use of firearms in unison, 165–66, 168; military as citizen soldiers, 145–46, 156–57; military superiority, 309–10; mounted knight in, 157–58, 163; origin of word, 140; Ottoman threat to, 255–58 (*see also* Lepanto); Roman handbooks of war, 153–54; siegecraft, 154, 190; technological developments in Middle Ages, 153–55; war as continuation of politics, 309; weaponry and equipment, fabrication of, 250, 258, 272–73, 275. *See also* Franks
European Miracle, The (Jones), 267
Eurybiades, 51, 54

Falklands, 446–47, 449
Famagusta, 244, 254
Fifteen Decisive Battles of the World, The (Creasy), 8–10, 166
Flaminius, 115
Flaubert, Gustave, 101
Fletcher, Admiral Frank J., 379–80, 381
Fragments of Greek History (Theopompus), 161
France, 13, 254–55. *See also* Franks
France, J., 148
Franks: ancestry, 144; Carolingian dynasty, 144–45, 154, 158, 164; Crusades and, 256; infantry (*sédentarisés*), 137–41, 144, 156, 162, 163–64; Islamic invaders and, 140–41, 143, 147; kingdoms of, 144; Merovingian monarchy, 144, 145; military as citizen soldiers, 145–46, 156–57, 163–64; name, origin, 144; at Poitiers, 137–41, 143; war manuals, 154; weapons and equipment, 137–39
Freedom: Achaemenids compared to Greeks, 32–39, 435; democratic renaissance in Greece, 57–59; *eleutheria* and meaning for Greeks, 35, 39, 46–54; as evolving concept, 50–51; infantry, Dark and Middle Ages and, 164; as military asset, 52, 54–55, 56–57, 92, 386–88; Salamis and, 27, 32, 39, 43, 46–59; Vietnam War and American values, 428–29; as Western value, 23, 55–57, 386–88, 428

Freedom of expression and dissent, 51, 442–43; Greek, 51, 53–54, 386, 407–8, 433–34; at Lepanto, 258; at Salamis, 12, 51–52; United States and Vietnam, 12, 403–7, 412–16, 433–39
Frere, Bartle, 300, 301–3, 304, 305
Frontius, 129, 153
Fujita, Admiral Ruitaro, 353
Fuller, J. F. C., 8, 166

Gallagher, Earl, 340
Gallic Wars (Caesar), 213
Garay, Francisco de, 204
Gaugamela, 50–98; Alexander's charge at, 9, 64–69; Alexander's tactical plan, 68, 72, 78; battle, 60–69, 71–72, 73–74, 91; battle site, 63, 69–71, 72–73; Companion cavalry, 60–61, 65, 66, 71; Darius's escape, 66, 68, 92; elephants, 70–71, 73; importance of Alexander's victory, 10, 95; Macedonian battle tactics of face-to-face combat, 70–71, 91; Macedonian casualties, 69; Macedonian discipline, 71–72; Macedonian force at, 60–61, 71–72; Macedonian leaders, 60–64; map, 67; Mazaeus, 61, 63; military tradition of Hellenic world and, 10; near-defeat of Macedonians, 60–64; Persian army and cavalry, 61, 62, 63, 68, 70–71; Persian battle tactics, 70–71, 72–73; Persian casualties, 69, 73–74; size of opposing forces, 61, 72; weaponry, 61
Gaul and Gauls, 23, 100–101, 117–18, 144–45. *See also* Franks
Gay, George H., 346
Gaza, 69, 72, 85
Genghis Khan, 275
German tribesman, 22, 117, 126, 138, 144
Gettysburg, 9
Giap, Vo Nguyen, 405
Gibbon, Edward, 147, 166

Giustiniani, Pietro, 237, 245
Gómara, Francisco López de, 176, 184–85
Goths, 126, 156
Govierno del ciudadano (Costa), 229
Granicus River, 65, 70, 72, 78, 79, 82, 83, 91
Great battles: basis of choice, 10–13; other encounters and Western military heritage, 443–44; value of studying, 8–10
Great Britain and South African Confederation, 1870–1881 (Goodfellow), 304
Greco-Persian Wars, 5, 30, 31, 39–43, 69–70. *See also specific battles*
Greece: Alexander the Great and, 78, 79–82, 89–90, 121; Archaic and classical ages, 57; art, 57; Athens attacked by Persia, 33; capitalism in, 54, 273–74; citizenship, 120–21; city-states, freedom of, 49–50, 120–21; climate, geography, natural resources, 4, 17; conquest by Alexander, 78; consensual government, 4, 52, 113–14, 118; cultural development, causes, 17, 18; death by drowning, 30; freedom, 20, 33, 35, 46–59; Hellenic era, applied science in, 16; Hellenic legacy, 440–43; Hellenic tradition of natural inquiry, 207–8; history recorded by (and free inquiry), 37, 57, 154, 155, 251; lack of unity, 33; land ownership and private property, 35–36, 52–53, 58; League of Corinth, 81; legal and political system, 34–35; lexicon related to freedom, 49; lexicon related to fighting, 93; literature, 57; Mycenaeans compared to, 18; Ottoman conquest, 271; Persia, perception of and relationship to, 33–34, 39; philosophy and freethinking, 38–39; population and size, 32; religion, 4, 38–39, 48; unification, 81–82, 89; war, as military response to invasion, 92–93; Western

warfare begun in, 92–93. *See also* Greek military; Plataea; Salamis
Greek Historical Inscriptions, 34, 328
Greek military: annihilation, policy of, 22, 29; army at Plataea, 40; citizen soldiers, 123; classical paradigm: courage, obedience, discipline, 327–29; consensual government and freedom, impact of, 4, 6–7, 32; cultural divide from opponents, 2–3; disciplined troops, 7, 44, 46, 47, 325–27; election of leaders, awards, 3, 52; freedom to join, leave, 53; heavy infantry versus cavalry, 3, 21, 93–94, 135, 136, 160–62; Hellenic tradition, 10; hoplite soldiers (phalanx), 1, 2, 3, 22, 35, 46, 74, 92–94, 160–62, 223, 331; infantry and navy, 58; leaders fight alongside men, 3, 35; leaders criticized, tried, or punished after battles, 30, 34, 35–36, 52, 433–44; as "marching democracies," 3, 52; mercenaries, 1–4, 11, 49, 70, 84, 124; morale, 44; polis innate in, 4; pre-battle rituals and sacrifices, 308; shock battle tactic, 3, 4, 6, 46–47, 69, 76, 92–94, 95; striking a hoplite, 52; technology and, 4; the Ten Thousand, 1–4, 49, 57, 70; triremes, 21, 28, 44, 51, 240, 241; weapons and equipment, 4, 46, 74–75. *See also specific battles*
Gregory of Tours, 154
Gulf War, 8, 252, 270, 401, 447, 448, 456, 457
Gunpower and Galleys (Guilmartin), 251
Guns, Germs, and Steel (Diamond), 15–16, 461

Halicarnassus, 84
Halsey, William Frederick, 381
Hannibal, 5, 23; army without citizens, 125; army without replacements, 123; background, 110; brilliance, 103, 105; brother, Mago, 101, 107; campaign following Cannae, 110–11, 126–27; at Cannae, 99–106; defeat of, 110–11; Hellenic influence, 112–13, as naïve, 131–32
Hasdrubal, 9
Hassig, Ross, 211
Hegel, Georg, 55–56, 58
Herodotus, 17, 30, 32, 39, 41, 42–43, 47, 48, 51, 121, 154, 279, 311, 325
Herrera, Fernando de, 253
Hippocrates, 17, 334
Histories, The (Herodotus), 279
History of Alexander (Curtius), 62, 65, 91
History of the Conquest of Mexico (Prescott), 174, 184, 219
History of the Persian Empire (Olmstead), 37, 38
History of the Reformation (Ranke), 166
History of the Zulu War and Its Origin (Colenso), 319–20, 322–23
Hitler, Adolf, Alexander compared to, 89–90
Hobbes, 58, 213
Ho Chi Minh (Lacouture), 422
Holy League, 235, 244–45. *See also* Lepanto
Homer, 7
Hook, Private, 299
Hosogaya, Moshiro, 353
Hugo, Victor, 7–8
Hussein, Saddam, 270, 447
Huxley, Aldous, 7
Hydarnes, 47
Hydaspes River, 78

Incas, 6, 23
Incredible Victory (Lord), 338, 374
India, 6, 16, 84, 86
Individualism, 22, 34, 80, 355–56, 368–88; code breaking and, 370–73; dangers of, 386; flexibility in command, 375–81; initiative of American pilots, 381–84; repair of

索 引 / 695

Yorktown, 373–75; Western warfare and, 384–88
Infantry: advantages, 136–37, 459; cavalry vs., 3, 21, 93–94, 135–37, 148, 157–58, 161–62; classical continuity in the Dark and Middle Ages, 162–64; egalitarianism and, 159, 207; Greek hoplite soldiers (phalanx), 1, 2, 3, 22, 35, 46, 74, 92–94; gunpowder and firearms and, 165; Macedonian phalangites, 22, 70–71, 74–77, 116–17, 162; medieval armies and, 157–60; origins of heavy, 160–62; at Poitiers, 137–40, 141, 157, 158; prerequisites to fielding effective, 158–59; Roman, 115–20, 140, 159; Spanish, 222; value of, 164–66; weapons of, 164–65. *See also* Shock battle
Iran, 85
Iraq, 8, 447
Isandhlwana, 13, 23, 118, 136, 275; battle, 279–82, 283, 285–86, 287; British blunders, 280–81, 284, 285–86; casualties, British, 280, 281–82, 287; casualties, Zulu, 282, 288; discipline of British, 287; final slaughter, 287; forces, British, 279–80; forces (*impis*), Zulu, 279, 281, 284; mutilation of dead, 282; 24th Regiment, 280, 281–82, 284, 287; weaponry, British, 28; weaponry, Zulu, 280
Isidore of Seville, 138, 140, 154
Islam, 19–20; advances into Europe and halting of, 137–41, 143–44, 149, 150, 166–69, 245–46, 254, 267–69; Africa and Asia Minor, 254; Arab conquests, 146, 147; army, composition of, 149–50; ascendancy, 146–50; capitalism and, 269–73; cavalry, 148, 149–50; Christianity versus, 147–48, 456, 457, 459; composition of military, 147, 148; conquest of Near East, 149; Constantinople and, 167–68; expulsion from France, 140–41; expulsion from Spain, 199;

historians, 154; military tradition, 146–47, 149–50, 248; spread of religion by, 147–48, 149, 151; tactics of war, 308; as theocracy, 146, 151; war and faith, 147, 256; way of war, 148. *See also* Ottoman Turkey; Poitiers
Isocrates, 39, 121
Issus, 65–66, 69, 70, 72, 78, 79, 83–84
Ixtilxochitl, Fernando de Alva, 192–93, 195, 219–20

James I, 253
Japan: Aleutian campaign, 352, 353; Bushido, 347; culture and way of war in, 247, 357, 359–61, 363, 365–66, 367–68, 380–81; decisive battle, Japan reluctance to engage in, 362–64; decisiveness of Midway, 341; defeat, 384–85; feudal, and firearms, 19; government, 360, 365–66, 367; individualism vs. subordination to state, and lack of initiative, 55, 369, 370, 374, 387–88; military discipline, 369, 372; military strategy, 352–55, 362–64, 375–79; military technology, 356–57, 358, 359; military thought, prewar, 361; naval forces, 346–47, 351–56, 362, 372; paradox inherent in adopting Western arms and military system, 360–62, 385; prisoners, treatment of, 346, 347; public information controlled, 436; replacement of war materials and equipment, lack of, 341, 362, 374; Russian and Chinese conflicts, 363; samurai, 22, 358, 363, 380; *Shkaku* and *Zuikaku* repairs to, 374; suicide attacks, 9; Tokyo, American bombing of, 6, 352; Western and non-Western, 356–68, 385; Western battle practice and weaponry adopted, 11, 14, 331, 358–59, 360
Jerusalem, Muslim conquest, 149
Jewish War (Josephus), 118, 329

jihad, 456
Johnson, Lyndon B., 392, 403–4, 409, 434, 435
Jones, James, 8
Josephus, 118, 329
Jugurtha, 126, 128, 385
Junius, Marcus, 127
Jutland, 335
Juvenal, 104, 122–23

Kadesh, 71
Keegan, John, 7
Keeping Together in Time (McNeill), 330–31
King, Ernest J., 341, 372
Knights of Malta, 237, 244
Knox, Thomas, 8
Kondo, Admiral, 353
Korean War, 410–11
Kurita, Admiral Takeo, 353
Kursk, 10
Kusaka, Admiral, 336, 375, 377

Lacouture, Jean, 422
Lake Trasimene, 23, 101, 105, 107, 108
Land Reform in Japan (Dore), 369
La nova scientia (Tartaglia), 261
Las Casas, Bartolomé de, 204, 436
Laws (Plato), 440
LeMay, Curtis, 386, 413
Léon, Juan Veláquez de, 178, 180
Leonidas, King, 29, 292
Leo III, 20, 152
Lepanto, 7, 20, 53, 54, 104, 117, 155, 168–69, 457, 459; battle of, 233–39, 253–54; battle site, 244, 335; capitalism and victory, 275; casualties, Christian, 237, 239, 241, 242; casualties, Turkish, 234, 236–37, 239, 241, 250; celebration and commemoration of victory, 252–53; clash of cultures and ideologies at, 264–65; culture and military innovation at, 244–49; decisive battle sought, 258; disciplined fighting, Christians, 236; freeing of Christian galley slaves, 237, 250; historic accounts, 251–52; Holy League confederation, 235, 244–45; Janissaries, 235, 236, 241, 249, 250, 258; *La Reale*, 234, 235; legends of, 250–54; map, 238; meaning of, 267–69; naval fleet, confederation, 233–35, 236, 239, 240–44, 246–47, 248–49, 351; naval fleet, Turkish, 233–34, 245, 248, 351; religious view of, 253–54; seamen, free citizens or independents, Holy League, 249, 257; seamen, slaves, subjects, and conscripts, Turkey, 249, 257–58, 263; *Sultana*, 233, 234, 235; Turkish defeat, 239, 250, 267; weaponry and equipment, Christians, 235, 242, 247, 248–49; weaponry and equipment, Turkish, 236, 247–48. See also Naval forces
Leslie, Max, 338, 351, 373
Letters from Mexico (Cortés), 220
Leuctra, 35, 107
Leyte Gulf, 351, 352, 364
Ligustinus, Spurius, 115–16
Like Lions They Fought (Edgerton), 325
Limits of Intervention, The (Hoopes), 400, 406
Lindsey, Eugene E., 349, 350, 351
Little Big Horn, 23
Livy, 9, 100–1, 104, 105, 108, 110, 111, 113, 115–16, 126–27, 130, 154, 343
Loan, Nguyen Ngoc, 392–93
López, Martín, 179, 185, 188, 189, 207, 227–28
Louis William, of Nassau, 330
Loyal Opposition, The (Clinton), 421
Lysander, 35, 386
Lysias, 161

Macedonia: battle as state policy and expansion, 77; capitalist economy

索 引 / 697

and, 37; climate, geography, natural resources, 75; coining money by, 37; horse raising in, 75; Successor Kings, 37, 77, 82, 89, 114; unified Macedon-Greece, 74. *See also* Alexander the Great
Macedonian army, 74–79; Alexander's, 75–76; autocracy in, 87–88, 123; battle tactics, 76–77; cavalry and Companions (*hetairoi*), 60–61, 75, 119, 161–62; decisive battle and total war, 77–78, 82–90; elephants, 71; fighting as free men or mercenaries, 49, 57, 81, 123–24; foot companions (*pezetairoi*), 75; generals, 60–64; Hellenic tradition, 22; opinion and dissent, 22; outnumbered in Asia, 77; phalangites, 22, 70–71, 74–77, 116–17, 162; Philip's, 77–78, 81; shield bearers (hypaspists), 75; shock battle, 76, 91–94; war cry, 64; weapons and equipment, 61, 74–75, 91–92, 222. *See also* Alexander the Great; Gaugamela; Philip
Machiavelli, 129, 213
Magnesia, 106
Maharbal, 110
Malta, 244
Mantinea, 35
Manutius, Aldus, 261
Manzikert, 13
Maoris, 22, 97
Marathon, 5, 31, 39, 46, 47, 57–58, 70, 83
Mardonius, 4, 40, 46
Marina, Doña, 179, 219
Marines, 97
Marne, 103
Martel, Charles "The Hammer," 137, 138, 140–41, 143, 144–46, 149, 156, 157, 158, 163, 167, 392, 435
Massaga, 84
Massey, Lem, 350, 351, 373
Maurus, Rabanus, 154
Maximus, Fabius, 106, 115, 435
Maximus, Valerius, 129

Mazaeus, 61
McClusky, Wade, 335, 351, 383–84
Merovingian Military Organization (Bachrach), 145
Metaphysics (Aristotle), 230–31
Metaurus, 9
Methlagazulu, 281
Mexico City (Tenochtitlán), 20, 104, 118, 129, 171n., 208; allies of Cortés and conquest, 172, 185, 209–13, 459; battle machinery of Spanish, 227–28; battles for, 170–93; cavalry, 135, 157, 171, 225–26; conquistador casualties, 170, 171–72, 174, 178, 181, 190, 193; destruction of, 185–93; end of Mexica autonomy, 209, 212–13; flight of Cortés, 179–85; greatest European defeat, 177–79; map, 186; Mexica casualties, 171, 174, 175, 179, 182, 193; Mexica cultural confusion theory, 216–18; Mexica superiority of numbers, 171, 173, 188, 208; motivation of Spaniards, 201; *Noche Triste*, 23, 176–79, 182, 225; siege of, 10, 170–76; size and grandeur of city, 208; size of Cortés's forces, 173, 188–89; smallpox epidemic, European diseases, and victory, 183, 185, 187, 213–16, 217; Spanish brigantines, 227–28; strategic goal of Spanish, 212–13; surrender of Aztecs, 192–93; technological superiority of Spanish, 171, 190, 196, 216–18, 221–30; total war tactics in, 95, 189–90, 192, 193, 228; why Cortés won, 208–30. *See also* Aztecs; Cortés; Montezuma
Midway, 103; air war, 335, 337, 338, 340, 342–51, 381–84; Akagi, 336, 337, 340, 346, 349, 350, 353; American aircraft carriers, 335, 338, 341, 349–50, 355; American innovation and victory, 355–56, 368–84; American losses, 342, 346; American radar, 354–55; American strategy and flexibility of command, 379–81; American victory,

reasons for, 366–67, 370–84; battle of, 334–42, 344–51, 381–82; battle site, 335; code breaking, American, 370–73; *Enterprise,* 335, 340, 342, 349, 350, 377; freedom, individualism, and civic militarism and victory at, 20, 21; *Hiryu,* 338, 340, 350, 353, 384; *Hornet,* 342, 343, 344, 345, 349, 350; Japanese aircraft carriers, 334–35, 341; Japanese losses, 335–36, 340; Japanese planes, 21, 335, 337, 342; Japanese strategy, 352–56, 375–79; *Kaga,* 10, 335, 340, 349, 350, 353; map, 339; *Mogami,* 384; number of ships, 351; pivotal nature of, 11, 340–41; rescue of seamen or pilots, 336–37, 346; *Soryu,* 337–38, 340, 349, 350, 353; *Yamato,* 380; *Yorktown,* 338, 340, 342, 350, 355, 373–75, 377, 379–80, 460

Midway (Smith), 336, 383

Midway, the Battle That Doomed Japan (Fuchida), 337, 346, 370, 372, 377, 382–83

Miletus, 84

Miltiades, 34, 35

Miracle at Midway (Prange), 344, 371, 374–75, 379–80, 384

Mithridates, 128, 385

Mnesiphilius, 42, 78

Mohammed and Charlemagne (Pirenne), 151

Montesquieu, 130

Montezuma, 39, 55, 172, 173, 175, 179, 198, 205, 207, 216–17, 218, 306

Montgomery, Bernard, 110

Morison, Samuel Eliot, 343, 364

Mossynoecians, 2

Muhammad, 146, 147

Murray, George, 384

Muslim's Reflection on Capitalism, A (Abdul-Rauf), 271

Mycale, battle of, 30, 40

Mycenaeans, 18

Nagumo, Admiral, 21, 103, 336, 344, 353, 354, 363–64, 375–79

Napoleon, 66, 79, 103

Narbonne, 149

Narrative of Field Operations Connected with the Zulu War of 1879, 281, 297

Narváez, Pánfilo de, 172, 173, 175, 179, 209, 219, 435

Naval forces: American, 341, 351–52; American innovation and, 378; British, ascension of, 269; conditions, galley warfare, 243–44; *corvus,* 231; death by drowning, 27–29, 30, 242; galley warfare, 241–43; Greek triremes, 21, 28, 44, 51, 240, 241; Japanese, World War II, 341, 346–47, 351–56, 375–79; Lepanto, military innovations, 249, 257; Ottoman fleet, 242, 247, 257; Roman, 231; Spanish brigantines, 227–28; Spanish galleys, 233–35, 246–47; Spanish superiority, 268–69; tactics, classical, 242–43; tracts and manuals, 261; Venetian or Genoese galleys, 236, 240–41, 246–47, 257, 259–60. *See also* Lepanto; Midway; Salamis

Naval Power in the Conquest of Mexico (Gardiner), 228

Nemea, 5

Nepos, 43

New Guinea, 97

Nicomachean Ethics (Aristotle), 48, 98, 327–28

Nietzsche, Friedrich, 58

Nimitz, Chester William, 372, 373, 374–75, 379, 380, 436

North Vietnamese. *See* Tet; Vietnam War

Numidians, 126

Ogawa, Lieutenant, 382

Omaha Beach, 5

索引 / 699

Oman, Charles, 166–67
Omdurman, 135
"Operation Enduring Freedom," 458
Ordaz, Diego de, 171, 173
Otawa, Tatsuya, 338
Ottoman Empire: army of slaves, subjects, conscripts, 249, 257–58, 263; autocracy and despotism, 258, 261, 262, 265–66; capital, problems of, and lack of banking system, 262, 266–67, 269–73; Christian capture, enslavement, and child theft, 263; colonization of Europe, raids, growth of empire, 244–45, 257, 265, 267–69; comparison with Venice, 259–62; culture, 261, 265–67; culture and approach to war, 96–97, 236; *devshirme*, 263–64; economy of, 258, 262; European relationship with, 33, 254–58; firearms, lack of mastery, 165, 248; government and political organization, 262–63, 264–65, 266; historians in, 155; invasion of Spain, 199; Italian collaborators, 33; Janissaries, 165, 235, 236, 241, 258; lack of recorded military history, 251; land ownership, 265; Lepanto, meaning of, 267–69; manpower and materiel, difficulty of replacing, 250; military system, 263, 265; naval force of, 233–35; religion, 263–64, 266; religion and restrictions on intellectual inquiry, 261, 263, 266; rise of, 147; slaves, use of, 264–65; subservience of individual to the state, 55; sultan, 264; transfer of capital to Constantinople, 11, 264; war, traditions of, and religion, 256–57; weaponry and military technology, 247–48. *See also* Islam; Lepanto
Ottoman Empire, The (Inalcik), 264
Ottomans, The (Wheatcroft), 248
Ottoman State and Its Place in World History, The (Inalcik), 272
Otumba, 183–84, 229

Pacific Campaign, The (van der Vat), 371–72
Papacy and the Levant, The (Setton), 234
Parmenio, 60–64, 65–66, 68–69, 73, 88, 91
Parthia, 12, 118, 128, 159
Patton, George S., 137, 386
Paulus, L. Aemilius, 106, 435
Pausanias, 34, 74, 95
Pearl Harbor, 6, 111, 346, 351, 363–64, 457
Pelopidas, 35
Peloponnesian War, 1, 5, 6, 80, 433–34
Peloponnesian War, The (Thucydides), 233, 389, 407–8, 439
Pentagon, 458
Pericles, 35, 53, 56, 274, 326, 327, 433, 434
Persepolis, 32, 33, 85, 86–87
Persia: Achaemenid empire, 10, 17, 32–39, 63, 435; capital, 32; climate, geography, natural resources, 4, 17; conquest by Muslim armies, 149; Cunaxa, battle of, 2; Cyrus the Younger, 1, 2, 270; economy, 37; freedom, no concept of personal or legal, 37; government, 34, 38; Greek mercenaries hired, 1–2, 11, 70, 84, 124; Greek Ten Thousand and, 1–4, 49, 57, 70; history, recording of, unknown, 37; inhabitants as slaves or servants to king, 32, 34; land ownership, 35; legal system, 34; literature, lack of, 32, 37; loss of Persian Wars, ramifications, 31–32; Macedonian conquest, 63, 83–86; practice of *proskynēsis*, 34; public records, 37–38; religion, 34, 37, 38; royal power, 38; science in, 38; subservience of individual to the state,

55. *See also* Cunaxa; Persian military; Plataea

Persian military, 35; Alexander's destruction of, 83–86; "Apple Bearers," 70; battle tactics and approach to war, 94–95; casualties at Salamis, 27; cavalry, 61, 70–71; conscription and coercion of soldiers, 31, 32, 35, 48–49, 123; dissent or disobedience punished, 31, 51; elephants, 70–71; expeditionary force into Greece, 39; fleeing of soldiers, 2; fleet, 28; freedom limited to elite, 53; Immortals (*Amrtaka*), 3, 35, 70; intimidated by phalanx, 70–71; king in battle, 35; lack of disciplined fighting, 71–72, 159; looting, 72; Mardonius's defeated army, compared to Ten Thousand, 4; Pythius the Lydian and, 31, 53; warrior ethos, 94; weapons and equipment, 35, 61; whipping of infantry, 2, 52. *See also* Gaugamela; Salamis

Persians, The (Aeschylus), 27, 28–29, 30–31, 43, 47–48, 51

Phalanx: Greek, 1, 2, 3, 22, 35, 46, 74, 92–94, 160–62, 223, 331; Macedonian, 22, 70–71, 74–77, 116–17, 162; Roman, 116–17; Spanish, 223

Phase Line Green (Warr), 394–95

Philip (Mnesimachus), 78

Philip of Macedonia, 61, 62, 74, 77–78, 81, 94, 114; concept of total war and, 94

Philip II of Spain, 245

Philosophy of History (Hegel), 56

Philotas, 60, 88

Phocylides, 33

Phoenicians, 35

Physics (Aristotle), 231

Picq, Ardent du, 108

Pirenne, Henry, 151

Pirotechnia (Biringuccio), 261

Pisidia, 84

Pius V, 245

Plataea (city state), 39

Plataea, battle of, 40, 58, 325; accounts of, 32; civic militarism and landed infantry, 12, 123; Greek army at, 40, 70; Mardonius's defeated army, compared to Ten Thousand, 4; Persian casualties, 29, 31, 123; right wing of Spartans, 23; victory at, 95; weapons, 46

Plato, 17, 39, 58, 59, 113–14, 124, 213, 273, 328, 433, 438, 440

Plutarch, 37, 43, 54, 61, 65, 66, 73, 86, 87, 91, 105, 130, 161, 326

Poitiers, 459; battle site, 143, 149; cavalry, 137, 139, 141; defeat of Islamic forces, 140, 141; discipline of Franks, 141, 143, 156; Franks, infantry as wall, 137–40, 169; Frank victory, reasons for, 143; importance of Frank victory at, 166–69; Islamic casualties, 141; map, 142; Martel's army as continuation of Western tradition, 158, 167; Saracens, 137, 149; size of armies at, 140, 141; weaponry and equipment, 143

Politics (Aristotle), 53, 113, 135, 161, 213, 332

Polybius, 76, 102, 105, 107, 111, 113, 118, 132, 213, 328

Postumius, 126

Practica manual de artiglierra (Collado), 261

Pretorius, Andres, 284

Prevesa, 244

Primitive War: Its Practice and Concepts (Turney-High), 91, 332

Problems of Turkish Power in the Sixteenth Century (Allen), 268

Procopius, 154

Protagoras, 38, 386

Pulleine, Henry, 281, 285, 286

Pydna, 106, 114

Pyrrhus, 57, 115

Pythius the Lydian, 31, 53, 434

Ranke, Leopold von, 166
Rationalism, 19, 205–8, 261
Regimento de navegación (Medina), 261
Resilience of Western system of war, 12, 23, 56, 105, 111, 127, 168, 218, 439
Reynolds (surgeon at Rorke's Drift), 299
Richard the Lion-Hearted, 23
Riché, P., 154
Rochefort, Joseph J., 371–72
Roman military: annihilation practiced, 95; cavalry and, 162; civic militarism (citizen soldiers), 95, 99, 115–20, 124–28, 130; decisive warfare, 95, 119; defeat of Hannibal, 110–11; discipline, 117–18, 119, 329; freedom and superiority of, 56, 112; *gladius*, 7, 101, 116, 222; hatred of, 118; infantry, 115–20, 140, 162; leader's mistakes at Cannae, 9; legions, 115–20, 159; phalanx and, 116–17; resilience, 105, 111–12, 126–28; shock battle and, 96, 117, 119; system of leadership and civilian oversight, 105; weapons, 102, 116, 117, 119–20, 127
Rome, 99–133; capitalism in, 274–75; citizens, number of, 124; citizenship and democracy, 113, 114–15, 118, 121–26; Civil Wars, 5; climate, geography, natural resources, 17; conquest of Greece, 114; fall of, 20, 128, 150, 274; First Punic War, 110, 115, 231; free expression and inquiry in, 37, 434; historians of, 37; innovative empire and technological advance, 16, 119–20; manpower, 126–28; mustering of citizens for military after Cannae, 9, 111–12, 126; nation state, 121–26; Punic Wars, 98–132; Second Punic War, 105, 110–11, 121, 435; slaves, military, and citizenship, 122; Varus's attempted conquest of Germany, 10
Rorke's Drift, 11, 13, 117, 289–99, 460; battle, 288, 292–99, 322–23; battle site, 289; British casualties, 298; British ramparts built, 293; British victory, reasons, 299; call for reinforcements, 290–91, 296; discipline of British troops, compared to Spartans at Thermopylae, 292, 299; fleeing of cavalrymen, 291; lack of senior British officers, 290; map, 295; number of British soldiers (80 riflemen), 290; shooting of deserter, 323; 24th Regiment, 289, 292, 322; Victoria Crosses awarded, 333; weaponry, British, 292–93, 299; weaponry, Zulu, 289; Zulu casualties, 297–98; Zulu forces, 290, 291–92; Zulu mistakes at, 292
Runciman, Stephen, 8

Safford, Laurence, 371
Sagalassus, 84
Saladin, 23
Salamis, 457, 458, 463; accounts of, 32; battle, 43–46; battle aftermath described, 30–31; battle site, 29, 42, 244, 335; death by drowning, 27–29, 30; death of Greek allies at, 31; egalitarian Greek army and victory at, 7, 21; freedom (*eleutheria*) and victory at, 20, 32, 35, 39, 56–59; greatest number of combatants in naval warfare, 44; Greek advantages, 46–47; Greek disadvantages, 40–41, 70; Greek losses, 30, 83; importance of Greek victory, 10; legacy, 55–59; map, 45; number of ships, 29, 43–44, 351; outcome theorized if Greeks had lost, 9, 56; Persian casualties, 27, 29; Persian elite at, 30; Persian forces, composition of, 29, 30, 31; Persian retreat, fleeing of, 29; Persian scapegoats, 35; strategy of, 39–43; Themistocles and, 29, 41, 42–43, 44, 46, 51, 52, 54, 434; Xerxes, retreat of, 46, 55; Xerxes, viewing battle from afar, 29, 31, 35, 52

Salammbô (Flaubert), 101
Sallust, 130
Sandoval, 178, 183, 189, 207, 219, 226, 229
Sangala, 84
Satyricon (Petronius), 123
Schlesinger, Arthur, Jr., 401
Schlieffen, Alfred von, 103
Seleucus, 77
September 11, 457, 458, 459, 460, 461
Sertorius, 127–28, 200
Seven Against Thebes (Aeschylus), 326–27
Seville, 208, 215
Shaka, 312–13, 318, 320
Shakespeare, William, 253
Sharp, Ulysses Grant, 401–2
Shepstone, Lord, 300, 302
Shock battle: British, 96; Cortés, 96, 168–69; effectiveness of, 91; Greek, 3, 4, 6, 76, 92–94, 95; Macedonian, 70–71, 76, 91–92, 94; Roman, 95, 96; Spanish, 223; as Western military characteristic, 46–47, 72, 91, 96–98, 137
Shook Over Hell (Dean), 422
Shumway, Dewitt W., 340
Sicily, 112, 114, 127, 149, 245, 386, 407–8; Messina, 246, 253
Siege of Hate, The (Smith), 395, 397
Simmias, 61
Siroco, Mehmed, 236
Smith, Adam, 262
Social Basis for Prewar Japanese Militarism, A (Smethurst), 369
Socrates, 56, 57, 136, 328
Sokullu, Mehmet, 264
Soldier and the State, The (Huntington), 366
Soli, 84
Somme, 5, 54
Sophocles, 50, 56, 170, 433
Sosylus, 112–13
South African Journal of Sir Garnet Wolseley, The, 303

Soviet Union, collapse of, 218, 438–39
Spain: allies in Mexico, 172, 185, 209–13; ancient, fighting the Romans, 100; Armada, 30; battle machinery designed, 227–28; Castilian Christians, 198, 199, 200, 202, 205; cavalry, 135, 157, 171, 225–26; Charles V, 200, 205; conquest of the Americas and settlement, motivations, 199, 200, 202, 203; conquest of the Americas, reasons for success, 208–30; conquistadors, 6, 11, 129, 171, 197–98, 206–7, 229; constitutional support and social advancement in military, 197–98, 229; as continuance of Holy Roman Empire, 200; disciplined military of, 207, 225; dogs used in war, 171, 173; economy of Castilians, 202–3; expulsion of Jews and Moriscos, 203; Ferdinand and Isabella, 199; gold, desire for, 201–2, 203; Grand Inquisition, 6, 22, 198, 206; individualism, 207; infantry, 222 (*see also* conquistadors, above); as intellectual center of Europe, 206; Islamic conquest, 149, 199–200; legacy of Cortés and his men, 205; medical practices, 215; Ottoman onslaught and, 199; Peru, conquest of, 202; as plutocracy, 202; political freedom, 229; Postumius killed in, 126; rationalism, 205–8; reaction to Mexico City losses, 182; *Reconquista*, 6, 20, 199, 200; revulsion to Aztec practices, 198–99; tactics, 225–30; training of swordsmen and pikemen, 195; weaponry, 171, 206–7, 222–25
Spain and Its World (Elliot), 205
Spalding, Henry, 289, 296
Sparta, 5, 6, 7, 34, 52, 93, 107, 161, 274; Coronea, 69; Thermopylae, 29, 35, 52, 292
Spartacus, 128
Spruance, Admiral, 377, 379
Strabo, 87

索 引 ／703

Suetonius, 37, 264
Suicide, mass, 86–87
Sulaymān, 20, 152
Süleyman the Magnificent, 264
Summa Theologiae (Aquinas), 129, 156
Syracuse, 231, 408–9, 439
Syr-Darya, 84

Tacitus, 37, 144, 154, 433
Tacticus, Aeneas, 231
Takasu, Admiral, 353
Taliban, 456, 457, 458, 459, 460
Tamerlane, 275
Tanaka, Raizo, 353
Technology and warfare, 11–12, 16, 19–20, 120; adoption by Africa and Asia of Western battle practice and weaponry 11, 13–14; American, 356–57, 459; borrowing from other cultures, 119; Brown Bess flintlock musket, 283; cannon, 225, 247; cannon and artillery, 242; capitalism, development, and supply, 21–22, 229, 230–31, 247, 256, 258, 261, 270–75; castles and fortifications, 153; conquest of the Americas and, 221–22; Cortés's conquest of Mexico, role in, 221–30; crossbow, 20, 152–53, 224; Dark Ages and Europe, 152; fighter pilots, 136; firearms and explosives, 16, 19–20, 153, 165–66, 224–25, 230–31; Greece, 4; "Greek fire," 152, 231; infantry not replaced by, 91; Japanese, 356–57; manuals, 153–54, 231–32, 261; Martini-Henry rifles, 280, 283, 296, 299, 311; media and communications, 393–94, 397–98; plate armor, 153; plow, iron-tipped and mills, 155; reason, abstract thinking, and tradition of scientific inquiry, 230–32; siege engines, 153; social ramifications, 248; Spanish steel, 7, 101, 116, 222, 223; Spencer and Henry rifles, 283; Western culture and, 11–12, 16, 19–20, 119–20; Winchester repeating rifle, 283
Tenochtitlán. *See* Mexico City
Ten Thousand, 1–4, 49, 57, 70, 158, 207
terrorism, 459, 461; terrorist attacks, 456, 457, 458; terrorist cells, 457, 458
Tet, 11, 456; American victory, paradox of, 402, 404–5; casualties, American, 397, 400, 407; casualties, North Vietnamese, 397, 400, 404; cities attacked, 398; Hué, 394–98, 406; Kesanh, 398–402, 406; map, 396; media coverage, 393–94, 397–98, 400–1, 403, 417, 419, 437; North Vietnamese forces, 398; Saigon, American Embassy raid, 389–94; weaponry, American, 400; weaponry, North Vietnamese, 399–400. *See also* Vietnam War
Tet (Ford), 404
Tet! (Oberdorfer), 393, 411, 418
Tet Offensive, The (Gilbert and Head, eds.), 391, 402, 404
Thatch, Jimmy, 350, 373
Thebes, 40, 69, 77, 80, 82, 84, 85, 93, 107, 136
Themistocles, 9, 21, 29, 33, 34, 35, 41, 42–43, 44, 46, 51, 52, 54, 59, 386, 442, 463
Themistocles (Plutarch), 54
Theopompus, 161
Thermopylae, 23, 29, 31, 32, 35, 39, 41, 46, 52, 70, 83, 127, 292, 325
Thessaly and Thessalians, 62, 63, 80, 161
Third Philippic (Demosthenes), 94
Thucydides, 6, 7, 53, 56, 58, 93, 154, 233, 274, 326–27, 389, 407–8, 414, 438, 439, 449
Ticinus, 105
Tinker, Clarence, 384
Toledo, Don García de, 261
Tolstoy, Leo, 7
Toynbee, Arnold, 56
Trafalgar, 30
Trebia Rivers, 101, 105, 108

Trimalchio, 123
Trojan Women (Euripides), 434
Turkey. *See* Ottoman Empire
Turney-High, H., 91
Tyre, 69, 72, 80, 85

Ulundi, 135, 285, 310, 319, 325
United States: climate, geography, natural resources, 16; Clinton administration, foreign deployments by, 448; codebreaking by, 371–73; cultural heritage and approach to war, 8, 9, 97, 347–48; cultural and political upheaval, 1960s, 415; dissent and Vietnam War, 403–7, 412–16, 417, 433–39; domino theory, 426; elected government and waging of war, 55, 365; firebombing of cities and nuclear attack by, 347–48; freedom of expression, 12; individualism in, and Midway, 368–84; liberty, 20; military forces, size and mobilization of, 365; military intelligence, 352–53; naval fleet, 346–47; neglect of military, between wars, 362; plane building, World War II, 341; reform of military, 417; response to Pearl Harbor, 111–12; shipbuilding, World War II, 341; weapons technology, 8, 362. *See also* Midway; Vietnam War

Varro, Terentius, 106–7, 115, 119, 435
Vause, Lieutenant, 291
Vegetius, 129, 153–54, 231, 329, 331–32
Velázquez, Diego, 204, 219, 435
Venerable Bede, 154
Venetian Ships and Shipbuilders of the Renaissance (Lane), 259–60
Venice, 259–62; Arsenal, 259–60, 270, 273; artillery, 242; capitalism and constitutional government, 260–62; fleet, 236, 240–41; learning, intellectual inquiry, and military science, 261; Lepanto and, 235, 245; manufacture of ships and weapons, 259; Ottoman threat to, 245, 246, 256; printing, 261; trade, 255
Veniero, Sebastian, 235, 245
Vercingetorix, 126, 128, 275, 385
Verdun, culture and sustained killing at, 9
Vietnam (Karnow), 397
Vietnam and America (Gettleman et al.), 419
Vietnam Reconsidered (Salisbury), 420, 422, 428
Vietnam War: aftermath, 424–27, 439; American allies, South Vietnamese, 391; American dissident support for communists, 421; American generals, heritage of Western way of war and, 407; American mistakes, 409–12, 416–17, 432; American objectives, 408–9, 410; American soldier in, 422–24, 427; analogies with classical Greece, 407–9, 414, 434–35; civilian casualties, 418, 424–25; decisive war, difficulties in fighting, 390, 392, 395, 431; defeat, causes of, 431–33; dissent and, 403–7, 412–16, 417, 433–39; escalation, 409; fall of South, 424; Hamburger Hill, 431; histories and accounts of, 433; Khesanh, siege of, 392; limitations on American engagement, 410–11, 430–31; media coverage of, 392–93, 397–98, 400–1, 403, 414–16, 417–18, 431, 434, 437; mythologies and media inaccuracies about, 416–24, 456, 457; North Vietnam casualties, 424; North Vietnam strategy, 389–90, 394–95, 398–99, 405; as quagmire, 402–7; picture of soldier's execution, 392–93; Saigon, 389–94, 406; weaponry, 429–30; Western way of war and, 427–31. *See also* Tet
Vign, Cornelius, 288

索 引 / 705

Waldron, John C. "Jack," 343–45, 349, 350, 351, 383
War and Society in the Ancient and Medieval Worlds (Raaflaub and Rosenstein), 157
War as culture, 6–8, 444–46; annihilation as Western concept, 22, 77–78, 181, 364–65; army on battlefield and cultural baggage, 11; cowardly and fair, concepts, 97, 348–49; crystallization in battle, 9; decisive battles and, 90–98; faith and, Islamic concept of war, 147, 148; great battles, studying of, 8–13; manner of killing important, 97, 305–6, 348–49; primitive peoples, pre-battle rituals and sacrifices, 308; Spain and conquest of New World, 205–8; Western way of, 21–24, 59, 72, 84, 95–98, 308–9, 348–49, 427–31, 440–43, 444–55
Warriors of the Rising Sun (Edgerton), 358, 359–60
War Without Fronts (Thayer), 423
Washing of the Spears, The (Morris), 302
Waterloo, 5, 54, 321
Weapons. *See* Technology; specific battles
Western culture: amorality of war in, 21; battle practice and weaponry adopted by Africa and Asian nations, 11; brutal conquest of New World, 212; capitalism and war, 20, 54, 256, 270–75; catalyst for origins of, 18–19; Christianity and military, 147–48; "citizen," 21, 49; civic militarism (citizen soldiers), 95, 99, 115–20, 124–32, 145–46, 229, 256, 366; command from the field, 380; contemporary, 449–50; cultural continuity from Greece and Rome, 19–21, 128–30, 145, 153–54, 155–56, 157, 158–60, 167–69, 255–56, 440–43; culture and ability to fight, 6–8, 11–12, 23; Dark Ages, 20, 129, 150–57; deadly soldiers created by, 5, 21–24; decisive battle, 90–98, 229, 256, 307; defined, xv; democracy, freedom, and military prowess, 12, 23, 52, 54–55, 56–57, 92, 113–14, 159, 164, 260–62, 366, 386–88; discipline of military, 11–12, 44, 71–72, 80, 229–30, 321–33 (*see also* Discipline); dissemination of knowledge, 17, 19, 153–54, 230–32, 261; dissent and self-criticism (freedom of expression), 12, 19, 51–52, 53–54, 229–30, 252, 258, 386, 403–8, 414, 433–39, 442–43; East-West imbalance, 268–69; European expansion of 16th century, 20; expeditionary forces, ability to outfight enemies, 5; firearms and explosives in, 19, 165–66, 168; future of, 450–55; global standards of military organization, 13–14, 449; great battles and core elements of, 11; heavy infantry, 21, 135, 159, 160–66; individualism and military, 22, 34, 80, 355–56, 384–88; insanity of killing at Verdun and, 9; "just" wars, 129, 156, 256, 348; land ownership and private property, 35–36, 52–53, 58; late ascendancy, 19–21; literature and historiography, tradition of, 207–8, 231–32, 251–52, 310–11, 433; military renaissance, 16th century, 20, 168; nationalism, 19, 205–8, 261; nation state developed, and military dynamism, 121–26, 130, 159; preeminence of, 13–19, 20; public armies and legal terms of service, 131, 229; Renaissance, 129; resilience of, 12, 23, 56, 105, 127, 168–69, 439; separation of church and state, 146, 308–9; shock battle tactic, 46–47, 72, 91–98, 137; singular lethality of culture at war, xv; slaughter, merciless, and, 5; technology of, 11, 12, 230–32 (*see also* Technology and warfare); tradition of intellectual inquiry and innovation, 230–32, 261; travel and tradition of natural inquiry, 207–8, 230–32; values and battle, connection of, 6, 123, 229, 309; war

manuals, 153–54, 231–32; way of war, 21–24, 59, 72, 84, 95–98, 229, 308–9, 348–49, 427–31, 444–55; Western army vs. Western army, 5, 453–55
Western Warfare in the Age of the Crusades (France), 148
Westmoreland, William, 392, 395, 398, 399, 433
Wolseley, Garnet, 303, 323, 436
World Trade Center, 458
World War II, 10. *See also* Japan; Midway

Xanthippus, 112, 331
Xenophon, 1, 2, 3, 39, 49, 58, 69, 124, 129, 137, 158, 161, 207, 231, 326, 328
Xerxes, 21, 29, 31, 32, 33, 34, 35, 37, 38, 39, 40, 46, 49, 51, 52, 55, 207, 364, 434

Yamaguchi, Tamon, 340, 378
Yamamoto, Admiral, 340, 351, 353–54, 364, 375, 380, 436
Yanagimoto, Admiral, 338

Zais, Melvin, 431
Zama, 110
Zero! (Okumiya and Horikoshi), 347
Zoroastrianism, 37
Zulu empire: Anglo-Zulu war, as war of aggression against Zulus, 300, 310–11; army, raising of, 275; Blood River defeat, 284; Boer tactics for fighting, 282–83, 284, 298–99; bravery of, 23, 319–20, 324, 332; British attitude toward indigenous peoples and, 303–10; British imperialism and, 300–3; British invasion of Zululand, 1879, 285; British 17th Lancers' butchery of, 135; casualties, Anglo-Zulu War, 311; civil war, 304; cultural values and approach to war, 9, 95, 312–13; culture of, 303–4, 314; defeat of, 13, 299, 310–11; empire, creation of, 312–13; *impis* (regiments), 279, 300; military discipline, lack of, 316, 325, 332; military power of, 313–17; military system, 320–21; rage and mutilation of opponents, 118, 282; religion, rituals, and war, 303–4, 308, 316–17; Shaka, 312–13, 315, 318, 320; subservience of individual to the state, 55; swarming tactic and vulnerability, 225, 318; technological disadvantage of, 112, 307; warfare, method and tactics, 284, 307, 308, 314–16, 317–21, 332; warriors, mobility of, 283, 317–18; weakness of military force, 317–21; weaponry, 280, 311, 315, 317; Western weaponry, 11, 311. *See also* Cetshwayo; Isandhlwana; Rorke's Drift
Zulu War, The (Barthorp), 280
Zulu War, The (Clammer), 282, 287, 323, 324
Zulu War, The (Lloyd), 299
Zulu War Journal of Colonel Henry Harford, The (Child), 298
Zumárraga, Don Carlos, 195

译后记

《杀戮与文化》一书，单就选材而言，并不显得标新立异——撷取经典的历史片段并加以分析，可说是历史类书籍的常态之一。然而，在讲述了那些我们耳熟能详的历史战役之后，作者所表达的观点，却显得新颖而发人深省。

在译者看来，这并非一本有所定论的书；恰恰相反，正是这本书的出现，才引起了争论，启发了思考。

表面上，《杀戮与文化》似乎将文化与价值观视为决定战争成败的关键所在，但其背后的讨论，却着眼于文化的形成、价值观的构建，以及这些潜在因素在决定战争胜负的天平上究竟孰重孰轻。因此，这本书并不能被简单地看作文化决定论。相似的，一个历史初学者也许会将贾雷德·戴蒙德的《枪炮、病菌与钢铁：人类社会的命运》（Guns, Germs, and Steel: The Fates of Human Societies）误读为地缘决定论的范本，而罔顾戴蒙德本人完全否认这一点的事实。

西方文明并非不可战胜，在曼兹克尔特（Manzikert, 1071），在莫哈奇（Mohacs, 1526），在奠边府（1954），西方军队同样折戟沉沙。类似的例子不胜枚举，但冷静下来，我们依然能够发现，西方文明数千年来看似危机四伏而总能化险为夷的不断演进，以及最近几百年内的独领风骚，也是不争的事实。

　　值得注意的是，本书的出现，某种程度上恰恰是西方文明自我怀疑的结果：西方文明的优越性，究竟还能持续多久？设若民族性与地理位置的划分并不能体现出西方文明的精髓，那么，究竟是什么样的因素造就了西方的成功？在这里，笔者更愿意将本书的内核，视为一种"对西方核心价值观的再定义"。西方价值观的核心是什么？西方国家又是怎样将其化为战场上的胜利的？本书将一切的关键，归结为对内部异议的容忍与接纳、对创新改造的推崇与利用，以及对公民理念的坚守与发扬。至于这是否恰当，则是值得我们去深思的问题。

　　除此之外，本书还为中国读者们提供了一个崭新的视角：西方人的视角。在海外，该书的销量和评论量都显示出，西方读者对于这样的话题颇有兴趣。墨守成规终将一事无成，面对汹涌而来的全球一体化潮流，中国读者们同样需要兼收并蓄、换位思考，才能把握住整个地球的脉搏。

　　本书在进行分析时，关于西方文化优越性的言论流露颇多，对非西方文化也并未做出全面客观的解读，可能引起部分读者的不适——故此希望读者能以中立、平和的心态，站在更为超脱的立场上进行阅读，在体验上或能有所改善。

图书在版编目(CIP)数据

杀戮与文化:强权兴起的决定性战役/(美)汉森(Hanson,V. D.)著;傅翀,吴昕欣译.—北京:社会科学文献出版社,2016.4(2022.2 重印)
 ISBN 978-7-5097-6425-1

Ⅰ.①杀… Ⅱ.①汉… ②傅… ③吴… Ⅲ.①战争史-研究-世界 Ⅳ.①E19

中国版本图书馆 CIP 数据核字(2014)第 201214 号

杀戮与文化:强权兴起的决定性战役

| 著　　　者 / [美]维克托·戴维斯·汉森 |
| 译　　　者 / 傅　翀　吴昕欣 |

| 出　版　人 / 王利民 |
| 项目统筹 / 董风云　段其刚 |
| 责任编辑 / 段其刚　安　莉 |
| 责任印制 / 王京美 |

| 出　　　版 / 社会科学文献出版社·甲骨文工作室(010)59366527 |
| 　　　　　　 地址:北京市北三环中路甲29号院华龙大厦　邮编:100029 |
| 　　　　　　 网址:www.ssap.com.cn |
| 发　　　行 / 社会科学文献出版社(010)59367028 |
| 印　　　装 / 三河市东方印刷有限公司 |

| 规　　　格 / 开　本:889mm×1194mm　1/32 |
| 　　　　　　 印　张:23.75　插页:1　字　数:531千字 |
| 版　　　次 / 2016年4月第1版　2022年2月第9次印刷 |
| 书　　　号 / ISBN 978-7-5097-6425-1 |
| 著作权合同登记号 / 图字01-2013-7474号 |
| 定　　　价 / 89.00元 |

读者服务电话:4008918866

版权所有 翻印必究